25 Anos na União Europeia

25 Anos na União Europeia
125 REFLEXÕES

Eduardo Paz Ferreira (coord.)

2011

25 ANOS NA UNIÃO EUROPEIA – 125 REFLEXÕES

COORDENADOR
Eduardo Paz Ferreira

EDITOR
EDIÇÕES ALMEDINA, S.A.
Rua Fernandes Tomás, nºs 76, 78, 80
3000-167 Coimbra
Tel.: 239 851 904 • Fax: 239 851 901
www.almedina.net • editora@almedina.net

DESIGN DE CAPA
FBA.

PRÉ-IMPRESSÃO, IMPRESSÃO E ACABAMENTO
G.C. – GRÁFICA DE COIMBRA, LDA.
Palheira Assafarge, 3001-453 Coimbra
producao@graficadecoimbra.pt
Novembro, 2011

DEPÓSITO LEGAL
336994/11

Apesar do cuidado e rigor colocados na elaboração da presente obra, devem os diplomas legais dela constantes ser sempre objecto de confirmação com as publicações oficiais.

Toda a reprodução desta obra, por fotocópia ou outro qualquer processo, sem prévia autorização escrita do Editor, é ilícita e passível de procedimento judicial contra o infractor.

BIBLIOTECA NACIONAL DE PORTUGAL – CATALOGAÇÃO NA PUBLICAÇÃO

25 ANOS NA UNIÃO EUROPEIA

25 anos na União Europeia : 125 textos de reflexão / coord. Eduardo Paz Ferreira
ISBN 978-972-40-4718-8

I – FERREIRA, Eduardo Paz, 1953-

CDU 061
341
339

APRESENTAÇÃO

Coincidindo o ano em que se assinalam os primeiros vinte e cinco anos de presença portuguesa nas Comunidades, primeiro, e na União Europeia, depois, com os vinte e cinco anos do Instituto Europeu e os cem anos da Universidade de Lisboa, decidi promover uma reflexão, que congrega a Universidade e algumas das mais relevantes figuras portuguesas de diversas áreas da vida nacional, em torno do sentido e perspectivas da União, num momento em que tantas sombras se abatem sobre aquela que foi, seguramente, a mais importante e bem sucedida realização europeia do pós-guerra.

Encontramo-nos na plataforma comum, constituída por este livro e pelo Congresso Internacional, que se realiza a 28, 29 e 30 de Novembro de 2011, na Faculdade de Direito de Lisboa, em torno de duas questões centrais: onde estamos? Para onde vamos?

O livro comporta duas partes distintas: uma primeira em que se reúnem textos de reflexão de ordem geral ou sobre sectores específicos da integração europeia e uma segunda em que se apresentam as respostas a diversas questões colocadas pelo organizador.

Para as cassandras do impossível, bem como para quantos descrêem da capacidade de intervenção dos portugueses, este livro é uma resposta exemplar, na pluralidade e qualidade das reflexões e pontos de vista expressos, na comunhão de preocupações e de busca de soluções. Se aqui se não cria um caminho comum, lançam-se, pelo menos, bases sólidas que iluminarão este caminho que há que continuar a pensar que iremos percorrer.

E, porque não há futuro sólido sem um bom conhecimento do passado, interrogamo-nos sobre de onde vimos, quem somos, quais as nossas esperanças e que ilusões foram caindo. Importará, sobretudo, identificar aquilo que realmente queremos, para por isso nos podermos bater e sabermos, mesmo quando temos que ceder em questões que não gostaríamos, que o fazemos em nome de um projecto mais vasto e mais motivador e não apenas porque nos é imposto.

A entrada nas Comunidades Europeias representou, para os seus mentores, como para a generalidade dos portugueses, uma opção lógica e coerente com o regresso de Portugal à democracia. Tratava-se de reencontrar as democracias europeias e com elas construir o futuro, numa área geográfica de fronteiras políticas e físicas indefinidas.

Num belo texto incluído neste livro, Cristina Branco evoca "uma Europa onde, como numa plateia ou num palco, cabem todas as raças, credos e religiões unidas apenas pela linguagem sem fronteiras: a musical. Uma Europa de vida limpa, pensamento aberto, sentimentos resolvidos, onde a palavra-chave se chama união. E sempre que penso nisto vem-me à memória a tarde de conversa no café de Amesterdão onde alguém disse "aqui vive-se o triunfo da Europa" como se estivesse a dizer "eis o triunfo da Humanidade", tentado desde a Atlântida até uma aldeia guarani nos confins do Brasil. Inevitavelmente, o trecho trouxe-me à memória a sedutora e brilhante construção de Georges Steiner sobre a identidade da Europa através dos seus cafés.

Se os cafés de Steiner são algo que atravessa a nossa memória e apela a um conjunto de vivências seculares, o café de Cristina Branco aparece como um símbolo da Europa moderna, cosmopolita e solidária que tantos gostaríamos que se tivesse construído em torno do processo de integração europeia e constituísse o património que hoje defenderíamos.

Perdemo-nos, algures, a meio do caminho, e isso justifica, talvez, algum desencanto que perpassa na memória daqueles que tiveram uma vida adulta antes da adesão e nela viram, entre outras coisas, um projecto político e social motivador. Dom José Policarpo, num texto de enorme rigor e qualidade, lembra-nos que "embora os pais fundadores desta união alertassem para a importância decisiva da cultura e do diálogo cultural entre os diversos povos, no início desse ressurgir das cinzas, deu-se um grande relevo à dimensão económica, o que era compreensível. Aliás economia e cultura não podem separar-se ou parecer incompatíveis. Só a cultura traça o sentido e a nobreza de qualquer esforço de desenvolvimento".

Foi Bonita a Festa ou Adeus Tristeza? Interroga-nos José Reis, num título pleno de evocações musicais e de outras fases da União e das nossas vidas pessoais, enquanto Alberto Regueira escreve sobre o que os últimos vinte e cinco anos fizeram à sua ideia de Europa. Numa pergunta que perpassa em outros textos, o mesmo autor questiona-se sobre o paradeiro da ideia da Europa, sessenta anos depois dos seus "pais fundadores" para, logo de seguida, responder "em boa verdade, afigura-se ferida de morte, essa partitura inspirada, complexa e empolgante colocada nas mãos canhestras de executantes de quinta ordem".

De Adriano Moreira, "A Europa e o Ocidente: Na Hora dos Escombros" vem o comentário de que "se a política furtiva, a longa falha de participação dos parlamentos nacionais e da população nos processos, o alargamento sem medir a governabilidade, foram erros a tempo criticados, os efeitos que a crise económica e financeira fez avultar são evidentes: as fracas lideranças europeias, a quebra de confiança entre governantes e governados, a distância entre o prometido e o feito, entre o dito e a realidade, entre o diálogo e a guerrilha, entre a esperança e a decadência, entre valores e o relativismo. A bandeira dos fundadores ainda flutua, faltam acções confiáveis que chamem ao quadrado para retomar alento e decisão".

Um sólido conjunto de textos aborda a problemática da União Económica e Monetária. Outros analisam aspectos jurídicos e institucionais da União e alguns, finalmente, estudam áreas mais circunscritas, mas de igual importância. Em todos encontramos a competência, coragem e honestidade intelectual que caracteriza os seus autores.

Apesar das inquietações que perpassam na generalidade dos textos, o aspecto, porventura, mais aliciante é a forma como sentimos, em todos os participantes neste livro, nos mais técnicos, como nos mais emocionais, um mesmo desejo de procurar as melhores soluções e de encontrar respostas para uma crise que afecta um projecto que, quase unanimemente, é valorado de forma extremamente positiva.

Não deixa de ser curioso sublinhar que são muitos os autores que, afirmando expressamente, nalguns casos, ou deixando-o entender, noutros, concluem pela necessidade de avançar para soluções mais federalizantes, como a via possível para ultrapassar a crise.

Impressiona, também, a forma como são atribuídos efeitos positivos à entrada de Portugal na União Europeia, quer no domínio económico, quer no social e político, ainda que temperados pela crítica à forma como foi gerida essa entrada. Rui Vilar, ministro do Governo que apresentou o pedido de adesão, comenta: "Olhando o mais objectivamente possível para o percurso percorrido nestes vinte e cinco anos, o balanço tem o sabor amargo da oportunidade perdida. Quase sempre encarámos a Europa como uma fonte de recursos, aceitando de bom grado profundas mudanças nas nossas estruturas produtivas, sem a preocupação de as tornarmos mais eficientes e mais competitivas. Preferimos viver na ilusão de uma prosperidade que não resultava do nosso trabalho e do nosso esforço, como se as políticas redistributivas da Europa não tivessem limites nem, mais tarde ou mais cedo, contrapartidas".

Medeiros Ferreira, Ministro dos Negócios Estrangeiros do mesmo Governo e personagem central do pedido de adesão, recorda a importância que os impulsos externos sempre tiveram historicamente, acompanhando o estrangeirado Ribeiro Sanches, na afirmação de que "Reino Velho tem dificuldades em emendar-se", e embora suscite dúvidas quanto a certas opções, conclui: "acabámos crivados de dívidas, mas temos infra-estruturas públicas de última geração, enquanto outros países estão também endividados e as suas redes públicas estão obsoletas".

É bom encontrar quem, como Medeiros Ferreira, conserve uma visão optimista que se não fique apenas pelo comprazimento da ocorrência das desgraças anunciadas. Este é, apesar de tudo, um denominador comum que podemos encontrar no livro.

A presente obra dá sequência ao persistente trabalho de investigação e reflexão que tem sido levado a cabo no Instituto Europeu, constituindo uma homenagem ao seu fundador e Presidente ao longo de 25 anos, Paulo de Pitta e Cunha, a cujas excepcionais qualidades científicas e humanas a Faculdade de Direito da Universidade de Lisboa e o organizador deste livro tanto devem.

Tenho repetidamente manifestado a minha admiração pelas qualidades dos nossos intelectuais, dos nossos professores, dos nossos artistas, dos nossos investigadores. Este livro confirma essa avaliação plenamente e mostra, também, a nossa energia.

Esta obra ficará a marcar uma época. Dificilmente alguém poderá, no futuro, estudar esta época, as suas interrogações, os seus claro-escuros sem o consultar. O organizador contraiu uma profunda dívida de gratidão para com quantos sacrificaram as suas vidas atarefadas para dar este público testemunho de participação e inquietação cívica e está convencido que a melhor resposta que pode dar é a de continuar a empenhar-se na criação de fora em que estes e outros portugueses exprimam as suas ideias e convicções. Ao fazê-lo, trabalharemos por um Portugal melhor e, naturalmente, por uma Europa melhor.

Novembro de 2011

EDUARDO PAZ FERREIRA

I Parte
Textos Sobre Integração Europeia

A EUROPA E O OCIDENTE: NA HORA DOS ESCOMBROS

ADRIANO MOREIRA

Não é certamente altura para voltar a repensar as razões pelas quais foi destruída a versão Império Euromundista, esgotada pela guerra civil que foi a Guerra de 1939-1945, porque é de novo urgente pensar no futuro da Europa. Esta urgência resulta da súbita mudança da circunstância mundial que se traduz, do ponto de vista financeiro e económico, na brutal crise que afecta todos os seus povos; do ponto de vista estratégico do crescimento exponencial dos poderes emergentes erguidos naquelas regiões que o Império Euromundista chamou *resto do mundo*, e hoje se multiplica, a servir de exemplo, China, União Indiana, Indonésia; do ponto de vista cultural, no encontro de todas as áreas culturais do mundo a falar, pela primeira vez, em liberdade na cena internacional e a impor leituras inovadoras dos textos internacionais; do ponto de vista ambientalista na revolta da Deusa Gaia, em cólera pelo facto de termos destruído a natureza; do ponto de vista normativo, porque não se encontra o paradigma global com que sonha Küng para reorganizar a desordem do globo político; do ponto de vista ético, um relativismo destruidor de todas as escalas de valores das sociedades civis que se interrogam perplexos sobre o futuro que é possível construir; do ponto de vista da articulação mundial, a Europa é dependente de matérias-primas, de energias não-renováveis, e até de autonomia alimentar; pelo que toca ao confronto, que dominou o século XX, entre a cidade global do Norte, afluente, consumista, rica, e o sul pobre, a fronteira da pobreza ultrapassou o Mediterrâneo e vai absor-

ADRIANO MOREIRA

vendo parte dos países da antiga cidade planetária do Norte; o Mar Mediterrâneo, que guardava a fronteira da pobreza, é subitamente o centro da convulsão do cordão muçulmano que, de Gibraltar à Indonésia, separa o norte do sul do mundo, altera as solidariedades, alicerces, e até ameaças, tornando duvidosas todas as prospectivas do futuro europeu.

Admitindo que as capacidades científicas e técnicas europeias ainda representam um capital de valor capaz de impedir pelo menos a superioridade a todos os competidores, nesta área tão fundamental para os destinos do mundo, talvez seja apropriado procurar a mobilização das vontades dos cidadãos para recuperar uma intervenção positiva e directiva na reorganização de uma ordem mundial que cimente o recomeço do desenvolvimento sustentado que é, como disse Paulo VI, o novo nome da paz. Para isso, uma avaliação dos erros cometidos, deve anteceder a avaliação dos erros que não podem ser repetidos para assim salvaguardar o direito e capacidade de construir um novo futuro europeu, uma nova época gloriosa na história europeia.

Reconhecer que o fim do Euromundo foi um efeito dos demónios interiores dos europeus, e não causado por qualquer ameaça exterior, deve aconselhar não dar espaço à ressurreição de qualquer desses demónios. Um deles foi a tendência para hierarquizar os poderes estaduais europeus, pretendendo impor uma capacidade directiva política, de feição imperial, em vez de lutar apenas pela liderança do consenso dos europeus, como propuzeram todos os projectistas da paz, incluindo Kant, e souberam os fundadores do movimento da União, depois da guerra, colocando-se acima das culpas e das responsabilidades, para em comum abrirem portas a um novo futuro de prosperidade e paz. Os nomes de Schuman, Adenauer, e De Gasperi, não devem ser esquecidos, pela capacidade humanista e pela capacidade de liderança de que deram provas, coroados por resultados, sem esquecimento do passado. Depois, seguindo-lhes o exemplo, é necessário não permitir que a imaginação de grandeza dure mais tempo do que os factos, como aconteceu na elaboração da Carta da ONU ao supor que o privilégio do veto estava a ser entregue a potências que ainda conservavam as capacidades anteriores ao desastre de 1939--1945, avançando com o corolário que veio a traduzir-se no unilateralismo dos republicanos americanos, nas teses alternativas do fim da história e do conflito das civilizações, transpondo para o Atlântico o velho preconceito que levou Estados europeus, durante séculos, a não ter vizinhos amigos nas fronteiras, mas sempre inimigos íntimos: as relações, e preconceitos seculares, entre a Alemanha e a França, ou entre Portugal e Espanha, servem de lembrança. Um passado que pareceu vir à superfície quando o americanismo se afirmou filiado em Marte e o Europeísmo em Vénus, não esquecendo os cemitérios de jovens americanos da Normandia, que não tem qualquer equivalente do outro lado do Atlântico. Também, é urgente não esquecer que o antigo conceito de *balança de poderes*, que avaliava e confrontava poderes integrais dos Estados, foi substituído por um conceito plural que distingue a balança militar, da balança económica e financeira, da balança cultural e científica, e assim por diante.

Para vencer uma tão rigorosa mudança da circunstância mundial, e os reflexos na condição europeia, talvez deva regressar-se à política dos *pequenos passos*, o que agora significa medir as capacidades curtas de dar o passo, o que não foi esquecido no projecto inicial. Jean Monnet não foi pelo menos menorizado quando alegado inspirador da prudência de avaliar a governabilidade do alargamento para depois moderar a urgência de alterar a governança; não é de iniciar uma autonomia estratégica de segurança e defesa antes de avaliar a mudança radical da polemologia, e os custos exigíveis pelos avanços da técnica destinados a enfrentar as novas ameaças.

Talvez o repensar da Europa, nesta mudança da sua circunstância, obrigue a ponderar que a nova ordem, numa ONU reformulada, não pode evitar que alguns Estados tenham uma tal dimensão e capacidade que os manterá individualizados no sistema; mas também não poderemos ignorar que entre os Estados europeus não se encontra nenhum com capacidade global correspondente ao velho conceito de *soberania* absoluta, e que o *regionalismo*, em qualquer das formas que o consenso lúcido inspira, é a indispensável maneira de reafirmar e salvaguardar a sua maneira europeia de estar no mundo. É a União que deve ser considerada no órgão de segurança da ONU.

É por tudo isso que, tendo o Tratado de Lisboa ainda tão curta vida, a qual adquiriu a duras penas a partir do ambicioso Tratado Constitucional, já mostra a necessidade de alteração que está a ser determinada pela crise económica e financeira mundial, necessidade que tem de ser moderada pela prudência, e pela experiência do passado.

Não parece razoável que a confusa estrutura do poder inscrito no Tratado de Lisboa, seja ainda mais complexa nos factos, quando alguns países, em que se destaca a Alemanha, parecem tentados por um poder *directório* em vez de quererem uma salutar capacidade directiva do consenso.

ADRIANO MOREIRA

É evidente que para isso faltam lideranças como as que tivemos durante e depois da destruição causada pela II Guerra chamada mundial, e também é evidente que, por essa mas não apenas por essa razão, o capital de confiança das populações parece afectado.

Mas se ultrapassar a crise económica e financeira é urgente e exige essas lideranças que faltam, também é evidente que sem o alicerce de lideranças não haverá a confiança suficiente. Seria um risco sem remédio que a solidariedade europeia, o futuro a construir, fossem objecto de um sentimento de falhas ou diminuição da confiança na estrutura, e designadamente porque os pequenos países europeus, em que Portugal está incluído sofrendo os efeitos colaterais e as falhas próprias, que estão na origem da crise, veriam nesse facto um embaraço para a própria viabilidade independente, no sentido em que a independência terá de ser entendida neste início do III Milénio, se a estrutura fosse abalada.

Não se trata apenas na dependência da Europa com relação ao exterior que chamou *resto do mundo*, e quis dominar por causa das matérias-primas, das energias não-renováveis, e até do conceito estratégico alimentar. É talvez oportuno recordar Toynbee e o seu aviso de que o tal resto do mundo considera os ocidentais como os grandes agressores dos tempos modernos, e que é da *Europa* que em primeiro lugar se trata, porque foi a titular principal do poder sobre o Império Euromundista. Mas julgo que o conceito é mais abrangente, e que verdadeiramente é do Ocidente que se trata, o que inclui certamente o Atlântico Norte, mas não apenas esse Mar pelo qual veio o socorro norte-americano contra os demónios interiores que referi, também o Atlântico Sul.

A distância entre o projecto de Obama e aquilo que não consegue impor à mudança da realidade de que tomou conhecimento ao sentar-se na Sala Oval, mostra que também a mudança global o ocupa e inquieta, porque ainda que os EUA se proclamem a Nação indispensável, ou a cidade no topo da montanha, podem todavia sofrer da fraqueza dos metais, e as Torres Gémeas, o Iraque, o Afeganistão, parecem chamadas urgentes à solidariedade ocidental. A qual agora já não pode ser apenas a aliança do Atlântico Norte, concebida numa data em que o Sul do mundo não era visto como sede de poderes futuros, uma realidade que conflitos marginais, como o Vietname e a Coreia, foram demonstrando. E que a imprevisível evolução do cordão muçulmano que ficou lembrado, e que no Mediterrâneo bate à porta da Europa em particular, e dos ocidentais em geral, devia fazer lembrar a angústia de Erasmo, quando os turcos estavam às portas de Viena, e os cristãos se dividiam em termos de não terem até hoje conseguido a unidade com Roma.

É por isso que a solidariedade Atlântica necessita ser salvaguardada do enfraquecimento pela definição da autonomia da segurança e defesa da Europa, que hoje dificilmente encontrará recursos para a desenvolver com credibilidade, e a recente conferência da NATO em Lisboa, em busca de um novo conceito estratégico, deverá não esquecer duas premissas: que a sua legitimidade assenta na Carta da ONU (a reformar), e que essa legitimidade exige uma base territorial definida; que antes de procurar fixar uma indefinida *fronteira de interesses* (com as consequências exemplificadas no Iraque) devia procurar definir fronteiras credíveis do Ocidente, e articular a segurança do Atlântico Norte com a segurança do Atlântico Sul: e digo articular, e não integrar, porque na fronteira africana do Atlântico Sul existem especificidades que não podem ser omitidas.

De qualquer modo, a criminalidade internacional, a pirataria reaparecida, a via marítima de comunicação, tudo aponta que assim como a Europa não pode interromper o processo de unificação para uma fase final não definida, assim também não deve antecipar visões de autonomia e defesa que os seus recursos actuais não facilitam, e a circunstância actual não recomenda.

A salvaguarda deste Ocidente, que o *resto do mundo* considera como o maior agressor dos tempos modernos, não tem nesta data qualquer sistema que um paradigma ético mundial coordene. É evidente que não pode esquecer os seus excessos do passado, mas a muitos desses povos chegados ao livre debate internacional com voz própria, também é exigível que não esqueçam internacionalmente o seu passado.

Do que se trata agora é do futuro em paz de todas as áreas culturais, na casa comum de todos que é a Terra, agredida pela técnica em termos de as mudanças da natureza afectarem todos os seres vivos, a começar pelo homem. Mas também é certo que, no património comum da Humanidade, essa ciência e técnica dos ocidentais vem acompanhada do direito internacional, dos direitos humanos, da ideologia do desenvolvimento sustentado, o novo nome da Paz como lhe chamou Paulo VI. Pelo que toca à Europa, na data em que a fronteira da pobreza ultrapassa o Mediterrâneo, será de voltar ao projecto da Euráfrica, hoje com espírito adormecido e esquecido, que inspirou a CCTA (Comissão de Cooperação Técnica em África), uma organização que morreu sem certidão de óbito, e que visava substituir a colonização pela solidariedade.

ADRIANO MOREIRA

Lembro que Mandela, no seu último livro onde nos lega a meditação a que se dedicou no longo encarceramento, repudia que lhe atribuam santidade, e ensina que "um santo é um pecador que luta até ao fim". Não são os pecados do passado que podem ou devem impedir a Europa de lutar até ao fim, nesta data com um conceito estratégico pacífico com definição alargada. Não interromper o processo da unidade europeia; não ceder aos demónios interiores do poder directório; não renunciar à capacidade directiva do consenso; reconhecer a necessidade de manter a solidariedade do Atlântico Norte; promover a articulação com o Atlântico Sul; reafirmar o projecto Euráfrica; afastar o *relativismo* que afecta os seus padrões valorativos e a sua contribuição para o património comum da Humanidade; substituir a *tolerância* para com os vizinhos e os diferentes pelo respeito; lembrar palavras sábias de um livro recente, segundo o qual, quando o começamos a ler, milhões de pessoas estarão a rezar nos templos cristãos, milhões de pessoas estarão viradas para Meca, milhões de pessoas estarão a purificar-se no Ganges, milhões de Budistas estarão em meditação. O apelo à transcendência também deve ser respeitado, e não apenas tolerado, e o reconhecimento de que valores religiosos estão nos alicerces da Europa, do Ocidente, e do Património Comum da Humanidade, deve chamar à meditação e reconhecer que o conceito de sociedade da informação e do saber, mas que se esqueceu de acrescentar a sabedoria, nos levou à situação de desastre em que nos encontramos.

As vozes liderantes como as que tivemos, designadamente na guerra de 1939-1945, e na reconstrução, fazem falta. Tenhamos a esperança de que estão nascidos e sabedores os que serão capazes de inverter a situação. Um português sábio usou expressões apelando à esperança, designadamente para servir com esperança o Portugal de hoje. A unidade europeia, não interrompida nem distorcida, é seguramente o passo indispensável para que a esperança e o futuro renasçam. Foi também numa época de escombros (1939-1945), vivendo um desastre maior que o actual, que encontramos as lideranças necessárias, e a capacidade de reconstruir um futuro. Devemos ser capazes de recomeçar, recapitulando os erros, a não repetir, e as virtudes a salvaguardar.

As chamadas guerras mundiais, quer a de 1914-1918, quer a de 1939--1945, foram apenas guerras civis dos europeus, acantonados num pequeno espaço onde estava radicado o governo ou a supremacia sobre o resto do mundo. Cada um dos conflitos internos desses desavindos titulares de uma cultura comum que lhes dava a identidade partilhada pelas soberanias rivais, foi num crescendo de destruições de vidas humanas e capacidades que terminou com a dissolução do euromundo imperial.

A aventura napoleónica parece de responsabilidade modesta, ao serem-lhe imputadas duzentas mil mortes nos combates que enfrentou até à derrota final, quando se pensa que a primeira guerra mundial produziu dois milhões de mortos, e a segunda originou um passivo de cinquenta milhões de vítimas.

Foi comum admitir, no desenrolar dessa narrativa de desastres, que havia, para além das rivalidades soberanas, uma divisão entre a Europa dos ricos e a Europa dos pobres, dentro da qual se verificava a regra, com evidências variáveis das circunstâncias, que a primeira exportava capitais e técnicas, e a segunda exportava gente. Pelos caminhos por onde os bárbaros tinham descido até ao sul, agora os pobres marchavam do sul para o norte em busca de trabalho, subsistência, e futuro. Foi o desastre da segunda guerra mundial que inspirou a decisão de dar força à longa e secular pregação dos pacifistas, que naquela data encontraram em Jean Monnet a voz liderante que a Universidade de Lausana, em 2 de Fevereiro de 1970, fez Doutor *Honoris Causa* com esta citação: "Em homenagem ao pioneiro da reconciliação e da união dos povos europeus".

Durante anos, em que a ameaça soviética teve seguramente um papel no sentido de fortalecer a unidade, existiram erros que deram origem a uma inevitável insegurança, designadamente a política furtiva que dispensou a participação mais activa dos parlamentos nacionais, que implicou que os eleitorados múltiplos apenas se apercebessem dos resultados, um alargamento sem prévio estudo da governabilidade, e a condução da sociedade civil do espaço para um relativismo ético que consentiu na implantação activa do credo do mercado sem regulação.

Ao discursar na Câmara Municipal do Luxemburgo, em 10 de Agosto de 1953, Jean Monnet disse o seguinte: "é essencial que as instituições que duram mais do que a vida de um homem se tornem sábias, isto é, capazes de canalizar a acção das gerações inexperientes que se sucedem".

A sabedoria que levou homens como Schuman, Adenauer, Andreotti, e os chefes de governo que os acompanharam, a transformar a experiência do passado em sabedoria ao serviço de um futuro europeu construído de novo, em paz e desenvolvimento.

Quando Portugal, que sempre necessitou de um apoio ao logo da história, finalmente aderiu à Europa em formação, depois do fim do III

Império, o Primeiro Ministro Mário Soares, discursando no histórico Mosteiro do Jerónimos, em 12 de Junho de 1988, afirmou com confiança o seguinte, depois de sublinhar a distância que nos separava dos restantes países europeus: "Para tanto, não há outro caminho, precisamos de persistir na via que temos trilhado nos últimos dois anos: praticar uma política financeira de rigor e de verdade, lutar pela estabilidade política como elemento essencial de recuperação económica e modernização, e aprofundar as instituições democráticas, designadamente mediante a prática da solidariedade nacional, da concertação social e do diálogo". Não aconteceu isso entre nós.

Se a política furtiva, a longa falha de participação dos parlamentos nacionais e da população nos processos, o alargamento sem medir a governabilidade, foram erros a tempo criticados, os efeitos, que a crise económica e financeira fez avultar, são evidentes: as fracas lideranças europeias, a quebra de confiança entre governantes e governados, a distância entre o prometido e o feito, entre o dito e a realidade, entre o diálogo e a guerrilha, entre a esperança e a decadência, entre os valores e o relativismo. A bandeira dos fundadores ainda flutua, faltam acções confiáveis que chamem ao quadrado para retomar alento e decisão.[1]

---

[1] Este texto foi lido num debate do Gabinete de Portugal do Parlamento Europeu, em 19 de Maio de 2011.

DORES E MAL-ESTARES

AFONSO SCARPA

O Universal é o local sem paredes.
Miguel Torga

Pode esperar-se de um jovem estudante universitário quase todo e qualquer tipo de opinião sobre quase todo e qualquer tipo de assunto. Preocupações e afrontas sempre conduziram os jovens ao caminho das fortes convicções, capazes de mover montanhas em várias direcções – muitas vezes opostas, ao longo dos séculos – mas capazes de as mover. As convicções juvenis serão depois amadurecidas, enriquecidas ou demovidas por completo: crescer, aprender e reconhecer são, de facto, desafios difíceis e exigentes, adiáveis mas inevitáveis. Inevitáveis também para a União Europeia, e é sobre ela, aprendizagem e também sobre crescimento que, como estudante universitário, esboçarei a minha opinião, na esperança de que ao ler novamente daqui por mais vinte e cinco anos o que agora escrevo, sinta que tanto eu como a União Europeia crescemos e aprendemos e seguimos os nossos próprios caminhos do reconhecimento.

Agradeço ao Senhor Professor Doutor Eduardo Paz Ferreira o convite para fazer parte de tão rico debate de ideias, anexando o meu contributo ao de prestigiados analistas e estudiosos da causa europeia. O meu contributo não pretende ser científico, político, Histórico ou jurídico mas sobretudo emocional. Assim, de bom grado reconhecerei um panorama diferente daquele que se encontra diante do meu campo de visão e conhecimento.

AFONSO SCARPA

De volta ao crescimento e às dores por este provocado. Dores de crescimento são sintomas de mal-estar para os quais não existe, muitas vezes, grande remédio a não ser a sabedoria do tempo. Hoje, uma vez mais, a nossa União Europeia padece destas dores, mais ainda quando se apresenta tão jovem aos idosos Estados que a compõem.

Em tempos de maiores dificuldades sociais e económicas como as que vivemos actualmente, levantam-se questões sérias e preocupantes, como as que têm sido ultimamente razões de ser de conferências, notícias e opiniões variadas com vozes de acordo e desacordo, incerteza e cepticismo.

Face às dificuldades, tomam-se medidas de emergência – muitas vezes pensos rápidos de credibilidade, analgésicos para os tormentos – que têm prejudicado drasticamente estratégias delineadas para a Educação e para o Ensino. Recordar que a fatia orçamental para 2012 dotada ao Ensino Superior sofreu uma talhada que ultrapassa 20% da dotação anual para 2011 é exactamente recordar um exemplo disso.

E assim, pergunta-se: de que forma estamos a investir no crescimento? De que forma desejamos verdadeiramente construir uma nação séria e competitiva, com os olhos postos no mundo? Estamos empenhados em solucionar crises dos próximos 2, 5 ou 10 anos, mas de que forma estamos empenhados em reestruturar para prevenir futuras crises? Mais ainda, pergunta-se: qual vai ser o efeito das políticas orçamentais de cada Estado membro – e das actuais políticas dirigidas ao quadrante da Educação – no crescimento da União e na formação de cidadãos Europeus?

São diferentes os entendimentos que correm desde o Estudante Universitário ao Professor Doutor, do Reitor da Universidade ao Director da Faculdade, do Funcionário da secretaria ao Professor Assistente mas, na generalidade, todos concordarão que tais medidas significam acréscimos na ginástica da gestão financeira, dilacerações nos recursos humanos, nas bolsas de estudo, nos materiais pedagógicos, numa parte demasiado significativa dos vencimentos e, em última instância, significam cortes na qualidade do ensino.

Tenho por certo que tais medidas significam, a longo prazo, a amputação dos membros da cultura e, acima de tudo, das ferramentas mais capazes para solucionar os problemas políticos, económicos e sociais da União Europeia.

Não teimar em investir de forma prioritária na formação e na cidadania, por via do ensino quer seja ele primário, básico, secundário ou superior, representa um abalroamento grave, muito grave, da oportunidade de "arrastar" multidões, em especial as camadas mais jovens, sob a bandeira do projecto europeu.

No plano das políticas públicas da União Europeia, a promoção da cidadania tem sido uma preocupação política, como ilustra o reforço dos mecanismos de mobilidade dos estudantes no *Programa de Aprendizagem ao Longo da Vida 2007-2013*, que reúne diferentes iniciativas educativas e formativas, permitindo aos estudantes a construção de parte dos seus percursos académicos noutro país da União. O sentimento de liberdade é já hoje praticamente ignorado por nós que não vimos nascer esta ideia mas que a usamos – e por vezes abusamos – esquecendo cada árdua etapa que permite hoje ser possível estudar *Derecho Fiscal* em Barcelona, *Droit International de l'environnement* em Paris ou <u>*Architettura del paesaggio*</u> em Roma, sentados ao lado dos povos que estudam matérias com peculiaridades próprias de cada área, especialidade, docência, cultura.

Contudo, bem formar um cidadão europeu não significa apenas dar-lhe a oportunidade de inscrever no *curriculum* a frequência em instituições ricas e reconhecidas pelo seu espólio cultural e científico; não significa apenas fomentar a aprendizagem de várias línguas, como inglês, espanhol ou italiano; não significa apenas conseguir formas de financiar, pelo mérito, oportunidades de mobilidade a Estudantes e Professores, para que conheçam novos horizontes. É tudo isso e muito mais, se alguma vez houver uma vontade séria por parte da União e dos Países que a compõem em esbater as disparidades culturais e, consequentemente – o busílis da questão é sempre esse –, as enormes dificuldades que se atravessam à sua frente.

O sentimento partilhado pelos já cada vez mais beneficiadores da experiência *Erasmus* reveza-se entre recordações para o resto da vida e admiração por conhecer pessoas com as mesmas idades, mas com um passado e um presente apenas comum em raros aspectos. Estudar fora é, ainda, estudar *fora* do nosso espírito cultural, mesmo que o *fora* seja dentro de uma fronteira Europeia. E, enquanto assim for, facilmente se compreende que o investimento político Comunitário destinado ao Ensino e à Educação, se tem restringido, em certa medida, à mobilidade, esquecendo a concretização de reformas de fundo e a criação de patamares comuns de conhecimento.

Os patamares comuns de conhecimento são a ideia de fármaco que gostava de acrescentar para aliviar as dores desta inevitabilidade que é crescer.

Bem formar um cidadão europeu é dar-lhe a oportunidade de conhecer como vive o Francês, o Alemão e o Italiano, sabendo que estes estudaram *Direito da União Europeia, Formação Cívica* ou *Estudo do Meio* com programas, métodos pedagógicos e materiais similares aos seus. Bem formar um Estudante Europeu é também garantir uniformidade de alguns conteúdos, da matemática, da educação física e da educação musical, na esperança de que o matemático, o atleta e o músico representarão orgulhosamente os seus países... e que os seus países representarão orgulhosamente a União. Bem formar um Político, um Professor, um Economista, um Gestor, um Mecânico ou um Biólogo passa por permitir-lhe que sinta, nos bancos da escola primária, que a *União Europeia* não é só uma ideia maravilhosa que começou com a *Comunidade Europeia do Carvão e do Aço*, cujas fronteiras se alargaram sucessivamente para abarcar novos Estados que se esperam ser capazes de prestar auxílio aos seus pares, reunindo e acordando no papel mecanismos de alcançar objectivos comuns.

Assim, enquanto as nossas crianças e jovens não forem educados enquanto cidadãos Europeus, será demasiadamente difícil de ultrapassar o sentimento de incompreensão perante o funcionamento da União e as incertezas quanto ao caminho em aberto para o futuro. Assim não se conseguirá corresponder à expectativa de prosperidade e de emprego gerada pelo mercado comum. Assim, podem suceder-se todos os processos de resgate, planos de financiamento, pagamento, negociação ou renegociação de dívidas, que nunca se conseguirá encontrar, verdadeiramente, paz e saúde no seio da União Europeia.

Mas a esperança é merecida. Depois de todos os passos dados e de vencidos ventos maiores, acreditar na sobrevivência da União Europeia, do *Euro* e dos Tratados Europeus, faz parte de um respeito vital pelos nossos antepassados e pela nossa História.

Permitam-me o idealismo: sou um jovem cidadão europeu e o meu futuro dá as mãos a uma jovem União Europeia.

Lisboa, 24 de Outubro de 2011

O QUE OS ÚLTIMOS VINTE E CINCO ANOS FIZERAM À MINHA IDEIA DE EUROPA

ALBERTO REGUEIRA

A minha ideia de Europa começou a construir-se ao longo dos anos 50 do século passado, em sincronia com o nascimento da Comunidade Europeia do Carvão e do Aço, secundada poucos anos volvidos pela formação da Comunidade Económica Europeia. Era então um adolescente em vias de me integrar na Universidade, tendo completado o curso de Economia no dealbar da década seguinte. Em Setembro de 1961 participei no encontro organizado pela Fundação Europeia da Cultura em Toulouse, visando a afirmação e a mobilização por um ideal europeu. Um espaço de livre comércio dotado de uma pauta aduaneira comum envolvendo os seus países membros e um conjunto de políticas também comuns era uma nova realidade institucional com considerável peso específico. Mas só por si talvez não constituísse lastro bastante para sustentar um ideal motivador. Os "pais fundadores" viam mais longe. Aqueles seriam passos de gigante para a construção de um futuro comum para a Europa das democracias. Dilacerado que foi o espaço europeu por duas guerras devastadoras num período de pouco mais de trinta anos, visava-se esconjurar para sempre os demónios da violência, do terror e da miséria, e assegurar a paz, a liberdade, a cooperação e o bem-estar numa União de países, povos e velhas culturas. Recordo o brilhante e inspirado "plaidoyer pour l'Europe" que Maurice Faure fez em Toulouse. E eu, e creio que todos os que lá estivemos, sentimos na altura que era por ali o caminho a seguir.

Por quase treze anos depois o caminho de Portugal para a Europa manteve-se obstruído. As democracias europeias não aceitavam projectos de futuro comuns com a arcaica ditadura portuguesa, embora não rejeitassem a relativa normalidade das relações comerciais. E assim tivemos de nos contentar por muitos anos com a ligação à EFTA, que nos abria certos mercados em condições preferenciais, mas nada mais proporcionava, nem tão pouco nos exigia.

Com a saída da EFTA do Reino Unido e da Dinamarca para aderirem à CEE, Portugal aproveitou a boleia para estabelecer um acordo de comércio livre com a Comunidade, em paralelo aliás com os restantes países da EFTA. E quase logo de seguida chegou 1974 e chegou Abril e o enraizamento institucional da democracia na nossa vida colectiva.

E como ia então a minha ideia de Europa? Como para muitos outros portugueses, a Comunidade Europeia, para além das conveniências do comércio facilitado e não-discriminatório, era um espaço supranacional de vivência livre e civilizada, determinado em atingir sociedades de bem-estar, onde as economias poderiam florescer e prosperar, onde os riscos sociais estariam diminuídos e humanizados, onde a cultura portuguesa poderia livremente interagir, fecundar e ser fecundada pelas mais prestigiosas tradições culturais que se poderiam encontrar por esse mundo fora. Tinha a esperança, ou melhor a certeza, de que as heranças de Fernão Lopes, Camões, Gil Vicente, o padre António Vieira, Garrett, Camilo, Eça, Antero, Pessoa, Rodrigues Miguéis ou Sena e tantos outros em diferentes áreas, estavam no plano exigível para um diálogo profícuo com os legados de Shakespeare, Goethe, Voltaire, Cervantes, Dante e tantos, tantos mais... Portugal, que ao longo da sua história quase milenar, tanto deu e recebeu da Europa, ao obter a sua entrada na actual União Europeia chegava finalmente à casa que também era sua, por direito próprio e no mais amplo possível mútuo consentimento.

Para falar com franqueza, o desenho institucional mais adequado à formação da União Europeia não estava ainda muito claro no meu espírito. Pensava que De Gaulle tinha alguma (bastante) razão quando se lhe referia como a "Europa das pátrias". E via mal como velhas nações com muitos séculos de história como a França, o Reino Unido, a Espanha ou Portugal, poderiam alguma vez aceitar "dissolver-se", em certa medida, numa unidade política do tipo "Estados Unidos da Europa".

Os Estados Unidos da América preencheram um vácuo que se criou com o fim da colonização inglesa e francesa. Tradição histórica muito antiga no território tinham os povos nativos, as nações índias. Mas estas foram dizimadas pela ambição e superioridade bélica, tecnológica e financeira dos novos colonizadores, predominantemente americanos de origem europeia, que expandiram o seu poder pelas pradarias ocidentais até ao Pacífico. Pelo contrário, na Europa não havia "índios", antes unidades políticas multisseculares ou, quando alguns desses países eram de formação recente – a Alemanha e a Itália nasceram já na segunda metade do século XIX – tinham resultado da integração política de Estados de menor dimensão, que partilhavam em larga medida uma língua, uma cultura, interesses económicos e sistemas de valores muito próximos.

Havia, no entanto, quem depositasse larga confiança no executivo comunitário para fazer avançar todo o espaço socio-político europeu para graus de prosperidade económica e progresso social sem precedentes e visse na imparcialidade e no sentido de equilíbrio da Comissão a melhor forma de defender os pequenos países comunitários das pressões dos seus parceiros mais poderosos para fazer antes de tudo vingar os seus interesses particulares. E quando uma personalidade como a de Jacques Delors assumiu a chefia desse executivo comunitário, por algum tempo este argumento ganhou uma nova credibilidade.

Duas décadas e meia passaram entretanto desde a adesão de Portugal à Comunidade, hoje União Europeia, e receio que o mundo tenha mudado muito, e que a minha ideia de Europa tenha passado a incorporar um apreciável grau de cepticismo.

Entendamo-nos. Não faz nenhum sentido procurar transferir culpas para a Europa das ilusões, dos erros de análise, da falta de visão estratégica, das incapacidades, incúrias e voluntarismos ocos que a tantos níveis se formaram em Portugal e que nos deixaram na situação com que nos defrontamos.

Recebemos ajudas financeiras substanciais para que as nossas estruturas económicas e sociais pudessem integrar-se tão harmoniosamente quanto possível no espaço europeu. Não podíamos nem devíamos admitir que tais ajudas iriam durar sempre. E se as utilizamos mal – e às vezes escandalosamente mal – sobre nós recai a maior quota-parte de responsabilidade.

Também ninguém nos obrigou a aderir ao projecto da moeda europeia. Fizemo-lo com alegre alvoroço, olhando só ao lado positivo da questão – e de facto a adesão ao euro contribuiu decisivamente para que os fortes movimentos inflacionistas desaparecessem da experiência portuguesa e tivéssemos à nossa disposição financiamentos abundantes a juros bem reduzidos.

Que, ao mesmo tempo, tivéssemos ficado sem instrumentos de defesa da economia nacional em caso de eventos desfavoráveis foi consequência que ao tempo preocupou pouco analistas e responsáveis, com um número reduzido de excepções, de que destacarei o prof. João Ferreira do Amaral.

Mas se as nossas responsabilidades não são transmissíveis, nem por isso é razoável deixar de registar o tristíssimo espectáculo a que temos assistido e que deixará em crise profunda uma ideia de Europa mobilizadora, solidária, humanista, como a desejámos e que em certa fase até pareceu ao nosso alcance.

E para chegarmos a esta situação de tempestade perfeita veio conjugar-se, a meu ver, um certo número de acidentes meteorológicos que devemos elencar:

a) sob pressão anglo-americana, a União Europeia alargou-se de repente a 27 países, aproveitando a oportunidade da implosão das "democracias populares", alguns dos quais dispunham de preparação questionável para, de imediato, jogarem o jogo implícito no método comunitário;

b) acompanhando o largo acolhimento dado às concepções extremas do liberalismo económico, quase por toda a parte triunfou uma propensão desreguladora do funcionamento dos mercados financeiros, coerente com a sempiterna crença na perfeita virtude das soluções ditadas pelo mercado livre;

c) perante o olhar desatento dos Estados, os mercados financeiros converteram-se, em larga parte, de instrumentos indispensáveis ao financiamento das actividades económicas em locais de especulação generalizada, cabendo aos orçamentos públicos a pouco invejável tarefa de cobrir as fortes perdas dos "jogadores" demasiado grandes para serem deixados ao seu destino, enquanto um número limitado de "players" embolsa tranquilamente os pingues frutos da especulação;

d) nem sequer a eclosão de uma grave crise económica levou a Europa e as suas estruturas de decisão a ultrapassarem um sentimento de indecisão e impotência face ao desregramento dos mercados financeiros, parecendo haver mais interesse em dirimir quem incorreu em culpa e no pecado e deve expiar, segundo os austeros princípios do calvinismo;

e) a quase geral falta de dimensão política e humana dos líderes com que a sina nos presenteou para governarem o mundo no final do Séc. XX e no princípio do Séc. XXI (sim, que o problema não é só europeu);

f) o recrudescimento dos egoísmos nacionais, resultante dessa falta de dimensão dos líderes (estes deveriam iluminar o caminho a seguir e propor aos seus povos objectivos relevantes e motivadores; mas os actuais, temerosos das suas próprias sombras, não passam de "contabilistas" que olham só para a coluna dos "Custos", ao mesmo tempo que fazem como se não existisse a coluna dos "Proveitos");

g) os grandes países desdenham o método comunitário e as instituições da União e quando acham que o tema é sério formam "directórios" *a latere* para tomada das decisões que mais lhes convenham e que depois compelem os parceiros a subscrever de cruz.

Perante isto, onde pára a ideia da Europa, sessenta anos depois dos seus "pais fundadores"?

Em boa verdade, afigura-se ferida de morte, essa partitura inspirada, complexa e empolgante colocada nas mãos canhestras de executantes de quinta ordem. Não é impossível que venha a encontrar uma segunda oportunidade – quase nada é impossível neste mundo! –, mas é preciso uma boa dose de cândido optimismo para se acreditar no que começa a tornar-se uma "história da carochinha".

Não que a Portugal convenha sair da Europa, mesmo sendo ela aquilo em que se tornou. Tudo leva a crer que uma decisão irreflectida só agravaria uma situação já de si espinhosa.

Como em certos casamentos que sobreviveram ao seu período de validade – Ingmar Bergman sabia falar deles como ninguém... – há interesses materiais que comandam a continuidade para além do vazio e da rotina. O sonho é que morreu.

QUE FUTURO PARA A UNIÃO EUROPEIA?

ANTÓNIO BRIGAS AFONSO

1. No essencial, a integração europeia começou por ser um projecto político que tinha como principal objectivo assegurar, no contexto da 2ª Guerra Mundial, uma paz duradoura e mais prosperidade na Europa. Durante meio século, a integração europeia garantiu a paz, a estabilidade e a prosperidade, ajudou a melhorar os níveis de vida dos cidadãos europeus, criou uma moeda única europeia e um mercado único sem fronteiras onde as pessoas, as mercadorias, os serviços e os capitais circulam livremente. Cumpriram-se assim as previsões de Vítor Hugo quando afirmou que "Virá um dia em que todas as nações do continente, sem perderem a sua qualidade distintiva e a sua gloriosa individualidade, se fundirão estreitamente numa unidade superior e constituirão a fraternidade europeia. Virá um dia em que não haverá outros campos de batalha para além dos mercados abrindo-se às ideias. Virá um dia em que as balas e as bombas serão substituídas pelos votos".

Apesar de se terem alcançado êxitos evidentes, a instabilidade vivida na Europa nestes últimos meses, e que teve origem na Grécia, ameaça por em causa a construção europeia, iniciado na década de 50 do século passado.

Para tentar responder ao desafio que me foi lançado e concretizar uma perspectiva quanto ao futuro da União Europeia, vou abordar dois processos distintos de harmonização fiscal a nível comunitário, em que parti-

ANTÓNIO BRIGAS AFONSO

cipei activamente, e que, do meu ponto de vista, são elucidativos quanto à possível evolução do processo de integração.

No primeiro caso estava em causa a harmonização comunitária dos impostos especiais de consumo, cujo processo se iniciou na década de 80 do século passado e no segundo a harmonização comunitária da fiscalidade automóvel.

Antes de me debruçar mais detalhadamente sobre cada um destes processos, importa salientar que o processo legislativo comunitário em matéria fiscal[1], inicia-se com uma proposta de directiva que a Comissão submete ao Conselho, nos termos do artigo 93º do Tratado, para harmonização das legislações fiscais, tendo em vista o estabelecimento e funcionamento do mercado interno. O procedimento decisório previsto para estas situações é o "procedimento de consulta" ao Parlamento Europeu e ao Comité Económico e Social, não sendo estes pareceres vinculativos.

No seio do Conselho, as propostas da Comissão começam por ser analisadas, numa perspectiva técnica, no Grupo de Questões Fiscais (IEC), em que participam peritos das administrações fiscais ou das representações permanentes dos Estados-Membros, bem como da Comissão, sendo estas reuniões presididas pelo representante do Estado-Membro que, semestralmente e, por enquanto, de forma rotativa, assume a Presidência da União Europeia. Posteriormente, estas propostas, caso reúnam condições para serem aprovadas por unanimidade, transitam para o COREPER, onde têm assento os embaixadores dos Estados-Membros das respectivas representações permanentes. Ao COREPER compete, por sua vez, preparar os trabalhos do Conselho, devendo, como regra, todos os pontos inscritos na ordem do dia de uma reunião do Conselho ser objecto de análise prévia do COREPER. Caso haja unanimidade neste órgão, as directivas são adoptadas pelo Conselho.

2. A harmonização dos impostos especiais de consumo, que incidem sobre o álcool e as bebidas alcoólicas, os produtos petrolíferos e energéticos e os tabacos manufaturados, foi o primeiro processo em que participei activamente. A necessidade de harmonizar estes impostos resultou da

---

[1] Com exclusão do direito fiscal aduaneiro que tem regras próprias, e que se encontra uniformizado e codificado no Código Aduaneiro Comunitário (CAC), aprovado pelo Regulamento (CEE) nº 2913/92 do Conselho de 12 de Outubro e nas Disposições de Aplicação do Código Aduaneiro Comunitário (DA), aprovadas pelo Regulamento (CEE) nº 2454/93 da Comissão, de 2 de Julho.

QUE FUTURO PARA A UNIÃO EUROPEIA

assinatura, em 1987, do denominado Acto Único Europeu, onde os então doze Estados-Membros da Comunidade Europeia assumiram o compromisso da criação de um Mercado Interno, durante um período que terminava em 31 de Dezembro de 1992, caracterizado pela eliminação das fronteiras intracomunitárias e a consequente liberdade de circulação de mercadorias, pessoas, serviços e capitais, nos termos das disposições do Tratado CE.

Relativamente à abolição das fronteiras fiscais era necessário resolver os problemas relacionados com os impostos cobrados por ocasião da passagem das fronteiras, designadamente, o IVA e os impostos especiais de consumo, que incidem sobre os produtos petrolíferos, os tabacos manufacturados, o álcool e as bebidas alcoólicas.

Desde 1987 até finais de 1992 foram discutidas as soluções técnicas com vista a permitir a efetiva abolição das fronteiras fiscais. As primeiras propostas da Comissão, conhecidas por Propostas Cockfield procuravam criar um único espaço fiscal nos então doze Estados-Membros em matéria de impostos especiais de consumo, à semelhança do que sucede com o território aduaneiro comunitário, relativamente aos direitos de importação, isto é, visavam a aplicação uniforme das mesmas regras em todo o espaço comunitário. Tendo em conta as divergências existentes nos então doze Estados-Membros, nomeadamente em matéria de taxas, onde se verificavam enormes desníveis, nomeadamente no sector das bebidas alcoólicas, a discussão das Propostas Cockefield chegou a um impasse, que só foi ultrapassado pelas chamadas Propostas Scrivener. Estas propostas consubstanciavam uma abordagem mais pragmática, deixando de se preocupar com uma verdadeira abolição das fronteiras fiscais, no seu sentido técnico rigoroso, para se preocuparem, fundamentalmente, com a abolição dos controlos aduaneiros nas fronteiras intracomunitárias.

As Propostas Scrivener vieram, no essencial, a ser contempladas na Diretiva nº 92/12/CEE, do Conselho, de 25 de Fevereiro de 1992, que procedeu à harmonização das disposições relativas ao regime geral, à detenção, à circulação e aos controlos dos produtos sujeitos a impostos especiais de consumo e nas Diretivas nºs 92/78/CEE a 92/84/CEE do Conselho, de 19 de Outubro de 1992, que procederam à harmonização das estruturas e à aproximação das taxas dos óleos minerais, do álcool e bebidas alcoólicas e dos tabacos manufacturados. Verdadeiramente, não se pode afirmar que estas diretivas aboliram as fronteiras fiscais dado que, na prática, cada Estado-Membro pôde manter, no essencial, os regimes fiscais dos impostos especiais de consumo que vigoravam em 31 de Dezembro de 1992, com especial relevância para as taxas que continuam a apresentar grandes variações entre os Estados-Membros. Houve, portanto, uma harmonização minimalista traduzida fundamentalmente na eliminação dos controlos aduaneiros nas fronteiras intracomunitárias e não uma abolição das fronteiras fiscais em sentido técnico rigoroso.

Apesar dos grandes obstáculos que foi necessário ultrapassar para se aprovarem as referidas diretivas, é de realçar o empenho que todos os Estados-Membros puseram na obtenção dos consensos necessários para se alcançar o objetivo de suprimir os controlos aduaneiros nas fronteiras intracomunitárias a partir de 1 de Janeiro de 1993. Apesar de as divergências serem enormes, foi possível ultrapassar todos os obstáculos para se chegar a um consenso, por uma razão muito simples: houve vontade política.

3. O segundo processo de harmonização fiscal em que participei ativamente, neste caso com a responsabilidade de presidir ao Grupo de Questões Fiscais do Conselho, foi a proposta relativa à tributação aplicável aos veículos automóveis ligeiros de passageiros constante do documento COM(2005) 261 final.

Como o Programa de Trabalho da Presidência Portuguesa da UE para a Economia e Finanças previa que se imprimisse uma nova dinâmica aos trabalhos referentes à proposta de diretiva sobre tributação automóvel, foi dada uma especial atenção a este dossiê.

Esta proposta de harmonização da fiscalidade automóvel tem como fundamento o facto de a Comissão considerar que a existência de 27 sistemas diferentes de tributação dos veículos ligeiros de passageiros provoca consequências nefastas a vários níveis:

- Coloca entraves ao bom funcionamento do mercado interno, dificultando a livre circulação dos automóveis na Comunidade;
- Gera situações de dupla tributação, pesados procedimentos administrativos e custos acrescidos para os cidadãos;
- Fomenta a fragmentação do mercado automóvel, impedindo as indústrias de tirarem pleno proveito das economias de escala.

Por outro lado, os automóveis são uma fonte importante de emissões de dióxido de carbono, desempenhando um papel de relevo no âmbito dos objetivos ambientais da UE, no quadro dos compromissos assumidos no Protocolo de Kyoto. As medidas fiscais constituem aliás um dos três

QUE FUTURO PARA A UNIÃO EUROPEIA

pilares da estratégia comunitária em matéria de redução das emissões de dióxido de carbono dos veículos ligeiros de passageiros. A utilização das medidas fiscais, combinada com os compromissos assumidos pela indústria automóvel e com a sensibilização dos consumidores, são determinantes para a realização do objetivo fixado pela União Europeia, que consiste na redução das emissões de dióxido de carbono.

É neste contexto que surge a proposta de Directiva em apreço, que tem como principais objetivos melhorar o funcionamento do mercado interno e reduzir as emissões de dióxido de carbono dos veículos ligeiros de passageiros. Para atingir tais objetivos a Comissão considera fundamental a revisão dos sistemas de tributação dos veículos ligeiros de passageiros na UE, no sentido de integrar as emissões de CO_2 na base tributável do imposto automóvel e do imposto de circulação e ainda proceder à transferência gradual do primeiro imposto para o segundo.

A fim de evitar a dupla tributação, em sede de imposto automóvel e de imposto de circulação, a proposta de Directiva apresentada pela Comissão prevê o reembolso do imposto residual na exportação de veículos para fora do território da Comunidade bem como nas situações de transferências de automóveis de um Estado-Membro para outro, tendo em vista a sua utilização permanente no país de destino.

A condução das reuniões do Grupo de Questões Fiscais revelou-se um grande desafio para a Presidência Portuguesa, face à complexidade da matéria, agravada pelo facto de existir uma total desarmonia dos sistemas de tributação automóvel nos 27 Estados Membros e ainda pela circunstância de ser necessária a unanimidade de votos para aprovação de legislação comunitária em matéria de fiscalidade. Apesar disso a Presidência Portuguesa fez um grande esforço, quer nas várias reuniões efetuadas, quer nos intensos contactos bilaterais com as vinte e sete delegações representadas no Grupo de Questões Fiscais, apresentando sucessivas propostas de redação que procuravam dar resposta às reservas levantadas, nomeadamente, pelo Reino Unido, Holanda, Áustria, Irlanda, Suécia e Estónia, tendo-se conseguido uma posição de consenso, do ponto de vista técnico. Nesta conformidade, a proposta de compromisso apresentada pela Presidência Portuguesa, constante do Documento FISC 154, foi submetida ao COREPER e, posteriormente, à reunião do ECOFIN de 14.11.2007. Surpreendentemente, os referidos Estados-Membros que, ao nível técnico, tinham dado o seu acordo à proposta, manifestaram a sua oposição na reunião formal do ECOFIN. Tendo indagado ao delegado holandês quais os fundamentos de tal posição, obtive uma resposta lapidar: os referidos Estados-Membros consideram que a harmonização da fiscalidade automóvel não é necessária...

Face a esta posição ocorre perguntar se serão pura ficção os inúmeros acórdãos do TJUE que têm considerado inúmeras disposições das legislações de vários Estados-Membros, em matéria de fiscalidade automóvel, incompatíveis com o direito comunitário? ou ainda se serão pura ficção as situações de dupla tributação e os enormes obstáculos existentes, nomeadamente burocráticos, quando um cidadão comunitário transfere o seu veículo para outro Estado-Membro?

Analisando, à distância, os dois processos de harmonização da fiscalidade a nível comunitário, o que sobressai é a diferença de atitude dos Estados-Membros em 1992 e em 2007. No primeiro caso, apesar das enormes dificuldades existentes em 1992, havia vontade política para se encontrarem soluções comunitárias para os problemas, ao contrário do que sucedia em 2007 e sucede actualmente. Os desafios de manutenção da paz, da prosperidade e da estabilidade, não só se mantêm actuais, como surgiram entretanto outros desafios estratégicos para o futuro da União Europeia, com destaque para a preservação da moeda única e a continuação da liderança europeia contra as alterações climáticas que ameaçam não só o futuro da União Europeia como de toda a humanidade.

Os fundamentos que estiveram na génese da construção europeia e deram corpo ao projeto político europeu não só permanecem atuais, como se reforçaram e são vitais para o nosso futuro colectivo. Porém, apesar dessa evidência, é confrangedor observar o auto proclamado "directório" dos líderes europeus, de cimeira em cimeira, de encontro bilateral em encontro bilateral, com uma errática gestão diária dos assuntos e a instabilidade financeira a agravar-se, sem que se vislumbre um esboço de uma visão estratégica ou respostas minimamente consistentes para a grave crise que a União Europeia atravessa, que não é da Grécia, da Irlanda ou de Portugal, mas sim do Euro e da União Europeia.

A questão que se coloca, embora possa parecer surpreendente, parece óbvia: será que o referido "diretório", à semelhança da posição assumida quanto à harmonização da fiscalidade automóvel, considera que o projecto europeu deixou de ser necessário e a França ou a Alemanha (ou qualquer outro Estado-Membro) vão manter o mesmo nível económico e social após um eventual colapso do Euro e do projecto de integração europeia?

A UNIÃO EUROPEIA
E A UNIÃO ECONÓMICA E MONETÁRIA: FRAGMENTOS

ANTÓNIO CARLOS DOS SANTOS

1. Em bom rigor, a União Europeia (UE) não tem um modelo de integração económica e política. A integração económica fez-se com a união aduaneira e com a construção (incompleta) do mercado interno, mas a simples fusão de territórios aduaneiros e agregação de mercados nacionais não produz, por si só, uma real integração económica que exige coesão económica, social e territorial e desenvolvimento económico equilibrado e sustentável. Ora a experiência mostra não haver uma única via para atingir estes objetivos, como mostra que, para muitos, ao contrário do que os tratados proclamam, estes não são sequer objetivos da UE.

Em seguida, procurou-se aprofundar a integração económica e financeira com a construção da União Económica e Monetária (UEM). Mas, com a vitória das teses alemãs sobre as francesas, a UEM satisfazia-se com a convergência nominal das economias dos Estados Membros (EM) e não com a sua convergência real. Como veremos melhor, este modelo de UEM mostra, de há muito, não estar à altura das circunstâncias.

Acresce que a integração política não era um objectivo manifesto nem assumido aquando da criação da CEE, mesmo num momento em que existia uma certa homogeneidade entre os EM fundadores. Houve e há, é certo, algumas propostas de índole federalista. Mas o impasse do projeto de Altiero Spinelli (1984), a adesão do Reino Unido à CEE (segundo

De Gaulle, o cavalo de Tróia da América) e, mais recentemente, a forma como o alargamento a Leste foi concretizado, congelaram esses propósitos por muitos anos. A verdade é que estamos habituados a pensar a realidade atual com conceitos antigos (Estado Federal, Confederação, Organização Internacional) quando tais conceitos não servem para descrever a construção europeia. A União, esse OPNI (objeto político não identificado) na opinião de Jean Monnet, não encaixa nessa classificação tripartida e, diga-se de passagem, será difícil que assim aconteça.

2. A pertença a um espaço geográfico partilhado por Estados e Povos tão diversos não traz consigo uma identidade europeia. As formas da construção desta identidade surgem como algo artificiais (um hino, uma bandeira, uma cidadania comum de segundo grau, uma moeda parcialmente comum, um sistema jurídico de sobreposição, um eventual imposto europeu, etc.) e não apagam as diferenças culturais, linguísticas (estas desafiadas hoje pela dominação em curso da cultura e língua anglo-saxónicas), religiosas, jurídicas e mesmo políticas. Existem identidades nacionais, identidades regionais no seio de identidades nacionais e uma progressiva identidade dos seres humanos em torno da ideia de uma humanidade universal e de uma casa comum. Mas a identidade europeia como identidade supranacional é algo de embrionário, frágil e distante.

Aliás, se dúvidas houvesse, os tempos difíceis em que vivemos, repletos de egoísmos nacionalistas, de quebras de solidariedade, de moralismos a roçar o racismo, chegam para comprovar que não existe qualquer nação europeia em construção nem sequer uma verdadeira identidade europeia. A história mostra-nos que os Estados federais onde essa identidade era artificial não passaram de quimeras ou de técnicas de dominação política. A construção de um Estado federal europeu, pelo menos nos tempos mais próximos, não passa de um *wishfull thinking*, de uma palavra mágica, de uma fuga em frente ou de uma arquitetura institucional vazia.

3. A adesão de Portugal (como a de Espanha e a da Grécia) à então CEE foi decidida, em grande parte, por razões políticas. Tratava-se de consolidar sistemas democráticos em países que tinham sofrido longas ditaduras. A transição portuguesa para a democracia foi efectuada pós Bretton Woods (1971) em tempos de grave crise económica (crise petrolífera), num contexto de Guerra Fria e numa época em que foi preciso resolver os problemas da descolonização com o consequente regresso de cerca de 500 mil cidadãos ao país. A consolidação do regime democrático fez-se com a aprovação da Constituição de 1976 e com a adesão à então CEE. A adesão funcionou como uma espécie de plano Marshall para os países da Europa do Sul (Portugal, Espanha, Grécia) recém-saídos de longas e obscurantistas ditaduras.

Hoje, Portugal é um país muito diferente, para melhor, do que era no início dos anos 80, em particular nos planos cultural, científico, tecnológico e mesmo económico. Mas é também conhecido que Portugal não tirou partido dos fundos comunitários que faziam despejar entre nós consideráveis rios de dinheiro. Esbanjamento de recursos em formações profissionais, muitas delas inúteis ou inexistentes, uma política de betão que pôs o sistema político na dependência dos *lobbies* da construção civil, obras de regime por vezes mastodônticas (a sede da CGD é um exemplo que evoca o regime de Ceausescu, etc.), casos vários de corrupção foram, entre outros, exemplos de desperdício de recursos que se prolongaram até aos nossos dias em manifestações de um novo-riquismo deslumbrado e provinciano (estádios vazios, autoestradas supérfluas, rotundas, pavilhões desportivos, etc.).

4. A UEM foi apresentada como o prolongamento natural do mercado interno. Era a lógica das fases de construção europeia por arrastamento (*spill over*), a última das quais seria a unificação política, ainda que de modelo incerto. Era também a lógica da Europa se afirmar no concerto das nações como potência económica e financeira, procurando compensar deste modo a sua relativamente reduzida esfera de influência política, militar e diplomática. Só que este caminho não seria nunca fácil, pois, tirando a união monetária entre Bélgica e Luxemburgo, não se conhecia nenhuma outra que tenha durado sem prévia união política.

Entre 1993 e 1995, em vários escritos então publicados, levantei dúvidas sobre o projeto de construção da UEM. Vivia-se, na altura, o ambiente da queda do muro de Berlim, falava-se do fim das ideologias e mesmo do fim da história, a ciência económica (ou melhor, a teoria económica dominante) consolidava a sua (aparente) separação da política e era tida como uma ciência dura, as crises eram vistas como fenómenos do passado ou reguláveis sem problemas de maior, etc. É neste ambiente que se gerou a UEM, sem que se valorizasse suficientemente que o espaço europeu não era uma zona monetária ótima, que os países que a integraram tinham grandes assimetrias económicas e sociais, que os mecanismos institucionais previstos para o seu governo eram escassos e insuficientemente definidos. O BCE e o SEBC têm uns estatutos mais rígidos que os da Reserva Federal americana e que os do próprio *Bundesbank*, pois inspiram-se nos estatutos do banco central alemão do pós-guerra. O Eurogrupo tem uma existência informal, sem estatuto definido e onde o BCE e a Comissão dispõem de excessiva influência. Os critérios de apreciação do Pacto de Estabilidade e Crescimento (PEC) davam muito mais importância ao défice que à dívida. A entrada da Itália e da Bélgica no euro aconteceu com, num caso e noutro, dívidas públicas acima dos 100% do PIB, sendo baseada no simples compromisso (nunca cumprido) destes Estados iniciarem uma trajetória descendente da dívida até aos 60% do PIB definidos no PEC. Acresce que a aceitação da Grécia no euro foi feita, com conhecimento geral, com muita "água benta" justificada pelo conflito com a Turquia. A coordenação das políticas económicas dos Estados que integram a área do euro, sendo mais forte do que muitas vezes se proclama (a conformidade das decisões dos EM com as grandes orientações de política económica é tomada em conta na aplicação do PEC), não é suficientemente eficaz. Além disso, cedo se tornou patente que muitos Estados não iriam cumprir os célebres critérios de convergência (inclusive a Alemanha e a França que, em 2003, foram salvas de sanções por Portugal). Este episódio de diferente avaliação de um laxismo consentido deu um péssimo sinal aos EM: todos eram iguais, mas uns eram mais iguais que outros. Ainda hoje (segundo dados oficiais de Outubro de 2010) a grande maioria dos EM não cumpre o critério do défice, o critério da dívida ou ambos.

5. Desde cedo, pois, muitas dúvidas foram levantadas quer quanto à arquitetura institucional do euro, quer quanto ao facto de não ter havido suficiente esforço no sentido da convergência real dos EM, quer, como ocorreu com Portugal, quanto ao nível a que foi fixada a irreversibilidade das taxas de câmbio. Nenhum esforço sério de harmonização fiscal foi entretanto efetuado. A UEM e os EM que a integravam, dizia-se (como hoje se vê, com inteira razão) não estariam preparados para responder a choques assimétricos.

Só a existência de outros mecanismos (um fundo monetário europeu, um BCE que fosse um verdadeiro banco central, com objetivos mais diversificados, com poderes de emissão monetária e dotado de menor independência, um orçamento comunitário muito mais robusto, a criação de euro-obrigações e o reforço das medidas de coesão social e territorial) poderia permitir que os Estados importadores líquidos e periféricos da área do euro resistissem a choques assimétricos. Não bastavam os esforços para tornar o PEC menos estúpido.

Mas as teses alemãs triunfaram e a UEM, o BCE e o euro são o que são. O euro, desvalorizado em relação ao "euromarco", sustentou a política alemã de industrialização e de exportação centrada em contenções salariais. Além disso, a Alemanha pode efetuar, sem sobressaltos de maior, a reunificação do seu território e reconstruir o seu espaço vital com o alargamento a leste (a *Mitteleuropa*) pressionado por razões políticas, quando seria mais sensato que os novos EM tivessem aderido, numa primeira fase, ao Espaço Económico Europeu. Durante este tempo, assistimos, pelo contrário, na França e em outros Estados do Sul a um processo de desindustrialização e à opção por aquilo que alguns economistas chamam *l'économie des loisirs*. No que toca a Portugal, a adesão, mal negociada, significou também a subalternização da agricultura, das pescas e da indústria e o triunfo da peregrina ideia de que poderíamos viver do turismo (que tem muito menor projeção que o turismo na Grécia) e de alguns serviços. Acresce que Portugal foi ainda prejudicado pela forma como foram negociados e aplicados certos acordos no quadro da Organização Mundial do Comércio.

6. Aquilo que mais se temia e mais se exorcizava, veio, porém a acontecer. A ideia que as crises eram coisa do passado revelou-se falsa, o que não espantaria quem quer que se recordasse que as crises são inerentes ao sistema económico capitalista. Alguns economistas haviam, é certo, previsto a eminência da crise. Mas não pertenciam ao pensamento ortodoxo dominante e, por isso, os seus avisos foram desvalorizados. Durante mais de uma década as crises foram surgindo, na Ásia, no Brasil, no México, na Argentina e nos próprios Estados Unidos, mas sem incidência de maior na Europa. Mesmo nos Estados Unidos a crise provocada pelo *crash* bolsista de 1985 e a crise do *dotcom* foram sendo, com maior ou menor dificuldade, debeladas. Deste modo, quando em finais de 2006 começam a surgir sinais de estarmos perante uma grande crise internacional, cujas causas principais não se localizavam na esfera dos Estados nem do sector produtivo, mas do sistema financeiro (invocar em sentido contrário o caso do *Freddie Mac* e do *Fannie Mae* é pura mistificação), os poderes públicos e os próprios reguladores (uma regulação tecnocrática, apolítica) não estavam preparados para afrontar fenómenos desta envergadura. Crise esta que de financeira se transformou em económica e que tem sido, além disso, potenciada por situações onde reina a incerteza e a imprevisibilidade (preços da energia e dos bens alimentares, tsunami no Japão e reaparecimento do medo da energia nuclear, revoltas nos países árabes, vulcões em actividade e até a chamada "epidemia do pepino", episódio bem revelador de atribuição de causalidade externa por parte da Alemanha: a culpa só podia ser de um dos PIIGS).

A primeira tentativa séria de a Europa afrontar o problema dá-se num Conselho ECOFIN de Outubro de 2008. Muitas das medidas aí decididas para atacar a crise (bem como outras avançadas em cimeiras posteriores até finais do primeiro trimestre de 2009) incentivaram os Estados mais atingidos a recorrer a programas de auxílios públicos e a despesas suplementares ao longo de 2009 e 2010. Todos pareciam, então, fervorosos adeptos de Keynes. Outras medidas, como fazer pagar a crise a quem a provocou ou aprovar medidas de reforço da regulação financeira, apesar de originarem alguns projectos recentes, nunca tiveram até hoje uma aplicação séria. Pelo contrário: aos primeiros sinais que a crise estaria a ser controlada, a União, ainda em 2009, voltou à velha ortodoxia, agora reforçada pela pressão dos agentes financeiros salvos da crise por intervenção pública. A questão das dívidas soberanas (largamente decorrentes de orientações anteriores da UE) passou a ser a prioridade das prioridades. Aos poucos assistimos ao regresso das mesmas vozes e das mesmas práticas que estiveram no desencadear da crise. A UE agarrou-se aos seus dogmas e procurou impô-los à primeira vítima, a Grécia, recorrendo mesmo à ajuda do Fundo Monetário Internacional. A UE dá sinais de grande desorientação e entrou em processo de desconstrução. O Presidente da Comissão não tem força, sendo duvidoso que possua uma estratégia de combate à crise, e há muito que a Comissão deixou de ser vista como a defensora dos pequenos Estados. O presidente da UE não chegou a entrar em combate. A Alemanha, secundada pelos EM exportadores líquidos, afirma o seu poder. A França luta desesperadamente para não perder o comboio, aparecendo como parceiro menor da Alemanha. O Reino Unido prossegue a sua política de influência estratégica. Os dirigentes dos principais Estados mostram-se mais preocupados com a sua reeleição do que com a União Europeia. Impera, em suma, a *realpolitik*. A Europa das Nações soçobra perante as bandeiras dos pecadores a meia haste ou caminha, sem legitimação democrática suficiente, para uma forçada Nação Europa. A Grécia transforma-se num protectorado (a ideia de pretender retirar à Grécia o controlo da cobrança de impostos é um símbolo disso mesmo). Só não se nomeia um regente europeu (de preferência alemão ou de país afim) para a Grécia porque isso tornaria patente que a pátria da democracia estava sob o jugo dos novos poderes tecnoburocráticos. Tem menos custos reger por interpostas pessoas.

Eis um terreno propício para o populismo, para o irracionalismo, para o crescimento das ideias anti-democráticas e para a afirmação de nacionalismos agressivos. Não creio que isto tenha alguma coisa a ver com o projeto de construção de uma União Europeia. Só me traz à memória as palavras de um dissidente soviético que há tempos, comparando a desagregação da URSS com a desconstrução da União Europeia dizia, com fina ironia, "eu vivi o vosso futuro".

7. Hoje discute-se abertamente na Europa (e fora dela) a possibilidade do fim do euro. Este debate justifica-se plenamente, pois há que saber quais as reais consequências dessa hipótese e qual o preço a pagar pela permanência no euro. Se é exato que, por exemplo, para Portugal a saída do euro representaria (entre outras coisas) uma quebra do rendimento disponível dos portugueses de 30% a 40%, então a verdade é que os funcionários públicos e os pensionistas (a manterem-se como tudo indica, os cortes nos subsídios e vencimentos) já saíram do euro. Com um senão: se Portugal vier mesmo a sair (ou for forçado a sair) do euro irão sofrer nova desvalorização de vencimentos e pensões. Até agora, o executivo tem conseguido fazer passar duas ideias, ambas suscetíveis de contraditório: a de que vivemos acima das nossas possibilidades e a de que não há alternativa ao programa de *empobrecimento* que um despotismo iluminado pela crença em amanhãs que cantam (empobrecer hoje para enriquecer amanhã) nos impõe. Nunca se diz quem vive acima das *nossas* possibilidades nem que foram deliberadamente afastadas alternativas para, à boleia da *troika* nos enfiarem num caminho único que mais parece um beco sem saída. A reação mais óbvia é fugir. Quando o pacote de serviços oferecido por uma jurisdição é inferior (em quantidade e qualidade) ao que por ele se paga (através de impostos ou de medidas de efeito equivalente) a teoria económica dominante tem uma resposta: votar com os pés. Infelizmente é o que começa a acontecer sobretudo com os jovens, em particular, os mais qualificados, que saem em busca de melhores condições de vida em outros países e isto numa sociedade com problemas demográficos evidentes. Mas, para os nossos tecnopolíticos estrangeirados, isto não é um problema, é antes uma forma de Portugal se afirmar no mundo.

ANTÓNIO CARLOS DOS SANTOS

8. A médio prazo não se espera uma alteração substancial da arquitetura institucional do euro e das políticas da UE, nem se espera uma alteração das políticas internas. Que mais não fosse, por precaução, Portugal, mesmo apostando na sua continuação na área do euro, deveria renegociar os prazos de cumprimento do acordo, os juros, a substituição de medidas mais gravosas por outras menos gravosas, as condições para o refinanciamento da economia real, etc. E devia ter sempre um plano número dois, para o caso do euro não ter futuro (se nada mudar, o euro não tem mesmo futuro: até poderá ultrapassar combalido esta crise, mas dificilmente superará a seguinte...).

Qualquer que seja a estratégia portuguesa, ela tem obviamente custos e riscos, que são muitos, pois as principais variáveis em jogo não são controláveis por um país periférico como o nosso que tem pouco peso económico no quadro europeu e até hoje não conseguiu fazer valer os argumentos (língua, cultura, CPLP, mar, etc.) que lhe poderiam dar um peso político superior ao económico e financeiro. Se pensarmos nas taxas de juro previstas para os empréstimos a pagar, se pensarmos nos possíveis efeitos de contaminação da situação grega, se pensarmos na periclitante situação da Itália, da Espanha, da Bélgica e mesmo da França, se pensarmos que muito boa gente na Europa pretende uma refundação da União cingida aos países do centro (o Tratado de Lisboa foi feito para apaziguar esses fantasmas, mas a realidade mostra que não apaziguou coisa nenhuma), se pensarmos que novos mecanismos europeus só estão (estrategicamente) previstos para 2013, se pensarmos que o acordo mais recente não passa de uma aspirina, se pensarmos no frágil consenso político e social relativo ao programa da *troika* (tardiamente divulgado em português e que a maioria dos nossos concidadãos desconhece), fácil é tirar a conclusão. Foi, aliás o que fez Pacheco Pereira em recente escrito.

Espero enganar-me. Não gostaria de engrossar o grupo dos profetas da desgraça. E sei que a História demonstra que Portugal já ultrapassou muitas situações difíceis. Mas não posso deixar de ser realista quanto ao nosso futuro próximo. Ninguém pode garantir que no final de 2013 estejamos melhor e não mais próximos da situação da Grécia. Ninguém pode garantir que amanhã não digamos "nós somos gregos". E ninguém, de boa fé, pode arredar a hipótese de renegociações, reestruturações da dívida como não pode arredar a hipótese que a loucura permaneça e nos exijam ainda medidas mais gravosas.

Sobre tudo isto, os portugueses deverão ter a última palavra. Quanto devemos, porque devemos, toda a dívida é lícita, eis algumas das interrogações que exigem resposta. Quanto ao mais, subscrevo as sábias palavras do Presidente da Islândia quando, em recente entrevista, afirmou que entre os mercados e a democracia, optava pela democracia (no caso um referendo à dívida), levando a sério os direitos do seu Povo.

Defesa da democracia, defesa do Estado de direito, defesa da Constituição, defesa de uma União baseada nos direitos fundamentais eis um programa de resistência política. Não temos que viver num Estado com uma Constituição sob reserva do possível, não temos que aceitar que as leis e tratados se convertam em fórmulas vazias, num direito semântico.

Democracia? Estado de direito? Europa como comunidade de direito? Eis três boas ideias. Como diria Gandhi, talvez devêssemos pô-las em prática.

30 de Outubro de 2011

REVISITAR HOJE O CAMINHO LONGO PARA A EUROPA

ANTÓNIO CLUNY

1. Dar um testemunho pessoal do que foi e significou a experiência da adesão e integração de Portugal na UE pode, nas actuais circunstâncias, tornar-se num exercício algo espinhoso.

Espinhoso na medida em que esse testemunho vai reavivar os percursos próprios, as dúvidas esperançosas que essa Europa inspirava, as expectativas curiosas que se lhe sucederam e até, há que reconhecer, algum deslumbramento e alegria que, com mais ou menos temores e divergências, de facto, se seguiram à integração.

A ideia da Europa como um novo palco colectivo das aspirações políticas, económicas e culturais pôde, por isso, traduzir-se, pelo menos para alguns dos que pertencem à minha geração, nos termos sintéticos de um conhecido texto publicitário: "*primeiro estranha-se, depois entranha-se*".

Saber, agora, como viver com ela, com essa ideia inicialmente desconfiada e depois ingenuamente entusiasta da Europa, suscita-nos, por isso, a necessidade de refazer contas e isso leva-nos, inevitável e simultaneamente, a sorrir, a indignar e a protestar.

2. A Europa era, desde há muito, um dos lugares míticos para todos quantos viveram, já com alguma idade, os últimos tempos do anterior regime e as pequenas ou grandes lutas para lhe pôr fim.

Para lá emigraram muitos portugueses cujo esforço bruto ajudou a manter os que por cá ficavam.

Lá tiveram refúgio, também, os que se recusaram a pactuar com uma guerra injusta.

Era de lá que vinham os livros que cá não se podiam comprar e ler. Era de lá que vinha a música que cá, entretanto, aos poucos, também se ia ouvindo. Era de lá que vinham os gritos das revoltas e a esperança nas mudanças que moldavam, apesar de tudo, já então, a nossa maneira de viver e de ver o mundo.

A nossa Europa, aquela que nos emocionava, era, por esse tempo, fundamentalmente, a França e a Inglaterra.

Da França vinha a cultura, o cinema, o pensamento e a revolução. Da Inglaterra, a música, uma arte nova e popular, a roupa irreverente, a transgressão, uma forma moderna e menos preconceituosa de olhar e viver a vida e os outros.

Com a democracia e a adesão à UE, as fronteiras e a ideia de Europa que tínhamos e a que ambicionávamos alargaram-se, felizmente.

Desde logo Espanha, que apareceu refrescante, vaidosa e sedutora, como uma prima misteriosa de que nos separáramos há muito e que parecia ter voltado de uma longa viagem ainda mais bonita do que a conhecêramos. Vinha carregada de presentes: nova literatura, cinema, gastronomia renovada, a *movida*.

Depois a Itália, a Alemanha e todos os outros que, do norte ao sul da Grécia, se nos iam apresentando como familiares mais ou menos distantes, de quem sempre soubéramos a História e as histórias de quem lêramos sempre as cartas sérias e reflectidas e que, por isso, não ignorávamos.

Mais tarde, com as mudanças a leste, chegaram ainda outros povos e outras culturas. Entraram-nos pela casa com uma dignidade de pobres recentes, mas mais ilustrados e cultivados que muitos de nós. Tocaram-nos música cujas frases reconhecíamos ainda naquela que também nos era querida e aceitámo-los como amigos que eram dos nossos amigos.

Cedo, porém, vimos que a ideia generosa e genuína de Charles De Gaulle – *"uma Europa do Atlântico aos Urais"* – que agora parecia possível, nos fora interdita pela vontade de vindicta dos implacáveis vencedores da guerra-fria.

Talvez tenha sido nesse momento que algo se começou a deteriorar nessa ideia mítica e cultural de uma Europa diversa, mas solidária, que nos fora prometida.

Enquanto vivíamos maravilhados com as novidades e a "abundância" brindadas pelo novo mito – o modelo social europeu – não reparámos, entretanto, no mais verdadeiro paradigma económico de que a Europa e os seus burocratas se muniam.

Com o *agrément* e o entusiasmo interessado dos beneficiários da nova ordem mundial, ia sendo edificado, à revelia da vontade expressa e da sensibilidade política dos povos da Europa, muitas vezes sem referendos esclarecedores e outras, até, contra eles, esse outro modelo económico que continha já o gérmen da negação daquele que nos havia sido prometido.

Firmaram-se tratados, aboliram-se fronteiras, unificaram-se as leis, reconheceram-se novas exigências sociais, declararam-se novas e promissoras Cartas de Direitos, que proclamavam, solenes, a sua perenidade.

Criava-se, enfim, uma moeda nova – o euro – e, apesar de alguns avisos, todos nos sentimos então mais ricos e importantes.

3. Como magistrado tive a possibilidade e a alegria de, junto com colegas de muitos países, participar na aventura comum da construção dos princípios de uma organização judiciária nova e mais democrática para a Europa.

Pertencendo à direcção de uma associação europeia de magistrados (juízes e procuradores) que, precisamente, se intitula "*magistrados europeus pela democracia e as liberdades*", pudemos contribuir, no seio de organismos do Conselho da Europa e de União Europeia, com a nossa reflexão colectiva e as nossas ideias comuns para a reforma e democratização dos sistemas judiciários não só dos novos países que se iam integrando na UE, como, também, dos outros que a ela pertenciam e, ainda, dos que se lhe querem associar.

Foi um trabalho estimulante que nos fez percorrer experiências diversas e que nos permitiu perceber, afinal, a sofisticada e cosmopolita cultura jurídica que as faculdades de direito portuguesas nos haviam, afinal, proporcionado.

Foi essa cultura que, em muitos casos, nos permitiu alcançar melhor a raiz exacta dos problemas e as dificuldades de adaptação que subsistiam nos sistemas dos novas nações aderentes e os bloqueios e preconceitos que blindavam às mudanças os sistemas judiciários das mais antigas democracias.

Recordo-me, a propósito, nos finais dos anos oitenta do século passado, de uma discussão que durou horas, aquando da redacção, em francês, de uma declaração sobre o estatuto dos juízes. Os nossos colegas franceses recusavam-se a inscrever nesse documento a expressão "*estado de direito democrático*" que, segundo diziam, constituía, na sua língua, uma tautologia: Estado Direito era, numa visão herdeira da revolução francesa, necessariamente democrático.

Depois de uma longa explanação sobre a importância histórica e jurídico-constitucional, que para muitos de nós, italianos, espanhóis, portugueses e até alemães, esse conceito constitucional revestia, só após a dissecação do que, de facto, fora e de como juridicamente havia chegado ao poder o regime da chamada *República de Vichy*, que alguns colegas portugueses tiveram, por fim, de recordar, os magistrados franceses acabaram por aceder à junção do qualificativo *democrático* à expressão "Estado de Direito".

Poucos, como os magistrados portugueses, demonstraram, com efeito, no seio dos diversos grupos de trabalho europeus, conhecer melhor os cultores de direito penal alemão, as obras de direito civil e administrativo italianas ou francesas, as novas correntes do direito anglo-saxónico.

Poucos, com tanto entusiasmo e abertura de espírito, participaram, depois, nas reformas e na modernização do sistema legal do seu país.

4. Quando hoje, entre alguma verdade e muita mentira, ouvimos falar da total ineficiência do sistema jurídico e judiciário português, não podemos, por isso, deixar de sentir alguma angústia e de nos questionar sobre o que verdadeiramente ignorámos e em que falhámos.

Talvez que tenhamos chegado tarde e o Direito que sabemos e que muitos querem ainda aplicar, acreditando assim estar a fazer Justiça, não sirva já a esta Europa em que vivemos.

Uma Europa em que, como cedo expunha Michel Foucault, em o *Nascimento da Biopolítica*, a razão da economia se substituiu à razão do Direito e é a ela – na sua hegemónica ordem neo-liberal – que compete hoje assegurar o consenso político que antes era preservado pelo direito público aprovado pelos representantes do povo nos parlamentos nacionais e nos fóruns internacionais.

Essa nova ordem não é democrática porque ninguém a discutiu ou a aprovou: existe. Existe porque quem governa são os donos de uma economia que não tem Estado, não tem Constituição, não serve nenhum povo em especial e paira mesmo sobre os tratados internacionais que lhe não convêm.

Daí que não nos surpreendam muito as afirmações entristecidas daqueles constitucionalistas que, avassalados, quase parecem ter relegado para o baú das antiguidades inúteis tudo o que escreveram e defenderam ao longo de uma vida de brilho e esperança.

Isso só pode significar que a Europa, que, com mais ou menos dúvidas, ajudámos a fazer, pouco tem a ver, de facto, com aquela que nos foi anunciada como um destino de redenção, enquanto país, povo e cultura.

A Europa solidária, a Europa do progresso, a Europa dos cidadãos, da justiça social e da cultura parece hoje transtornada e à deriva.

E, todavia, foi essa ideia de Europa que se *nos entranhou* e por que muitos de nós querem agora continuar a lutar.

Essa luta terá, no entanto, de ser conduzida na companhia de todos os que, já cidadãos assumidos dessa Europa mítica, compreenderam, por fim, que, cada um por si, nada consegue contra um conjunto de interesses, sem pátria nem cultura, que se hoje destrói os direitos de um povo, amanhã ignora e espezinha os de outro.

Talvez que a história dos europeus que se opuseram àquela que veio a ser conhecida como a Grande Guerra (1914-18) nos inspire e ensine a ultrapassar as divisões que, então, conduziram os povos ao matadouro.

É que, se a crise actual durar e se agravar ao longo do caminho que nos é proposto, nada nos garante que, de uma ou outra forma, esta Europa não acabe, também, numa catástrofe.

Importa, por isso, continuar a lutar por uma Europa onde o Direito – a ordem humanista que, mesmo nos momentos mais cruéis, sempre uniu os povos europeus na recusa da barbárie – continue a fazer sentido.

Lisboa, 25/10/2011

O QUE NASCE TORTO

BREVE REFLEXÃO SOBRE A UNIÃO ECONÓMICA E MONETÁRIA

ANTÓNIO GOUCHA SOARES

Este texto pretende fazer uma breve reflexão sobre duas questões formuladas pelo Coordenador do livro: a união económica e monetária foi um passo lógico ou necessário na integração europeia? A forma como a união económica e monetária foi concebida era adequada aos objectivos pretendidos?

O objectivo de uma união económica e monetária foi relançado na agenda da construção europeia pelo Presidente Delors. Com efeito, embora tivesse constituído a preferência inicial do seu primeiro mandato, em 1985, Delors cedo percebeu que não conseguiria obter o consenso dos Estados-membros para realizar semelhante empreitada.

Assim, e inspirado pela melhor tradição neo-funcionalista, seguiu o exemplo de Monnet de promover a integração europeia através de uma estratégia de pequenos passos, preferindo angariar o apoio dos Estados--membros para o programa do mercado interno, o qual visava a concretização do objectivo inicial do Tratado de Roma, ou seja, a realização do mercado comum.

Com a entrada em vigor do Acto Único Europeu, que corporizou a estratégia para o relançamento da integração europeia por via do mercado interno, Delors pensou de imediato no acontecimento seguinte que importaria colocar na agenda europeia, de modo a aproveitar do entusiasmo entretanto gerado.

Apesar da aprovação do chamado Relatório Delors sobre a união económica e monetária pelo Conselho Europeu de Madrid, em Junho de 1989, o qual foi elaborado por um grupo de trabalho constituído pelos governadores dos bancos centrais dos doze Estados-membros, a perspectiva de realização da união económica e monetária permanecia incerta, quer pela intransigência britânica ao próprio conceito, quer sobretudo pelas dificuldades que a ideia de uma moeda comum suscitava no seio da República Federal da Alemanha, em particular, junto da autoridade monetária.

A união económica e monetária

O acelerador da decisão de avançar para uma união económica e monetária foi a queda do muro de Berlim. Com efeito, a rápida evolução do processo de unificação entre as duas Alemanhas, o qual foi apresentado aos parceiros comunitários pelo Chanceler Kohl como facto consumado, conferiu utilidade acrescida ao propósito da criação de uma união económica e monetária, nomeadamente, por parte da França, que mantinha reservas profundas sobre as alterações que a reunificação germânica provocaria no quadro do equilíbrio de forças europeu.

Por tais motivos, a França exigiu que a nova Alemanha manifestasse um sinal inequívoco da natureza do seu compromisso europeu. Tal imposição incidiu sobre a decisão de avançar com o projecto da união económica e monetária, nos termos que havia sido delineado pelo Relatório Delors. Na verdade, a pretensão francesa sobre a moeda única na sequência da reunificação alemã surgiu, principalmente, como contrapartida que a Alemanha precisaria de prestar para obter a anuência da maior potência política continental para a transformação política da nação germânica, a qual poria termo ao longo cenário da guerra-fria.

Com efeito, e para além de querer ancorar de forma duradoura a nova Alemanha no quadro das instituições europeias, a França pretendia também que aquela sofresse uma privação efectiva no seu estatuto de principal potentado económico regional. Pelo que a oportunidade da criação de uma unidade económica e monetária, dotada de uma moeda única, seria o cenário mais adequado para exigir que a Alemanha abdicasse do símbolo por excelência da sua hegemonia económica europeia, o marco alemão.

Por seu turno, a Alemanha suscitou algumas questões de princípio para poder aceitar a convocação de uma conferência intergovernamental que preparasse o caminho para a criação de uma união económica e monetária. Por um lado, a exigência de que a união económica e monetária fosse completada pela evolução para uma união política. Por outro lado, os requisitos de carácter técnico-financeiro que o processo que levaria à moeda única deveria obedecer.

O Tratado de Maastricht

Como é sabido, a conferência intergovernamental sobre a união política europeia produziu resultados que ficaram aquém das expectativas que haviam sido criadas quando da sua convocatória, em 1990. A União Europeia que resultou do Tratado de Maastricht não corporizou os objectivos de integração política que inspiravam alguns dirigentes europeus, como o Chanceler Kohl.

O minimalismo da união política europeia reflectiu-se, de algum modo, na conferência sobre a união económica e monetária. Na verdade, a conferência incidiu sobretudo em questões de natureza técnica – as grandes linhas de base haviam sido definidas pelo Relatório Delors – tendo como pano de fundo um confronto entre as posições alemã e aquelas apresentadas pela Comissão e pela França. De um modo geral, a Alemanha conseguiu ver reflectidas no resultado final das negociações todas as suas pretensões, provavelmente por ser o país que mais perderia com a adopção da moeda única, pelo que seria aquele que mais dificuldade teria em aprovar a nível interno as disposições do futuro acordo sobre a união económica e monetária.

Assim, no tocante aos grandes temas debatidos no decurso da conferência intergovernamental a Alemanha logrou obter a aprovação das suas posições sobre o conjunto das questões principais, como fossem: o âmbito de aplicação dos chamados *opt out*; os critérios de convergência; o calendário do processo de transição, com a possibilidade de existência de países num sistema de duas velocidades; o carácter transitório das entidades criadas durante a segunda fase da união económica e monetária; a autonomia do Banco Central Europeu; a sede da futura instituição monetária; a designação da moeda única; a proibição de resgate dos Estados-membros cuja dívida pública atingisse volume excessivo.[2] O único aspecto que

---

[2] A. Moravcsik, *The Choice for Europe. Social Purpose and State Power from Messina to Maastricht*, Cornell University Press, New York, 1998, pp. 435-447.

não mereceu acolhimento imediato das posições alemãs durante as negociações de Maastricht dizia respeito aos mecanismos de controlo e sanção dos países com défices excessivos, o qual acabaria por ser recebido mais tarde, através do Pacto de Estabilidade e Crescimento.

De notar que o núcleo central dos assuntos que preencheram a conferência intergovernamental dizia respeito a questões específicas à união monetária. Na verdade, o Tratado de Maastricht manteve a política económica na esfera de competências nacionais. Pelo que criou uma assimetria estrutural no funcionamento da impropriamente designada união económica e monetária: a política monetária passaria a relevar da competência exclusiva da União Europeia, como seria posteriormente afirmado pelo Tratado de Lisboa; a política económica permaneceria no âmbito das atribuições dos Estados-membros.

Deste modo, o Tratado de Maastricht foi o reflexo da vontade cerceada dos Estados-membros, os quais ficaram aquém dos objectivos inicialmente anunciados em 1990, quando decidiram convocar as conferências intergovernamentais: a união política europeia diluiu-se na arquitectura labiríntica do próprio Tratado e nas reticências soberanistas de alguns países, tendo ficado prisioneira da estreiteza de meios atribuídos à União; a união económica e monetária ficou confinada à dimensão monetária.

Os Estados-membros tiveram consciência do carácter inacabado da União Europeia resultante do Tratado de Maastricht. Por isso, a acta final do acordo previa a realização de nova conferência intergovernamental, para dar continuidade ao projecto encetado no termo da guerra-fria.

O período post-Maastricht
O Tratado Amesterdão, resultado da conferência intergovernamental sucessiva, conferiu certo impulso à dimensão política da União Europeia. Porém, no tocante à união económica e monetária, o seu contributo cingiu-se à adopção do Pacto de Estabilidade e Crescimento, o qual consagrou uma pretensão alemã que não havia sido realizada em Maastricht.

Importa recordar que no quadro do debate político europeu as matérias que relevavam da política económica continuaram fora da agenda constitucional que se seguiu ao Tratado de Maastricht, não tendo sido objecto de desenvolvimentos nos tratados adoptados subsequentemente. Pelo contrário, temas importantes que integravam os domínios da política económica, como o crescimento, a competitividade ou os assuntos sociais e do emprego dos Estados-membros, foram repescados para um plano distinto de actuação da União, no âmbito da chamada Agenda de Lisboa.

A principal implicação do tratamento diferenciado das questões reportáveis à política económica, em virtude da Agenda de Lisboa, tinha a ver com o modo como essas matérias seriam abordadas a nível europeu. Na medida em que eram áreas que se conservariam na esfera de competências dos Estados-membros, os governos nacionais assumiram o compromisso de apenas coordenarem as respectivas políticas no âmbito da União. Sendo que o Conselho se limitava a adoptar orientações gerais sobre essas políticas. Ou seja, enquanto a política monetária era uma competência exclusiva da União, sendo regulada pelo método comunitário, a política económica aparecia de forma tímida no âmbito de actuação da União Europeia, sendo conduzida através do chamado método aberto de coordenação.

Como se sabe, o método aberto de coordenação não permitia recorrer aos mecanismos existentes no quadro do direito comunitário, os quais possibilitam operar uma fiscalização acrescida sobre a observância das obrigações dos Estados-membros. Pelo que os governos nacionais permaneciam livres de realizar um cumprimento selectivo dos compromissos assumidos no âmbito do método aberto de coordenação, segundo critérios de oportunidade determinados pelos ciclos eleitorais, pela conjuntura económica e pela agenda política interna.

Sendo certo que, em termos tendenciais, os países da Europa setentrional demonstraram maior nível de empenho na realização dos objectivos acordados no quadro da Agenda de Lisboa que os Estados-membros da orla meridional da União Europeia. A este nível, e a título meramente exemplificativo, entre as grandes potências industriais europeias países como a Alemanha ou a Itália tiveram desempenhos opostos na concretização das reformas estruturais que haviam concordado promover.

A crise da dívida soberana

A erupção da crise da dívida soberana dos Estados-membros da chamada zona Euro, em 2010, veio revelar de forma cruel as fragilidades estruturais do quadro constitucional que regula o funcionamento da união económica e monetária. Desde logo, a inexistência de uma verdadeira união política europeia, que determinasse um espírito de solidariedade efectivo entre os diferentes Estados-membros. Por outro lado, a ausência de uma substantiva dimensão económica que suportasse o bom funcionamento da moeda única.

Não obstante as debilidades claras do sistema Euro – que resultam das condicionantes que envolveram o seu processo de criação ao tempo do Tratado de Maastricht, e da posterior evolução do processo político da União – certo é que os Estados-membros mais poderosos da zona Euro revelaram insólita dificuldade em entender a natureza profunda da crise da dívida soberana no momento da sua eclosão, na primavera de 2010.

Tendo começado por recusar a existência de uma crise sistémica da união económica e monetária, cujas vulnerabilidades estavam a ser exploradas pelos mercados financeiros, os países setentrionais preferiram sublinhar a responsabilidade individual dos Estados-membros que conheciam maiores dificuldades na colocação dos seus títulos de dívida pública.

Ainda que a crise da dívida soberana dos países da zona Euro tenha desde cedo apresentado contornos que indiciavam risco de propagação a outros Estados-membros, e à moeda única no seu conjunto, a estratégia dos Estados-membros preponderantes assentou, numa primeira fase, na necessidade de sancionar o risco moral resultante da indisciplina financeira dos países afectados, de forma a evitar que o incumprimento dos objectivos relativos à sustentabilidade das finanças públicas por estes Estados-membros pudesse ficar incólume.

Para além das idiossincrasias culturais que enformam o comportamento dos diferentes líderes dos países da zona Euro, certo é que a reacção tardia, e errática, à crise da dívida soberana que se foi esboçando em catorze reuniões do Conselho Europeu, ao longo de dezoito meses, não permitiu responder de forma adequada aos problemas de fundo que subjazem ao funcionamento da moeda única: as insuficiências estruturais da união económica e monetária.

O que nasce torto, tarde ou nunca se endireita.

UNIÃO EUROPEIA
NOS 25 ANOS DA ADESÃO DE PORTUGAL
UMA CONSTRUÇÃO PELO DIREITO

ANTÓNIO HENRIQUES GASPAR

1. A União Europeia constitui o estádio actual de realização de ideais na concretização de um espaço de valores sucessivamente construído, novo nas formas de realização e afirmação, por vezes mesmo paradoxal. A visão dos fundadores, de Monnet a Schuman, e dos primeiros construtores, de Adenauer a De Gasperi, pode, hoje, reconstituir-se já, retrospectiva e objectivamente na História, como estando dirigida a uma criação inter-governamental de mercados, sem necessidade contínua de consistente impulso político.

Na grandeza idealista dos fundadores de 1952 e 1957, a realização da Europa da paz desenvolveu-se, em primeiro plano e como imediata priori-dade, em redor da economia. O projecto europeu, concebido no contexto histórico da proclamação como exclusivamente económico, realizou-se, permitindo construir a Europa económica, que existe governando um imenso mercado com políticas integradas e enquadradas por um mercado comum e uma moeda única, porventura as realizações maiores da inte-gração.

Mas a dimensão económica, ao serviço da paz e do bem-estar, não poderia ser senão instrumental.

ANTÓNIO HENRIQUES GASPAR

A evolução das Comunidades Europeias para a União Europeia foi fazendo o seu caminho por etapas temporal e politicamente assimétricas, de tempos de optimismo e de momentos de paragem, de consolidação mais ou menos consistente dos adquiridos ou de aceleração voluntarista condicionada pelos sobressaltos da História nas duas últimas décadas.

A União Europeia, com a sua complexa configuração institucional apresenta-se, hoje, ainda essencialmente como um espaço físico, político e institucional de uma densa rede de mercados, marcada pelo selo genético da construção do mercado único e dos seus direitos instrumentais – as liberdades de circulação de pessoas, de mercadorias, de capitais e de prestação de serviços.

O mercado único aprofundou-se e consolidou-se em fórmulas e modelos fundados nas regras da economia liberal de mercado, com a criação de instituições de regulação política que se revelam relativamente frágeis na complexidade do funcionamento e da acção.

A construção da União Europeia depois do Tratado de Maastricht, na continuidade essencial e paralela do modelo de mercado único das Comunidades Europeias, tem sido inevitavelmente marcada por dinâmicas em tensão de contrários, em resultado de voluntarismo político na resposta a acontecimentos, das inconsistências das vontades nos consensos, das contradições não assumidas e das fugas em frente do discurso, marcado pela distância entre as vontades, a ambiguidade política, o efeito do possível e as consequências de cada passo (ou salto) na configuração política e institucional.

Os passos (politicamente) avançados em dimensão superior ao (simples) mercado único, impulsionados decisivamente pelos acontecimentos de 1989/90 e pelo momento de reconfiguração da Europa, têm sido também o lugar de algumas ambiguidades sobre a evolução e o sentido do futuro do modelo europeu.

A questão central continua saber e decidir – que não pode ter (ainda) solução política assente em suficiente legitimidade democrática – se o actual quadro de evolução caracterizado por uma perequação dos vários interesses nacionais dos Estados é um fim do processo, ou um tempo de passagem na evolução como simples confederação de Estados, ou se a própria natureza das finalidades da União não poderá ser cabalmente realizada fora de um quadro político e institucional federal.

Este é o debate, sempre presente e intenso na intelligentsia europeia, mas relativamente esquecido nas posições dos decisores, que nas actuais circunstâncias históricas não será possível superar (as hesitações, contradições e rejeições manifestadas em referendos revelam-no) num momento em que parece ter-se atingido o Rubicão: a decisão não é possível e a não decisão pode ser o princípio no caminho para a implosão, que muitos consideram inevitável, do modelo e da construção.

2. A não superação do caminho crítico do projecto e do processo de construção da União Europeia tem consequências nas actuais circunstâncias de sérias dificuldades, hesitações e dúvidas; sem alternativas que o caminho já percorrido não permite, o projecto europeu certamente continuará, respeitando as condições e as adaptações impostas pela conjugação da permanente construção da história europeia – da Europa como «sujeito» e não como «objecto da História».

O momento crítico será ainda, e certamente pelo tempo que se revelar necessário, caracterizado pelas divergências e superação das divergências entre as ideologias sobre a construção europeia – numa separação categorial ideológica ou política, entre as posições eurocépticas e as eurófilas; as dos federalistas e dos defensores de uma visão cosmopolita, já nos limites da utopia das redes transnacionais para definição e execução de políticas à escala global.

Perante tamanha complexidade, a construção europeia só poderá ser erguida devagar, em sentimento de igualdade, como união livre, compreendendo e respeitando as identidades nacionais, com o realismo das ideias, mas recentrando no possível o quadro idealista: a construção de modelos de consenso é certamente muito (mais) difícil a 27.

3. O aprofundamento da União Europeia – do acabamento do mercado único e criação dos seus mecanismos económicos e jurídicos instrumentais às políticas de integração – tem sido também uma construção do direito; os meios institucionais, as regulações ou os quadros de acção, foram o resultado de construções jurídicas e de princípios fundamentais, cunhados em momentos determinantes.

Momentos fundamentais ou fundadores da consolidação europeia, em que verdadeiramente se firmaram princípios estruturantes, foram judiciais e não políticos; a função pretoriana no seio institucional fez avançar o processo de construção e consolidação, permitindo superar hesitações políticas. Recordem-se, como património adquirido, os princípios judicialmente cunhados nos primeiros anos 60 do séc. XX, o princípio da aplicabilidade directa e do primado do direito comunitário.

Mais recentemente, em 2005 e 2007, a propósito da definição da competência material das instituições, foi judicial a afirmação que tocou definitivamente o último reduto da soberania estadual – a soberania penal – decidindo pela competência da União para determinar o recurso ao direito penal quando for considerado necessário para a efectividade de políticas da União.

O direito assume-se como verdadeiramente constituto da União Europeia; para além de instrumental do mercado único, denso e regulador, regulamentar e técnico, foi colocado no centro da construção e da acção quando a União se afirmou, dir-se-ia constitucionalmente, como espaço de liberdade, segurança e justiça.

Mas, nesta dimensão de espaço de liberdade, segurança e justiça, o conceito e a política são recentes. Na urgência dos tempos e do reordenamento das prioridades, por reconhecimento de valores ou por acabamento de outros objectivos, a construção do paradigma foi colocada no primeiro plano da perspectiva europeia.

No centro estão as pessoas, os cidadãos e os povos da Europa, alfa e ómega da realização da ideia da construção europeia.

Por isso, no movimento da História, a Comunidade passou de económica a simplesmente europeia, fundindo-se na edificação jurídica e institucional da União, onde a livre circulação de pessoas no espaço único se afirma como liberdade constitutiva.

A cidadania europeia ficou expressamente consagrada com a força solene e vinculativa dos Tratados em Maastricht.

A criação do espaço de liberdade, segurança e justiça constituiu o sentido essencial e a ambição maior de Amesterdão.

Após meio século de construção europeia, a Europa da Justiça aparece como a frente de obra que no momento actual a todos interpela, numa espécie de "caminho crítico" da grande empreitada de edificação complexa da União.

A Europa de hoje é a Europa dos cidadãos, dos seus povos, das nações, das regiões, das culturas, das religiões, das tradições jurídicas. É fundada na supremacia de um direito fortemente integrador que visa realizar entre as nações da Europa uma sociedade caracterizada pelo pluralismo, tolerância, justiça, solidariedade e não discriminação.

4. As questões relativas à justiça, vistas no contexto europeu, apresentam, todavia, especificidades próprias, onde se cruzam aspectos de cultura e de tradições, que relevam do direito, das instituições e dos homens.

Falar da Europa da Justiça impõe falar das complexas interacções entre a criação do direito, a protecção e a garantia dos direitos dos cidadãos num amplo espaço de nações sem fronteiras interiores, da consideração das tradições nacionais e das exigências de protecção supostas pela liberdade de circulação. No mais essencial, na superação harmoniosa do paradoxo da construção europeia que assenta nas várias liberdades de circulação de par com a manutenção das heterogeneidades dos sistemas nacionais de justiça.

A Justiça, constituindo, por natureza, uma função central na estrutura e concepção do Estado, está no núcleo das questões da soberania nacional; a função de julgar releva, no essencial, real e simbolicamente, das competências tradicionais do Estado.

Mas, mesmo no contexto das questões centrais de soberania, a Justiça não se coloca num mesmo plano. As matérias económicas e comerciais e as regulações instrumentais dos mercados suscitam, no plano dos valores, por certo menores problemas que os sistemas normativos em questões de família, sucessões ou de direito penal e processual penal, com mais intensas ligações e dependência das tradições culturais e das construções idiossincráticas das nações.

O peso das tradições e das culturas, a complexidade e a independência que caracterizam as instituições nacionais não se coordenam facilmente com a visão das utopias unitárias, e fundamentarão certamente os equilíbrios a preservar harmoniosamente na construção da justiça na Europa.

A viragem essencial – o marco determinante – para a Europa da Justiça resultou do Tratado de Amesterdão, que constituiu um avanço decisivo.

Foi então afirmado e definido um espaço de liberdade, segurança e justiça, ao serviço da livre circulação de pessoas como objectivo explícito e fundamental da União Europeia, que tem sido progressivamente acrescentado com novos e elementos e inegáveis acquis.

Em consequência, foram definidas orientações operacionais claras e precisas para melhorar o acesso à justiça, estratégias para enfrentar determinados fenómenos criminais, bem como para permitir a circulação de decisões judiciais.

As matérias ligadas à liberdade de circulação de pessoas passaram para o âmbito institucional e de decisão da União; o direito de iniciativa, a aprovação de normas e o procedimento judicial para uniformidade da interpretação e aplicação ficaram submetidos aos mecanismos institucionais da União estabelecidos para os domínios tradicionais.

Neste âmbito, as concretizações são vastas e relevam da cooperação judiciária em matéria civil em áreas e na medida necessária ao bom funcionamento do mercado interno – um corpo de normas determinou já a abolição quase generalizada do exequatur, permitindo a execução directa de decisões judiciais tomadas pelas jurisdições nacionais de outros Estados membros. E não apenas no campo do direito civil e comercial, mas também em aspectos muito sensíveis do direito da família, e em especial das questões emergentes do exercício dos deveres parentais.

Entre as realizações jurídicas e materiais da integração estão a harmonização do direito civil e comercial dos Estados membros, embora no quadro de execução de políticas comunitárias específicas (mercado único; protecção dos consumidores, determinados contratos); a melhoria e simplificação do sistema de citações e notificações transfronteiriças de actos judiciais e extrajudiciais; a cooperação em matéria de obtenção de meios de prova; o reconhecimento e execução de decisões em matéria civil e comercial; a compatibilidade das normas aplicáveis nos Estados membros em matéria de conflito de leis e de jurisdição; a eliminação dos obstáculos à boa tramitação das acções cíveis promovendo, se necessário, a compatibilidade das normas de processo civil aplicáveis nos Estados membros; todas são construções jurídicas de integração em favor do mercado, mas são também medidas destinadas a assegurar a liberdade de circulação de pessoas.

As regulações e a disciplina relativas a controlos das fronteiras externas, asilo e imigração, inerentes à garantia e efectividade da liberdade de circulação de pessoas na conjugação com as exigências de segurança, passaram a ser matérias que relevam do âmbito de decisão da União, integrando os mecanismos previstos nos Tratados e o acquis de Schengen.

Incluem-se neste âmbito medidas destinadas a assegurar a ausência de controlos nas fronteiras internas; medidas relativas à passagem das fronteiras externas; medidas em matéria de asilo (competência do Estado membro responsável pela decisão de pedidos de asilo e critérios de decisão); o estatuto de refugiado e condições e responsabilidade pelo acolhimento de refugiados temporários; medidas relativas à política de imigração e condições de entrada e de residência; emissão de vistos de longa duração; autorizações de residência permanente, nomeadamente para efeitos de reagrupamento familiar, com o consequente regime de controlos e verificação de legalidade próprios do sistema de garantias jurisdicionais previsto nos Tratados.

Tais regulações, justificadas pela efectividade da garantia da liberdade de circulação, não já como instrumental do mercado, mas como direito de cidadania europeia e de protecção de direitos fundamentais, tocam com pressupostos e finalidades de segurança interna dos Estados membros e da União, e com dimensões essenciais de direitos individuais a considerar no plano das valorações dos direitos fundamentais, pertencendo ao âmbito da competência e dos procedimentos de decisão da União.

Os caminhos de integração pelo direito e pela justiça com o objectivo de facilitar no acesso à justiça passam também pela realização plena do reconhecimento mútuo; as fronteiras entre os países europeus não podem constituir um obstáculo à resolução dos litígios cíveis, nem ao recurso aos tribunais ou à execução das decisões em matéria civil ou até em matéria penal cuja primeira realização essencial constituiu o mandado de detenção europeu.

O desenvolvimento de uma política europeia global de migrações, cooperação no que respeita à «gestão dos fluxos migratórios»; da protecção de dados pessoais; cooperação judiciária e policial em matéria penal; estabelecimento de direitos processuais no âmbito dos processos penais a fim de aumentar a confiança e facilitar o reconhecimento mútuo das decisões judiciais; o intercâmbio de informações sobre condenações penais e a integração dos sistemas nacionais de registo criminal; e a luta contra a cibercriminalidade, são matérias cujo desenvolvimento faz parte do projecto de construção europeia.

A construção da Justiça na Europa, integrando a dimensão material do espaço de liberdade, segurança e justiça, molda-se no cimento da dialéctica entre a impulsão integradora e força centrífuga das soberanias.

É nesta complexa tensão, porventura rebelde a optimismos voluntaristas e à tentação de desconsideração dos tempos necessários a sedimentações, que a Europa se construirá também através do direito como estrutura agregadora.

5. A participação de Portugal na construção europeia neste quarto de século tem sido empenhada e comprometida na vontade e na superestrutura de decisão política, mas de relativa apatia e indiferença dos cidadãos.

ANTÓNIO HENRIQUES GASPAR

A Europa, a ideia, as exigências da construção e da integração, o deve e o haver, os benefícios e os encargos, os direitos e os deveres, e sobretudo os compromissos, as partilhas e as cedências, não têm sido assumidas e assimiladas; a informação não foi esclarecida e suficiente, e muitas vezes por demais limitada a questões desviadas do essencial.

Os deveres, os compromissos, as responsabilidades e as exigências de permanentes e difíceis negociações estiveram esquecidos; na informação, sempre superficial, a «Europa» foram os «fundos de Bruxelas» e ilusão de acesso simples e automático ao mundo moderno, desenvolvido e próspero.

Mas, apesar de tudo, em avaliação global, a integração nas Comunidades e na União tem sido benéfica para Portugal. Pelo que permitiu na coesão, na recomposição social e aumento do bem-estar, no desenvolvimento das infra-estruturas e nas facilidades de acesso em tempo escasso às realizações da contemporaneidade.

6. Nesta encruzilhada de caminhos, na densidade das injunções contemporâneas deste tempo histórico, não pode ser esquecido que a construção europeia é uma tarefa permanente, em delicado mecanismo de partilha e coordenação de experiências, valores, culturas, tradições e referências.

Pressente-se nestes dias de incertezas que a construção europeia pode estar em causa; a realização que se pensava como a realização maior da integração – o euro – está em crise, condicionando o futuro, e pode afectar a construção europeia no seu todo.

É o tempo em que não pode haver «erros de catálogo» por se esquecerem as lições do passado, nem lugar para «jogar à roleta» com a História.

A fragilidade da Europa resulta muito das dificuldades em construir a solidariedade em tempos de crise como resultado da insuficiente assimilação cultural da ideia europeia pelos povos (ou pelas opiniões?), em fundo de crescimento de forças populistas. A crise europeia é pós-moderna, com desenvolvimentos anti-democráticos em alguns Estados com os riscos de implosão, desintegração e vazio de poder.

Por tudo, nestes tempos densos da crise e dos riscos de regressão, na construção europeia, assumindo a mensagem e a prevenção de Delors, há que ter sempre a lucidez do pessimismo e a coragem da vontade.

A UNIÃO EUROPEIA E PORTUGAL
ALGUMAS REFLEXÕES

ANTÓNIO ROMÃO

Nota prévia

Foi com muito gosto que correspondi ao Convite do Professor Eduardo Paz Ferreira e, através dele, associar-me ao Centenário da Universidade de Lisboa.

As limitações de espaço concedido levam-me a ser telegráfico nalgumas das ideias e mensagens que aqui pretendo deixar para reflexão. Os 25 anos da adesão de Portugal ocorrem em plena crise internacional, crise da e na UE e crise no País.

Não se pode abordar o presente e o futuro expectável nesta temática sem deixar de fazer uma breve incursão no passado, para se percepcionar o que ele nos pode ensinar.

É o que procurarei fazer nos pontos seguintes.

1. A CEE como projecto

A constituição da CEE em 1957 (após a experiência bem sucedida da CECA) traduz a concretização de um projecto político-económico que podemos resumir em cinco aspectos essenciais:

– como instrumento para assegurar/consolidar a Paz na Europa (Ocidental);

ANTÓNIO ROMÃO

- funcionar como "barreira" política e económica à expansão da URSS e, assim, reforçar, institucionalmente, a aliança com os EUA;
- alargar os mercados para a economia norte-americana em crescendo de influência;
- salvaguardar/consolidar o polo de economia de mercado capitalista na Europa Ocidental, após algumas incertezas resultantes da 2ª Guerra Mundial e servir de elemento de referência para as economias do Centro e Leste da Europa;
- associado à Paz na Europa Ocidental e à recuperação e consolidação da economia de mercado, este projecto contempla também a defesa dos Direitos Humanos, previstos na Carta das Nações Unidas e a defesa da Democracia pluralista e representativa.

Esta síntese consubstancia aquilo a que chamo PROJECTO EUROPEU, bastante recorrente nas análises e re-análises que se fazem hoje. Sucede que, a par deste Projecto, existem os PROJECTOS NACIONAIS EUROPEUS, isto é, aquilo que é a visão de cada Estado-membro (E-M) na defesa dos seus interesses nacionais no quadro da CEE e actual UE. A capacidade de cada E-M para "impôr" a sua visão, i.e., o seu projecto nacional, depende do seu poder económico e político no conjunto regional. Para melhor compreensão do que está em causa, basta pensar em três ou quatro exemplos para se verem bem as diferenças existentes.

A Alemanha, ninguém dúvida, tem um projecto nacional para concretizar no âmbito da UE, e tem capacidade para isso mediante as alianças adequadas; este projecto, também não restam dúvidas, é substancialmente diferente do do Reino Unido. Depois podemos interrogarmo-nos sobre que projectos têm a Eslováquia ou a Lituânia, que vão além de procurar uma protecção política, com alguns benefícios económicos.

E Portugal tem um projecto nacional para o seu enquadramento na UE?

Do meu ponto de vista não o tem explicitamente e não teria capacidade para o concretizar. Quando muito o projecto português é integrar-se e adaptar-se ao evoluir do processo de integração europeia, salvaguardando alguns dos princípios básicos que referi no início deste ponto e retirar alguns benefícios financeiros que possam contribuir para a chamada "convergência" com os E-M mais desenvolvidos.

Como se notou, introduzi aqui outro conceito – o de PROCESSO DE INTEGRAÇÃO EUROPEIA – que traduz o processo prático, empírico, através do qual, no âmbito do Projecto Europeu, se vão concretizando as visões e interesses nacionais dos diferentes E-M. Este processo traduz, a cada momento, a relação de forças entre os projectos nacionais estruturantes e os projectos nacionais estruturados, uns e outros com "nuances" nas diferentes fases do processo europeu.

2. É no quadro atrás descrito que devemos ler e analisar a evolução da CEE/UE.

A história económica mostra-nos que nos períodos de crescimento económico o processo de integração económica avança sem grandes percalços. Em contrapartida, em períodos de fraco crescimento, de recessão ou de crise, os interesses nacionais vêm ao de cima e tornam-se predominantes, face aos chamados interesses regionais ou comunitários.

Tem sido assim ao longo dos anos.

Nos anos 60 foram antecipados os prazos para a constituição da União Aduaneira; nos anos 70, na sequência da crise do Sistema Monetário Internacional, a nota de maior relevo terá sido a criação do Sistema Monetário Europeu (SME) em 1979.

Nos anos 80 há uma retoma económica e, em simultâneo, um avanço no aprofundamento do processo de integração, através do Acto Único Europeu (AUE) 1985/6.

Nos anos 90, mas já em fase recessiva, foi aprovado o Tratado da União Europeia (TUE) que previa a criação da União Económica e Monetária (UEM), com os respectivos requisitos (critérios de convergência nominal) e adopção da moeda única, a criação do Banco Central Europeu (BCE) e a consequente perda de autonomia das políticas monetárias e cambiais pelos E-M aderentes à Zona Euro. Para salvaguarda do Euro e da própria UEM, a Alemanha impôs condições para a fase subsequente, através da adopção do Pacto de Estabilidade e Crescimento (PEC), que é mais estabilidade e menos crescimento, procurando prevenir situações de "défices excessivos", para os quais previu sanções.

Paralelamente ao processo de aprofundamento (AUE e TUE/UEM), assistimos também a sucessivos alargamentos. Passámos dos 6 fundadores para 9 E-M em 1973, nos anos 80 para 12 (Grécia, Portugal e Espanha), nos anos 90 para 15 (Áustria, Suécia e Finlândia) e já neste século para 25 e depois para os 27 actuais.

Nem todos os alargamentos tiveram o mesmo significado e idênticas repercussões e consequências no conjunto regional pela heterogeneidade que introduziram na CEE/UE. Daí também mais dificuldades na gestão económica e política do processo de integração.

De referir também que sempre foi mais fácil avançar na integração dos mercados e na integração monetária, e bastante mais difícil nas áreas económicas e sociais. Este enviezamento é consequência do pensamento (liberal) e interesses dominantes nos E-M com influência determinante no processo de integração.

3. E Portugal na CEE/UE?

A adesão de Portugal em 1986 permitiu, sem dúvida, progressos consideráveis em vários domínios, particularmente numa maior abertura do País e dos portugueses, um certo cosmopolitismo (não confundir com o "novo riquismo" que se veio a verificar...), certa convergência económico-social real, a construção de uma rede de infra-estruturas básicas modernas, a modernização de alguns sectores produtivos e de serviços. Isto é conhecido. Em 2006 tive a oportunidade de ser Organizador e Co-autor de um livro[1] em que se procurou fazer um balanço dos primeiros 20 anos de adesão.

Também se verificou, por um lado, a persistência de alguns défices estruturais (v.g. formação, desigualdades, responsabilização e capacidade organizativa e empresarial, produtividade e competitividade e os já crónicos défices orçamental e externo) e, por outro lado, alguns efeitos nefastos, tais como:

- instalação de uma mentalidade de falso desenvolvimento irreversível;
- criação de condições para o aparecimento e desenvolvimento de processos de corrupção (no sentido lato), de enriquecimento fácil,...
- uma parte do nosso sistema produtivo foi fortemente atingido pela concorrência de estruturas mais fortes e por políticas comunitárias que lhe eram desfavoráveis;
- criação de um ambiente favorável ao desenvolvimento dos Serviços, em particular dos Financeiros, e a um sobreinvestimento no sector dos bens não transaccionáveis.

---

[1] António Romão (Org.) – "A Economia Portuguesa, 20 anos após a adesão" – Edições Almedina, Coimbra, 2006.

Não obstante todas estas perversões, julgo que o saldo da adesão é positivo, mas é necessário assegurar a sua boa gestão política e económica.

4. Portugal adere a uma CEE que é muito diferente da actual UE e num quadro mundial também radicalmente diverso. O País foi sendo confrontado com desafios para os quais não estava convenientemente preparado.

No âmbito regional e mundial há cinco pontos marcantes que influenciaram o evoluir da situação económica e financeira portuguesa:
- a liberalização dos mercados com a criação do Mercado Interno, através do AUE, para a qual as empresas portuguesas, na sua maioria, não estavam preparadas;
- a liberalização dos movimentos de capitais, sobretudo os de curto prazo que estão na origem de posteriores (e actuais) movimentos especulativos;
- a criação, prematura para Portugal, da UEM, com um Euro sobrevalorizado e que foi desenhado para uma economia como a alemã, mas não para a portuguesa. Acrescem as regras impostas ao BCE que o impedem de actuar no mercado no apoio aos E-M e à economia real, tal como o fazem a Reserva Federal dos EUA e o Banco de Inglaterra. A crise actual tem vindo a mostrar esta limitação.
- o impacto da liberalização resultante da criação da Organização Mundial do Comércio (1995);
- finalmente, o alargamento da UE aos últimos doze E-M que, na sua maioria, eram fortes concorrentes de Portugal em vários domínios (Força de trabalho, IDE, Fundos Estruturais, etc).

5. A Crise de 2007/8

A fase mais visível da actual crise iniciou-se, como é conhecido, nos EUA em 2007, com a chamada crise do "subprime". Dado o grau de interdependência das economias, aquela crise teve as suas repercussões nas economias da UE. Foi então o momento de apelar aos Estados para apoiar os Bancos e promover investimentos, de forma a minimizar os efeitos da crise. Esta tinha entretanto passado de bancária a financeira e depois a económico-social.

Nos E-M mais vulneráveis este esforço teve as suas repercussões no agravamento dos défices públicos e nos níveis da dívida pública, que no caso português, foi ainda agravado pelo elevado endividamento privado (bancos, empresas e famílias). Há aqui, como sempre nestas situações, responsabilidades internas, mas há sobretudo uma responsabilidade da crise internacional, que não foi atalhada pelos principais Agentes Mundiais. O G20 (a instância adequada) após o desencadear da crise ainda colocou em Agenda o tema, mas as contradições entre os diferentes e principais Estados, se permitiram a identificação dos pontos vulneráveis, já não viabilizaram a pesquisa de soluções. Daí que, após três ou quatro Cimeiras, a Agenda foi-se tornando cada vez mais formal e inconclusiva, até à irrelevância actual.

No âmbito da UE, e em particular na Zona Euro, a resposta à actual crise da chamada dívida soberana (Grécia, Portugal, Irlanda e os que se seguirem...) tem sido degradante. Não se trata somente, nem sobretudo, de lideranças fracas. Trata-se de fazer face a uma crise sistémica, que se procura superar com recurso aos mesmos princípios, instrumentos, políticas e instituições que nos conduziram a esta situação. As pequenas mudanças têm sido todas forçadas pela realidade e sempre decididas e implementadas a contra-gosto e de forma incompleta. Há áreas nas quais nada se avançou, apesar de identificadas.

Vejamos alguns exemplos:
- a limitação, ler a extinção progressiva, dos Off-shores, que tantos danos causam às economias;
- a dificuldade (morosidade) na aprovação do imposto sobre as transacções financeiras;
- a criação de uma Agência de Rating europeia, pública e independente, de forma a fazer face aos interesses subjacentes à actuação das três Agências norte-americanas dominantes no mercado;
- a alteração dos estatutos do BCE de forma que este deixe de se concentrar (quase) exclusivamente no controlo da inflação e possa intervir no mercado através das políticas monetária e cambial;
- assumir que o Euro está sobrevalizado e adequar a taxa de câmbio às condições de competitividade das economias europeias, e não só aos interesses da economia alemã;
- reforçar a solidariedade europeia através da emissão de *eurobonds*, de forma a envolver garantias adicionais na contracção de dívida soberana por parte dos E-M da Zona Euro;
- o reforço do FEEF e o alargamento do seu papel no financiamento (directo e indirecto) dos Estados deficitários e sujeitos a taxas de juro predatórias.

Em vez de se criarem condições para reduzir os encargos com a Dívida Pública (e privada), foi-se para a tradicional receita das políticas de austeridade puras e duras, que vão agravar as condições económicas, financeiras e sociais (veja-se a Grécia, Portugal e outros...)

A chamada "Troika" (BCE/FMI/UE) aborda esta crise com a preocupação de penalizar os E-M deficitários e fortemente endividados, ignorando as condições para a retoma do crescimento económico. É evidente que deve ser feita a consolidação orçamental, mas não nos prazos e com as taxas de juro impostos, ao mesmo tempo que se relança o investimento, se incentivam as exportações, sobretudo para mercados menos atingidos pela retracção da procura, e não se penaliza tanto a procura interna.

Bem sei que a UE é uma organização que em momentos de crise cada E-M tende a "fechar-se", em que os Governos são legitimados nacionalmente. Daí a importância em veicular mensagens de solidariedade intraeuropeia e não de "vingança" e penalização dos mais vulneráveis, sendo certo que a responsabilidade aqui deve ter dois sentidos, porque os benefícios são mútuos, embora assimétricos.

Perante uma crise sistémica como esta, só com uma mudança de paradigma económico-social a poderá superar. Não existe um modelo "pronto-a-vestir", mas existe.

Oeiras, 14 de Outubro de 2011

UMA *UNIÃO* INACABADA

ARTUR TEODORO DE MATOS

A União Europeia é, como se sabe, um novo tipo de união entre Estados pertencentes à Europa com competências próprias, que partilha com os Estados-membros políticas comuns e até moeda própria. Todavia as dissimetrias, sobretudo de natureza económica, além da desigualdade social e até os desequilíbrios políticos entre os Estados fizeram com que um modelo que se poderia considerar adequado não tenha o funcionamento desejado. Pensamos que o modelo federativo, com acentuadas convergências, mas com liderança forte e determinada, mas respeitadora das autonomias e dos valores das sociedades que integram a União, dariam consistência e vigor ao modelo já criado.

Só com uma Europa federada e unida poderá vir a surgir uma identidade europeia, já que esta é um processo dinâmico, de construção continuada e que se alimenta de várias fontes no tempo e no espaço. Parece estarmos ainda bem longe de uma tal identidade. Para a conseguir será necessário eleger ideais e valores consensuais, mas também tempo, esforço e vontade. E, acima de tudo, será indispensável uma convergência de interesses partilhados e a renúncia de egoísmos exacerbados.

A adesão às Comunidades foi, em nosso entender, globalmente muito positiva para Portugal. Não esquecemos, porém, que algumas directrizes comunitárias não terão sido as mais adequadas, como as da agricultura ou as das pescas, por exemplo, já que destruíram sectores importantes da economia portuguesa, hoje difíceis de recuperar. Mas as políticas da investi-

ARTUR TEODORO DE MATOS

gação, do ensino ou até da indústria e os apoios concedidos em projectos a estes sectores fomentaram em muito tais áreas. Os programas de intercâmbio inter-universitários, por exemplo, também tiveram um grande sucesso a vários níveis. Hoje a investigação desenvolvida em Portugal, quer nas ciências humanas ou exactas, ou até a investigação aplicada que é feita em laboratórios do Estado ou de instituições particulares ou empresas conheceram um desenvolvimento enorme, colocando Portugal em igualdade com muitos outros países europeus. A par dessa investigação, cresceu espantosamente também no país o número de graduados e pós-graduados especializados nas diversas áreas do saber, mas que infelizmente Portugal não tem conseguido absorver, oferecendo oportunidades de emprego.

A sociedade portuguesa viveu anos de alguma abastança a vários níveis, sobretudo devido aos muitos apoios comunitários que, directa ou indirectamente, promoveram o desenvolvimento e o bem-estar das populações. A livre circulação de bens e de pessoas com o comércio livre, provocou um grande consumo. Os fundos comunitários permitiram investimentos vários e foram, num primeiro momento, direccionados – talvez em demasia – para a construção de vias de comunicação de que o país, aliás, muito necessitava. Mas, por outro lado, muitos desses apoios não foram sustentados. O Estado cresceu muitíssimo e não promoveu as reformas necessárias a si próprio, como em muitos outros sectores como na indústria ou no comércio, por exemplo.

Pensamos que a União Económica e Monetária tenha sido um percurso certo para uma Europa que se desejava convergente, unida e desenvolvendo uma política comum. Só que a desigualdade entre países que a integram era enorme e o que parecia ser um benefício para toda ela, acabou talvez por se tornar vantajoso para países mais ricos que estavam em condições dessa adesão. Esta, que se desejava igualitária, acabaria por se tornar desvantajosa em muitos sectores para países como Portugal, que não só não tinha uma economia preparada para essa nova moeda como, passados alguns anos, viu a sua economia agravada por má gestão acabando por conduzir o país a uma situação de exaustão financeira.

Embora não estejamos bem inteirados como a UEM foi concebida, interrogamo-nos sobre o modo da sua criação e a desadequação a determinados países que a ela aderiram. Talvez a adesão tenha sido feita apressadamente não atendendo a certos desajustamentos que, com a moeda única mais se agravariam. Isso provocaria a breve prazo anomalias em muitas das economias locais.

A sobrevivência do euro dependerá sobretudo do crescimento da economia de alguns países da União Monetária e da convergência económica e política que essa União tiver sido capaz de alcançar. Pensamos, contudo, que o momento é ainda de grande incerteza. Não obstante as incógnitas que se colocam a tal moeda e tendo em conta o trajecto já feito por Portugal na moeda única, seria desastroso para a economia do país o regresso ao escudo, além das convulsões sociais que tal mudança poderia certamente acarretar.

O SENTIMENTO DE UM EUROPEU

CAMANÉ

Para quem, como eu, não pode conceber o seu trabalho sem procurar realizá-lo lá fora, a existência de um espaço de livre movimentação de pessoas e bens, em que os países que dele fazem parte estão dispostos a tratar como *suas* formas de arte provindas de outros países, é uma vantagem inegável. Por outro lado, para qualquer trabalhador é reconfortante saber que goza de igualdade de direitos sempre que se desloca para um outro Estado-Membro.

Assim, e se, pelo menos, por razões ligadas ao trabalho, sempre seria – e sou – intrinsecamente a favor da integração europeia, também não posso deixar de reconhecer que o núcleo de soberania dos Estados-Membros no actual modelo é cada vez mais reduzido, e que esse (quanto a mim) problema adquire maior expressão neste momento particular que vivemos. Para o cidadão europeu, a crise da dívida pública tem realçado os interesses financeiros dos maiores potências europeias, e acentuado a descrença da opinião pública nas instâncias europeias e na capacidade dessas instâncias de tomar decisões eficazes. Não obstante, não creio que uma eventual saída do Euro nos fosse benéfica. Com efeito, apesar de ter trazido consigo alguma perda do poder de compra dos portugueses, a adesão de Portugal à moeda única foi um passo imprescindível à sua integração no mercado único europeu, e assim ao acesso a todas as vantagens associadas ao mesmo.

Do ponto de vista da identidade europeia, julgo que há ainda um caminho longo a percorrer. O caso do fado é um bom exemplo disso. Apesar de ser uma música tradicional portuguesa (e, por isso, uma música europeia) julgo que é ainda encarada pelos europeus como uma expressão cultural relativamente *exótica*. De facto, em matéria de troca de ideias com os outros povos europeus, Portugal continua muito mais receptor (do cinema e da música inglesa, francesa, espanhola, italiana...) do que difusor. Quanto a mim, a identidade europeia, por ora, não vai muito além de um sentido supra-individual, ou seja, de um sentido de pertença a um país integrado na União Europeia. A ideia do cidadão europeu parece esgotar-se na livre movimentação no espaço Schengen e nas liberdades e direitos associados à detenção da qualidade de ser nacional de um Estado-Membro.

Actualmente, neste contexto de incerteza, qualquer dos resultados – renascimento ou desintegração da União Europeia – parece plausível. Mas se o resultado for este último – *i.e.*, a desintegração –, o sentimento dominante dos europeus – incluindo deste europeu –, vai ser seguramente o da frustração.

25 ANOS DE EUROPA
(ANTES... E DEPOIS?)

CARLOS AMARAL DIAS

O modelo de integração económica e política que, diga-se de passagem, sempre defendi, muito antes das convulsões sociais, económicas e políticas que avassalam atualmente a Europa, foi aquele que se baseou e norteou pela ideia de federalismo.

O federalismo europeu não nasce, ao contrário do que se possa pensar, com o fim da catástrofe que caiu sobre a Europa, no fim da Segunda Grande Guerra Mundial. Este momento foi talvez aquele onde uma Europa dilacerada pela guerra tomou consciência de que algo precisava de ser feito de forma a evitar a repetição de um ciclo regular dentro do espaço europeu, dominado pela política dos escombros, pelos projectos de dominação e pelas cinzas dos mortos.

Foi Roosevelt, um norte-americano, que nos alertou para a necessidade de repensar o velho continente, de forma a que o medo deixasse de ser um denominador comum nas relações entre os estados europeus. Foi a partir do seu discurso que Winston Churchil proclamou, e cito a ideia, os Estados Unidos da Europa.

Essa ideia, no entanto, já se encontrava de alguma forma contida em Kant. Encontrava-se também, já em pleno século XIX, onde se ouve pela primeira vez falar de uma federação europeia. Basta ler Mazzini e Saint--Simon.

Este movimento, que estava longe de ser um movimento institucionalizado, granjeou um apoio abrangente por parte de algumas elites que se passeavam no espaço europeu.

Convém também não esquecer, neste recurso a uma memória histórica, que já entre as duas grandes guerras mundiais surgiu um movimento claramente europeísta que encontrou no conde Van Coudenhove Kalergi o fundador da união pan-europeia. Convém não esquecer ainda as palavras proferidas por Aristide Briand na Sociedade das Nações, em que a unidade do continente era simultaneamente da ordem de um desejo e da ordem de uma necessidade. Convém ainda recordar que em Julho de 1944, um grupo oriundo de diferentes países da Europa elaborou uma declaração sobre a cooperação europeia, conhecida também por Declaração da Resistência Europeia.

Naquele documento, que para muitos é da ordem de uma utopia, propunha-se, nem mais nem menos, um exército comum europeu, um tribunal de justiça comum, e mais, o estabelecimento de um governo europeu.

Há quem considere todos estes prolegómenos a uma ideia da Europa como simples sementes das quais surgiu um projecto radicalmente novo para uma parte do velho continente. Pessoalmente, não penso dessa forma.

A apropriação em nome de uma "política realista" destinada à construção de um espaço europeu, pela via institucionalista, cujo grande mentor foi Jean Monnet, não se revelou, nem se revela, como é óbvio no que se passa hoje, na melhor forma de construção da Europa.

Os federalistas, que encontraram na palavra de Altiero Spinelli talvez a sua voz maior, sempre defenderam de uma forma incondicional uma constituição europeia construída como análogo ao modelo norte-americano, ou seja, um verdadeiro Estados Unidos da Europa.

O seu ideário estava longe de ser despiciendo os federalistas apresentavam como argumento que a Europa saída da II Grande Guerra Mundial se encontrava num momento semelhante ao tempo da Convenção de Filadélfia (1787), da qual resultou, como se sabe, a construção dos EUA.

Argumentos tais como que os primeiros 150 anos da Federação Norte-americana foram sombreados por disputas brutais, incluindo a guerra civil, ou seja, que um movimento que gerou uma constituição não gerou de forma coeva uma identidade coletiva, nem um federalismo coletivamente aceite, não colhe, do meu ponto de vista, legitimidade nem o considero uma condição sine qua non.

A dilaceração sangrenta da Europa, se retomarmos o conceito freudiano Nachträglichkeit (incorrectamente traduzido em português para a posteriori), mostra que o passado ressignifica o presente, tal como o presente ressignifica o passado. Passado e presente, indução e consequência, recirculam num espaço de ressignificação que ultrapassa a historicidade linear.

Vista por este lado, a catástrofe que se seguiu à II Grande Guerra Mundial pode ser revista como os movimentos que se passaram no interior dos Estados Unidos. Nestes, a constituição da soberania federal foi prévia à construção identitária.

Virar os argumentos de cabeça para baixo serve no mínimo para interrogar a ideia funcionalista que considerava impraticável a construção de uma federação europeia.

O funcionalismo foi sempre forreta em relação a um estado federal europeu. A sua história é bem conhecida: criar progressivamente instituições capazes de dimensionar a cooperação em áreas específicas, as quais, por sua vez, gerariam necessidades de cooperação em outras áreas adjacentes, até terminar na ideia de que todas as áreas da política europeia fossem geridas pela via da cooperação.

O funcionalismo parte de uma ideia básica que não se opõe ao federalismo. Mas o que para uns seria o ponto de partida, para outros seria o ponto de chegada.

Não irei esclarecer ou descrever os diversos passos dados pela Europa, desde 1951 (Tratado de Paris) até ao recente Tratado de Lisboa. Mas interrogo, face ao que se passa hoje, se esta ideia paulatina foi a melhor.

Recentemente, o Expresso (16.09.2011) punha como manchete uma Europa desalinhada, uma Europa que regressa às identidades nacionais.

O eventual incumprimento grego pareceu empurrar aquelas identidades para um resultado previsível, ou seja, uma progressiva fragmentação da Europa.

O que eu menos desejaria era ter de ficar com poucos na Acrópole, lugar onde nasceu a democracia.

Para citar de novo o Expresso, "as alianças elitistas, os céticos das grandes federações e as máfias de luxo geradas ao longo dos séculos nos SPAs nebulosos da Europa, pode ser um momento emocionante".

Para mim, a Europa desalinhada é um fator de tristeza.

De alguma forma, as reflexões anteriores conduzem-nos obrigatoriamente à questão da existência, ou não, de uma identidade europeia. Essa consciência identitária teve-a, por exemplo, Freud, quando, ao referir-se à Europa, a concebia como um espaço de que ele próprio se sentia fazer parte como um conjunto de humanos que circulavam pelos países europeus, que abandonavam a sua terra natal para irem viver para outros lugares, supondo que, de facto, esses cidadãos queriam para si mesmos o seu próprio Parnaso ou a sua própria escola de Atenas.

Freud fazia parte daquele grupo de judeus que tinham abandonado a sua pertença religiosa sem, no entanto, renegarem a sua filiação originária. Mais do que judaísmo, tratava-se de uma judeidade, ou seja, de uma identidade-pertença desenraizada da sua origem.

No fundo, o fundador da Psicanálise tinha da Europa a mesmíssima ideia. Mais do que ser europeu, era uma europeidade que o interessava. Ele próprio afirmou, sem nomear o conceito, que muitos humanos jamais tiveram razões para se repreenderam a si próprios por serem aparentemente renegados com a sua própria nação ou com a sua língua materna.

Porém, esta visão, muito mais realista do que se possa supor, parece encontrar nas identidades nacionais um fartíssimo contraponto. No fundo, De Gaulle não abandonou a cena política, já que a "Europa das pátrias" parece hoje ser a dominante, dominância essa que Angela Merkel parece protagonizar em plena crise da mesma Europa.

No entanto, queira-se, ou não, o enviesado caminho para uma identidade comum europeia, que começou a ser forjada, como anteriormente afirmámos, pós Segunda Grande Guerra Mundial, é a única forma da Europa enquanto tal fazer o seu caminho. Aí, identidade e política irmanaram-se.

Tal como Edgar Morin, penso a Europa na polaridade do uno e do múltiplo. Não nego, por isso, as identidades nacionais, mas não é também por isso que deixo de conceber a definição de uma identidade coletiva como um processo interativo que desemboca da construção simbólica da identidade.

A questão é, portanto, da ordem de uma Europa imaginária como pressuposto a uma identidade política.

O sentimento de pertença coletiva não foi nunca fixista e rígido. A familiaridade e as tradições não são naturalistas, são construídas.

Por outras palavras, a identidade resulta de interações relacionais, mas a sua caraterística essencial é a capacidade que tem de as congregar e organizar. Identidade é auto-identificação. As identidades múltiplas só apenas paradoxalmente contradizem esta afirmação.

Cada um de nós é como uma pérola. Tal como esta, somos constituídos por camadas, (neste caso identitárias) sejam estas familiares, ideológicas, religiosas, nacionais, etc. A identidade é, pois, uma circularidade de afinidades.

A questão, por isso, coloca-se se hoje ainda é cedo para superarmos as cidadanias nacionais?

A legitimidade de que é possível parte do princípio básico de que o passado é precioso, mas é simultaneamente o umbigo do projecto futuro.

Os defensores da tradição lembram-me sempre a velha história do que vem primeiro, a galinha ou o ovo?

As tradições existem, mas construir uma identidade nova significa ver para a frente e não para trás. Neste sentido, existe uma identidade europeia que se autotraduziu na sua própria exponenciação.

Sobra-me pouco espaço para falar da sociedade portuguesa e dos efeitos da adesão de Portugal ao projecto europeu, embora nesta explanação seja visível o meu ponto de vista.

Apesar de todas as reticências, considero que a entrada de Portugal em 1986 como membro das comunidades europeias, que mais tarde se veio transformar na União Europeia, foi um passo histórico para o nosso país.

Claro que sendo, como atrás referi, um federalista convicto, critico a forma como a UEM foi pensada. Os objectivos que se propunha traduzem-se agora numa quase falência da União, pela clara discrepância entre uma verdadeira integração europeia sobre a égide política e a criação da zona euro.

Pesem o que pesem as minhas inquietações, creio firmemente que a saída de Portugal quer da União Europeia quer da zona euro, seria desastrosa para o nosso país. Os efeitos económicos, sociais e políticos, seriam devastadores. O nosso nível de vida cairia substancialmente e, politicamente, a nossa democracia ficaria muitíssimo mais frágil.

O FIM DA EUROPA

CARLOS GASPAR

Contra a tradição republicana, que manda celebrar regularmente os feitos nacionais em cerimónias cívicas, Portugal (e os Portugueses) deixaram passar em claro os vinte e cinco anos da adesão à Comunidade Europeia, sem dúvida um dos marcos decisivos da sua história no século passado.

O regresso de Portugal à Europa é inseparável de uma dupla mudança na natureza do Estado e do regime político, com o fim do império e a transição democrática. E, como sublinhou José Medeiros Ferreira perante o Conselho da Europa, em 1976, esse regresso teve um significado europeu: Portugal "foi o primeiro País a formar um império mundial. Somos os últimos a voltar e a regressar às fronteiras primitivas". A decisão portuguesa de aderir às Comunidades Europeias tornou possível fazer coincidir as fronteiras da democracia na Europa com as fronteiras do espaço da integração europeia. O seu exemplo foi seguido pela Espanha e, mais tarde, o precedente português serviu para garantir a entrada das democracias post-comunistas da Europa Central e Oriental na União Europeia, a qual, de resto, mereceu um apoio sem falhas de Portugal, não obstante os riscos que representava para a periferia atlântica o fortalecimento da periferia continental no espaço europeu.

Mas, em 2011, essa narrativa ficou perturbada pela incerteza acerca do futuro da Europa. No fim da transição revolucionária, a escolha dos Portugueses foi feita na forma de um apelo dramático – "A Europa Connosco" – que tinha implícitos não só os perigos das estratégias alternativas – o alinhamento com o bloco soviético, ou a reinvenção paradoxal do nacionalismo salazarista numa aliança preferencial com os novos países africanos de língua portuguesa, ou uma combinação de ambas – mas também o medo do isolamento peninsular, no fim do império, paredes meias com a Espanha. Trinta e cinco anos depois, o fim da Guerra Fria e a consolidação da democracia portuguesa tornaram irrelevantes os termos de referência originais, excepto no que se refere à vizinhança ibérica. No fim do período de transição constitucional, a entrada de Portugal na Comunidade Europeia coincidiu com a restauração da estabilidade política interna e com o inicio de uma fase excepcional da política europeia, que vai culminar com a queda do muro de Berlim, a unificação da Alemanha, o tratado de Maastricht e a criação da União Europeia. Vinte e cinco anos depois, a Europa está imersa numa crise profunda, marcada pela angústia do declínio e pelo medo da decadência, o que reclama mais uma reflexão sóbria sobre o futuro do que os rituais das cerimónias cívicas.

O fim da Europa : primeira versão
A crise constitucional europeia tem sido uma lenta agonia, que evoca a ansiedade dos primeiros anos do post-II Guerra Mundial, quando as decisões sobre a institucionalização da aliança ocidental e do processo de integração europeia se arrastavam de forma exasperante. A indecisão dos responsáveis ocidentais nesse período crítico ficou registada na frase célebre e irónica de Paul-Henri Spaak, que dizia ter sido Staline o verdadeiro responsável pela criação da Aliança Atlântica e das Comunidades Europeias.

Porém, é raro as crises terem um *happy ending*. No caso presente, a duração da crise não só tem aumentado a probabilidade do fim da moeda única europeia, como pode estar a criar as condições para a sedimentação de uma estratégia internacional alternativa da Alemanha.

A Alemanha pode definir o destino da Europa. A sua estratégia de referência, que tornou possível a restauração da democracia, do Estado e da unidade alemã, é a unificação europeia. Mas não é fácil uma grande potência ter como estratégia um ideal cuja realização parece cada vez mais remota e que passou a ser visto por uma parte importante dos Alemães como um fardo excessivo e lesivo dos seus interesses nacionais. A Alemanha foi a única potência europeia (e ocidental) que conseguiu resistir à crise financeira de Setembro de 2008 e recuperar níveis de competitividade perante o dinamismo das grandes potências asiáticas, mas essa capacidade singular está a ser posta em causa pela inércia dos seus parceiros europeus. A crise das "dívidas soberanas" não se limita às periferias mais ou menos exóticas da União Europeia e já inclui a Itália, um dos membros fundadores da Comunidade Europeia do Carvão e do Aço e parte integrante do centro histórico da Europa. Nesse quadro, a Alemanha pode ser posta perante uma escolha crucial : ou continua a ser a locomotiva do comboio europeu, ou procura o seu lugar nas fileiras das potências emergentes.

A crise pode colocar essa escolha em cima da mesa. A Alemanha unificada recuperou uma relação especial com a Rússia, interrompida pela Guerra Fria, demonstrou a sua autonomia política quando se opôs à intervenção norte-americana no Iraque e não hesitou em demarcar-se dos seus aliados e votar ao lado da Rússia, da China, da Índia e do Brasil quando o Conselho de Segurança decidiu aprovar uma resolução para autorizar uma intervenção externa na Líbia.

O preço da moeda única pode revelar-se demasiado caro para a Alemanha. A questão tem uma dimensão política: os Alemães foram, maioritariamente, contra o fim do Marco e não mudaram de opinião, e a percepção crescente de uma contradição entre os interesses nacionais e a defesa do Euro pode criar as condições para a emergência de um partido populista com uma representatividade relevante – uma ameaça para o Partido Democrata-Cristão e para a própria estabilidade da democracia alemã.

Se os responsáveis alemães desistirem da moeda única, a sobrevivência da União Europeia é improvável. A viragem da Alemanha implica a restauração da sua autonomia estratégica como uma grande potência e, na tradição bismarckiana, a sua prioridade será encontrar aliados e fazer alianças com uma maioria dos seus pares : no passado, a Alemanha procurou a Rússia e a Áustria, no presente pode tentar a Rússia e a Índia. Nesse quadro, a sua permanência na Organização do Tratado do Atlântico Norte deixa de ter sentido e, sem a Alemanha, também a sobrevivência da aliança ocidental é improvável. Pela sua parte, para contrabalançar a posição alemã, os Estados Unidos podem limitar-se a preservar a sua "relação especial" com o Reino Unido e consolidar uma rede periférica de aliados menores, que devia incluir a Polónia, a Turquia e a Espanha. Mas, tal como a França, a Polónia dificilmente pode resistir a uma nova aliança entre a Rússia e a Alemanha. A Turquia e a Espanha são importantes sobretudo para proteger a posição norte-americana no Mediterrâneo e no Médio Oriente, onde

CARLOS GASPAR

a Alemanha pode querer ser uma alternativa aos Estados Unidos como o aliado democrático de Israel, cuja segurança pode ficar reforçada se a Rússia e a Índia acrescentarem à garantia alemã a participação do Irão num novo sistema de equilíbrios regional. Fora do centro do sistema internacional, remetida para a retaguarda da Alemanha e dividida por potências externas, a Europa, ou o que resta da Europa, corre o risco de voltar a ser um promontório da Ásia.

O fim da Europa : segunda versão

O pior não é sempre inevitável e as crises não têm de ser oportunidades perdidas. A profundidade da crise constitucional pode provocar um salto na integração europeia, como aconteceu no passado.

A rejeição francesa da Comunidade de Defesa Europeia, em 1954, que por pouco não provocou o fim do processo de integração europeia e da aliança atlântica, acabou por abrir caminho para a entrada da República Federal alemã na Organização do Tratado do Atlântico Norte e para a Conferência de Messina, onde se esboçaram os contornos da Comunidade Económica Europeia. Os "choques petrolíferos" de 1973 e de 1979 puseram em causa as ilusões sobre a estabilidade do crescimento europeu e provocaram um longo período de pessimismo, que foi ultrapassado pela criação do mercado único europeu e pela integração de Portugal e da Espanha, os quais trouxeram, ambos, para a Comunidade Europeia uma nova visão internacional e uma maior ambição política. A unificação da Alemanha, na frase de François Mitterrand, ia ser o "regresso a 1913", mas Helmut Kohl decidiu criar a União Europeia e o programa da moeda única para demonstrar que a Alemanha unida queria ser europeia e não queria que a Europa fosse alemã.

A "crise sistémica" da moeda europeia está a ameaçar a própria continuidade da impropriamente dita União Europeia, mas também pode ser o momento em que a Alemanha vai poder demonstrar se tem ou não capacidade para federar pacificamente uma união europeia propriamente dita, à qual os federalistas europeus, na esteira de Jean Monnet, ainda gostam de chamar os "Estados Unidos da Europa", certamente para sublinhar as suas origens atlantistas.

Durante a Guerra Fria, a "Europa norte-americana" não renunciou à história europeia, cuja singularidade resulta da resistência constante das potências europeias às tentativas de dominação hegemónica e de unificação imperial, mas também não encontrou uma fórmula federativa.

Os vinte anos do pós-guerra Fria, entre Maastricht e a rejeição francesa do Tratado Constitucional, serviram para confirmar que a única forma de criar uma união federal seria aceitar uma "Europa alemã". Mas essa fórmula é a negação da história da Europa westphaliana, que soube preservar um sistema multipolar e fazer fracassar os projectos de império universal no espaço europeu. Nesse sentido, a criação dos Estados Unidos da Europa seria, a par da dissolução da União Europeia, uma outra forma de chegar ao fim da Europa.

A nova união europeia, criada pela República Federal da Alemanha à sua imagem e semelhança, seria uma federação republicana, o que poderia pôr em causa não só a permanência do Reino Unido, de resto improvável por múltiplas razões, como a presença da Suécia, da Holanda, da Dinamarca e mesmo da Espanha, a não ser que essas monarquias mudassem o seu regime. É difícil imaginar os chefes do Estado das velhas monarquias submeterem-se à autoridade de um Presidente federal europeu, independentemente da sua nacionalidade original ou das suas credenciais democráticas.

A mudança constitucional europeia também seria uma oportunidade para rever o mapa político da Europa: a Bélgica podia tirar partido da mudança para completar a divisão política entre Flamengos e Valões e dispensar o Rei dos Belgas; a Áustria podia juntar-se à Hungria, à Eslováquia e à Eslovénia para formar numa união danubiana; a Sicília podia unir-se à Catalunha, se uma Espanha republicana se dividisse e reconhecesse a autonomia das nacionalidades.

Naturalmente, os Estados Unidos da Europa teriam de ter uma capacidade de defesa estratégica nuclear própria, o que só seria possível, num curto prazo, se a Alemanha e a França partilhassem as suas capacidades nucleares e a force de frappe fosse subordinada a um comando conjunto franco-alemão. Nesses termos, a aliança com os Estados Unidos e a Organização do Tratado do Atlântico Norte passariam a ser supérfluas. A posição excêntrica do Reino Unido tornaria a sobrevivência formal da Aliança Atlântica como uma aliança entre os Estados Unidos da América e os Estados Unidos da Europa demasiado complicada.

O fim da União Europeia e a criação dos Estados Unidos da Europa são duas formas de pôr fim à comunidade europeia e à aliança ocidental, cuja paridade garantiu a paz entre as grandes potências desde o fim da II Guerra Mundial, sem, todavia, assegurar uma alternativa válida para preencher essa função no sistema internacional.

CARLOS GASPAR

Finis patriae?

Por definição, os dois cenários contrastados sobre o fim da Europa são ambos altamente improváveis. Entre a inércia das instituições, a resiliência dos velhos Estados nacionais e a força das identidades históricas deve ser possível encontrar formas razoáveis de ultrapassar os impasses da crise constitucional europeia. Mas, na medida em que os dois cenários forem considerados possíveis, em circunstâncias extremas, a reflexão sobre o futuro da Europa deve incluir uma referência acerca das suas consequências para o futuro de Portugal.

Essas consequências são, obviamente, diferentes em ambos casos e a sua comparação ilumina, por antecipação, os limites das escolhas portuguesas.

Naturalmente, o fim simultâneo, ou em rápida sucessão, da União Europeia e da Aliança Atlântica, só pode ser uma catástrofe para Portugal, que perde as duas referências cruciais da sua posição internacional, bem como garantias insubstituíveis da segurança e da defesa nacional e o que resta das condições de estabilidade económica e financeira. Nessas circunstâncias, que revelam uma profunda vulnerabilidade externa, é improvável que a democracia portuguesa e o próprio Estado sobrevivessem inalterados ao equivalente de uma derrota numa grande guerra.

Nesse cenário de decomposição institucional e de fragmentação regional, a integração de Portugal na Espanha parece quase inevitável. De resto, a unificação ibérica limitar-se-ia a repetir, à escala peninsular, uma tendência para a formação de agrupamentos periféricos como uma alternativa à sobrevivência dos "Estados-membros" que perderam o hábito de sobreviver isoladamente. Essa tendência já está esboçada nas relações entre os países escandinavos, pode levar à reconstituição, num período crítico, do trio de Visegrad, reunindo a Polónia, a Checoslováquia e a Hungria numa frente comum, e a uma segunda tentativa de formar uma federação entre a Sérvia, a Bulgária e a Grécia, para resistir, ou para adiar uma nova partilha dos Balcãs entre a Rússia e a Turquia.

Em si mesma, no quadro europeu, a união ibérica não resolve os problemas de nenhum dos dois Estados peninsulares. A velha fórmula de Manuel Azaña – "Juntos seremos grandes" – nunca foi pertinente e, mau grado as suas ilusões, a Espanha, com ou sem Portugal, com ou sem integração europeia, nunca conseguiu voltar a ser uma potência relevante. A vantagem relativa de Portugal e da Espanha são, por um lado, as suas relações históricas com os Estados que criaram na América, em África e na Ásia, designadamente o Brasil, que se está a tornar uma potência internacional e, por outro lado, a possibilidade de valorizar a posição geográfica da Península Ibérica num contexto de competição estratégica entre a Alemanha e os Estados Unidos.

Não se trata, obviamente, de ressuscitar conceitos arcaicos como a comunidade ibero-americana, mas de reconhecer que a divisão europeia e a união ibérica podem ser vistas como uma oportunidade para o Brasil criar a "sua" aliança atlântica e penetrar no continente europeu, reproduzindo, à sua escala, a "relação especial" dos Estados Unidos com a Grã-Bretanha, ou, se tiver essa ambição, usando esse instrumento para reunir a América do Sul, a Espanha e Portugal numa nova aliança ocidental. (Trata-se de valorizar um precedente: o Brasil foi o único país americano que governou um país europeu, a partir da sua capital no Rio de Janeiro, e Portugal foi o único país europeu a ser governado por uma colónia.)

A Espanha e Portugal são importantes para os Estados Unidos, num cenário de fragmentação europeia, em que a estratégia norte-americana pode querer ter aliados periféricos menores, não só para limitar a capacidade de dominação continental da Alemanha, mas também para garantir o acesso ao Mediterrâneo. Se se confirmar a convergência estratégica entre a Alemanha, a Rússia e a Índia, os termos de referência da posição norte-americana no Médio Oriente ficam comprometidos e, nesse contexto, a Espanha e a Turquia são aliados alternativos, que podem assegurar a presença estratégica dos Estados Unidos no Mediterrâneo, enquanto Portugal, em conjunto com as ilhas adjacentes, tanto pode reforçar a posição do seu vizinho nessa relação, como a pode perturbar, se o mais pequeno dos dois Estados peninsulares pudesse manter a sua autonomia como Estado independente. A congruência estratégica na relação com os Estados Unidos é uma importante motivação para a Espanha querer integrar Portugal numa união ibérica.

Nesse quadro, numa relação invertida entre o Novo e o Velho Mundo, a união ibérica poderia voltar a encontrar um destino fora do seu espaço original no continente europeu, à custa de uma dupla subordinação, dos dois Estados peninsulares ao Brasil (e aos Estados Unidos) e de Portugal ao seu único vizinho.

Pertencer aos Estados Unidos da Europa também teria um custo elevado para Portugal, no sentido em que o estatuto de Estado federado, tal como uma união ibérica, implicaria sempre renunciar, temporária ou irreversivelmente, à soberania e à independência nacional. Mas a escolha livre

CARLOS GASPAR

dos Portugueses pode não existir nos dois cenários de referência, que descrevem estados de necessidade: em ambos os casos, os riscos do isolamento são considerados menores do que os perigos da integração.

A possível vantagem relativa no cenário dos Estados Unidos da Europa não é tanto a referência a um quadro constitucional de garantia da igualdade formal entre os Estados federados, relevante nas relações entre democracias pluralistas, mas a possibilidade de reforçar a posição de Portugal num quadro de mudança do regime constitucional na Espanha, em que a transição republicana abriria caminho à separação entre a Catalunha, o Pais Basco, Castela e a Galícia, os quais poderiam aceder autonomamente à federação europeia. Nesse quadro, onde os riscos de guerra civil estariam neutralizados pelo processo federativo, Portugal tem condições para valorizar a sua coesão nacional e, ao mesmo tempo, deixar de correr o risco de estar sob a dupla tutela do centro federal e da maior potência peninsular. Por outro lado, neste cenário, o fim da aliança atlântica não implica necessariamente uma competição estratégica entre os Estados Unidos da América e os Estados Unidos da Europa, que seria prejudicial para a posição de Portugal, que passa a estar na fronteira entre as duas comunidades de segurança ocidentais.

O fim da Europa, na primeira, tal como na segunda versão, torna provável a perda da soberania de Portugal como Estado independente. Os mais optimistas admitem que a coesão da nação portuguesa, entre as mais antigas na Europa, pode sobreviver sem um Estado nacional. Os mais pessimistas reconhecem o peso maior das vulnerabilidades de uma velha comunidade política cuja existência foi sempre inseparável do Estado. Uns e outros aceitam, pelo menos implicitamente, que a permanência de Portugal como entidade soberana, autónoma e separada depende do destino da Europa.

25 ANOS DE UNIÃO EUROPEIA
– NÃO SE PODE VIVER COM ELA, NEM SEM ELA!

CARLOS LOUREIRO

1. Um quarto de século representa, simultaneamente, muito tempo (quase uma eternidade), mas, em termos históricos, um mero "piscar de olhos".

Portugal apanhou "um comboio em andamento", mas teve a sua quota parte de responsabilidade (talvez até superior à sua dimensão económica) na construção do modelo de integração europeia com que hoje vivemos.

Muito se discute actualmente sobre este modelo e muitas críticas são tecidas ao mesmo e onde ele nos conduziu. Mas será que, politicamente, seria realista outra solução, em particular em face dos sucessivos alargamentos a que assistimos nos últimos 25 anos (e os que se perspectivam para o futuro), abrangendo países cada vez mais díspares, em termos culturais, políticos e económicos? Será que caminhamos para um crescente federalismo – mais aceite em épocas de crise, mas pouco amado sempre que acções concretas são exigidas – ou, pelo contrário, caminhamos para o desmembramento do projecto da União Europeia, concebido por visionários, para se tornar num "casamento de conveniência", baseado em mesquinhos interesses económicos?

Confessadamente desiludido com a actual realidade político-económica da União Europeia (mais do que com o respectivo modelo), acredito que tem que evoluir, sob pena de desagregação e perda drástica de relevância deste bloco fundamental para o equilíbrio da geoestratégia e da economia mundial. Assegurando as diferenças entre os estados-membros e as suas soberanias (até quando?), acredito ser fundamental existir um "governo europeu" que represente o "bloco" perante o mundo, acompanhado de uma centralização e coordenação das políticas económicas, orçamentais e financeiras. Custa-me admiti-lo, mas prefiro assistir a uma perda de soberania ponderada, coerente, discutida e negociada, do que a acções desgarradas, decisões precipitadas em contextos de crise e assunções de protagonismos não legitimados nem esclarecidos.

2. Como se depreende, considero que a União Europeia prima pela ausência enquanto bloco político e social. Apresenta-se mesmo, geralmente, como um somatório de países e culturas com interesses antagónicos e incapazes de acordarem nos princípios fundamentais que devem nortear a sua organização e actuação. No entanto, paradoxalmente, a União Europeia foi criando uma identidade política e cultural superior ao que se pode depreender da sua actuação unificada nos grandes cenários mundiais.

Em termos históricos, trata-se de uma união muito jovem, com inevitáveis "dores de crescimento", que revela problemas geracionais, que o decorrer do tempo ultrapassará. Muitas vezes subestimado, o "Programa Erasmus" constitui, em minha opinião, talvez o maior contributo para a criação do "cidadão europeu" e para abrir as mentes das próximas gerações, permitindo que se encare a viabilidade de criação de uma verdadeira identidade europeia, obviamente com respeito pelas diferenças dos diversos estados-membros.

3. Seria impensável imaginar a economia portuguesa num cenário de isolacionismo, fora dos grandes blocos económicos. Os custos de adesão, em particular à União Monetária, com a nossa subordinação ao euro, são muitas vezes apontados, em minha opinião injustamente, como a justificação para todas as nossas dificuldades económicas e financeiras actuais. Sendo indiscutivelmente relevantes, não consigo imaginar a economia portuguesa fora do bloco económico europeu e mantendo orgulhosamente o escudo (não somos o Reino Unido), nem o que seria Portugal neste cenário, mas estou convicto que, sem este enquadramento, seria mais atrasado, pobre e com menos qualidade de vida para os portugueses, que não teriam tido a possibilidade de se financiar a custos de "país europeu", nem teria tido a injecção brutal de fundos comunitários, que possibilitaram a modernização do país e das suas empresas (mesmo que uma parte relevante tenha sido desbaratada e as opções possam ser discutíveis, ao apostar "no betão").

4. No âmbito de toda a transformação verificada (talvez a nossa segunda "revolução", num período de menos de 40 anos), e considerando o atraso cultural e social de que padecia a sociedade portuguesa, isolada do mundo civilizado até 1974, a evolução da sociedade foi brutal e decisiva, tornando os portugueses mais cosmopolitas, cultos e exigentes. É aliás notável a evolução social verificada, não só nos aspectos associados aos mais diversos indicadores de bem-estar, mas também no tocante à evolução cultural (por vezes mais dificilmente mensurável), muitas vezes abafada pela evolução dos indicadores económicos.

Mas são as novas gerações, em particular os portugueses nascidos após a adesão à União Europeia, que serão verdadeiramente "cidadãos europeus", com tudo o que tal acarreta.

5. Em qualquer união económica, é um passo ambicioso, mas natural (embora se possa questionar se será desejável), a criação de uma união monetária. No projecto europeu, este parece constituir um passo lógico no sentido da verdadeira integração e na criação de um bloco coeso e unificado, que potencia a sua actuação conjunta e, consequentemente, o seu peso económico e financeiro enquanto bloco mundial, podendo competir, nomeadamente, com os Estados Unidos da América.

6. A criação de uma união monetária acarreta um conjunto de implicações com grande alcance, quer decorrentes da perda de instrumentos de política económica por parte dos estados-membros, quer pela definição de uma paridade cambial e de políticas monetárias que se aplicam a todos, independentemente das respectivas situações específicas e da evolução das diversas economias.

O pecado original da União Monetária consistiu precisamente em basear-se no pressuposto de que após a definição da paridade cambial no momento de entrada de cada estado-membro e ao impor regras de rigor financeiro, essa paridade seria válida para sempre, mesmo sem existir um poder efectivo de intervenção das autoridades centrais europeias. O que a realidade demonstra – e não era difícil imaginar – é que não só o cenário macroeconómico sofreu alterações, como também a disciplina orçamental

CARLOS LOUREIRO

(e não só) dos estados-membros não é tão rígida e inflexível como se pretenderia, em termos de gestão dos objectivos definidos, particularmente no tocante ao défice público e ao endividamento. E, para os que invectivaram os países indisciplinados do Sul da Europa – que efectivamente teriam maiores dificuldade, pelo grau de desenvolvimento das respectivas economias e dimensão e estrutura dos mercados – que comprometem o espírito da União Monetária, convém relembrar que dos primeiros países a desrespeitar os limites de Maastricht foram precisamente a Alemanha e a França. Tivesse a actuação dos responsáveis da União Europeia sido mais inflexível e rigorosa e talvez muitos dos actuais problemas pudessem ter sido evitados, ou pelo menos mitigados.

7. O actual cenário propicia os arautos da desgraça, que vêem iminente a desagregação da União Monetária, com o consequente fim do euro, pelo menos tal como o conhecemos actualmente.

Não acredito – nem desejo – que tal venha a acontecer. Desde logo porque considero que tal será extremamente difícil em termos técnicos e práticos, privando os mercados de um instrumento que tem sido um sucesso (chegou a ultrapassar o dólar americano como divisa escolhida para emissões de instrumentos financeiros), criando um vazio em termos de sistema de pagamentos. Para Portugal, em particular, como pequena economia aberta e integrada no espaço único europeu, o fim do euro resultaria num enorme empobrecimento (provavelmente pior do que o verificado na Argentina), uma impossibilidade de liquidar as suas responsabilidades perante o exterior (relembro, denominadas em divisas estrangeiras), para além de muitos outros efeitos previsíveis (inflação, custo e escassez de financiamento, fugas de capitais logo que possível, desinvestimento e outras), que só a médio ou longo prazo (se algum dia) iriam ser compensadas pelo aumento da competitividade do nosso sector produtor de bens transaccionáveis.

Acredito que será no interesse do bloco económico integrado na União Económica e Monetária a manutenção do euro, quiçá por diferentes razões, pelo que serão certamente desencadeados os mecanismos tendentes à sua preservação, arriscando-me mesmo a acreditar que sem grandes alterações em relação ao actual modelo. Arrisco-me também a antecipar que só mesmo numa situação extrema seja previsível um cenário de expulsão de algum dos actuais estados-membros integrados na zona euro, embora não seja um cenário impossível.

8. Assumindo que Portugal não é expulso, entendo que temos muito mais a ganhar do que a perder em permanecer na zona euro. Na realidade, não creio sequer que seja exequível, em condições normais, uma saída ordenada do euro, por muito interessante que seja o conceito (mesmo que Portugal fosse financiado para abandonar o euro, hipótese pouco plausível), e os custos a prazo seriam enormes. Portugal beneficiou muito da disciplina imposta para nos permitir integrar o grupo de países fundadores do euro (talvez até tenha sido demasiado cumpridor, pois essa disciplina poderá ter levado à definição de uma paridade escudo/euro que se revelou irrealista, por sobrevalorização da taxa de conversão, que tirou competitividade à economia nacional, como se tem verificado).

Subsequentemente, apesar das severas restrições que a perda de moeda própria e da política cambial que a integração na União Monetária impôs, a adopção do euro obrigou a maior rigor na condução da política económica e protegeu Portugal dos ataques à moeda própria (a que nem países com a dimensão do Reino Unido escaparam), manteve os custos e o acesso ao financiamento externo em níveis historicamente baixos (até 2008) e limitou a capacidade de o poder político, apesar de tudo, fazer "descarrilar" a economia, ao impor um conjunto de balizas de actuação. Defendo portanto que Portugal se mantenha na zona euro e tenho esperança, apesar dos anos muito difíceis com que nos vamos defrontar (pelo menos até 2015), que consigamos enfocar-nos e introduzir a disciplina que faltou (e não só a Portugal) no passado recente.

Outubro/2011

O ESPAÇO EUROPEU DE JUSTIÇA COMUM

CARLOS MANUEL GONÇALVES DE MELO MARINHO

1. A União Europeia não é um mero produto de tratados e acordos multilaterais. Não vive da artificialidade das normas e dos pactos. É zona de cidadãos e cidadania, área de direitos e deveres assentes numa cultura jurídica de radicais concêntricos, num travejamento axiológico transversal, numa visão do mundo e herança civilizacional simultaneamente laica e religiosa de núcleos coincidentes, caleidoscópio de cores capaz de sintetizar a luz branca em todo o seu esplendor. É lugar de sentimentos, de paixões telúricas, raramente sítio de indiferenças. É espaço-berço de civilizações e, por elas, padrão, matriz universal, fonte de imagens reflectidas em que, porém, bastas vezes, não se revê.

Construída sobre um conceito superlativo de integração – o *Mercado Comum* – e sobre liberdades para ele instrumentais, apontadas à garantia da circulação de bens e dos factores associados à criação de riqueza, nela o Mercado foi sempre, também, pretexto de encontro e convergência, *Leitmotiv* da criação de uma arquitectura jurídico-constitucional humanista e abrangente. Foi esse Mercado o causante das suas iniciativas precursoras na área da Justiça e, ainda hoje, é em seu nome e na sua direcção que se desenham as opções e o caminho da produção normativa.

Na origem desta dinâmica, o *Tratado Constitutivo da Comunidade Económica Europeia* (Roma, 1957) estabeleceu como desígnio eliminar as barreiras jurídicas de natureza pública à circulação de mercadorias e capitais, ao livre estabelecimento de empresas e à livre prestação de serviços no quadro das relações entre os Estados-Membros. Para atingir este desiderato, tornava-se fulcral superar o temor gerado pelo desconhecimento do foro aplicável e das regras de execução transfronteiriça das decisões judiciais. Impunha-se criar mecanismos de Direito Privado que superassem a desconfiança recíproca.

Foi neste contexto que se afirmou a transcendência de um instrumento jurídico decisivo – a *Convenção de Bruxelas de 1968 relativa à competência judiciária e à execução de decisões em matéria civil e comercial*, de 27.09.1968. Esta Convenção forneceu um substrato básico de segurança jurídica imprescindível para a instalação de conexões económicas intra-comunitárias sólidas e permanentes, desempenhando o papel de teia normativa central de sustentação do aludido Mercado, pretexto de afirmação do crucial Direito Europeu de emanação jurisprudencial.

No entanto, no sector da Justiça, o verdadeiro *golpe de asa* no sentido da institucionalização de mecanismos efectivamente viabilizadores da afirmação dos direitos de referência transfronteiriça, gerador do *milagre* de integração a que se assistiu na primeira década do século XXI, haveria de ser vibrado com a aprovação do Tratado de Amesterdão de 2 de Outubro de 1997 e respectivos documentos de concretização, particularmente das *Conclusões da Presidência do Conselho Europeu de Tampere de 1999*.

Visava-se, aí, erigir um *Espaço Europeu de Justiça Comum* e, para tal efeito, era necessário atribuir protagonismo directo aos órgãos jurisdicionais no processo de cooperação, criar confiança através da supressão das operações de revisão e confirmação das decisões judiciais, garantir o acesso ao Direito e aos Tribunais, aprimorar e agilizar a colheita de prova, simplificar e acelerar as citações e notificações extra-muros, proteger os menores, particularmente nos domínios do rapto parental e da execução dos regimes reguladores do direito de visita, cobrar créditos pecuniários em contextos transversais de baixa litigiosidade, garantir eficácia em matéria de obrigações alimentares, criar normas relativas a processos de insolvência, obrigações extracontratuais, concorrência, indemnização das vítimas da criminalidade, motivar laços permanentes de cooperação, apoio e informação em rede fazendo uso dos avanços tecnológicos, gerar bases de dados de cooperação judiciária e informação jurídica bem como páginas de *Internet* e portais.

Passada mais de uma década, há que admitir que este desígnio, facilitado pela inclusão da matéria no primeiro pilar, foi procurado com veemência e parcialmente concretizado sob envolvimento directo e permanente da Comissão Europeia e participação activa dos Estados-membros (com excepção da Dinamarca).

Com essa mesma construção em vista, busca-se, presentemente, dar resposta à rarefacção regulatória, à elevada complexidade e imprevisibilidade das normas e à profunda assimetria em matéria de sucessões. Mais se prepara a previsível supressão do *exequatur* no âmbito da revisão do estrutural Regulamento *herdeiro* do objecto da acima referenciada Convenção de Bruxelas.

Há, pois, que reconhecer que, no domínio da administração da Justiça na União, foi realizado, em apenas uma década, um percurso abrangente e substancialmente bem-sucedido, assinalado pela disponibilização de uma panóplia de estruturas jurídicas e de um conjunto alargado de normas concebidos para servir, gerar utilidades e produzir eficácia, simplificação e maior rapidez. Faltará concretizar a sua divulgação, interiorização e estudo generalizados, em primeira linha pelos titulares das profissões jurídicas e, por osmose e impulso do benefício individual, pelos cidadãos. Aliás, só este proveito os convocará para esta causa.

No caminho percorrido, estão já congregados os mecanismos e a simbologia relevantes para a construção da Área de Justiça Europeia, particularmente os associados à instalação do princípio da confiança mútua entre órgãos jurisdicionais, designadamente através da livre circulação das decisões judiciais e da comunicação directa entre órgãos jurisdicionais sem imposição da intermediação de autoridades centrais estruturalmente alheias à actividade intermediada.

2. Quanto ao futuro, impõe-se concluir que a Justiça comum terá que ser centrada e focada no cidadão, não já como mote a glosar ou singelo atavio de modernidade mas como desafio de criação de benefícios palpáveis e visíveis na vida das pessoas. Este processo pressupõe coragem, imaginação, capacidade de sonhar e alijar os lastros entorpecedores. Envolve o uso intensivo das tecnologias e o acesso efectivo dos destinatários.

Para tal finalidade, deverá ser ponderada a atribuição de uma identidade digital europeia, com vista à célere e eficaz citação e notificação, bem como a certificada admissão e actuação dos cidadãos e das empresas no sistema, por via informática, em tempo real, qualquer que seja a sua sede geográfica, através das adequadas aplicações e fazendo uso de formulários adaptados a cada tipo de pretensão e intervenção processual, o que pressupõe a criação de estruturas de informação abertas, esclarecedoras dos conteúdos dos direitos (quer de dimensão interna, quer europeia, quer de Direito Internacional) e reveladoras das suas formas de exercício.

É, ainda, decisivo o alargamento da supressão das operações de revisão e reconhecimento de sentenças estrangeiras às diversas áreas temáticas e o desenvolvimento de formas de articulação e colaboração entre os profissionais do Direito e as estruturas de cooperação dos diversos Países fazendo apelo à ideia de rede, quando necessário.

A integração cada vez mais profunda e a aprovação de normas de Direito adjectivo também aplicáveis às relações internas – conforme se chegou a admitir no início dos trabalhos que geraram os processos europeus de injunção e das acções de pequeno montante – constituem objectivos recomendáveis enquanto formas de requalificação do sistema em prol dos interesses dos seus beneficiários.

3. Ao gizar o futuro da União, ao repensar a sua ontologia e programa, torna-se capital ter presentes as noções de utilidade, proveito, benefício, já que tudo o que não toca a vida das pessoas e não contribui para a melhoria do seu quotidiano acaba por fenecer e nunca florir. A integração constrói-se, de forma decisiva, a partir da base, pela adesão dos cidadãos. Não há Europa sem europeus, sem consciência de pertença, sem cidadania de dimensão continental. E estas não existem se a fronteira for intimidatória, se o *extranaeus* for o insondável desconhecido, se o outro for o diferente, se a norma for alheia e impenetrável, se a distância gerar dispêndios desproporcionados e atrasos que tornem o exercício dos direitos impraticável.

É aqui, justamente, que existe uma ampla margem de acção e crescimento para a Justiça Europeia. É neste domínio e com esta perspectiva de produção de utilidade, de destruição dos temores e dificuldades associados ao exercício de direitos de conexões multi-territoriais e à litigância transfronteiriça que os progressos pós-Amesterdão se revelam decisivos e se impõe a adopção de um projecto de intervenção ulterior que os consolide, credibilize, potencie, dilate e, sobretudo, torne visíveis e efectivos.

Estamos chegados a um tempo de revelação de fragilidades, a momentos de crises de distintas etiologias – em que predomina a vertente económico-financeira. Mais do que entre a agonia e a saúde, entre a dor e o silêncio dos sentidos, a Europa encontra-se no fim de um ciclo assinalado pela supremacia das instituições, marcado pelo peso burocrático, cerceador da imaginação, da Comissão Europeia, limitado pela pletora de interesses conflituantes, compromissos e motivações políticas divergentes do Conselho e fragilizado pelas dificuldades de efectiva representação da cidadania, do Parlamento.

A permanência de Portugal num tal projecto é fundamental, regressado que está do Império e do Mundo, ainda mal acostumado à pequenez da sua casa inicial, mas de alma enorme, mundividente, acolhedor, curioso, descontente, sempre oscilando entre a euforia e o abatimento profundo. É a Europa o seu novo espaço de descoberta e de expansão, é nela que deve afirmar os seus desígnios e a sua essência universal, a sua capacidade única de compreender e aceitar o diferente e o desconhecido, o seu talento para, com imaginação, ideias e alguns improvisos, reconstruir o mundo.

Outubro de 2011

A ADESÃO DA TURQUIA[*]

CARLOS PINTO DE ABREU

JOSÉ VERDELHO

"A Adesão da Turquia?
Nem Pense Nisso..."
Ernâni Lopes

1. O pedido de adesão
Em 14 de Abril de 1987 as autoridades turcas formalizaram o pedido de adesão à Comunidade Económica Europeia. Na base deste pedido foi invocada a vontade unânime do povo turco[1], "consequência natural e lógica da evolução histórica" das relações entre a Turquia e a Europa. A Turquia declarou-se intimamente ligada às ideias de liberdade e democracia e aos direitos do homem; como tal não poderia ficar insensível ao movimento de integração sem risco de atraiçoar os seus fundamentos e objectivos como "estado ocidental de vocação europeia".

2. Vocação europeia ou ocidentalização?
"Fundado sobre as ruínas dos Césares, o Império Otomano cobrirá com os seus restos, quando chegar o seu fim, três partes da terra."

---

[1] 51,5% das pessoas interrogadas em sondagem feita em Junho de 1986 na Turquia eram favoráveis à adesão, 10% desfavoráveis, 14,5% indiferentes e 24% sem opinião...

Assim começava, no princípio do século passado, Von Hammer a sua História do Império Otomano. Não decorridos ainda cem anos sobre estas palavras os territórios que o constituíam dispersaram-se pela Europa (Bulgária, Hungria, Grécia), Ásia e África.

Se a força da história nos mostra que a Nova Turquia nasceu daquelas ruínas, já as autoridades turcas, paradoxalmente, utilizando o argumento do território, negam a herança cultural do Império Otomano.

As reformas introduzidas por Ataturk foram radicais.

O antigo oficial do Império que liderou a guerra da Independência e instaurou a República adoptou para o novo cidadão a fórmula de "...membro da Nação Turca, da família dos povos muçulmanos e da civilização europeia."

Tomemos como ponto de referência a pertença à civilização europeia.

A mudança do centro político de Instambul para Ancara e a abolição do sultanato e do califado criaram a via livre para a implantação da República em 29 de Outubro de 1923. Libertos de todas as influências exteriores os turcos quiseram, eles próprios, tomar a via da europeização.

Medidas importantíssimas, neste sentido, foram então sucessivamente tomadas.

Desde logo, com a separação da Igreja do Estado, todas as confissões, ficariam, numa perspectiva legal, colocadas no mesmo pé de igualdade. Em 1925 suprimiu-se o fez, substituindo-o pelo chapéu vulgar, medida que teve como imediata consequência fazer desaparecer, exteriormente, a distinção entre religiões.

Foi introduzido obrigatoriamente em 1926 o alfabeto latino, vindo mais tarde a realizar-se o que se chamou a "turquização" da língua, abolindo numerosíssimas palavras de origem persa e árabe substituindo-as por étimos autenticamente turcos.

O direito de voto das mulheres foi instituído em 1930 para as eleições municipais e em 1934 para as legislativas.

No ano de 1933 encorajaram-se as Belas Artes, a Arquitectura, a Pintura, a Escultura e a Música. Logo de seguida é revogada a antiquíssima lei islâmica que vedava a reprodução de imagens de seres humanos e animais.

A reforma dos nomes turcos é feita em 1935. A partir de então, cada cidadão turco podia (e devia) escolher um nome de família. Mustafá Kemal Paxá daria o exemplo e receberia o nome de Pai dos Turcos.

A medida mais impressionante foi, todavia, a "importação" do Código Civil Suíço que apenas se traduz antes de entrar em vigor...

Outras reformas profundas surgiram nos campos da agricultura, indústria, ensino, a todos os níveis e nos sectores da administração, das finanças e nas relações patronato-operariado.

Logo após a morte do Ataturk modernizador vieram os anos dramáticos da IIª Grande Guerra. A Turquia permaneceu neutra, embora tivesse rompido com Hitler.

Em 1946 entram tropas russas em território turco. A invasão ter-se-ia dado se os EUA, nessa altura, não estivessem já de posse da bomba atómica.

Aliada da América do Norte no quadro da NATO e da Inglaterra no Pacto de Bagdad – o pacto C.E.N.T.O., da O.E.C.E. (actual OCDE), membro do Concelho da Europa, da Conferência de Segurança e Cooperação Europeia, principalmente activo no projecto EUREKA é considerado país europeu em diversas organizações internacionais (v. o caso da União Postal Internacional e da Aviação Internacional).

Logo após a assinatura do Tratado de Roma, a Turquia dirigiu em 3 de Julho de 1959 um pedido com o objectivo de criar uma relação de associação destinada à preparação da futura adesão. Em 1 de Dezembro de 1964 entrou em vigor o Acordo de Ancara que instituiu a Associação CEE--Turquia.

Sobre estes factos constroem as autoridades turcas a sua argumentação. Perguntamos se este processo não terá conduzido apenas à ocidentalização.

Será que desta modernização se poderá aduzir, sem mais, uma vocação europeia?

3. A necessidade da adesão

Tendo programa e calendário de cooperação estabelecido pelo Acordo de Ancara, porque é que vem agora a Turquia pedir a adesão?

O Acordo de Ancara previa três fases. No estágio preparatório a Comunidade garantia assistência financeira e pautas preferenciais nas tradicionais exportações turcas: têxteis, tabaco, figos secos, uvas e nozes. Com o período de transição pretendia-se chegar a uma união aduaneira e à conjugação de políticas económicas. Nesta fase previam-se reduções de tarifas nas exportações dos têxteis e assistência financeira até 195 milhões de dólares. Mas mais importante será realçar a então acordada livre circulação de trabalhadores que seria gradualmente estabelecida até 1 de Dezembro de 1986. A fase definitiva seria fundada na união aduaneira, determinaria o reforço da coordenação das políticas económicas de ambas as partes (v. art°s 2° a 5° do referido Acordo).

O Governo turco tem sublinhado que a possibilidade de adesão é independente da efectiva realização das etapas previstas pelo Acordo. E isto porque não se mostra satisfeito pelo funcionamento das relações CEE--Turquia: a Comunidade tem colocado restrições quantitativas às exportações turcas de têxteis, suspendeu as ajudas financeiras e não aplicou ainda parte do Acordo relativa à livre circulação de trabalhadores. A par disso, os órgãos da Associação não têm conseguido agir de forma eficaz, bloqueando na prática a desejada assinatura de mais um protocolo financeiro, o quarto. E como se não bastasse, a Comunidade tem vindo a celebrar acordos preferenciais com outros países, concedendo-lhes vantagens comparáveis às concedidas à Turquia sem imposição correlativa de idênticas obrigações.

O mau funcionamento dos acordos de associação e a ruptura do equilíbrio original que lhes esteve na base serve como justificação para a mudança de comportamento da Turquia em face da Comunidade. Assistindo aos alargamentos recentes, a Turquia pergunta-se do porquê da sua submissão a critérios diferentes. A solução pareceu então ser a da adesão. O Acordo já a previa. Por sua vez, o Tratado de Roma abre a porta da adesão a todo o país europeu que partilhe os mesmos ideais. A Turquia entende que reúne estas duas condições: afirma que a sua condição de país europeu é indiscutível e reivindica a partilha dos mesmos ideais.

São afinal estas pretensões que cabe discutir! Para alguns observadores, o pedido de adesão é motivado por uma vontade real de ocidentalização, acompanhada de intenção de manter a ficção de que a Turquia é um país europeu.

4. Posicionamento Geo-estratégico: entre a história, a geografia e a defesa da Europa

Temos dificuldades em aceitar pacificamente o enquadramento da Turquia numa concepção geográfica e histórica da "Europa do Atlântico aos Urais".

Numa perspectiva de longa história, seria sustentável o seu posicionamento na fronteira da Europa – recordamos a tradição cultural e cristã de Bizâncio, último baluarte do Império. Os historiadores geralmente aceitam que Bizâncio, nos onze séculos da sua vida, soube cumprir tríplice e útil missão: religiosa, política e militar. "Aguentou-se como barreira durante mil anos. A Europa teve tempo de construir, e quando por fim a barreira caiu, já havia estabilidade suficiente para desafiar os assaltos que se preparavam ainda para os baluartes da Cristandade".

O Bósforo separa a Europa da Ásia e no dizer dos entendidos a Turquia é, na realidade, um país asiático com uma pequena colónia na Europa. E referimos oportunamente o paradoxo da negação da continuidade do Império Otomano (pela afirmação de um Novo Estado republicano e laico) perante a inovação da dimensão geográfica europeia daquele Império.

Vamos agora à análise da posição geoestratégica da Turquia actual. Esta posição é particularmente delicada e tem sido insistentemente utilizada como cavalo de batalha pelos defensores da adesão.

A Turquia faz parte da NATO. Tem dentro da Aliança Atlântica o segundo maior exército, logo a seguir aos EUA. A totalidade dos seus efectivos ronda 800 mil homens (onze vezes o número português). Este facto deve ser tomado em conta em termos de peso orçamental.

Quanto aos vizinhos... os gregos são inimigos imemoriais, mantendo hoje uma situação de guerrilha ou pelo menos de tensão permanente que se arrasta desde a concessão das ilhas do Egeu. Pela reacção ao pedido de adesão formulado pela Turquia (tentando impedir desde logo a apreciação do próprio pedido em si, considerando-o inadmissível – ao que se respondeu que a discussão era sobre a adesão e não sobre o pedido) se confirma a oposição peremptória da Grécia. E isto quanto a nós vem contra o que fora antes prometido pela Grécia no momento da adesão, no sentido de que esta não interferiria nas relações com a Turquia.

Da Turquia vem, entretanto, o reconhecimento de que não pode continuar o estado de tensão e de que se torna imperioso retomar as negociações bilaterais pelo restabelecimento do clima de confiança. Temos recebido notícias de que já se reataram os primeiros contactos entre os governos turco e grego sob a forma de troca de notas através dos representantes diplomáticos e ainda de uma eventual cimeira já nos finais deste mês de Dezembro entre Turgut Ozal e Papandreu, na Suíça.

Curiosamente com as outras fronteiras (Bulgária, IRSS, Irão, Iraque, Jordânia e Síria) não tem havido problemas de maior. Há contudo que anotar a dimensão dos conflitos com os arménios e os curdos, em zonas que ocupam área das mesmas fronteiras. O conflito assume assim uma feição interna, E como o Governo turco nega a existência de conflitos étnicos, voltaremos ao assunto quando abordarmos a questão dos direitos do homem.

Trata-se de saber qual a relevância da delicada situação geoestratégica no processo de adesão à Comunidades. Este factor é hoje diferentemente perspectivado pela ênfase dada às questões conexas com a defesa da Europa. O tema da defesa da Europa está na ordem do dia e discute-se a viabilidade de uma política de defesa europeia em face dos dois blocos.

O Governo turco tem, quanto a nós, sabido tirar partido deste fenómeno de acrescer de importância em torno destas preocupações, usando o argumento de que a defesa do mundo e da Europa livre começa nas fronteiras turcas. A Turquia é imprescindível para a protecção sul da Europa.

Colocá-la à parte (leia-se à porta!) e não a deixar participar nos benefícios gerados pela pertença à Comunidade não seria incongruente? Não estará afinal a Turquia a prestar um serviço que não lhe é remunerado?

Contra poderão opor-se várias considerações. Desde logo, a "remuneração" reclamada poder ser concedida por meios diversos ou mais apropriados do que a adesão, dentro de esquemas de cooperação íntima com os países (porque não reformulando o Acordo de Ancara?). Depois subsiste a dúvida sobre a reacção do bloco de leste perante tal reforço de relações (tal como aconteceu com a entrada da Grécia e da Turquia na NATO).

E o argumento militar parece afinal de contas esquecer a oposição grega. Neste ponto tem o Governo turco argumentado com a situação análoga verificada no pós-guerra, pela hostilidade franco-germânica, cuja resolução só se tornou possível pela assunção de interesses e ideais comuns, no âmbito da Comunidade. Não de veria então porque não deva o exemplo ser considerado em relação à Grécia e Turquia. Perguntamos nós se não estaremos aqui perante um erro de avaliação histórica...

Por último, tendo a actual acordo entre a URSS e os EUA em linha de conta, não nos quer parecer que, a nível mundial venham a ser preponderantes razões de estratégia ou segurança numa tomada de posição. Isto porque as soluções apontam para uma via de entendimento. A dúvida fica em aberto e espera-se o desenrolar dos acontecimentos.

5. A política Económica para a Adesão

Quando em 1963 a adesão era, para todos, uma mera utopia, o estado adoptou uma política proteccionista e desenvolvimentista, recorrendo à aplicação de capital. Pretendia-se desenvolver a agricultura e a indústria e lança-la em termos competitivos nos mercados europeus. Pensara-se num período de lançamento de vinte anos.

A economia turca não escapou ao choque petrolífero de 74 que teve como grandes consequências negativas o aumento do deficit da balança de pagamentos e a queda relativa das trocas comerciais com a CEE.

A política económica turca, nos últimos anos, tem sido marcada pela aposta no lançamento de infra-estruturas. Este lançamento traduziu-se na implementação de uma rede viária que atinge os 66 mil km (2 mil de auto-estradas), desenvolvimento dos portos modernização das explorações agrícolas.

A maior atenção vai neste momento para a construção de um complexo hidroeléctrico no sudeste que permitirá a superabundância energética no país e a irrigação de uma vasta área agrícola que pode ir até aos 800 mil hectares. Este complexo formado por cinco barragens no rio Eufrates será o terceiro no mundo e estará concluído em 1991. Como referência podemos indicar que os cálculos do aumento de produção aponta, para um número superior à área do Benelux. Com esta política, pretende o governo turco recriar naquela região novo e alargado "crescente fértil".

Projecta-se ainda a exploração deste caudal com vista ao fornecimento de água para os países fronteiros do sul.

Tenciona-se utilizar para abastecimento das cidades de Ancara e Istambul o gasoduto russo.

Outra constante da história económica deste país são os seus elevados níveis de deficit interno e externo. Aproximadamente dois terços do orçamento está a descoberto neste ano e a balança de pagamentos é deficitária em mais de 40 mil milhões de dólares (só em encargos anuais as responsabilidades externas ascendem a 6 mil milhões de dólares).

Ao proteccionismo estatal dos anos 60 opõe-se agora a intenção de venda de grande parte das empresas públicas (nos sectores dos cobres, cimentos, têxteis e transportes), adaptando um esquema de economia de mercado. Com esta privatização poderá o estado obter directamente receitas, vendo-se livre da cobertura dos seus passivos e das responsabilidades de gestão.

As autoridades turcas têm difundido junto dos parceiros económicos e muito especialmente da CEE, um discurso de tipo programático, jogando com as expectativas económicas.

No que toca às relações comerciais com a CEE, as importações da Turquia nos anos 60 e princípios de 70 rondaram os 50% do total, percentagem que foi decrescendo após a depressão. Apesar de tudo, ainda hoje esse nível anda à volta dos 36% (valores correspondentes ao ano de 1986). De qualquer modo o fosso entre estas e a exportação turca é ainda abissal, na ordem dos 20%.

O PIB da Turquia (52,7 milhões de dólares em 86) ocupa o 9º lugar numa comparação com os países membros da CEE, logo atrás da Dinamarca e seguida pela Grécia, Portugal, Irlanda e Luxemburgo.

A taxa de crescimento da economia foi, segundo os últimos dados da OCDE, de 8%. O Governo viu neste índice (o maior registado nos países da OCDE) uma demonstração da explosão económica que poderá levar a Turquia à categoria de "um dos grandes do séc. XXI".

Pretendendo a Turquia beneficiar dos fundos estruturais e da PAC, oferece em contrapartida a possibilidade de exploração de uma extraordinária riqueza de recursos económicos, abre as portas à cooperação nos imensos projectos de infra-estruturas, põe à disposição a sua colocação privilegiada nas relações com o Médio-Oriente e o mundo árabe e sobretudo alarga o mercado comunitário em 50 milhões de habitantes (que poderão ser 90 milhões no fim do século).

Contra a adesão podem invocar-se os argumentos de que determinaria o agravar dos desequilíbrios regionais (tomamos em linha de conta estatísticas levadas a cabo pela Comunidade que indiciam níveis de vida abaixo do admissível e o facto de o rendimento "per capita" se quedar nuns baixos 1045 dólares). Haveria também que considerar a própria dicotomia interna que opõe a parte ocidental do Egeu, com graus de desenvolvimento optimistas à região do leste, montanhosa, pobre e entregue a formas de exploração primitivas (Arménia e Curdistão).

Mais frequentemente se diz que contra a adesão joga a falta de complementaridade da economia turca e comunitária. Nada parece haver na Turquia que não possa ser produzido na Europa comunitária... Merece ressalva apenas um pequeno núcleo de produtos em que a produção turca se mostra mais competitiva.

Expostos os factos, vejamos a pretensão turca.

Ozal insiste em que na realidade o seu país é já parte integrante da economia europeia, pela importância das relações comerciais que mantém neste espaço. Por isso, a adesão parece-lhe natural e indiscutível. Será necessário, isso sim, passar à discussão muito concreta sobre as condições em que tal adesão se irá processar.

E apesar da evolução crescente da economia turca, não deverão ser as razões económicas a afastar a possibilidade de adesão, uma vez que esta não é concretizável sem um processo prévio de adaptação.[2]

Passemos de seguida à análise dos aspectos estritamente políticos.

6. O funcionamento da Estrutura Democrática e o respeito pelos Direitos do Homem

A Turquia afirma-se um estado verdadeiramente novo, sem qualquer conexão remota sequer com as tradições do Império Otomano.

Desde Ataturk e com a instauração da República que o carácter laico é elevado a princípio constitucional fundamental, bem como a proclamação dos valores e ideais ocidentais. Residiria neste capítulo a identidade com os países europeus, confirmada pela pertença a numerosos organismos de tonalidade ocidental. Recordamos aqui o que dissemos a propósito da vocação europeia e carácter ocidental da Turquia.

Hoje, o carácter democrático do regime turco suscita dúvidas.

Na versão oficial fornecida pelo Governo actual, os acontecimentos dos anos recentes até ao golpe de estado de 1980 (de tendência marcadamente pró-ocidental) foram apenas perturbações, tais como os golpes de 60 e 70, na ordem democrática estabelecida que não impediram a realização de eleições livres em 1983.

Aceita assim a especificidade do sistema turco, considerando aplicável a todos os casos. A cada país, de acordo com a sua própria evolução nos domínios do político, do social, do económico e do cultural e segundo as suas próprias características, cabe um regime democrático com instituições e funcionamento particulares. Este é o entendimento preconizado pelos turcos, a partir do qual justificam a sua especificidade. Pois, acrescentam, o que caracteriza a democracia é, para lá da variedade de aplicações, a identidade de concepções, de bases, princípios e fins.

Resta saber, perguntamos nós, quando os particularismos de uma solução concreta não se sobrepõem aos princípios supostamente orientadores do regime proclamado. Respondem laconicamente as autoridades turcas que a multiplicidade de práticas no tempo e no espaço apenas demonstram a riqueza da adaptação da concepção básica da democracia, sem se

---

[2] A impossibilidade de adesão é por demais evidente quando as próprias autoridades escamoteiam dados importantíssimos como são os da taxa de inflação a rondar os 64% (dados oficiosos) e do desemprego a rondar 30%

perder o seu carácter essencial. A democracia turca demonstraria apenas as particularidades conformes à evolução da sua sociedade. Além do mais, a sua democracia é mais velha do que a de alguns membros da Comunidade, devendo ser de entender a aceitação desses países (Portugal e Espanha) como o resultado também de uma vontade de consolidação da democracia nos mesmos. Se a Comunidade tem algumas dúvidas sobre o futuro da democracia turca, porque não contribuir para essa consolidação através da adesão?

De qualquer maneira, a calma e a ordem parecem estar estabelecidas, a nova constituição foi adoptada por referendo popular, decorrem eleições gerais e o parlamento encontra-se a legislar no quadro de um regime democrático em normal funcionamento.

Contrariamente, há quem, com autoridade no assunto, fale, descontraidamente já não na especificidade mas sim numa "democracia à turca"...

O modo de funcionamento das instituições é peculiar. A lei eleitoral não é alheia a esse fenómeno. Nas últimas eleições, o partido de Turgut Ozal, actual primeiro-ministro, obtendo apenas um total de 36% dos votos conseguiu ocupar dois terços da representação parlamentar, graças à reversão dos deputados não eleitos pelos círculos para o partido mais votado no círculo (recorde-se que esta lei foi elaborada pelo próprio governo de Ozal...).

O espectro partidário é composto por quatro grandes partidos: ANAP (Mãe Pátria) de Ozal, O Social Democrata, o da "Via Correcta" e o Partido Socialista. Existe ainda um partido de extrema direita, um outro integrista muçulmano e dois pequenos mas aguerridos partidos comunistas (PCT e PTT) de implantação meramente local na zona da Arménia e do Curdistão. Se tivermos em conta a proibição constitucional de existência do domínio e rivalidades tribais naquelas regiões.

A multiplicidade de partidos prejudica o consenso, embora com a ascensão de Turgut Ozal se verifique um agrupamento significativo em torno do seu partido.

Factor de instabilidade continua a ser a frequente passagem intra-parlamentar dos deputados, de um partido para outro, sem a perda do mandato. Em favor deste estado de coisas opera a inexistência de eleições primárias em todos os círculos eleitorais, o que determinaria, seguramente maior vinculação dos deputados às zonas de origem.

É um facto a existência de líderes locais carismáticos que influenciam o sentido do voto, tornando difícil a opção unânime por este sistema.

A ADESÃO DA TURQUIA

Aspecto que tem necessariamente de ser abordado é o da situação da tutela dos direitos do homem. O passado recente assim o demonstra.

Reconhece o Governo que esse período (sobretudo no final da década de 70) perturbou o normal curso do regime democrático. Esta perturbação foi imputada à onda terrorista que causou a morte de 250 mil pessoas (numa média de 25 por dia) e arrastou consigo a perda do significado das liberdades e direitos fundamentais. Foram as circunstâncias extraordinárias que reclamaram as medidas também extraordinárias então adoptadas para evitar o risco de guerra civil.

Todos aqueles condicionalismos levaram a que cinco países membros do Conselho da Europa (França, Dinamarca, Noruega, Holanda e Suécia) apresentassem queixa no âmbito da Convenção Europeia dos Direitos do Homem. Na sequência da queixa, o Governo turco declarou-se aberto aos observadores estrangeiros. No decorrer de 1986 viu a queixa a ser retirada, em conhecimento dos progressos realizados no domínio da protecção dos direitos do homem na Turquia. Pouco depois produziria idêntica reacção na Comissão das Nações Unidas para os Direitos do Homem, estando agora estabelecidas relações com a Amnistia Internacional. Já em 1987, a Turquia veio a ser eleita para desempenhar funções de presidência no seio do Conselho da Europa. Aceitou em Janeiro deste ano o direito de recurso individual à Comissão Europeia dos Direitos do Homem.

De alguma forma em contradição com esta tendência, veio já o Parlamento Europeu pronunciar-se sobre o pedido de adesão turco, colocando uma decisão definitiva na dependência de esclarecimento das violações aos direitos do homem. Foram alegados o genocídio arménio, a questão curda, a total desumanidade das prisões, as detenções arbitrárias e os abusos praticados pelos militares na vigência da Lei Marcial.

Neste sentido, temos notícias recentíssimas de reacções dentro do Parlamento suscitadas pelos grupos de esquerda e ecologistas.[3]

O Governo turco tem-se escudado por detrás de um estudo feito por uma comissão parlamentar composta por sete deputados de partidos da oposição. Aí se aceita o carácter de regime em face das circunstâncias mas se reconhece a necessidade de redução de algumas sentenças, o que já veio a acontecer. Sugeria-se a moderação da intervenção militar.

---

[3] V. a proposta de resolução sobre as detenções arbitrárias verificadas em 16 de Nov. 87 quando da chegada a Ancara de Nihat Sargin e Haydar Kutlu, secretários gerais do Partido Operário e do Partido Comunista Turco (P.E.- rescaldo da sessão de 16 a 20 Nov.)

CARLOS PINTO DE ABREU E JOSÉ VERDELHO

Para o Governo, apesar de a população ser formada por um estrato diversificado, não existem problemas étnicos. A questão mereceria foros de autonomia. Sabemos apenas sobre assunto tão movediço que não é pacífica a aceitação da autoridade turca pelas populações arménias e curdas – persistem focos de rebelião. Deste assunto muito falado, pouco se sabe afinal de seguro. O único dado que poderíamos acrescentar é o de que, a par das violências do regime, há que ter em conta as incursões e massacres levados a cabo pelos movimentos radicais contra os que são tomados como afectos ao regime.

7. Os Trabalhadores Turcos na Europa

O número de trabalhadores turcos na Europa e a sua influência nos mercados de trabalho justificam que demos a este ponto um tratamento aparte, daí a sua não inclusão na abordagem económica.

Existem hoje cerca de 2 milhões de emigrantes turcos na Comunidades, dos quais a maior parte se encontra na RFA[4]. A vaga migratória iniciou-se na década de 60 pela conjugação de dois factores: necessidade de mão-de-obra barata (especialmente na Alemanha Federal, em pleno milagre de recuperação) e as expectativas de melhores condições de trabalho.

Os envios de fundos dos trabalhadores emigrados na Comunidade permitiram à Turquia até 1974 o equilíbrio da balança de pagamentos, o aumento da capacidade de importação da sua economia e o desenvolvimento das trocas comerciais. Desde logo ressalta a importância da manutenção destes postos de trabalho.

O Acordo de Ancara previa a realização progressiva, a culminar em 1 de Dezembro de 1986, da livre circulação de trabalhadores entre a Comunidade e a Turquia. O Conselho da Associação decidiu ainda em 1980 reforçar a prioridade dos trabalhadores turcos sobre outros não comunitários, estendendo em seu benefício alguns aspectos do sistema de segurança social interno da Comunidade. Encontra-se suspensa esta parte do Acordo, pela alteração das circunstâncias do mercado de trabalho europeu.

Com vista à regularização do estatuto dos trabalhadores turcos e das suas famílias, em consequência dos graves problemas sociais derivados da sua presença, tem a Comunidade propugnado a supressão das discrimi-

---

[4] De acordo com o censo de Março de 1986 os valores eram os seguintes: RFA – 1.552.000; França – 124.000; Holanda – 154.000; Bélgica – 68.000; Reino Unido – 9.000; Dinamarca – 17.000; Luxemburgo – 1.000

nações. Estabelecido o princípio no Protocolo Adicional de que os trabalhadores turcos não podem beneficiar de um tratamento mais favorável que o reservado aos trabalhadores dos estados membros, foram atribuídos em contrapartida, benefícios sociais nos domínios da formação profissional e intercâmbio de trabalhadores jovens, visando-se o reagrupamento familiar além de melhores condições de remuneração, acesso ao mercado de trabalho, subsídios por doença, velhice, invalidez e desemprego.

De assinalar igualmente o movimento de apoio ao regresso através da concessão de créditos bonificados para a construção nos seus lugares de origem ou a atribuição pura e simples de prémios para o abandono dos locais de trabalho e regresso à Turquia.

Se com 50 milhões de habitantes é previsível que, abertas as portas, a Turquia "exporte" à volta de 10 milhões de trabalhadores (segundo alguns economistas mais pessimistas), imaginemos que número teríamos no ano 2000, com uma população de cerca de 90 milhões...

8. Os Diferentes Padrões Culturais e Religiosos

Preocupações dominantes parecem transcender o mero plano do económico no fenómeno da integração. Admitido tal (já que não concebemos a Comunidade como " gigante mercearia onde todos se podem servir pagando um preço") mais que pertinente, é indispensável questionar o pedido de adesão à luz das premissas culturais. É o que vamos discutir.

A falta de identidade europeia afasta a possibilidade de adesão.

Esta afirmação-princípio, por todos pacificamente aceite aterroriza, no íntimo as autoridades turcas que tentam por todos os meios afastar de si o espectro da sua aplicação.

Recorrem assim a um conjunto de elementos histórico-culturais, não despiciendos mas talvez deslocados, como sejam o tronco comum no Império Romano; a coincidência geográfica do Império Otomano; a longevidade do sistema baseado em comunidades de fé distintas designado de "Pax Ottomanica"; tradições comuns na literatura jurídica e filosófica...

O elemento rácico – o facto de serem caucásicos – é também aproveitado. Argumentam, invertendo a lógica, com o facto de a sua entrada na Comunidade os tornar uma minoria religiosa. Perguntam ainda, com uma certa dose de demagogia, aos membros do Tratado de Roma, se não se sentem mais identificados com o Japão não cristão e industrial do que com a Etiópia cristã...

CARLOS PINTO DE ABREU E JOSÉ VERDELHO

Regressando ao capítulo 2, recordamos toda uma série de factos que, sem dúvida alguma, são registo e prova de ocidentalização mas que duvidamos sê-lo de uma verdadeira vocação europeia.

Proclama-se a laicidade e a população turca assume-se como muçulmana, vivendo a Lei no seu quotidiano (basta percorrer o território turco e verificar a existência de facto" da poligamia).

Todas as mentalidades são perpassadas pelo Corão e o integrismo retrógrado é manifestação de tendências fundamentalistas na interpretação do Livro (relembremos a morte de dois turistas alemães em 1985 por espancamento, só pelo facto de terem comido e bebido em público durante o Ramadão).

Persiste o culto dos ritos e avoluma-se o fenómeno dos conflitos tribais.

A candidatura hesita perante a dualidade lei-vivência.

"Europeia exteriormente e pela civilização, a Turquia, quando escuta a voz do almuédão , sente despertar nela a mesma alma dos muçulmanos que vieram à conquista de Constantinopla."[5] É um facto que nada sentimos ao ouvir a voz dos "muezzins" convidando os crentes à oração.[6]

Mais do que uma questão de identidade, estão em causa convicções íntimas. Nada mais se coloca se não uma questão de fé que no comum do europeu, viva ele o credo que viver, consciente ou inconscientemente, é vital para si. Esta é a nossa posição.

Podemos seguir uma outra via.

Sabendo que a política cultural europeia deve estar ao serviço do pluralismo das ideias, dos projectos e das obras. Considerando que para tal releva o universalismo da concepção ampla da Europa, Eczcibari (op. cit.), avança no âmbito da Comunidade com um proposta de acção conjunta (à semelhança de outras políticas integradas já existentes na CEE) que visa a criação de uma instituição de fins culturais.

Os seus objectivos seriam, entre outros, o desenvolvimento entre duas civilizações diferentes e contactos entre os seus artistas e os seus homens de pensamento proporcionando-lhes uma atmosfera de criatividade, a protecção do património histórico, a implantação das "indústrias culturais" onde se integraria a reforma dos direitos de autor e a protecção aos artesãos e às manufacturas em geral, a prevenção do tráfico ilícito

---

[5] SALVADO, J.F., op. cit. pág. 15

[6] Sondagem recentemente feita em Portugal vem demonstrar uma posição diferente dos turcos em relação à sua adesão à CEE. Assim, 11% dos interrogados são a favor, 63% contra, 26% não têm opinião formada.

de obras de arte procedendo à criação de regras próprias deste comércio especial...

Interessantíssima a ideia deste projecto mas inviável e utópica para o presente, tal como difícil é a sua previsão no futuro. Mas sem dúvida válido e aliciante.

Assim como o pedido turco.

Bibliografia

– *Accord creant une association entre la Turquie et la Communaute Economique Europeenne*. Ankara, 12 de Setembro de 1963.
– *Protocole additionel*. 23 de Novembro de 1970.
– *Protocole financier*.
– *Accord relatif aux produits relevant de la Communaute Europeenne du Charbonet de l'Acier*.

AKAGÜL, Deniz. *Association CEE-Turquie à la recherche d'une nouvelle dynamique*. Revue du Marché Commun, Janeiro de 1987.

AKARCALI, Bülent. *The human rights war – file closed against Turkey*. Economic Dialogue, Abril de 1986.

BAYSAN, Tracan. *Some economic aspects of Turkey's accession to the E.C*: resource shifts, comparative advantage and static gains. Journal of Common Market Studies, Setembro de 1984.

BLEDA, Tansug. *Les relations de la Tuquie avec la CEE*. Paris, Revue des Deux Mondes, nº 32, 1987.

ECZCIBARI, N. *Can a "Europa Nostra" ever be contemplated without Thurkey?* Economic Dialogue, Janeiro de 1987.

KIRAY, Mübeccel. *Social Problems of Turkish migrant workers in Europe*. Economic Dialogue, Abril de 1986.

SALVADO, João Filipe. *Turquia ontem e hoje, ponto de encontro de civilizações e culturas*. Lisboa, Sep. Ver. Língua e Cultura, 1971.

O CONCEITO DE CIDADANIA EUROPEIA
E A CRISE DA IDENTIDADE EUROPEIA

CLOTILDE CELORICO PALMA

1. Se falar de identidade europeia é, por si, tarefa complexa, em tempos de crise ainda mais, podendo-se afirmar que a crise tem vindo a afectar seriamente desde logo a própria identidade nacional. Haverá, na realidade, uma identidade europeia? Se sim em que aspectos? Será que o cidadão comum partilha desta ideia de uma identidade europeia? E nós, que trabalhamos com estas matérias e frequentemente nos deslocamos a reuniões em Bruxelas e até já lá vivemos? Será que nos sentimos cidadãos europeus e respiramos uma identidade europeia como expressão da construção da identidade europeia?

E, já agora, em matéria de impostos, haverá algum tributo que reflicta a ideia de identidade europeia? Poderemos vir a ter um verdadeiro imposto europeu?

2. Antes de ser um projecto político, a ideia de uma Europa unida nasceu no sonho de alguns visionários, como Victor Hugo, que falava de uns "Estados Unidos da Europa" pacíficos e inspirados num ideal humanitário.

Entre 1945 e 1950, alguns estadistas, como Robert Schuman, Konrad Adenauer, Alcide de Gasperi e Winston Churchill, empenharam-se na construção de uma nova era com novas estruturas, baseadas em interesses comuns e assentes em tratados que garantissem o primado da lei e a igualdade das nações.

Construir uma identidade europeia no meio da diversidade histórica, cultural, jurídica, sociológica, linguística, em nome da construção de uma Europa em que todos nos reconheçamos, é muito difícil.

Os traços mais visíveis de uma identidade europeia prendem-se com a cidadania europeia (ela própria em busca de uma identidade a descobrir).

O conceito de cidadania (do latim, *civitas*, "cidade"), traduz-se no conjunto de direitos e deveres ao qual um indivíduo está sujeito em relação à sociedade em que vive.

Ser cidadão implica ter certos direitos e obrigações, mas estes variam imenso de país para país.

No contexto filosófico, a cidadania refere-se a um ideal normativo substancial de pertença e participação numa comunidade política. Neste sentido, ser cidadão é ser reconhecido como membro pleno e igual da sociedade, com o direito de participar no processo político.

Uma exposição influente desta concepção de "cidadania como direitos" encontra-se em Citizenship and Social Class (1950), de T. H. Marshall, que divide os direitos de cidadania em três categorias, a saber: direitos civis, que surgiram na Inglaterra no século XVIII; direitos políticos, que surgiram no século XIX; e direitos sociais – por exemplo, a educação, saúde, fundo de desemprego e reforma – que se estabeleceram no século XX. Para Marshall, o culminar do ideal de cidadania é o estado-providência social-democrata. Ao garantir direitos civis, políticos e sociais a todos, o estado-providência assegura que todos os membros da sociedade podem participar plenamente na vida comum da sociedade.

Mas a cidadania não é apenas um estatuto, definido por um conjunto de direitos e de obrigações. É também, precisamente, uma identidade, uma expressão da nossa pertença a uma determinada comunidade política. E uma identidade partilhada, comum a diversos grupos na sociedade. Isto é, a ideia de cidadania e o seu desenvolvimento tem por objectivo uma relevante função integradora. Assim, como defendem os pluralistas culturais, a cidadania deve reflectir a identidade sociocultural distinta dos grupos – a sua "diferença". Ora, os grupos só podem se integrar completamente através do que Iris Marion Young designa por "cidadania diferenciada" ('Polity and Group Difference: A Critique of the Ideal of Universal Citizenship', *Ethics* 99 (2): 250-74; repr. *in* R. Beiner *Theorizing Citizenship*, Albany, NY: State University of New York Press, 1994. 1989).

A cidadania comporta, genericamente, três dimensões. Uma dimensão civil, que comporta os direitos inerentes à liberdade individual, liberdade de expressão e de pensamento, direito de propriedade e de conclusão de contratos e direito à justiça. Uma dimensão política, que implica o direito de participação no exercício do poder político, como eleito ou eleitor, e uma dimensão social, que comporta um conjunto de direitos relativos ao bem-estar económico e social.

3. A cidadania europeia é um relevante marco político da construção da União Europeia e representa a evolução do processo de integração económica. A criação do conceito de cidadania da União Europeia ou cidadania europeia, ou seja, a criação de uma cidadania supranacional, tem subjacentes objectivos políticos e económicos do processo de integração da União Europeia, visando criar um vínculo directo entre cidadãos dos Estados membros e a União Europeia, uma identidade colectiva.

Falou-se pela primeira vez da Europa dos Cidadãos, na Cimeira da Paris, em 1974.

O Tratado que instituiu a Comunidade Económica Europeia prevê, entre os seus princípios, a proibição de toda e qualquer discriminação em razão da nacionalidade e consagra o direito à livre circulação no território da Comunidade Europeia.

Com o Acto Único Europeu em 1986, o Tratado de Roma passa a prever o objectivo da realização de um espaço sem fronteiras e da abolição dos controlos das pessoas nas fronteiras internas, independentemente da sua nacionalidade.

Mas foi em 1993, como o Tratado de Maastricht, que a cidadania europeia foi instituída. Posteriormente, o Tratado de Amesterdão veio rever aquele Tratado, dispondo que é cidadão da União qualquer pessoa que tenha a nacionalidade de um Estado membro, e definindo que a cidadania europeia é complementar da cidadania nacional, não a substituindo.

Em 1997, o Tratado de Amesterdão integrou o Acervo de Schengen no Tratado da União Europeia (contudo, como é sabido, houve alguns Estados membros que pretenderam um estatuto especial mantendo os controlos nas suas fronteiras com outros Estados membros). O Acordo de Schengen, assinado a 14 de Junho de 1985 pelos governos dos Estados da União Económica Benelux, da República Federal da Alemanha e da República Francesa, cujo principal objectivo, como é sabido, é a supressão gradual dos controlos nas fronteiras comuns, é um marco relevante para a construção da cidadania e identidade europeias.

CLOTILDE CELORICO PALMA

O aprofundamento do envolvimento dos cidadãos no processo de integração necessitava de um impulso político que lhe foi conferido pelo Tratado da União Europeia, através da cidadania da União e da consagração expressa da protecção dos direitos fundamentais. Assim, no art. B do TUE, é objectivo da União, entre outros, *"o reforço da defesa dos direitos e dos interesses dos nacionais dos seus Estados-Membros, mediante a instituição de uma cidadania da União."*.

Ao instituir uma cidadania da União, o TUE conferiu a todo o cidadão da União Europeia um conjunto de direitos fundamentais: o direito fundamental e pessoal de circulação e de residência, o direito de eleger e de ser eleito nas eleições do Parlamento Europeu e nas eleições municipais no país onde o cidadão reside e o direito à protecção diplomática e consular no território de países terceiros. Ora, os deveres da cidadania europeia compreendem um conjunto de obrigações, entre elas a de assunção da identidade europeia (dever de compreender a história, dever de identidade e o dever de defesa) e de aplicar na prática os valores europeus (dever de partilhar, dever de trabalhar e o dever democrático).

A existência de uma cidadania da União tornou-se uma evidência, consequência natural, quase automática da construção europeia, pretendendo tornar o processo de integração europeia mais relevante para os cidadãos, incrementando a sua participação, promovendo o seu envolvimento na vida política, reforçando a protecção dos seus direitos, promovendo a ideia de uma identidade europeia, o reforço dos laços entre os cidadãos e a Europa e promovendo e desenvolvendo uma opinião pública europeia.

Ao instituir a cidadania europeia, a União Europeia pretendeu criar uma identidade comum aos povos, atribuindo-lhes direitos e deveres inerentes à qualidade de cidadão.

Ora, a liberdade de circular e permanecer livremente no território dos Estados membros é o direito mais substancial ligado à cidadania da União. Nas décadas de setenta e oitenta, o então Tribunal de Justiça das Comunidades, veio dar grande relevância ao princípio da não discriminação em razão da nacionalidade, ligado ao direito de livre circulação.

O Tratado de Lisboa preserva os direitos dos cidadãos já existentes e reconhece novos direitos e mecanismos para assegurar que estes são plenamente respeitados.

Por sua vez, na sua interligação com a União Europeia, a Constituição da República Portuguesa vem expressamente, no respectivo artigo 7º, nº 5, determinar que *"Portugal empenha-se no reforço da identidade europeia e no fortalecimento da acção dos Estados europeus a favor da democracia, da paz, do progresso económico e da justiça nas relações entre os povos.".*

4. Uma questão que será interessante suscitar neste contexto será a de saber se, em matéria de impostos, existirá ou poderá existir uma identidade europeia? Será viável a criação de um imposto europeu? Sentir-nos-emos nós, algum dia, verdadeiros contribuintes europeus? O que será necessário para tal? Certamente um forte sentimento de cidadania europeia.

O imposto europeu, no sentido da existência de um recurso de natureza fiscal definido e cobrado pela União Europeia, constituindo um dos fundamentais recursos financeiros do orçamento comunitário, é uma realidade virtual, embora nos últimos tempos, se tenha reacendido a discussão sobre esta temática, sobretudo com a recente proposta de directiva sobre um sistema comum de imposto sobre as transacções financeiras.

Existem diversas ideias e propostas sobre esta questão.

Como é sabido, a UE tem um orçamento próprio, mas não tem um sistema fiscal próprio nem um direito fiscal em sentido clássico. Os impostos europeus existentes representam uma parte muito diminuta do Orçamento da UE. As restantes receitas do Orçamento não são, em bom rigor, receitas fiscais. A receita RNB e o recurso próprio IVA são hoje os recursos mais importantes.

Ora, o IVA, sendo o tributo mais harmonizado da UE, é, contudo, um imposto nacional com uma matriz comunitária estabelecida através de directivas. Uma parte da receita nacional do IVA cobrada pelos Estados membros é receita da UE, mas não é calculada sobre os montantes que o Estado membro efectivamente cobrou, mas sim sobre a que deveria ter sido cobrada caso as regras do Direito da União Europeia tivessem sido cumpridas.

Existe desde há muito na UE um debate sobre se as fontes de financiamento podem ser melhoradas de forma a se adequarem melhor aos princípios de financiamento relevantes (eficiência económica, equidade, estabilidade, visibilidade e simplicidade, relação custo/eficácia em matérias administrativa, autonomia financeira e suficiência). Questiona-se, assim, a necessidade de recomposição das receitas actuais, substituindo algumas delas por receitas tributárias.

O lançamento do tema do imposto europeu não é apenas motivado por razões financeiras, mas, como já se sugeriu, por razões em parte jurídicas (dar cumprimento ao estatuído no Tratado, construindo um verdadeiro sistema de recursos próprios), e, sobretudo, políticas: eliminar os mecanismos de correcção ou os mecanismos compensatórios que, do ponto de vista comunitário, e mesmo do ponto de vista dos Estados membros que não são contribuintes líquidos, não terão razão de ser. Por outro lado, a recomposição dos recursos próprios não pode ser dissociada do projecto de unificação política europeia (ainda que em moldes a definir), nomeadamente da discussão sobre o tema do federalismo (nas suas diversas vertentes), aqui na sua vertente de federalismo financeiro (cfr. António Carlos dos Santos, "Sobre o imposto europeu", *Reformar o Orçamento, Mudar a Europa*, ISEG, Comissão Europeia, sem data).

São diversos os tributos apresentados como candidatos a imposto europeu, nomeadamente, os impostos sobre o consumo do álcool e do tabaco, os impostos sobre juros com retenção na fonte, as receitas provenientes de lucros de senhoriagem do Banco Central Europeu, os impostos sobre transacções financeiras ou sobre transacções de valores mobiliários e os impostos ambientais.

Contudo, a Comissão tem apontado a sua preferência para os impostos sobre os produtos energéticos, o IVA, o imposto sobre os rendimentos das sociedades e, recentemente, o aludido imposto sobre as transacções financeiras. Note-se que, em qualquer caso, estaríamos sempre perante uma pequena percentagem do imposto.

Acresce que, segundo a Comissão, a recomposição dos recursos próprios seria efectuada com observância de um princípio de neutralidade financeira, pelo que em caso algum a pressão fiscal sobre os cidadãos dos Estados membros deveria aumentar, dado que a taxa do imposto europeu seria contrabalançada por uma diminuição equivalente das taxas dos impostos nacionais (os recursos provenientes da fiscalidade não se acumulariam com os montantes actualmente pagos pelos Estados membros sobre a base do seu respectivo RNB, mas substituí-los-iam parcialmente).

Quanto à tributação sobre os produtos energéticos (sobre o consumo de energia), seria limitada ao combustível utilizado para o transporte rodoviário (eco-taxa), suscitando-se ainda a hipótese da tributação do combustível para aviões e das respectivas emissões poluentes como um possível desenvolvimento futuro. Contudo, este imposto teria poucas hipóteses para se candidatar a imposto europeu. Neste sentido, a experiência mostra que a aprovação da Directiva n.º 2003/96/CE (que reestruturou o quadro comunitário de tributação dos produtos energéticos e da electricidade, fixando, a nível comunitário, níveis mínimos de tributação para a maioria dos produtos energéticos, incluindo a electricidade, o gás natural e o carvão) só foi possível pelo facto de terem sido concedidas aos Estados membros um grande número de derrogações. Por outro lado, um imposto destes tem uma forte dimensão ambiental, tendo características de imposto extra-financeiro, não sendo o mais aconselhável para financiar um orçamento.

No tocante ao IVA, constata-se que o seu contributo para o orçamento da União tem decrescido em termos proporcionais, sendo o actual recurso próprio IVA visto como injusto.

Acresce que o IVA é, não só uma importante fonte de financiamento dos Estados membros, mas igualmente um relevante instrumento das políticas financeiras nacionais, não sendo muito claro qual será o sentido da sua evolução.

Falou-se, eventualmente, da adopção do modelo VIVAT (o anterior comissário László Kovács teria simpatia por este modelo), de acordo com o qual as taxas seriam partilhadas entre a União Europeia e os Estados membros. À UE seria destinada uma receita decorrente de uma taxa aplicada uniformemente no espaço da UE, calculada em função das suas necessidades financeiras, por exemplo cinco por cento, enquanto os Estados membros usufruiriam de uma receita de IVA decorrente de uma taxa suplementar aplicável no território nacional.

Temos ainda o imposto sobre o rendimento das sociedades, que, de momento parece apresentar-se como um candidato provável para ser eleito como imposto europeu, nomeadamente tendo em consideração a recente proposta para a criação de uma base tributável consolidada comum das empresas, acompanhada de uma progressiva harmonização das normas internacionais de contabilidade.

Esta proposta, ultrapassada futuramente a sua natureza optativa, poderia constituir o embrião de um imposto europeu.

Por último, resta o caso do imposto sobre as transacções financeiras.

Actualmente, ultrapassadas as concepções de soberania de um Bodin ou de um Hobbes, tende a afirmar-se a ideia de soberania exercida em conjunto, partilhada. Ora, para que um modelo de imposto europeu possa ser aceite na área fiscal as vantagens devem superar as desvantagens.

Neste contexto, se, por um lado, não deveremos desde logo rejeitar a ideia do imposto europeu, por outro deveremos ter as devidas cautelas com uma adesão entusiasta. Deveremos, sim, ser realistas e ponderar devidamente as vantagens e desvantagens daí decorrentes, associando esta temática à questão da despesa europeia. Neste sentido, importa apurar, nomeadamente, qual o destino de um possível aumento de receitas e quais as políticas deveria o novo imposto apoiar.

5. Terminamos como começámos, questionando se existirá, na realidade, uma efectiva cidadania europeia nesse sentido. Quando assistimos a declarações como a do Comissário que refere que as bandeiras dos países endividados deverem ser colocadas a meia haste, ou a da Ministra das Finanças Austríaca defendendo a declaração de falência da Grécia, duvidamos que os próprios decisores políticos estejam imbuídos de um dever de respeito pela cidadania na dimensão que acabámos de ver.

Para que a cidadania europeia se desenvolva plenamente e tenha um significado real para os europeus é necessário que surja uma consciência de identidade europeia.

A institucionalização da cidadania europeia no Tratado da União Europeia foi sem dúvida o mais importante esforço de estender uma ponte entre as instituições da União e os cidadãos, de fazer com que os europeus sintam a construção europeia como algo que os afecta, que tem a ver com os seus direitos e deveres, com a sua identidade.

Contudo, afigura-se-nos que o resultado deste processo é decepcionante, sendo muito discutível se o sentimento de identidade se desenvolveu ou não.

Quais serão, então, os motivos deste fracasso relativo?

Para os mais europeístas, o estatuto de cidadania europeia, como é reconhecido actualmente nos Tratados, é totalmente insuficiente. Os direitos reconhecidos são "desprezíveis", estão redigidos de uma maneira apressada e confusa, consequentemente, são vistos com pouca ilusão por parte dos cidadãos (correu o rumor de que a inclusão do capítulo sobre a cidadania europeia no Tratado de Maastricht foi fruto de uma queixa de última hora de Filipe González, à data chefe do governo espanhol, que salientou o descontentamento que se ia gerar face ao grande desequilíbrio entre os avanços económicos e os progressos políticos no Tratado que se estava quase a firmar em Maastricht, pelo que o capítulo da cidadania foi redigido de forma rápida e imperfeita).

O certo é que os direitos reconhecidos no estatuto de cidadania são muito escassos, e o mais importante, a livre circulação, não está plenamente desenvolvido.

Neste contexto, nota-se que a cidadania europeia é um estatuto vazio de conteúdo real que se utilizou para "vender a ideia da Europa", ocultando a realidade: a Europa avança só na integração económica, enquanto marcha lentamente ou mesmo retrocede na construção política.

Os "eurocépticos", por sua vez, vêm estes avanços como excessivos, tentando travar evoluções contrárias no sentido da integração política e da plena cidadania europeia (Grã-Bretanha, especialmente o partido conservador e Dinamarca).

Seguindo as opiniões do "eurocéptico" Rahlf Dahrendorf, a cidadania europeia está ainda a metade do caminho entre o que denomina cidadania "teórico-branda" (um certo sentimento de fazer parte de uma comunidade, de ter umas certas aspirações e valores comuns) e a cidadania "concreto-forte" (direitos concretos – voto, juízo justo, expressão, associação... – que se podem reivindicar e instituições jurídicas às quais podemos recorrer para exercer os nossos direitos).

O certo é que os direitos reconhecidos no estatuto de cidadania são ainda escassos e afectam um número reduzido de europeus, pelo que para a maioria dos cidadãos são irrelevantes.

O mais importante é, sem sombra de dúvida, o da livre circulação e residência, sendo que os restantes direitos têm um reflexo ténue no quotidiano dos europeus.

Por sua vez, o conceito de identidade europeia é cada vez mais problemático.

A unificação europeia requer a construção de uma identidade europeia mas esta não existe. Não há uma homogeneidade linguística nem cultural. Não se pode construir sobre elementos como o cristianismo, nem a democracia, nem a identidade económica.

São diversos os estudiosos que ultimamente têm procurado analisar o que significa ser europeu. Samuel Huntington, célebre teórico conservador norte-americano, afirma que a Europa termina onde inicia a Cristandade oriental ortodoxa e o Islão.

Noutra perspectiva, o francês Henry Mondrasse afirmou que existe uma identidade cultural comum que poderia servir de base para uma identidade política. Esta identidade estaria baseada numa ideia individualista, a ideia de nação desenvolvida nos últimos séculos, uma certa forma de combinar ciência e tecnologia no desenvolvimento capitalista, e uma certa ideia de democracia representativa e parlamentar.

CLOTILDE CELORICO PALMA

Uma das propostas mais sugestivas foi popularizada pelo pensador alemão Jurgen Habermas. Numa democracia liberal, os cidadãos devem ser leais e sentir-se identificados não com uma identidade cultural comum, mas sim com princípios constitucionais que garantam plenamente os seus direitos e liberdades.

O conceito de identidade europeia reforça-se pela criação de um sentimento de pertença. Será que actualmente os cidadãos dos Estados membros sentem que a sua identidade passa também pela Europa, partilhando com todos os cidadãos europeus uma identidade comum, baseada na não existência de fronteiras, na partilha de experiências, independentemente do género, grupo étnico ou racial, convicções ideológicas e políticas e afinidades culturais?

Para além de portugueses, sentir-nos-emos igualmente europeus? Seremos realmente cidadãos europeus? E será positivo esse sentimento de pertença a uma União Europeia onde cada vez mais a coesão social tem sido posta em causa? Ou, pelo contrário, nutrimos um sentimento de alheamento, de mero desconhecimento ou de fuga deliberada?

Quais os direitos, ou quais as vantagens da cidadania europeia?

O processo de integração, assim como a cidadania europeia são processos contínuos e carecem de permanente aperfeiçoamento. Mas serão estes os tempos favoráveis a uma maior consolidação da cidadania, a um aprofundamento da Europa dos cidadãos, à construção efectiva de uma identidade europeia?

Poderiam e deveriam ser estes os tempos, mas assim parece não suceder.

Será que a Europa age realmente em conjunto e fala a uma só voz? Ainda hoje (30 de Outubro de 2011), nas notícias da manhã, me detive num artigo do Diário de Notícias de Paulo Baldaia de seu título "Fujam da Europa". De uma forma realista, vem-nos dizer, a propósito do recentemente aprovado perdão de dívida à Grécia, *"Neste momento, nem vale a pena perder muito tempo com esta Europa. O que eles querem é salvar o seu dinheiro. O euro, a moeda única de sentido único, é uma moeda ao serviço da Alemanha e não ao serviço de um projecto europeu de solidariedade. O euro ficou aparentemente mais perto da salvação à custa dos gregos, a quem foi atribuído o estatuto de indigentes, mas um olhar mais atento mostra que o euro não ficou muito melhor, e que, mais cedo que tarde, será uma moeda única para o clube exclusivo da Europa Central. Desta Europa egoísta convém fugir por uns tempos. Não farão nada por Portugal, somos nós que temos de trabalhar para fazer do País um membro de pleno direito da União, e isso só vai acontecer quando voltarmos a ser gente de boas contas."*.

Será este o sentimento da maioria? Não pensaram, por acaso, começar tudo de novo quiçá no Brasil, Cabo Verde ou Angola?

O futuro da cidadania europeia e de uma efectiva identidade europeia dependerá, essencialmente, do contexto internacional e da evolução da construção europeia.

Neste contexto, o grande debate dos próximos anos será o de saber se estamos dispostos e se teremos condições suficientes para dar força e concretização ao estatuto de cidadania europeia, ou se, simplesmente, o iremos manter a um nível essencialmente teórico.

BREVE REFLEXÃO SOBRE OS DESAFIOS EUROPEUS DA ACTUALIDADE

A SAÚDE COMO DOMÍNIO PARADIGMÁTICO

CONSTANTINO SAKELLARIDES

Ponto de partida

A Europa dos finais do século XIX começou a beneficiar de um dos grandes ensinamentos proporcionados pelas múltiplas experiencias económico-sociais da revolução industrial: A sustentabilidade do processo de desenvolvimento suscitado pela revolução industrial requeria a harmonização do crescimento económico com o aprofundamento da protecção social: "mercado" e "seguro social", lógica concorrencial e "contracto de cooperação" seriam duas faces, intimamente relacionadas, de um mesmo processo de desenvolvimento.

Este modelo europeu de desenvolvimento não foi nem o produto da sensatez dos mercados nem obra da inspiração de directórios políticos. Resultou das tensões entre a necessidade de acumulação de capital e os processos sociais da valorização do trabalho, canalizadas politicamente para uma solução contratual com um mínimo de estabilidade. Fez-se no contexto de uma forte politização das comunidades europeias mais desenvolvidas.

Esta solução que proporcionou um grau suficiente de paz social no interior dos Estados-nação, não foi imediatamente acompanhada de abordagens similares destinadas a pacificar as relações crescentemente conflituais entre Estados. Foram necessárias duas "guerras civis" europeias para que as primeiras iniciativas de "integração económica" entre Estados-nação dessem os primeiros passos, naquilo que designamos por construção europeia.

Este processo de construção europeia, principalmente no decurso da última década, não foi capaz de adaptar às circunstâncias actuais, aquela herança da revolução industrial. Daí duas das suas principais limitações:

– Fez regredir a importância atribuída à articulação entre "crescimento económico" e "promoção do bem-estar", penosamente construída num passado ainda relativamente recente. Como resultado está a importância que se atribui à observação trivial de que com baixo crescimento económico não é possível sustentar um "estado social", sem cuidar de saber até que ponto existem causas comuns para os obstáculos ao crescimento económico e para as dificuldades em gerir de forma mais inovadora e participativa os sistemas de protecção social;

– Manifesta-se como um processo incremental, complexo e confuso, completamente sequestrado por directórios políticos e económicos, intangível para a grande maioria das pessoas (mesmo às mais preparadas) – um mundo assépticamente protegido de tensões sociais reais, cuja expressão e resolução são indispensáveis na busca de soluções genuinamente concertadas sobre matérias de interesse comum.

Esta breve reflexão presume que a crise em curso é, em grande parte, consequência, directa ou indirectamente, das circunstâncias acima apontadas e que esta poderia constituir uma oportunidade para o reconhecer, apontando caminhos para a sua superação.

Também se sugere aqui que o domínio da saúde é particularmente revelador naquilo que diz respeito aos desafios europeus da actualidade.

E isso por múltiplas razões:

A primeira, porque o sistema de saúde é a mais ampla interface entre o país e as suas instituições, entre a economia e a protecção social, entre aqueles que necessitam e aqueles que prestam cuidados, entre a produção do conhecimento e as acções concretas que beneficiam as pessoas.

Em segundo lugar, porque o sistema de saúde é particularmente sensível ao contexto económico, social e cultural onde se insere. Ele permite, a partir de observações e experiencia concretas, reflectir sobre fenómenos que vão muito para além das suas fronteiras.

Em terceiro lugar, porque o sistema de saúde é susceptível de ser seriamente afectado pela crise actual – é frequentemente apontado como uma das causas, esquecendo-se, habitualmente, que as causas que condicionam a melhoria da eficácia e eficiência das organizações de saúde, estão muito frequentemente associadas a aquele mundo estruturado, fechado e clientelar que trava o nosso crescimento económico.

Finalmente, porque enquanto muito do conhecimentos e das tecnologias da saúde são hoje de carácter cada vez mais universal, o cumprimento a marchas forçadas de critérios e calendários da "convergência" Europeia, mal adaptados às especificidades de cada Estado, resultam em condicionamentos para os países mais vulneráveis, particularmente difíceis de gerir.

Europa visionária – a irremediável perda do pensamento utópico?
No trajecto desde o "mercado comum" à "União Europeia" até "união monetária", a Europa tem-se mantido demasiado afastada daquilo que se poderiam chamar as suas dimensão civilizacional, bem expressa no prólogo da defunta constituição europeia (2004):

> ... "Acreditando que a Europa, reunida após amargas experiências, tem a intenção de continuar um percurso de civilização, progresso e prosperidade, para o bem de todos os seus habitantes, incluindo os mais fracos e desprotegidos; que deseja manter-se um continente aberto à cultura, à aprendizagem e ao progresso social; e que deseja aprofundar a natureza democrática e transparente da sua vida pública, prosseguindo os ideais de paz, justiça e solidariedade, em todo o mundo"...

Na celebrada declaração Schuman (1950) que anunciou os princípios subjacentes à criação da "Comunidade do Carvão e do Aço", reconhecia-se que a construção europeia não se faria de acordo com um plano director previamente estabelecido, mas antes por "realizações concretas que criariam objectivamente interdependência, interesses mútuos e o desejo de acção conjunta".

O grande desafio da Europa actual não está tão-somente na correcção das imperfeições da união monetária com um melhor governo económico e fiscal, mas em debater formas efectivas de convergência política, económica, social e cultural.

Estará o pensamento utópico definitivamente em perda na Europa de hoje? Se este é o caso como sustenta Mackenbach (2004) – "criamos um mundo melhor, mas deixamos de acreditar na ideia de mundos-melhores" – então haverá que esperar da intelectualidade europeia uma resposta.

Há meia dúzia de anos, a questão da "velha" e "nova" Europa, suscitada pela guerra do Iraque, deu origem a várias contribuições para uma melhor compreensão da identidade europeia (muito em contra-ponto com a norte-americana).

Em "A ideia de Europa", George Steiner (2005) falou-nos da convivência nos cafés das praças europeias, num ambiente natural de dimensão humana, na toponímia histórico-cultural das cidades, de Atenas (racionalidade) e de Jerusalém (irmandade) e do sentido de tragédia (o "fim" é possível). No mesmo ano, Edgar Morin, em " Cultura e barbárie Europeia", lembra-nos a relação entre o humanismo e a barbárie no decurso da história europeia, incluindo a mais recente, e avisa-nos que há que cuidar de evitar novos percalços, particularmente em "períodos de paroxismos" suscitados por condições históricas, políticas e sociais concretas.

Mais recentemente algumas personalidades da intelectualidade europeia – entre o quais Giuliano Amato, Zygmunt Bauman, Ulrich Beck, Jürgen Habermas, David Held, e Bernard-Henri Lévy – endereçaram, em Junho 2011, aos poderes europeus, uma carta onde, num dos seus conteúdos mais significativos, se pode ler o seguinte:

> "Apelamos para as lideranças europeias para que tomem a iniciativa de elaborar um novo plano para propiciar um futuro unido e próspero para a zona do Euro. Precisamos de uma nova e credível proposta para uma reforma económica onde tanto os europeus do norte como os do sul se revejam, mais do que repetidas doses de austeridade que não recuperarão confiança e sustentabilidade económica e social"

Já é alguma coisa. Mas preferiria ver a intelectualidade europeia descer a caminho da praça do Síndagma em Atenas afirmando que "somos todos gregos", subir a Liberdade até ao Marques de Pombal e anunciar "que somos todos portugueses", para finalmente confluir nos "Gardens of Remembrance" de Dublin fazendo saber que somos todos Irlandeses. A Europa tem certamente a força intelectual e a capacidade cívica – e sente o imperativo moral – para reinstalar uma narrativa verdadeira para as causas e consequências desta crise, uma linguagem de co-responsabilidade cm relação ao passado e de cooperação em relação ao futuro.

A filosofia profundamente democratizadora subjacente ao "contrato social da saúde" é possivelmente uma das referências civilizacionais mais fortemente associadas à marca Europa, mesmo reconhecendo que nas circunstâncias actuais é necessário criar novos processos sociais e culturais para o renovar. A universalidade do acesso aos cuidados de saúde continua a ser uma trave mestra dos princípios orientadores das políticas de saúde, amplamente consensualizados no âmbito da OMS, e um desígnio invejável para aqueles países, como os EUA, que ainda buscam formulações políticas adequadas para aqui chegarem.

Razão, afecto e pertença

A débil adesão afectiva à construção europeia por parte das populações do continente, tenderá nas presentes circunstâncias a acentuar-se perigosamente.

Ninguém celebrou nas ruas o Tratado de Roma, há umas décadas atrás, e muito menos o de Lisboa, mais recentemente; ninguém se emociona com a bandeira a azul-de-estrelas-douradas da União Europeia, pelo facto de ter forçado o seu caminho até aos gabinetes oficiais dos Estados-membros – afectivamente não veicula nada parecido com aquilo que suscita a "stars and stripes", para o bem e para o mal.

Nenhuma eleição para o parlamento europeu suscitou debates públicos em torno das grandes questões europeias (pelo contrário, os resultados reflectem sempre querelas nacionais), e os deputados eleitos não visitam o país para promover esse debate europeu, mas antes para marcarem presença na agenda política interna.

Austeridade, desemprego, e ameaça de recessão económica a breve trecho (em fins de Outubro a OCDE corrigiu as previsões de crescimento económico para a Europa, em 2012, de 2,0% para 0.3%), atingem particularmente os jovens e as populações mais vulneráveis. Desafecto e desafectação – numa ampla faixa que encabeçava uma das manifestações dos indignados espanhóis, lia-se: *"Nos es una crisis ... es que ya no te quiero"*. Acentuam-se as clivagens sociais na Europa e fora dela: o movimento Nova-iorquino "Occupy Wall Street", que se instalou no parque Zucotti, rebaptizado Liberty Square, teve o seu maior sucesso mediático com o slogan *"We are 99%"* (eles, os poderes financeiros, são só 1%).

A expressão "nós unimos pessoas, não Estados", atribuída a Jean Monnet, cidadão honorário da Europa, não soa hoje como muito verdadeira.

Como observam os estudiosos do desenvolvimento social e cultural é necessário promover "uma cultura de auto-expressão e valorização dos

CONSTANTINO SAKELLARIDES

processos deliberativos numa sociedade, para que "as elites dirigentes se disponham a fazer a transição de uma democracia formal para uma democracia real". É esta a transição cultural que precisamos de potenciar, destituída de juízos morais sobre as especificidades culturais dos povos europeus.

Nos sistemas de saúde, nas circunstâncias actuais, interessa atentar para onde confluem pessoas com recursos cada vez escassos, forçados a pagar cada vez mais, sem emprego ou com medo de o perder, com a auto--estima em baixa, às vezes em desespero, com doenças ou com medo de as ter, e onde encontrarão, com maior ou menos dificuldade, profissionais esforçados e fatigados, com menos recursos à sua disposição, trabalhando num ambiente de maiores tensões, internas e externas. Aí terão que dirimir, uns e outros, constrangimentos, por vezes dramáticos, que vêem não--sabem-bem-de-onde. Aí experimentarão a solidão dos que não encontram o que precisam ou o conforto de se sentirem parte de uma comunidade solidária. Aí se reforça ou se desvanece o sentido de pertença dos cidadãos às suas instituições.

É necessário repensar o papel das pessoas nos seus sistemas de protecção. Existem as bases conceituais e filosóficas para o efeito, desde a indispensabilidade do "envolvimento argumentativo" exposto por Amartya Sen em *The ideia of Justice*" (2009), até ao papel da "vontade consciente" nos processos de racionalização, explicado por António Damásio (2010), no "Livro da Consciência".

Afinal, é a velha ideia de que são os governados que estabelecem as regras pelas quais devem ser governados, que é preciso reinventar.

Novos modelos de governação

A Europa necessita de um novo modelo de governação que articule crescimento económico com desenvolvimento social e cultural.

A falta de uma governação horizontal na Europa, reflecte-se no fracasso do "Pacto de Estabilidade e Crescimento"(PEC) e no da "Estratégia de Lisboa"(EL) de 2000.

Entre 2000 e 2012 os critérios estabelecidos no pacto de estabilidade e crescimentos (PEC) para o deficit público e endividamento externo foram massivamente violados por grande parte dos estados membros sem qualquer consequência visível – sempre pela Grécia, quase sempre pela Itália, muitas vezes por Portugal, França e Alemanha, poucas vezes pela Espanha e pela Irlanda, nunca pela Finlândia.

No Relatório Wim Kok, que avaliou em 2004 os progressos da Estratégia de Lisboa pode ler-se: "O desapontamento com a implementação (da Estratégia de Lisboa) deve-se a uma agenda sobrecarregada, a uma coordenação pobre e a prioridades que conflituam umas com as outras". E acrescenta, o relatório, quanto ao que é necessário fazer para que as coisas corram melhor: ... é necessário um maior envolvimento dos cidadãos europeus, e o reconhecimento de que, ao trabalhar em conjunto, as nações europeias beneficiam todos os seus cidadãos". Um outro relatório, agora da Comissão Europeia (2010), igualmente avaliativo mas mais recente, elucida: a Estratégia de Lisboa teve um impacto positivo na UE apesar dos seus principais objectivos não terem sido atingidos (i.e. 70% de taxa de emprego e 3% do PIB gasto em I&D). ... A UE não conseguiu encurtar as distancias com outros países industrializados em relação ao crescimento da produtividade". E explica estas dificuldades da seguinte forma: "Desequilíbrios macroeconómicos e problemas de competitividade estiveram na base da crise económica, e não foram devidamente abordados através da monitorização das economias dos Estados membros através do PEC e da EL, que têm funcionado paralelamente em vez de se complementarem mutuamente".

Outro argumento de considerável importância para advogar um novo modelo de governação europeia, situa-se naquilo que se pode designar como "sustentabilidade horizontal".

Para Jeffrey Sachs (2008), a resposta ao desafio da "sustentabilidade" é tanto melhor quanto mais integrada for a abordagem utilizada, na medida em que o conceito de sustentabilidade está fortemente associado ao da responsabilidade social – os valores e comportamentos que beneficiam os propósitos de sustentabilidade num domínio, são similares a aqueles que são relevantes noutros domínios, como os do clima, pureza do ar e da água, disponibilidade de alimentos, acesso ao serviços de saúde.

Na saúde, a ideia de "governo horizontal", é tão importante na relação com outros sectores económicos e sociais, como no interior do sistema de saúde.

O Tratado europeu de Maastricht, no seu artigo 129, ditava que as necessidades de protecção da saúde devem ser tidas em conta em todas as políticas da Comunidade Europeia, e o Tratado de Lisboa, exprime a mesma ideia, de uma forma socialmente ainda mais abrangente. Mais recentemente, a Estratégia Europeia de Saúde tem, como um dos seus quatro princípios fundadores, a mesma ideia: "saúde em todas as políticas".

Palavras vãs: não há sinais desta preocupação nas políticas públicas nacionais e muito menos nos recentes acordos com os países membros "intervencionados" da UE. E, contudo, é razoável esperar que os compromissos dos tratados europeus vinculem as políticas e instituições europeias tanto como qualquer outro compromisso (multilateral ou bilateral) obriga.

Um conjunto de circunstâncias históricas conhecidas fizeram com que os sistemas de saúde fossem frequentemente concebidos como um conjunto de sectores e as organizações geridas "verticalmente": hospitais, cuidados de saúde primários e saúde pública. Desde sempre esta identidade vertical das organizações de saúde predominou sobre qualquer ideia de as articular entre si. No entanto, esta concepção, sobre o ponto de vista das pessoas, faz pouco sentido. O que interessa às pessoas é percorrer facilmente os vários serviços que necessitam sempre que deles carecem, sem barreiras artificiais.

Torna-se portanto necessário fazer a transição de uma visão dos sistemas de saúde centrada nas organizações de saúde, para uma outra, focada nos processos de cuidados de saúde. Esta evolução é actualmente fortemente favorecida por um conjunto de circunstâncias: (i) A importância da noção do "processo de cuidados" torna-se cada vez mais evidente para a continuidade e qualidade dos cuidados de saúde e para a protecção e promoção da saúde; (ii) Os processos de cuidados enfatizam a centralidade no cidadão, e por isso favorecem a literacia em saúde, a capacidade das pessoas navegarem em sistemas de saúde cada vez mais complexos; (iii) A tendência crescente para a personalização dos cuidados de saúde resulta exactamente da convergência da genómica com as novas tecnologias de informação e da comunicação; a lógica do processo de cuidados beneficia também do pensamento teórico sobre cadeias de valor, desenvolvido e divulgado por Porter e Teisberg (2006).

A isto há que acrescentar um acontecimento particularmente importante, apontando para a mesma direcção: A nova directiva da União Europeia sobre mobilidade transfronteiriça para cuidados de saúde no espaço europeu, aprovada em Março de 2011, para entrar em vigor em Outubro de 2013. Esta directiva centra-se no direito das pessoas a aceder a cuidados de saúde para lá das fronteiras nacionais, no conjunto do espaço europeu.

Elisabetta Zanon (2011), directora do Gabinete Europeu do SNS inglês em Bruxelas (não há lapso aqui, é mesmo o Gabinete Europeu do SNS inglês em Bruxelas) escreve que, dada a natureza simbólica desta directiva e da "genuína incerteza" sobre qual será o seu impacto nos sistemas de saúde como o inglês, há que assegurar a capacidade de adaptação dos sistemas de saúde nacionais às novas circunstâncias e tirar proveito das novas oportunidades que elas eventualmente venham a suscitar.

A adopção desta directiva europeia, de enorme alcance para os sistemas nacionais, num futuro mais ou menos próximo, processou-se quase silenciosamente para a quase totalidade dos actores sociais, já para não falar no cidadão financiador-utilizador.

Genericamente, esta directiva abre uma interessante perspectiva de escolha para as pessoas no espaço de europeu da saúde, que pode ter um importante valor simbólico na perspectiva da "Europa dos cidadãos" e significar um considerável estímulo para a modernização dos sistemas de saúde europeus. No entanto, é necessário atentar nos detalhes e saber a que preço isso terá lugar, na medida em esta iniciativa pode também trazer consequências gravosas para os países menos desenvolvidos da Europa. Pelo menos durante 2011 e 2012, os serviços de saúde portugueses experimentam restrições financeiras incomparavelmente mais severas do que aquelas que se observam nos países mais desenvolvidos da Europa. Será esta a altura apropriada para implementar um "mercado competitivo" de serviços de saúde na Europa? A implementação desta nova modalidade de integração europeia, nas circunstâncias actuais, não revelará, a médio prazo, os mesmos efeitos negativos para os sistemas de saúde dos países periféricos, que os "defeitos de arquitectura" da integração monetária significaram para a economia e as finanças desses mesmos países?

Uma narrativa de co-responsabilização para a crise europeia – as limitações das intervenções das troikas na periferia europeia

A construção da Europa terá que ser feita de interdependências. Não faz sentido, principalmente nos momentos mais difíceis, negar as co-responsabilidades inerentes à integração europeia – as instituições europeias, nas suas decisões e muito particularmente nas suas espectaculares omissões, não podem deixar de partilhar as responsabilidades e obrigações que foram assumindo.

A rápida e dramática divergência das taxas de juros sobre as dívidas soberanas dos países europeus foi o "resultado acumulativo" de um conjunto de circunstâncias internacionais e europeias que, como foi acima referido, tiveram lugar no decurso dos últimos anos, e foram a causa imediata da "situação de emergência" em que se encontraram subitamente os países expostos a esses aumentos exponenciais, face à "impossibilidade" de continuar a financiar as suas dívidas soberanas nos mercados financeiros.

É um facto que Portugal cresceu economicamente muito pouco na última década, desde que se integrou no Euro. É igualmente verdade que os gastos sociais, neste período de tempo, (e antes dele) cresceram mais do que economia. Como já foi acima repetido, estes dois fenómenos tem alguns determinantes comuns: pouco apego ao conhecimento, limitado espírito empreendedor no económico e no social, enraizados dispositivos de captura do bem público por interesse particulares, redes de troca de favores em detrimento da promoção do mérito. Há que supera-los. É duvidoso que isso se faça através de severas e desproporcionadas políticas de austeridade, tão desigualmente distribuídas no espaço europeu.

Parece claro para quem leu os ME (o português, o grego e o irlandês) que lógica subjacente a estes documentos reforçam a falsa narrativa das "crises nacionais" – por exemplo, no diagnóstico económico das desventuras dos três países, estes aparecem como ilhas isoladas num mar invisível, tal a ausência de qualquer contextualização global ou europeia – cada um de *per si*, parece ser a abordagem preferida.

Em Portugal, como na Grécia e na Irlanda, passados os primeiros meses, a avaliação dos ME é cada vez mais severa: Não se encontra grande fundamentação para os apertadíssimos prazos "concedidos" para o reequilíbrio das contas públicas; as troikas actuam segundo uma filosofia e de acordo com experiências que pouco têm a ver com países europeus democráticos inseridos numa união monetária que limita substancialmente o efeito das receitas habituais; não existe nenhuma fundamentação explícita para muitas das medidas propostas pela troika, e algumas delas parecem ter um carácter nitidamente "experimental"; a associação da UE ao FMI, para fazer face ao "mau comportamento" dos países periféricos, não parece partir de uma análise sistémica dos problemas reais da zona Euro, mas de uma posição "moralista" sobre os defeitos das gentes do sul; dos maus resultados do "programa grego", que derivam tanto das dificuldades gregas como da natureza do programa da troika, e que criaram naquele país, uma perigosa percepção de "ocupação estrangeira vexatória", expressa numa verdadeira "repressão económica", parece não decorrer nenhuma aprendizagem; personalidades com grande peso institucional nestes países tem produzido declarações públicas no sentido de que o programa da troika é "intelectualmente pobre", "é inexequível", "que a austeridade só vale a pena com crescimento económico" e que a troika "errou nos juros que aplicou ao país, no tempo de ajustamento proposto, na falta de medidas para estimular a economia, nas privatizações que impôs, na quantidade de dinheiro que emprestou".

Pressionar os bancos credores no sentido de "perdoar" à Grécia 50% da sua dívida, pode ter consequências imprevisíveis para aquele país no futuro, e não pode ser considerada seriamente uma política pública europeia – outra coisa seria encontrar formas politicamente exigentes de mutualizar as dívidas soberanas da zona euro e de reorientar para o apoio a essas políticas públicas as mais-valias excessivas que os sistemas financeiros beneficiaram neste contexto.

É na saúde, que este equilíbrio delicado entre o poder de alavancagem dos compromissos assumidos com a troika em relação a medidas há muito necessárias neste sector, e a crescente valoração negativa de muitos aspectos do programa da troika (filosofia subjacente, fundamentação, calendários, carácter impositivo, ausência de uma perspectiva europeia nos problemas e nas soluções) pode ter o efeito mais devastador – demasiado sofrimento humano sem reformas sustentáveis. Tem-se assumido na saúde medidas restritivas duríssimas, em dois anos consecutivos, e demonstrado forte disponibilidade para fazer as reformas necessárias. É agora preciso evitar o ónus de fazer o mais arriscado (restringir), e acabar por ser impedido de conseguir o mais necessário (transformar).

Não se pode entrar ligeiramente em anos de sofrimento evitável e de duvidosa solução, reduzindo os sistemas de saúde nacionais, a insignificantes elos periférico de uma "correia de transmissão" de poderes distantes e intangíveis, afastados e insensíveis ao que está verdadeiramente em causa.

Empobrecer não pode ser uma opção política, mesmo que exposta como transitória

A Europa deixou de ser o esperado "escudo protector".

Espanha, Grécia, Irlanda e Portugal faziam parte, nos primeiros anos da Europa dos 12, do grupo de países menos desenvolvidos da União. Tinham saído ainda há pouco tempo, de situações de subdesenvolvimento, como protectorados de interesses alheios, como foi o caso da Irlanda e Grécia, ou de experiências autoritárias conservadoras, no pior sentido, como as da Espanha, da Grécia e de Portugal. Estes, todos países de emigrantes, pessoas de posses modestas procurando noutras paragens uma vida melhor, para todos, mas muito principalmente para os filhos, como é próprio de culturas de forte base familiar. Há cerca de uma década, estes países fizeram um esforço deliberado para entrar no Euro, "na primeira linha", como sinal da sua pertença inequívoca a uma Europa em desenvolvimento, cujo futuro, de segurança e bem-estar, queriam partilhar. Há uma década um Euro valia aproximadamente um Dólar. Actualmente vale quase 50% mais do que a moeda norte-americana.

Uma política explícita e deliberada de empobrecimento, mesmo quando defendida como transitória, é contra-cultura – cabe talvez aqui lembrar o que escreveu Eduardo Prado Coelho, há mais de uma década, quando referiu que uma crise passa a ser "desesperadamente uma crise da ideia do futuro" quando se torna evidente que nossos filhos viverão pior do que nós.

Políticas de empobrecimento ignoram, para além do sofrimento humano, a profundidade e persistência dos fenómenos desencadeados pelo processo de empobrecimento:

Desemprego – Na Irlanda, em cerca de 2 anos, o desemprego passou de 4 a 14 %; na Grécia terá já eventualmente ultrapassado os 20%; Portugal estará já entre os 12 e os 13%, sendo que aqui o processo de retracção económica só agora se começa a tornar mais evidente;
Emigração dos jovens mais capazes e melhores preparados para países onde se podem empregar e não pagar os custos da crise;
Baixa progressiva da fecundidade (particularmente pronunciada em Portugal) resultando também num envelhecimento da população;
Estes três factores podem ser desencadeados e agravados com relativa rapidez, mas são de lenta e difícil recuperação. Estes três factores, no seu conjunto, significam um mais rápido agravamento da desproporção entre aquela parte da população que pode contribuir para financiar reformas e cuidados de saúde e aquela que deles necessita.

É na saúde onde tudo isto vai desaguar. O mal-estar que perpassa actualmente as sociedades como a portuguesa está especialmente associado às dificuldades económicas do dia-a-dia, ao desemprego ou à degradação das condições de trabalho, mas também à impotência sentida e exposta perante outros, ao medo do futuro, ao afundamento da auto-estima das pessoas, ao desânimo, por vezes ao desespero, e até a quadros depressivos sérios. Nesta perspectiva a situação relatada recentemente pelas autoridades de saúde gregas sobre o efeito da crise não deixa de ser assustadora: aumento para mais do dobro, no espaço de um ano, do número de chamadas às linhas telefónicas de apoio para situações de risco de suicídio; aumento de cerca de 18% da taxa de suicídios entre 2009 e 2010, com tendência para o agravamento em 2011.

É possível fazer muito melhor

Tanto a nível europeu, como nas governações nacionais, são necessárias novas políticas públicas prospectivas e adaptativas (Swanson e Bhadwal, 2010). Estas são políticas que não se derramam em cima das pessoas como inapeláveis vozes do céu, mas que antes "ajudam as pessoas a ajudarem-se a si próprias", que "se conseguem interligar entre si", e que nos levam a querer antecipar e reconfigurar o futuro.

Para isso necessitamos de aprender a competir (nalgumas coisas) e a cooperar (noutras) ao mesmo tempo. Precisamos de "alianças inteligentes ente os mercados e o Estado". Para isso é importante querer mas também saber, como propõe Jennifer Ruger, em *"Shared health governance"(2011)*: Compreender as circunstâncias em que só cooperamos quando não há forma de o evitar (obrigação reconhecida), aquelas outras em que aceitamos trabalhar em conjunto porque se tornam óbvias as vantagens de o fazer (reconhecimento das vantagens mútuas), e finalmente, aquelas situações em que nos sentimos associados por um imperativo ético de responsabilidades comuns (valores partilhados).

Do estudo *"The European Patient of the Future"* publicado por Coulter and Magee (2003), extraem-se as seguintes conclusões sobre o que pensam os europeus sobre os seus sistemas de saúde, mas que têm um significado consideravelmente mais amplo: a ideia de protecção social, segundo a qual, cada um paga de acordo com os seus rendimentos, ao longo da vida, para receber quando precisa, continua a merecer apoio maioritário entre os europeus. Estes reconhecem que, baixo crescimento económico, desemprego, envelhecimento, e fortes pressões dos fornecedores de bens, serviços e tecnologias da saúde, tornam hoje a aplicação destes princípios mais difícil. Temem que sejam obrigados a pagar cada vez mais, por cada vez menos. Receiam que falte aos seus governantes a cultura, a imaginação e a vontade necessárias para canalizar para soluções de interesse comum, o enorme potencial de inteligência, conhecimento e inovação disponíveis na sociedade actual.

Trata-se pois de ajudar e promover nos governantes – na Europa e no país – não a gestão linear das inevitáveis catástrofes anunciadas, mas a "cultura, a imaginação e a vontade" para veicular para o bem comum "o enorme potencial de inteligência, conhecimento e inovação" que o mundo de hoje também nos pode oferecer.

Bibliografia

COULTER A.; MAGEE, H., ed. lit. – *The European patient of the future*. Berkshire: Open University Press, 2003.

DAMÁSIO, A. – *O livro da consciência: a construção do cérebro consciente*. Lisboa : Editora Temas e Debates, 2010.

MACKENBACH, J.P. – *Thomas More, Etienne Caber, and the paradoxes of utopian thinking*. European Journal of Public Health 14: (2004) 113.

MORIN, E. *Culture et barbarie européennes*. Paris : Bayard, 2005.

PORTER, M.; TEISBERG, E. – *Redefining health care: creating value based competition on results*. Boston : Harvard Business School Publishing, 2006.

RUGER, J. P. – Shared Health Governance, *The American Journal of Bioethics*, 11(7): 32–45, 2011.

SACHS, J. – *Common wealth: economics for a crowded planet*. New York: Penguin Press HC, 2008. ISBN 978-1-59420-127-1.

SEN, A. – *The idea of justice*. London: Allen Lane, 2009.

STEINER, G. *A Ideia da Europa*. Lisboa: Gradiva, 2005.

ZANON, E. – *Health care across borders: Implications of the EU Directive on cross-border health care for the English NHS*. Eurohealth 17: 2-3 (2011) 34-35.

A MINHA EUROPA

CRISTINA BRANCO

Comecei a cantar na Holanda, quando a União Europeia era já uma realidade política e económica. Aos 23 anos, e acabada de licenciar-me em Jornalismo, nada fazia prever que a música, o canto, viessem a tornar-se a minha vida, e a Europa o meu principal mercado de trabalho. A Holanda, um dos países pioneiros da CEE, apareceu-me na forma de um convite para um concerto numa sala simbólica, a Zaal 100, onde Zeca Afonso, entre outros, tinham actuado desde os anos 60, quando a ideia de Europa (Ocidental) era uma aspiração romântica e para os portugueses um lugar de fuga. Fui sem saber ao que ia, mas depressa senti que estar ali era como estar em casa. Podia ter sido outra cidade, Paris, Viena, Madrid, Berlim. Aconteceu ser Amesterdão. Depois de anos e anos de convívio assíduo com a cidade (e toda a Holanda) arrisco dizer ser esta uma das cidades mais abertas, civilizadas e próximas do ideal de igualdade entre os povos – mesmo com as embirrações dos próprios *amsterdamers* pelo recreio de sexo, drogas e algum rock'n'roll em que a cidade se tornou, graças à liberalização do sexo e à proliferação de *coffee-shops*. Ali desaguam milhares de pessoas de cada canto do mundo, muitos emigrantes de ex-colónias holandesas, mas sobretudo europeus à procura do lugar certo para viverem o ideal do sonho comunitário, não só das drogas livres. Na Holanda, fumar não apenas drogas, que se vendem por receita médica para causas tão justas como a dor crónica, reveste-se de um significado maior do que o acto perseguido na maior parte do mundo. Lembro-me de uma conversa num *coffee-shop* de Amesterdão onde estavam presentes pessoas de Lisboa a Timbuctu. Discutia-se a questão de esta ser a cidade mais próxima do que deve ser uma cidade. Ou seja, um dos raros lugares do mundo onde não se comenta a vida do vizinho, se este é heterossexual, gay, monge ou dissoluto, se trabalha com vigor braçal ou vive derramado em esplanadas a pensar nas glórias do calvinismo. Sou de poucas conversas, e muito menos de polémicas ou dissertações filosóficas, mas não quis deixar de acentuar que do muito mundo que vira, aquela era a cidade mais próxima do meu imaginário de terra do Peter Pan. Amesterdão é ainda um dos raros lugares do mundo onde ser criança (e dar pulos no Vondelpark ou à beira dos canais) faz parte do estatuto de maturidade. Por exemplo, pode andar-se de bicicleta em Almeirim, a minha cidade, mas nunca se terá a impressão de que o cortejo de ciclistas que percorre as ruas para cá e para lá sem cessar de pedalar poderá levantar voo a qualquer momento como no filme do ET.

Há 15 anos que vou à Holanda como quem vai de Lisboa ao Porto em ponte aérea. A ponto de muitos julgarem que ali tenho casa, coisa que nunca tive, nem terei, pois agrada-me a ideia de ser um lugar de peregrinação. Na Europa, só a França me ocupa tanto o calendário de trabalho, e todos os anos passo semanas entre cidades de um país e outro, à mistura com idas a lugares tão díspares como a Lituânia ou a Turquia. Trabalho sobretudo na Europa desde que comecei esta aventura de viver da música. Ou seja, a Europa é o território onde mais levo a cultura portuguesa – digo-o sem pretensões. Os jornais já me chamaram embaixadora e, longe de abraçar o título, agrada-me a ideia de que o meu canto, a minha música, defendem a riqueza da nossa cultura. Ao levarmos um repertório na sua grande maioria de autores portugueses, estamos a comungar tradições, de um longínquo canto do Cancioneiro, a um Fado tradicional ou uma balada. A emoção da descoberta da nossa música, do meu canto, ou da revisitação de temas já conhecidos, proporciona momentos raros de partilha. Muitas vezes sem que sequer sejam precisos aplausos, quando a comunicação é tão forte que se esgota no silêncio das pausas entre músicas. Aí a música é a arte do encontro, a forma mais elevada de comunhão. Expresso-me pela música, o canto, a poesia que escolho, os compositores e músicos que me acompanham. Esta forma de expressão tem-me devolvido aquilo que para mim é o meu ideal de Europa (ou melhor, de vida). Uma Europa onde, como numa plateia ou num palco, cabem todas as raças, credos e religiões unidas apenas pela linguagem sem fronteiras: a musical.

Uma Europa de vida limpa, pensamento aberto, sentimentos resolvidos, onde a palavra-chave se chama união. E sempre que penso nisto vem-me à memória a tarde de conversa no café de Amesterdão onde alguém disse "aqui vive-se o triunfo da Europa" como se estivesse a dizer "eis o triunfo da Humanidade", tentado desde a Atlântida até uma aldeia guarani nos confins do Brasil. É claro que aquele triunfo era uma impostura, uma "boutade", e resumia-se ao perímetro dos clientes de *coffee-shops* e simpatizantes de bordéis. Quanto muito a quem gosta de viver às claras e não usa estores nem reposteiros nas janelas, velha prática que se diz de origem calvinista, apologia do não ter nada a esconder, nem a cara com que se acorda, nem os livros das estantes ou a forma como se educa os filhos. Mas então, e se esse triunfo fosse um palco onde o canto se substituísse à política e à economia por instantes, como acontece quase sempre? Não interessa agora aqui o alcance da voz, mas a intenção do que se diz. Isto é, cantar "abrir todas as fronteiras" (poema de Manuel Alegre) passa a ter um significado para lá do poema. Não há canto de intervenção, porque todo o canto ou palavra são intervenção. Interessa sim a forma e o conteúdo. Ou, neste caso, como o holandês comunga da música do mundo, e poucos lugares do mundo recebem tão de braços abertos a música de qualquer paragem. Por raciocínio inverso, num país como o Brasil, onde a língua não é obstáculo, a música portuguesa vive quase desconhecida.

Nestes anos de carreira senti-me sempre muito acarinhada, não só na Holanda, país que tem sido inexcedível, mas em toda a Europa que fui conhecendo ao longo do processo de integração de novos membros. Sou privilegiada por poder assistir a esta construção, e de alguma maneira, ser testemunha, do que é parte da realidade destes países e como vivem o sonho comunitário. Na Lituânia, onde estive este ano, e onde vi um povo empenhado como poucos numa ideia comunitária para lá da construção de estradas (coisa que nunca vi em Portugal), deparei-me com uma recepção comovente. Nos países Bálticos, e em todo o leste de uma maneira geral, a música é tão valiosa como um líder político (respeitado), e um cantor, mesmo que não seja uma estrela pop, tem honras de estadista. Embora seja hoje fácil um artista deslocar-se para dar um concerto, não deixa de ser espantoso como se pode ser recebido como se aquela fosse a actuação de uma vida, e como uma plateia inteira está atenta a cada gesto, sedenta de conhecer o significado das palavras, a sua História maiúscula e minúscula. Por exemplo, sempre que canto o "Era um Redondo Vocábulo" de Zeca Afonso, e conto como ele a escreveu nos dias do cárcere, a emoção que isso gera. Tenho várias histórias de caminho, muitas de grande comoção. Há pessoas que querem ouvir-me cantar na hora da morte, ou outras que pedem o meu canto nas cerimónias fúnebres. Isto passou-se na Holanda mais do que uma vez. Há outras que gostam de ouvir-me enquanto correm ou quando cozinham. Oiço estas confissões e fico encolhida na importância que não me dou. Penso então que oiço Elis Regina e choro sempre, oiça uma ou dez vezes a mesma canção. Choro da verdade, da intenção, da força, da intensidade posta em cada palavra, do timbre alinhado porventura com o divino, e penso como ela foi capaz de o fazer. Quando me perguntam – Vivemos tempos de saúde ou de agonia na União Europeia? Queremos permanecer na União Europeia? Que União Europeia queremos? – penso se alguma vez senti isto com o discurso de um político, um religioso, um filósofo, um pensador. Penso nos sonhos de sonhadores como Jean Monnet que nos trouxeram até uma ideia de Europa perdida nos caudais que se evaporam dos ideais românticos. Penso que tenho tanto de desesperançada a ver esta Europa em *via crucis*, desgovernada, presa a contas e dívidas, a balanços e balancetes, a novelas de histórias políticas mal contadas, a eternos jogos de poder, a golpadas, uma Europa infantil que soube fazer estradas mas não soube crescer e acautelar o seu futuro. Uma Europa que não tratou do seu ser como quem cuida de um filho ou de um casamento. Há também a Cristina romântica que quer acreditar numa Europa pacificada, atenta, esclarecida, lúcida, livre, criativa, onde os seus filhos possam crescer, estudar, percorrer as suas vidas. Uma Europa que não se esgota nos seus países membros mas nas pontes que a ligam historicamente a todo o mundo. Uma Europa que aprendeu as lições da arrogância, da hipocrisia, da usura e já não precisa de ajoelhar-se em penitência pelos seus erros. Uma Europa que acolhe os seus membros como eu fui acolhida em todos os sítios em que cantei.

A EUROPA SONHADA E A EUROPA VIVIDA – ONDE SERÁ QUE FALHÁMOS?

DANIEL OLIVEIRA

No ano em que se celebram os 25 anos da adesão de Portugal à União Europeia, normal será proceder-se a uma avaliação desta integração. No entanto, e por força dos urgentes desafios colocados pelo actual momento político, social e económico, impõe-se, na verdade, uma bem mais profunda análise sobre o que na realidade foram estes anos e, bem mais importante, o que deverão ser os próximos.

Por inegáveis que sejam os sucessos, quer para Portugal, quer para o restante espaço europeu, os desafios e ameaças com que se deparam hoje os Estados, as organizações e cada um dos cidadãos europeus, surgem em tão grande número que se impõe esta já referida reflexão e, acima de tudo, a abertura de todos os decisores para as opiniões e perspectivas de franjas da população pouco ou nada ouvidas até agora.

Como já referido, o processo de integração europeia, iniciado quase de imediato após o abalo da Segunda Guerra Mundial, constitui-se por sucessos absolutamente incontornáveis. Para começar, o ter sido possível que um dos espaços mais retalhados geograficamente e com uma história de permanentes guerras e conflitos, tivesse entrado numa súbita e, mais importante ainda, sustendada acalmia. Após séculos de conflito perma-nente na disputa de territórios ou na resolução de conflitos de interesses políticos ou económicos, culminados nas duas guerras mundiais, respon-

DANIEL OLIVEIRA

sáveis pelo dizimar de milhões de vidas e pela devastação de boa parte do território europeu, não pode deixar de ser considerado um inestimável sucesso que a segunda metade do século XX se tenha pautado pela quase total ausência de conflitos e por uma participação responsável e menos beligerante no processo de integração europeia de países como o Reino Unido, a França ou a Alemanha.

Analisando também o espectro político, e considerando que os actuais 27 países-membro da União Europeia são, actualmente, democracias assentes em regimes constitucionais parlamentares, com garantias de liberdades e direitos inequívocas, percebe-se que, e tomando como referência o ano da criação da Comunidade Económica Europeia, este foi também um caminho trilhado de forma mais consistente a partir desse momento. Tomando como referência o ano de 1957, observa-se que Bulgária, Eslováquia, Estónia, Hungria, Letónia, Lituânia, Polónia, República Checa e Roménia eram regimes totalitários na órbita de influência da URSS, a Eslovénia, parte integrante da República Jugoslava, que Chipre e Malta estavam ainda para obter a sua independência do Reino Unido, que Portugal e Espanha eram dominados por regimes autoritários de tendência fascista e que a Grécia vivia os resquícios de uma brutal guerra civil, que culminaria ainda num período de ditadura militar entre 1967 e 1974. Com isto, verifica-se que mais de metade dos actuais países da UE estavam ainda longe de serem democracias efectivamente livres e respeitadoras do Estado de Direito e, consequentemente, dos direitos fundamentais, liberdades e garantias dos seus cidadãos.

Também do ponto de vista económico e social a Europa alcançou grandes avanços neste período. Foram privilegiados modelos que mantiveram uma grande prevalência destes direitos para os seus cidadãos, com fortes sistemas de protecção de direitos e de assistência social, em claro contraponto com os modelos americano e japonês, os outros grandes blocos económicos até anos recentes. Apesar de uma eventual menor competitividade, o caminho parecia seguro e o bem-estar algo quase garantístico nas perspectivas de vida de cada vez mais pessoas. Exemplos como os das sociais-democracias do Norte da Europa, mostravam que era possível ser-se competitivo num mercado cada vez mais global sem, no entanto, deixar de garantir serviços públicos de qualidade e a muito baixo preço para os cidadãos, até porque mais educação e protecção social, por exemplo, acabavam por garantir maior produtividade e capacidade empreendedora.

Também Portugal pareceu aproveitar esta onda de crescimento e bem--estar. Um país com um enorme atraso estrutural, taxas de analfabetismo difíceis de encontrar em toda a Europa e muitos outros indicadores estagnados ou em fraca evolução há décadas, só poderia, naturalmente, ficar a ganhar com a estabilidade, a integração num espaço económico muito mais alargado e com as enormes quantias em fundos estruturais e outros que advieram da entrada na CEE, em 1986.

Perante este cenário, a cada vez mais profunda integração europeia parecia algo absolutamente inquestionável e inevitável, apenas sobressaltada aqui ou ali aquando da discussão dos termos da integração política, e consequentes ajustes do grau de influência de cada país nos órgãos de decisão europeus, ou na assumpção de posições concertadas em questões relacionadas com a Defesa ou as Relações Externas. Deste modo, a moeda única, a abolição das fronteiras ou as cada vez maiores competências das instâncias europeias foram avanços verificados sem grandes sobressaltos e com uma quase generalizada, se bem que muitas vezes tácita, aceitação por parte das populações.

Deste processo resulta também outro dos sucessos da integração europeia. Apesar de diferentemente percepcionada em cada país, é, no entanto, inquestionável o facto de se ter avançado para a construção de uma cidadania europeia, que permitiu e contribuiu para a pacificação e redução de tensões no seu espaço, promovendo uma consciência supranacional que, de certa forma, esbateu eventuais nacionalismos entre nações vizinhas, muitas com um passado de conflitos já referido. A própria possibilidade de uma mobilidade quase ilimitada por parte dos cidadãos é hoje vista, principalmente pelas novas gerações, como uma gigantesca janela de oportunidades e não como uma ameaça à integridade nacional. Estudar, trabalhar ou, simplesmente, viajar por lazer, é algo que cada vez mais os cidadãos planeiam numa perspectiva europeia e não nacional.

Posto isto, a conclusão parece ser a de um processo de integração de sucesso absoluto, pelo que poucas seriam as questões a colocar sobre o seu aprofundamento no futuro. No entanto, a realidade actual obriga a que se coloquem questões incómodas e a uma reflexão profunda e, espera-se, participada. A crise financeira quase global que se atravessa, agravada por uma estagnação ou retrocesso das economias de países como a Grécia, Portugal e, num outro nível, Espanha, Itália e Irlanda, tem lançado dúvidas difíceis de encontrar se recuarmos apenas um par de anos.

DANIEL OLIVEIRA

O já referido espaço de protecção social privilegiado anteriormente referido vê-se hoje ameaçado. As elevadas taxas de desemprego e de precariedade laboral, a diminuição dos rendimentos, os recuos na protecção e apoio social, em áreas como a saúde, a educação e a segurança social e mesmo a perda, alegadamente temporária, de direitos adquiridos, ameaçam aumentar ainda mais os desequilíbrios na distribuição dos rendimentos dentro dos países e entre estes. Com o surgimento do Euro, também esta percepção se tornou mais clara, sendo hoje simples para toda a população comparar salários e custo de vida entre vários países europeus.

Esta realidade pode lançar a Europa num caminho que não era, na génese, o seu. A noção de podermos estar perante uma situação de retrocesso e a aparente incapacidade de resolver os problemas entretanto surgidos, leva a que mais e mais pessoas se questionem sobre as vantagens de uma maior integração, ou mesmo, da manutenção dos actuais níveis. Se, no caso português, a entrada do país na CEE trouxe um discurso que apontava para a diminuição das disparidades e a aproximação às médias da qualidade de vida dos países europeus, hoje este fosso parece aumentar. Parcialmente, pela falha do próprio país em enfrentar tal desafio, mantendo um sem número de áreas da economia num atraso estrutural gritante, eliminando simplesmente outras, principalmente no sector produtivo e apostando numa economia maioritariamente de serviços e assente nas facilidades de crédito. Por outro lado, políticas europeias desajustadas à realidade do país, a abertura da economia deste a um mercado amplamente mais competitivo e a imposição de limitações orçamentais e fiscais que poderão não ter sido correctamente interpretadas ou cumpridas, conduziram também, inequivocamente, a esta situação, visível, com características mais ou menos semelhantes, noutros países da Europa a atravessar também profundas crises.

Outros desafios existem, como o definir da posição da UE face ao exterior. O alargamento a novos países, o fecho cada vez mais acérrimo das suas fronteiras à imigração, as políticas de asilo muitas vezes não cumpridoras dos princípios mais básicos de direitos humanos, a participação em conflitos noutros cenários e o posicionamento em organizações como a NATO são questões que poderão ser sempre uma ameaça, por trazerem à vista divisões entre os seus países-membros e por exibirem as eventuais incapacidades de decisão por parte das instituições europeias.

No entanto, as ameaças resultantes da situação económica e os impactos que esta virá a ter na vida dos cidadãos europeus, parecem ser, actualmente, a sombra mais negra a pairar sobre a UE. Parece difícil crer que o caminho passe por fazer marcha-atrás nos princípios que sustentaram boa parte dos sucessos inicialmente elencados. Reduzir direitos, diminuir os apoios sociais e reduzir ou dificultar o acesso a serviços públicos, terá, necessariamente, como consequência o aumento do fosso entre os mais ricos e pobres e uma situação de pobreza para partes da população que já nasceram, viveram e educaram uma nova geração numa expectativa de conforto e bem-estar que agora vêem cada vez mais ameaçada.

A integridade da UE e da própria moeda única não parecem colocadas em causa. Poderemos sim, ver os seus processos de alargamento parados por tempo indeterminado. Mas para evitar que sejam as próprias populações a questionar todo o caminho percorrido até aqui, é necessária a procura de soluções também junto destas. A democracia não se pode esgotar no voto. Foi este cenário que levou ao afastamento de boa parte dos cidadãos da vida pública e da prática da cidadania. Decisores políticos distantes, a obedecer a múltiplos interesses e a tomar decisões muitas das vezes fora dos seus mandatos ou programas eleitorais, levaram, necessariamente, à desconfiança face ao poder político e à descrença na utilidade da participação cívica.

É necessário provar que a voz de cada um é realmente importante e que a política e a economia voltam a ter como objectivo da sua intervenção os cidadãos, as pessoas. Combater fenómenos como a corrupção e o abuso de poder, aceitar e incluir as opiniões vindas da sociedade civil, organizada ou não, mais do que promover a participação, mostrarão que, para os decisores políticos, os cidadãos são bem mais que eleitores ou contribuintes. Cidadãos cujas vidas contam mais que empresas ou outros agentes políticos e económicos.

Como já referido, o cenário não é, ainda, de ruptura. Mas para que não se chegue a tal, é necessário recentrar a sociedade no ser humano. Porque esta é a característica comum que cada um de nós tem, seja governante, político ou eleitor, banqueiro, empresário ou trabalhador. Ser humano.

QUE MODELO DE INTEGRAÇÃO ECONÓMICA E POLÍTICA CONSIDERARIA ADEQUADO À UNIÃO EUROPEIA?

EDUARDO LOPES RODRIGUES

Notas Prévias:

*O texto que se apresenta está naturalmente datado, tendo sido escolhida a **data simbólica de 5 de Outubro de 2011**. Em todo o caso, procurou-se delinear uma perspectiva que pudesse ser lida como tendo um dado horizonte temporal, começando nas raízes do Projecto Europeu, e projectando-se no futuro, por um período de tempo com significado em análises prospectivas, tendo contudo, a consciência clara dos riscos sistémicos que se perfilam, no curto prazo, quanto à longevidade da UEM/ /Europa, tal como a conhecemos hoje, incluindo o do seu colapso.*

Face à exiguidade do espaço disponível, apresenta-se apenas a resposta à primeira questão, até porque elas têm todas um elevado grau de interdependência, e, o texto elaborado para as seguintes, é ,em larga medida influenciado pela resposta dada á primeira.

1. Não obstante a formulação aparentemente simples, desta primeira questão, em bom rigor, trata-se de um sistema de interrogações complexas e interdependentes, que têm vindo a interpelar o *entendimento* (termo que pretende resumir a dialéctica entre a razão, quando conjugada com a emoção e com o voluntarismo) de muitos especialistas, já há muitos séculos, embora com uma expressão política mais consequente, apenas desde os anos fundacionais após 1950, e, para o qual, por tudo isso, é indispensável, embora muito difícil, encontrar respostas inovadoras.

EDUARDO LOPES RODRIGUES

Contudo, e, salvo melhor opinião, não se pode fugir a este desafio de inovação, porque este sistema de interrogações só tem interesse quando virado para o futuro, e, para os novíssimos impactos (porventura de questões mal resolvidas, ou mesmo, não resolvidas) com que as sociedades e as economias europeias se confrontam, na contemporaneidade da segunda década do séc. XXI.

Significa isto que, de pouco servirá repetir soluções já ensaiadas, embora se saiba, também de boa ciência, que mesmo as inovações disruptivas, dependem, em muito, do património de experiência e do saber acumulados. O **modelo** que se procura será um **estereograma,** com galerias de **variáveis** encasteladas em três perspectivas, ou, **três matrizes de funcionalidades:**

- **Aprendizagem** dinâmica com a **História,**[1] e as suas **leituras** (sejam elas paralelas, sucessivas, complementares, concorrentes, ou mesmo contraditórias, e, no limite, conflituantes) e rentabilização das sinergias reais e potenciais, daí advenientes, bem como as *"ondas de entusiasmo e de desespero auto reforçadas, características humanas inatas, [que] se reflectem no ciclo económico"*[2].

- **Compreensão**[3] das **expectativas** de todas as categorias de **protagonistas,** de diferente geometria, densidade e natureza de Poder, mas incluindo também os cidadãos anónimos. A este propósito, é lapidar o que o **Comité Económico e Social Europeu** (CESE) escreveu no seu parecer de iniciativa de 17.02.2011 [4]," (...) *os cidadãos europeus estão cada vez mais desconfiados face a uma construção europeia que lhes parece*

---

[1] Ver, por ex.: REYNOLDS, David, *"One World Divisible, A global History since 1945"*, London: Penguin Group, 2000. JUDD, Tony,*"Pós Guerra, História da Europa desde 1945"*, Tony Judt (2005) ed. Portug. ed. 7ª, Coimbra, 2006. DAVIES, Norman *"Europe, a History"*, Oxford: Oxford University Press, 1996.

[2] GREENSPAN, Alan, *"The Age of Turbulence: Adventures in a new world"*, New York: The Penguin Press, 2007.

[3] O modelo que se procura deve facilitar, *mutatis mutandis*, *"(...)a investigação a todo o momento dos sinais do tempo, e, interpretá-los à luz do Evangelho( )"*, à semelhança do que um dos documentos mais importantes do Concílio Vaticano II recomenda, i.e *a GAUDIUM et SPES*, nº 4, in "VATICANO II, Concílio Ecuménico, Constituições – Decretos – Declarações," Braga: S.N. Apostolado da Oração, 1966, pp. 555. Ver, por ex.: RÉMOND, René, *"Introdução à História do nosso Tempo"*, Paris: Seul, 1974, trad. Portg., Gradiva, 1994.

ASH, Timothy Garton, *"História do Presente"*, London: TGA, 2001; ed. portug., Lisboa: ed. Notícias, 2001.

[4] CESE, *Parecer sobre a renovação do método comunitário (orientações) (parecer de iniciativa)*, JO C 51 de 17.2.2011.

trazer mais problemas que soluções." Todavia, esta matriz carece de ultrapassar as expectativas dos cidadãos, quase sempre prisioneiras do seu microcosmos e do curto prazo, para captar igualmente as grandes funções-objectivo, de nível estratégico, das Organizações, até porque alguns "*media*" têm um zelo enorme em multiplicar as externalidades corrosivas do "curto prazo".

- Carece igualmente de compreender as tendências pesadas da contemporeinadade, como seja, por exemplo, o ajustamento da economia global com reflexos na Europa, e que é um dos elementos cruciais das crises actuais.

- Capacidade de propiciar uma **Prospectiva**[5], susceptível de apreender a **turbulência** das **relações internacionais** e das "**realidades**" **internas** (no sentido de agregar o conjuntos das políticas públicas, das estratégias empresariais e dos paradigmas societais, sendo todo este conjunto multiplicado por, um factor designado por **Relevância**[6]) de cada Estado Membro. Independentemente das dinâmicas de globalização e de regionalização é incontornável que, (1) os Estados, enquanto sujeitos de direito internacional e de acção geopolítica, embora de geometria variável, continuam a ser os *players* mais relevantes das relações internacionais; e, (2) se queremos ser contemporâneos do futuro, e, antecipar o fluir da História, temos que endogenizar bem, e, com rigor, a complexidade da interacção entre as "RI" (rel. intern.), e, as "RI" (realidades internas).

2. O resultado destas matrizes de funcionalidades para a definição do **modelo** é muito simples, embora de grandes consequências práticas, e, de enormes exigências em termos de uma **capacidade efectiva de liderança**, possuindo uma VISÃO estratégica com um **horizonte mínimo de uma geração**, e, nunca confinada á exiguidade temporal dos ciclos eleitorais:

2.1. Estas matrizes conduzem a uma **construção** essencialmente **política,** ou seja, a economia é perspectivada como instrumental da política, e,

---

[5] Ver, por ex.: SCHWARTZ, Peter, "*The Art of the Long View*", New York: Doubleday Currency, 1991. HATEM, Fabrice, et col. "*La Prospective, Pratiques et Méthodes*", Paris: Economica, 1993. GODET, Michel, "*Manual de Prospectiva Estratégica*", Paris: Dunod, 1991; ed. Portug. Lisboa: Dom Quixote, 1993.

[6] LOPES RODIGUES, E.R. "*A Difícil Tranquilidade do Euro. A Porta Estreita da Relevância*", Porto: Vida Económica, 2000.

esta, por sua vez, deve estar ao serviço de VALORES CULTURAIS, capazes de mobilizar largos estratos da população, de cidadãos, de famílias, de empresas, e, de outras entidades relevantes das diferentes sociedades europeias.

Acresce que esta ressonância POLÍTICA tem de reflectir a nossa CONTEMPORANEIDADE, o que significa, que nunca poderá ser a réplica do Passado, por mais bem sucedido e brilhante que tenha sido. No fundo, trata-se de actualizar em permanência a *" problemática contemporânea da União Europeia, quando confrontada com inúmeras questões suscitadas pela vivência num mundo de globalizações " globalmente" desreguladas, mas ancorada nos microcosmos de um simples cidadão..."* (LOPES RODRIGUES, 2007: 31-48)[7].

2.2. Em termos mais práticos, aquelas **matrizes** conduzem à necessidade do sistema ser substantivado em *instituições resilientes*, em diversos sentidos, mas sobretudo na capacidade de **agir**, com **eficiência, qualidade e, eficácia**, em **tempo** verdadeiramente **útil**, sobretudo às adversidades, à turbulência, às **crises**, pequenas e grandes de natureza monotónica, ou plurifacetadas ou sistémicas. A verdadeira **métrica** do **valor** das **instituições** está nesta **capacidade** de actuar perante qualquer situação concreta, por mais inesperada que seja.

O Mundo de ontem já exigia que esta capacidade seja continuamente melhorada, quer se refira à actuação individual, quer à actuação em **rede**, seja para produzir **inovações,** ou, para apresentar **respostas** de **acção,** perante a inevitável complexidade e turbulência da envolvente, em contínua e inesperada mutação, num quadro de um sistema de *multi and hetero level governance*, sem de forma alguma, menorizar as instituições legítimas do Poder Democrático, inspirando-se na fórmula celebrizada por RAYMOND BARRE, de que a *EUROPA tem vindo a ser feita de IMAGINAÇÃO e de PRAGMATISMO. **Mas, insiste-se, o melhor modo no tempo útil mais oportuno, é a conjugação da praxis que deve mobilizar qualquer instituição.***

3. Procurando endogeneizar o melhor possível, aquelas três matrizes de funcionalidades, este **modelo/estereograma** tem vindo a ser construído, através do referencial dos conhecidos e consagrados *três eixos ontológicos e*

---

[7] LOPES RODRIGUES, E.R: *"O paradigma político da União Europeia e os serviços de interesse económico geral: um desafio à criatividade concorrencial dos Estados"*, in Revista Portuguesa de Management, Lisboa: ISLA, 2007, pp. 31-48.

estruturantes que, desde logo, através do designado **método comunitário,** começaram a emergir dos Primeiros Tratados Fundacionais, *maxime,* o que institui a **Comunidade Económica Europeia** (1957), e, que exprimem as forças motrizes que têm vindo a fazer progredir (embora com velocidades, ritmos, impasses e direcções multivariados) o, abreviadamente designado, **"Projecto Europeu",** e que são:

3.1. Eixo *"Utopia"*- A **demanda permanente** dos ideais nunca definitivamente alcançados da **PAZ,**[8] de uma **UNIÃO** cada vez mais estreita ente os **POVOS,** da **LIBERDADE** e do **DESENVOLVIMENTO SUSTENTÁVEL.**

As variáveis decorrentes deste eixo carecem de ser aferidas e calibradas de forma a ser exequível construir uma base comparável e dialogante entre cada uma das realidades inseridas no seguinte **pentágono fundacional,** que é a verdadeira **matriz genética** que os **Estados fundadores** inscreveram nos **Tratados,** que os seus **Governos** assinaram e, os seus **Povos,** directa ou indirectamente referendaram.

- (1)...PAZ
- (2)...DIGNIDADE da PESSOA
- (3)...LIBERDADE e SOLIDARIEDADE
- (4)...DEMOCRACIA ECONÓMICA e POLÍTICA
- (5)...DESENVOLVIMENTO SUSTENTÁVEL

Em termos mais tangíveis para a sociedade, para as economias e para os cidadãos, esta vocação escatológica e sistémica traduziu-se no nascimento de uma **ordem jurídica autónoma**[9], que se caracteriza mediante vários princípios estruturantes, desde o **primado** ao da **integração,** desde o da **aplicação directa** ao do **efeito directo,** que mudou radicalmente o relacionamento internacional dos Estados, bem como o próprio relacionamento dos Estados com os seus cidadãos e, com as empresas neles ancorados. Deste modo, esta ordem jurídica, de forma alguma é utópica,

---

[8] A propósito desta Utopia Genética. Ver, para além de conhecidas obras aos Pais Fundadores, por ex.: WEILER, Joseph, *"Fin-de-siécle Europe on Ideals and ideology in Post-Maastricht Europe",* in Curtin, Deirdre and Ton Heukels, Institutional Dynamics of European Integration, Essays in Honnour of Henry Schermers, 1994. WOLTON, Dominique *"La dernière Utopie: Naissance de L'Europe Démocratique",* Paris: Flammarion, 1993.

[9] O **Tribunal de Justiça das Comunidades,** numa série de Acordãos seminais, de que se destacam apenas alguns (Ex.: COSTA/ENEL-1964; Van Gend & LOOS-1963;) foi muito claro nos traços fundamentais desta novíssima ordem jurídica, que teve a sua origem na vontade política dos Estados que assinaram e ratificaram os primeiros Tratados fundacionais.

no sentido de alegadamente irrealista. Promove e exige uma hermenêutica sistémica e teleológica, tendo presente o realismo das circunstâncias, em cada situação concreta.

Esta novíssima ordem jurídica tem sido tratada por eminentes juristas e politólogos,[10] sendo impossível desenhar aqui, sequer, uma brevíssima resenha. Em todo o caso, como interpretação pessoal, ousa-se acrescentar que ela deu azo a uma **nova categoria de relações internacionais**, que alguns qualificam como **pós-modernas**,[11] mas que independentemente da qualificação, tem vindo a conduzir ao designado *"Sistema Europeu de maior Integração Política"* (SEMIP)[12], caracterizado pela emergência e desenvolvimento de três funções:[13]

1. Função credibilizante
2. Função democratizante
3. Função federalizante

Estas funções são essenciais para comprovar que o **modelo** que, aqui se apresenta, tem a plasticidade de tanto interpretar os **sucessos** como os **fracassos** do Projecto de Integração Europeia, como se verá em pontos específicos, ao longo do texto[14].

Quando a **função credibilizante,** das instituições envolvidas **no** projecto de Integração Europeia, não produz resultados percepcionados nos respectivos *espaços de transacção* [15] (por ex.: mercados) no **melhor modo** e,

---

[10] Pedindo desculpa às omissões, refiram-se nomes como, ERNÂNI LOPES, PAULO PITTA E CUNHA, EDUARDO PAZ FERREIRA, ADRIANO MOREIRA, VÍTOR MARTINS, FAUSTO DE QUADROS, ISABEL JALLES, ANA GUERRA MARTINS, SOUSA FRANCO, MARIA DA GLÓRIA GARCIA, GUILHERME D'OLIVEIRA MARTINS.

[11] COOPER, Robert, *"The Breaking of Nations"*, London:Grove Atlantic, 2003; ed.portug. *"Ordem e Caos no sec XXI"*, Queluz: Presença, 2006.

[12] LOPES RODRIGUES, E. R. *"A difícil tranquilidade do Euro. A porta estreita da relevância"*, Porto, Vida Económica, 2000, pp 94.

[13] No sentido matemático de "aplicações" com um domínio que é a realidade de cada Povo e de cada Estado, e, com um contradomínio que são os resultados que enformam as expectativas dos *players* com influência nos Povos, e, nos Estados.

[14] A título ilustrativo refira-se apenas que (1) a **Função credibilizante** interpreta as expectativas positivas ou negativas dos cidadãos, dos governos e das Instituições nacionais; (2) a **Função democratizante** tem vindo a conhecer resultados positivos, sempre que o défice democrático tem vindo a ser reduzido, *maxime*, nas eleições directas para o Parlamento Europeu, e, (3) a **Função federalizante** tem-se afirmado com a criação de instituições de natureza federal ou muito próxima, como foi o caso da Comissão Europeia, e, do Banco Central Europeu.

[15] LOPES RODRIGUES, E.R. *"Políticas Públicas de Promoção de Concorrência"*, Lisboa: ISCSP, 1998, pp. 130 e 193.

no **tempo mais oportuno**, corrói a **confiança** dos cidadãos e de outras instituições, e, consequentemente o sistema anda para trás, afastando-se da Utopia expressa nos Tratados. (É iniludivelmente a causa da profunda crise que se tem vindo a viver neste penoso arrastar de 2011...). Quando esta mesma função se manifesta em **Governos,** que não respondem devidamente aos compromissos decorrentes por exemplo do **Pacto de Estabilidade e Crescimento**, de acordo com as pressões concorrenciais próprias do tempo que se vive, os resultados são igualmente **negativos.**

Quando a **função democratizante** se manifesta num Parlamento Europeu, e, numa constelação de Parlamentos Nacionais, que não obstante as novas competências adquiridas pelo Tratado de Lisboa (2009), têm um discurso e, uma praxis, que não consegue ser valorizada pelos cidadãos e pelos mercados, continua com um **défice democrático** que acentua aquela crise, o sistema recebe mais um impulso de aceleração na sua marcha **retrógrada.**

Quando a **função federalizante,** que, inegavelmente foi atribuída pelo Tratado de Maastricht ao **Banco Central Europeu,** ao receber as competências soberanas de cada Estado Membro da UEM/Europa, **em matéria de política monetária,** faz pairar nos mercados a incerteza quanto à sua disponibilidade efectiva para exercer, em tempo útil, e, segundo o modo mais eficiente, o seu papel de **emprestador de último recurso,** (*que, como se sabe, é uma das funções que os bancos centrais em Estados soberanos, não integrados em qualquer UEM, exercem para garantir a estabilidade do seu sistema financeiro*) revela incentivos ao exercício da especulação, nos mercados financeiros, sobre as dívidas soberanas, corrói a confiança dos investidores na moeda única, e, como é facilmente compreensível, faz igualmente o **sistema andar para trás.**

Resultados medíocres das **três funções** conduzem naturalmente à quase **inevitabilidade da tragédia.**

3.2. Eixo *entrosamento das ECONOMIAS* e de algumas POLÍTICAS, na base competências que os Tratados atribuíram às instituições comunitárias, em particular, à nova instituição supra estadual, ou seja, à COMISSÃO EUROPEIA.

É indispensável que o **modelo** saiba interpretar os saltos incrementais deste entrosamento, quer pelo recurso ao designado artigo das lacunas quer pelo recurso à interpretação sistémica e teleológica. Como é amplamente conhecido este entrosamento teve, inicialmente, uma grande impulsão por parte da primeira **Comissão Europeia**, presidida por WAL-

EDUARDO LOPES RODRIGUES

TER HALLSTEIN[16], e do **Tribunal de Justiça das Comunidades Europeias**, ao ponto desta fase ter ficado conhecida pela qualificação *Europa dos Juízes*.[17] Depois intensificou-se ainda mais como o Acto Único Europeu (1987), e, com o Tratado de Maastricht (1993).

Este segundo eixo inclui todas as variáveis relativas à conclusão do mercado interno, ao funcionamento eficiente do **Espaço Económico Europeu**[18], instituído pelo Tratado do Porto (1992), bem como as referentes a todas as políticas e acções previstas no Tratado de Lisboa (2009)[19], com exclusão justamente da UEM/Europa, que tem, neste texto, um tratamento autónomo.

Deste modo, num terceiro nível de aplicação, teremos então, as variáveis inerentes à **Governação económica da UEM/Europa.**

3.3. Eixo *alargamento*[20] *a outros ESTADOS EUROPEUS*, que para o efeito, se candidatarem, e, consigam concluir o processo de negociações, com sucesso, sendo essencial que o modelo saiba interpretar as diferentes lógicas e consequências de cada Alargamento, desde os pedidos de adesão do Reino Unido, até ao mais recente alargamento para Oriente, promovendo a unidade possível, entre a Europa Ocidental e Oriental.

As **variáveis fundamentais** para caracterizar o acesso a este eixo **de Governação** dever-se-iam começar por se inspirar, num primeiro nível de aplicação, nas Conclusões do **Conselho Europeu de Copenhague** (1993) relativas aos critérios para aceitar abrir negociações com os candidatos a candidatos para serem integrados no *"club"*, e, que se recordam abreviadamente (I) **Democracia Política representativa;** (ii) **Democracia Económica, substantivada numa economia mista de mercado, dinamizada**

[16] Professor de Direito, e, Membro do partido Democrata Cristão da Alemanha.

[17] Para referir apenas os dois primeiros presidentes do Tribunal, cumpre mencionar MASSIMO PILOTTI (Itália) no período 1952-1958, e, ANDREAS MATTIAS DONNER (Países Baixos) (1958-1964).

[18] Ver por ex.: MONTI, Mário, Relatório apresentado ao Presidente da Comissão Europeia a 9 de Maio de 2010, *"Uma nova Estratégia para o Mercado* **Único** *– Ao serviço da Economia e da Sociedade Europeia"*.

[19] A simples explicitação da totalidade destas iniciativas extravasa amplamente o âmbito deste texto.

[20] Ver, por ex.: RAGARU, Nadège et BILLION, Didier *"Les nouveaux Visages de L'Europe Élargie"*, Paris: PUF, 2003.

por um regime de concorrência não falseado[21]**, e (iii) Instituições credíveis de** *enforcement.*

4. Importa ter presente que o resultado da aplicação destes três eixos na construção do **Modelo** que se procura, é, tal como se verificou em 2. supra, igualmente simples:

4.1. Aquele **referencial de eixos ontológicos** conduziu, a resultados extremamente positivos na transformação de uma Europa depauperada pela sucessão de guerras hecatômbicas numa Europa com um **paradigma civilizacional** nunca anteriormente vista de Paz, de Prevalência do Direito, de Prosperidade e de Cidadania.

O facto de esta metamorfose rápida, ter sido alavancada por, uma inteligente conjugação de políticas económicas de inspiração multivariada, desde Keynes e o Plano Marshall, ao ordo liberalismo emergente da Universidade de Freibourg, desde os modelos sociais de inspiração em Beveridge, completando o processo iniciado em Bismark, ao *boom* de crescimento da produtividade, dos salários, e do bem-estar generalizado, ao ponto de ter ficado perpetuada, na História, pelos qualificados *trinta gloriosos anos*[22], teve e o efeito sociológico perverso de levar largos estratos de cidadãos, e, de muitas elites a inebriarem-se com a ilusão de que esse patamar não teria recuo, e, sobretudo que não era necessário um conjunto de políticas públicas, de paradigmas societais e de estratégias empresarias, que concretamente promovessem a densificação e a longevidade daquele **paradigma civilizacional.**

E, contra o que a maioria pensava, rapidamente a Europa do final dos anos 60 foi contaminada por uma patologia degenerativa, acelerada, mas de padrão assimétrico, alimentada por vírus letais, de ausência de lideranças (em número significativo) com VISÃO ESTRATÉGICA à altura dos desafios de sempre, de declínio da população, de quebra de competitividade, de persistência num paradigma de Politicas Públicas próprias de um *"Estado Empresário"* ou, na sua versão camuflada, de um *"Estado Regula-*

---

[21] Sobre o **regime de concorrência** que caracteriza e singulariza o **Projecto Europeu**, ver, por ex.: LOPES RODRIGUES, E.R. *"Políticas Públicas de Promoção da Concorrência"*, Lisboa: ISCSP, 2008. MORAIS, Luís S., *"Direito da Concorrência" – Perspectivas do seu Ensino*, Almedina, Coimbra, 2009.
[22] FOURASTIÉ, Jean, *"Les Trente Glorieuses"*, Paris: Fayard, 1979.

EDUARDO LOPES RODRIGUES

dor Primário[23]", ambos, fontes potenciais, e, nalguns casos reais, de rendas discriminatórias de efeitos perversos para a sociedade.

4.2. Este referencial pressupõe que a progressão ao longo de cada eixo seja efectuada segundo ritmos diferenciados, mas sincronizados entre si. Isto significa, como a generalidade dos especialistas reconhece que uma VELOCIDADE EXCESSIVA num dos EIXOS, sem os necessários desenvolvimentos no OUTRO, pode significar uma ACUMULAÇÃO EXCESSIVA de ENTROPIA no SISTEMA, com elevados RISCOS de COLAPSO. A progressão ao longo de cada eixo depende do voluntarismo dos Estados que resolveram criar instituições supra estaduais, para quem transferiram competências soberanas e, depois, da iniciativa dessas mesmas instituições, ainda que tudo sobre o controlo dos Tribunais.

Na verdade, o Direito tem vindo a ser força mais consequente deste modelo, na justa medida em que tem sabido interpretar os Tratados Fundacionais, regulando uma realidade dinâmica e complexa em que "*... o supranacional avança, porque o elemento intergovernamental tem consciência que, de outro modo, os seus interesses geopolíticos ficariam prejudicados...*"[24].

Esta tensão entre o nacional e o supra estadual tem desde sempre questionado os analistas e académicos de todas as latitudes. Para citar apenas alguém exterior à Europa, refira-se o Professor ANDERSON, da Universidade de UCLA que, numa obra recente[25] ainda sublinhava "*... The tension between the two planes of Europe, national and supranational, creates a peculiar analytic dilemma for any attempt to reconstruct the recent History of the Europe...*".

4.3. O modelo carece igualmente de revelar uma plasticidade que lhe permita saber interpretar também a **Constituição Económica,** que, em sentido **material,** tem vindo a caracterizar a geografia da nova Europa e dos seus Estados Membros, enquadrando diferentes filosofias do Estado *qua tale* intervir na Economia[26].

---

[23] Por esta expressão *"Estado Regulador Primário"* pretende-se significar um **Estado** que é *caracterizado por intervir fortemente na economia quer como produtor quer como prestador de serviços, embora sob a égide de entidades qualificadas como "entidades reguladoras".*

[24] LOPES RODRIGUES, E.R. *"A difícil Tranquilidade do Euro. A Porta Estreita da Relevância",* Porto: Vida Económica, 2000, pp. 223.

[25] ANDERSON, Perry, *"The New Old World"* , New York : Verso, 2009.

[26] Ver PAZ FERREIRA, Eduardo, *"Direito da Economia"*, Lisboa : AAFDL, 2003, sobretudo pp. 295 e segs.

Naturalmente que esta Constituição Económica tem vindo a desaguar no artigo 120º do TFUE, na base do qual *"Os Estados membros devem conduzir as suas Políticas Económicas visando contribuir para a conclusão dos Objectivos da União (...)* e, devem *"...actuar de acordo ...com os princípios da economia de mercado e da livre concorrência, favorecendo uma repartição eficiente dos recursos..."*.

4.4. Aquela referência aos **"Objectivos da União...**" conduz-nos a fazer apelo aos VALORES CULTURAIS que enformam a conjugação evolutiva de uma uniformidade dos padrões de integração económica, que criassem o mesmo *high level playing field* para investidores, cidadãos, organizações e consumidores.

4.5. Tudo isto conduz inexoravelmente, porventura ao que, para alguns será inesperado, e que reside **numa ousada renovação do Método Comunitário,** em que a **Comissão Europeia** deverá assumir funções de maior impacto no contexto da indispensável maior **Governação Económica.** Na verdade, a marca genética distintiva do Método Comunitário inclui as funções de guardiã dos Tratados atribuídas à Comissão Europeia, o que **é incompatível** com qualquer formato de **Directório,** por mais mediático que este possa eventualmente ser, ou, vir a ser.

4.6. Esta nova atitude da **Comissão Europeia** inclui também um maior voluntarismo na densificação de esforços na cooperação internacional com "**instituições internacionais** como por ex. o **FMI** e o **G20**.

É necessário que a Comissão saiba extrair todas as sinergias do facto de a UE estar presente em todo o Mundo, e, ter sido impulsionadora das instituições internacionais mais relevantes do mesmo.

5. Na realidade, como sublinhou ROBERT SCHUMAN[27], *"A Europa far-se-á pela Cultura, ou, não se fará.",* o que significa que o **modelo** tem de transformar a inevitável e desejável diversidade, numa instituição complexa, dinamizada por Ideias e por Valores, vocacionada para os grandes desígnios (1) da CONSTRUÇÃO DA PAZ, (2) da DIGINIDADE da PESSOA , (3) da LIBER-

---

[27] Sobre Robert SCHUMAN, e, os demais Pais Fundadores, ver, por ex.: FERREIRA GOMES, A.J.L., *"Os Pais Fundadores das Comunidades Europeias"* Coimbra: Quarteto, 2001. MONNET, Jean, *"Memórias",* Paris: Fayard, 1976; ed. portg., Lisboa: Ulisseia, 2004. GERBET, *"La Construction de L'Europe, La négociation des Traités de Rome"* Paris: Imprimerie Nationale, 1983.

EDUARDO LOPES RODRIGUES

DADE e da SOLIDARIEDADE, (4) da DEMOCRACIA ECONÓMICA e POLÍTICA, (5) e do DESENVOLVIMENTO SUSTENTÁVEL (nas três vertentes cristalizadas a partir do Relatório BRUNDTLAND,[28] ou seja produção de riqueza, inclusão social e protecção da Natureza).

Ora, apenas uma CULTURA irrigada pela História do Passado e do Presente, bem como pela Prospectiva, pode conferir uma vitalidade permanente e consequente a este **pentágono fundacional.**

6. Em termos mais concretos e porventura mais compreensíveis para a generalidade dos cidadãos isto significa (i) um enorme mercado interno onde seja facilmente percepcionada a existência de uma democracia económica de elevada qualidade e de valor acrescentado significativo para cada Pessoa; e, (ii) uma união económica e monetária, susceptível de maximizar a competitividade de empresas e de organizações diversas que operam em diferentes *espaços de transacção*, e, (iii) um conjunto de sistemas políticos democráticos, que sejam resilientes e centrados na PESSOA, numa perspectiva transgeracional.

Em síntese, um modelo que (1) promova **economias competitivas** em cada *geografia concorrencial*, ultrapassando as fronteiras tradicionais dos Estados Europeus, (2) dinamize certos **paradigmas societais** e (3) promova, **sistemas políticos** que sejam capazes de mobilizar e de dignificar o exercício da cidadania.

7. Salvo melhor opinião, este modelo não se enquadra, de forma rigorosa, em nenhuma das categorias taxonómicas clássicas das teorias de relações internacionais, sejam elas de pendor federalista, realista, institucionalista, funcionalista, intergovernamentalista, com as múltiplas variantes já amplamente exploradas na doutrina especializada.

Em todo o caso, para não cair na armadilha decorrente do exacerbamento do qualificativo *sui generis*, atrevo-me a propor uma nova categoria, integrando elementos das teorias clássicas já existentes, e, que possa responder aos ingentes e iniludíveis desafios da contemporaneidade.

---

[28] Primeira Ministra da Noruega que presidiu a uma Comissão da ONU com a missão de estudar O impacto das alterações climáticas e de desenvolvimento na sustentabilidade do Planeta Terra, tendo dado origem ao Conceito de Desenvolvimento Sustentável, que viria a ser incorporado na Ordem Jurídica da União Europeia, através do artigo 6º do Tratado de Amesterdão (1997).

Sugere-se, pois, o conceito de uma *"União evolutiva e resiliente entre Povos e Estados"* (i.e., para simplificar, modelo **UERPE**, *ou State and People Resilient and Evolutif Union, SPREU*), que, entre as funcionalidades atrás descritas, deverá também merecer o qualificativo do lema atribuído a JEAN MONNET, *"Nós não coligamos Estados. Unimos Homens"*, exaltado, por exemplo em ADRIANO MOREIRA[29] (2004:3).

Isto significa que é necessário ultrapassar a "armadilha" de uma mera União de Estados. Aliás, quando alguns Governos, antes de assumirem decisões cruciais em sede de Conselho, carecem de consultar os respectivos Parlamentos Nacionais, como é o caso da Alemanha, tornam visível o caminho a percorrer, no sentido da união entre povos.

Poder-se-á, pois, dizer que se trata *apenas de mais um Nome ou de mais uma Designação.*

Mas, sem preterir ou secundarizar a dimensão simbólica dos Nomes na adesão das Pessoas, pretende claramente ser bem mais que um nome. Pretende ser um conceito mobilizador, uma ideia, no melhor sentido de Isaiah BERLIN[30], e de muitos outros.[31] Na verdade, *"todas as revoluções politicamente significativas são antecipadas por uma transformação da paisagem intelectual"* (JUDT, 2007: 606).

Ora, sendo certo que, ao longo da odisseia do sistema das Comunidades Europeias e da União Europeia, sempre existam "altos" e "baixos", sempre existiram **"crises"**, e, vão continuar a existir, é inquestionável que a nossa contemporaneidade se tem caracterizado por um incompreensível atraso e/ou lentidão, na inovação e na resposta das **instituições resilientes** à complexidade, severidade e turbulência que, desde 2007, tem assolado o conjunto das sociedades europeias. Talvez, porque essas instituições não atingiram ainda o **patamar** de **resiliência** necessária.

O **atraso e/ou a lentidão** com que os contradomínios das supra referidas **três funções** (i.e., credibilizante, democratizante e federalizante) **se caracterizam**, nesta primeira semana de Outubro, fazem prenunciar **a continuidade de tempos muito difíceis**, que nem o excelente e, generalizadamente aplaudido discurso do **Presidente Durão Barroso** sobre o Estado da União, nem a aprovação pelo Conselho ECOFIN, de 4 de Outu-

---

[29] MOREIRA, Adriano *"A Europa em Formação. A Crise do Atlantismo"*, Lisboa: ISCSP, 4ª reimp, 2004.

[30] BERLIN, Isaiah, *"The Power of Ideas"* (2000); ed., portug., Lisboa: Relógio de água, 2006.

[31] RUSS, Jacqueline, *"A Aventura do Pensamento Europeu, Uma História das Ideias Ocidentais"*, Lisboa: Terramar, 1997.

bro, do novo pacote sobre **Governação Económica**, só por si, serão capazes de inverter, em definitivo, embora tenham ajudado muito substancialmente.

Em particular, a iniciativa de recapitalizar a Banca, à escala das exigências da megaconcorrência global, só exige um funcionamento eficiente das instituições existentes.

O modelo, bem como, o **método comunitário resiliente, não vai anular as crises!** Estas sempre hão-de existir. É da **natureza humana**, e, da **natureza das coisas!** O que vai seguramente é **minorar** os **seus estragos,** e, permitir **o avanço**[32] **para soluções** mais eficientes em cada uma daquelas **3 funções**, em ordem ao objectivo escatológico da **Construção Europeia.**

Lisboa, 5 de Outubro de 2011

---

[32] Um pouco na linha da *"destruição criadora"* de Joseph SCHUMPETER, cfr. *"Capitalism, Socialism and Democracy"*, New York: Harper, 1942.

A EUROPA: *ACTA EST FABULA*

EDUARDO VERA-CRUZ PINTO

O nosso tempo tem um prenúncio de naufrágio. A Europa veste-se das cores de chumbo e as divisões nacionais voltam a ensombrá-la. A liderança económica do capital norte-americano e da sua expansão globalizada atingiram um ponto sem retorno. A Europa está sem defesas face aos ataques dos agiotas, a que chamam financeiros. Os seus povos estão submetidos aos mercados, sem que os eleitos possam responder defendendo-os. Os partidos políticos capturados pelos profissionais da representação, não conseguem atrair para os seus quadros os melhores cidadãos e, falando entre si, afastam-se do povo. A alternância em Democracia começa a ser uma formalidade litúrgica sem qualquer expressão prática na vida dos eleitores. A Europa precisa de reconquistar uma Democracia que sirva aos seus povos e isso só se consegue com uma integração política e monetária assente na justiça social e na participação política activa dos europeus nas instituições da União.

A Democracia e as suas instituições e estruturas não são um produto fechado que se exporta sem mais e de forma igual para todos os países da União. A opção pelo social, face ao económico, na condução das políticas públicas pelos governos eleitos foi definida como linha estratégica pela social-democracia europeia. Isso pressupunha uma Europa forte, mais integrada e fiel às suas diferenças culturais. A social-democracia ou socialismo democrático era o marco principal da diferença entre os EUA e a Europa. A pessoa estaria sempre, em qualquer circunstância, à frente das empresas, das instituições, das famílias, das igrejas e do Estado. Era essa a forma como a maioria dos europeus entendia a Democracia: uma possibilidade de promover, em liberdade, a pessoa humana através de políticas públicas eficazes na igualização de oportunidades e no acesso aos bens que estruturam a sua dignidade.

Na Europa os serviços públicos de fornecimento de bens essenciais, educação, saúde, transportes, etc. eram universalizados e acessíveis a todos, através de uma política de redistribuição da renda na graduação dos impostos. O Estado social de Direito, constitucional e democrático, era uma modelo e uma referência político-moral que constituía um produto da história política, dos séculos XIX e XX, do continente europeu. A cultura, o Direito e as humanidades constituíam o cerne da formação política daqueles que orientavam os tecnocratas e os especialistas em matérias envolvidas na governação. A Política, limitada pelo Direito, orientava a economia e os demais sectores na promoção da pessoa humana nas comunidades nacionais e estaduais. Esta opção política era um dos pilares da identidade europeia na variedade das suas experiências nacionais e na diversidade das suas escolhas eleitorais.

A defesa da pessoa humana e a hierarquização dos valores e princípios que permitem ao Direito servir como barreira efectiva às violações praticadas contra as pessoas; e como limite dos poderes exercidos pelo Estado, ou outras entidades, contra elas depende das condições criadas para o seu exercício. Essas condições foram fragilizadas: por um desleixo das pessoas, incentivado pelo modo de vida para foram atiradas, na participação democrática e nos deveres de cidadania; pela descredibilização persistente e sistemática das instituições do estado social através de grupos económicos que tomaram os meios de comunicação social, as universidades e, finalmente, os governos, as suas empresas e institutos públicos; por uma ideia de felicidade egoísta que assenta na indiferença e no dinheiro. A pessoa humana é hoje, na Europa, mercadoria mesmo na satisfação de necessidades básicas da vida pessoal e colectiva. Os valores da laicidade cristã e as regras do Direito Romano deixaram de ser considerados também em Portugal, numa senda em que a "europeidade" significa abandono da identidade latina.

Entre nós o primeiro ataque, para tornar bem sucedido o plano de impor a vontade dos mercados como escolha livre dos povos, foi à educação. A receita é simples: ensinar versões mínimas e politicamente correctas de História e de Filosofia; cortar todas as amarras com a cultura e as

A EUROPA: *ACTA EST FABULA*

tradições do povo; desacreditar o ensino dos clássicos e substitui-los pelos autores do sistema; trocar a literatura por Hollywood; dar prioridade às tecnologias e aos saberes neutros; promover a americanização sob a capa da globalização; confundir o Direito com a lei; e a Humanidade com o Ocidente. Qualquer resistência a este modelo é considerada como "atraso" e "decadência". A uniformização dos discursos políticos; a vulgarização das elites governativas, a fatalidade da supremacia do mercado; a redução da felicidade ao prazer; a limitação da liberdade a opções condicionadas pela publicidade e a propaganda; e o lucro como finalidade única do investimento fizeram da Europa uma imensa América, onde todas as referências são anglo-saxónicas e a colonização das mentalidades impede uma reforma do sistema pelos titulares de poderes nos Estados e na União.

Em Portugal, um dos Estados europeus com instituições democráticas mais débeis, o Estado serviu para colocar as clientelas partidárias e para resolver problemas de emprego que resultavam das incompetências governativas. Cresceu em despesa para pagar salários e privilégios (não serviços para todos) acima das receitas que os impostos cobrados davam. Para continuar com a farsa foi preciso recorrer ao empréstimo, que era tudo o que os Bancos pretendiam e, com a sua publicidade, tinham preparado. Os partidos políticos sabem que os seus eleitores são consumidores e não aceitam qualquer discurso eleitoral que contrarie os incentivos constantes ao consumo e o mundo cor-de-rosa do crédito ilimitado. Os Bancos estão como querem; os banqueiros enriquecem e crescem em poder determinando as políticas dos eleitos. O Estado social é denunciado como o culpado da situação de dívida; as pessoas enganadas pelos Bancos são consideradas únicas culpadas pelas suas dívidas; os funcionários públicos são apontados como privilegiados face aos demais; a cobrança de impostos viola os mais elementares princípios do Estado de Direito; a Constituição funciona como um aliado dos governantes que exploram as pessoas para "bem do Estado". Está consumado o fim da especificidade política europeia estribada na opção pelo social e no respeito pela Constituição, última barreira transposta para o êxito integral do sistema capitalista financeiro que sustenta a integração monetária dominado pelos Bancos e pelas empresas dominantes que determinam as escolhas políticas.

O ataque ao Euro, sempre que este ameace o dólar, é inevitável e estruturante num sistema que tem o seu êxito ligado à manutenção do actual sistema financeiro internacional assente nas instituições de *Bretton Woods*. A desvalorização do Euro é explicada pelos economistas com retórica pre-

EDUARDO VERA-CRUZ PINTO

tensamente técnica, de uma ciência infalível, mas é só política e da má. As agências de reting, que brincam com os Estados europeus e afectam a vida dos seus povos, têm dono e esses sabem o que fazem. A sua estratégia, nada difícil de prever e de seguir, requeria uma liderança europeia forte, competente e corajosa. É necessário fazê-lo através de instituições democráticas e de titulares eleitos, face à legitimidade do dinheiro, única dos "mercados". É necessário e é possível anular o ataque à Europa daqueles que se escondem sob a palavra equívoca de "mercados". É difícil mas é possível. Mesmo com os níveis de colonização dos europeus já conseguidos nos últimos 50 anos.

Foi estudada a possibilidade de uma resposta política em bloco dos 27 Estados da União aos credores, no plano institucional, no sentido de avisar que não pagariam juros superiores a X, e criando estruturas na União para diminuir a dependência dos Estados face aos especuladores do crédito? Porque não foi deliberado que nenhuma família europeia com rendimentos inferiores a X fosse obrigada, num certo período de tempo de execução de planos telúricos de austeridade que as empobrecem, a pagar juros aos bancos sob a prestação dos empréstimos de casa própria para albergar a família (como se permite que alguém lucre com este tipo de situações?)? É tudo muito complexo e a carecer estudo intenso para que tudo fique na mesma e as lideranças fracas e cobardes passem mais uma vez incólumes. A Europa precisa de políticos à altura do momento que estamos a viver para que o Euro sobreviva à crise. A completa bancarização das sociedades modernas não pode significar transferência dos centros políticos de decisão para os banqueiros nem degradar a democracia social.

Portugal resistirá como Nação com um Estado se sair do Euro, mas a melhor (não única) opção que deve fazer como escolha política da sua comunidade é a de ser europeia de corpo inteiro, participando activamente na União e cumprindo as regras que nos permitem ficar no Euro. Há sempre uma voz que se levanta acima das outras. Na Europa, Portugal pode estar entre essas vozes evitando um dramático canto do cisne. *Fabrum esse suae quemque fortunae.*

LIÇÕES DA UNIÃO EUROPEIA PARA O MERCOSUL

ELIZABETH ACCIOLY

Em 1957, a família europeia era composta por seis membros. Cinquenta anos depois já somava vinte e sete e, em breve, aos 30 deverá chegar.

Pois é, na Europa comunitária, os Estados já são "mais que as mães", e assim fica difícil gerir essa grande família que, como todas as famílias numerosas, tem a irmã rebelde, o irmão pródigo, o tio autoritário, a tia rezingona, o neto fanfarrão, o primo intelectual, a prima preguiçosa que tem inveja do primo inteligente, a sobrinha conciliadora, as tias avós solteironas e ricas que fingem não conhecer alguns dos seus parentes, o tio-avô trapalhão, que costuma ser a atracção das reuniões familiares, ora a fazer graça, ora a pregar sustos. E nesse *torbellino*, a matriarca, vem tentando, sem êxito, apaziguar os ânimos da sua prole.

Esta é a maior crise familiar de sempre. A Europa segue ao sabor dos ventos fortes, os Estados vão sendo atingidos pelas intempéries financeiras – Grécia, Portugal, Irlanda, Espanha, Itália. O vendaval vai se alastrando pelos céus do velho continente.

Diante desse cenário, a dupla *Mercosy*, que continua sendo a voz da UE, e que vai cedendo, muito a contragosto, aos pedidos de ajuda de alguns familiares em dificuldades financeiras, comunicou que vai implementar algumas mudanças das regras da casa, para acalmar os vizinhos que olham assustados pelas frestas das janelas ou pelo buraco da fechadura. Pretendem, antes de mais, criar um governo económico para supervisionar os parentes incumpridores. É constrangedor desconfiar dessa maneira dos membros da própria família, mas alguma diligência deve ser tomada, diante de tantas falcatruas que vão surgindo e que estão a colocar em risco toda a economia familiar, construída ao longo de décadas, com o suor de poucos e a benefício de muitos.

O mestre de cerimónias da casa, Van Rompuy, que exerce a presidência permanente do Conselho Europeu desde a entrada em vigor do Tratado de Lisboa, em Dezembro de 2009, será o responsável pelo novo governo económico (uma espécie de conselho familiar), que terá por função reforçar a coordenação e a planificação financeiras diante da presente crise das dívidas soberanas que está a desestabilizar a "Zona Euro". Aliás foi boa a indicação do político flamengo, pois alguma projecção teria de ser dada ao invisível cargo de Presidente do Conselho Europeu.

O G-20, o FMI, e a UE estão reunidos em Cannes. Todas as atenções voltam-se para a crise europeia. Os líderes do velho continente clamam por soluções abonadas para pôr ordem no orçamento familiar europeu. Nunca se imaginou que a Europa pudesse chegar a esta situação. A lâmpada mágica de Aladino está a apagar-se. Como disse De Gaulle, em 1962, quando despoletou a famosa crise da cadeira vazia, que culminou no Acordo de Luxemburgo: *"não existe uma fórmula mágica que nos permita levar a cabo uma tarefa tão difícil como a construção da Europa Unida. Vamos construir as fundações sobre a realidade e quando tivermos feito isso, então será a altura de nos deixarmos seduzir pelas Mil e Uma Noites".*

Pois é, o fumo branco de outrora, que se alastrava a outras plagas, levando Estados a seguir o rumo da integração, começa a esvair-se. O discurso Van Rompuy, nas comemorações dos 60 anos da Declaração Schuman, a 9 Maio de 2010 já denunciava o cansaço de uma Europa sexagenária: *"Não pedimos entusiasmo nem que se desfralde a bandeira europeia, não lhe pedimos que se junte a um coro de vozes unânimes (...). Hoje, peço-lhe apenas que se detenha um momento e compreenda que nós, europeus, estamos nesta aventura juntos".*

Aventura esta que teve seu apogeu nos idos dos anos 80 e 90 do século passado, quando a UE seguia à velocidade de cruzeiro, comandados por Jacques Delors, um dos grandes arquitectos da Europa unida, que hoje reconhece a gravidade da crise no seio da Europa, exortando os actuais dirigentes celeridade para apagar os incêndios acesos ora pela mão invisível e especuladora dos mercados, ora por atitudes irresponsáveis de alguns membros da família.

A crise está instalada. Há necessidade inadiável de tapar as fendas que ameaçam um dos pilares mais caros da União Europeia – a moeda única.

LIÇÕES DA UNIÃO EUROPEIA PARA O MERCOSUL

A grande família europeia precisa de encontrar urgentemente bons engenheiros e arquitectos, para trazer mais estabilidade às fundações da casa, sem esquecer de instalar um sistema ágil para apagar incêndios.

A regra da boa convivência familiar ensina-nos que temos que respeitar os mais velhos e dar-lhes a devida atenção, seguir os seus conselhos, ouvir as suas histórias, ainda que vezes incontáveis. Afinal é a voz da experiência!

Ora bem, chamo agora os parentes que vivem do outro lado do continente, outrora pobres, que recentemente adquiriram o *status* de "novos-ricos", prontos a ajudar os tios e primos europeus. Esta é a altura de prestar solidariedade à família europeia, esquecer mágoas passadas, alguma ofensa, aqui ou acolá, como a famosa frase *"le Brésil, ce n'est pas un pays serieux"*, atribuída ao General De Gaulle, e também é a hora de repensar a integração sul-americana, que nasceu inspirada no fumo branco que por lá passou. Tanto é assim que o bloco regional sul-americano, composto por Argentina, Brasil, Paraguai e Uruguai chama-se MERCOSUL – Mercado Comum do Sul. Os quatro sócios pretendem justamente alcançar um mercado comum.

Diante da experiência europeia e do êxito de toda esta construção, contada e recontada vezes sem conta, a crise que o velho continente vive hoje pode servir de exemplo para mudanças de rumo no projecto sul-americano. O Mercosul hoje está a tentar consolidar a fase de união aduaneira, está entre uma zona de comércio mais ou menos livre e uma união aduaneira com muitas perfurações – uma integração *à la fromage suisse*, por assim dizer. O mercado comum ainda está por fazer. Trata-se de proposta programática, vale dizer, de implantação distendida no tempo, não com as imprecações europeias de um mercado comum *tout court*, com todas as suas sofisticações, aprofundamentos e, por vezes, desmantelamentos.

Há duas décadas, recentemente comemorada, o Mercosul sobrevive, já sem o entusiasmo de outrora. Nos planos traçados pelo Tratado de Assunção, de 25 de Março de 1991, está sempre presente o mercado comum, inspirado no modelo europeu, com a devida atenção às nuances da realidade política e cultural da América do Sul.

Ou seja, dois caminhos já estão trilhados, ainda que com alguns percalços e dificuldades para alcançar os objectivos propostos, e um caminho está por desbravar. Qual seria o caminho que o Mercosul deveria escolher, diante dos ensinamentos dos seus antepassados? Talvez permanecer na união aduaneira, aproveitando a recente aprovação do Código Aduaneiro do Mercosul, que por mais de quinze anos manteve o trajecto intransi-

177

ELIZABETH ACCIOLY

tável. Ou, pelas crises recorrentes, hoje mais do que nunca instaladas na comunidade internacional, fosse mais cauteloso optar pelo estágio mais primitivo – a zona de comércio livre.

Fica, portanto, o problema familiar para resolver: seguir os ensinamentos da velha Europa? optar por uma das fases já alcançadas? ou inventar uma nova fórmula de integração?

Não podemos esquecer que a família Mercosul também cresceu, dos quatro sócios plenos, atrás citados, temos um pretenso genro, que quer a todo o custo ser admitido na família. Com muito custo obteve a aprovação dos membros, à excepção da República do Paraguai, onde a questão do ingresso da Venezuela está sobrestada em seu Senado. Para além dos quatro sócios e meio, há ainda cinco Estados associados, que permanecem na primeira etapa de integração – a zona de livre comércio: a Colômbia, o Equador, o Peru, a Bolívia e o Chile.

A família *mercosulina* é curiosa: tem o mesmo número de sócios e de associados, metade deles no projecto de construção da união aduaneira e a outra metade na fase da zona de comércio livre. Será melhor aumentar a prole ou tentar primeiro criar os mais velhos?

Está na hora de ouvir a voz da experiência, perguntar se a Europa foi mais feliz a seis, a nove, a dez, a doze, a quinze, a vinte e cinto ou a vinte e sete. Se o prazer do acto da concepção justifica o custo e o trabalho de cuidar de uma prole tão numerosa e heterogénea. O lema da Europa a 27 é muito significativo: "Unidos na diversidade". Será?

Ora bem, o mundo é dos jovens, como se costuma dizer. O Mercosul completou 20 anos, há muita vida pela frente. O Mercosul já é um caminho sem volta e não há mais possibilidade de desistir da integração, seja alcançando o mercado comum, seja descendo um degrau, e optar por uma zona de comércio livre, ou permanecendo na união aduaneira. É de se trazer à lembrança que o embrião da integração sul-americana deve-se à aproximação entre o Brasil e a Argentina, em meados da década de 1980. Estados rivais, que viviam de costas um para o outro, hoje estão unidos, a seguir o exemplo da França e da Alemanha, guardadas as devidas proporções. Só por isso, estar num projecto de integração vale a pena, pois a paz não se compra, se conquista com solidariedade, fraternidade, abnegação, e muita paciência, tal qual a vida em família, aqui só acrescentando uma pitada de amor.

25 ANOS DE ADESÃO: HISTÓRIA DE SUCESSO OU OPORTUNIDADE PERDIDA?

EMÍLIO RUI VILAR

> «*L'Europe est exigeante sur sa propre légitimité,*
> *elle en est inquiète? Tant mieux.*»
> Lucien Jaume, *Qu'est-ce que l'esprit européen?*, 2010

> «Utopia por utopia, como europeu desiludido mas não suicida,
> prefiro ainda a de uma Europa apostada em existir
> segundo o voto dos que há meio século a sonharam...»
> Eduardo Lourenço, *Breve meditação europeia*, Visão, Agosto 2011

Revisitar o condicionalismo histórico e reflectir sobre a experiência dos vinte e cinco anos da adesão de Portugal às então Comunidades Europeias é, nestes tempos de incerteza e deseperança sobre o futuro da Europa, oportuno e útil mas não tarefa fácil.

1. Depois do 25 de Abril, a democracia e a descolonização abriram novas possibilidades ao relacionamento de Portugal com as Comunidades Europeias, até aí confinado ao Acordo de Comércio de 1972.

A conflitualidade ideológica e política dos primeiros anos e a controvérsia sobre o modelo de sociedade que, aliás, a Constituição de 1976 claramente ainda reflecte, conduziram a que a aproximação à Europa fosse relativamente cautelosa, senão ambígua.

No Programa de Política Económica e Social (conhecido por Programa Melo Antunes), aprovado pelo III Governo Provisório em 7 de Fevereiro de 1975, podia ler-se: "Estreitamento e intensificação das relações com as Comunidades Europeias, através da negociação de arranjos que introduzam melhorias no actual acordo de comércio e da sua extensão, pelo funcionamento da cláusula evolutiva, a outros domínios, nomeadamente, a mão-de-obra emigrada, a cooperação tecnológica, industrial e financeira."

Por seu turno, o Programa do I Governo Constitucional (1976) dava um passo ao dizer: "No que diz respeito à Comunidade Económica Europeia (CEE) há também [antes tratava da admissão ao Conselho da Europa] que encarar a nossa adesão, embora o processo seja necessariamente mais longo e mais complexo ..."

Entretanto tinham sido negociados um Protocolo Adicional ao referido Acordo de 1972, em matérias de natureza comercial, e um Protocolo Financeiro, o que representava uma significativa melhoria face à situação anterior ao 25 de Abril.

O Programa previa que o processo de adesão demorasse "por analogia" (não me recordo qual) três anos e alertava para a "necessária preparação interna, sobretudo por parte dos sectores económicos."

Apresentado o pedido formal de adesão em Março de 1977, apenas com a oposição do Partido Comunista, tratou-se dos actos políticos com mais alargado apoio. A consolidação do regime democrático, o relançamento da economia e a procura de um novo quadro geo-estratégico coerente encontravam na pertença às Comunidades a resposta necessária e um profundo sentido de futuro.

Em vez dos três anos previstos, as negociações duraram oito anos e vimos a adesão da Grécia acontecer quatro anos antes da de Portugal e da Espanha.

2. O acordo de adesão assinado no claustro dos Jerónimos fechava simbolicamente cinco séculos de expansão ultramarina e abriu um novo ciclo que se esperava de paz e prosperidade.

A Europa, depois de um período de estagnação que as duas crises petrolíferas (1973 e 1979) tinham infligido ao avanço do Mercado Comum, encarava um novo tempo de euro-euforia com o Acto Único que lhe trazia novas competências e o objectivo mobilizador de concretizar o Mercado Interno no horizonte de 1992. O novo presidente da Comissão, Jacques Delors, personificava nova determinação e o dinamismo de uma liderança forte.

É neste quadro, ajudado pela baixa dos preços do petróleo e pela queda das cotações do dólar que, em Janeiro de 1986, Portugal entra de pleno direito nas Comunidades Europeias. Recordo que o cartaz de uma exposição de pintura portuguesa feita então em Bruxelas era um quadro de Amadeo de Souza-Cardoso onde está inscrita a palavra "Entrada"...

A experiência de liberalização do comércio externo que tínhamos adquirido com a nossa participação na EFTA desde 1958 ajudou claramente nos primeiros tempos e fomos então, em termos relativos, mais competitivos que a Espanha, que muito mais tardiamente tinha iniciado a abertura das fronteiras.

À conjuntura internacional favorável e à chegada de avultados recursos financeiros através dos fundos europeus juntou-se pela primeira vez uma maioria no Parlamento, o que permitiu dez anos de estabilidade política, de crescimento económico e de evolução social.

Daí a ideia generalizada de que a nossa integração era uma história de sucesso e nos vangloriássemos de sermos "os bons alunos da Europa".

Terá sido inteiramente assim?

3. Três aspectos do processo de integração devem ser objecto de ponderação crítica.

O primeiro foi o impacto da política agrícola comum (PAC). Apesar de oito longos anos de negociações e dos períodos transitórios que nos foram concedidos, as repercussões da PAC revelaram-se altamente negativas. Não se previram (ou não quiseram prever-se) os efeitos a nível da redução brutal da população activa no sector primário. Não só se despovoaram os campos como se operou uma transferência de dezenas de milhares de pessoas do interior para a periferia das grandes cidades. Foi a explosão das construções clandestinas, a da pressão nos serviços de saúde e de educação e a dificuldade de o sector dos serviços absorver uma oferta de mão-de-obra evidentemente não qualificada e desadaptada.

O custo económico e social deste fenómeno (previsível mas não planeado, nem acompanhado a nível das políticas públicas) foi enorme e ainda hoje experimentamos sequelas pesadas. Para não falar na acrescida dependência do exterior no abastecimento de bens alimentares.

O segundo refere-se à oportunidade perdida de reconversão e valorização do capital humano que os recursos do Fundo Social Europeu poderiam ter prodigalizado. Na grande maioria dos casos a formação que foi proporcionada não obedeceu a nenhuma estratégia de reforço da nossa competitividade. Cursos e outras acções formativas foram na maioria dos casos iniciativas avulsas e de fraca qualidade (quando não pura e simplesmente despesa, porque era preciso gastar).

Em terceiro lugar, mas não menos preocupantes, foram as opções em matéria de infraestruturas e de organização do território. Prevaleceu a lógica do *lobby* do automóvel e do transporte rodoviário e construíram-se auto-estradas com tal vertigem que dispomos hoje (triste consolação!) de uma das mais densas redes europeias. Esqueceu-se o caminho-de-ferro e ignoraram-se os custos da elevadíssima dependência do petróleo ao privilegiar o transporte individual. Em especial nas duas áreas metropolitanas, as consequências ambientais e sociais não apontam no sentido da sustentabilidade e da qualidade de vida.

Poderíamos igualmente referir a política das pescas onde perdemos capacidade, acompanhando o definhar do "cluster" do mar que deveríamos considerar como prioridade das prioridades.

4. Entretanto, a dinâmica imprimida por Jacques Delors fazia avançar o projecto europeu.

Ainda o mercado interno não estava alcançado nem devidamente ponderadas as suas consequências em termos de crescimento assimétrico – Padoa-Schioppa chamou claramente a atenção para os riscos que os países ou regiões mais periféricos e menos equipados corriam – e lançava-se a ideia da União Económica e Monetária e da moeda única europeia.

Os sucessivos alargamentos abertos pela implosão do império soviético, muitas vezes resultado de voluntarismo político e longe da verificação rigorosa da existência dos condicionalismos necessários, colocaram mais em evidência a necessidade de mudanças e ajustamentos institucionais. Mas no debate entre o aprofundamento da comunidade e o alargamento, este levou avante. Sucedem-se as alterações dos Tratados e da fórmula União Europeia ao projecto de Tratado Constitucional foi um passo.

A vontade de queimar etapas, num processo comandado pelas lideranças políticas, encontra os primeiros sinais de dúvida dos cidadãos europeus quando são consultados em referendos. Uma Europa mais dos cidadãos do que dos Estados, que estava na mente dos pais fundadores, aparece posta em causa. A fragilidade e os fundamentos democráticos dos complexos processos decisórios europeus e a mudança geracional criam desconforto e desconfiança.

A paz e o avanço económico e social que a construção europeia trouxera a quem ainda recordava os horrores da segunda guerra mundial, pouco significavam para quem tinha nascido nos anos sessenta e considerava como adquirido o modelo social europeu.

O Tratado de Lisboa, dolorosamente logrado no rescaldo do falhanço da tentativa de constitucionalização, terá sido a resposta possível, mas seguiu o tropismo errado da maior governamentalização e do reforço do poder dos grandes Estados. Por outro lado, a arquitectura institucional, com a criação de um presidente do Conselho, veio aumentar a entropia, em vez de lhe dar condições de contraponto mais dinâmico no ressurgir das derivas nacionalistas que os períodos de crise (como em 73 e 79) sempre fazem surgir.

Tem sido manifesta a dificuldade e a lentidão com que a União Europeia está a reagir à crise, tornando-se evidentes as fragilidades de uma união monetária sem políticas orçamentais coordenadas e sem um Banco Central que possa assumir plenamente a função de prestamista de última instância.

Os alertas sobre o futuro contidos no relatório do grupo de sábios que Felipe Gonzalez liderou (2010) passaram despercebidos (se acaso foram lidos) com o afã do curto prazo.

5. Regressemos à trajectória portuguesa. Uma vez o Tratado de Maastricht em vigor, Portugal assume como objectivo prioritário fazer parte do grupo inicial da moeda única. E foi com natural júbilo que conseguimos cumprir todos os requisitos e entrar no primeiro comboio do Euro.

Desapareciam do nosso controlo os instrumentos de política monetária e da política cambial. Restava a política orçamental com o condicionalismo do Tratado, designadamente o limite de 3% no défice orçamental em relação ao PIB e o limite da dívida pública que não deveria ultrapassar 60% daquele indicador.

Para um país com uma balança comercial tradicionalmente deficitária e com o equilíbrio da balança de pagamentos fortemente dependente das remessas de emigrantes, do investimento estrangeiro e dos fluxos financeiros comunitários, a moeda única obrigaria a muitas cautelas.

Foi o que não aconteceu. Nem o governo, nem os bancos, nem as empresas, nem os cidadãos/consumidores interiorizaram os comportamentos adequados a evitar o recurso descontrolado a meios externos. As taxas de juro baixas e a inexistência de constrangimentos cambiais conduziram ao endividamento excessivo e ao uso descontrolado de alavancagem no sistema bancário. A crise económica e financeira de 2008 teve como resposta o recurso ao aumento do défice público e ao crescimento do endividamento do Estado. Para os bancos, a contracção brutal dos mercados interbancários obrigou a um esforço de reequilíbrio dos respectivos balanços, com forte redução da sua capacidade de concessão de crédito à economia.

No início da crise quase todos os países, mesmo os mais ortodoxos, consideraram necessário e possível ultrapassar os limites do Tratado com políticas de incremento da despesa pública e de apoio aos sistemas bancários, chegando nalguns casos a vultuosas injecções de capitais públicos nos bancos. Mas, dois anos volvidos, regressaram os apelos à redução dos défices excessivos e ao ajustamento estrutural. As economias mais vulneráveis e com menor capacidade de alcançar níveis de crescimento susceptíveis de assegurar sustentavelmente o serviço das respectivas dívidas tiveram que recorrer a programas de ajuda. Foi o nosso caso. É esta a nova e pesada experiência na nossa integração, com um duro quadro de exigente condicionalidade para cumprir.

6. Olhando o mais objectivamente possível para o percurso percorrido nestes vinte e cinco anos, o balanço tem o sabor amargo da oportunidade perdida. Quase sempre encarámos a Europa como uma fonte de recursos, aceitando de bom grado profundas mudanças nas nossas estruturas produtivas, sem a preocupação de as tornarmos mais eficientes e mais competitivas. Preferimos viver na ilusão de uma prosperidade que não resultava do nosso trabalho e do nosso esforço, como se as políticas redistributivas da Europa não tivessem limites nem, mais tarde ou mais cedo, contrapartidas.

Não investimos adequadamente no capital humano, mesmo quando havia meios disponíveis. É verdade que multiplicámos por dez o número de alunos nas universidades, mas pouco ou nada fizemos para as articular com os sectores produtivos.

Também pouco ou nada fizemos para influenciar ou nos afirmarmos como actores no processo de construção europeia, em especial no que poderia ser uma melhor defesa dos nossos interesses. Mesmo quando quisemos assumir uma posição de liderança inovadora, como foi o caso da Agenda de Lisboa, fizemo-lo com ambição desmedida e porventura no *timing* errado – na altura da crise das tecnologias de informação e comunicação de 2000-2002 – e sem uma ligação evidente a um interesse nacional. Ao contrário, nunca tomámos, de uma maneira coerente e determinada, a condução de domínios onde poderíamos ter vantagens comparativas, como seria, por exemplo, o caso da política marítima.

Dispomos de um equipamento em infraestruturas – uma rede de auto-estradas – que é caro de manter, incentiva o uso do transporte individual e é ineficiente numa economia pós-carbono. Esquecemos o caminho-de-ferro e pouco fizemos pelos nossos portos, apesar de se clamar que é vital exportarmos mais.

Vinte e cinco anos volvidos sobre a nossa adesão à Europa, invertemos a trajectória inicial de convergência com a média europeia e formos ultrapassados por países, designadamente do leste, que tinham à partida piores condições do que nós. Não interiorizámos os riscos e as exigências de fazermos parte de uma união monetária e quando a crise internacional nos bateu à porta reagimos tardia e parcelarmente. Quando os mercados deram o primeiro sinal de tratamento diferenciado da dívida portuguesa em relação à espanhola, devíamos ter reagido de imediato e contrariado a tendência.

7. O Tratado de Lisboa não passa bem no teste da crise actual e não logrou aproximar (antes pelo contrário) os cidadãos europeus das instâncias decisórias da União Europeia. Por outro lado, a fragilidade e incompletude institucional da união monetária têm conduzido à tomada de medidas *ad hoc* e quase sempre reactivas, revelando falta de coordenação e de capacidade de antecipação.

Apesar do tempo de vigência relativamente curto, a experiência não tem sido positiva. O poder conferido aos maiores Estados tem-se traduzido na prática pela proeminência do eixo franco-alemão, que acaba por funcionar como um verdadeiro directório, subalternizando o Conselho. A Comissão, por seu lado, perdeu o *momentum* da iniciativa e funciona quase sempre mais na composição de interesses nacionais e na busca de consensos em vez da liderança que lhe cabe no interesse da União. A bicefalia das presidências do Conselho e da Comissão, apesar da aparência de uma convivência civilizada, não favorece a representatividade assertiva de uma voz única. Finalmente, na política externa, a nova figura da Alta Representante da União Europeia para os Negócios Estrangeiros e a Política de Segurança tem-se caracterizado por uma verdadeira afonia.

Porventura ainda mais preocupante num período de crise tem sido o crescente divórcio entre os cidadãos e Bruxelas. A União é constituída

EMÍLIO RUI VILAR

por democracias, mas o seu processo de decisão só muito indirectamente assenta numa verdadeira legitimidade democrática. E o que é patente a nível institucional é de gritante evidência para a opinião pública. Como dizia o Professor Miguel Poiares Maduro, na conferência *pensarRe Portugal*, na Fundação Casa de Mateus (2011): "A Europa não está a conseguir reagir à crise e o problema é, em primeiro lugar, político e não económico. A forma de legitimação do processo de integração europeia através dos benefícios que confere está em crise. Agora, a questão a que a União tem de responder é como se repartem os sacrifícios". Ora, o discurso político não tem sido minimamente capaz de explicar esta profunda mudança e de encontrar o antídoto para os inevitáveis reflexos de defesa dos que deveriam contribuir para uma distribuição mais equitativa e solidária.

Como já foi referido antes, a arquitectura institucional da união monetária é incompleta e pode colocá-la em risco. Falta um orçamento comunitário com dimensão adequada e baseado em recursos próprios não dependentes das contribuições individuais dos Estados. Falta uma coordenação eficaz, para não dizer cominatória, das políticas orçamentais dos países do euro. Falta uma política fiscal que concorra para o funcionamento harmonioso do conjunto e não seja um factor de concorrência entre as diferentes economias nacionais.

Por outro lado, o Banco Central Europeu deveria, à imagem do Federal Reserve System dos Estados Unidos, ser um verdadeiro prestamista de última instância, ter competência cambial e ter como missão não apenas a estabilidade dos preços, mas também o emprego e o crescimento.

São tarefas ciclópicas. Os tempos de crise favorecem os audazes. Haverá na nossa Europa a visão e a vontade política para prosseguir a missão e honrar a memória dos pais fundadores de uma das mais generosas construções políticas do século XX?

Novembro, 2011

CLAROS ESCUROS DA INTEGRAÇÃO DE PORTUGAL NA ACTUAL EUROPA
BREVES APONTAMENTOS

FERNÃO DE C. FERNANDES THOMAZ

1. Tenho em vista:

1.1 – colaborar no encerramento das comemorações do centenário da Universidade de Lisboa, onde me formei (1954-1959) e da qual fui posteriormente docente convidado (em período conturbado) motivo aliás de natural satisfação académica, científica e intelectual para mim;

1.2 – aproveitar a oportunidade de publicamente manifestar admiração ao Professor Doutor Paulo de Pitta e Cunha, meu colega de curso e meu grande Amigo há mais de 64 anos, que foi o fundador do Instituto Europeu da Faculdade de Direito de Lisboa; e sobretudo, desde há dezenas de anos promotor e dinamizador do ensino universitário do Direito em geral e da Economia, em Portugal e até no estrangeiro;

1.3 – exercer a autonomia crítica quanto a muitos *mitos*, senão mesmo meros *chavões*, que irreflectida ou intencionalmente se foram criando e se divulgaram, tentando dar uma visão *pink* ou aliciante de certos desígnios propostos, senão quase impostos aos portugueses, insuficientemente preparados, quer para tais desígnios quer para as consequências possíveis/ /prováveis da adesão aos mesmos.

FERNÃO FERNANDES THOMAZ

2. Os portugueses sempre apreciaram historicamente cooperar com e de relacionar-se com a generalidade das nações e espaços, sobretudo mais similares, com os quais partilham(aram) marcantes afinidades e vínculos sociais, morais, económicos, políticos e outros, sem excluir mesmo os religiosos, de tradição e de outras naturezas. Isso poderia ter inclinado os portugueses, passado o meado do séc. XX, a predisporem-se a aceitar em 1986 o *framework* ou *superestrutura* complexa da União Europeia traduzindo-se esta em União Económica e Monetária, mas desde logo visando um Mercado Único, sempre em crescimento unitário galopante e muitas vezes não convenientemente amadurecido nem explicado entre nós. O governo do País tinha já iniciado os contactos com as Comunidades Europeias antes até do golpe militar de esquerda de 1974.

3. Aos pedidos de esclarecimento formulados de várias bandas obteve-se quase sempre respostas herméticas, geralmente produzidas em linguagem hiper-técnica, inacessível ou quase, o que em parte teria quase sempre que acontecer, aliás, dado que o comum dos portugueses – e, mesmo, claro, dos estrangeiros – não possuíam iniciação técnico científica nem o hábito de conviver e reflectir contraditoriamente sobre problemas de altíssima abrangência, especialização e profundidade, muitos destes novos e ainda ou quase sempre em plena evolução conceitual ou em busca de soluções possíveis, o que só dificulta a sua abordagem.

4. Primordialmente quando tivemos de abdicar da moeda com a qual quase todos tínhamos vivido, o escudo, continuando este, porém, a constituir o valor a que nos referimos ainda hoje com a maior frequência e com cuja *época* ou padrão comparamos, para o melhor e para o pior, as nossas satisfações e frustrações. A antiga moeda, que vigorou por perto de 80 anos, não foi fácil de apagar da história corrente, pelo que para o comum dos portugueses a nova moeda, o euro, não foi jubilosamente, festivamente, aceite muito para além das dúvidas, cautelas e incógnitas que uma modificação tão transcendente naturalmente poderia/deveria acarretar.

Apesar de não conferirmos qualquer mérito, nem crédito, a consultas populares generalizadas, do tipo de *referendo*, para cujos vícios de organização, implementação, escrutínio, leitura e ou interpretação final todos estamos mais do que prevenidos e desconfiados, admito que se hoje fosse perguntado aos portugueses se desejam permanecer no *euro* uma amostra relevante diria que não... sem que isso significasse aliás que todos desejariam regressar ao *escudo*!

5. Alguns (cada vez em maior número) se interrogam se o euro sobreviverá à crise actual, questão que é de primordial importância. Deve liminarmente esclarecer-se se a crise se deveu ao euro ou se este esteve na origem dela, no todo ou ao menos em parte, para não nos aventurarmos no campo hiper-resvaladiço da *futurologia*, que além de não possuir características de ciência, é frequentemente preferida pelos não estudiosos e pelos intuitivos com opiniões de duração breve.

6. A verdade ensinada pela História das Civilizações é que sempre existiram vários sistemas monetários, os mais díspares e dispersos no espaço e no tempo e isso não impediu a circulação da(s) riqueza(s) ao longo de milénios.

7. Não é imperativo que exista uma moeda única cuja criação bem vistas as coisas pode ter ficado a dever-se a tendências hegemónicas de certos países, "apeados" de anteriores períodos de ascendência ou para se defenderem de qualquer experiência alheia similar. O *euro* pode, pois, subsistir, em períodos e em âmbitos maiores ou menores, dependendo das decisões que as instâncias competentes decidam tomar. Isso não quer porém dizer que o euro seja uma realidade forçosa, uma fatalidade necessária, uma inexorabilidade sem a qual um país ou uma união de países não possa deixar de existir. É perfeitamente possível imaginar uma União Europeia sem euro, como actualmente, aliás, já que a maioria dos países da União não integra ainda a *zona euro*; e não poucos vêm vaticinando a necessidade ou a vantagem da sua redução.

8. Isso não quer dizer que não haja necessidade de reformar a zona euro e prepará-la cada vez mais para poder abranger um número de países porventura desejosos – e mais capazes – de aderir a uma solução que apresenta ainda maiores dificuldades e constrangimentos do que facilidades e benesses ou vantagens. Portugal na delicada e vexatória situação em que foi colocado, apesar de todos os avisos e alarmes, deve bater-se como país soberano que é, para que não possa mais vir a ser submetido a uma *capitis diminutio* da sua soberania e estatuto como actualmente sucede; situação cujo fim é impossível de prever ou antecipar tal o número de condicionantes exteriores aos nossos desejos e possibilidades que se nos deparam.

FERNÃO FERNANDES THOMAZ

9. Sobretudo num país que teve de sofrer alterações colossais de dimensão territorial, de dispersão geográfica, de emigração e de imigração, de provocada e grave crise dos Valores que respeitava, de aumento da idade média dos portugueses, de insuficiência das instituições de educação e de cultura, de estrangulamento drástico das possibilidades de acessos profissionais e aos padrões naturais de realização pessoal e familiar... não é, pois, de estranhar o desajustamento de muitos portugueses em relação ao *estado de coisas actual*. Mas menos ainda é de estranhar a inconformidade, senão a revolta de outros, revolta que se encontra frequentemente traduzida numa atitude – mais ou menos activa – de dúvida e mesmo de rejeição da Europa. Se porventura não existia ainda uma natural ou espontânea consciência da identidade europeia, ninguém pode estranhar que traumatismos como os acabados de enunciar só se tenham reflectido negativamente sobre uma eventual inclinação natural dos seres humanos para aceitar novidades, de resto apresentadas como aliciantes. Têm sido 25 anos de traumatismos e frustrações para muitos portugueses.

10. A Europa actual que uns rejeitam e outros antagonizam, quer portugueses quer mesmo europeus, não é obviamente a do prazer de conviver, de nos deslocarmos fruindo o que há de mais belo (a natureza) de mais comovente (a arquitectura, as artes e outros prazeres), o mais interessante (o ganho cultural do convívio alargado). Estes são os aspectos aliciantes de pertencer à Europa: saber que aqui nascemos e nos formamos Mulheres e Homens melhores; que aqui queremos progredir e deixar os genes da nossa continuação, como é nosso direito; que aqui ou a partir daqui queremos exercer a nossa liberdade crítica a favor de toda a gente; que aqui vamos estar atentos a que não limitem as nossas liberdades, sobretudo pela via de *regalismos* ou outros tipos de soluções em que não participemos, recusando *ex ante* que alguém possa decidir por nós e impor-nos seja o que for.

11. Que futuro antever para a União Europeia?
Numa visão limitada a certos domínios ou aspectos digo desde logo que os especialistas – que eu não sou – deverão transcender apertadas soluções económico-financeiras para tentarem lograr uma visão mais abrangente e mais global de prossecução dos direitos, interesses e ambições de todos os europeus e equiparados, uma futura Associação, *sem pendor federalista*, mas em que todos os intervenientes e destinatários possam sentir-se na sua própria *casa*.

Lisboa, Outubro de 2011

OS 25 ANOS DA NOSSA ADESÃO
À COMUNIDADE EUROPEIA

FRANCISCO BOTELHO NUNES
Para Ernesto Melo Antunes e Francisco Salgado Zenha

1. A integração de Portugal na Comunidade Europeia, apresentou-se, logo após o 25 de Abril, como um destino irrecusável – não havia qualquer outra alternativa a considerar seriamente. Quem a tal se opôs, não poderia deixar de saber que não tinha hipótese de toldar o horizonte de esperança que alimentava os sonhos dos portugueses. Países com uma abertura ao Ocidente muito mais dilemática, acabaram por seguir o mesmo caminho: veja-se o caso da China. Para nós – até –, a adesão foi um futuro com um enorme passado. O apelo da tecnologia – que levou à queda do Muro de Berlim – foi irresistível no nosso processo de sobrevivência. O anterior regime já o sabia.

Menos aceitável, no entanto, é a não consideração de hipóteses alternativas quanto ao tipo de ligação a estabelecer com a Comunidade – um posicionamento cujas consequências no tempo não terão sido as melhores: acabamos por percorrer todo o tempo da adesão, sem nunca termos referendado e discutido alternativas – nomeadamente em relação ao euro –, nem o nosso papel na Comunidade Europeia. Atirámo-nos de olhos bem fechados para a Comunidade Europeia e lá fomos permanecendo. Com aquela sensação que a classe política e as elites nos oferecem, de não saberem exactamente o que fazer com o país – uma atitude tam-

FRANCISCO BOTELHO NUNES

bém assumida relativamente à descolonização, e de novo reacendida com os problemas de dívida pública (o que tem levado a uma onda de angustiados apelos pela germanização europeia – nas idas a Berlim, ao menos, não esqueçam o Eça: articular mal as línguas bárbaras).

Mas enquanto o dia não chega, a classe política portuguesa e as elites terão de viver com algum sobressalto. A adesão aliviava um fardo, mas, pelos vistos, não deu certo – Portugal voltou pela janela quando pensavam que tinha desaparecido na Europa. E se ela nada teve de particularmente engenhoso – pois que se tratou de um mero acto de intenção –, as suas consequências – essas sim – requeriam algum engenho. E foi aí, justamente, que faltaram a originalidade, o espírito inventivo, a coragem. A classe política e as cansadas elites nacionais – quiçá, por aquele misto de fraqueza e sobranceria que sempre assola os estrangeirados – parecem acreditar pouco em Portugal.

2. Terão existido substanciais benefícios económicos trazidos pela nossa adesão à União Europeia (mas, de qualquer jeito, a marcha da economia vai no sentido do crescimento e do bem-estar). Embora com fracassos rotundos, nomeadamente, quanto à preparação do factor trabalho. O melhor – dizem-nos – passou-se na infra-estruturação do território – mas, se não entramos em linha de conta com o impacto ambiental do cimento, mesmo aí surge outro senão: no Continente, por exemplo, falhou a pretensão de povoar o interior, tida como um dos seus principais objectivos. E até o crescimento poderá ser questionado: quando calcularmos a sua taxa média entre o 25 de Abril e 2015 – digamos –, se calhar concluir--se-á que não é nada que não pudéssemos ter alcançado em outras circunstâncias.

Vale bem a pena atentarmos no seguinte: o que foi feito deveu-se ao muito que nos chegou. Mas se o compararmos com a utilização conseguida pelo anterior regime dos (magros) recursos de que dispunha, a vantagem pertencer-lhe-á. A sua obra na educação ou nas obras públicas terá sido – relativamente aos meios utilizados – melhor. Muitas das realizações posteriores ao 25 de Abril, saíram caríssimas – pelo mau funcionamento do regime existente. E com tanto maior impunidade, quanto se sabe que a nossa pertença à Comunidade Europeia põe dificuldades a uma qualquer revolução higiénica (um argumento insistentemente invocado para o nosso pedido de adesão – é caso para dizer, que sabiam bem ao que vinham). De facto, a nossa vida pública – povoada de videntes e heróis –

está informada de uma característica impressiva: raramente toca nos interesses nacionais. Esse regime de advogados e universitários, dado à arenga, retrai-se cautelosamente na governação. Muitíssimo político, foge da administração cuidada.

3. Mas a adesão não tem apenas uma vertente económica – os comentadores, sistematicamente, parece ignorarem o que se passou no campo moral ou social –, quando os portugueses se viram, do pé para a mão, mergulhados num outro mundo – um que já lhes havia sido entreaberto em 1974: os nossos padrões morais esvaíram-se no confronto europeu, perdendo grande influência as três principais instituições através das quais eles se reproduzem: a Igreja, a Família e a Escola. A vivência espiritual da comunidade política foi então remetida para a celebrada *ética republicana* (infelizmente menos chegada à vetustez patrícia romana do que à resplandecência do manhoso (e nédio) Ali Babá – uma tardia consequência da influência moçárabe, estou em crer).

A brisa que soprava da Europa trouxe com facilidade o desmantelamento, mas não acolheu uma nova espiritualidade consigo. A identidade de dispositivos de acção política – mutáveis, aliás – e *tutti quanti* – revelar-se-ia manifestamente insuficiente. O grande cimento europeu – a Cristandade e a sua herança – esboroava-se. O salazarismo não era um mero regime político-administrativo – pretendia ser um mundo moral construído entre as ruínas da Europa. O seu desmantelamento arrastou consigo a moral e a vontade necessárias para combater o desafio europeu – arrisco a dizer que melhor teríamos aproveitado a adesão, quanto menos europeus nos tivéssemos tornado. Os novos partidos seriam, assim, obrigados a viver entre o ideal e o poder, num ambiente de degradação acelerada de valores. Se o legado espiritual que tínhamos do anterior regime, contava com uma visão mais estreita e menos informada, aparecia, no entanto, imbuído de maior seriedade, facilitando os contratos e a mobilização dos portugueses para as tarefas do crescimento económico – propício ao melhor aproveitamento dos recursos escassos ao nosso dispor. Basta ver o que foi conseguido, em situação muito difícil, quanto ao esforço de guerra e ao crescimento económico.

4. Qual o papel do PS neste processo? Eis uma pergunta que me atrevo a fazer, com este singelo argumentário: 1) Porque ele se foi tornando o partido central da política portuguesa – ocupou o poder em 13 dos últimos

FRANCISCO BOTELHO NUNES

15 anos –, impregnando com a sua influência (quase) todo o espectro partidário. 2) Porque ele é o que melhor exprime o dilema trágico dos jovens partidos portugueses, num ambiente moral malsão: o dilema entre o ideal e a ocupação do poder. 3) Porque é o partido que mais me importa.

Quando chega o 25 de Abril, o PS é um conjunto de advogados, em algumas cidades do país, praticamente sem bases e quadros técnicos – rumaram (quase) todos para o PSD e menos para o CDS-PP (para além dos afectos ao PC). Sem tradição ou acervo teórico próprio.

Foi então que veio a ideia de *construí-lo num processo de luta contra o PC*: os seus militantes eram relativamente poucos, socialmente marginais, prestigiados pelo papel na oposição – e davam-se ao jeito. Por uma vez, o PS foi capaz de mobilizar as massas, em grande parte imbuídas de uma única verdade política: o horror ao comunismo (o salazarismo não as poupou, nesse aspecto). Foi a luta contra um partido que não tinha qualquer hipótese de tomar o poder em Portugal, quando outras forças políticas e sociais foram para ela arrastadas (como o decisivo Grupo (militar) dos Nove, liderado por Ernesto Melo Antunes).

O processo terá deixado fundas marcas: por um lado, o PS pareceu obrigar-se à maximização do que deveria rápida e em força entregar aos portugueses (talvez a mais profícua imagem para descrever a vida do parlamentarismo pátrio seja a do *leilão*); por outro lado, o contrato com os seus militantes e apoiantes foi crescentemente arredado de qualquer contaminação imaterial.

Dois episódios poderiam ter afectado a preponderância desse rumo no PS (e, talvez, no próprio espectro partidário português – abstracção feita do malogrado Sá Carneiro): a candidatura (derrotada) de Francisco Salgado Zenha, nas eleições presidenciais; o PRD, eliminado pelo PR através da entrega, na prática, da chave do poder a Aníbal Cavaco Silva (personalidade neo-keynesiana do PSD, cujo Governo começou a receber, de imediato, a primeira vaga de fundos comunitários). Mas, aconteceu o contrário: com a vitória de António Guterres e António Sousa Franco, o PS pode pensar na sua segunda fundação, chamando a si, a partir do aparelho de Estado, os técnicos que lhe faltavam, a miríade de pequenos e grandes apoios de que (enormemente) carecia. Dois homens que merecem apreço – mas o problema que o PS queria resolver, era imperioso demais para se deter em meias águas, ao ponto de os tomar como obstáculo inultrapassável. Quando ganha as eleições – era a chegada da segunda fundação do PS, que viria emparelhar-se ao interesse nacional (pois, os sistemas democráticos levam tempo a assentar arraiais). Detestado pelo seu catolicismo, António Guterres recolher-se-ia do *pântano* da política portuguesa (ainda deve retirar algumas facas nas costas, aqui e ali, oferecidas pelos seus amigos).

Já nessa altura, a URSS tinha caído – e com ela, boa parte do poder contratual que os partidos socialistas e social-democratas auferiam na Europa Ocidental (capacidade já de si em declínio, com a globalização). Poder que menos ainda se manifestava quando o partido não resultara de movimentações sindicais, cooperativas ou associativas – sói dizer, que a construção do PS não advinha de um impulso moral que *tenha vindo a tornar-se largamente compartilhado*, não lhe assistindo uma cultura de sacrifício e abnegação moral (o usual caminho de um partido socialista).

E sendo as coisas o que são, o PS dedicou-se ao único objectivo que (erradamente) julgou meritório: a obtenção e manutenção do poder (tem a conveniência de a nada obrigar). Com a insatisfatória redistribuição do rendimento existente, somos levados a concluir que boa parte do Estado de Bem-Estar revelar-se-ia como uma mera manutenção de clientelas (não admira, pois, que na sua animação, o PS não tenha perdido oportunidade de combater duas instituições, já de si enfraquecidas – a Igreja e a Família –, ficando a Escola por conta dos sucessivos Ministros da Educação do bloco central). Tratava-se da conquista do poder baseada no apelo à anomia moral e social – o que só poderia conduzir ao desastre (lembre-se, de passagem, que o movimento socialista apareceria como um dos naturais parceiros da Igreja Católica, na sequência do Vaticano II – mas não foi, ele recusou-se a tal, e a partir de certa altura, o que tinha despontado no Ocidente como um impulso moral ascendente, converteu-se na adulação da dinâmica descendente, não surpreendendo o episódio sobre a *referência* ao Cristianismo na Constituição Europeia.).

Com a chegada de José Sócrates – uma vitória por maioria absoluta – a atenção focou-se no controle dos gastos públicos (a ligação do Estado de Bem-Estar ao equilíbrio das contas). Não demorou, no entanto, que a intriga o rodeasse – alguns daqueles que tiraram o tapete a António Guterres, mudaram o argumentário mas tentaram repetir o gesto. Debalde – a ameaça despontava noutro lado, através do surgimento nos meios de comunicação social, da questão da licenciatura do PM e da sua (suposta) ligação ao processo *Freeport* (entre outros).

Daí para a frente, onde havia contenção, passou a haver desperdício dos recursos públicos – desperdício acentuado com a sua vitória por maioria relativa em 2009 –, enquanto o Governo negava a importância da

FRANCISCO BOTELHO NUNES

crise que o mundo passara a viver (há um relatório, julgo que da OCDE, onde se defende a relação marginal entre os gastos públicos de então e o combate à crise). Num dos seus últimos gestos, e fiel a si próprio, José Sócrates concedeu aos portugueses (mais) uma *ponte*, refrescando o único contrato de que então se sentia capaz – logo quando os representantes da *troika* desembarcavam em Portugal. Foi a hecatombe – coroando um percurso de popularidade assente na cultura do apaziguamento (tal como a do regime parlamentar no seu todo) – e aqui, por mero acaso, vem-me à lembrança o talento efabulatório de Jorge Sampaio, na sua opinião sobre *a vida para além do deficit*. Adiante – toda essa pusilanimidade não almeja a importância (muito do esforço dos políticos situa-se na modelação da memória histórica – seja o exemplo da terceira candidatura de Mário Soares a PR –, e ainda bem: imunes ao *fait divers*, podemos assim respirar de alívio).

As eleições de Junho de 2011 podem revelar-se o 25 de Novembro do *PS* – ou de *um certo PS*. Quem ameaça os sonhos dos portugueses corre sérios riscos.

5. Notória é a ausência de responsáveis *nacionais* no desaproveitamento que se seguiu à adesão.

Estamos perante uma geração que se limitou a meter Portugal onde ele cabia – na Europa. Mas que desaproveitou, até à exaustão, a oportunidade que lhe foi dada – seja, não se revelou à altura do seu destino. Uma geração que chegou atrasada ao encontro com a História – é certo – e disso não é responsável –, mas que não foi capaz de construir um Estado de Bem-Estar compatível com as nossas capacidades, menosprezando a redistribuição do rendimento, vivendo do alimento entregue às clientelas – mas impotente na gestação de um contrato social profícuo. As gerações futuras nada têm a agradecer-lhe – devem mesmo fazer questão de a esquecer. Não será fácil, porém – herdou-as com pesados compromissos financeiros, e – pior ainda – herdou-as de desesperança, *pela única e singular oportunidade que se perdera*.

De resto, a avaliação do êxito da nossa adesão dependerá do critério que empregarmos. Eis três deles: 1) Crescemos muito: além do facto ser duvidoso, ainda não é fácil percebermos o que se passaria numa história alternativa. 2) Aproveitamos mal os fundos: com os mesmos meios, o regime anterior teria, presumivelmente, feito muito mais. 3) Principalmente, não estamos a caminho de atingir a média europeia: já todos perceberam que isso não acontecerá num futuro previsível (mas era esse o objectivo disseminado).

Não bastava aderirmos à Comunidade Europeia: era preciso saber o que fazer com isso – e mobilizar os portugueses em consonância.

6. Diferentemcntc do que se tentou propalar em Portugal, o euro não parece ter estado alguma vez em causa (mas o futuro o dirá). E nós, continuaremos no euro ? Bom, tendo em conta a miséria a que chegamos, a resposta dependerá das interpretações – quer dizer, da chanceler alemã.

Para o que aqui importa: se partirmos do princípio que a globalização continuará, se desprezarmos a questão relativa aos custos legais e financeiros da nossa saída do euro, então o problema da nossa permanência torna-se cristalino: ficaremos ou abandonaremos o euro, tendo em conta o custo que a globalização nos imporá, dentro ou fora dele.

7. Finalmente, gostaria de acrescentar duas notas. Não fui adepto do salazarismo, nem penso rever a opinião que repetidamente expressei sobre ele (em público). Nem na sua política metropolitana – ou relativamente aos Açores e à Madeira –, nem relativamente à sua política colonial. Não partilho, pois, do entusiasmo que por aí grassará pelo regime ledo e triste onde nasci e vivi mais anos do que merecia.

Uma coisa, porém, é aplaudir o 25 de Abril de 1974, outra bem diferente, acolher de bom grado tudo o que se lhe seguiu – embora não me pareça legítimo que se atire toda a responsabilidade da situação actual sobre os ombros do PS: o cenário acima – estou ciente disso – arrola uma *visão parcial* dos acontecimentos.

(EURO)P@

GONÇALO CARRILHO

Como nota prévia, desejo agradecer ao Senhor Professor Eduardo Paz Ferreira o amável convite para participar nesta interessante e oportuna iniciativa de reflexão colectiva sobre a Europa, Portugal, e o seu futuro.

De facto, sendo um jovem de 22 anos, faço parte de uma geração para a qual Portugal na Europa é um dado adquirido e um tópico nuclear do dia-a-dia.

1. Sobre a Europa, enquanto União Europeia (UE), muito se tem discutido a sua viabilidade, as condições de sucesso do modelo de integração e as eventuais consequências positivas ou negativas de (re)conceptualização do actual modelo.

Do que percepciono, considero que o modelo actual, ao nível político, não serve, hoje e no futuro, para uma UE a 27, composta por Estados absolutamente distintos, com desigualdades evidentes e muito significativas. Parece ter servido, outrossim, para a Alemanha, França e para os países mais ricos, os quais, no entanto, estão agora confrontados com a situação dos países menos capitalizados.

A UE depara-se ainda com um problema de *governance*: Presidente do Parlamento, Presidente da Comissão, Presidente do Conselho Europeu e presidência rotativa dos Estados. Quem manda afinal?! Será possível que a União possa funcionar mais tempo com este modelo de governo de presidencialismo difuso ou inexistente?

GONÇALO CARRILHO

Mais, até que ponto será possível falarmos de uma política da União, se cada um destes órgãos e os Estados apontam, frequentemente, em rumos distintos? Parece evidente que o actual modelo não é favorável à coesão europeia, e que foi estrategicamente delineado pelos grandes Estados, para controlarem a totalidade da gestão da União, aproveitando-se do seu peso, nomeadamente financeiro, bem como de um consequente "desgoverno da máquina", a que se vem progressivamente assistindo, nos órgãos da UE.

Hoje, a sensação geral existente, de que quem manda na Europa é a Chanceler alemã, agravou os sinais de desidentidade europeia, o que sempre constituiu uma fragilidade da União. Assim, o actual modelo de integração política *"sui generis"*, mais contribui para o afastamento dos cidadãos dos Estados, em relação à Europa e às suas instituições, do que incentiva o seu indispensável envolvimento na construção de um espaço político, económico, social europeu estável, coeso e suficientemente forte para enfrentar os desafios da globalização, processo aliás fortemente acelerado, de forma irreversível, pela expansão universal das novas tecnologias.

Além disso, a própria integração económica fica afectada, pois mesmo a política económica europeia se apresenta pouco definida como um todo, em virtude da dispersão do poder decisório, que balança entre os Estados fortes, a Comissão e os demais órgãos comunitários, e ... até, entre as agências de *rating*!

Quanto a avançar com ideias sobre um novo modelo de integração política, apenas se pode concluir, desde já, com segurança, que o actual não serve, e que as consequências da sua debilidade se farão sentir, cada vez mais intensamente, em especial nos pequenos Estados, como Portugal, dependentes da estabilidade europeia para sobreviverem de uma forma equilibrada. Contudo, uma reformulação do modelo de integração política não pode voltar a esquecer que, na sua génese, a Europa é composta por Estados, com diferentes passados e com percursos (ainda hoje!) muitas vezes conflituantes.

Assim, ou se avança na integração, tendo em conta, saliente-se, que a história europeia e a força dos Estados-Nação são sempre factores de bloqueio de um modelo federal de tipo norte-americano, ou se recua na integração, ficando a Europa limitada a um modelo de entreajuda, suportado em acordos político-económicos, com especial incidência na questão monetária, que hoje compromete todos os Estados e os torna *"irmãos de sangue"*.

Muito embora qualquer das duas soluções possa teoricamente ser adoptada, o certo é que uma Europa "a meio gás", como a que temos, não é uma boa opção, devendo decidir-se, tão breve quanto possível, que modelo será exequível, tendo em atenção a capacidade de consenso que se pode atingir na União Europeia.

2. Quanto ao caso específico de Portugal, e aos efeitos da sua entrada na CEE, deixo apenas breves notas sobre dois sectores que me suscitam particular interesse:

Justiça: em 1980, encontravam-se pendentes 625.334 processos nos tribunais portugueses. No ano 2000 (vinte anos depois), já se ultrapassava o 1 milhão. E em 2010, segundo o PORDATA, estavam pendentes 1.678.806 processos.

Temos verdadeira justiça? Respondemos às necessidades dos cidadãos?

Sucedem-se as reformas e as reformas destas, sem que se consiga alcançar o resultado global desejável, sendo também certo que, entretanto, há mais facilidade de acesso à justiça, o que se assinala como positivo.

Independentemente das causas e das fundamentações que se podem identificar, aquilo que é possível aos cidadãos observar é que "falta justiça" no Portugal de hoje, sendo grave, num Estado de Direito, constatar-se que se deve evitar o recurso ao poder judicial, pois este dificilmente corresponderá em tempo razoável.

No que se refere à justiça, não podemos dizer que o cidadão comum (o povo) tenha beneficiado plenamente com a adesão à CEE, nem mesmo que o factor "justiça" se tenha tornado elemento potenciador do investimento externo em Portugal. Diferente questão, que aqui não se aborda, tem que ver com as consequências positivas resultantes da adopção de pacotes legislativos comunitários, em muito inovadores, e tratando matérias até então pouco desenvolvidas no ordenamento jurídico português.

Educação: Parece trazer melhores notícias em determinados pontos. De facto, a título de exemplo, se em 1980 eram cerca de 80.000 cidadãos a frequentar o ensino universitário e politécnico, em 2011 são 396.268! Sem prejuízo das dificuldades demonstradas pelos sucessivos governos na definição da política de "educação para todos", a verdade é que a democracia e o posterior incentivo europeu permitiram que o acesso ao ensino superior deixasse de ser apenas reservado a alguns. Está, no entanto, por concretizar a aposta e a defesa da Qualidade.

GONÇALO CARRILHO

Veja-se o caso da licenciatura em Direito, hoje totalmente banalizada, disponível em demasiados estabelecimentos de ensino, acreditados pelas entidades estaduais competentes, apesar da falta de preparação que dão aos seus estudantes, para o adequado exercício de profissões jurídicas.

A massificação, positiva *de per si*, não pode traduzir-se de forma tão gritante na redução da qualidade, pois apesar de favorável à posição relativa de Portugal nas estatísticas internacionais, condena milhares de jovens ao insucesso, hipotecando, desse modo, as gerações futuras, enfim, o país.

Quanto aos importantes fundos comunitários disponibilizados para a educação e formação profissional, não se nega, bem pelo contrário, realça-se a sua importância na formação dos portugueses. Terá, contudo, ficado aquém do que devia. Na verdade, Portugal é ainda hoje o país europeu com a taxa mais elevada de abandono escolar no ensino secundário. E se o investimento na Educação tem sido elevado, o retorno do mesmo não parece ter uma relação directa com o grau de desenvolvimento económico que foi possível alcançar até hoje.

Como estudante, tive oportunidade de frequentar estabelecimentos públicos e privados de ensino, e apercebi-me também da necessidade premente de reforma do sistema público, apostando-se, fortemente, na excelência e exigência, em particular ao nível do 1º ciclo e Secundário, pilares de um percurso formativo adequado às exigências não só do mundo de hoje mas, sobretudo, do mundo de amanhã, que aliás já começou, sem que Portugal tenha sequer reparado!

3. A adesão às Comunidades, mostrou-se, no geral, benéfica para a Economia e para a Sociedade portuguesas: abertura às exportações para o mercado europeu, investimento estrangeiro em Portugal (entretanto, já desaparecido, em parte), importantes transferências comunitárias para Portugal, implosão da geração *Erasmus*. Os reflexos sociais fizeram-se também sentir, sendo de salientar, por exemplo, a evolução do salário mínimo nacional, fortemente incrementado desde os anos 80, ainda que muito distante dos valores de França ou Alemanha – também Europa, lembre-se.

Neste contexto, o período imediatamente a seguir à adesão, corresponde ao melhor período de crescimento económico português, no pós 25 de Abril, com especial incidência para 1986 a 1990, chegando-se a atingir uma taxa de crescimento anual de 8%! Tudo parecia, portanto, bem encaminhado! Infelizmente, assim não foi. Embora a década de 90 do século XX, de preparação para o Euro, tenha sido no geral positiva, talvez pela estimulação das taxas de juro em queda, a verdade é que se iniciou, entretanto, a "saga do endividamento", aspecto, que se veio a revelar, ao fim de vários anos, da maior gravidade e de grande irresponsabilidade para o futuro dos portugueses, nomeadamente das gerações mais jovens.

Desde a entrada no Euro acentuou-se o comportamento desviante, tradicional da economia portuguesa, podendo-se considerar que não estávamos preparados para a moeda única, projecto inicialmente pensado para o "clube dos ricos", do qual fizemos parte, com dificuldade, no período dos Descobrimentos, há 500 anos!

Apostou-se e incrementou-se, é certo, no modelo "Estado-Providência", com reflexos na melhoria da qualidade de vida dos portugueses, nomeadamente na Saúde, em que os resultados são francamente bons (aumento da esperança média de vida, mortalidade infantil, entre outros). Porém, desconsiderou-se, de uma forma demasiado imprudente, a necessidade de sustentabilidade dos novos benefícios sociais entretanto alcançados, aspecto que teremos de repensar, sempre com a preocupação de manutenção das principais conquistas, mas atendendo às disponibilidades financeiras do País.

4. Finalmente, quanto ao futuro do Euro e da UEM, passo necessário na integração europeia, apenas uma referência: o Euro é a moeda da Europa e terá de sobreviver às crises próprias de uma moeda jovem, determinante no contexto económico-financeiro mundial.

Quanto à questão da permanência ou não de Portugal na zona Euro, será sequer concebível o regresso a uma moeda exclusivamente nacional? Passará a alternativa por nos associarmos a outra zona monetária, como a da libra ou do dólar?

Fica lançada a questão.

Lisboa, 30 de Outubro de 2011

EUROPA É MAIS NECESSÁRIA...

GUILHERME D'OLIVEIRA MARTINS

A União Europeia vive um tempo especialmente difícil e incerto. Os riscos de fragmentação são reais. Há muito que a União deixou de ser um espaço com vocação de homogeneidade. Aos egoísmos nacionais importa contrapor uma definição clara de interesses vitais comuns, com reforço de um núcleo limitado de poderes supranacionais (do ambiente e da coordenação das redes de comunicações ao governo económico e à articulação das políticas de coesão económica, social e territorial), em nome da paz e da segurança, do desenvolvimento sustentável e da diversidade cultural. Se é verdade que a intergovernamentalidade é insuficiente e não está no código genético da Comunidade Europeia de Monnet e Schuman, que visava originalmente a criação de um poder supranacional assente numa partilha de soberanias, visando a pacificação, a democracia e o desenvolvimento, o certo é que os alargamentos dos últimos anos contribuíram para uma diluição e um enfraquecimento do projecto comum. Por isso, na aplicação do Tratado de Lisboa, terá de se dar mais atenção: ao papel dos parlamentos nacionais no controlo da subsidiariedade; à coordenação das políticas económicas e sociais; e à maior protecção à Comissão Europeia como contraponto à lógica do Conselho, mais próxima da realização de um Directório de grandes. Temos de tomar consciência de que a democracia, nacional e supranacional, depende de uma vontade comum e da capacidade europeia de antecipar, de criar e de construir.

Edgar Morin apresenta em "La Voie – Pour l'Avenir de l'Humanité" (Fayard, 2011), de modo clarividente, um conjunto de propostas para ultrapassar a crise global que vivemos e para compreender as raízes da doença que nos atinge globalmente e que exige respostas corajosas e determinadas. De facto, é a ideia emancipadora de Europa que pode estar em causa neste momento, sendo urgente compreender que a superação da crise e o reforço dos instrumentos da democracia supranacional têm de ser vistos em conjunto.

«Só há um modo de contribuir para a mudança, é a recusa da resignação» – disse Ernesto Sábato. Edgar Morin cita esta afirmação, preocupado com as fragilidades que estão a destruir os fundamentos de uma humanidade consciente das tarefas fundamentais que tem de assumir num tempo de incerteza e de risco de destruição. Nos tempos que vivemos, cheios de contradições, em que os erros e as responsabilidades são de todos, apesar da tentação de criar bodes expiatórios, tantas vezes falsos e ilusórios, para que o caminho da autodestruição possa continuar sem grandes sobressaltos, Morin lança um alerta: impõe-se impedir o fatalismo segundo o qual nada poderemos fazer para inverter a perigosa situação em que estamos, através da crise financeira que nos abala e que é tudo menos conjuntural ou momentânea.

Estão, pois, profundamente enganados os que pensam poder voltar à velha mentalidade imediatista e à corrida vertiginosa que confunde economia e ficção. Isso não será mais possível, sob pena de tudo piorar. "No sabemos lo que pasa y eso es lo que pasa" – Ortega y Gasset disse-o, e hoje sentimos que se trata de uma verificação sobre o que acontece. Edgar Morin, contudo, não corre atrás das tentativas de perceber os últimos acontecimentos. Fala-nos, antes, da cegueira de conhecimento que compartimenta os saberes e desintegra os problemas fundamentais e globais, que necessitam de um conhecimento transdisciplinar. Refere-nos que o ocidental-centrismo apoia-se apenas na racionalidade e dá-nos a ilusão de possuir o universal. E assim não é apenas a nossa ignorância, mas também o nosso conhecimento que nos cega.

A crise planetária com que lidamos mal resulta da inexistência de autênticos dispositivos de prevenção e de regulação. A crise global não se resume a um acidente provocado pela hipertrofia do crédito, a qual não se deve apenas ao problema de uma população, empobrecida pelo encarecimento dos bens e serviços, obrigada a manter o nível de vida pelo endividamento. E Morin aponta o dedo à especulação do capitalismo financeiro

EUROPA É MAIS NECESSÁRIA...

nos mercados internacionais (do petróleo, dos minerais e dos cereais) e ao facto de o sistema financeiro mundial se ter tornado um barco à deriva, desligado da realidade produtiva. Por isso, cita Patrick Artus e Marie--Paule Virard, no seu livro anterior à falência do Lehman Brothers e ao "crash" do Outono de 2008, intitulado «Globalisation: Le Pire Est à Venir» (La Découverte, 2008): «O pior ainda está para vir da conjugação de cinco características maiores da globalização: uma máquina inigualitária que mina os tecidos sociais e atiça as tensões protecionistas; um caldeirão que queima os recursos raros, encoraja as políticas de concentração e acelera o reaquecimento do planeta; uma máquina que inunda o mundo de liquidez e que encoraja a irresponsabilidade bancária; um casino onde se exprimem todos os excessos do capitalismo financeiro; uma centrifugadora que pode fazer explodir a Europa».

A crise é multifacetada: é ecológica, pela degradação da biosfera; é demográfica, pela confluência da explosão populacional nos países pobres e da redução das taxas de natalidade nos países ricos, com desenvolvimento de fluxos migratórios gerados pela miséria; é urbana, pelo desenvolvimento de megapolis poluídas e poluentes, com ghettos de ricos ao lado de ghettos de pobres; é da agricultura, pela desertificação rural, concentração urbana e desenvolvimento das monoculturas industrializadas; é ainda crise da política, pela incapacidade de pensar e de afrontar a novidade, perante a crescente complexidade dos problemas; é ainda das religiões pelo recuo da laicidade, pelo emergir de contradições que as impedem de assumir os seus princípios de fraternidade universal. Em suma, «o humanismo universalista decompõe-se em benefício das identidades nacionais e religiosas, quando ainda não se tornou um humanismo planetário, respeitando o elo indissolúvel entre a unidade e a diversidade humanas», na expressão do autor de «La Voie».

A questão europeia é, assim, muito mais ampla e complexa do que possa parecer à primeira vista. Os fortes ataques especulativos contra o Euro significam a tentativa de fragilizar o que pode ser um instrumento de regulação contra o fundamentalismo do mercado e contra uma espécie de lei da selva que as economias de casino sempre pressupõem. A ideia fixa do crescimento contínuo e interminável não pode continuar. Basta fazermos simples operações aritméticas, considerando os sete mil milhões de habitantes da terra, para percebermos que sem consciência dos limites apenas poderemos chegar ao desastre global. É, pois, preciso conceber uma sábia complementaridade entre crescimento, decrescimento e estabilização, entendendo a complexidade. O desenvolvimento indiferenciado, seguindo o modelo produtivista, está votado ao fracasso, uma vez que desconsidera a diversidade e a complexidade, não compreendendo os limites. A hiperespecialização, o hiperindividualismo e a perda das solidariedades conduzem à incapacidade de corresponder às mais elementares exigências da justiça. As crises misturam-se, do conhecimento, da política, da economia, da sociedade, e levam-nos aos bloqueamentos da globalização, da ocidentalização e do desenvolvimento.

O que se sente na União Europeia é o choque entre o velho e o novo. «A gigantesca crise planetária é a crise da humanidade que não consegue aceder à humanidade». Duas barbáries coexistem e agem sem contemplações: a que vem da noite dos tempos e usa a violência; e a barbárie, moderna e fria, da hegemonia do quantitativo, da técnica e do lucro. Ambas levam-nos ao abismo. Contudo, importa entender o que Hölderlin nos ensinou: «onde cresce o perigo, cresce também o que salva». Será preciso, no fundo, ao mesmo tempo, mundializar e desmundializar, crescer e decrescer, desenvolver e envolver, conservar e transformar. As reformas políticas, económicas, educativas ou da vida só por si estarão votadas à insuficiência e ao fracasso.

O tema da construção europeia não pode ser reservado à mera lógica institucional, ou económica, ou burocrática. Depois dos sobressaltos que temos sofrido, é altura de regressar às origens. O mundo precisa da Europa e dos europeus, a Europa precisa do mundo e do diálogo das civilizações, os Estados e as Nações são incapazes só por si de responder à especulação e à corrupção, a cultura da paz exige o desenvolvimento de espaços supranacionais democráticos, a subsidiariedade tem de se tornar garante dos direitos fundamentais e da dignidade da pessoa humana. A Europa deverá assim incentivar: a mobilidade das pessoas, a cidadania activa e responsável, a educação e formação ao longo da vida, a cooperação entre professores e estudantes, cientistas e académicos, a criação de redes de proximidade capazes de realizar a justiça, e a compreensão da complementaridade entre liberdade, história e ciência.

Temos de partir da diversidade, do pluralismo e da sociedade aberta para o respeito mútuo, num mundo de fronteiras abertas, em que o Estado-nação não pode ser o alfa e o ómega das referências identitárias, como pretendeu Hegel. Deve ser, sim, uma das instâncias de mediação, abrindo-se caminho não só a um projecto europeu, considerado como o de uma comunidade plural de destinos e valores e como o de uma união de Estados e Povos livres e soberanos, mas também ao desenvolvimento humano da humanidade.

Apesar da incerteza e da crise, a União Europeia é hoje o projecto mais avançado de integração supranacional. Precisamos dele, mais do que nunca. O modelo assenta na dupla legitimidade, dos Estados e dos cidadãos, concebida como partilha de soberanias entre Estados e Povos livres e soberanos. No entanto, não há uma identidade europeia nem um Estado europeu, uma vez que estamos perante uma comunidade plural de destinos e valores, em que a diversidade e o pluralismo são as marcas. A democracia supranacional tem uma legitimidade complexa e exige mais audácia na representação e participação cívicas e na governação política e económica. O euro é um projecto político no centro da Europa, sendo a União Económica e Monetária um passo lógico e necessário na história comunitária, não podendo ser um sistema apenas monetário. Assim, a união política e a moeda única são desígnios de sobrevivência, que neste momento exigem a audácia de políticas coordenadas orientadas para a criação de riqueza e para a coesão social, a partir do investimento reprodutivo, da criação de emprego, da justiça distributiva, da disciplina e rigor das finanças públicas e da equidade entre gerações. E Portugal deve manter-se na linha da frente da construção europeia, contribuindo activamente para o equilíbrio entre a democracia, o desenvolvimento e a justiça. Denis de Rougemont costumava dizer: «La décadence d'une société commence quand l'homme se demande: 'Que va-t-il arriver?' au lieu de se demander 'Que puis je faire?'». Eis a pergunta sacramental, que temos de tornar presente no nosso espírito relativamente à Europa.

A EUROPA NÃO É A SOCIEDADE PERFEITA...[*]

GUILHERME WALDEMAR D'OLIVEIRA MARTINS

A Europa não é a sociedade perfeita...A frase evidenciada resulta da combinação sistemática, no espaço europeu, de duas realidades inconciliáveis: o *desemprego*, por ser demasiado elevado e a *disciplina orçamental*, por ser demasiado fraca.

De facto, a Europa de hoje não é a mesma de há cinquenta anos. A seguir à Segunda Grande Guerra a Europa embarcou num processo de amplo crescimento económico, baseado na transposição das fronteiras da inovação e centrado na indústria pesada e sustentada num passado de "tecnologias inexploradas"[1]. Em cinquenta anos os governos uniram--se, implementaram estratégias comuns, canalizaram a utilização do crédito e confiaram na colaboração conjunta dos agentes económicos[2]. Neste mundo de finanças livres e globalizadas, com produção supranacional, os governos estão mais limitados para produzir os resultados do mercado, não obstante a experiência europeia em querer regulá-los.

Durante meio século a integração europeia foi uma resposta instintiva dos politicos para resolver os problemas enfrentados[3]. Em primeiro lugar, o final da Segunda Grande Guerra acarretou o descrédito do nacionalismo, em nome de uma perspectiva integracionista, importada dos

---

[*] A afirmação é de EICHENGREEN, BARRY (2007), pág. 422.
[1] EICHENGREEN, BARRY (2007), pág. 423.
[2] PADOA SCHIOPPA, TOMMASO (1987).
[3] Seguimos de perto EICHENGREEN, BARRY (2007), págs. 422 e seguintes.

EUA. Desta forma, a Comunidade Europeia do Carvão e do Aço (CECA) surge para que a Alemanha recupere os máximos de produção de carvão e aço. Por seu lado, o Mercado Comum encorajou países como a França para capitalizar as oportunidades para estratégias de crescimento e orientadas para a exportação.

Na vertente monetária, a queda do sistema de Bretton Woods, implicou a (re)criação do Sistema Monetário Europeu, cuja origem deveria estar na base de um sistema de trocas num espaço comum competitivo e transparente, que culminou no processo de criação e implementação do Euro como moeda única.

Todo este processo de aproximações e recuos tem estado associado a um grave problema de autoridade e falta de legitimidade europeia – é por isso que tem sido difícil a UE ser um agente de mudança social, quando esta mudança implica uma mudança de convenções sócio-económicas e valores sociais há muito assumidos. Mas este longo processo de cinquenta anos não fez desaparecer nem a ideia de estado social, nem a coerente partilha do poder pelos democratas cristãos e sociais-democratas.

Portugal entra neste processo num comboio já em andamento. Durante os primeiros anos (1986 e 1992) viveu um processo de aproximação e de convergência[4] ao mesmo tempo compensador e exigente[5]. Essa transformação implicou, entre outras[6], as melhorias na qualidade de governação, o investimento em infra-estruturas e em capital humano, a transformação das exportações e a ampliação do investimento estrangeiro. Afinal "a entrada nas Comunidades selava o fim de um longo período de abertura económica do país, que estava, finalmente, em condições de se adaptar à nova concorrência da Europa e do resto do mundo"[7]. Embora tenhamos assistido "a uma série de transformações sociais, económicas e políticas que dificilmente se podem dissociar da entrada nas Comunidade"[8], a "partir de 1992 começou a marcar passo"[9]. Na verdade, "o rendimento médio e a produtividade do trabalho e do capital passa-

[4] MACEDO, JORGE BRAGA DE (1992).
[5] MINISTÉRIO DAS FINANÇAS (1990), MINISTÉRIO DAS FINANÇAS (1992).
[6] Seguindo de perto LAINS, Pedro (2009), pág. 19.
[7] LAINS, Pedro (2009), pág. 19.
[8] LAINS, Pedro (2009), pág. 19.
[9] LAINS, Pedro (2009), pág. 20.

ram a crescer a ritmos mais lentos, não permitindo que Portugal se aproximasse dos níveis médios europeus"[10].

Ademais, a partir de 1999 a adesão ao Euro e a fixação irrevogável da taxa de câmbio, implicou a perda de "um mecanismo de correcção de potenciais desequilíbrios externos, bem como a possibilidade de utilizar a política monetária para debelar os efeitos negativos de choques que afectassem a economia portuguesa"[11], tendo sido este instrumento de grande relevância nas décadas de 70 e 80 do século passado[12].

Em 25 anos assistiu-se a grandes mudanças na sociedade portuguesa[13], num quadro europeu comum de concorrência e regulação uniforme e harmonizado. Contudo, e como já vimos sumariamente, o processo de aprofundamento europeu tem implicado a cedência, por vezes incondicional, de poderes soberanos e nacionais, como seja o poder monetário e as múltiplas vertentes do poder financeiro e orçamental.

Na verdade, a crença (cega) no monetarismo[14] e nos automatismos próprios da cartilhas liberais têm criado vagas de fundo dos mercado e exponenciado as *expectativas racionais* em efeitos de antecipação avassaladores e irremediáveis (como o Efeito de Édipo).

Em 2005, Franz Münterfering, secretário-geral do SPD[15], vice-chanceler e ministro do trabalho do governo alemão, disse, a propósito dos *hedge funds*[16], que as vagas de especulação dos mercados são como "pragas de gafanhotos que caem em empresas e que as despem seguindo em frente"[17]. Essas vagas de especulação evidenciam a necessidade de um novo paradigma, um paradigma que respeite simultaneamente a iniciativa

---

[10] LAINS, Pedro (2009), pág. 20.

[11] AGUIAR-CONRARIA, Luís, ALEXANDRE, FERNANDO, PINHO, MANUEL CORREIA DE (2010), pág. 3.

[12] A coincidência temporal entre o período de participação na UEM e o fraco desempenho económico da economia portuguesa tem suscitado o interesse pela investigação da relação entre aqueles dois factos. Sobre o assunto consultar AGUIAR-CONRARIA, LUÍS, ALEXANDRE, FERNANDO, PINHO, MANUEL CORREIA DE (2010).

[13] AMARAL, LUCIANO (2010).

[14] MCNAMARA, KATHLEEN R. (1998).

[15] *Sozialdemokratische Partei Deutschland.*

[16] Um *hedge fund* é um fundo de investimento privado que resulta da aplicação em vários activos de forma a proteger o investidor dos ciclos recessivos (*downturns*) próprios do mercado e a manter a maximização dos ganhos nas fases de expansão (*upswings*).

[17] Ver *Financial Times*, notícia de 2 de Maio de 2005, disponível em http://www.ft.com/, link da notícia de PATRICK JENKINS, "German business alarmed as SPD chairman Münterfering denounces capitalist 'locust list'", May 2 2005 03:00.

privada e a necessidade de medidas orçamentais compensatórias, activas e funcionais.

Os desafios dos próximos anos são muito exigentes[18]. Referimo-nos, em concreto, ao envelhecimento da população e à consequente a obtenção dos recursos tendo em vista o suporte dos respectivos encargos. Estes novos desafios pressupõem que a solidariedade intergeracional e a restrição orçamental dos Estados sejam repensados numa lógica de refundação das motivações económicas (endógenas e exógenas) e das instituições (como o Orçamento) que as garantem e estabilizam, prevenindo e combatendo as "pragas" dos mercados.

Esta refundação passa pelo respeito integral da *liberdade de organização social* que Agostinho da Silva[19] tanto falou, sendo que "para o bom governante, cada cidadão não é uma cabeça de rebanho; é como que o aluno de uma escola de humanidade: tem de se educar para o melhor dos regimes, através dos regimes possíveis". Concluindo, a Europa não é a sociedade perfeita... é apenas um regime possível.

Bibliografia consultada:

ALMEIDA, VANDA, CASTRO, GABRIELA e FÉLIX, RICARDO M. (2009), "A economia portuguesa no contexto europeu: estrutura, choques e política", in BANCO DE PORTUGAL, *A Economia Portuguesa no Contexto da Integração Económica, Financeira e Monetária*, Lisboa: Banco de Portugal.

AMARAL, LUCIANO (2010), *Economia Portuguesa, As Últimas Décadas*, Lisboa: Fundação Francisco Manuel dos Santos.

AGUIAR-CONRARIA, LUÍS, ALEXANDRE, FERNANDO, PINHO, MANUEL CORREIA DE (2010), *O euro e o crescimento da economia portuguesa: uma análise contrafactual*, paper disponível em http://www3.eeg.uminho.pt/.

EICHENGREEN, BARRY (2007), *The European Economy since 1945*, Princeton: Princeton University Press.

LAINS, PEDRO (2009), "Introdução", in *Sem Fronteiras – os novos horizontes da economia portuguesa*, Lisboa: Instituto de Ciências Sociais, Universidade de Lisboa.

MACEDO, JORGE BRAGA DE (1992), "Convergência na economia europeia: o contributo português", in *Análise Social*, vol. XXVII, págs. 623-654.

---

[18] SOUSA, ALFREDO (1993).
[19] SILVA, AGOSTINHO DA (1999).

McNamara, Kathleen R. (1998), The Currency of Ideas: Monetary Politics in the European Union, Ithaca: Cornell University Press.

Ministério das Finanças (1990), *Quantum-Quadro de Ajustamento Nacional para a Transição para a União Económica e Monetária*, Lisboa: Ministério das Finanças.

Ministério das Finanças (1992), *Portugal do Q1 ao P2: Estratégia sustentada de mudança do regime económico*, Lisboa: Ministério das Finanças.

Moravcsik, Andrew (1998), *The Choice for Europe: Social Purpose and States Power from Messina to Maastricht*, London: UCL Press.

Padoa Schioppa, Tommaso (1987), *Efficiency, Stability and Equity: A strategy for the evolution of the economic system of the European Community*, Oxford: Oxford University Press.

Silva, Agostinho da (1999), *Textos e Ensaios Filosóficos*, Lisboa: Âncora, Círculo de Leitores.

Sousa, Alfredo (1993), "A difícil Europa", in *Análise Social*, vol. XXVIII, págs. 733-741.

SOMOS EUROPEUS

ISABEL MARQUES DA SILVA

Somos europeus, porque ainda assim a geografia o determina, embora a distância a que nos encontramos de África seja mais próxima daquela a que nos encontramos de França.

Somos inequivocamente europeus porque comungamos do património cultural da europa, mais longínquo e mais recente, embora também aí sejamos sobretudo mediterrânicos.

Sermos europeus, também no plano económico e político, a partir da segunda metade dos anos 80, permitiu que deixássemos de ser tão pobres, que, por via dos fundos comunitários de que beneficiámos, comungássemos da riqueza das "nações civilizadas e polidas da europa", generosamente postos à disposição dos membros mais débeis tendo em vista a elevação dos patamares de desenvolvimento material e humano dos Estados membros mais carenciados. Criou-nos a convicção de não estarmos sós na tarefa de desenvolvimento económico e social do país e de elevação dos patamares culturais da nossa população.

Daí que não tenhamos querido ficar de fora quando a europa quis reforçar a integração através da criação da moeda única, cumprindo, como pudemos, os critérios de convergência nominal sem os quais não teríamos "passaporte de entrada". E sem remorsos quanto ao abandono do escudo, que sempre foi, aliás, "escudo débil", a lembrar que a economia real não comportava ainda um sinal monetário mais possante.

É bem compreensível que não tenhamos querido ficar de fora, embora, provavelmente, a prudência aconselhasse a "esperar para ver", como outros fizeram. Mas estamos geograficamente tão longe do centro que ficar de fora talvez nos parecesse ficar ainda mais longe, assumir uma debilidade de que aspiramos libertar-nos, voltar a estar outra vez um pouco mais sós.

Avançamos, pois, no "grupo da frente", crentes da boa figura que fazíamos, orgulhosos no nosso estatuto de "bons alunos", convictos de que integrando desde a primeira hora o grupo dos "mais europeus" o seríamos efectivamente, de que integrando o grupo dos mais fortes estaríamos necessariamente mais protegidos. Sem pôr em causa o modelo subjacente, antes aceitando-o como uma inevitabilidade, pois que a recusa, ou a dúvida sobre a respectiva idoneidade, teria como preço assumir a opção de ficar de fora.

A criação da moeda única não era, porém, nem uma fatalidade, nem necessariamente uma aspiração comum, antes um projecto político visando uma integração mais profunda e mais intensa, a caminho de um federalismo também político, que também se almejava, mesmo que não assumidamente por todos, com os olhos postos no outro lado do Atlântico.

O euro é uma criação artificial porque símbolo do que não é, e porque artificial não goza, por parte das "gentes" da europa, do apego que estas naturalmente devotam aos símbolos da sua identidade.

Poderá o euro sobreviver como moeda comum se a vontade política conseguir vencer as actuais circunstâncias adversas.

E se sobreviver, a manutenção de Portugal na zona euro, naquilo que dependa na nossa vontade, parece ser inevitável, sob pena de mais ainda se agravarem os problemas do endividamento do país e da economia portuguesa.

Se não sobreviver não deixaremos, porém, de ser europeus, como os espanhóis, os franceses, os alemães, os ingleses, os polacos, os checos o são também, estes últimos nunca tendo renunciado à sua moeda nacional.

O mais importante de sermos europeus não é, nem nunca foi, termos os preços dos bens e serviços expressos numa moeda comum.

É antes o reconhecermos como também nossos valores fundamentais – da dignidade da pessoa humana, das liberdades fundamentais, dos direitos económicos, sociais e culturais instrumentais relativamente à plena afirmação dessa dignidade –, as instituições políticas democráticas, as manifestações culturais e artísticas, a cultura da paz, assumidos pelos europeus como cimento de união entre povos civilizados.

É esse, para mim, o reduto fundamental da ideia de Europa.

E estou convicta que, nesse sentido, seremos sempre europeus, mesmo depois da crise e independentemente das transformações que no plano da integração económica e política ela venha a implicar.

O NOVO VELHO CONTINENTE*

JOÃO MIGUEL ASCENSO

A soberania não mata a fome
A soberania dos Estados não é um fim em si mesmo. Estamos em crer que o mais importante é escolher o modelo organizativo que melhor satisfaça os interesses dos cidadãos e aumente os níveis gerais de bem-estar de uma determinada população.

A falta de alterações conceptuais significativas dos modelos político-organizativos dos Estados europeus denotam uma imobilização na tradição constitucional europeia, o que possivelmente terá cristalizado o conceito de soberania, inviabilizando a adaptação às necessidades de coordenação supra-estadual.

O argumento que diz que determinada medida europeia resulta numa perda de soberania dos Estados-Membros, encarada como algo prejudicial, é-nos incompreensível. Essencial será verificar se certa competência pode ou não ser desempenhada com maior eficácia por uma estrutura supra-nacional e, por sua vez, permitir que essas instâncias decisórias tenham um maior grau de democraticidade e uma representatividade mais directa, contrariamente ao que acontece hoje em dia, em que as res-

---

* O presente texto resulta do convite que o Senhor Professor Doutor Eduardo Paz Ferreira me fez para participar neste projecto, convite que muito me honra e que aproveito a oportunidade para agradecer. Acrescente-se que foi sugerida uma reflexão sobre um conjunto de questões que orientaram a exposição.

postas dadas pela União são, na verdade, decisões de dois ou três governantes que nunca foram sujeitos a sufrágio em mais do que um país.

A Europa de amanhã ainda terá cafés

A Europa tem a virtude paradoxal de ter uma identidade cultural una na diversidade. É intuitivo que cada país, por um conjunto imenso de factores, tem uma identidade cultural própria, sendo que essas disparidades tendencialmente aumentam com a distância existente entre os povos. Temos a vantagem de a modernidade ser a diminuição de espaços.

Ainda assim, o passeio por uma qualquer grande cidade europeia, embora se consigam identificar as especificidades de cada local, deixa-nos sempre um sabor a... Europa. Estamos sempre numa *Europa dos cafés*[1], temos sempre uma História da Europa, uma Europa da Literatura, uma Europa da Música, uma Europa da Filosofia, uma Europa do cinema, do ensino, da arquitectura, uma Europa dos Impérios, da identidade ideológica, da identidade ético-moral, de um estilo de vida comum, da Democracia, das leis e dos Direitos Fundamentais.

É errado achar que o Império Romano foi só de Itália, que os Descobrimentos foram só de Portugal e Espanha, que a Revolução Industrial só ocorreu em Inglaterra, que a Revolução Francesa foi só de França, que a Filosofia Alemã só influenciou a Alemanha. São acontecimentos que ocorreram na Europa, para a Europa e da Europa para o mundo e que mostram que a Europa sempre andou a reboque dela própria.

A nossa idade dá-nos o privilégio de viver na geração das comunicações e de beneficiar de um conjunto de medidas que, embora nos pareçam pequenas, contribuem para o desenvolvimento material da Ideia de Europa, que nos está no ADN, e que é resultado de grandes decisões da União. Vivemos na geração dos Erasmus, dos voos *Low-cost*, da massificação dos bilhetes de inter-rail e das comunicações baratas, tudo porque crescemos com o espaço Schengen, porque nunca trabalhámos para receber em escudos, porque crescemos a *não ser só gregos ou atenienses*, mas também Cidadãos Europeus. Somos diferentes, mas o núcleo essencial é comum. Somos como que feitos da mesma terra que vai da foz do Tejo aos montes Urais.

---

[1] Nas palavras de George Steiner em a *Ideia de Europa*.

Ao mesmo tempo que os europeus partilham e vão construindo esta cultura comum[2] não deixam de valorizar as suas culturas e tradições nacionais, fazendo-o, provavelmente, com maior acuidade por se encontrarem num ambiente de diversidade cultural propício à partilha intercultural. A este propósito é curioso notar que na cena internacional, quer os governantes, quer os cidadãos de países *não europeus*, têm uma visão una da Europa[3].

O A.E. (Antes da Europa) e o D.E. (Depois da Europa)

Desde a entrada de Portugal na União Europeia assistiu-se a uma forte aceleração do crescimento económico nacional, como mostram os principais indicadores económicos[4]. Os fundos comunitários e a facilidade de crédito a custos reduzidos por parte do Estado português permitiu a realização de investimentos importantes que nos permitiram crescer e adaptarmo-nos a um modelo económico distinto, mais aberto, mais desenvolvido e globalizado, que contribuiu bastante para o desenvolvimento económico português.

Porém, estamos em crer que as principais vantagens económicas da entrada de Portugal na União Europeia não estão apenas nestas vias de financiamento, mas sim no próprio modelo e modo de funcionamento da União. Todos os passos importantes dados no sentido de aprofundar a integração acabaram por trazer mais-valias importantíssimas em termos económicos e sociais.

O trabalho do Tribunal de Justiça da União Europeia através da sua jurisprudência, por exemplo, foi essencial para a consagração das liber-

---

[2] Particularmente interessante é assistir a este fenómeno na literatura contemporânea, onde não existem propriamente correntes literárias *nacionalizadas*, mas sim autores que caminham na definição de uma cultura literária comum e agregadora, com traços distintos de outras matrizes continentais.

[3] Note-se que um cidadão *não europeu* não dirá que vai fazer uma viagem à Alemanha, dirá que vai viajar para a Europa, tal como o G20 recomenda que a *Europa* resolva os seus problemas, ao invés de pedir aos PIIGS que o façam. Compreender a forma como os outros nos olham é uma lição que Pirandello já nos tinha ensinado com o seu personagem Moscarda, mas que insistimos em não aprender. Trata-se de uma tendência interessante que demonstra as características congregadoras dos vários Estados-Membros, mas que, infelizmente, não temos a oportunidade de desenvolver no presente texto.

[4] Por exemplo, no que toca ao PIB português em 1975 este era equivalente a 19, 069 mil milhões de dólares, em 1985 era de $ 26, 725 mil milhões, em 1992 encontrava-se já nos $ 106, 041 mil milhões e em 2009 o PIB português era de $ 232,874 mil milhões – fonte: Banco Mundial.

dades fundamentais e permitiu que os Estados-Membros pudessem melhorar e desenvolver a sua economia, tornando-se mais competitivos. No mesmo sentido, o acordo Schengen, a criação da União Económica e Monetária e do mercado único, a aproximação de legislações e um controlo e discussão centralizado das principais medidas políticas com influência económico-social nos Estados-Membros permitiu e permite que a Europa tenha um desenvolvimento económico maior, mais sustentado e possa competir em bloco com as restantes economias mundiais.

Júpiter e Europa revisitados
A crise veio demonstrar com maior transparência as fragilidades do Euro e da União Económica e Monetária e as consequentes vantagens que um governo comum e centralizado teria, se dotado de mecanismos suficientes para dar resposta aos problemas de toda a União Europeia. Como outros, o Professor Paulo Pitta e Cunha desde cedo alertou para estas debilidades que se manifestaram quando a presente crise afectou os países europeus e, em momento posterior, quando faltaram os mecanismos para dar uma resposta capaz a estas dificuldades.

Ovídio conta-nos a forma como Júpiter, metamorfoseado de touro, levou Europa do chão firme para se perder para sempre no mar. A tendência proteccionista dos Estados perante a crise, atitude que sempre feriu o Velho Continente (quase de morte), bem como a inexistência de mecanismos da União para dar resposta aos seus problemas, fizeram com que a Europa quase se tivesse transportado a ela própria para se perder no mar[5].

Apesar de todos os avisos estas insuficiências acabaram por não ser eliminadas por medo de perda de soberania dos Estados, já que a maioria das soluções apontadas para superar tais problemas (e, consequentemente, a crise) resultam num aumento do nível de integração.

O Novo Velho Continente
Toda a realidade da União Europeia alterou positivamente hábitos dos Estados-Membros e dos cidadãos europeus, permitindo um desenvolvimento económico e social que de outra forma não teria sido alcançável.

---

[5] À data de elaboração do presente texto (Outubro de 2011) a Europa começa a dar os primeiros sinais de compreender a necessidade de iniciar um processo de revisão dos Tratados no sentido de criar mecanismos que eliminem as fragilidades da União Económica e Monetária, além das medidas já adoptadas na Cimeira de 26 de Outubro.

O mundo actual está dividido em grandes blocos e aglomerados económicos que competem entre si. Perante esta realidade, os Estados-Membros precisam urgentemente de ganhar escala – uma escala europeia – para que possam continuar com um desenvolvimento económico que permita que todos os cidadãos europeus usufruam, efectivamente, da ideologia de matriz europeia na qual a liberdade e a dignidade da pessoa humana desempenham um papel fundamental.

Qualquer abrandamento do ritmo de integração será prejudicial para os Estados-Membros e para os seus cidadãos, que dificilmente aceitarão de ânimo leve as vantagens que a vida em União lhes traz. Além do mais, qualquer recuo poderá gerar o desmembramento ou o acumular de tensões que podem levar, em último caso, ao resultado mais desastroso e à primeira razão de ser da União: a destruição da *Pax Europa*.

Somos, portanto, favoráveis a um modelo organizativo tendencialmente federalista em que as decisões *macro*, que devem idealmente ser tomadas no seio de um governo europeu, sejam, de facto, tomadas a essa escala, captando vantagens económicas, políticas e sociais. Ademais, conseguindo a Europa actuar em uníssono na cena internacional, terá mais força e um peso maior na política e economia mundial, contribuindo, assim, para um crescimento económico europeu e um aumento do bem-estar dos seus cidadãos.

É essencial que a Velha Europa tenha a capacidade de se renovar, de se reorganizar e remodelar, para que a Nova Europa possa conservar tudo o que o Velho Continente tem de melhor, nomeadamente no que toca às aquisições civilizacionais a nível cultural, social e político que definem o modelo do cidadão europeu.

CORAGEM E PRUDÊNCIA PARA SUPERAR A CRISE DA UE

JOÃO BOSCO MOTA AMARAL

Uma sombra de pessimismo e dúvida paira sobre o grande desígnio europeu corporizado pela UE. Estes são talvez os tempos mais difíceis até aqui vividos e não está sendo fácil sair da crise, que tem a face mais visível no domínio financeiro, mas é também económica, social e talvez sobretudo política.

De cimeira em cimeira vão-se esgotando remédios (ou serão remedeios ou, pior ainda, apenas remendos?) para a crise do euro decorrente da crise das dívidas soberanas de vários Estados-membros – e a verdade é que nunca parecem ser suficientes as soluções adoptadas. Por isso, a actividade dos especuladores prossegue infrene nos mercados e já não se sabe bem onde tudo isso irá parar...

Tem-se dito que a sobrevivência do euro exige uma maior articulação das políticas financeiras dos 17 países participantes na moeda única. Com a instituição do chamado Semestre Europeu – curioso eufemismo! – já se foi bastante longe na partilha de soberania em matéria orçamental. Julgo que será inevitável um futuro alinhamento no domínio tributário.

Está visto que a moeda única não funciona sem uma efectiva governação económica europeia. Ora, a moeda única é um bem inestimável para a afirmação europeia e, desde que respeitadas as suas regras próprias, para os países participantes e para as respectivas populações. É preciso manter e fortalecer o euro e Portugal tem o máximo interesse em permanecer na primeira divisão da construção europeia, sem o que se afundará numa periferização sem futuro.

Por outro lado, será preciso alargar os mecanismos de redistribuição de recursos financeiros dentro da União, sem o que a tendência já comprovada será para o enriquecimento do centro e a travagem, senão mesmo o empobrecimento da periferia. Com receitas próprias ou com maior participação dos orçamentos nacionais, o orçamento da União tem de crescer!

Daqui não parto para uma deriva federalista desenfreada, como se fosse a única solução, indiscutível, para a sobrevivência do projecto europeu.

A meu ver, não há condições objectivas para uma solução de tipo federal na organização da Europa Unida. A redução drástica da soberania nacional que daí decorreria não encontra apoio entre os cidadãos e as cidadãs dos países-membros.

Aos governantes e aos dirigentes políticos europeus é preciso assacar as culpas pelo alheamento popular face às questões europeias, bem evidenciado nas eleições para o Parlamento Europeu, nas quais a abstenção tem sido uma marca penosa mas significativa.

A percepção generalizada é que se pretende fazer a construção europeia nas costas do povo. Prova disso é que se tenda a afastá-lo dos mecanismos decisórios e se recorra a expedientes para evitar qualquer consulta popular directa sobre as grandes questões institucionais da União.

Ora, a construção europeia tem de ter uma forte e inquestionável base democrática sem o que fica refém da burocracia – cujo poder é já manifestamente excessivo e tem de ser combatido – e a prazo está condenada ao fracasso.

Sem embarcar em utopias federalistas é possível e mesmo muito necessário aperfeiçoar o funcionamento da UE, introduzindo-lhe um reforço de democraticidade.

É de retomar a proposta já antiga do Movimento Europeu – sintomaticamente desaparecido da cena... – de as candidaturas ao Parlamento Europeu apresentarem plataformas políticas claras de âmbito europeu, da responsabilidade dos partidos que a elas concorrem, hoje em dia organizados, os principais, no âmbito da União. Os candidatos a Presidente da Comissão Europeia deveriam também apresentar-se à frente das listas europeias das respectivas famílias políticas, resultando eleito aquele cujas listas recebessem o maior número de votos no conjunto dos Estados-membros da UE.

Furtar-se-ia assim a designação do Presidente da Comissão Europeia, principal guardião dos tratados e impulsionador da sua aplicação pela reserva de iniciativa legislativa do órgão a que preside, aos acordos de bastidores, como tem sido uso, daí resultando uma cooptação opaca dentro do grupo dos próprios líderes governamentais europeus.

Uma tal personalização daria um interesse e um dinamismo novo às eleições para o Parlamento Europeu, habitualmente olhadas distraidamente pelos cidadãos. E reforçaria naturalmente a legitimidade democrática deste órgão importantíssimo e de poder crescente, hoje enfraquecido pela óbvia falta de suporte popular na generalidade dos Estados-membros da UE.

O método comunitário tem de ser restaurado como o natural e próprio modo de funcionamento da União. O Tratado de Lisboa reequilibrou os poderes dentro da UE em benefício dos países grandes. Mas não autoriza o directório germano-francês nos termos que, infelizmente sem generalizada indignação, têm vindo a ser praticados. Não culpo desta situação a Chanceler alemã nem o Presidente francês, que muito naturalmente ocupam todo o espaço de poder disponível. Quem merece censura são os chefes de Estado e de Governo dos outros 15 países do euro e 25 países da União que aceitam passivamente a desconsideração dos respectivos estados e dos seus concidadãos, despromovidos a um papel secundário, quando o princípio fundador de toda a construção europeia foi e tem de continuar sendo a igual dignidade dos estados-membros, cuja soberania deve ser respeitada e não ofendida.

Onde está a articulação de interesses por aéreas geográficas, por dimensão dos países, por afinidades ideológicas dos respectivos governos? Porquê tanta passividade e até mesmo subserviência perante a arrogância dos grandes, como se se estivessem restabelecendo subrepticiamente relações de tipo feudal de suserania e de vassalagem?

Fala-se da falta de lideranças europeias como as de outrora, dos tempos fundacionais e dos grandes avanços qualitativos da integração. Tendo conduzido, por incompetência ou demagogia, os respectivos países à ruína, ou tendo recebido o governo de nações já anteriormente arruinadas, à roda da mesa do Conselho Europeu há quem não tenha poder nenhum, encontrando-se remetido à busca das boas graças e da condescendência dos poderosos, forçado a aceitar todas as exigências, mesmo as mais duras e até humilhantes. Que seja ao menos com a esperança de resgatar a soberania nacional da sua pátria, que as nações falidas na prática deixam de ser soberanas.

Fala-se também, cada vez mais abertamente da necessidade de rever o Tratado de Lisboa. Parece-me bem! É a altura de colmatar uma das suas lacunas mais gritantes, qual seja a participação dos Parlamentos Nacionais no funcionamento da UE.

O que consta do Tratado nesta matéria é insuficiente e até na prática inútil. O *alerta precoce* sobre subsidiariedade e proporcionalidade nas iniciativas legislativas da Comissão Europeia fica aquém do que é necessário e tende a cair em desuso. Ainda recentemente a comissão competente da Assembleia da República entendeu nem sequer se pronunciar sobre a proposta de revisão da política comum de pescas...

Uma participação eficaz no processo legislativo da UE exige articulação de posições entre os Parlamentos Nacionais e isso não se pode resumir a trocas de correio electrónico e partilhas de bases de dados. É preciso reuniões regulares dos responsáveis parlamentares, no âmbito de uma verdadeira Assembleia Inter-Parlamentar da União.

Além disso, importantes áreas de cooperação são mantidas – e deverão continuar a sê-lo! – no âmbito inter-governamental. Em tais matérias o Parlamento Europeu não tem competência própria de fiscalização democrática. Tal encargo deverá incumbir à Assembleia Inter-Parlamentar, formada por pequenas delegações de cada um dos Parlamentos Nacionais, cujos membros, em número igual para todos eles poderiam ser, prioritariamente, os presidentes (e talvez também os vice-presidentes, para assegurar o pluralismo partidário) das três ou quatro comissões competentes nas áreas da legislação e da cooperação intergovernamental, nomeadamente negócios estrangeiros e defesa.

A Conferência dos Presidentes dos Parlamentos da UE, já institucionalizada, poderia funcionar como órgão de cúpula da Assembleia Inter-Parlamentar. Três ou quatro reuniões plenárias anuais permitiriam o alargamento do diálogo e da cooperação entre os parlamentares e o controle democrático dos responsáveis, do Conselho e da Comissão, pelas matérias da cooperação inter-governamental.

E não se diga que a UE já tem muitos órgãos, que complicam o seu funcionamento e consomem amplos recursos financeiros. Este argumento nunca tem sido invocado para com os serviços burocráticos, que proliferam abundantemente, nem sempre com funções de evidente utilidade e em alguns casos duplicando mesmo o que já existe em outras instituições europeias de que os Estados-membros são parte (caso da Agência para os Direitos Humanos, matéria da competência do Conselho da Europa) ou no domínio reservado dos próprios Estados-membros (caso das "embaixadas" e dos "embaixadores" criados a esmo pelo mundo fora, com custos de funcionamento astronómicos).

O próprio Conselho da Europeu – e até as cimeiras germano-francesas... – instituem novos órgãos da UE quase de cada vez que reúnem e ninguém diz nada... Mas já quando se trata de reconhecer aos Parlamentos Nacionais o lugar a que têm direito, em nome e em defesa dos cidadãos que, legitima e democraticamente, representam a gritaria dos instalados é esmagadora.

Ora, a presença activa dos Parlamentos Nacionais no esquema orgânico e portanto no exercício do poder no âmbito da UE traz consigo um importante reforço da legitimidade democrática dela e torna-a mais próxima dos cidadãos e das cidadãs da Europa. Haverá quem tema isso mesmo? Pelo menos, parece!

Para restaurar a confiança no grande desígnio europeu, é preciso que a UE se concentre em dar resposta aos problemas que os cidadãos e as famílias e as empresas sentem, entre os quais avultam o desemprego e a insegurança, que no mundo globalizado em que vivemos carecem de uma resposta europeia.

Uma moratória deve ser definida quanto à aceitação de novas adesões. O alargamento a 27 não está ainda digerido e é de todo imprudente prosseguir em galopante cavalgada, ignorando os problemas daí advenientes. Os compromissos de cooperação estabelecidos com os países-candidatos têm de ser mantidos. E o diálogo com os que desejam aceder a tal estatuto também.

A União Europeia é um caso de sucesso, de ressonância histórica e mundial. Convém não o pôr em causa por meio de imprudentes acelerações de um processo em si mesmo melindroso. Respeitem-se os equilíbrios existentes e sobretudo trabalhe-se em prol de resultados visíveis para os povos da Europa, em termos de progresso justo, solidário e pacífico, aberto ao Mundo.

Lisboa, 2 de Novembro de 2011

CONFEDERAÇÃO, NÃO FEDERAÇÃO

JOÃO FERREIRA DO AMARAL

Três posições face à integração europeia
Não será porventura um excesso de simplismo arrumar as três atitudes
políticas face à integração europeia em três grandes grupos:

- o grupo daqueles que rejeitam qualquer integração e continuam a
  admitir que a soberania de um estado não deve ser limitada de forma
  generalizada por fazer parte de um espaço de integração, embora
  possa ser voluntariamente limitada pela pertença a alianças restrin-
  gidas a determinados domínios
- o grupo dos federalistas, que tem como objectivo último a criação de
  um estado federal europeu
- o grupo daqueles que consideram que a função das instituições
  comunitárias deve ser a de ajudar os Estados-membros a lidar com os
  problemas criados pela globalização e não a de substituir os estados
  em muitas das suas funções, como quer a posição federalista.

Claro que muitas posições intermédias são possíveis. Por exemplo,
existem aqueles que têm uma visão federalista mas falam de uma super
potência europeia em vez de um super *estado* europeu, ou os federalistas moderados que consideram que a federação europeia deve ser construída de forma gradual reforçando, passo a passo, a sua componente
federal.

Mas, apesar destas nuances os três grupos assim identificados parecem constituir uma classificação suficientemente abrangente das posições mais importantes.

Uma confusão que é feita muito frequentemente é a de considerar equivalentes os binómios federalismo-supranacionalismo por um lado e não-federalismo e inter-governamentalismo por outro.

Na verdade, o que é essencial no federalismo europeu é ser um centralismo[1], ou seja, uma organização que aponta para o estabelecimento de instituições em que decisões tomadas por órgãos centrais, sejam supranacionais sejam intergovernamentais, obrigam todos os Estados, mesmo que uma parte destes não esteja de acordo com essas decisões. O facto destas decisões poderem ser mais ou menos participadas por órgãos próprios de cada um dos Estados é irrelevante para esta questão. Mesmo que muito participadas, em última análise, prevalece a vontade da maioria dos estados, qualquer que seja a forma como se defina essa maioria.

Por isso, o federalismo é perfeitamente compatível com um processo de decisão inter-governamental. As experiências históricas federais apontam para que a representação dos estados federados se faça a nível parlamentar, mas nada há de contraditório em pensar que o próprio governo possa ser exercido por representantes dos Estados. Se essa organização tem condições para funcionar eficientemente é outra questão. Mas ela é perfeitamente possível.

Visão crítica do federalismo

Do meu ponto de vista, o evoluir do processo de globalização não permite a viabilidade da opção do primeiro grupo. Já hoje, como se verifica na garantia dos direitos humanos, os estados têm a sua soberania condicionada e o isolacionismo é cada vez menos praticável. É possível pensar num cenário de retrocesso da globalização, mas tal retrocesso não está neste momento no horizonte, sem prejuízo de poder, um dia, voltar a estar.

Por isso, as opções em relação ao futuro da União Europeia estabelecem-se em torno da opção federal e da opção do terceiro grupo, que designo por confederal.

---

[1] Naturalmente que o federalismo é um centralismo desde que se compare com um situação que seja, à partida, da existência de um conjunto de estados independentes, como é o caso europeu. Se a situação à partida fosse a de um estado unitário, o processo de federalização seria, pelo contrário, um processo descentralizador. Ver Amaral (2002) e também (2006) onde se discute e critica o princípio da subsidiariedade e o federalismo.

Considero indesejável a opção federal.

Em primeiro lugar, porque significará inevitavelmente um *downgrading* do estatuto dos Estados federados na comunidade internacional. Não gostaria que Portugal, como pioneiro que é da globalização, perdesse o seu lugar ímpar no concerto de Estados, justamente quando a globalização se acelera, reduzindo o seu estatuto a uma mera região pobre e periférica de um super estado europeu.

Em segundo lugar, porque foi a independência política que permitiu a persistência de uma nação e de uma cultura portuguesas, sediadas num espaço geográfico extremamente adverso e difícil. Uma perda de autonomia política implicaria uma redução dramática das oportunidades de crescimento económico e da própria população (não é exagero pensar que se poderia reduzir a menos de metade da actual) o que conduziria inevitavelmente a um definhar da nação portuguesa. Atente-se no que sucedeu ao nosso interior relativamente ao litoral para antever o que será o resultado da tendência imparável de polarização induzida por um fenómeno de integração económica e monetária se não houver uma autonomia política que se lhe oponha.

Mas há ainda outras razões para rejeitar o federalismo na Europa. A principal delas é que pura e simplesmente ele não é exequível quando se trata de federar Estados, histórias e culturas tão diferentes e tão ricas.

O federalismo implica que, mesmo em questões nucleares da vida dos povos, um estado federado aceite sacrifícios em nome do interesse maioritário dos outros. Tal só se consegue de forma sustentável (e mesmo assim, com dificuldade, como a guerra civil americana provou) quando se trata de um mesmo povo repartido por estados federados diversos. Nada disto existe na Europa. E quando os mais assanhados federalistas verberam o que chamam os egoísmos nacionais, a minha atitude é perguntar: e então, qual é o problema? Por mim gostaria que as autoridades portuguesas defendessem os interesses portugueses com muito mais empenhamento do que têm feito desde a nossa adesão. É certo que, a maior parte das vezes, defender inteligentemente os interesses nacionais implica tomar em consideração os interesses dos outros, mesmo que no imediato tal pareça ir ao arrepio dos nossos próprios interesses. Esta é uma questão de avaliação caso a caso. Em última análise, o que está sempre em causa é a defesa dos interesses nacionais.

Apelidar de egoísmo nacional a defesa de interesses nacionais seja na Europa, seja em qualquer parte do mundo é dar corda à utopia e viver num mundo que não é o nosso. Daí que o federalismo como todas as utopias se possa transformar num perigo para as relações entre os Estados. Foi o que do meu ponto de vista sucedeu em relação à moeda única.

Antes, porém de abordarmos esta questão particular convém referir um pouco mais sobre o que chamei a opção confederal, a que adiro.

Esta posição parte da constatação que existe alguma confusão quando se fala dos interesses comuns dos estados que os levam a integrar-se económica e politicamente. Na verdade, devemos fazer a distinção entre interesses comuns *colectivos* e interesses comuns *individuais*. Os primeiros resultam da vida de relação entre os Estados. Os segundos são aqueles que existem em cada estado e que são comuns apenas porque todos os estados os têm.

A posição confederal considera que os primeiros devem ser o objecto principal da integração e que nos respectivos domínios o processo de decisão deve ser tal que as respectivas decisões prevaleçam sobre os Estados. Estes domínios são principalmente os que se relacionam com a necessidade de evitar que um estado possa prejudicar outro ou outros de forma ilegítima. A segurança, as limitações de emissões de CO_2 para a atmosfera, a regulação financeira são exemplos deste tipo de interesses[2].

A integração europeia deve ter como prioridade lidar com os interesses comuns colectivos (não invadindo, a não ser de forma facultativa, os domínios dos interesses comuns individuais) a dois níveis:

- por um lado, contribuindo para que, a nível mundial, estes domínios sejam objecto de regulação;
- por outro lado, a nível interno europeu, providenciando um quadro que permita aos estados membros prosseguir as suas funções, sem que sejam irremediavelmente condicionados pelas consequências da interdependência entre as regiões do mundo resultante da globalização.

Por isso dizia acima que o entendimento da posição confederal é que a integração deve ter como objectivo ajudar os Estados a lidar com a globalização e não substituir os Estados. Podemos então abordar agora a questão da moeda única.

---

[2] São basicamente domínios próximos daqueles que os economistas chamam de produção de bens públicos e de criação de externalidades, embora os conceitos não sejam inteiramente coincidentes.

A moeda única: o choque das visões federal e confederal

A questão monetária é porventura o exemplo mais importante (mas não o único) de confronto entre as visões federal e confederal da integração europeia[3].

O problema que justificou a integração monetária existia efectivamente. Desde a realização do mercado interno, que impôs a liberalização dos movimentos de capitais, que a especulação monetária era de tal ordem que o então Sistema Monetário Europeu entrou em crise perturbando o normal funcionamento das economias europeias.

Havia, à partida, duas soluções para o problema:

– a solução federal, que propunha a substituição dos Estados pelas instituições europeias no domínio monetário, criando uma moeda única e um Banco Central Europeu responsável pela emissão monetária e pela política monetária

– a solução confederal, que partia da manutenção das moedas nacionais, de modo a permitir a cada Estado estabilizar a sua economia e dar-lhe condições de crescimento. Moedas apoiadas pela criação de um instituição europeia de grande poder de intervenção nos mercados, a qual, no interesse de todos, estabilizasse o Sistema Monetário Europeu; ou seja, um sistema que ajudaria os Estados-membros a lidar com a instabilidade decorrente da globalização financeira.

Optou-se pela solução ou pseudo-solução federal. E o fracasso do euro (que do meu ponto de vista é indesmentível) é um exemplo do que nos esperaria se avançássemos para soluções federais na Europa. Mais absurdo ainda é pensar que soluções federais iriam eliminar as disfunções do euro quando, na verdade só as iriam agravar, aumentando ainda mais o fosso entre regiões centrais e periféricas da Europa..

Em minha opinião, a integração europeia só sobreviverá se todos – mas todos – os Estados-membros se sentirem bem dentro do espaço comunitário. Tal nunca poderá suceder com soluções federais.

Por isso, há boas razões para crer que a integração europeia ou avança por um caminho confederal ou se destrói a si própria.

---

[3] Um outro é o da segurança e a diferença de visões entre um exército europeu (visão federal) e uma aliança militar (visão confederal).

JOÃO FERREIRA DO AMARAL

Referências

AMARAL (2002); *Contra o Centralismo Europeu – Um Manifesto Autonomista.* Grifo. Lisboa

(2006); *União Europeia: o Pós federalismo.* Boletim de Ciências Económicas. Faculdade de Direito de Coimbra.

"OH WHAT A TANGLED WEB WE WEAVE..."
ALGUMAS REFLEXÕES SOBRE A INTEGRAÇÃO MONETÁRIA
EUROPEIA E O FUTURO DA UNIÃO

JOÃO PATEIRA FERREIRA

A ocasião dos 25 anos da adesão de Portugal às Comunidades Económicas Europeias e da fundação do Instituto Europeu da Faculdade de Direito da Universidade de Lisboa oferece a melhor oportunidade para reflectir sobre o que foi o percurso da Comunidade (agora União) Europeia, e de Portugal, nestes últimos 25 anos de integração. É precisamente quando nos confrontamos com o aparente esboroar das noções de solidariedade europeia e do projecto de integração económica fundada na necessidade de melhorar o bem-estar material dos povos europeus saídos da destruição da guerra de 1939-1945 que se torna necessário discutir a razão de ser do projecto europeu e a sobrevivência daquela que será a sua dimensão mais visível e próxima dos cidadãos – a moeda única.

A unificação monetária europeia constituiu uma transformação estrutural do processo de integração europeia: a substituição das moedas nacionais de um conjunto de Estados soberanos por uma moeda única foi uma escolha política, ainda que revestida das vestes funcionalistas que

JOÃO PATEIRA FERREIRA

haviam justificado os passos prévios da integração. Mas marcou também uma alteração profunda na natureza da integração, já que a união monetária foi acompanhada pela criação da União Europeia, uma estrutura híbrida assente em *pilares* com graus diferenciados de integração, que formalizou uma construção europeia a várias velocidades e reforçou a vertente intergovernamental, em detrimento do *método comunitário* que, para o bem e para o mal, havia definido o sucesso das etapas anteriores; não por acaso, as últimas duas décadas da integração têm sido marcadas por uma intervenção cada vez mais intensa das estruturas intergovernamentais da União (o Conselho Europeu e o Conselho de Ministros, e dentro destas, dos Estados com maior peso político), em prejuízo de uma Comissão Europeia enfraquecida no seu papel de "Guardiã dos Tratados".

Se isto seria inevitável face ao alargamento do *interesse europeu* em relação a matérias fora do domínio estritamente económico, como sejam os assuntos de Justiça, Política Externa e Defesa, e do debate em torno do défice de legitimidade democrática da integração, não é menos certo que o intergovernamentalismo tende a revelar o peso relativo de cada Estado e a sua capacidade de influência, em detrimento da salvaguarda do interesse comum e de uma *certa ideia de Europa* que esteve presente no Tratado fundador e que, em boa medida, subsistiu até aos actos preparatórios do Tratado de Maastricht, onde a Comissão, presidida por Jacques Delors, desempenhou ainda um papel essencial[1].

Porque as questões suscitadas neste aniversário poderiam facilmente permitir uma divagação por diversas matérias, com claro prejuízo para as conclusões a que eu pretendesse chegar, procurarei concentrar o meu contributo para esta reflexão colectiva em torno das seguintes questões: *A UEM foi um passo lógico ou necessário na integração europeia? A forma como a UEM foi concebida era adequada aos objectivos pretendidos? O euro irá sobreviver à crise actual?*

Antes de mais, sou da opinião que a UEM foi um passo lógico e necessário no contexto da integração europeia no final da década de 1980, o que justifico por duas ordens de razões.

Em primeiro lugar, a UEM foi essencialmente um projecto político no quadro dos objectivos mais amplos da própria integração económica.

---

[1] Tendo sido Delors o responsável pelo *Comité para o estudo da União Económica e Monetária* que viria a apresentar o *Relatório sobre a União Económica e Monetária*, de 1989 (o "Relatório Delors"), no qual se fundará a decisão de criar a UEM.

Se regressarmos ao início da reconstrução económica, política e social do continente europeu, entre as décadas de 1940-1950, a discussão em torno dos "Estados Unidos da Europa" servia dois propósitos: garantir que o continente não regressaria ao anterior estado semipermanente de conflito militar, e assegurar uma barreira de estabilidade política, económica e social perante a consolidação do bloco soviético a leste.

Meros cinco anos após o fim das hostilidades militares no continente europeu, a "Declaração Schuman", de 9 de Maio de 1950, lança as bases do que será o objectivo da integração – a paz – e o seu instrumento – a criação de uma *solidariedade de facto*, assente na organização e gestão comum de domínios económicos fundamentais (a começar pelo carvão e o aço), garantindo com o progressivo alastramento da integração económica e do *método comunitário* com o Tratado de Roma, de 1957, a sua permanência e irreversibilidade[2]. Finalmente, o aprofundamento da integração económica foi também uma resposta a um certo impasse, quando não retrocesso, da integração nos domínios político e militar[3], acabando por se revelar o melhor instrumento para garantir a paz no continente[4]; daí que, desde bem cedo na integração, a cooperação monetária fosse considerada fundamental para garantir a consolidação da integração dos mercados europeus.

Ainda no âmbito da justificação política da UEM, o contexto internacional impôs igualmente o aprofundamento da integração: o colapso da Europa de Leste comunista, no final da década de 1980, e o fim da divisão da Alemanha, devem ser considerados também contributos políticos fundamentais para a aceleração do processo de integração monetá-

---

[2] E não só. Um dos principais instrumentos da integração económica europeia foi o desenvolvimento de uma ordem jurídica própria, consolidada em torno de princípios próprios e auto-referenciais, como o *primado do Direito da União* e a sua aplicabilidade e efeito directo, para o que foi indispensável o trabalho desenvolvido, desde os primeiros anos, pelo Tribunal de Justiça.

[3] Recorde -se o projecto da "Comunidade Europeia de Defesa", proposto em 1950 pela França, ou a "Comunidade Política Europeia", que se lhe seguiu; bem mais recentemente, o processo de ratificação do "Tratado Constitucional" demonstrou como os receios de uma maior integração política (embora neste último caso mais simbólica do que efectiva) permanecem ainda um obstáculo ao alastramento da integração para domínios não económicos.

[4] Mas também a razão de ser de muitas das perplexidades actuais da integração, em especial pelo esvaziamento progressivo das esferas nacionais de decisão, democraticamente legitimadas, em favor de centros de decisão cada vez mais remotos. Cf. Giandomenico Majone, *Dilemmas of European Integration – The Ambiguities and Pitfalls of Integration by Stealth*, Oxford University Press, 2009.

JOÃO PATEIRA FERREIRA

ria, como forma de "vincular" irreversivelmente a Alemanha ao processo de integração europeu, preocupação particularmente forte para a França, que via com alguma preocupação a possível recuperação de uma "zona de influência" alemã no centro e leste europeu que esfriasse o envolvimento germânico na integração.

Em segundo lugar, a UEM apresentava também um *rationale* económico forte. Como Tommaso Padoa-Schioppa argumentaria em 1982, adaptando uma regra das relações monetárias internacionais ao contexto da integração europeia, o aprofundamento da cooperação monetária, no sentido da criação de uma política monetária única, era necessário para assegurar a *consistência* do funcionamento do mercado interno, uma vez que a liberalização das trocas comerciais, primeiro, e a liberalização dos movimentos de capitais no espaço comunitário, impunham uma progressiva fixação das taxas de câmbio entre os diversos Estados-membros, o que contrariava a manutenção de políticas monetárias soberanas. Tratava-se de garantir que os custos de transacção e as diferenças cambiais entre os diversos Estados não serviriam de "barreira monetária" às liberdades económicas garantidas pelo Tratado[5], o que vinha sendo a pedra-de-toque das várias propostas de maior cooperação no domínio monetário, pelo menos desde o Relatório Barre de 1969. Finalmente (e aqui entramos no domínio da justificação "interna" da cedência de soberania monetária), tratava-se também de assegurar que o mercado interno pudesse ter uma política monetária definida tendo em conta objectivos e interesses comuns, por contraposição ao Sistema Monetário Europeu, que derivara essencialmente para uma "zona *deutsche mark*".

Questão diferente da justificação da UEM é a de saber se a forma como esta foi concebida e implementada seria a mais adequada.

A UEM como a conhecemos é fruto das circunstâncias do tempo em que foi planeada, e dos diversos interesses nacionais e dogmas económicos da sua época. Podemos encontrar o ponto de partida conceptual na definição de Mundell de *zona monetária óptima*, "recuperada" nos anos de 1980 e 1990 e pensada para definir os parâmetros que permitiriam a existência de uma moeda única para dois espaços económicos distintos (na hipótese de Mundell, os Estados Unidos e o Canadá): mesmo com a libe-

---

[5] Sendo certo que os mecanismos cambiais então existentes (o Mecanismo de Taxas de Câmbio, MTC I), por via da flexibilização das margens de variação na sequência da crise de Setembro de 1992, envolvendo a libra inglesa e a lira italiana, acabavam por representar limites pouco estreitos às políticas monetárias nacionais.

ralização das trocas e o progresso na liberalização da circulação de capitais (mais tardia), eram evidentes as diferenças económicas e sociais nos diversos Estados que compunham a então CEE, o que haveria de condicionar o *método* da integração monetária, e o modelo de política monetária a seguir.

Quanto ao método, o Comité Delors foi incumbido de preparar um projecto de união monetária assente em soluções pragmáticas que permitissem a criação de uma moeda única no médio prazo; daí que a solução preconizasse a convergência nominal de agregados macroeconómicos (défice, dívida, taxa de juro e inflação), e não a convergência real das economias nacionais, o que implicaria não só um maior arrastamento temporal, como o reforço das transferências financeiras para um conjunto de Estados-membros ao abrigo de programas de coesão.

Já o modelo da política monetária da UEM seria essencialmente inspirado na política monetária adoptada na Alemanha no pós-guerra, onde confluíam o trauma da hiperinflacção da década de 1920, que contribuiu para a destruição do tecido económico e social da República de Weimar, com as consequências que são conhecidas, e a identificação do "milagre económico alemão" da reconstrução do pós-guerra com o marco alemão: a criação de um banco central independente do poder político, mandatado para prosseguir uma política monetária assente no objectivo da estabilidade de preços. Para a Alemanha, a aceitação da integração monetária não poderia implicar a adopção de uma política monetária *acomodatícia* ou politicamente manipulável que pusesse em causa os fundamentos da sua reconstrução económica.

Este modelo implicava também restrições em matéria de política orçamental, uma vez cristalizada a *constituição monetária* em torno da estabilidade de preços, já que a existência de uma política monetária única poderia não ser consistente com a manutenção de políticas orçamentais nacionais independentes[6]: é assim que surge, logo no Tratado de Maastricht, a supervisão multilateral das políticas económicas nacionais e o *procedimento por défices excessivos*, pensado para a terceira fase da UEM, e o *Pacto de Estabilidade e Crescimento*, proposto em 1996 pelo Ministro das Finanças alemão Theo Waigel, como um *compromisso reforçado de estabilidade* entre os Estados que aderissem à união monetária.

---

[6] O que era evidenciado no estudo de Alexandre Lamfalussy, *Macro-coordination of fiscal policies in an Economic and Monetary Union in Europe*, anexo ao Relatório Delors.

JOÃO PATEIRA FERREIRA

Assim, fosse pela necessidade de um processo de integração monetária expedito, fosse por algum voluntarismo quando à expectativa de equilíbrio futuro das diferentes necessidades económicas e monetárias dentro do mercado interno, a UEM revelou-se um projecto desequilibrado e incompleto: em desequilíbrio, porque conjugava uma integração positiva (a unificação monetária), com mecanismos passivos de coordenação das políticas económicas e financeiras; incompleto, porque o reconhecimento das diferenças económicas substanciais entre os diversos Estados que iriam aderir à UEM imporia o reforço dos meios financeiros ao dispor da União para salvaguardar eventuais desequilíbrios internos, à semelhança dos mecanismos de solidariedade financeira que se encontram na generalidades das federações, designadamente na federação alemã e italiana, ou de mecanismos de transferência orçamental com função estabilizadora, na acepção de Musgrave.

Finalmente, desde a fase da convergência nominal, verificou-se uma excessiva acomodação perante o incumprimento e a adopção de políticas insustentáveis a prazo: a opção por indicadores nominais de convergência e um certo voluntarismo quanto à natureza "inclusiva" da integração monetária, traduziram-se, numa primeira fase, na multiplicação de fenómenos de "contabilidade criativa", na admissão de Estados com dívidas públicas muito superiores ao limite de 60 % do PIB previsto no Tratado (casos da Bélgica e de Itália, então com dívidas públicas superiores ao seu PIB anual) ou de Estados com graus de desenvolvimento económico e capacidade competitiva muito distintas entre si, e numa segunda fase, no incumprimento das regras fixadas no Tratado e no Pacto de Estabilidade, desde logo pela França e pela Alemanha, o que apenas teve como consequência uma suavização dessas mesmas regras, a partir da revisão do PEC em 2005.

Embora não tenha aqui a possibilidade de discutir em detalhe a razoabilidade deste modelo, assente na conjugação das políticas monetária e orçamental através de regras rígidas – e que é ainda tributária de um certo consenso académico da década de 1980 em torno da redefinição das funções do Estado, da limitação da sua capacidade de intervenção na economia, e da importância das *fiscal rules* – o facto é que tanto na natureza destas regras, como na sua deficiente aplicação, encontramos os incentivos ao incumprimento e à adopção de políticas económicas incompatíveis com a manutenção de uma união monetária assente nas noções de estabilidade de preços, de independência da autoridade monetária central e de inexistência de um *"prestamista de última instância"*.

ALGUMAS REFLEXÕES SOBRE A INTEGRAÇÃO MONETÁRIA EUROPEIA E O FUTURO DA UNIÃO

Pelo que será nas opções iniciais em matéria de política monetária que encontramos a origem dos actuais problemas da UEM: a convergência em torno de critérios nominais, a desconsideração dos indicadores mais relevantes da sustentabilidade das políticas financeiras nacionais (em especial, da dívida pública), a aplicação pouco rigorosa das regras de disciplina orçamental e a inexistência de mecanismos de solidariedade financeira, criaram um ambiente propício a que diversos Estados-membros aproveitassem a *boleia* do baixo custo do dinheiro, proporcionado pela estabilidade monetária, para assumir um conjunto de políticas de investimento e incentivo ao consumo que não tiveram correspondência na aproximação dos níveis de competitividade, criando assim um conjunto de desequilíbrios graves dentro da união; isto porque a adesão à união monetária pode ter criado a ilusão do "fim" da balança de pagamentos, mas limitou-se a substituir essa restrição externa, de verificação mais imediata, por uma outra, que depende da avaliação da capacidade total de endividamento da economia, e que por isso mesmo só se torna evidente quando já é demasiado tarde[7]. Assim, o *risco moral* que se pretendeu evitar pela imposição de regras de estabilidade monetária e financeira acabou por se concretizar pela deficiente fiscalização e supervisão dessas mesmas regras, e pela incompreensão das consequências do incumprimento.

Aqui chegados, importa saber se haverá uma saída para este enredo, ou se nos devemos sentar e contar "histórias tristes sobre a morte de reis"[8]?

Creio que o problema essencial é de natureza *constitucional*, e respeita ao modelo de política monetária fixada em Maastricht. As actuais regras do Tratado sobre o Funcionamento da União Europeia impõem um paradoxo: os limites ao endividamento dizem apenas respeito à dívida pública, ou seja, do sector público de cada Estado, e não ao endividamento externo

---

[7] Embora não tenha sido por falta de aviso que os decisores políticos e os agentes económicos em geral caíram na "armadilha" do endividamento externo. Como referia Vítor Constâncio no seu discurso de tomada de posse como Governador do Banco de Portugal, em Fevereiro de 2000, a adesão à União Monetária implicaria uma alteração das condições de relacionamento externo da economia portuguesa, sendo certo que "[n]*inguém analisa a dimensão macro da balança externa do Mississípi ou de qualquer outra região de uma grande união monetária. Isto não significa que não exista uma restrição externa à economia. Simplesmente esta é o resultado da mera agregação da capacidade de endividamento dos vários agentes económicos. O limite depende essencialmente da capacidade de endividamento dos agentes internos (incluindo os bancos) perante o sistema financeiro da Zona Euro. Se e quando o endividamento for considerado excessivo, as despesas terão que ser contidas porque o sistema financeiro limitará o crédito*". Disponível em www.bportugal.pt.

[8] William Shakespeare, *The Life and Death of Richard the Second*, 3.º Acto, cena 2.

JOÃO PATEIRA FERREIRA

total, que constitui a tal restrição externa que substitui, para todos os efeitos, a balança de pagamentos num contexto de união monetária. Por outro lado, mesmo as regras relativas à dívida pública foram sempre alvo de uma aplicação suavizada, desde logo, pela inexistência de um *procedimento por endividamento excessivo* paralelo ao *procedimento por défices excessivos* previsto no PEC, e por regras de contabilização nem sempre claras ou estáveis. Assim, nada pode evitar que a economia de um Estado-membro seja colocada numa situação de limitação ou impossibilidade de acesso a financiamento, como nada pode evitar uma "insolvência soberana". Mas não existem quaisquer soluções institucionais que permitam à União intervir, seja através de instrumentos comunitários, seja pelo apoio dos restantes Estados, seja ainda pelo recurso à autoridade monetária (como sucede, por exemplo, com a Reserva Federal ou com o Banco de Inglaterra); pelo contrário, as normas da constituição monetária expressamente proíbem essa intervenção.

Assim, apenas uma alteração dessa constituição monetária poderá representar uma garantia duradoura da sustentabilidade da união monetária, o que poderá passar pela adopção da proposta avançada em 1999 por Willem Buiter, de alteração do mandato do BCE, assumindo este o dever de garantir a estabilidade financeira da união monetária[9]. Neste caso, a autoridade monetária central poderia intervir directamente como financiador de um Estado-membro que atingisse a restrição externa do endividamento. Todavia, o problema desta solução é, precisamente, pôr em causa a independência da autoridade monetária e a estabilidade dos preços, necessária ao bom funcionamento do mercado e ao controlo da inflação e elemento fundamental do "compromisso" de Maastricht. Como tal, esta alteração constitucional deveria ser complementada, no âmbito da união económica, por mecanismos de supervisão e coordenação reforçados das políticas orçamentais e, eventualmente, com a criação de instrumentos de intervenção directa nas finanças públicas nacionais em caso de necessidade de recurso ao financiamento do BCE, o que poderia servir de incentivo adicional ao cumprimento das regras de estabilidade. Finalmente, o Tratado deveria conter regras e mecanismos claros e transparentes para a gestão de uma secessão monetária, assegurando que essa

---

[9] E não apenas a estabilidade de preços. Cf. Willem H. Buiter, *Alice in Euroland*, CEPR Policy Paper n. 1, CEPR, Londres, 1999. Igualmente interessante, à luz dos eventos actuais, a resposta de Otmar Issing às propostas de Buiter, em *The Eurosystem: Transparent and Accountable, or 'Willem in Euroland'*, CEPR Policy Paper n. 2, Londres, 1999.

eventualidade não poria em causa a continuidade da união ou a sua estabilidade, garantindo a priori a "normalidade" do evento.

Concluo com uma reflexão final: se as soluções para actual crise da zona euro passarão necessariamente pelo reforço da integração, devemos todos ter consciência que esse aprofundamento poderá implicar um afastamento progressivo da natureza original da integração europeia, como resultava da Declaração de 1950, enquanto processo aberto a todos os que nele desejem participar: o reforço de regras de controlo ou intervenção central nas esferas de decisão nacional implicará um afastamento progressivo dos Estados que encaram com maior relutância a cedência (ou partilha acrescida) de soberania em prol de um centro de decisão com uma legitimidade democrática difusa, arriscando-nos a concretizar os receios de uma Europa definitivamente compartimentada por esferas de integração distintas.

Lisboa, entre Outubro e Novembro de 2011

MORALISMO, MORALIDADE
E EUROPEIZAÇÃO DA ECONOMIA POLÍTICA

JOÃO RODRIGUES

Em Portugal há um excesso de moralismo nos debates sobre a economia, em geral, e sobre as finanças públicas, privadas e internacionais, em particular. O Estado excessivamente gastador, que teria de se comportar como uma família em crise, as famílias que também viveriam acima das suas possibilidades ou um país que não saberia poupar são algumas das principais expressões de uma tendência para substituir a análise dos mecanismos económicos reais e dos seus efeitos ético-políticos por uma atribuição dos problemas económicos à fraqueza moral de indivíduos e colectivos incapazes de adequar o seu comportamento. Este moralismo deve ser entendido, em simultâneo, como um subproduto ideológico da forma concreta que a europeização da economia política nacional assumiu com o Euro e como um poderoso factor de legitimação das respostas de austeridade à crise gerada pela integração europeia. Este elemento estrutural está geralmente ausente do discurso moralista.

De facto, as necessariamente interdependentes dinâmicas de endividamento privado, público e externo não podem ser compreendidas fora do seu principal motor: a forma que a integração europeia assumiu em Maastricht e que culminou no Euro. Esta integração, crescentemente guiada pelas forças de mercado, juntou economias com grandes desníveis de desenvolvimento e de capacidade competitiva. Vários mecanismos e forças trabalharam então para a geração e consolidação de uma fractura: países do "Norte" com superávites permanentes na sua balança corrente a que tinham de corresponder, dadas as relações equilibradas com o exterior da Zona, países do "Sul" com défices estruturais. A integração monetária, com a desaparição do risco cambial e a liberalização financeira associada, favoreceu e alimentou o correspondente afluxo de capitais do "Norte" para o "Sul", sob a forma de financiamento essencialmente privado e intermediado pelos bancos. A crise financeira haveria de revelar os custos que as periferias europeias teriam de pagar por terem abdicado da capacidade de controlar as suas economias, assim imitando, em novos e mais intensos moldes, o padrão de que tantos países em vias de desenvolvimento já tinham sido vítimas: liberalização financeira, afluxos de capitais, bolhas especulativas oleadas pelo endividamento numa moeda que não se controla, constante sobreapreciação cambial, crise, problemas de financiamento e programas de ajustamento estrutural. Estes programas são típicos do fracassado "Consenso de Washington" e são impostos pelos credores, assentando numa intensa desvalorização dos activos e dos salários directos e indirectos das regiões da periferia, incluindo agora Portugal.

Estes programas são servidos por um discurso moralista sobre os maus alunos da integração. Um discurso cuja intensidade nacional é proporcional à perda de instrumentos políticos decentes para debelar a situação, o que certamente favoreceria um debate mais racional. De facto, esquece-se que, graças ao processo de integração, o país prescindiu de atributos centrais da sua soberania, como a moeda e a possibilidade de recorrer ao financiamento por parte do seu Banco Central, transferindo-os para um BCE muito menos escrutinado democraticamente e muito mais limitado pelas regras que o enquadram; perderam-se também instrumentos vitais de política orçamental, cambial ou industrial, até porque à escala da União não foram criados instrumentos adequados de compensação: moeda única sem orçamento, fiscalidade e dívida pública comuns, regras do mercado interno que impedem políticas industriais nacionais de protecção, liberdade dos capitais, que beneficiou em especial o capital financeiro e as fracções mais extrovertidas do capital industrial, que passaram a arbitrar entre distintos regimes sociais e laborais, favorecendo a sua erosão.

A triplicação da taxa de desemprego nos anos que já leva o Euro indica bem o fracasso da última fase da europeização da economia política nacio-

MORALISMO, MORALIDADE E EUROPEIZAÇÃO DA ECONOMIA POLÍTICA

nal. Ao contrário das restantes periferias, Portugal não assistiu à formação de bolhas significativas nos activos, que entretanto implodiram com a crise. O euro esteve associado a uma continuada estagnação até à crise iniciada em 2007-2008, tendo sido acompanhado de défices na balança corrente, de um crescente endividamento e de um círculo vicioso de problemas nas finanças públicas debelados à custa do crescimento. Uma situação de integração crescentemente dependente que muito se deveu à sobreapreciação do escudo anterior à adesão ao euro, à apreciação deste e ao perfil dos grupos económicos criados por processos de privatização levados longe demais e que também favoreceram um capitalismo financeiro, de centro comercial, de construção e de controlo de infra-estruturas e serviços de rede. São estes grupos económicos em dificuldades que pretendem participar no processo de captura privada dos serviços públicos rentáveis que agora se organiza com a austeridade.

Entretanto, num dos países mais desiguais da Europa, o que também implica taxas de pobreza elevadas, questões ignoradas por um discurso moralista que ofusca a fractura social, o apelo para que o Estado se comporte como uma família, ou seja, o apelo à austeridade, cava a recessão e aprofunda assimetrias. Cortar nos serviços públicos, no investimento e nos apoios sociais, e tudo nos arranjos deste euro mal concebido conspira para fazer com que isto agora aconteça, sobrecarrega as famílias com desemprego, quebras do salário directo e indirecto. Sabe-se que 40% das famílias tem dívidas aos bancos, em 80% para a compra de um bem essencial – a habitação. Pertencendo na sua maioria aos grupos relativamente mais desafogados, estas famílias, contrariamente ao discurso moralista dominante, pagam as suas dívidas a tempo e horas. Ou melhor, pagavam: a insolvência é uma palavra que se torna familiar, graças, uma vez mais, a esta austeridade permanente.

Sendo o défice público uma "variável endógena", para usar as palavras do Presidente da República, ou seja, essencialmente dependente do andamento da economia, não é garantido que esta estratégia consiga sequer corrigir o défice público. A prevista correcção do défice externo gerada pela austeridade e pela correspondente desvalorização social e salarial exprime a imoralidade de um arranjo europeu que tem no empobrecimento desigual um ineficaz mecanismos de ajustamento. Num momento de pensamento mágico, há quem compare este programa com os que o FMI patrocinou no nosso país nas décadas de setenta e oitenta, esquecendo-se que nessa altura o país dispunha de todos os instrumentos de política de um Estado soberano, incluindo a desvalorização cambial. Estes menorizam fortemente os custos destas políticas, permitem uma recuperação económica relativamente rápida e evitam a tentação, por parte das elites, para efectuar ajustamentos regressivos por via social e laboral.

Aqui chegados, entendemos melhor os objectivos do moralismo económico. Não se trata de criar as condições económicas para uma sociedade civilizada. Não se trata de criar as condições para uma sociedade que concilie pleno emprego, justiça social, o que implica a eliminação dos grandes obstáculos socioeconómicos ao florescimento humano, e amplas liberdades, que também passam por instituir freios e contrapesos políticos ao poder económico, em especial ao poder do capital financeiro. Esse é o objectivo da economia política e moral, entre outras, de uma tradição keynesiana que tem procurado identificar os mecanismos responsáveis pela actual crise e propor soluções de reforma.

Em relação à integração europeia, há muito que se vem identificando a inexistência de instituições políticas que estabilizem, enquadrem e limitem os mercados na escala relevante. Esta é uma das causas dos desequilíbrios gerados e de todas as falácias da composição: austeridades nacionais apresentadas como racionais e que geram resultados europeus irracionais. A alternativa a uma crise prolongada e ao regresso a formas mais robustas de soberania nacional, com o fim do Euro perfilhar-se como a alternativa cada vez consistente, é começar a preparar a superação da pesada herança de Maastricht, fechando o parêntesis moralista que esta também gerou. Isto tem de passar pela adopção de uma "proposta modesta" de combate à crise com três dimensões. Em primeiro lugar, a instituição de um verdadeiro Banco Central que possa funcionar como credor de última instância, garantindo a emissão de euro-obrigações e o financiamento dos Estados. Em segundo lugar, o reforço da esfera de actuação do Banco Europeu de Investimento, que deve agir como promotor de uma recuperação coordenada do investimento criador de emprego à escala continental: um verdadeiro New Deal europeu que instituiria um mecanismo decente de reciclagem dos excedentes. Em terceiro lugar, a organização da recapitalização dos bancos, com incremento do controlo político de um dos bens públicos de qualquer economia: o crédito e a sua direcção. A isto somar-se-ia uma atitude mais pragmática face às rígidas regras do mercado interno, flexibilizando-as para que os Estados que ainda precisam de uma política industrial de transformação estrutural mais robusta a possam adoptar, e a promoção europeia de uma "desglobalização" ponderada, que supere as narrativas e práticas globalistas mais radicais através de controlos de capitais e de um proteccionismo selectivo, social e ecologicamente orientado.[1] Estas ideias são necessárias para robustecer as democracias ameaçadas pelas consequências políticas autoritárias que o moralismo está a gerar. As ideias têm consequências, já que, como dizia Keynes, em última instância o mundo é governado por pouco mais.

---

[1] Sobre esta ideias ver, respectivamente: Yannis Varoufakis e Stuart Holland, "A Modest Proposal for Overcoming the Euro Crisis", *Levy Economics Institute Policy Note*, nº 3, 2011; Yannis Varoufakis, The Global Minotaur, Londres, Zed Books, 2011; Jacques Sapir, *La Démondialisation*, Paris, Seuil, 2010.

PORTUGAL, A CRISE DO EURO E O PROJECTO EUROPEU

JOAQUIM BASTOS E SILVA

Identidade Europeia e União Fiscal

Em 30 de Outubro de 1990, num discurso proferido no Parlamento Inglês, Margaret Thatcher referiu-se ao projecto da moeda única que tinha sido apresentado por Jacques Delors, no Conselho Europeu de Roma em 27/28 de Outubro, no âmbito da União Económica e Monetária, como "uma Europa federal pela porta das traseiras".

A expressão é adequada na medida em que a União Económica e Monetária, sem as adequadas instituições políticas europeias, veio a revelar-se um fracasso como a presente crise do euro bem comprova.

Aqui chegados, salvar o euro reparando a União Monetária, no curto prazo, e avançar para uma união fiscal, é a única maneira de recuperar o projecto Europeu.

Como questão prévia é interessante discutir se existe uma identidade europeia.

Estudos de opinião dos últimos 20 anos mostram que uma clara maioria de Europeus não abandonaram as suas identidades nacionais a favor de uma identidade Europeia. John Mearsheimer da Universidade de Chicago, "Why is Europe Peaceful Today?", 2010, refere a seguinte informação do Euro-barómetro: no futuro, vê-se como apenas Europeu, Europeu mais a sua nacionalidade, apenas a sua nacionalidade, ou a sua nacionalidade e a Europeia. Considerando as respostas para o Reino Unido, França, Alemanha e Itália, e usando o resultado de 2004, semelhante aos de todos os anos desde o fim da Guerra Fria:

- Para o Reino Unido, 8 por cento pensa ser só Europeu ou Europeu e Britânico; 62 por cento pensa ser só Britânico e 27 por cento considera-se Britânico e Europeu.
- Para a França, 14 por cento pensa ser só Europeu ou Europeu e Francês; 29 por cento pensa ser só Francês e 54 por cento Francês e Europeu.
- Para a Alemanha, 14 por cento pensa ser só Europeu ou Europeu e Alemão; 38 por cento só Alemão e 46 por cento Alemão e Europeu.
- Para a Itália, 11 por cento pensa ser só Europeu ou Europeu e Italiano; 28 por cento só Italiano e 56 por cento pensa ser Italiano e Europeu.

Aproximadamente só 10 por cento dos quatro maiores países da União Europeia privilegia a identidade Europeia sobre a nacional.

Isto causa dificuldades políticas óbvias no desenvolvimento do projecto europeu, uma vez que as lideranças são eleitas pelos seus nacionais e as eleições europeias têm vindo a ter níveis de participação decrescentes. Acresce ainda que a França e a Holanda, em 2005, votaram maioritariamente, em referendo, contra o Tratado que estabeleceria uma Constituição Europeia.

Esta falta de identidade comum europeia, que veio a ter mais um episódio recente (24-10-2011), no Parlamento Britânico, em que 81 deputados Eurocépticos do partido conservador queriam votar um referendo relativo à permanência ou não da Grã-Bretanha na União Europeia, restringe as soluções políticas exequíveis, nomeadamente em nome da solidariedade, ainda mais agora que a moeda única está associada a sacrifício, austeridade, dívida ....

As instituições macroeconómicas actuais da zona euro foram, no essencial, estabelecidas em 1992, no Tratado de Maastricht e, posteriormente, complementadas pelo Pacto de Estabilidade e Crescimento (moeda única, Banco Central independente, politica monetária visando a estabilidade de preços, restrições aos défices públicos de cada estado membro apontando-se para um equilíbrio orçamental tendencial e uma contenção da dívida a 60 por cento do produto interno bruto).

Torna-se agora essencial, economicamente avisado e inevitável – mesmo com enormes problemas políticos e dúvidas quanto ao seu sentido democrático – que os países da zona euro avancem para uma união fiscal a caminho de uma federação.

Isto exigirá muito aos políticos para que não se faça nas costas dos eleitores. Em primeiro lugar, para não afastar das decisões principais os 10 membros da União Europeia que não integram o Eurogrupo, em segundo lugar, adoptando uma nova narrativa para a Europa. Se é verdade que é essencial reforçar o controlo sobre os défices e a dívida e harmonizar impostos, também é verdade que os problemas da Europa não podem ser tratados como um conto moral, de dívida e castigo, de "austeridade punitiva"... É até curioso que este conto moral, que tem sido a actual narrativa, ocorra nesta atmosfera de relativismo que afecta a Europa e a América, em que os julgamentos individuais são, na maior parte dos casos, baseados nos estados de alma em cada momento, em que se verifica uma erosão dos quadros morais partilhados a par do crescimento do individualismo, em que as pessoas não se sentem envolvidas numa paisagem moral que as transcende.

Esta nova narrativa deve procurar despertar uma consciência de cidadania europeia sobre "uma comunidade de destino" conforme refere Pierre Defraigne (Le Monde, 13-09-2011).

Em terceiro lugar, exige-se aos líderes europeus imaginação institucional, em particular à Alemanha que, como diz George Soros, é a única que pode reverter a dinâmica de desintegração da Europa.

Portugal na CEE e na UE

Desde 1986 que a adesão às Comunidades Europeias trouxe a Portugal um surto de desenvolvimento sem precedente, sobretudo, como é patente, na construção de infra-estruturas que contribuíram para a modernização do país.

Em paralelo, assistimos ao desmembramento da antiquada estrutura produtiva, em particular na agricultura, pescas e indústria, consequência da imperativa adaptação económica.

Mas, a partir de 1999, com a moeda única, foram-se agravando os problemas com que nos debatemos agora, fruto não só da nossa incipiente economia, mas também dos erros de estrutura do edifício europeu.

A união monetária sem união fiscal revelou-se um desastre para Portugal porque pressupunha a convergência da frágil e pouco competitiva economia portuguesa com a das fortes economias do norte da Europa.

Em vez disso, o País no seu todo – Estado, famílias e empresas – endividou-se, financiando-se no exterior muito para além do seu rendimento, beneficiando do crédito externo fácil e barato, sendo agora o País do Euro com a mais elevada dívida externa total em percentagem do Produto que é o indicador mais seguro da falta de competitividade e das consequentes dificuldades de adaptação futura.

A crise financeira de 2008 pôs em evidência que Portugal não tinha instrumentos de política económica para se adaptar, estava enjaulado no euro e, impossibilitado de desvalorizar a moeda para reganhar competitividade, vê-se agora confrontado com a necessidade de "desvalorizar" o nível de vida e encetar reformas para promover a eficiência económica que, embora necessárias, durarão muitos anos em que haverá desemprego, salários decrescentes e instabilidade social.

Ao nível das desigualdades sociais também há aspectos a referir, resultantes, em parte, da integração europeia (vide "Desigualdade em Portugal" da Fundação Francisco Manuel dos Santos, Maio de 2011): se a pobreza dos idosos se reduziu de uma taxa de cerca de 40 por cento em 1993 para próxima de 20 por cento em 2008 – a desigualdade salarial acentuou-se, tanto mais quanto subimos na escala de rendimentos; os 0,1 por cento de maiores remunerações registaram uma subida de 70 por cento nos últimos 15 anos, sendo conhecidas situações verdadeiramente obscenas ao nível das maiores empresas cotadas em bolsa, em sectores não transaccionáveis, a que urge pôr termo nos casos em que se tratam de negócios concessionados pelo Estado, não competitivos, entidades reguladoras ou empresas em que o Estado tem posição relevante e que necessitam do seu apoio, isto é, dos contribuintes, como é caso do sector financeiro.

Em termos de desigualdade familiar, medida pelo índice de Gini que assume um valor de 35,4 por cento, estamos entre os mais desiguais da UE27 (o 3º a seguir à Lituânia e à Letónia) e o mais desigual da zona euro, em que os 5 por cento mais ricos da população ganham 18 vezes mais do que os 5 por cento mais pobres.

Conclusão
Dou por terminado este texto na semana em que foi possível tomar decisões para, pelo menos no curto prazo, "resolver" a crise financeira na zona euro.

Dois anos decorridos sobre o início da crise, as autoridades identificaram correctamente quatro problemas principais – dívida soberana, capital dos bancos, "default" Grego e insuficiente crescimento da economia – tendo tomado decisões sobre as três primeiras.

Temos vindo a assistir ao agravamento da crise e, se isso acrescenta dúvidas sobre o futuro da Europa também pode criar condições para soluções ambiciosas.

É essencial perspectivar um caminho de reforço da União Europeia em alternativa à sua cisão com todas as más consequências, em particular para Portugal que recuaria para níveis baixíssimos do nível de vida dos seus cidadãos e da qualidade dos serviços públicos e das prestações sociais...

Avizinham-se tempos muito difíceis para Portugal, com instabilidade social que será consequência do empobrecimento inevitável que se perspectiva e que seria ainda ampliado caso Portugal deixasse de integrar a zona Euro.

Embora não nos sirva de consolação, acompanharemos um movimento mundial de contestação crescente, com os "indignados" nas ruas de Londres, Nova Iorque e Paris, protestos contra a corrupção na Índia, movimentos pró-democracia na China, Primavera Árabe, etc, tudo tomadas de consciência dos cidadãos face à pobreza, à desigualdade, às perspectivas de desemprego e à injustiça que resulta da desproporcionada distribuição do rendimento e do poder.

Como refere Nouriel Roubini no artigo "The Instability of Inequality" (Project Syndicate, 13-10-2011) é necessário que as reformas a empreender na Europa "promovam o equilíbrio entre os mercados e a provisão de bens públicos" e "todos os modelos económicos que não considerem correctamente a desigualdade, enfrentarão uma crise de legitimidade".

A matriz social Europeia sempre foi uma marca distintiva do seu desenvolvimento económico. Os erros deste modelo não podem servir de pretexto para seguir um caminho neo-liberal que provou só trazer instabilidade.

Ponta Delgada, 30 de Outubro de 2011

A EVOLUÇÃO DO ORDENAMENTO EUROPEU
BREVES REFLEXÕES

JOAQUIM FREITAS DA ROCHA

I

Numa época em que as retóricas desestadualizantes parecem ter perdido algum do seu furor, e em que os mercados são vistos com suspeição e os respectivos actores na qualidade de agentes intrusivos e restritivos de direitos, a colocação em crise da *ideia de Europa* poderá parecer apelativa. Na verdade, começa a ser frequente questionar se a abertura de um espaço de liberdade de circulação ao nível das pessoas, capitais, mercadorias e serviços não terá afinal contribuído para o esmagamento das pessoas pelo sistema, e se a sociedade supostamente equilibrada emergente do Estado social europeu continental não terá resvalado perigosamente para um jogo de concorrência sem regras ou em que as regras são inevitavelmente ditadas pelos mais poderosos. A acrescer a estas preocupações sócio-económicas, outras, de natureza jurídica emergem: como se combate a voracidade legislativa e a inflação normadora que caracteriza o Ordenamento europeu e que contamina os Ordenamentos nacionais, incrementando a insegurança aplicativa? Que sentido tem afinal um primado do Direito da União Europeia (UE) afirmado unilateralmente? Quem tem conclusivamente e em última instância a competência das competências?

Numa altura em que se comemoram 25 anos da adesão de Portugal à então CEE, parece ser uma altura, não ideal mas pelo menos adequada, para se fazer uma paragem reflexiva em jeito de balanço e procurar averiguar se os passos dados terão sido os correctos. Procuraremos fazê-lo aqui, sendo certo que apenas teremos em mente preocupações de natureza estritamente jurídico-económica, deixando de lado motivações e preocupações de índole política, social e outras, reconhecendo a nossa inabilidade discursiva nessas temáticas.

De um modo tópico e propositadamente simplista – mas que em todo o caso se quer cientificamente adequado –, pode alinhar-se o seguinte conjunto de reflexões:

- Normativamente, uma "União de princípios" foi dando o seu lugar a uma "União de regras";
- Economicamente, uma "União de harmonização", tentou sem sucesso concludente avançar para uma "União de uniformização";
- Axiologicamente, uma "União do mercado", tem-se tentado transformar numa "União da sustentabilidade".

Vejamos em que medida.

II

De um ponto de vista jurídico-normativo, a UE começou por se afirmar como um *espaço principiológico*, a vários títulos inovador e até valioso, em decorrência do nascimento e da afirmação de uma arquitectura jurídica completamente nova e não subsumível aos esquemas organizatórios existentes. Num quadro de aversão às construções estratificadas e piramidais Kelsenianas clássicas, procurou impor-se um "modelo em rede", assente em princípios novos e até certo ponto impetuosos, como a lealdade institucional, o primado, a preferência aplicativa, o efeito directo, ou a interpretação conforme. Independentemente da adesão à bondade destes princípios – os quais em nossa opinião, e sem prejuízo da "necessidade existencial" do Ordenamento[1], foram por vezes forçados por via de uma jurisprudência demasiado dinâmica e funcionalizada –, a verdade é que com o tempo a sua leitura foi-se flexibilizando e adaptando às necessidades que entretanto surgiram. Mas, mais do que isso: no terreno prático foram cedendo o seu espaço a um cada vez maior número de regras, dando corpo a um Direito regulatório com pretensões de completude e exaustividade, caindo no extremo da inflação legislativa, disciplinando-se

---

[1] Cfr. o paradigmático acórdão do TJCE de 9 de Março de 1978, SIMMENTHAL, *in* CJTJCE, 1978, 250.

quase tudo e até ao mais pequeno dos pormenores, por vezes com evidentes prejuízos em sede de clareza e determinabilidade das normas. Actualmente, a vertigem legislativa da UE abrange espaços materiais que vão desde a agricultura à aviação comercial; da tributação das obras de arte à etiquetagem de vestuário; da dimensão de recipientes de refrigerantes à prestação de contas por parte de entes locais. Acresce que toda esta normação deve ser transposta ou aplicada nos Ordenamentos internos, invadindo-se por vezes os campos de normação dos órgãos legiferantes respectivos, democraticamente eleitos.

Por isso dizemos que esta transmutação do *Direito principiológico* para o *Direito regulatório* não é absolutamente positiva.

III

De um ponto de vista jurídico-económico, uma União de harmonização, tentou avançar-se para uma União de uniformização. Significa tal que os propósitos iniciais de estabelecimento de princípios comuns e de simples coordenação das legislações internas à luz desses princípios – legislações essas que manteriam a sua autonomia e identidade, mas que seriam enformadas por um "chapéu comum" – e que se corporizaram principalmente nos domínios do *mercado interno*, foram adquirindo um reforçado substrato de ambição, tentando alargar-se para núcleos materiais diferentes e procurando atingir patamares de uniformização – situação em que já não se verifica a coexistência de legislações diversas coordenadas, mas sim de uma única legislação. Não se pode dizer, todavia, que tal ambição tenha conseguido resultados muito concludentes, bastando trazer ao discurso dois exemplos para se verificar a razoabilidade desta conclusão:

– Por um lado, existem matérias em que a uniformização tem sido na prática impossível de atingir, tais as disparidades de sensibilidades entre os diversos Estados-membros, como acontece nos domínios das finanças públicas, campo em que o máximo que se consegue é o estabelecimento de algumas regras elementares de *ecologia financeira* (*v.g.*, artº 126º do TFUE[2]) as quais, como se pode constatar pela conjuntura actual, pouca efectividade têm atingido. Aqui, as exigências inerentes ao Pacto de Estabilidade e Crescimento (que ironicamente pode ser visto como um "pacto de pouca estabilidade e nenhum cres-

---

[2] V., ainda os regulamentos (CE) n.º 1466/97 e (CE) n.º 1467/97 do Conselho de 7 de Julho de 1997.

cimento") e as constrições decorrentes das cláusulas de proibição de défices excessivos e de contenção da dívida pública têm trazido mais controvérsia e adversidade do que proveito.

– Por outro lado, o domínio mais visível de uniformização (a política monetária e a moeda única) tem sido precisamente aquele em que o caminho trilhado tem sido mais sujeito a críticas e a questionamentos existenciais, falando-se inclusivamente e de modo recorrente nas "saídas do Euro" e nas consequências pós-euro.

Em resumo, se a coordenação já é difícil de atingir (embora seja na nossa óptica o caminho a seguir), a uniformização sê-lo-á muito mais.

IV

De um ponto de vista jurídico-axiológico, pode dizer-se que as preocupações centrais dos actores europeus se deslocaram dos valores *individualistas* da preservação das liberdades económicas fundamentais e do mercado aberto, para os valores *humanistas* da salvaguarda das gerações futuras e da sustentabilidade. Com efeito se nos primórdios da construção europeia as retóricas se direccionavam principalmente no sentido das liberdades circulatórias fundamentais e dos critérios para o estabelecimento de um mercado livre e de concorrência justa, com o passar dos tempos factores como a alteração das estruturas demográficas, a crise financeira internacional, as situações deficitárias dos Estados-membros, e a insustentabilidade dos modelos públicos de protecção social fizeram convergir o foco das preocupações na necessidade de salvaguarda das condições existenciais das gerações futuras. Neste sentido, valores como a equidade intergeracional e a sustentabilidade a médio e longo prazo foram adquirindo predominância no léxico corrente da discursividade europeia[3].

Talvez por aqui se compreenda a necessidade premente (ou obsessão) de observância dos critérios do Pacto de Estabilidade e Crescimento da União, particularmente a cláusula de proibição de défices excessivos e a contenção da dívida pública em limites razoáveis. Talvez também por isso, não se deva tornar difícil aceitar o aumento da idade das reformas, os cortes na despesa pública, as restrições nos apoios sociais e outros actos diabólicos que fazem pensar num retrocesso social.

---

[3] V., por exemplo, a Comunicação da Comissão, de 13 de Junho de 2007, ao Parlamento Europeu, ao Conselho, ao Comité Económico e Social Europeu, ao Comité das Regiões e ao Banco Central Europeu: "As finanças públicas na UEM – 2007. Assegurar a eficácia da vertente preventiva do Pacto de Estabilidade e Crescimento" [COM(2007) 316].

V

Estes três tópicos evolutivos constituem em nossa opinião algumas das conclusões que uma análise jurídica desprendida e objectiva permite captar a partir da observação do processo de integração europeia desde o seu nascimento até aos nossos dias.

O que dizer em termos de apreciação crítica? Poder-se-á considerar que a evolução se direccionou na orientação adequada? Pode considerar-se o percurso valioso ou, ao invés, será altura de repensar o caminho trilhado e pensar em recuar ou abandoná-lo definitivamente?

Pela nossa parte, entendemos que a evolução tem sido globalmente positiva.

É certo que jurídico-normativamente, se têm verificado algumas imposições abruptas e violentas por parte das instâncias europeias-comunitárias, descurando dimensões essenciais do princípio do Estado de Direito e do Princípio Democrático, como sejam a supremacia da Constituição, a separação dos poderes, a legalidade da actuação administrativa e a representatividade dos órgãos legiferantes.

Pode, porém, dar-se a circunstância de estes princípios clássicos exigirem uma leitura actualizada que coloque de parte algumas das suas traves-mestras inicialmente concebidas e requeiram um esforço de interpretação actualista que os torne moldáveis e adaptáveis às novas realidades jurídicas.

Não o cremos, pois entendemos que dimensões essenciais são isso mesmo – essenciais – e não podem existir ao sabor das flutuações emocionais dos diversos actores, mesmo que assentes em motivações de necessidades existenciais. Mas, seja como for, o benefício da dúvida tem sido dado.

Em todo o caso, é certo que não pode deixar de se constatar e apreciar o facto de que apesar das imposições referidas, do ponto de vista do Estado social as condições de existência nos Estados-membros – e particularmente no Estado Português – evoluíram positivamente, e muito, durante as últimas décadas. Ainda que se possa atribuir grande parte dessa evolução à conjuntura então existente, não pode deixar de se reconhecer que a *socialidade europeia* desempenhou um papel importante nesse domínio. De lamentar é que no momento presente se assista ao trilhar do percurso inverso – o retrocesso social.

Resta a esperança assente na ideia de que este tem como contrapartida a salvaguarda das condições de existência dignas das gerações futuras.

Se assim for, o caminho, apesar das hesitações, é o correcto e o saldo é positivo.

PALAVRAS-CHAVE: ordenamento jurídico, harmonização, coordenação, sustentabilidade, equidade intergeracional, retrocesso social

DEPOIMENTO SOBRE VINTE E CINCO ANOS DE INTEGRAÇÃO EUROPEIA

JOSÉ ALBINO DA SILVA PENEDA

Por condicionantes de espaço vou concentrar-me na resposta às questões que têm a ver com a criação da União Económica e Monetária e na crise da zona Euro.

Se fizermos uma análise retrospectiva concluímos que a primeira década da existência do Euro foi bem sucedida. Há dez anos eram onze os países da zona Euro, hoje são dezassete e vários outros candidatos se perfilam. O Euro tornou-se rapidamente uma moeda estável, a segunda moeda de reserva do planeta e permitiu garantir a estabilidade dos preços. Se os primeiros dez anos de vida do Euro apresentam inquestionáveis aspectos positivos há que olhar para a outra face da moeda. E aí verificamos que a maior fragilidade associada ao Euro é que algumas das economias dos países da zona não crescem, ou crescem muito pouco.

Estas tensões começaram há muito a manifestar-se através do aumento progressivo dos *"spreads"*, agora em valores exorbitantes, entre as taxas de rendimento dos títulos do tesouro do nosso país, relativamente aos emitidos pela Alemanha. Os investidores passaram a exigir prémios cada mais elevados para comprar dívida e passámos a viver o pior dos mundos, uma grave falta de competitividade, taxas de juros elevadas a par de ter de viver num sistema de taxa de câmbio fixa. Nestas condições, o acesso ao crédito tornou-se dramaticamente caro ou mesmo inexistente.

JOSÉ ALBINO DA SILVA PENEDA

Hoje é geralmente reconhecido que as crises económicas, financeiras e políticas que se vivem na zona euro não estão confinadas apenas a alguns países. Hoje é claro que a crise é sistémica e, por isso, só pode ser resolvida através de uma solução sistémica.

A forma como o euro foi concebido não ajuda a encontrar uma solução. O Euro nasceu assente numa política monetária europeia, em que o Banco Central Europeu e o Pacto de Estabilidade e Crescimento são os principais instrumentos, mas com a ausência de uma política macroeconómica europeia, de um sistema económico europeu, de um sistema financeiro europeu, de um verdadeiro orçamento europeu e, nem sequer, de uma adequada articulação entre os sistemas económicos e financeiros dos Estados Membros da zona Euro.

Hoje temos de reconhecer que foi um erro ter criado a União Económica e Monetária sem a existência de uma união política mais forte, única via que teria permitido ter posto em marcha aqueles instrumentos fundamentais para garantir a sustentabilidade da moeda única.

É certo que durante o último ano as instituições europeias têm vindo a tentar introduzir algumas reformas nos sistemas de supervisão e de coordenação económica e de prevenção para situações de crise, como é o caso do Fundo Europeu de Estabilização Financeira (FEEF). Entre muitos desses mecanismos há o Pacto de Estabilidade e Crescimento que é seguramente dos mais importantes até porque define a qualidade para um Estado Membro integrar a zona Euro.

Tenho sérias reservas sobre a forma como foram concebidos os critérios que estão consagrados naquele Pacto. Em primeiro lugar, porque assentam apenas na chamada convergência nominal e não, na que seria mais importante, a convergência real. Tomemos o exemplo da Espanha. Antes da crise a Espanha estava em linha com todos os critérios definidos no Pacto de Estabilidade e Crescimento. Apresentava um déficit dentro dos limites definidos no Pacto e o valor da dívida acumulada era mais baixo do que o exigido, mas a Espanha estava a perder a sua competitividade devido a uma excessiva especialização no sector da construção civil, a chamada "bolha especulativa". Ora, este tipo de evolução da economia não é capturado por indicadores nominais, que são os únicos existentes no Pacto de Estabilidade e Crescimento.

Uma outra insuficiência do Pacto é considerar do mesmo modo despesas de natureza muito diferente. Por exemplo, uma despesa em investimento que sabemos ir-se-á repercutir no futuro através de mais receita é

DEPOIMENTO SOBRE VINTE E CINCO ANOS DE INTEGRAÇÃO EUROPEIA

tratada da mesma forma que uma despesa sumptuária. Isto é, o chamado déficit virtuoso, forma excelente também de equilibrar as contas públicas a médio prazo, não tem cabimento nos critérios de análise do Pacto de Estabilidade e Crescimento. Uma excessiva focagem na consolidação fiscal sem olhar para a natureza das despesas é contraproducente e é um claro convite ao uso de políticas pró-ciclicas quando deveria ser o contrário.

A terceira observação ainda sobre o Pacto de Estabilidade e Crescimento é a ausência de estímulos para a utilização de estabilizadores automáticos, o que é, manifestamente, um erro.

Não é possível manter por muito tempo uma moeda única num espaço onde não haja o mínimo de coesão social e territorial. Se alguns Estados membros sofrerem anos consecutivos de recessão essa situação conduzirá a fortes desequilíbrios dentro da zona Euro e o enfraquecimento das finanças públicas dos mais fracos. Está provado que um sistema baseado na moeda única e numa política monetária para a zona Euro sem uma mais intensa integração fiscal, económica e social não funciona.

Por isso, do lado das autoridades portuguesas, tão importante como cumprir bem o programa da "troika" é ser parte muito activa na definição de uma estratégia em torno das mudanças urgentes que terão de ser desencadeadas a nível da zona euro, para que o tempo pós-programa da troika possa corresponder a tempos de esperança. Sem isto, temo o pior.

A questão tem essencialmente a ver com o crescimento económico e, nas actuais circunstâncias, para além de termos de viver num sistema de taxa de câmbio fixa, o que nos tira uma enorme capacidade de manobra, acresce que estamos perante um outro estrangulamento decisivo, a ausência de crédito. Os problemas relacionados com a dívida soberana tiveram um grande impacte em toda a economia e também no sistema financeiro. E daí as dificuldades da banca em se financiar no exterior.

Antevendo estas dificuldades apresentei num texto publicado ao tempo em que era deputado europeu, em finais de 2008, uma proposta a favor da emissão de *eurobonds* porque entendia que a criação de uma única entidade emitente de dívida pública a nível da zona Euro seria a consequência lógica do processo político que levou à criação da moeda única e a forma mais eficaz de começar a equilibrar o forte braço da política monetária da zona euro com o quase ausente braço das políticas económica e fiscal para a mesma zona.

Reconhecia na época que este caminho obrigaria, entre outros aspectos, a mais federalismo e à revisão dos tratados, tarefa que hoje é pratica-

JOSÉ ALBINO DA SILVA PENEDA

mente impossível de levar a cabo, face à situação política de vários Estados Membros e ao forte aumento de correntes nacionalistas e populistas. Porventura, se fosse agora iniciada essa tarefa, quando estivesse concluída, por certo o euro já não existiria.

Embora eu compreenda a perda de confiança dos alemães nos países do sul da Europa há que encontrar uma forma que seja alternativa a um modelo que provou que não funciona. A zona Euro gerida à alemã falhou. Metade da zona euro ou está em recessão ou não cresce, o sistema bancário encontra-se com grandes perturbações e os planos de austeridade em vigor provavelmente vão conduzir ainda a mais recessão e aumento do desemprego.

Temos de ter a consciência que a crise da zona euro não tem a ver apenas com a gestão deficiente das finanças públicas. A causa principal dos problemas da dívida soberana é a acumulação insustentável de dívida dos sectores privados em muitos desses países. Por isso é que é muito urgente dar corpo a um novo sistema que permita antes do mais estabilizar a situação financeira e afastar as dívidas soberanas da especulação financeira dos mercados.

Uma solução possível seria o Banco Central Europeu (BCE) passar a ter o poder de prestar garantias aos credores de um dado Estado Membro, condicionando esse Estado Membro a um preço a pagar, que seria definido conforme o estado das respectivas finanças públicas e a obrigação desse mesmo Estado vir a implementar um programa de saneamento financeiro e de reformas estruturais, com vista a obter graus de competitividade mais elevados.

Esta medida seria muito dissuasora para a especulação dos mercados e impediria o contágio e a natureza sistémica das dívidas soberanas.

Numa perspectiva de ser completado o programa da troika poder-se-ia ir mais longe. Assim, o Banco Europeu de Investimentos e os Fundos Estruturais poderiam articular as suas actividades de financiamento aos Estados Membros em dificuldade com o Banco Central Europeu em torno de um Programa de Reestruturação que tivesse como objectivo tornar as respectivas economias mais competitivas.

Este tipo de medidas poderia ser desencadeada sem necessidade da revisão dos Tratados, porque, na minha interpretação, a solução que proponho está coberta pelo artigo 125º do Tratado de Lisboa, dado que nesse artigo é aberta uma excepção que permite a existência de garantias mútuas por parte da União e dos Estados membros quando se trate da execução de projectos específicos. Ora, o Programa de Reestruturação de que falo é um projecto específico.

Este tipo de programa exigiria um elevado grau de consistência entre os diferentes tipos de medidas, um período de vigência que se deveria situar entre cinco a sete anos e teria de assentar no princípio fundamental segundo o qual a necessidade de equilibrar as finanças públicas e a dinamização do crescimento económico não têm necessariamente de ser vistos como objectivos incompatíveis.

Com estes dois instrumentos poder-se-ia desenvolver acções que contribuiriam para o que me parece fundamental, a saber: desenvolver o mercado interno, dinamizar o tecido produtivo e a aumentar a capacidade de internacionalização das pequenas e médias empresas.

A intenção subjacente ao programa da troika vai, de algum modo nesse sentido, mas há que ter a noção que a situação da zona euro é factor impeditivo da sua concretização.

Lisboa, 31 de Outubro de 2011

FUNDAMENTOS E VONTADE EUROPEIA

JOSÉ CASTEL-BRANCO

A história dos primeiros 25 anos da participação portuguesa na construção europeia ficará certamente assinalada pelo papel central que Portugal desempenhou na atual crise financeira mundial enquanto país periférico e economicamente débil, facto que nos tornou num alvo preferencial de todos aqueles que souberam explorar a fragilidade estrutural do processo de construção europeia.

Importa assim avaliar as causas dessa fragilidade, tão bem evidenciada pelos norte-americanos que a partir dos seus conhecidos créditos hipotecários souberam exportar esta crise, em definitivo, para o continente europeu.

Tenho para mim que a questão reside na "Europa a duas velocidades". Já não serão as duas velocidades de há 25 anos em que se temia pela inclusão no pelotão de trás do nosso país, recém-saído de uma revolução que o arrancava a quatro décadas de estagnação, mas sim uma europa dos cidadãos que vivem e desejam o espaço comum, sem fronteiras e sem restrições, e outra, a europa dos políticos que, sofregamente, constroem as suas maiorias nacionais sob o pressuposto de que esses mesmos cidadãos permanecem no egoísmo e no casulo dos seus interesses imediatos.

Existe uma forte vontade global, cristalizada em cada europeu, para a defesa de um espaço comum de prosperidade e progresso no qual possa disfrutar em plenitude e em paz a cidadania europeia. A Europa sem fronteiras na qual cada um pode livremente optar por estudar, trabalhar, viver

JOSÉ CASTEL-BRANCO

ou simplesmente passear fora do espaço limitado do seu nacionalismo, é tida como uma conquista preciosa e inalienável num continente historicamente arrasado por sucessivos confrontos e desavenças territoriais.

Os líderes políticos europeus, alheios a essa vontade coletiva, insistem em explorar os medos e receios individuais, próprios de quem vive um futuro incerto de restrições e cheio de surpresas desagradáveis, adiando decisões que possam, egoisticamente, pesar nos seus resultados eleitorais. Estão os políticos europeus convencidos que a construção europeia tem um preço e que este tem de ser arrematado pelos seus concidadãos como se de um leilão se tratasse, em que o peso do benefício comum duradouro enfrenta o ganho individual efémero e momentâneo.

Afastados os fantasmas dos egoísmos nacionais em que uns são acusados de tudo gastar e outros de tudo guardar em detrimento do princípio da solidariedade entre os povos europeus, é minha convicção que prevalecerá o espirito e a força de uma juventude que já não reconhece muros, câmbios, vistos, autorizações, alfandegas e fronteiras. Uma juventude com hábitos europeus formada pelo Erasmo e pela vivência de experiências diferenciadas que vão muito para além dos limites da sua nacionalidade e se projetam num futuro repleto de oportunidades num espaço comum ao qual pertencem e o qual lhes pertence.

Atento o diagnóstico e pressupondo a sua validade, a respetiva cura deve ser encontrada nas origens da própria construção europeia. Um espaço de progresso e paz, baseado na solidariedade entre os povos europeus e na partilha de uma vivência social sem limites ou restrições à livre movimentação e circulação de pessoas e bens.

Em suma, um longo caminho a percorrer com etapas duras e difíceis de ultrapassar na construção de uma europa unida e a uma só voz, com uma única moeda e com cidadãos conscientes e dispostos a defendê-la, tal como os seus antepassados defenderam as suas próprias nacionalidades.

A isto, chamariam os norte-americanos o regresso aos "fundamentals", estratégia tão do seu agrado pela simplicidade e objetividade que normalmente produz resultados positivos. Desta estratégia se socorreram os nossos concorrentes económicos quando exportaram a sua crise financeira para uma europa em que o grande opositor do dólar ganhava peso e protagonismo em mercados antes dominados sem grande concorrência.

Sem tradução exata, os "fundamentais" da construção europeia encontram-se nos primórdios do seu lançamento, quando se procurava conjugar os esforços pós guerra da Alemanha e da França para reconquistarem o seu espaço na economia global. Esforços que, rapidamente, se estenderam à grande maioria dos países da europa ocidental aliados na dura tarefa de erguerem uma nova superpotência ao nível dos Estados Unidos e da então União Soviética que, teimosamente, mantinham entre si uma guerra fria, totalmente alheada das desgastadas potências do velho continente.

Cumprida a difícil etapa da união monetária, ficou claro que a ténue fronteira entre o espaço do euro e o espaço do dólar se iria esbater e o seu choque iria revelar uma nova conjuntura económica internacional. Cresceu a economia do espaço euro suportada pela livre circulação de pessoas, mercadorias e capitais, à semelhança da prática norte americana, com grandes alavancagens financeiras e busca intensa de melhores produtividades com menores custos suportados por novos mercados financeiros de dimensão global e instrumentos próprios para uma atividade económica florescente e cheia de novas oportunidades à escala do globo.

Disputaram-se mercados mundiais e potenciaram-se modelos de financiamento e estratégias de crescimento avaliadas num mercado formado pela vontade especulativa dos seus agentes até que, no auge da expetativa de lucros infinitos, surgiu a crise, forte e com vontade de se instalar demorada e penosamente.

Primeiro na origem, a economia norte americana suportada por um setor bancário fortemente alavancado e por um mercado imobiliário essencialmente especulativo e indutor de crescimento económico não sustentável.

Depois na europa, primeiro por via endémica, através do contágio a uma República da Irlanda dependente do seu forte contingente de emigrantes no continente americano e posteriormente espalhada por uma periferia de países enfraquecidos pelo esforço de desenvolvimento a par dos seus parceiro do norte e centro europeu.

Reagiu o governo norte-americano intervindo diretamente em bancos, seguradoras e outras instituições financeiras de relevo mundial e parou a europa, sem governo, com cada um, sossegadamente no seu canto, à espera que a crise passasse.

Mas a crise não passou e a Europa continua sem governo, conduzida por um eixo franco-alemão desconfiado e demasiado preocupado com a política interna, confrontada pelos britânicos receosos dos seus vizinhos continentais e historicamente aliados da sua ex-colónia aos quais se somam um conjunto de países que permanecem na vã convicção de que nunca serão atingidos pois nem são periféricos nem são latinos.

Após 25 anos de experiência comunitária, cabe-nos a nós portugueses, certos dos benefícios incomensuráveis de tal opção, contribuir para a saída desta crise pela defesa e pelo reforço dos "fundamentais" da construção europeia.

Não esqueçamos o longo e penoso caminho que nos foi proposto à partida para a construção da nova europa. Relembremos aos políticos europeus que o desenvolvimento e a coesão europeia são inversamente proporcionais ao nível de soberania política exercida por cada Estado Membro.

Os "fundamentais" da construção europeia baseiam-se na incontornável vontade dos seus cidadãos em fazerem parte de um novo espaço político-económico mais competitivo mas mais solidário e mais coeso em que sejam assegurados elevados níveis de vida e prosperidade, numa sociedade mais segura e em paz.

Devem os políticos europeus trabalhar nesse sentido, reforçando os instrumentos de política comum e fomentando a consolidação do espaço europeu alargado a todos os seus Estados Membros. Devem os povos estar preparados para abdicarem, novamente, de uma fatia da sua soberania nacional a favor da construção europeia, na continuidade do que tem sido a sua prática ao longo das últimas décadas que culminará numa europa política e economicamente a uma só voz. Não avançar no aprofundamento do processo de construção europeia poderá conduzir-nos a um erro histórico irrecuperável.

Estes "fundamentais" foram integralmente reproduzidos no discurso, inúmeras vezes repetido, do presidente da Comissão Europeia que apela a uma europa unida e coesa numa resposta inequívoca e definitiva à crise e que desvaloriza os apelos norte americanos a um entendimento europeu que apesar de temerem, sentem que será a única forma de salvar a sua própria organização económica.

Financiamentos de emergência, fundos de capitalização, *eurobonds*, perdão de divida, controle das instituições europeias e mais uma mão cheia de medidas avulsas, repetidamente apregoadas e discutidas nos parlamentos e respetivos países europeus, mais não são do que paliativos, rapidamente absorvidos e vulgarizados pelos mercados financeiros, fustigados pelas opiniões públicas nacionais, que se dividem entre os que se julgam melhores e entendem que não devem pagar a crise e os cidadãos europeus de segunda que, supostamente, estarão na origem do contágio vindo do outro lado do Atlântico para uma europa que enfrenta o maior e mais violento ataque de sempre à sua constituição.

Construir a europa é de há muito uma tarefa difícil, demorada e exigente que, sempre se soube, altera o estado de equilíbrio geoestratégico e provoca reações profundas nos tecidos económicos dos grandes agentes mundiais: Estados Unidos, China, Rússia, Japão e potências asiáticas e do hemisfério sul.

Cabe essa tarefa aos cidadãos europeus, que pacientemente, no seu dia-a-dia, prosseguem na construção da União Europeia, aprofundando laços e estreitando vivências num difícil equilíbrio entre nacionalidades históricas e federalismo desejado mas não assumido.

Reposicionarmos a solução para a crise nos "fundamentais" mais não é do que defender e promover de forma sistemática a união europeia, não com ténues medidas avulsas dirigidas aos mercados sempre que estes se agitam mas sim com uma estratégia consistente que de forma segura e sustentada tenderá a ultrapassar as barreiras da forte identidade histórica de cada povo do velho continente sem contudo promover a sua destruição.

Resta uma pergunta: 25 anos depois ainda será essa a nossa vontade?

Lisboa, 30 de Outubro de 2011

A ESTRATÉGIA DE LISBOA: QUADRATURA DO CÍRCULO PELO PROTECCIONISMO COGNITIVO

JOSÉ CASTRO CALDAS

Todos nos lembramos da solenidade e da pompa com que o Conselho Europeu de Lisboa de 23 e 24 de Março de 2000 lançou a chamada Estratégia de Lisboa:

> "A União atribuiu-se hoje um novo objectivo estratégico para a próxima década: tornar-se no espaço económico mais dinâmico e competitivo do mundo baseado no conhecimento e capaz de garantir um crescimento económico sustentável, com mais e melhores empregos, e com maior coesão social".

Dez anos decorridos a Estratégia de Lisboa cumpriu o seu calendário sem poder celebrar a proclamada vitória sobre os supostos rivais do início do milénio – os EUA e o Japão – e mergulhada ela própria, tanto ou mais que os seus imaginários concorrentes, em recessão profunda.

Observada *a posteriori*, a Estratégia de Lisboa assinala a incapacidade por parte da UE de percepção dos factores de crise inscritos na financiarização do capitalismo e o seu empenhamento na diversão das prioridades das políticas para alvos deslocados. Tivesse havido uma avaliação poderíamos compreender melhor porque falhou e se, e em que medida, participou ela própria, por acção e omissão, na criação de condições que propiciaram a crise. Mas esta avaliação nunca foi feita.

Na breve nota que segue procura-se não a avaliação que ficou por fazer mas apenas a identificação da lógica subjacente à Estratégia de Lisboa e de parte do processo intelectual que deu origem às suas ideias-chave.

Começarei portanto por recordar a estrutura do edifício, para de seguida procurar os fundamentos intelectuais da arquitectura. Espera-se que o exercício possa dar algumas indicações quanto às causas do fracasso.

A lógica da Estratégia de Lisboa

A Estratégia de Lisboa assentava em dois pilares. O primeiro dizia respeito à "transição para a economia baseada no conhecimento"; o segundo à "modernização" do "Modelo Social Europeu".

O pilar cognitivo era muito abrangente. Incluía: a criação de um "Espaço Europeu de Investigação e de Inovação" e de "um ambiente favorável ao lançamento e ao desenvolvimento de empresas inovadoras", como seria de esperar, mas também a remoção de todos os obstáculos à "consolidação do mercado interno", a construção de "mercados financeiros eficientes e integrados" e mesmo a "consolidação orçamental".

Já a modernização do modelo social europeu era mais precisa e direccionada: "educação e formação para a vida e o trabalho", "desenvolvimento de uma política de emprego activa", "modernizar a protecção social", "promover a inclusão social".

A Estratégia de Lisboa representa um compromisso político entre as principais famílias ideológicas e os diferentes actores económicos e financeiros da Europa. Como tal, existiam na época, como existem ainda hoje, diferentes interpretações do plano acordado em 2000.

Recordo, pela participação em debates da época num contexto apropriado, que a visão social-democrata concebia a Estratégia de Lisboa como uma "quadratura do círculo".

De acordo com esta concepção, a Europa do início do novo milénio estava confrontada com uma contradição entre "globalização" e "modelo social europeu".

Relativamente à "globalização" prevalecia a visão que a encarava como um processo inelutável alimentado por tendências tecnológicas independentes da vontade e das decisões políticas, isto é, como um facto a que se não deveria resistir, mas antes enfrentar pro-activamente.

Relativamente ao modelo social prevalecia a ideia de o preservar como um valor constitutivo da civilização europeia, procedendo às adaptações e ajustamentos que a necessidade de "flexibilidade dos trabalhadores e das empresas" e o envelhecimento da população ditassem.

A globalização constituía sem dúvida uma oportunidade para os sectores exportadores europeus mais avançados em tecnologia, mas, por outro lado, iria por em concorrência os trabalhadores e as empresas de sectores tradicionais europeus com trabalhadores de regiões de baixos salários e inexistente protecção social produzindo uma tensão sobre o modelo social europeu que o poderia comprometer.

A *quadratura do círculo* consistia precisamente em encontrar a forma de conciliar globalização com modelo social europeu para fruir o melhor dos dois mundos.

Representado o problema desta forma a solução emergia por si: se a Europa se especializar em produtos de tecnologia avançada, protegidos da concorrência por desníveis cognitivos reforçados por patentes pode sem risco abrir-se às importações de produtos banalizados sem incorrer em riscos de deflação social e beneficiando por acréscimo das importações baratas.

Os fundamentos intelectuais da arquitectura
Esta representação do problema, assim como a respectiva solução, pressupõem e derivam directamente de uma reconceptualização de duas categorias importantes da teoria económica: a da concorrência e a da competitividade.

A concorrência na teoria clássica e neo-clássica é encarada como um processo que envolve um grande número de produtores dispersos de um produto ou serviço homogéneo que tem como virtualidade neutralizar o poder de todos e de cada um dos participantes no processo, eliminando rendas de monopólio. A competitividade é a capacidade de remunerar os factores a taxas normais. Concorrência e competitividade referem-se a unidades de produção dispersas.

Mas na Estratégia de Lisboa a concorrência e a competitividade deslocam-se das unidades de produção dispersas para o nível dos países e dos espaços de integração económica regional dando lugar a uma espécie de refluxo mercantilista em que o comércio internacional deixa de ser representado como um jogo de soma positiva para se assemelhar a uma guerra. A concorrência passa a ser vista como um processo orientado para a inovação e a diferenciação, e a competitividade como capacidade de gerar e sustentar excedentes das balanças correntes.

EUA, Japão e Europa seriam rivais numa corrida tecnológica que tinha como pano de fundo um mundo globalizado em que além dos três blocos, existiam novos actores, ainda não chamados emergentes, a quem incumbiria a produção rotineira a baixo custo de produtos e serviços estandardizados.

O premio do vencedor da corrida tecnológica seria a apropriação de rendas monopolistas e era sobre estas rendas que iria prosperar o Estado Social modernizado. Assim se fechava a quadratura.

A reconfiguração das concepções de concorrência e competitividade é evidentemente tributária de Schumpeter. É, digamos assim, um Schumpeter transportado do nível dos mercados nacionais para o plano das relações económicas internacionais[1].

Foi de facto Shcumpeter quem substituiu os agentes desprovidos de poder de Adam Smith por empreendedores conquistadores, quem deflectiu a guerra de todos contra todos da "destruição criadora".

No entanto, o que há de decepcionante nos fundamentos intelectuais da arquitectura da Estratégia de Lisboa e pode ajudar a explicar o seu fracasso, não é propriamente a referência a Schumpeter. Enquanto análise dos mercados numa fase particular do desenvolvimento do capitalismo a análise schumpeteriana tem grande relevância descritiva e capacidade heurística. O problema está na transposição acrítica da visão schumpeteriana da concorrência para o plano das relações económicas internacio-

---

[1] Não será certamente por acaso que entre os inspiradores intelectuais da Estratégia de Lisboa encontramos muitas figuras que a partir da década de 1980 encontraram em Schumpeter uma visão simultaneamente crítica da economia neoclássica e distinta de um kcyncsianismo ou de um marxismo que se supunha estarem a experimentar o estertor intelectual definitivo. A página da Wikipedia em inglês sobre a Estratégia de Lisboa refere por exemplo: Maria João Rodrigues, Christopher Freeman, Bengt-Åke Lundvall, Luc Soete, Carlota Perez, Manuel Castells, Giovanni Dosi, e Richard Nelson.

nais e a substituição da sua natureza descritiva por um conteúdo normativo inscrito em finalidades prosseguidas por uma estratégia.

A Estratégia de Lisboa não passa no mais básico dos testes aos preceitos normativos: não é universalizável.

A economia do conhecimento, construída sobre vantagens científicas e técnicas, defendidas por direitos de propriedade intelectual reforçados, é na realidade uma forma de proteccionismo – um proteccionismo cognitivo a que se aplica, melhor que ao proteccionismo aduaneiro, todas as críticas ao proteccionismo e mais uma: o conhecimento é um produto da criatividade e da inteligência humana que não deve ser privatizado.

A condição de sucesso do proteccionismo cognitivo é o fracasso de alguns – os incapazes de inovar e capturar rendas monopolistas.

Acontece porem que o proteccionismo cognitivo além de indesejável é fútil.

As fronteiras do conhecimento são na realidade muito mais porosas do que a das pautas aduaneiras. O conhecimento é um bem que flui por todos os poros. Por mais que a Organização Mundial do Comércio legifere sobre direitos de propriedade intelectual, as vantagens competitivas provenientes da criação, como o próprio Schumpeter bem compreendia, são sempre precárias. A experiência dos "novos países industrializados" agora transformados em emergentes aí está para o demonstrar.

A Estratégia de Lisboa falhou nos seus empolgantes propósitos. Não favoreceu o crescimento, sustentável ou não, não criou mais e melhores empregos e não promoveu a coesão social. Contribuiu sim para dar mais liberdade aos capitais que se movimentam à escala global e para integrar a finança mundial. A Europa 2020, sua legítima herdeira, anuncia-se já com muito mais modéstia como uma estratégia que "nos ajude a sair mais fortes da crise".

UNIÃO EUROPEIA: DA UTOPIA À REALIDADE

† CARDEAL D. JOSÉ DA CRUZ POLICARPO

Uma utopia com história
1. O desejo de unificar a Europa, vista sobretudo como espaço geográfico, atravessou a história dos últimos milénios: de Alexandre, o Grande, ao Império Romano, o Sagrado Império do Ocidente, a influência do papado na estruturação cultural e política da Europa, até aos grandes impérios dos tempos modernos. A União Europeia é a primeira tentativa em chave democrática. Os grandes impérios procuraram unificar pela força, elemento decisivo das suas vitórias, causa remota do seu desaparecimento. A história ensina-nos que nenhuma união se pode basear na violência, sem respeito pela adequada participação das comunidades. Será, porventura, necessário reinventar novos modelos de participação democrática, mas nenhuma forma de União Europeia terá futuro sem democracia. João Paulo II, que tem um notável Magistério sobre a Europa, afirma: "ela tem de se tornar, sempre mais, uma Europa dos homens e dos povos, em que os direitos fundamentais da pessoa humana e dos povos sejam reconhecidos e reciprocamente respeitados, identificando os mais adequados meios internacionais para os garantir"[1].

---

[1] João Paulo II, Discurso aos Juristas e Juízes do Tribunal Europeu dos Direitos do Homem, *in Profezia per l'Europa*, p. 11.

Que Europa?

2. Há uma dimensão geográfica da Europa; é um dos cinco continentes. Mas ao longo da história, os processos europeus relativizaram sempre o rigor do espaço geográfico: o dinamismo europeu teve sempre tendência para envolver o médio oriente, o norte de África. Esta perspectiva acentuou-se com o papel da Europa na descoberta de novos mundos, com a expansão (imposição?) das línguas europeias e da integração económica e política. A Europa sempre se concebeu em relação com o mundo, para além do seu espaço geográfico. A globalização acentua este intercâmbio histórico da Europa com o resto do mundo, de modo particular com os países com os quais, no passado, a Europa teve sempre relações de domínio político e económico. Sem abertura ao mundo a Europa nunca encontrará a sua identidade profunda.

Uma outra visão da Europa é a sua dimensão cultural. Surge, aqui e acolá, a perspectiva de identificar a Europa com um espaço cultural. A Europa, mesmo na sua dimensão geográfica, tem de ter uma identidade cultural. Os fundadores do actual dinamismo de União Europeia foram claros a esse respeito: sem dimensão cultural não haverá Europa. Têm surgido vozes, de modo particular no Parlamento Europeu, a negar que se possa falar de uma cultura europeia. É regressar ao tempo da multiplicidade de culturas, sem elementos comuns aglutinadores. Negar uma identidade cultural é um autêntico retrocesso na compreensão da Europa e da sua especificidade num mundo global.

Na história da Europa a primeira grande unificação cultural a dar uma unidade à variedade de povos e culturas é fruto da cristianização da Europa depois da queda do Império Romano do Ocidente. A marca cultural cristã integrou bem a herança clássica greco-romana, a influência da presença significativa do judaísmo. Esta presença cristã deu à cultura europeia uma forte componente antropológica: a dignidade do homem, ser comunitário, construtor de comunhão e de paz, verdadeiros fundamentos da verdade e da justiça. Este foi o principal elemento unificador da variedade europeia; encarnou, sem perder a sua autenticidade, nas diversas matrizes culturais europeias, cuja concretização mais forte é a diferença entre Oriente e Ocidente, que faz da Europa um corpo a respirar com dois pulmões, na expressão de João Paulo II. Não é pretensão eclesiástica afirmar que a cultura europeia tem uma matriz cristã. As grandes epopeias europeias tiveram como motor inspirador o ideal cristão. Sendo a fé cristã um dinamismo inspirador da dimensão ética, esta matriz cristã foi também a matriz de uma compreensão ética das sociedades europeias.

Este não foi um percurso linear, isento de conflitos: as divisões cismáticas no seio da própria Igreja, a perda do ardor espiritual do ideal cristão, a mistura da religião com interesses políticos, de que as guerras de religião foram a mais dramática concretização, a implementação sistemática do ateísmo e do agnosticismo, foram traumatismos na elaboração histórica desta matriz cristã da cultura europeia, mas não a anularam. A Europa precisa urgentemente de cultivar os valores antropológicos de comunidade, de generosidade, de justiça e de paz. Não se trata de voltar a colocá-la sob a alçada das religiões. Essa é a força englobante da cultura, que pode integrar o melhor que as religiões têm para lhe oferecer, sem se tornar confessional nem rejeitar o diálogo plural com outras formas de acreditar e de ver a vida. O desafio para uma Nova Evangelização da Europa é, para além da sua dimensão intra-eclesial, um projecto que tem a ver com o futuro da Europa, levando-a a reencontrar-se com a sua matriz cultural.

O projecto da União Europeia

3. Podemos afirmar que ele nasce desta visão antropológica da cultura europeia. Os seus grandes impulsionadores são cristãos convictos. Acreditaram que a Europa, depois da catástrofe da Segunda Guerra Mundial, pode renascer das cinzas se recuperar a sua alma solidária, a capacidade de dar as mãos e construir um mundo novo. Acreditar que se pode sempre renascer é uma perspectiva profundamente cristã.

Foi uma longa caminhada de mais de meio século, mas curta em termos de tempo histórico. Desde o Tratado de Roma ao de Lisboa, quanto caminho percorrido, na equação das novas realidades e no aprofundar da utopia europeia. E é historicamente significativo que no ideal de desenvolvimento dos diversos países surge sempre o desejo de aderir a este projecto da Europa unida. Com poucas excepções, explicáveis em si mesmas, o desejo de participar na União continua a ser um ideal de toda a Europa.

Embora os pais fundadores desta união alertassem para a importância decisiva da cultura e do diálogo cultural entre os diversos povos, no início desse ressurgir das cinzas, deu-se grande relevo à dimensão económica, o que era compreensível. Aliás, economia e cultura não podem separar-se ou parecer incompatíveis. Só a cultura traça o sentido e a nobreza de qualquer esforço de desenvolvimento. Aliás não é justo dizer que ao longo deste meio século se descurou completamente o diálogo inter-cultural. Basta pensar no que se passa no meio universitário, com iniciativas como o programa Erasmus e o projecto de Bolonha, no lançar de projectos de investigação em plano comunitário, no caldear lento de uma cidadania europeia, na participação da comunidade em grandes projectos nacionais nos mais diversos campos da cidadania. É urgente, isso sim, aprofundar nos cidadãos o alargamento da responsabilidade colectiva. Não se pode pertencer à Europa unida só por interesse, não aceitando partilhar os problemas de todos os povos dos países membros. Os particularismos nacionais são um obstáculo à conquista de um verdadeiro sentido de cidadania europeia.

É preciso avançar corajosamente nas estruturas governativas, económicas, culturais que continuem a promover uma verdadeira Europa unida. Neste campo o progresso tem sido, talvez o possível, mas tímido. Tudo tem estado centrado na convergência dos governos nacionais que marcam o ritmo à própria Comissão Europeia. O progresso tímido de implantar na União uma democracia parlamentar é disso um sinal. Aliás pergunto-me se não seriam convenientes novas visões inovadoras do exercício da democracia. A fisionomia histórica de cada País tem dificultado caminhar-se para um governo europeu, que a actual crise mostra ser necessário, mas que só terá sucesso sabendo distinguir os problemas estruturais da comunidade e as características da idiossincrasia de cada povo. Para isso precisamos de grandes líderes, cuja competência e envergadura humana e cultural seja capaz de traçar novos rumos. No actual processo de globalização, só assim a Europa poderá salvar a sua identidade histórica e o seu papel no mundo.

Portugal na União
4. Acho que foi bom para Portugal. Resolvido o problema do império colonial e sublinhada, no regímen democrático, a dignidade e a responsabilidade de cada cidadão na construção do bem comum, o desejo de aderir à União foi comungar num dinamismo comum à quase totalidade dos países. Defender a saída da União é uma dramática edição do pessimismo do "velho do Restelo". O País transformou-se também do ponto de vista cultural, por vezes em aspectos que nem sempre são de louvar à luz da nossa tradição cultural. Falta só incentivar e cultivar um verdadeiro ideal europeu, que é hoje o caminho para uma projecção de Portugal no mundo, aspecto a que estão ligadas as mais belas páginas da sua história.

União Monetária

5. Foi um passo lógico, embora não saiba pronunciar-me sobre a sua necessidade e realização temporal. A importância da moeda na harmonia de uma sociedade é uma longa história, aliás apaixonante, sobre a qual não posso pronunciar-me aqui. Num momento da história económica em que o valor das moedas deixou de se aferir pela sua referência ao ouro e passou a ser espelho da saúde das economias, a convergência económica da União exigia uma convergência monetária, que acabou por desabrochar numa única moeda. A saúde desta moeda única supõe a saúde das economias que a ela aderiram. É essa, aliás, a fonte das actuais dúvidas sobre a moeda única. Mas neste momento difícil que atravessamos, a busca das soluções não deve centrar-se na mudança da moeda, mas na solidariedade eficaz na harmonização das economias. A existência do Euro como moeda teve um tal impacto na compreensão da Europa unida, que dificilmente o projecto de União Europeia subsistirá à queda do Euro. E esse é um revés histórico que nenhum europeu, que tenha o sentido da grandeza deste projecto pode desejar.

Todos nós que viajamos sentimos que o uso de uma mesma moeda nos faz sentir cidadãos da Europa. Construamos a Europa para que ela possa ter uma moeda comum. Esse seria o elemento significativo para a nossa presença neste mundo global.

A PERCEPÇÃO DA EUROPA E A CONSCIÊNCIA DE CRISE: PARA REFAZER A UTOPIA À MANEIA DE PENÉLOPE[*]

JOSÉ EDUARDO FRANCO

> *"É difícil perceber a Europa desde a Europa. Sem dúvida, desde os Estados Unidos se percebe o pequeno continente como uma espécie de grande Disneylândia, cheia de igrejas, palácios, mansões, acrópoles, aldeias antigas, restaurantes, boinas bascas, chapéus tiroleses, holandeses com suecos, sistakis, valsas vienenses".*

Edgar Morin[1]

A obsessão pela Europa ou o complexo de espelho

A Europa tem-se tornado, desde o tempo do Iluminismo, um caso sério para Portugal e para muitos outros países europeus preocupados com a paz e com o sonho da unidade.

Com efeito, a Europa tornou-se, desde o Marquês de Pombal, um tema omnipresente e recorrente na cultura, mentalidade e propaganda política e ideológica em Portugal. A Europa tornou-se para nós menos um conti-

---

[*] Este texto recupera reflexão editada pelo autor na Brotéria e noutros periódicos. Parte dela aqui refeita foi publicada sob o pseudónimo de Peter Mil-Homens Mumford.
[1] Edgar Morin, Pensar a Europa. *La metamorfosis de un continente*, Barcelona, Erdisa, 2003, p. 22.

nente com um território geograficamente delimitado e mais uma ideia e acima de tudo um mito.

A obsessão pela Europa, por uma Europa culta, por uma Europa do progresso que precisamos de imitar, seguir e copiar se, por um lado nos tem mobilizado, por outro tem-nos gravemente paralisado e abatido a auto-estima colectiva. A Europa tornou-se para nós modelo e limite.

O século XIX desmascarou, pela voz dos intelectuais dominantes, a nossa decadência extrema e lamentou o nosso grave afastamento da Europa, lançando-nos para a última carruagem do comboio do progresso europeu.

O Portugal do século XX andou boa parte do tempo preocupado com a Europa, ora para a tentar imitar, ora para a evitar com o Estado Novo e com a sua censura aos ventos do pensamento avançados que sopravam do lado de lá dos Pirenéus.

A nossa Democracia recuperou a velha obsessão pela Europa, a velha obsessão pombalina, acreditando que resolverá todos os nossos problemas se nos entregar ao sedutor projecto de um continente unido.

Mas a distância entre nós e a Europa parece não querer esbater-se tão rapidamente como se esperava. Quase todos os dias vemos indicadores, estatísticas nos jornais que acusam a nossa triste lonjura da Europa na Educação, nos salários, na saúde, etc. Europa, a Europa, a Europa, quando seremos como tu! E o sentimento de crise toma conta de nós. Ou melhor, nunca mais nos largou! Somos o país-sempre-em-crise, o país-cauda--da-Europa. Porquê? Porque não somos iguais aos nossos pares europeus, não somos iguais à Europa?! Dessa ideia de Europa que nem sempre somos capazes de concretizar nem definir, uma ideia mais abstracta do que concreta, mas que condiciona e fere de depressão a nossa auto-estima nacional.

Urge exorcizar o mito da Europa-sempre-melhor-do-que-nós que nos possui e nos atormenta desde o tempo do iluminismo, quando através da propaganda de Pombal ganhámos o complexo terrível de país-cauda-da-Europa. Se é evidente que a ideia de Europa, carregada de imaginário (como carregada de imaginário é a ideia de que no tempo dos Descobrimentos fomos a vanguarda da Europa), tem a virtualidade de nos inquietar e de procurarmos mais e melhor, tem também inoculado a perigosa doença real de lançar-nos numa insatisfação permanente, de nos minar a auto-estima, de nos criar uma consciência de crise que nos tolhe a capacidade de empreendedorismo que também precisamos de estimular.

Precisamos de exorcizar esse mito platónico de uma Europa ideal impossível de alcançar e voltarmos a acreditar em nós próprios, de valorizar aquilo que temos e fazemos de bom, e em alguns casos até melhor do que essa Europa que idealizamos, para ousarmos ir mais longe e vencer a batalha do futuro, à nossa maneira e com as nossas possibilidades, sem desejos doentios de imitações. De facto as imitações nem sempre são o melhor remédio. Melhor que imitar a Europa importa recriar as nossas potencialidades empreendedoras como país europeu virado para o Atlântico, recuperando a nossa herança histórica de povo ecuménico capaz de criar universalidade e de potenciar riqueza nas relações entre povos e culturas diferentes.

A atual crise europeia que se abateu sobre Portugal é uma crise de fé na Europa e na utopia que transporta: utopia da arte da construção da diferença no *puzzle* de povos e mentalidades que só coexistirão unidos se forem respeitadas as suas seculares peculiaridades como direitos inalienáveis que não se nivelam por indicadores estatísticos que nunca corrigirão aquilo que é incorrigível.

A crise da Europa como utopia

O actual projecto político da União Europa concretiza utopias que já vêm de muito longe, que não só do tempo recente do iluminista século XVIII ou do liberal Século XIX. Muito antes de Victor Hugo sonhar com os *Estados Unidos da Europa* já muitos utopistas imaginaram uma Europa e um mundo unido. Aliás alguns querem ver, com alguma pertinência, a União Europeia, como a reactualização, *mutatis mutandis*, de projectos políticos muito antigos.[2] Em alguns aspectos, e por isso é legítima a analogia, a União Europeia está a reactualizar, de forma pacífica, o modelo do Império Romano. Por isso tem algum sentido cognominar, como o faz num livro recente Parag Khanna, a União Europeia como a "Nova Roma". O seu ideário assente no ideal consagrado com a expressão *Pax Romana* visa construir uma espécie de cidadania universal: um império multiétnico, multirreligioso, com um direito único, com regras e moeda comuns, estendo-se por espaços cada vez mais amplos com um ideário civilizacional que visava englobar todos os povos que aceitassem este projecto de cidadania com custos naturalmente de partilha de soberania e

---

[2] Cf. Manuel Antunes, *Repensar a Europa e a globalização*, Selecção de textos e Introdução de José Eduardo Franco, Lisboa, Multinova, 2006.

JOSÉ EDUARDO FRANCO

vassalagem ao imperador. O hodierno ideário de *Pax Europea*, que subjaz à construção da União Europeia recupera estes traços que fizeram a grandeza e a novidade da Roma antiga.[3]

Nunca se estudou tanto, nunca se analisou e falou tanto sobre a Europa como hoje. É uma evidência à *Monsieur* Jacques de La Palice, mas é preciso enunciá-la e constatá-la, especialmente ao nível dos estudos académico-científicos. A Europa tornou-se um *case study* sobre o qual se tem, através das mais diversas disciplinas científicas e abordagens epistemológicas, produzido mananciais e mananciais de estudos, de tratados, de histórias, de reflexões. Financiados e estimulados pela própria União Europeia ou não, em todos os países do Velho Continente nascem pujantes de juventude os Estudos Europeus.

Mas o fenómeno transborda largamente as fronteiras europeias. São cursos de licenciatura, mestrado e doutoramento, são centros de investigação, são congressos, são *workshops* que por todo o lado proliferam. Se há uma geografia física, humana, política, religiosa, cultural da Europa, importa fazer também esta nova e pujante geografia, a geografia dos estudos sobre a Europa, a Europa enquanto objecto de estudo. A popularidade da Europa enquanto objectivo de estudo é, sem dúvida, dos aspectos mais notáveis da nova cultura europeia. Há unidade e unanimidade neste ponto: a Europa é um caso de estudo interessante. E não apenas porque há muitos financiamentos para o efeito!

De facto estamos perante um caso inédito na história política e cultural. O projecto da União Europeia em curso está a tentar concretizar, desde há mais de meio século, uma utopia pacifista de unidade sonhada por muitos pensadores idealistas dos séculos passados. Unindo nações, instalando paulatinamente um super-estado, ou uma autoridade transnacional com alguma força, partilhando soberania, integrando a diversidade de culturas e procurando, nessa diversidade, um fio condutor comum. Tudo isto de uma forma extraordinariamente única até ao momento: de forma pacífica, sem recurso ao braço militar.

O que mais fascina no estudo sobre a Europa é o facto de estarmos a poder acompanhar a concretização de uma utopia tornada projecto político, cultural e económico depois da última Grande Guerra, cujos protagonistas foram os chamados pais da Europa: Robert Schuman, Jean Monnet, Konrad Adenauer, De Gasperi, Sicco Mansholt.

---

[3] Cf. Parag Khanna, *O Segundo Mundo*, Lisboa, Presença, 2009.

A PERCEPÇÃO DA EUROPA E A CONSCIÊNCIA DE CRISE

No entanto, todo o projecto utópico deixa de o ser, isto é, perde o seu fascínio enquanto ideal a atingir quando se tenta torná-lo realidade. O ideal em confronto com a realidade esvanece. Ou melhor, a utopia quando concretizada assume a dimensão crua da realidade e das fragilidades que essa realidade humano-social impõe ao projecto utópico.[4] A utopia encarnada clama por outra utopia, ou por mais utopia. Aqui se verifica o que bem definiu Umberto Eco: "A utopia é um horizonte em movimento".[5]

Os problemas e as fragilidades que envolvem o projecto europeu em acto, que é uma espécie de processo revolucionário silencioso em curso através da concretização de uma velha utopia, passa pela não coincidência entre a utopia praticada e a utopia sonhada. Desta falta de coincidência brota a desilusão, o desengano, o descontentamento. Todo o projecto humano quando é concretizado está sujeito a este processo e a este efeito. Não esqueçamos que, como escreve, Lewis Mumford, "a palavra «utopia» designa ou a completa loucura ou a esperança humana absoluta – sonhos vãos de perfeição numa Terra do Nunca ou esforços racionais para remodelar o meio humano, as suas instituições ou até a sua própria natureza falível – de maneira a enriquecer a vida da comunidade".[6]

Se tentássemos – como aliás já se tentou em versões modernas e à luz de outros ideários como as aldeias biotópicas, ou as *concept-city's* – concretizar o projecto de sociedade ideal da ilha utópica de Thomas More, ou da *Cidade do Sol* de Tommasio Campanella, a experiência da desilusão aconteceria logo que se lançasse a primeira pedra para erguer essa nova sociedade. A utopia é irmã gémea da distopia.

Hoje, pois, o problema profundo e verdadeiro da Europa resulta da crise de utopia. Não uma crise sem solução, mas uma crise necessária e que se repetirá sempre que se concretizar a revisão, a reformulação e a repotenciação da utopia inicial. Esta consciência (ou inconsciência) é fundamental para nunca desistirmos do esforço humano de utopizar. É isso que garante o progresso, na linha do velho mito iluminista, da humanidade.

Os diversos analistas e pensadores do processo de implementação do projecto-utopia Europeia consubstanciado na actual União Europeia,

---

[4] Cf. Paul Ricoeur, *Ideologia e Utopia*, Lisboa, Eds. 70, 1991, p. 23.
[5] Cf. Umberto Eco, *Six promenades dans les bois du romain et d'ailleurs*, Paris, 1994; e ver Idem, *Obsessão pelo fogo*, Lisboa, Difel, 2009.
[6] Lewis Mumford, *História das Utopias*, Lisboa, Antígona, 2007, p. 9.

JOSÉ EDUARDO FRANCO

tendem a afirmar que a consolidação deste projecto implica a necessidade de criar um "sentimento europeu" de pertença comum que passaria pelo que Edgar Morán chamou um "mercado comum cultural". Por outro lado também a necessidade de conferir à Europa uma teleologia comum com a criação da chamada "comunidade de destinos" que dê finalidade à sua deriva histórica dos cidadãos europeus reunidos em comunidade[7]. De facto, o que subjaz a muita da ideografia europeia é intento de transpor e imprimir no projecto comunitário apanágios estruturantes das velhas nacionalidades.[8] Muitos autores expressam clara ou subliminarmente a convicção de que, no fundo, a Europa só terá viabilidade a longo prazo se desenvolver e aplicar a si uma mitologia nacionalizante. Esta deveria consubstanciar-se no desenvolvimento de uma mitificação quadridimensional de sentido da comunidade nacional europeia: um mitificação das origens, a narração épica de uma epopeia comum, a circunscrição de uma idade de ouro-idade referência, e a pregação de uma teleologia.[9]

Mas importa perguntar se é uma nova nação que se quer, ou melhor, uma super-nação com os complexos e os excessos históricos que marcaram a deriva da afirmação das nacionalidades, a qual passou por unificações e uniformização culturais e identitárias não poucas vezes violentas e esterilizadoras de experiências de existência humana em comunidade diversas?[10] Ou se, por outro lado, não estamos no momento histórico privilegiado para inventarmos uma realidade nova e evitar erros do passado que se tornariam crassos.[11]

Nesta linha de reflexão são bem pertinentes as perguntas de Manuela Tavares Ribeiro: "Poder-se-á perguntar: não será possível existir uma integração política sem uma integração cultural?" Como bem considera a autora, esta questão permite equacionar de maneira diferente as relações com o «exterior» da União, entre «nós» e os «outros», o que prova, de certa

[7] Cf. Maria Manuela Tavares Ribeiro (coord.), *Identidade Europeia e Multiculturalismo*, Coimbra, Quarteto, 2002, p. 9 e ss.
[8] Cf. Anthony Giddens, *A Europa na Era Global*, Lisboa, Presença, 2007.
[9] Sobre a nova teoria da mitificação quadridimensional e a afirmação da ideia moderna de nacionalidade ver José Eduardo Franco, "O Quinto Império de Vieira e a Ideia de Portugal: A elaboração da quarta dimensão mítica da nacionalidade em Vieira", in José Cândido de Oliveira Martins (Org.), *Padre António Vieira – Colóquio*, Braga, Publicaçõcs da Faculdade de Filosofia –UCP, 2009, pp. 187-208.
[10] Patrick Geary, *O Mito das Nações: A invenção do nacionalismo*, Lisboa, Gradiva, 2008. Ver também Pierre-Yves Bonin (dir.), *Mondialisation: perspectives philophiques*, Paris, L'Harmattan, 2001.
[11] Cf. C. W. Watson, *Multiculturalism, Buckingham* – Philadelphia, Open University Press, 2000.

A PERCEPÇÃO DA EUROPA E A CONSCIÊNCIA DE CRISE

maneira, que a ideia de uma unidade cultural não tem muito sentido".[12]
Com efeito, como lembra Lucian Boia, "as distâncias de ordem cultural e
mental tornam-se muito mais consideráveis que as distâncias geográficas.
A proximidade não exclui a alteridade e, por vezes, até reforça".[13]

A citada especialista portuguesa em Estudos Europeus partilha de
um outro ideário que nós também consideramos mais viabilizante para
a União Europeia contra as tentações uniformistas e, como sabemos por
experiência, são sempre reincidentes. Este ideário é expresso através do
conceito de "coabitação cultural", onde a Europa dos povos e das culturas se respeitem, mas também se recriem nas relações cinergéticas fomen-
tadas entre si,[14] numa partilha dialógica de perspectiva intercultural.[15]
De facto, não tem sentido e é uma "situação paradoxal" querer-se a globalização e uniformização cultural e ao mesmo tempo assistir-se a um processo de valorização das culturas e especificidades nacionais e regionais,
como reacção ao processo aposto em curso.[16]

Com efeito, na linha do que defendia André Malraux, "o universo da
cultura não é o mesmo que o universo da imortalidade; é sim o da metamorfose". O mesmo é dizer que o mundo da cultura é dinâmico e não
estático. Assim temos a oportunidade única da Europa pensar-se e defi-
nir-se como um espaço, uma união onde as culturas se recriem: o espaço
por excelência da criação cultural que faz evoluir verdadeiramente a
humanidade. Assim a "Europa das Culturas" evitaria o regresso da tentação nacionalizante que poderia eriçar velhos antagonismos sem solução.[17]

Por esta via a Europa poderá aproximar-se um pouco mais daquela
ideia, carregada de utopia, de ser, na formulação de alguns, um "laboratório do mundo", ou um laboratório de humanidade, como sonhou Jeremy
Rifkin, na linha de uma velha formulação ainda mais poética de olhar a

---

[12] Maria Manuela Tavares Ribeiro (coord.), Op. cit., p. 10.

[13] Lucian Boia, *Pour une Histoire de l'imaginaire*, Paris, Les Belles Lettres, 1998, p. 123.

[14] Cf. Dominique Wolton, "Presentation", in *La cohabitation culturelle en Europe. Regards croisé des Quinzes de l'Est et du Sud*, Paris, CNRS Éditions, 1999, pp. 11-17. Ver também Alain Touraine, *Um Novo Paradigma. Para Compreender o Mundo de Hoje*, Lisboa, Instituto Piajet, 2005.

[15] Cf. Roselyne de Villanova, Marie Antoinette Hily, Gabrielle Varro, *Construire l'Interculure? De le notion aux pratique*, Paris, L'Harmattan, 2001; e cf. Renato Ortiz, *Mundialização e Cultura*, São Paulo, Editora Brasiliense, 2006.

[16] Cf. Victor Marques dos Santos, *Conhecimento e Mudança. Para uma Epistemologia da Globaliza-ção*, Lisboa, ISCSP, 2002.

[17] Cf. Maria Manuela Tavares Ribeiro (coord.), *Op. cit.*, p. 11.

JOSÉ EDUARDO FRANCO

Europa como "Jardim do Mundo".[18] Mas sem nunca esquecer a umbertiana definição que vê a utopia como "horizonte em movimento" – que deve ser também o horizonte da criação cultural. Assim a ideia de laboratório seria um projecto à medida da Europa, onde a sua pequenez como continente poderia coaduna-se com a largueza da sua história, história esta que se interceptou e interrelacionou em várias épocas e andamentos com as histórias dos diferentes povos e culturas do mundo.[19] Pois como afirma G. Oliveira Martins, "a Europa é uma ideia, mais do que um continente". E para que não corra o risco de se tornar um museu de sonhos, importa atender à necessidade sim de criar um mito mobilizador de que fala Eduardo Lourenço e que Oliveira Martins assim concretiza: "O mito mobilizador de que necessitamos na Europa contemporânea exige a compreensão da "comunidade de memória" que se repercuta numa legitimidade democrática complexa, que resulta da convergência entre os povos, de que decorre uma nova e inédita realidade supranacional. Identidade e identidades definem uma pluralidade de pertenças e uma integração aberta, em que temos de nos empenhar. Eis porque a realidade europeia tem de ser entendida como uma «comunidade plural de destino e valores»".[20]

Este *sentimento europeu* passará necessariamente por imaginarmos, pensarmos e sentirmos todos (os europeus), no fundo, toda a história como nossa e não como a dos franceses, dos ingleses, dos alemães, dos espanhóis, dos portugueses, etc. Quando fizermos a História da Europa nossa e sentirmos que estamos a participar juntos na construção do seu destino, então teremos uma Europa sentida pelos europeus. Mas para isso é preciso tempo e uma política bem conduzida em ordem a esse caminho.

---

[18] Cf. José Eduardo Franco e Ana Cristina da Costa Gomes (coord.), *Jardins do Mundo: Discursos e Práticas*, Lisboa, Gradiva, 2008. Ver nesta obra o texto de Eduardo Lourenço. "Os Jardins como Cultura: Os Mares do Sul como utopia", pp. 21-25.

[19] Cf. Luis Diez del Corral, *El rapto de Europa – Uma interpretation histórica de nuestro tempo*, Madrid, Alianza Editorial, 1974.

[20] Guilherme d'Oliveira Martins, "Ponto de Encontro de Identidades", in Isabel Capeloa Gil (coord.), *Identidade europeia – Identidades Europeias*, Lisboa, Universidade Católica Editora, 2009, p. 158.

25 ANOS DE INTEGRAÇÃO NA EUROPA: QUE JUÍZO E QUE FUTURO?

JOSÉ LUÍS DA CRUZ VILAÇA

A União Europeia está, mais uma vez, na encruzilhada. Talvez nunca tenha deixado de estar, nem a União nem as Comunidades Europeias que a precederam. Talvez isso fosse inevitável na construção de uma Comunidade económica e de uma União política resultantes de uma *ideia* que se quis converter num *ideal* e fruto de um *voluntarismo* que reclamava uma *vontade* política para se realizar.

A incerteza é o preço a pagar por qualquer esforço de construção política em liberdade e democracia. A História do século passado demonstrou, aliás, que nenhuma tentativa de fabricar uma Europa imperial poderia durar mais que alguns anos, à custa de sacrifícios inenarráveis e de perdas irrecuperáveis.

O "método comunitário" proposto pelos *pais fundadores* – esse método de pequenos passos, assente na criação de dinâmicas "funcionalistas", desencadeadas pela acção motora de uma instituição, a Comissão, que representaria o "interesse comum da Europa" – era, pois, o único capaz de garantir uma base sólida a cada transição de uma fase para outra e de dar à chamada "construção europeia" uma estrutura consistente e duradoura.

Mas, ao mesmo tempo que demonstrava as suas virtudes, o método ia revelando as suas próprias limitações. Por um lado, assentava num impulso político que partia de cima para baixo, do centro para a perife-

JOSÉ LUÍS DA CRUZ VILAÇA

ria e que precedia, portanto, a criação, na sociedade a que se dirigia, de um espírito de comunidade ou de uma identidade comum, que, no início, eram apenas o fruto de uma vaga e imprecisa consciência da necessidade de uma acção comum.

Por outro lado, a própria natureza do método tornava o processo mais lento e complexo, tanto mais lento e complexo quanto mais pesada era a carga de Estados-membros envolvidos, na sequência dos vários alargamentos até aos actuais vinte e sete.

Mas este foi, ao mesmo tempo, o preço a pagar pelo próprio sucesso da integração. Com efeito, o método deu provas da sua capacidade para permitir alcançar patamares de integração voluntária entre Estados soberanos nunca antes imaginados e tornou a "Europa Unida" atractiva e apetecível para tantos países à sua volta, mesmo para além do continente europeu e, muito em especial, para os que se acharam desamparados pelo desmantelamento do velho império soviético.

Há que reconhecer que o processo de integração foi tanto mais rápido, seguro e sustentável quanto mais diligente foi o recurso ao "método comunitário" e quanto mais eficaz foi a sinergia positiva entre as instituições. Não foi evidente desde o início, mas a verdade é que a Comunidade e a União se foram consolidando na base de uma tripla legitimidade das instituições.

A começar pela legitimidade conferida pelos Estados-membros, autores soberanos dos tratados, sujeitos de direito internacional, por obra de quem se decidiu fazer a integração europeia e pôr em comum parcelas cada vez mais amplas de soberania. Só que, autores dos tratados e presentes na acção da União através do Conselho e do Conselho Europeu, deixaram há muito de ser senhores absolutos deles: a obra ultrapassou a intenção dos criadores, autonomizou-se e ganhou uma vida própria. Aconteceu assim porque outras fontes de legitimidade vieram acrescentar-se à originária vontade dos Estados fundadores.

Antes de mais, a vontade dos povos europeus, democraticamente expressa na eleição directa de um Parlamento Europeu, com poderes orçamentais, de participação legislativa e de controlo político.

Além disso, a legitimidade conferida às instituições – em especial, a Comissão e os tribunais da União – pelos próprios tratados, ao investi-las de uma missão de interesse comum cuja prossecução lhes confiou.

Foi na base dessa sinergia activa que se eliminaram os obstáculos às trocas que estiveram na base da realização do mercado interno, se lançaram os fundamentos da cidadania europeia e do espaço de liberdade, segurança e justiça, se proclamou um catálogo de direitos fundamentais não escrito nos tratados originários e que se promoveu uma "constitucionalização" progressiva da ordem jurídica da União.

O sucesso do mercado único tornou inevitável o passo seguinte, que foi dado em Maastricht com a instituição da UEM e a abertura do caminho para a adopção do euro. Com efeito, não há verdadeiro mercado interno onde as barreiras monetárias e cambiais às trocas e à circulação de capitais não foram eliminadas.

A criação do euro não só removeu os custos cambiais e o risco de câmbio nas trocas entre os Estados-membros aderentes como permitiu à Europa dispor de uma moeda cujo peso no contexto internacional lhe permite funcionar como moeda de reserva e de referência e servir de apoio a uma presença internacional mais forte e determinante. Além disso, uma moeda única favorece a convergência dos preços no mercado interno e desencoraja os movimentos especulativos.

Faltaram porém condições essenciais de sucesso à UEM para que pudesse triunfar. É certo que os tratados (incluindo os protocolos anexos) consagraram a obrigatoriedade de os Estados-membros candidatos ao euro respeitarem uma disciplina comum em matéria de estabilidade dos preços, equilíbrio orçamental, taxas de câmbio e convergência das taxas de juro.

A violação, por dois grandes Estados-membros, a Alemanha e a França, dos compromissos que haviam aceite no quadro dos Planos de Estabilidade e Crescimento teve porém efeitos nefastos para a credibilidade da UEM e a confiança na moeda única.

De resto, desde o início se levantaram imensas dúvidas sobre a suficiência dos critérios de "convergência nominal", muitos insistindo na necessidade de promover uma verdadeira "convergência real" entre as economias e as políticas económicas dos países do euro. Além disso, as condições em que alguns países foram admitidos no eurogrupo revelaram-se no mínimo levianas.

A crise da dívida soberana da Grécia e de outros países, entre os quais Portugal, acrescentando-se às consequências da profunda recessão internacional desencadeada pela crise do *subprime*, a queda de Wall Street, a falência do Lehman Brothers e o rebentar de várias bolhas, obrigou a tirar lições dramáticas para a subsistência do projecto da UEM e da moeda única.

A _primeira lição_ é a de que a sobrevivência da moeda única não é compatível com a irresponsabilidade financeira dos Estados participantes. Quando cada um não faz, conscienciosamente, o trabalho de casa, incluindo nos períodos de folga orçamental e económica, não é possível assegurar a consistência do conjunto e os resultados podem ser devastadores em períodos de crise, sobretudo numa pequena economia com graves problemas estruturais. Daí que, numa zona monetária única, as políticas fiscal e orçamental não possam deixar de ser consideradas e tratadas como questões de interesse comum, partilhadas por todos os membros da zona.

A _segunda lição_ é que o endividamento de uma economia face ao exterior, incluindo sector público e sector privado, rapidamente se converte na variável mais condicionante de um processo de reequilíbrio e no obstáculo mais importante e duradouro à retoma do crescimento. Contrariamente às expectativas optimistas de muitos, a entrada no euro não tornou a dívida externa uma variável irrelevante a negligenciar na definição e execução das políticas económicas.

A _terceira lição_ é que a evolução divergente das economias torna o sistema, tal como ele está concebido, virtualmente ingerível. Não é possível ao Banco Central Europeu pôr de pé e aplicar uma política de taxas de juro para toda a zona euro que tenha em conta de modo diferenciado os ciclos de evolução e os estados de desenvolvimento de cada economia, sem um mínimo de convergência entre elas.

Uma _quarta lição_ é ainda a de que as economias da mesma zona monetária são necessariamente interdependentes, de tal modo que o descalabro de uma delas pode, nas actuais circunstâncias a isso favoráveis, alastrar às demais, mesmo as mais sólidas, provocando uma crise sem precedentes e de resultados difíceis de avaliar.

Como resultado de tudo isto, uma _quinta e última lição_ se impõe: a de que uma União Económica e Monetária constituída por Estados independentes, assente numa moeda única e num mercado comum, só pode subsistir com o apoio de mecanismos institucionais aptos a assegurar as necessárias arbitragens eficazes entre particularismos e preferências nacionais que continuarão (ainda bem!), inevitavelmente, a existir.

Não é, a meu ver, a nomeação de um ministro das Finanças da União (tão patético como a de um ministro, ou ministra, dos Negócios Estrangeiros da União, chame-se lá o que se lhe chamar) que permitirá alcançar os objectivos. O enxerto de puros mecanismos de carácter inter-

-governamental num processo de integração não pode constituir a chave do sucesso.

A União Europeia dispõe de uma maquinaria institucional que foi testada ao longo dos anos e cujas fortalezas e insuficiências estão bem diagnosticadas. O método comunitário que lhe subjaz é o único capaz de conciliar os interesses e as posições divergentes dos Estados-membros com as exigências do interesse comum da Europa. Ainda recentemente, num sobressalto de afirmação institucional, o Presidente da Comissão o foi lembrar ao Parlamento Europeu!

O certo é que, tal como as coisas se têm passado, na base de puras negociações entre os governos dos Estados-membros, sob a égide de dois actores principais, a União corre o risco, não apenas de se tornar completamente ineficaz, mas também de perder a sua legitimidade e, com ela, a opinião pública europeia.

Custa a muitos ouvir isso, sobretudo aos mais ciosos da preservação da soberania fiscal ou aos adeptos de um populismo fácil, mas não vejo outra alternativa para prosseguir com a UEM. Como recentemente disse o ministro das Finanças alemão Wolfgang Schäuble, esta seria a forma de converter uma séria ameaça numa oportunidade única para a zona euro.

Quais são os mecanismos concretos a adoptar é coisa a afinar. Sugestões não têm faltado, desde a definição pelas instituições comuns de estritas disciplinas financeiras e fiscais para todos ao reforço dos mecanismos de vigilância orçamental, da criação de um Fundo Monetário Europeu, à emissão de títulos, de dívida comuns, até à aplicação de sanções automáticas aos prevaricadores.

Uma reforma destas, essencial à governabilidade do euro e à convergência das economias europeias, não parece poder prescindir da revisão dos tratados. Uma alternativa poderia ser a sugerida recentemente por Jean-Claude Piris[1], baseada na conclusão, pelos Estados-membros do euro que o desejassem, de um tratado complementar compatível com o direito internacional e o direito da UE.

Mas não vejo bem como poderia a articulação dos órgãos e políticas desta cooperação institucional reforçada com os demais Estados não participantes fazer-se sem ajustamentos nos tratados actuais. Em todo o caso, não poderia a solução representar uma muralha da China permanente

---

[1] Financial Times de 4 de Novembro.

entre duas Europas: todos deveriam aceitar a vocação a aderir logo que possam e queiram.

Quanto ao nosso País, é minha profunda convicção que o interesse nacional exige que fiquemos entre os que aceitam as disciplinas da "eurozona" e respeitam as condições para nela se manterem. A razão é, para mim, muito simples.

A economia e a sociedade portuguesas tiraram óbvios benefícios da nossa integração nas Comunidades Europeias. Portugal, apesar dos seus problemas de carácter estrutural e do retrocesso no desenvolvimento a que assistimos nos últimos anos, é hoje um País diferente do que era antes da adesão.

Esta constituiu, a meu ver, uma alavanca indiscutível do processo de modernização. Reformas institucionais foram feitas mesmo antes da adesão mas tendo-a em vista, incluindo a abertura de sectores à iniciativa privada, a liberalização do comércio externo e do investimento estrangeiro, a independência do Banco de Portugal, o reconhecimento da importância de uma política de concorrência, a transformação do quadro de vida nos meios rurais. Além disso, a auto-estima do País reforçou-se pela presença bem sucedida nas instituições e pelo sentimento de aceitação numa comunidade de Estados democráticos desenvolvidos, na qual estivéramos durante muitos anos impedidos de entrar.

Mas mantemos uma cultura endémica de dependência do Estado, central, regional ou autárquico, com tudo o que isso implica de aumento da burocracia e do peso das administrações, de oportunidades de tráfico de influências e de corrupção, de estandardização de comportamentos medíocres, de aversão ao risco e à inovação, de violação da imparcialidade e da justiça que são devidas aos que têm mérito e não necessariamente aos que têm amigos. A insistência nos fundos estruturais como chave do processo de desenvolvimento contribuiu, é certo, para melhorar a qualidade das infra-estruturas do País, mas agravou as finanças do Estado, gerou um efeito de ilusão quanto à nossa riqueza e fez da obra pública financiada pela CEE um novo messias do qual iria depender a felicidade dos portugueses.

As exigências de uma boa governação e a lógica dos benefícios da participação no mercado único levam-me naturalmente a desejar que o euro se aguente como a moeda comum europeia e que Portugal nela mantenha uma presença sólida e responsável.

Não só os custos de uma saída seriam brutais no curto prazo, designadamente em termos de desvalorização dos activos e de aumento dos custos da dívida, como teríamos de suportar perdas de longo prazo muito mais profundas e importantes.

Não faria aliás sentido aceitar os sacrifícios a que todos em Portugal têm estado sujeitos se não fosse na perspectiva de criar uma situação que nos permita continuar na zona euro.

Não será, no entanto, possível continuar a ignorar as dificuldades e exigências a isso inerentes, sobretudo do ponto de vista do aumento imperioso e urgente da competitividade da nossa economia. A singular coesão da sociedade portuguesa poderá constituir um sólido apoio ao doloroso processo de reestruturação que parece ter-se tornado inevitável.

Com o que precede ficaram, julgo, respondidas a maior parte das questões que me foram propostas. E duas outras também podem, parece-me, encontrar lá resposta: (i) a identidade europeia vai-se fazendo; (ii) o modelo da integração assenta no método comunitário ou não terá sucesso.

E falta, apenas, o que não é pouco, felicitar o Instituto Europeu da Faculdade de Direito de Lisboa e o seu Presidente, Professor Doutor Eduardo Paz Ferreira, pela oportunidade desta iniciativa de assinalar os vinte e cinco anos da adesão de Portugal às Comunidades Europeias e de promover uma reflexão crítica, serena e não desprovida de esperança sobre o futuro da Europa.

Lisboa, 31 de Outubro de 2011

QUEREMOS MESMO A EUROPA?

JOSÉ M. AMADO DA SILVA

O desafio que é lançado, corporizado num conjunto de perguntas muito pertinentes, honra-me tanto quanto me preocupa. Seja-me permitido, desde já, considerar que a pergunta que enquadra todas as outras vem no texto da carta-convite, que reproduzo com a devida vénia:

"Vivemos tempos de saúde ou de agonia da União Europeia?" A resposta, simplista e imediata, é dada pela notícia de que na madrugada do dia 27 de Outubro o Euro (e a Europa, concluem os analistas) se salvou à custa de uma decisão que teve muito de forçado.

Se se salvou, significa que não estava de saúde e, eventualmente, estaria em agonia. Mas estamos a falar de quê? Da União Económica e Monetária (Zona Euro) ou da União Europeia? Ou será que sem a "salvação"da Zona Euro a União Europeia também se esboroará, como, aliás, parece depreender-se das acutilantes (e inesperadas) posições de países que, pertencendo à União Europeia, não quiseram (apesar de poderem) integrar a Zona Euro?

A este propósito, permito-me citar parte de um artigo de co-autoria de Anders Borg (Ministro das Finanças da Suécia) e Carl Bildt (Ministro dos Negócios Estrangeiros da Suécia), escrito no "Financial Times" (12-10--2011):

"A necessidade imediata de robustecer a situação fiscal em alguns países do euro deve ser resolvida fundamentalmente na zona Euro. Mas a crise dos bancos requer uma solução comum para toda a UE. O mercado único, incluindo o mercado comum e integrado dos serviços financeiros, é uma conquista nuclear da UE. Só um mais alargado enquadramento legal e institucional da UE pode fazer com que os mercados funcionem no interesse de todos os europeus. Temos um sistema bancário europeu e não só da Zona Euro. Por isso precisamos de encontrar uma solução europeia.

Precisamos da UE mais do que nunca. Uma Europa fracassada e fraturada ameaçaria a nossa prosperidade, bem como as contribuições para a estabilidade global. A nossa tarefa é não criar novas divisões na Europa, mas antes demonstrar uma nova unidade."

E que dizer do insuspeito "Financial Times" (10-10-2011) que num editorial único, a todo o comprimento da página e em letra com tipo duplo do habitual, titulava: "Salvem a unidade da Europa agora"?

E em texto: "Angela Merkel diz que se o euro falhar a Europa falha. Na verdade, deve ser o contrário: se a Europa falhar, o euro falhará, e incontáveis fios do tecido da unidade europeia, incluindo o mercado único, separar-se-ão."

Esta visão de integração dos problemas não escapa mesmo à classe empresarial do país líder da UE, a Alemanha: Segundo o "Financial Times", (12-10-2011) o CEO da Bosch terá afirmado: "Se perdermos o Euro, então também teremos perdido o mercado interno europeu e, com ele, a nossa base competitiva."

Se a isto acrescentarmos que, no já referido editorial do "Financial Times" se afirmava, com preocupação: "Já são bem visíveis fissuras no edifício da unidade europeia – observemos as tensões no espaço livre de circulação Schengen", parece fácil concluir que Eurozona-Mercado Único--Schengen são características inseparáveis da criação de uma verdadeira União Europeia. E esta não se concretizará sem a integral e durável realização das famosas Quatro Liberdades: liberdade de circulação de bens, serviços, capitais e pessoas. Sem Schengen completamente alargado não está cumprida a última condição e se, como nunca foi regateado, estas quatro condições são a expressão radical da realização perfeita do Mercado Único, também este não estará completado, sendo ainda que, com a falha do Euro, conforme as citações atrás referenciadas, falha o mercado interno. A este propósito convém ainda salientar a nota de Charles Grant, Diretor do *Center for European Reform* ("Financial Times", 13-10-2011): "Os críticos do Euro esquecem-se que o Mercado Único nunca coexistiu com a livre flutuação das taxas de câmbio. Quando se construiu o Mercado

Único nos finais dos anos 80 (do séc. XX), a União Europeia já tinha um mecanismo de taxas de câmbio limitando os movimentos dos valores das moedas."

Este conjunto levar-nos-á, naturalmente, a responder afirmativamente à pergunta 5 – "A União Económica e Monetária foi um passo lógico ou necessário na integração europeia?", mas não necessariamente à 6 – "a forma como a UEM foi concebida era adequada aos objetivos pretendidos?"

A disjunção das duas respostas parece paradoxal, mas não tem de o ser. Efetivamente, a "ideia" da UEM é um passo curial na construção da União Europeia (e, antes disso, como vimos, do próprio Mercado Único – como existir um Mercado Único verdadeiramente eficiente (incluindo o financeiro) sem uma moeda única?), mas, e a situação atual parece confirmá-lo, essa "ideia" não terá sido bem concretizada. Terá sido falha da construção do modelo ou comportamento dos agentes envolvidos?

A posição do referido editorial do "Financial Times" dá um bom início de resposta a esta pergunta: "Os riscos inerentes à arquitetura do Euro foram extremamente mal geridos pelos seus membros. Os países devedores viveram bem acima dos seus meios, os credores não tiveram atenção ao modo como o crédito era despendido e os reguladores não atuaram.

A oferta de moeda foi coletivizada, enquanto a política fiscal e os sistemas bancários se mantiveram nacionais, levando a que as dívidas soberanas e os problemas de financiamento dos bancos se reforçassem mutuamente sem o interruptor do circuito – o financiador do último recurso. A fixação de taxas de câmbio poderia ter ajudado os países menos competitivos a aproximarem as suas produtividades das dos líderes; pelo contrário essa (fixação) permitiu uma enorme divergência."

Esta avaliação coloca no comportamento generalizado de todos os atores, bem mais que na arquitetura do sistema – à qual, no entanto, reconhece riscos, o menor dos quais não é, a meu ver, o ter-se esquecido o "E" (económico) da UEM, mantendo na análise conceitos nacionais desajustados a uma verdadeira União Económica e Monetária – os desastrosos resultados que se observam.

Curiosamente, alguns estruturalistas militantes, esquecem este comportamento e avançam logo com novas regras para obviar a estes resultados. Sem contrariar a necessidade de repensar essas regras, parece bem claro que as existentes não foram geralmente observadas, designadamente aquelas que configuram uma União Monetária e que impediriam os descalabros fiscais.

JOSÉ M. AMADO DA SILVA

Se todos tivessem cumprido os critérios do déficit público e da dívida pública, como era exigido pelas regras da União, não estaríamos, por certo, nesta situação. E, neste ponto, quase todos prevaricaram e ninguém impôs o adequado cumprimento, não sendo, por isso, legítimo alguém alienar-se das responsabilidades criadas.

Neste sentido se o Euro (bom) é um passo decisivo para a construção da EU, faz sentido os países que se dizem preocupados pelo reforço da União, continuarem fora da Zona Euro?

A resposta só pode ser desses países, podendo eles argumentar, face à evidência empírica, que não faz sentido juntarem-se a algo que está a falhar redondamente.

Mas se está a falhar porque é que o querem salvar de fora?

Esta pergunta "responde", de algum modo, à 7 – "O euro irá sobreviver à atual crise?" A concretização dessa resposta terá de ser dada pelos 27 e não só pelos 17 e, muito menos ainda, pela esperança que os outros países, designadamente os emergentes, venham dar uma "mãozinha". Se derem tanto melhor, mas é aos 27 que cumpre responder. E não contem demasiado com os outros! Para aviso, atentem neste artigo de Yao Yang, Diretor e Professor no *China Center for Economic Research Pekin University* ("Financial Times" (21-09-2011)) que titulava: "Pequim não virá a correr socorrer o euro". E em texto: "A China sabe que uma maior estabilidade da zona euro é do seu interesse Ela sabe que os EUA estão a retrair-se relativamente aos assuntos europeus, mas não está ainda pronta para tomar o seu lugar. Visto de Pequim, o Euro é um assunto europeu. E os europeus terão de corrigir os seus próprios erros."

Daqui decorre de imediato, a resposta à pergunta 8 – "Portugal deve permanecer na Zona Euro?" Se ele resistir e se robustecer é claro que sim, pois as razões que o levaram a entrar vêm fortalecidas e as alternativas configuram-se confusas, incertas e perigosas. Se a zona euro não resistir, a pergunta passa, naturalmente, a ser espúria.

Mas o cerne de tudo isto está na pergunta 2 – "Existirá uma identidade europeia e em que se traduz?" É que, se não existir e não tiver uma tradução operacionalizável e credível, é bem de ver que a pergunta 1 –"Que modelo de integração económica e política consideraria adequado à União Europeia?" deixa de fazer sentido.

A resposta à primeira destas duas perguntas encontro-a em palavras exemplares do filósofo Jürgen Habermas num artigo do "Le Monde" (26-10-2011), sob o título "Tornemos a Europa mais democrática!".

Escreve Habermas: "É uma perspetiva colada ao séc. XIX que impõe a resposta conhecida do *demos*: não existiria povo europeu, por isso uma união política merecedora desse nome seria edificada sobre a areia. A esta interpretação quereria opor uma outra: A fragmentação política duradora no mundo e na Europa está em contradição com o crescimento sistémico de uma sociedade mundial e multicultural e bloqueia todo o progresso na civilização jurídica constitucional das relações de poder estatais e sociais."

Refere ainda, e bem, que a UE tem sido monopolizada por elites políticas, criando uma profunda assimetria de participação que tem conduzido à alienação do cidadão comum que se não revê europeu.

A alternativa a esta situação, diz Habermas, é "a continuação consequente da legalização democrática da UE. Mas uma solidariedade dos cidadãos estendendo-se à Europa não se pode formar só entre os estados-membros, isto é, nos possíveis pontos de rutura, se consolidarem desigualdades sociais entre nações pobres e ricas."

Defende, por isso, que a União tem de procurar uma certa homogeneidade de condições de vida", que se traduza em "situações de vida social que sejam aceitáveis do ponto de vista da justiça de repartição e não a um nivelamento das diferenças culturais."

Esta última ressalva, relevantíssima, aponta para o continuado respeito das nações europeias naquilo que é a sua matriz mais radical, e, a meu ver, poderá ter uma expressão institucional na existência de uma 2ª câmara (senado?) em simultâneo com um parlamento mais europeu e menos nacionalmente fragmentado.

Perante isto, têm importância as duas perguntas sobre Portugal? É das suas respostas que deve resultar a escolha de Portugal? Para além de ser evidente que Portugal não tem usado bem os fundos de reequilíbrio europeu postos a sua disposição, a adesão de Portugal não se baseou numa mera análise económica de custos-benefícios. A entrada foi desejada para melhor garantir o fortalecimento da jovem democracia portuguesa, tal como a visão dos fundadores do que é (?) hoje a União Europeia se traduziu na criação de um espaço de paz e progresso na Europa.

É isto que tem sido esquecido, sobretudo no desenvolvimento da crise. E é pena! E é perigoso!

EH LÁ FORA!

JOSÉ MEDEIROS FERREIRA

A República Portuguesa pediu a adesão ao Tratado de Roma em 1977 e entrou efectivamente na CE em 1986, ainda existia pujante a Europa Ocidental. Depois sucederam-se o Acto Único (1986), o Tratado de Maastricht (1992), o de Amesterdão (1997), o de Nice (2001) e o de Lisboa (2007), passando pelo malogrado Tratado Constitucional (de 2005). Como facilmente se percebe, a Comunidade Europeia perdeu o seu centro de gravidade entre a reunificação alemã e o grande alargamento a leste e desfez-se em metamorfoses.

Contrariamente aos conceptualistas da Europa, o que eu mais aprecio na UE é o seu lado tratadístico, a sua natureza contratual entre Estados e entre cidadãos. Não tenho nenhuma ilusão sobre uma virtual "identidade europeia", mesmo a do percurso dos cafés de George Steiner. Sei quando estou num ambiente europeu mas a União Europeia não precisa, nem tem, identidade e muito menos constitui um só povo. Nunca teve, nem separada, nem organizada por Impérios ou por Estados. Daí a necessidade positiva de contratos políticos e jurídicos entre as suas partes constitutivas, povos e Estados.

Posso conceber, é certo, uma inspiração federal paritária e descentrada, na qual os estados federados sejam a origem constituinte e os garantes da União. Os EUA nasceram assim e desde então nunca mais se fez melhor.

JOSÉ MEDEIROS FERREIRA

Daí que já tenha proposto, sem cuidar da sua possibilidade imediata, a existência de uma câmara representativa dos Estados, um Senado, no sentido bi-cameral norte-americano.

De qualquer forma, as perspectivas comunitárias vão mais num sentido centralista e burocrático do que numa via federal e política. A "governação económica" da EU, como se está a desenhar, é o contrário do federalismo. É de inspiração centralista e burocrática e não terá uma grande utilidade.

O pedido de adesão à CEE formulado pelo I Governo Constitucional baseou-se em vários pressupostos, alguns dos quais expressos no capítulo sobre Política Externa do Programa apresentado à Assembleia da República no Verão de 1976, entre os quais o pressuposto do alargamento à península ibérica – "essa adjacência não democrática " rejeitada em 1963 – o pressuposto da entrada posterior da Espanha, o da adesão das ex--colónias à então Convenção de Lomé, e o da dimensão solidária da CEE. Como sempre acontece, a criatura emancipou-se do criador e teve uma evolução diversa.

Escrevi, no livro *Recordando José Rabaça* (Edeline, Lisboa 2004) que a direita portuguesa procedeu à sua europeização de fachada durante o cavaquismo governamental:

"Sempre traída pelo seu "pathos" autoritário, mas muito prática na defesa do novo "establishment", conseguiu assentar, em dez anos, o actual modelo económico da sociedade portuguesa: muita banca, muito cimento, muito comércio alimentar. Crédito, casa e comida – é um modelo rudimentar, mas do agrado geral, pelos vistos. A variável da indústria transformadora até perdeu terreno, a partir de então. As obras públicas tomaram o seu lugar. Dizem-nos agora que o modelo está esgotado, mas fez as delícias dos poderosos em Portugal" (p. 199).

De qualquer modo, depois do 25 de Abril, a entrada de Portugal na União Europeia foi o movimento estratégico de maiores consequências contemporâneas para a sociedade portuguesa e a sua maior mola modernizadora.

Sempre necessitada de um impulso exterior para se movimentar, a sociedade portuguesa cobriu-se de uma membrana muito fina de modernidade, e até de pós-modernismo. Assim como a entrada na então OECE nos obrigou a refazer as contas nacionais, a aproveitar os investimentos nas hidroeléctricas e a projectá-los nos Planos de Fomento, assim a entrada na Comunidade Europeia obrigou-nos a uma profunda reforma no sistema fiscal, mais uma vez a melhorar e a actualizar o aparelho estatístico, e a lançar o país no aproveitamento, mais ou menos criterioso, mais ou menos cativo de *lobbies* poderosos, num vasto programa de obras públicas, de reforço financeiro do poder autonómico e do poder local, para além de ter refrescado os mecanismos de planificação deixados inertes pelos Planos de Fomento. Tudo isto durou 20 anos. Acabámos crivados de dívidas, mas temos infra-estruturas públicas de última geração, enquanto outros países estão também endividados e as suas redes públicas estão obsoletas.

É verdade que adoptámos o paradigma europeu como se fosse uma dogmática, bem expresso no culto infantil do "bom aluno". Mas, desde a Inquisição que importamos dogmas e paradigmas, sempre prontos a oprimir os outros com uma qualquer verdade metafísica ou económica. "Reino velho tem dificuldade em emendar-se", dizia o estrangeirado Ribeiro Sanches, mergulhado nas luzes europeias do século XVIII. Foi o que aconteceu mais uma vez.

Entrámos nos melhores anos da Comunidade Europeia. Os anteriores alargamentos à Irlanda e à Grécia aumentaram as verbas comunitárias para os fundos estruturais. O facto de a Alemanha estar dividida entre dois modelos de sociedade permitiu que a Europa Ocidental desse o seu melhor para salvaguardar o espaço de liberdade, direitos humanos e democracia pluralista. Só depois da queda do Muro de Berlim se avançou para o espaço de segurança já pleno de equívocos. Depois vieram os alargamentos a leste e a União Europeia perdeu o seu centro de gravidade. Ainda não o reencontrou.

A UEM foi um objectivo necessário nesse contexto de reunificação alemã e de alargamento a leste. Tinha de se lançar uma âncora. A zona monetária é que foi mal concebida, quiçá com reserva mental. A "serpente monetária" e a zona euro prejudicaram o crescimento da economia portuguesa e nunca mais fomos os mesmos. Cedemos demasiado nas margens da taxa de câmbio do escudo em 1992 quando entrámos no SME. Voltámos a pecar contra os nossos interesses quando se aceitou a taxa de conversão do escudo em euros acima dos 200 escudos. Estimou-se que a conversão correcta teria sido à volta de 180$00 por euro. Estas negociações monetárias para a entrada no euro foram das piores da nossa história desde o estabelecimento do padrão ouro.

Deste modo, a economia portuguesa não só perdeu o volante da política cambial como teve de enfrentar a conversão de um escudo sobreva-

JOSÉ MEDEIROS FERREIRA

lorizado que lhe fez perder competitividade externa automaticamente. As consequências vieram a seguir.

Por exemplo, a Economia Social patente no «Memorando de Entendimento» é muito clara no seu objectivo de criar condições favoráveis à mobilidade do factor trabalho a fim de este se dirigir para os centros de crescimento económico onde exista capital, e abandonar os sectores e os países em depressão à míngua de investimento. É uma velha lei das zonas monetárias obrigar o factor humano a seguir a moeda onde ela se encontra. Em claro, abre-se um novo ciclo de emigração para os portugueses.

Assim, no ponto que versa o «Mercado do Trabalho e Educação», as medidas tendem a «facilitar a transição dos trabalhadores em todas as profissões, empresas e factores», fragilizando deliberadamente o vínculo dos contratos de trabalho, reduzindo os períodos do subsídio de desemprego, e as indemnizações de despedimento. Embora essas medidas sejam apresentadas como «políticas activas para o mercado de trabalho» não se percebe como uma economia como a portuguesa, com o desemprego a crescer, possa absorver tanta disponibilidade de mão-de-obra. O caminho possível será pois a mobilidade para o mercado comunitário sob a figura da livre circulação de trabalhadores, ou para destinos extra comunitários sob o nome mais conhecido de emigração.

Até as disposições positivas facilitam essa sangria de pessoas de Portugal. Os países receptores querem receber recursos humanos formados nos países de origem à custa dos orçamentos dos Estados periféricos. Deste modo o «combate ao défice educativo e ao abandono escolar precoce» fica a cargo da República Portuguesa.

Também a rubrica «Mercado habitacional» está cheia de boas intenções, pois é preciso libertar «as famílias» do pesadelo das prestações mensais dos T 1, 2 ou 3, que aliás enriqueceram os promotores, bancos incluídos. «Promover a mobilidade dos trabalhadores» implica, assim, eliminar a compra de casa própria, fonte de endividamento das famílias e de crédito malparado na banca, e promover um miraculoso mercado de arrendamento urbano congelado desde o salazarismo.Com as novas leis tudo será mais rápido e feito para circular. Até o processo de divórcio simplificado ajudará a afrouxar os laços e a partir!

Num país em graves dificuldades de crescimento económico e fraco de investimento, a mobilidade dos recursos humanos, assumida pela «troika» no quadro do endividamento, não se destina tanto ao mercado interno quanto ao externo. É uma ordem para emigrar.

Esta "ordem para emigrar" só acabará quando a zona monetária do euro se dotar de recursos financeiros para atenuar os efeitos assimétricos do crescimento no interior da UE, *maxime* a mudança de estatutos do Banco Central Europeu para permitir a este vir a ser um verdadeiro banco central, coisa que manifestamente não é. A continuar assim, a UE aproxima-se do modelo burocrático decadente do Império Austro-Húngaro no início do século XX.

Ainda não sabemos como irá evoluir a zona euro depois da crise das "dívidas soberanas". Em princípio, a República Portuguesa deve fazer um esforço honesto para se manter na moeda continental, mesmo pagando um preço elevado por isso. Assim como Portugal teve um problema com a ligação da moeda nacional ao padrão ouro que vigorou entre nós desde meados do século XIX (1854) até 1931, com algumas interrupções como a da bancarrota em 1892, também a nossa permanência no padrão euro leva ao pagamento de um ágio. Não o "ágio do ouro" que serviu de tema à dissertação universitária do Dr. Oliveira Salazar mas ao ágio da subida das taxas de juro diferenciadas entre países da zona euro. Tudo se encaminha aliás para a diferenciação do euro por zonas de taxas de juro: o euro franco-alemão do triplo AAA, o euro espanhol, o euro italiano, o euro português, etc. Para termos acesso ao crédito a taxas de juro mais baixas, temos de nos socorrer de intermediários: o Fundo Monetário Internacional, o Fundo Europeu de Estabilização Financeira, o Banco Central Europeu. É óbvio que Portugal perdeu capacidade internacional de negociação financeira e esse é o seu principal problema. Conseguiríamos melhor fora do euro? Duvido.

Vítor da Cunha Rego, já doente, disse-me um dia: "Medeiros! Está atento, quando vires que é necessário, defende a saída de Portugal da UE". Não creio que esse momento tenha chegado.

EUROPA: IMPÉRIO, ANARQUIA OU PAZ PERPÉTUA?

JOSÉ MIGUEL JÚDICE

A expressão Europa foi "inventada" no Século VI AC por Hecateo de Mileto como uma mera definição geográfica[1], mas pouco ou nenhum relevo teve enquanto o Mediterrâneo e o Império Romano foram (um) centro do Mundo. Nenhumas considerações estratégicas ou político-ideológicas se ligavam ao étimo Europa. No Século IV DC Constantino tornou o Cristianismo a (principal) religião do Império, trabalho completado após Julião Apóstata por Teodósio. E consolidou-se a separação entre Oriente e Ocidente. Roma, através do seu Bispo, conseguiu a proeminência no Ocidente.

Como defendeu Lucien Febvre, a Europa só podia surgir após a desagregação do Império Romano a Ocidente, que foi ocorrendo até ao Século VI. E, curiosamente talvez, foi outro Império (em projecto), o Carolíngio, que no Século IX – também como contraposição à expansão muçulmana e à resistência ao "império cristão" – lançou as bases do que viria a ser o conceito operacional Europa.

Mas mesmo depois disso a densidade do conceito "Europa" ficou durante séculos subordinada aos temas de "Império" e de "Cristandade". E este último não reconhecia fronteiras que não fossem as da religião cristã, estando além disso esta habitada pela convicção de um dever

---

[1] No seu livro "Viagem ao redor da Terra", desenha o Mundo em três regiões geográficas, Europa, Ásia e Líbia, sendo controversa a razão da escolha do nome.

JOSÉ MIGUEL JÚDICE

expansionista e prosélito e também por isso de um inalienável direito de conquista até à unificação do Mundo sobre a égide de Jesus Cristo.

É possível afirmar que, durante bem mais de 1000 anos, o espaço geográfico europeu foi apenas o teatro de um longo conflito político-ideológico que nada tinha a ver com o tema "Europa". Era, no âmbito da inevitabilidade ideológica do "Império", a luta pela primazia entre o Poder espiritual (o Papa) e o(s) poder(es) temporal(is), "império cristão" contra "sacro império romano-germânico". O conflito entre Guelfos e Gibelinos, a deslocação do papado para Avignon[2], o surgimento dos Estados Nacionais absolutistas[3], o galicanismo dos Reis franceses[4], o Luteranismo e a sua instrumentalização para a emancipação de muitos soberanos de qualquer tutela supranacional[5], tudo isso marcou mais este espaço geográfico do que qualquer outro conceito operacional.

O quadro geográfico estava definido a Sul pela fronteira do islamismo, a Ocidente pelo "mar ignoto", a Norte pelas neves e pelo frio e a Oriente pelas estepes. Mas o que unificava esse espaço não eram fronteiras naturais ou culturais, antes a luta tenaz entre o representante de Deus na Terra e os Estados Nação, em momento algum a "Europa" tendo sido realmente um conceito operacional. E quando talvez pudesse vir ser diferente, a expansão portuguesa e espanhola (depois seguida por outras potências) também nada fez para que a questão "Europa" fosse tornada relevante, antes reforçando curiosamente o papel do Papado, de que é exemplo cimeiro o Tratado de Tordesilhas.

De certo modo só no Século XIX se pode dizer que terminou esse ciclo de mais de mil anos. A descristianização das sociedades, a resignação do Papado ao final de uma ambição territorial e de predomínio sobre os povos através dos soberanos nacionais, o fim das alianças dinásticas monárquicas que por vezes moderavam os instintos, o refluxo da descolo-

[2] E ainda mais quando dois Papas se excomungavam reciprocamente, como bem sabemos através da nossa guerra contra Castela no final do Século XIV.

[3] Servidos pela oportuna receção do direito romano como justificação ideológica para a autonomia do nascente Estado Nação.

[4] E a *realpolitik* que definiram na luta contra a Casa de Áustria, não hesitando em apoiar príncipes aderentes à Igreja Reformada, mesmo ou sobretudo quando a França era governada por príncipes da Igreja como Richelieu..

[5] O princípio *cujus regio ejus religio* permitiu a base ideológica para, num ambiente em que a religião era bem mais importante do que por vezes pensamos, permitir afastar a tutela do Papa e a mais próxima que era a do Imperador, que tendia a coincidir ou a representar os interesses dos Habsburgos austríacos.

nização, trouxeram a Europa para uma nova fase, que coincidiu com o seu cerco por dois projetos imperiais, cada um deles portador de uma religião no sentido usado por Toynbee: o projeto imperial russo de religião soviética e o projeto imperial americano de religião liberal. Foi este cerco que, pelo menos em certa medida, criou a Europa, gerando os inimigos externos que em regra forjam as identidades.

A exata perceção do que é hoje a Europa, agora finalmente um conceito político e estratégico e não apenas geográfico, como aqui chegámos e como daqui partiremos, pressupõe a compreensão desta tão esquecida realidade estrutural, que esbocei. Mesmo não falando do Papado, Carlos V, Luís XIV, Napoleão e Hitler, todos eles – cada um à sua maneira e de acordo com as condições do seu tempo – foram expressão deste confronto, do desejo de criar um "Império" e não uma "Europa". No fundo, sempre o latente desejo hegemónico sobre o espaço da Cristandade, gradualmente limitado à Europa e ao seu espaço de influência, que chegou no entanto a abarcar todo o Mundo, com a exceção da China, Japão e em certa medida a Rússia virada para a Ásia.

Não existe então Europa se não existir nela um projeto hegemónico? Não chego a esse ponto, pois reconheço o voluntarismo do esforço iniciado por Jean Monnet, Charles-Henri Spaak, Jacques Maritain e alguns mais, na sequência da segunda guerra europeia do Século XX, e os resultados que foram possíveis. Mas sem dúvida que existe sempre latente a vontade hegemónica, hoje bem exemplificada pelo papel da Alemanha.

E a existência em latência do conceito imperial é ilustrada precisamente pela intuição genial que definiu estes *founding fathers* e o seu gesto iluminista e nacionalitário que passava por criar os Estados Unidos da Europa, única forma provável de eliminar os demónios, de conter a Alemanha e de encontrar um lugar de relevância para os povos europeus, sujeitos a marginalização pelo crescente poderio dos EUA, pela descolonização, pela expansão do marxismo como ideologia imperial da Grande Rússia no *hinterland* europeu e suas áreas tradicionais de influência e pelo regresso temido da China à cena internacional como a grande potência continental do futuro.

Só com esta contextualização – necessariamente apenas esboçada de modo impressionista – considero possível responder às perguntas apresentadas e fazer compreender o sentido das minhas respostas.

JOSÉ MIGUEL JÚDICE

1. Que modelo de integração económica e política consideraria adequado à União Europeia?

Sem desagregação europeia só existem realmente dois modelos possíveis: o modelo hegemónico que conduzirá ao predomínio da Alemanha, à maneira de Carlos V, ou um modelo federal, que poderá evitar a guerra civil e assegurar alguma liberdade aos povos, através das nações que se forjaram ao longo de séculos, à maneira de Richelieu. É verdade que também será possível uma involução estratégica, mas no final disso ou está a hegemonia selvagem ou a anarquia. A luta pelo federalismo europeu é hoje a única forma de proteger e assegurar o núcleo central do que foram os Estados Nacionais.

2. Existirá uma identidade europeia e em que se traduz?

Não existe (ainda?) uma identidade europeia, pois a Europa é uma realidade artificial. Que têm em comum os povos nórdicos e os mediterrânicos? Que une os que olham o Atlântico aos que vêem à sua frente as estepes? Nem o clima, nem a língua, nem a cultura, nem a religião, une os europeus. Mas existe um projeto nacionalitário, como existiu nos EUA (embora aí ele exigisse uma guerra civil...) que pode ter resultados e, sobretudo, que não tem alternativa até onde se pode antecipar o futuro. A Europa só pode ser um projeto iluminista, construído de cima para baixo, pretendendo gerar um dia uma unidade de destino, à maneira desenhada por Ernesto Renan e mais tarde Unamuno. Mas só isso. Não é inviável, mas tem de ser criada, como o foram os Estados nacionais ao longo da Idade Média.

3. Como avalia os efeitos da adesão às Comunidades sobre a economia portuguesa?

A adesão à CEE foi uma decisão indispensável. Depois da descolonização (e mesmo antes dela...) Portugal não é viável. Tudo o que fizemos ao longo de mais de 1000 anos foi lutar contra a inevitabilidade da inviabilidade. Portugal foi também um projeto iluminista, com alguma justificação geográfica, como explicou Orlando Ribeiro, alguma base democrática, como defendeu Jaime Cortesão, algum voluntarismo régio, como propôs Damião Peres. Mas a indispensabilidade não mascara a inviabilidade. O nosso destino – assumindo que os povos o possam ter – é integrar o pratico-inerte sartriano de um projeto mais vasto, a fusão na construção de uma nova Nação, a Europa. Como dizia Unanumo, os bascos foram grandes por se integrarem (e construirem-no em grande medida) no projeto espanhol de abertura ao Mundo que Filipe II teve de ou quis protagonizar.

4. Que efeitos teve a adesão sobre a sociedade portuguesa, no seu conjunto?

Os 25 anos que se seguiram a 1986 provocaram talvez a maior aceleração histórica que vivemos depois do Século XV, e constituíram (ou melhor, irão constituir) uma revolução: assim como a gesta da Expansão se veio a saldar, como Lúcio de Azevedo demonstrou de forma pioneira, numa sucessão de falências e num regresso final ao ponto de partida, assim agora os 25 anos de aceleração se irão saldar – mais depressa, porque a própria História e o seu processo acelerou – no regresso ao ponto de partida. A verdade das revoluções é a sua inutilidade no plano histórico. Nada que se faça com ritmos que ultrapassam as capacidades dos tecidos sociais tem as menores condições de sobreviver. É evidente que, para quem como eu acredita que a História evolui em espiral, voltar ao ponto de partida não significa perder tudo. E para as duas gerações de que faço parte os efeitos foram fortemente positivos.

5. A União Económica e Monetária foi um passo lógico ou necessário na integração europeia?

Era um passo inevitável, mais do que lógico e necessário. Nenhum processo de construção de uma nação, e foi isso que Jacques Delors, Kohl e Miterrand quiseram, pode existir se não existir uma unidade monetária e esta nunca poderá ter sucesso se não existirem os instrumentos macro políticos, económicos e sociais que caracterizam os Estados Unitários e, embora em menor medida, os Federais. Mas a tragédia foi que não houve vontade política (ou talvez, porque a Europa é uma ficção sonhada e voluntarista, isso nem fosse possível) de levar o processo à criação de um Governo Central, de preferência com base democrática, um forte orçamento que permita os reequilíbrios regionais, um sistema fiscal coerente, os instrumentos financeiros indispensáveis a um mercado de 500 milhões. A Europa é um anão; ou melhor uma criança. E a prova disso é que acreditou que poderia ter uma moeda única sem ter nada mais em comum. O resultado está à vista: não se pode ficar em cima do muro, quando já não é possível recuar e (ainda?) não se consegue avançar. E no entanto foi isso que os líderes europeus fizeram.

6. A forma como a UEM foi concebida era adequada aos objetivos pretendidos?

A forma concebida estava ingenuamente certa. No fundo, Delors sabia o que tinha de acontecer para que a estrada que abriu não fosse terminar num precipício. Sabia também que não era (ainda) politicamente viável anunciar com clareza o que tinha de ser feito e muito menos implementá-lo. Achava que a dinâmica iluminista que lançou, os apoios da Alemanha e da França e a própria bondade da solução, tudo isso se encarregaria de ir gerando os ciclos virtuosos em que os processos se iriam auto-sustentar. Era idealismo e voluntarismo a mais. Os efeitos são os habituais nesse tipo de situações. A realidade regressa a galope.

7. O euro irá sobreviver à crise actual?

O Euro tem as costas largas. E esquecemos em regra que as moedas são apenas projetos políticos. O Euro sobrevive se avançar a Europa que foi sendo politicamente pensada como projeto iluminista tendente a criar a paz perpétua kantiana. Depende de uma clara vontade política que, se existir, facilmente se impõe. Vários Estados dos EUA têm indicadores macro-económicos que – se eles tivessem o grau de independência da Grécia – seriam mais de duas vezes piores do que os gregos.

8. Portugal deve permanecer na zona euro?

Com todo o respeito, a pergunta não faz sentido. A pergunta adequada é outra: deve Portugal permanecer na Europa? Ou então – sabendo que somos um pequeno e quase irrelevante contrapeso na renascente Europa da balança de poderes – será que a Europa nos quer dentro? Ou ainda, talvez a única pergunta que faça realmente sentido, será que amanhã a Europa estará a entrar numa fase de anarquia e conflitos, será hegemonizada por um Império nascente ou será capaz de se transformar nos Estados Unidos da Europa, pagando todos nós um preço livremente aceite[6]? Dito de outro modo, a Portugal só resta ser abandonado ao gélido isolamento da independência totalmente inviável, ser recolonizado como o é

---

[6] Como o preço que em 1971 Amílcar Cabral admitia pagar em relação ao projeto de Portugal pluri-continental. Numa célebre e esquecida entrevista, a propósito das "eleições" presidenciais portuguesas, ele disse que se o Presidente a eleger fosse verdadeiramente também da Guiné e Cabo Verde, estes países seriam independentes num quadro mais vasto, o que ele poderia aceitar.

agora a Guiné-Bissau ou ser independente num quadro mais vasto, como o são os habitantes de muitos dos irrelevantes Estados dos EUA que, no entanto, de vez em quando dão um Presidente aos Estados Unidos.

Outubro 2011
Washington DC

FOI BONITA A FESTA OU ADEUS TRISTEZA?

JOSÉ REIS

1. Tanto a construção europeia desencadeada nos anos 50 como a integração comunitária portuguesa tornada irreversível nos anos 80 foram processos de indiscutível riqueza social e política. A criação e a transformação de uma comunidade económica de seis países ricos e semelhantes, recém beligerantes, numa união de vinte e sete economias e sociedades que aprofundaram a suas interdependências apesar de serem profundamente diferentes foi, provavelmente, um dos fenómenos mais originais da nossa contemporaneidade.

Mas é claro que a União Europeia e a nossa inserção nacional são hoje fonte de inúmeras perplexidades. Limitada pelos preconceitos anti-federais, capturada pelas visões monetaristas da economia, tolhida por uma incapacidade orçamental que a reduz a uma entidade que apenas enuncia metas vagas, a União Europeia revela-se incapaz de promover as formas de sustentabilidade que as sociedades do século XXI requerem e de enfrentar uma crise que a diminui globalmente e a fragmenta internamente.

Além disso, gravíssimas assimetrias, contrapondo países centrais e países periféricos, marcam hoje a situação europeia, substituindo a tendência para a convergência económica e social ambicionada pelos princípios da coesão e pela lógica fundadora da ideia europeia. A irrupção da um quadro de problemas típico das relações centro-periferia foi súbita e porventura inesperada, pois muitos o considerariam já afastado da cena comuni-

JOSÉ REIS

tária, perante a trajetória de interdependência percorrida, os princípios de mudança instituídos e evolução estrutural registada.

No entanto, é claro que a União sofre, nestes primeiros anos do século, uma convulsão profunda e uma turbulência de resultados imprevisíveis. Neste contexto, é tão razoável encarar um cenário de desconstrução europeia como reafirmar a capacidade de resiliência da Europa, as suas energias e a convicção de que as dinâmicas de superação dos problemas serão sempre, mesmo que no limite, prevalecentes. Para esta discussão não se trata de regressar ao início – trata-se de regressar aos fundamentos. E, em termos europeus, eles são os da invenção de um modelo económico tão inclusivo como o dos primeiros 30 anos da Europa, de um modelo social que gere novos padrões de capacitação dos cidadãos e de um modelo orçamental que lhe confira capacidade para desencadear a criação de riqueza e a sua repartição. O que está em causa é saber se há capacidade para gerar novos valores e meios de ação comuns – isto é, genuinamente europeus – ou se ficamos manietados pela ideia lamentável de que se pode impor e generalizar um qualquer modelo nacional. Pressupor isso seria esquecer que a Europa é uma entidade cuja força depende da variedade das suas formas de organização – como se tornou comum dizer na discussão económica atenta a estas questões, da variedade dos seus capitalismos.

2. Por tudo isto, a "europeização de Portugal" é, sem dúvida, o processo que marcou mais profundamente a economia portuguesa no último meio século. As bases explícitas e implícitas do consenso significativo em que tal processo assentou derivaram de uma grande autonomia das razões políticas, que conduziram a integração económica até ao momento em que a sua crise de legitimação irrompeu e se tornou grave e cumulativa.

Nesse momento, no momento em que se assiste a uma intensa desconstrução dos mecanismos mais substantivos da construção europeia, a liderança política esclarecida e progressista abandonou o palco da vida colectiva, travestindo-se de racionalidade liberal, promotora de austeridade e da redução da economia à gestão das contas públicas e à contenção – aliás, regressão – orçamental. De facto, o programa político que promoveu a integração de economias diferentes e o desenvolvimento solidário e cooperativo de sociedades que se reconheciam num projeto comum, foi substituído por interesses egoístas e por uma concorrência exacerbada, comandada pelos mais fortes e assente no aproveitamento oportunista das diferenças.

A Europa que encontramos na crise económica e financeira iniciada em 2008 e na crise das dívidas soberanas em que aquela se transformou é uma Europa profundamente fraturada. Rapidamente se tornou claro que a configuração institucional consagrada no Tratado de Lisboa era não só incapaz de lidar com os problemas estruturais que emergiram de forma radical, como terá sido mesmo uma das suas causas. O mais óbvio desses problemas é o da rotura das relações de convergência entre o centro e as periferias, substituídas por assimetrias cumulativas próprias do desenvolvimento desigual.

A origem financeira da crise e os desequilíbrios introduzidos pela deriva bancária, pela gestão irracional e irresponsável do crédito, pela ação desregulada e libertina dos agentes especulativos conduziram a poderosas transferências de riqueza em benefício de um conjunto de agentes económicos com influência sistémica e em detrimento de um número crescente de desapossados, localizados principalmente nas periferias. Ao mesmo tempo, em nome da austeridade, desfizeram-se, de forma rude, relações fundamentais entre emprego, rendimentos, procura, transações económicas, investimento e crescimento da economia. E este foi o tipo de relações que levou ao progresso da Europa desde o pós-guerra.

A "inexistência" da Europa viu-se, sobretudo, quando que muito do que foi desfeito de maneira injusta, gratuita e violenta, se fez perante a sua passividade ou mesmo pela sua ação. É chocante ver como se deixou todo o espaço ao mais poderoso instrumento ideológico criado nos nossos tempos: a ideia, falsa, de que os chamados "mercados" são o mecanismo incontornável e indiscutível de regulação a que tudo e todos se devem sujeitar.

3. A economia política da integração europeia pós-Maastricht enfatiza o lado da oferta da economia e é incapaz de compreender as razões pelas quais vivemos uma crise profunda e uma situação de insustentabilidade sem rumo[1]. "A Europa que entregou tudo aos mercados"[2], não só se tem revelado hostil às variedades de capitalismo em que a dimensão social ou a coordenação não mercantil têm papel mais relevante, como tem também

---

[1] Cf. João Rodrigues e José Reis "The asymmetries of European governance and the crisis of capitalism in Portugal", Conference of the European Sociological Association, "Social Relations in Turbulent Times", Genebra, 2011.

[2] José Reis, "A Europa que entregou tudo aos mercados", *O Economista – Anuário da Economia Portuguesa*, 23, 2010.

JOSÉ REIS

promovido ativamente a restrição monetária e antideflacionista, privilegiando ao mesmo tempo a procura estimulada pelo endividamento privado e pela libertinagem financeira.

Neste modelo, cuja lógica é a privatização e a desregulação social, faz-se da contração salarial um dos mecanismos mais poderosos da desorganização de longo prazo da economia e da sociedade. O facto de os custos salariais serem tidos como o principal (ou mesmo único) fator de competitividade das nações revela a opção das políticas pela desvalorização e regressão do lugar do trabalho, assim como revela que elas promovem a "desistência" dos objectivos de longo prazo e de um crescimento baseado na integração e, sobretudo, da mudança estrutural de carácter inclusivo. Ao tornar os problemas da procura graves e cumulativos, estas políticas acentuam igualmente a dimensão estrutural das assimetrias europeias, anteriormente tidas por corrigíveis através de processos mutuamente vantajosos.

Ao contrário, a mobilidade dos capitais e a fragmentação dos regimes sociais, colocados sob uma gestão monetária ortodoxa por parte do BCE e sob a total ausência da política cambial, aproveitaram a inexistência de políticas orçamentais e a escassíssima presença de transferências inter-europeias com consequências produtivas. Nisso consiste o "federalismo liberal" que tomou o lugar que deveria caber à união política ou às formas de solidariedade que estão presentes nas situações em que a ação pública é relevante e substantiva. O que é hoje claro é que foi a Europa quem, ao contrário de que sempre procurou ser, estabeleceu a incompatibilidade entre o modelo do Estado Social e de bem estar e este modelo económico assente na competitividade assimétrica, na liberalização e na punção dos excedentes de uns em favor dos de outros. Este passou a dominar e a submeter aquele, desestruturando-o.

Mais precisamente, temos perante nós uma economia política da crise que gravita em torno da "desvalorização interna" dos países periféricos, isto é, da contração salarial. A isso se junta a secundarização da função social do crédito e do seu papel de mediação entre a poupança e o investimento produtivo. Pelo contrário, o crédito tornou-se no factor irreal de sustentação da procura. A instituição de relações profundamente assimétricas na Europa, na sequência de uma União Económica e Monetária determinada por factores ideológicos poderosos, levou à concentração de excedentes em poucos países e à sua reciclagem, não no investimento, mas antes no crédito oferecido a países periféricos deficitários.

4. Na sua globalidade e vista de fora, a Europa parece agora um país sub-desenvolvido a quem o FMI impõe rígidos programas de estabilização. A diferença é que o apóstolo principal desta cruzada é, afinal, a própria Comissão Europeia. Num quadro como o que se observa, o Euro pode, evidentemente, não ter futuro. A persistência do estado de coisas atual não deixa muita margem para se pensar positivamente.

É certo que hoje em dia se assiste, com surpresa, à súbita chegada à agenda da discussão quotidiana de "consensos" anteriormente impensá-veis: sobre as *eurobonds*, sobre a condição de "variável endógena" do défice e da dívida pública, sobre a necessidade de o BCE ser prestamista de último recurso e agente de política cambial, sobre a Europa dever ser uma entidade com poder fiscal e orçamental reforçado, sobre a taxa Tobin, sobre as razões profundas da desconstrução europeia e a necessidade da sua refundação política. Mas parece claro que um futuro para o Euro – um futuro possível – requer um regresso da capacidade de liderança política europeia e não dispensa o regresso de uma economia política do desen-volvimento e da integração.

ELOGIO DA CONSTRUÇÃO EUROPEIA
NO MOMENTO MAIS CRÍTICO DO PROCESSO DE INTEGRAÇÃO

JOSÉ RENATO GONÇALVES

Tal como é «impossível exagerar» a importância histórica da criação do euro e da zona euro em 1999, também é impossível exagerar a importância da adesão de Portugal às Comunidades Europeias em 1 de Janeiro de 1986, apesar de os efeitos de ambos os actos serem muito diversos.

As implicações da adesão de Portugal foram profundas, no plano político, económico e em muitos outros (social, cultural...). Tratou-se de uma espécie de «linha de água», a partir da qual se impulsionou se não o maior conjunto de reformas um dos maiores alguma vez concretizados.

Quer a imagem exterior do País quer a realidade que lhe subjaz apresentam-se hoje completamente distintas face ao período anterior à adesão às três Comunidades: CEE (Comunidade Económica Europeia), CECA (Comunidade Europeia do Carvão e do Aço) e Eurátomo ou CEEA (Comunidade Europeia da Energia Atómica).

Apenas um exemplo dessas alterações. Em 1985, Portugal não tinha construído ainda a sua primeira auto-estrada, entre Lisboa e Porto. Nos anos seguintes, graças a ajudas europeias, todo o território passou a ser atravessado por rodovias amplas e modernas. Numerosas medidas contribuíram para modernizar e desenvolver quase todas as áreas: transportes, comunicações, equipamentos urbanos e de saneamento, espaços culturais e desportivos, infraestruturas sociais e de saúde, artes, educação e formação, investigação, direitos económicos, sociais e ambientais...

JOSÉ RENATO GONÇALVES

Quase tudo mudou com a adesão à «Europa», incluindo as leis e entre estas a própria Constituição, em especial a designada «Constituição económica» – a «Constituição real» porque a «formal» demorou mais tempo a ser adaptada à «Constituição europeia», à «Constituição económica europeia» contida nos Tratados institutivos das Comunidades e nos que os alteraram) [1]. Referia um muito conhecido Professor de Direito que a leitura de vários trechos da Constituição portuguesa assimilara-se à de um romance...

Quase tudo mudou desde 1986 e, segundo amplo consenso, para melhor. Necessidades básicas e anseios antes sucessivamente adiados puderam por fim ser satisfeitos, expandindo o consumo e o bem-estar.

Certamente, nem tudo foi positivo. Para além de as necessidades humanas não terem diminuído (à medida em que umas ficam satisfeitas, logo surgem outras), continua a faltar muito. E muito do que foi feito não ficou bem (para não dizer mal), ou pode ter resultado de decisões erradas, ou mesmo ruinosas, pelos efeitos provocados (e/ou a provocar, durante anos e decénios). Melhorias significativas e imediatas nos níveis médios de bem-estar e rendimento nada garantem quanto à sua perenidade.

No entanto, a abertura ao exterior decorrente da integração europeia traduziu-se numa verdadeira revolução social, política, económica, cultural e de mentalidades. Os contactos mais ou menos esporádicos, restritos e temporalmente diferidos com o que acontecia «lá fora», nos países desenvolvidos, «na Europa», deram lugar a ligações cada vez mais frequentes e imediatas, portadoras das novidades, por avanços nos meios e tecnologias de informação e comunicação e também devido à abertura efectiva de fronteiras (políticas, económicas, culturais...), tornando possível o exercício a todo o tempo de múltiplas escolhas com potencialidades antes insuspeitadas.

Independentemente de as alterações descritas serem ou não as mais importantes após a adesão às Comunidades, certo é que o objectivo da melhoria de condições de vida não foi o único a motivar esse objectivo.

Do ponto de vista político, e sem prejuízo da relevância decisiva da percepção das pessoas quanto ao saldo positivo ou negativo do balanço da

---

[1] Sobre a actual Constituição económica portuguesa e sobre a Constituição económica europeia, cfr. E. PAZ FERREIRA, *Lições de Direito da Economia*, Lisboa, 2001, pp. 101-175, e também E. PAZ FERREIRA/LUÍS MORAIS, "A regulação sectorial da economia. Introdução e perspectiva geral", AA VV, *Regulação em Portugal: Novos Tempos, Novo Modelo?*, Coimbra, 2009, pp. 7-38.

adesão à «Europa», importavam outros aspectos, como o reconhecimento pelos países parceiros da vontade inequívoca de consolidação do regime democrático.

25 anos após o acto de adesão, Portugal apresenta sem dúvida níveis de rendimento e de bem-estar muito superiores aos registados antes de 1986, tanto em termos absolutos como relativos (até ao final dos anos 90, quando cessou a convergência real com a Europa).

Todavia, percebe-se o desconforto e descontentamento notórios e crescentes das pessoas quanto à situação actual e quanto às perspectivas sobre o rumo do País, reflectidos em sucessivas pesquisas de opinião.

Segundo o *Eurobarómetro* baseado em inquéritos efectuados em Junho de 2011, quase todos os residentes em Portugal (96%) consideram que a situação económica é má e uma percentagem muito elevada (71%) acredita que vai piorar. Apenas 3% afirmam estar satisfeitos com o estado do País, 5% consideram-se optimistas, antecipando melhorias, e 20% admitem que nada se deve alterar. Ao nível europeu, o cenário não é animador mas apresenta contornos menos negativos: 67% manifestam descontentamento e 36% receiam o desemprego (69% em Portugal), 40% prevêem que nada se alterará e 20% mantêm-se optimistas (apenas 4% em Portugal). O descontentamento em Portugal baseia-se na evolução do custo de vida e do sistema de reformas e no receio do desemprego [2].

Estas apreciações negativas são compatíveis com a alteração de vários indicadores, como os níveis de produção e de rendimentos e a taxa de desemprego, na origem de recentes e mais frequentes movimentos de saída da população activa do País, sobretudo de jovens à procura de trabalho e de melhores condições de vida, fazendo lembrar outros tempos.

Nada afinal que não fosse expectável: de uma situação de completo equilíbrio das contas externas de Portugal em 1995, passou-se para um endividamento externo líquido (medido pela posição de investimento internacional) superior à riqueza anual produzida em 2008, por acumulação de défices externos sucessivos de c. de 10% ao ano.

Aproveitando as melhores condições de recurso ao crédito, tantos lançaram-se num despesismo sem freios, cómodo mas altamente perigoso, como se do subsequente endividamento não resultassem quaisquer obrigações, ou não houvesse amanhã.

---

[2] *Eurobarómetro* de 17 de Outubro de 2011.

Sabendo-se como se devia saber que a perda total e definitiva da soberania monetária em 1999 impediria o recurso ao velho e eficaz estratagema inflacionista para retirar rendimento às pessoas, era imprescindível o controlo estrito das despesas públicas. Tal como prevenir e ultrapassar as dificuldades gravíssimas de perda de produtividade e de competitividade do País, na origem de todos os problemas financeiros, que, por isso, só poderiam deteriorar-se.

Mas nada se fez. Nem sequer se exigiu ou pediu que a questão fosse abordada ao nível dos órgãos máximos de governação europeia.

Durante o final dos anos 80 e começo dos 90, concluíram-se com êxito negociações para duplicar, por mais do que uma vez, os montantes dos fundos europeus destinados aos países «da coesão» (Portugal, Espanha, Grécia e Irlanda), que aliás continuaram a ser canalizados até hoje.

Devemo-nos interrogar sobre a aplicação desses recursos, sucessivamente reforçados desde a data da adesão do País até há pouco tempo atrás, por estar em jogo a questão central da reestruturação económica e social, de que depende directamente a produtividade e competitividade.

No entanto, perante o agravamento persistente e crescente das contas nacionais, pouco ou nada se fez para inverter esses desequilíbrios alarmantes, incluindo défices públicos e externos gigantescos. O que se fez, «apenas», foi aumentar despesa.

Importava sim identificar a natureza e a dimensão dos problemas reais de (in)adaptação às novas regras monetárias e às exigências da abertura ao mundo, da «globalização», de que todos falam mas sem retirar as consequências lógicas e inevitáveis, perdendo-se energias com aspectos irrisórios, pretensamente assentes em pseudotendências sociais imaginariamente justapostas.

Importa perceber a natureza do problema e actuar em função das dificuldades, depois de identificadas, agregando esforços e batendo-se por mecanismos eficazes de compensação e ajustamento, em vez da concentração em objectivos grandiosos mas ilusórios, cujo fracasso seria fácil de prever à partida (como a célebre «Estratégia de Lisboa» de 2000, para tornar a economia europeia na mais competitiva do mundo!).

Não faltaram posições oportunas a apontar erros clamorosos. Mas foram afastadas ou menosprezadas com «justificações» várias (entre as «pérolas» repetidas esta: as advertências sobre os riscos do Euro com origem nos Estados Unidos «só poderiam» ser motivadas «por medo» de que a nova moeda «ultrapassasse» o Dólar...).

ELOGIO DA CONSTRUÇÃO EUROPEIA

Em vez de procurar perceber os problemas reais para depois os solucionar, Portugal e a Europa entretiveram-se com quase irrelevâncias. Nas reuniões europeias, os políticos nacionais pareciam ter sempre por objectivo (único?) assegurar que tinham conseguido ganhos. No regresso ao seu país, Primeiros Ministros chegaram a qualificar como grande vitória alterações institucionais e de outro âmbito que só poderiam ter sentido contrário. Mas a estratégia parecia compensar: os meios de informação limitavam-se, não raramente, a repetir a «verdade oficial». Para quê perder tempo com o bem comum?!

Ainda há pouco tempo, e não apenas para os seus defensores mais inveterados, o Tratado de Lisboa (como os que o antecederam) parecia ter solução para «todos» os males. Como era evidente e foi avisado, não tinha nem podia ter solução (ia além do que devia em domínios sensíveis sem se vislumbrarem vantagens, não resolvia as dificuldades cruciais, que continuam a ser as de natureza económica...), além de tornar mais complexo o que há muito deveria ter sido simplificado.

Por isso e mais, as crises que entretanto se revelaram bruscamente não eram imprevisíveis – incluindo a das dívidas soberanas, que atingiu criticamente o projecto europeu, colocando-o em risco sério de colapso. Quando alguns países violaram o Pacto de Estabilidade (Portugal foi o primeiro), exigiu-se logo a sua flexibilização e o próprio presidente da Comissão qualificou-o de «estúpido»! Agora o objectivo é o inverso: reforçá-lo e tornar as sanções automáticas! «Casa roubada, trancas na porta»?! Ou brincar com assuntos demasiado sérios?!

Sem prejuízo de se atravessar o momento mais crítico de todo o processo de integração europeia, evidenciado pelos efeitos devastadores da crise das dívidas soberanas sobre a área do Euro, o balanço geral é positivo.

Não porque não tenham sido cometidos erros graves ao longo do percurso, conforme se apontou e em especial no domínio da precipitada união monetária.

De qualquer modo, elogio sim, sem hesitações, pelos aspectos essenciais do processo de integração, assentes na construção de uma comunidade económica e social coesa com o fim de promover o bem-estar dos povos europeus.

PARTINDO DO CINEMA EUROPEU, QUE ESPERAR DO FUTURO DA UE?

LAURO ANTÓNIO

Por razões da minha vida profissional dediquei praticamente o ano de 2011 a ver e estudar o cinema europeu, de uma forma sistemática. Não apenas o cinema europeu dos 27 países da UE, mas dos cerca de 50 que vão desde os mais poderosos, como a Alemanha, a França, a Inglaterra, a Itália, a Espanha, aos mais minúsculos, de Andorra a San Marino ou do Mónaco ao Liechtenstein. Dos mais ocidentais, como Portugal ou a Islândia, a Noruega ou a Bélgica, aos mais orientais, como a Rússia, a Bulgária ou a Albânia. Dos nórdicos, da Suécia à Finlândia, aos mais mediterrânicos, da Grécia a Chipre ou Malta. Tem sido uma experiência muito interessante, que pode conduzir a reflexões proveitosas e que, creio, teria idênticos resultados se fosse feita no campo da literatura, da música ou das artes plásticas.

Tudo isto por causa de uma "masterclass" que semanalmente fui orientando num auditório de Oeiras, onde a cada terça-feira ia falando de um país diferente, da sua história e cultura, do seu cinema na generalidade, de um realizador típico em particular e de um filme característico desse director e desse país.

A primeira conclusão a que cheguei é que não há o que se possa chamar claramente uma identidade europeia, nem de um ponto de vista histórico, nem linguístico, nem cultural, nem social, nem antropológico.

LAURO ANTÓNIO

Sempre que houve tentativas (e muitas foram, ao longo dos séculos) para unificar o território, foi invariavelmente através da espada ou do canhão, criando impérios que, mais tarde ou mais cedo, se desagregariam. Pela força da diferença que existia dentro desses impérios construídos de fora para dentro, contra a vontade das populações. Desde o Império Romano (para não irmos mais atrás) até ao III Reich, nunca a unificação da Europa foi conseguida. Ainda bem, nestes casos.

Um ou outro indício não me permitem afirmar que a Europa tenha uma identidade própria. Em arte, e falando do cinema, que julgo ser um bom exemplo, este poderá ser na Europa um pouco mais intelectualizado, mais "filosófico" (outros dirão mais "complicativo") do que na América do Norte ou na Ásia, ambas de fartas produções em série. Mas esta sensação advém, possivelmente, mais dos títulos escolhidos para apresentar e comentar, do que da generalidade da produção de cada país. Bergman ou Buñuel poderão ser bons exemplos da arte cinematográfica da Suécia e de Espanha, mas serão realmente os representantes de uma produção média sueca e espanhola? Se calhar não. Mesmo essa sensação das cinematografias europeias serem mais reflexivas, mais intelectualizadas, se pode estar a diluir cada vez mais numa cultura de massas que indiferencia os produtos de consumo cultural de todo o mundo.

Há um culto pela autoria mais acentuado na Europa do que no resto do mundo? Eis uma conclusão que necessitaria de uma confirmação que não me permito adiantar. Há mais produção industrial nos EUA do que na Europa? Sim, é verdade. Mas não haverá uma igual preocupação de autoria nos dois continentes, quando é disso que se trata? Foi na Europa francesa dos "Cahiers du Cinéma" que se inaugurou a "política de autores" que chamou claramente a atenção para o realizador como principal "autor" das obras cinematográficas, mas nos EUA muitos cineastas se têm batido igualmente pelo direito pleno à autoria das obras que assinam.

A construção da moderna Europa, da União Europeia, só a julgo possível se for edificada ao invés do que até hoje se tentou. Ou seja, não pela força, não do exterior para o interior, mas pela persuasão, do interior para o exterior. São os povos, e cada cidadão de per si, que terão de sentir a necessidade dessa união. Numa condição que julgo essencial: que se mantenham as identidades de cada povo, que o todo não abafe as partes, mas muito pelo contrário, que o todo garanta e cimente a independência das partes.

A União Europeia, tal como a conhecemos hoje, é uma utopia. Uma união de povos que tendam à concórdia, que se regularizem entre si, que resolvam potenciais conflitos, que reúnam esforços para aparecerem como um parceiro político e económico mais forte e vantajoso, em que o resultado final seja superior à soma das partes. Como utopia não está mal, mas eu, com a idade que tenho, não acredito em utopias. A minha utopia é outra, muito mais comezinha e pragmática: não acredito em paraísos na terra, que a condição humana não mo consente, mas acredito em mudanças graduais que vão melhorando as condições de vida e adequando-as aos tempos novos. A História dá-me razão, a evolução é um facto, e a mesma condição humana que não me permite acreditar em milagres, força-me a confiar neste pragmatismo.

A identidade europeia terá de ser assim algo que se crie, que se estabeleça porque todas as partes a desejam. Creio que cada uma, e todas elas, só desejará uma identidade colectiva que respeite e promova a identidade individual de cada uma. Sobretudo no que diz respeito a questões históricas, linguísticas, culturais. Essa realidade colectiva que pode ser a União Europeia terá como uma das referências maiores da sua identidade precisamente este aspecto: uma integração económica e política conjunta, mas respeitando o ADN de cada Estado Membro.

Esta integração "económica e política conjunta" levanta, aliás, uma outra questão cuja deficiente resolução, julgo, tem constituído a base de todos os problemas que a UE tem enfrentado ultimamente. Uma integração "económica e política conjunta" não pode ser injustamente desigual, não pode haver distinções entre "Norte" e "Sul", entre "economias avançadas" e "estados periféricos". O euro na Alemanha não pode valer mais do que o euro na Grécia. Na realidade objectiva todos sabemos que o seu valor é o mesmo. Acontece que na Alemanha um operário ganha muitos mais euros do que o mesmo operário na Grécia. Dir-me-ão que as casas custam também mais euros na Alemanha do que na Grécia. Seja, mas uma integração "económica e política conjunta" não pode permitir-se estas desigualdades. O peixe miúdo fica à mercê dos tubarões. Portugal, por exemplo, não tem força negocial perante a Alemanha ou a França, que querem vender os seus produtos e impor cotas. As negociações inter-pares mais parecem distribuições de esmolas à porta da igreja em dia de comemoração pascal. O que não é justo nem permite essa igualdade de estatuto que teria de ser rigorosa.

Antes da integração, deveria ter-se estudado uma fórmula que permitisse a todos os países "integrados" possuírem a mesma moeda, mas igualmente os mesmos valores: um professor do básico ganharia o mesmo

LAURO ANTÓNIO

ordenado em qualquer país, um determinado carro da x marca tinha o mesmo preço, os impostos eram idênticos, as regalias sociais as mesmas. Certamente que teria de haver pequenas oscilações no peixe ou na carne, na fruta ou nos legumes, que abundavam mais aqui e escasseavam mais além. Mas essas variações não permitiriam as injustiças flagrantes que hoje imperam. Esta União Europeia com cidadãos de primeira e outros de segunda não augura nada de bom. Como não teria resultado nos EUA se os habitantes de Nova Iorque e os de Dallas não recebessem remunerações idênticas, pagassem os mesmos impostos e tivessem os mesmos direitos.

A ideia de UE terá, portanto, de ser repensada e reestruturada se quiser vingar. Terá de se adaptar a novos tempos, à globalização, e aos perigos das agências de *rating*. Terá de consolidar os seus próprios mecanismos de defesa perante as ameaças externas que cada vez serão maiores e mais violentas, vindas sobretudo do capital internacional (digo capital e não capitalismo, pois as ameaças tanto vêm dos EUA como da China, da Índia ou do Brasil).

Há um outro problema curioso a ter em conta: o mundo Ocidental desenvolveu-se a um ritmo frenético, sobretudo à custa da sua tecnologia, é certo, do seu trabalho e talento, é certo, mas igualmente pela exploração do chamado "terceiro mundo", que acordou e agora são as chamadas "economias emergentes" (pelo menos nalguns casos). A verdade é que a Europa e o mundo ocidental viveram acima das suas posses, com privilégios que só foram conseguidos e mantidos à custa de terceiros. Esses terceiros agora querem cobrar, e com razão. A Europa tem de perceber que a partir desta crise de 2008 (tão grave ou mais do que a de 1929) nunca voltará a ser o que era. Terá de se acomodar e de arranjar as melhores soluções para dividir privilégios com outros. Terá igualmente de lutar, sobretudo intelectualmente e moralmente, para que os privilégios que perdeu e vai perder sejam distribuídos pelos povos oprimidos até aqui, e não pelas cliques políticas e económicas que dominam esses povos, quer estejam na América Latina ou na China, na Índia ou no Paquistão, em Angola ou no Zimbabué.

Depreender-se-á destas palavras que sou anti-europeísta? Só por manifesta incapacidade de exprimir as minhas convicções poderia passar essa mensagem. Sou um europeísta convicto e julgo que a UE pode e deve ter um papel importante no presente e no futuro. Julgo que a adesão de Portugal foi benéfica em vários sentidos, sobretudo na modernização das estruturas físicas, mas nas mentalidades igualmente. Penso que foram desbaratadas muitas hipóteses que se nos depararam, por incompetência e, sobretudo, ganância e corrupção (o que não é apanágio dos portugueses, apesar do muito que por aí se diz; o mesmo aconteceu, e acontece, sobretudo agora no leste europeu). Deveríamos ter investido mais na efectiva educação e cultura, e menos em rotundas e obras de fachada, que se destinaram apenas ao lucro de alguns patos bravos (com as inúteis obras que hoje são elefantes brancos de estimação) e de outros tantos políticos por interpostas pessoas. Não sou contra auto-estradas e viadutos essenciais para aproximar os portugueses e favorecer os negócios e o intercâmbio. Sou contra o desperdício. A corrupção. O compadrio. Se a maioria dos euros vindos da UE tivessem sido criteriosamente utilizados, Portugal poderia ter avançado muito mais e não estar a atravessar a crise que agora cruza dramaticamente.

Mas também devo acrescentar que não tenho em tão mau juízo o conjunto da classe política portuguesa e, sobretudo, nem sempre aqueles que são os mais apontados a dedo. Claro que existem incompetentes e corruptos, como em todo o lado (veja-se a Europa actual: é um fartar vilanagem!), mas também existe muita gente boa e devotada à causa pública. A grande ameaça à estabilidade de Portugal, da Grécia, da Irlanda, e dos seus seguidores, se não puserem cobro a esta sanha persecutória das agências de *ratting* internacionais, a grande ameaça à ideia de União Europeia, a grande ameaça à América de Obama e da escola pública e do serviço nacional de saúde, aqui e lá, são efectivamente os mercados de capital, que, de forma absolutamente delirante, causam a crise através da mais boçal avidez e depois se arvoram em juízes dos demais.

A resposta da Europa a esta crise vai ditar o seu futuro. Tem sido temerosa e inconsistente. Faltam realmente políticos europeus experimentados à altura da crise. Mas o futuro da UE e do euro joga-se todos os dias nesses areópagos desinspirados. A Europa tem de encontrar a sua identidade futura nestes dias de incerteza ou então naufragar na desintegração, o que pode ser extremamente perigoso depois de uma crise como esta. As ideias de nacionalismo extremado, o avanço dos partidos extremistas, de esquerda e de direita, a gravidade da situação económica e social, a proliferação de emigrantes são alguns aspectos que podem vir a constituir uma mistura explosiva e de efeitos devastadores. Esta crise que atravessamos é tão séria ou mais do que a desencadeada pelo "crash" de 1929. Esperemos que as consequências não sejam tão graves como as que se seguiram na década de 30, e que culminaram com a II Guerra Mundial.

5 de Outubro de 2011

BREVE SINOPSE EUROPEIA

LUCIANO PINTO RAVARA

O Europeísmo é melhor do que provem do pensamento Grego, Cristão, dos direitos cívicos vindos do parlamentarismo inglês e da revolução Francesa. Julgo que, no plano político, se devem manter os parlamentos Nacionais e haver (filiação) num conselho de Ministros Europeus, apoiado nas estruturas actuais do COREPER, que harmonize as grandes linhas políticas económicas e sociais do amplo espaço Europeu nos seus aspectos demográficos culturais, bem como de desenvolvimento e de inovação no mundo globalizado presente.

O Parlamento Europeu escolhia o seu Presidente e atribuía-lhe o orçamento correspondente à sua legislatura. A defesa dos direitos humanos e cívicos bem como a primazia do valor da cidadania, do respeito pelas línguas Europeias e pelo valor da vida e do modelo familiar em que assenta a nossa sociedade competiria ao tribunal Europeu, com o equilíbrio, ou entre as legislações dos diferentes Países, com o do parlamento Europeu, e definido pelas culturas dos diferentes Estados, que representa o que de melhor se constrói na história do Continente.

No respeitante ao mundo circundante, particularmente ao mundo do Mediterrâneo, existiriam acordos específicos que respeitem e assegurem o acesso ao mercado de trabalho globalizado.

Parece óbvio que o melhor que existe a nível Nacional no que respeitante a infra-estruturas escolares do interior e mercado audiovisual não se faria sem o acesso aos fundos Europeus, e a moeda única traduziu o reforço para um patamar superior de modelo económico integrado.

As dificuldades actuais serão superadas pela Comissão Europeia e pelas Instituições de Crédito Europeu.

DÍVIDAS, CRESCIMENTO E MODELO ECONÓMICO – PORTUGAL E A ADESÃO À UNIÃO EUROPEIA – 25 ANOS

LUIS MAGALHÃES

A década de 80 foi um período de mudanças significativas para Portugal. Em 1974 finda um ciclo histórico, com a refundação do regime político e o fim do império colonial. Os anos 80 são assim marcados pela instabilidade política, por um penoso processo de descolonização e por acrescidas dificuldades económicas. É neste contexto específico em que se dá a adesão de Portugal à Comunidade Económica Europeia (CEE) em 1986.

Observando em retrospectiva as vantagens da adesão de Portugal ao projecto Europeu foram notórias, seja do ponto de vista político, económico ou social. É a partir de 1986 que se inicia a efectiva consolidação do regime económico da democracia e um período de estabilidade governativa. A adesão à CEE apresenta-se também como o acontecimento mais relevante para o desenvolvimento e modernização da economia portuguesa ao longo de toda a sua História. Com efeito, a década que se lhe seguiu foi marcada por um período de forte crescimento económico e de convergência com os seus congéneres europeus. A taxa de inflação diminuiu para níveis históricos, o comércio internacional, e em particular o comércio intracomunitário, teve um crescimento sem precedentes e a abertura do sistema financeiro português permitiu uma forte entrada de capitais e um aumento do investimento externo. A entrada de fundos estruturais – os fundos de coesão – vindos da CEE provaram ser cruciais para o processo de modernização e desenvolvimento da economia portuguesa. As condições de vida dos portugueses registaram uma melhoria sem precedentes, a sociedade abriu-se ao exterior e abraçou a sua identidade europeia.

O Tratado de Maastricht marcou uma nova fase na vida da agora União Europeia (UE) e de Portugal em particular. A criação de uma moeda comum adivinhava-se como passo lógico e consequente no processo de integração política e económica. Pretendia-se com a criação do Euro acelerar o processo de convergência económica entre os seus Estados-membros. As taxas de desemprego convergiriam, assim como os custos com o trabalho, produtividade, défices e dívidas governamentais. Em suma, pretendia-se uma convergência da riqueza, medida através do PIB per capita entre países. A falta de uma maior integração económica, atendendo às vantagens e debilidades das diferente economias e a persistência de vontades individuais entre Estados-membros constituíram um dos calcanhares de Aquiles da União Económica e Monetária (UEM). A ausência de um governo económico central e de vontade política para o instituir é uma das razões explicativas do desgoverno orçamental e financeiro de alguns países, o qual culminou na actual crise das dívidas soberanas. Por outro lado, o facto de coexistirem no seio da mesma união monetária países com fortes assimetrias económicas, fiscais e orçamentais, reforça a necessidade da existência duma entidade económica e financeira supranacional e com poderes efectivos.

Portugal integra a UEM como membro fundador, procurando deste modo beneficiar da diminuição das taxas de juro, da estabilização da taxa de inflação e do aprofundamento da integração económica na UE. Porém, a adesão ao Euro coincidiu com uma década de fraco crescimento económico e de divergência em relação aos restantes países da UE. A este fraco desempenho da economia portuguesa têm sido apontadas como razões justificativas a crescente concorrência vinda da China e Leste Europeu, fragilidades ao nível do capital humano e rigidez do mercado de trabalho e adopção de políticas económicas erradas, como um crescimento excessivo dos salários e políticas orçamentais pró-cíclicas. Ao integrar a Zona Euro, Portugal vê-se desprovido da possibilidade de utilizar a política monetária e cambial de modo a compensar desequilíbrios internos e externos, o que põe em evidência os seus próprios desequilíbrios estruturais.

Actualmente, a UEM e o Projecto Europeu como um todo enfrentam aquele que pode ser um ponto de viragem na sua História. A crise financeira global e em particular a crise das dívidas soberanas puseram a nu um conjunto de debilidades para as quais urge uma resposta efectiva, consistente e duradoura. A sobrevivência do Euro está dependente da vontade e determinação política dos seus Estados-membros, assim como da sua capacidade para definirem uma política comum e a uma só voz. Assim sendo, a resolução da crise actual passa desde logo por aprofundar o processo de integração política e económica, ainda em falta. A constituição de um "governo central", com poderes de controlo sobre a política económica e orçamental dos países membros da UEM adivinha-se como necessária para restaurar a credibilidade dos mercados no Euro e conter os efeitos de contágio, em risco de afectar a Espanha ou a Itália com consequências imprevisíveis para o futuro da moeda única. Tal implicará a transferência, pelo menos parcial, da soberania em matérias de política económica a diversos níveis (défice orçamental, tributação, políticas sociais, políticas salariais, entre outros) e a existência de mecanismos de solidariedade entre países. A gestão da situação grega foi sintomática da falta de unidade política e da falta de preparação das instituições europeias para responder a crises complexas como a actual. O princípio da solidariedade e de união deve, hoje mais do que nunca, prevalecer sobre quaisquer agendas políticas e interesses de qualquer país, o que ainda não se tem manifestado de forma verdadeira.

Por outro lado, a solução para a crise das dívidas soberanas passa pela tomada de medidas consistentes que restaurem a confiança dos investidores no Euro e que relancem o crescimento económico. A instituição de instrumentos de dívida conjunta – as *Eurobonds* ou instrumentos similares – apresenta-se como sendo essencial para assegurar a sobrevivência do Euro, ao tornar claro perante os mercados financeiros o compromisso dos "Grandes da Europa", em particular da Alemanha, para com o projecto da moeda única. São também necessárias medidas que potenciem o crescimento económico da Zona Euro e reduzam as assimetrias entre países. Uma recuperação sustentada da Zona Euro só será possível mediante o estímulo do crescimento do produto potencial, da flexibilização do mercado laboral, de políticas de consolidação fiscal e orçamental, da redução das assimetrias entre países e ainda, de modo mais abrangente, da correcção dos desequilíbrios globais. A liderança da Zona Euro deve ainda ser capaz de implementar mecanismos de gestão de crises, destinados não só à sua prevenção mas também ao seu controle e mitigação. Verificadas que sejam estas condições o Euro terá condições para sobreviver e sair reforçado da crise actual.

LUÍS MAGALHÃES

Portugal encontra-se em pleno centro do turbilhão da crise das dívidas soberanas, tendo sido o terceiro país a pedir o resgate internacional. Hoje é discutido, à semelhança da Grécia, a sua permanência na Zona Euro. Se, por um lado, a saída de Portugal do Euro permitiria reaver os instrumentos de política monetária e cambial que possibilitassem estimular o crescimento económico no curto prazo, por outro lado tal não constituiria a solução de médio e longo prazo. Os problemas da economia portuguesa são bem mais profundos e requerem a tomada de medidas de carácter estrutural. É necessário atacar o problema do fraco crescimento económico, dos baixos níveis de produtividade, do pouco rigor na gestão da despesa pública, do elevado nível de endividamento externo, de um nível de consumo superior ao nosso nível de vida e do crescimento do desemprego, que cada vez mais assume um carácter estrutural. Tais problemas persistiriam independentemente de Portugal permanecer ou não no seio da Zona Euro. O abandono de Portugal, ainda que de forma ordenada, do Euro seria uma situação insustentável e desastrosa e a sua discussão mais não é do que desviar a atenção pública dos reais problemas do país.

A União Europeia e a Zona Euro vivem actualmente uma era de desafios, onde a sua própria existência se encontra posta à prova. Importa então hoje recordar os princípios de solidariedade e de união que estiveram na base da construção do Projecto Europeu. O seu futuro está dependente da capacidade de garantir essa mesma coesão e de pôr em marcha o processo de integração política. A saída de qualquer país da Zona Euro seria um grave golpe político não apenas à sustentabilidade do Euro, mas à própria sustentabilidade do Projecto Europeu como um todo. Só através de uma coesão política e de um crescimento económico revigorado a Europa se pode assumir como o *player* global que é historicamente, em particular perante a emergência de potências como a China, a Índia, o Brasil ou a Rússia.

23 de Outubro de 2011

A UNIÃO EUROPEIA PERDIDA NO SEU LABIRINTO

LUÍS MÁXIMO DOS SANTOS

1. Ouvimos hoje dizer, cada vez com mais frequência, que o longo processo de integração europeia que conduziu à actual União Europeia é uma das realidades políticas, económicas, jurídicas e sociais mais notáveis de sempre da política internacional. É, indubitavelmente, uma grande verdade. E não apenas pela garantia que ela trouxe para a questão fulcral da paz no continente europeu, mas também por ter conduzido todos os países que a integram a enormes progressos no plano da democracia e do Estado de Direito, bem como nos domínios económico e social.

No entanto, há 10 ou 15 anos ninguém sentia tanta necessidade de repetir esta ideia, de tal modo ela se apresentava como óbvia e inquestionável. Sucede, porém, que nas últimas décadas cometeram-se sucessivos e graves erros, que progressivamente minaram a crença no ideal europeu, a confiança nas instituições europeias e, sobretudo, na sua capacidade para fazer face aos desafios que se colocavam à União, no seu todo, e aos diferentes Estados-membros que a compõem. Generalizou-se a ideia de que a Europa se estava a tornar numa *entidade semântica*, desligada da realidade, capturada por elites e burocratas de pensamento único, incapazes do verdadeiro diálogo, e distante, demasiado distante, dos povos europeus. Cada vez mais, os belos princípios eram diariamente desmentidos pela prática, os tratados constituíam letra morta, designadamente sempre que isso conviesse aos países mais poderosos, as instituições deixavam de funcionar, sendo ridiculamente ultrapassadas por... cimeiras bilaterais.

Note-se, no entanto, que o Tratado de Maastricht correspondeu ainda a um período de vitalidade europeia. Para além de outras vantagens, o euro apresentava-se como um instrumento indispensável para aumentar a capacidade de manobra da União no âmbito da economia mundial, com todas as inerentes consequências no plano estratégico. Beneficiou, claro, da oportunidade (e da visão dos dirigentes que a aproveitaram) de se estabelecer um grande acordo estratégico: os demais parceiros anuíam à pretensão alemã de alcançar a sua reunificação mas, por sua vez, a Alemanha – contra o que sempre tinha sido a sua estratégia – aceitava a criação da união monetária europeia.

Não sendo um caminho sem espinhos, como, por exemplo, o referendo dinamarquês evidenciou, cremos ser possível afirmar que o surgimento do euro foi bem recebido pela generalidade dos povos. A criação do euro, além do mais, era perfeitamente coerente com o processo de globalização em marcha.

Conheciam-se, desde o início, as insuficiências do projecto da União Económica e Monetária (UEM), designadamente pelo facto de os tratados consagrarem uma verdadeira "constituição monetária" sem uma "constituição fiscal". Por outro lado, o pilar económico da União Económica e Monetária era francamente mais fraco do que o pilar monetário. Por essas e outras razões, escrevemos, ainda em 2002, que a estreia do euro correu bem mas o *happy end* não está garantido[1].

Mas não se caia na tentação de dizer agora que tudo estava errado. Muito se apreendeu, designadamente com o fracasso da tentativa de construção da UEM nos anos 70. Não obstante as suas insuficiências, o trabalho de construção e concepção da UEM foi rigoroso e bastante meritório. Importa não esquecer que a UEM é a maior reforma estrutural de sempre da União Europeia.

As sucessivas revisões dos tratados – Tratado de Amesterdão, Tratado de Nice, Tratado Constitucional (falhado) e Tratado de Lisboa – acabaram por não trazer soluções para os verdadeiros problemas da União, acrescentando factores de instabilidade e dispersão institucional, bem como um longo somatório de equívocos.

---

[1] Cf. Luís Máximo dos Santos, "A estreia do euro", *in A União Europeia e Portugal: a actualidade e o futuro*. Curso de Verão de Direito Comunitário e Direito da Integração, Almedina, Coimbra, 2005, p. 96.

Em larga medida, na base destas dificuldades está o problema da conciliação das necessidades do processo de aprofundamento com as necessidades decorrentes do processo de alargamento.

As regras de Maastricht precisavam (precisam) de ser melhoradas mas nunca ninguém quis fazê-lo. E não foi por falta de oportunidades. Saliente-se, no entanto, que, quanto a nós, *mesmo com tais regras, e as suas conhecidas insuficiências, não era inevitável que o actual trajecto em plano inclinado tivesse sido percorrido*. Na verdade, o agravamento da crise das dívidas soberanas deve muito à circunstância de as instituições comunitárias e a dupla franco-alemã terem feito exactamente o contrário do que era necessário para evitar o alastramento da crise.

Perante tanta traição ao genuíno espírito europeu, tanta inépcia, tanta contradição e, fundamentalmente, tanta ausência de resultados, o alarme soou. A crise das dívidas soberanas foi só o ponto mais alto de um processo de decadência que há muito estava à vista para quem não andasse excessivamente distraído.

Num ápice, a zona euro – a principal jóia da coroa da União Europeia – foi justificadamente declarada em risco e, com ela, afirmou-se – e bem – que toda a construção europeia estava em causa, não faltando até quem já admitisse a possibilidade de novas guerras no continente europeu.

Esta súbita consciência do perigo de desmoronamento, embora não tenha sido suficiente para que se tivesse agido a tempo – tendo-se optado por esticar a corda até uma espécie de 25ª hora, sempre proclamada definitiva, mas que nunca o chegou a ser –, não deixa de ter um carácter positivo.

Fez desaparecer um insólito e inexplicável estado de auto-contentamento, pôs fim ao estado de negação em que viviam os responsáveis europeus, bem como à perniciosa ideia de que a solução da crise estaria em punir os Estados incumpridores e, no limite, em deixá-los entregues à sua própria sorte, admitindo-se fria e implicitamente a sua saída. E, mais importante ainda, esfriou o algo irritante e antidemocrático discurso sobre "as inevitabilidades históricas". De facto, nada na história está adquirido para sempre. Ao longo da história, já assistimos ao desmoronamento de muitas experiências políticas sólidas e duradouras e ao desfazer de inúmeras uniões monetárias. A razão primeira da União Europeia é a vontade de participação dos povos dos diferentes Estados que a compõem, exigindo-se que sejam contemplados, de forma compromissória, os diferentes interesses nacionais, sob pena de, se assim não for, se perder a essência do seu carácter democrático.

Aliás, independentemente de todas as suas incongruências, o anúncio pelo Primeiro-Ministro da Grécia, George Papandreou, de um referendo sobre os resultados da Conselho Europeu de 26 de Outubro de 2011 relativamente às medidas aí decididas quanto a esse país, se alguma virtualidade teve foi a de, por momentos, com um golpe só, ter erodido o poder da dupla Merkel-Sarkozy, lembrando, assim, que numa União digna desse nome, o poder tem sempre de ser partilhado. O coro de desesperados apelos e angústias que se ouviu de imediato demonstrou duas coisas: (i) a estratégia de Merkel-Sarkozy conduziu a União Europeia a um beco sem saída, virando-se contra os seus próprios promotores, e (ii) o resultado dessa conduta, o modo negligente, demagógico e, por vezes, até insolente com que a questão grega foi tratada desde o início, tinha conduzido, afinal, àquilo que mais se pretendia evitar, ou seja, que um país cuja economia corresponde a cerca de 2% do produto da União pudesse conduzir a um verdadeiro desastre sistémico.

2. Não vale a pena ter ilusões. Esta crise europeia não é como as outras. O cómodo discurso de que a integração europeia sempre viveu de crise em crise e sempre as foi ultrapassando, não deixando de ser verdadeiro, aplicado à actual situação constitui uma inadequada desvalorização da especial natureza e importância desta crise.

Na verdade, contrariamente a todas as demais, esta crise ataca os fundamentos da zona euro e, desse modo, no seu actual contexto, os próprios fundamentos da União Europeia. É simultaneamente uma crise interna (com evidentes repercussões internacionais) e uma crise do modelo de globalização que vem sendo praticado. E ocorre num quadro de profundas mudanças na repartição do poder económico à escala mundial.

Torna-se assim evidente que, num momento de reajustamento dos grandes poderes mundiais, a Europa surge particularmente fragilizada, desse modo afectando profundamente a eficácia da sua participação nesse processo global.

Afinal, exactamente o oposto do que se queria e prometia quando se afirmava o propósito de "aumentar o poder da União na cena internacional", o qual constituiu um dos mais importantes objectivos das últimas revisões dos tratados.

3. O projecto político europeu não está condenado. Os povos europeus esperam que a União Europeia os defenda e lhes proporcione a melhor inserção possível no quadro das mutações mundiais em curso. É verdade que a Guerra Fria constituiu uma importante razão para o desencadeamento do processo de integração europeia. Ma seria um erro ver nesse fenómeno a sua motivação essencial. desaparecido o qual a União Europeia perderia razão de ser.

Nada de mais errado, com efeito. Num mundo em que os grandes espaços económicos e políticos (Estados Unidos, China, Índia, Rússia, Brasil) procuram afirmar os seus interesses, seria caricato e suicidário que a Europa se desfizesse, abdicando do principal trunfo que lhe pode conferir peso e força: a sua unidade. Mas há que reconhecer que não seria original, pois a História da Europa demonstra, em especial no século XX, que a pulsão suicidária é uma tendência recorrente.

Provavelmente, a Europa é agora mais precisa do que nunca. O que sucede, infelizmente, é que os caminhos que têm sido seguidos pela União Europeia são a razão principal do seu enfraquecimento. Dificilmente um eventual contendor que a quisesse deliberadamente enfraquecer teria conseguido resultados tão eficazes quanto aqueles que derivam das próprias opções que a União Europeia livremente vem adoptando.

O que os cidadãos dos diferentes Estados-membros esperam hoje da União Europeia é que esta lhes traga aquilo que cada Estado, isoladamente, dificilmente conseguirá. Por outras palavras, que resolva os problemas cuja solução à escala nacional deixou de ser possível. Nesse pressuposto, estão dispostos a aceitar as renúncias de soberania requeridas por um eventual processo aprofundamento da integração.

Mas se a União Europeia falhar nessa missão fundamental, então sim, a razão da sua existência pode começar a ser questionada.

Ora, a verdade é que a União não tem sido capaz de garantir aos cidadãos europeus a mais vaga sensação de *segurança económica*, não tem sido capaz de defender alguns dos princípios fundamentais, sobretudo no plano económico, que lhe são matriciais.

Passou com estranha ligeireza por factos económicos maiores como a ascensão da China e a entrada desse país para a Organização Mundial do Comércio.

Por outro lado, e surpreendentemente, a União Europeia *não tem sido um factor de estabilidade*. Pouco tem contribuído para travar a profunda desordem financeira, económica, social e política que se vive desde meados de 2007 *e, pior ainda, a partir de 2009, tornou-se ela própria, com todas a suas indecisões e hesitações, um enorme factor de instabilidade.* Que confiança se pode ter numa Europa assim?

A evolução para uma estrutura de tipo imperial, pouco democrática, que não garanta metas razoáveis de progresso económico e social, em que a solidariedade ou não existe ou só se consegue "arrancar a ferros", será uma via rápida para a sua auto-destruição, por juntar o pior de diversos mundos e, sobretudo, matar qualquer esperança nos ideais que estiveram na sua origem.

4. A União Europeia está neste momento presa no labirinto que laboriosamente criou. Para superar a crise do euro muitos clamam, compreensivelmente, pela necessidade de se adoptarem soluções que, em maior ou menor grau, significam o reforço da integração política dos Estados-membros, atingindo mesmo um patamar de tipo federal.

O problema, porém, é que a actual situação acabou por se tornar a pior altura para fazer esse reforço. O verdadeiro "estado de necessidade" em que se encontram países como a Grécia, a Irlanda, Portugal e alguns outros, pode, na aparência, ser um argumento de peso para essa aceitação.

Sucede, contudo, que as sucessivas desconsiderações e vexames de que alguns povos da União foram vítimas ao longo da crise das dívidas soberanas, praticadas quer por responsáveis de outros Estados-membros, quer por responsáveis das Instituições da União criaram um enorme *clima de desconfiança e de ressentimento*, que chegou aos próprios povos como não acontecia desde o final da segunda guerra mundial. E esse dado não pode, de todo, ser negligenciado.

Trata-se de algo muito perturbador e que, evidentemente, mina as hipóteses de êxito de um caminho imediato no sentido federalista. Na verdade, quem quer entrar para uma estrutura federal, sabendo que, na prática, poderá não estar assegurado o princípio fundamental da igualdade de tratamento dos Estados? Quem arrisca tal passo, num momento em que o ideal europeu está hibernado e as relações entre alguns Estados (e os respectivos povos) estão num dos pontos mais baixos de sempre?

Vai ser preciso aguardar por outro ambiente no interior da União. De modo a dissipar o clima reinante de suspeita e ressentimento, vão ser precisos actos concretos que demonstrem que as graves atitudes que conduziram a esta situação não passaram de um desvario num momento de forte tensão.

Isso vai implicar o aparecimento de novos protagonistas, que esperamos nos tragam novas ideias e outra postura. As eleições na França e na Alemanha, estas mais distantes, poderão constituir um passo decisivo para o início de uma nova etapa.

Não basta mudar dirigentes. É necessário igualmente a definição de um caminho reformista claro, que permita superar as insuficiências do modelo (ou a falta dele) de governação económica da União, de modo a permitir um quadro geral de políticas económicas *que sirva o conjunto dos países que a compõem e atenda às suas especificidades.*

Por outro lado, cada Estado-membro, para beneficiar das vantagens de pertencer ao euro, terá, decididamente, de caminhar para um regime económico compatível com a partilha da mesma moeda.

A Europa está a ser um falhanço económico e institucional, como facilmente se ilustra pelo completo fracasso da denominada Estratégia de Lisboa e pelo modo desastroso como lidou com a crise das dívidas soberanas, bem como pela incapacidade de encontrar soluções institucionais que, em vez de complicarem, facilitem a concentração da União na resolução dos graves problemas com que se defronta.

A União precisa de um processo decisório mais simples, que traga clareza à definição do papel dos diferentes protagonistas e seja um instrumento de eficácia na acção, mas que simultaneamente respeite os tratados e os princípios que os enformam.

Para se libertar do labirinto em que se enredou, a União Europeia precisa de um novo espírito, que deixe entrar em força a política em detrimento da burocracia e faça reviver o ideal europeu. Há que reconhecer que no estado a que as coisas chegaram é uma tarefa hercúlea.

Neste mundo frio dominado pelos mercados financeiros, a União Europeia precisa de um grande suplemento de alma e de lucidez política e estratégica. Será que há vontade política para isso? Será que ainda vamos a tempo?

PORTUGAL E A EVOLUÇÃO DO MODELO DE INTEGRAÇÃO DA UE

LUÍS SILVA MORAIS

Decorridos vinte e cinco anos sobre a adesão de Portugal à então Comunidade Económica Europeia a nossa participação no processo de integração europeia parece ter mergulhado num momento crepuscular (que explica, de resto, a paradoxal ausência de referências a este quarto de século, para todos os efeitos marcante e decisivo para a Terceira República saída da ruptura de 1974-75). A ultrapassagem dessa situação exige criatividade jurídica, económica e, em última análise, política (sem a qual as duas primeiras dimensões não poderão frutificar). O primeiro passo para tal residirá na discussão dos factores que vêm contribuindo para essa situação de crise aguda. Lamentavelmente, como já sucedeu noutros momentos da história recente, a crise da nossa participação no processo de integração europeia é dupla, traduzindo uma inoportuna coincidência de factores internos e de factores externos (relativos ao próprio estádio actual de evolução da UE). Não existindo aqui espaço para uma análise dessa dupla vertente – interna e externa – e até porque a segunda tenderá neste momento a prevalecer, propomo-nos, assim, algumas brevíssimas considerações sobre o actual momento da UE.

É inegável o desenvolvimento progressivo de novas competências comunitárias desde o Acto Único Europeu e passando decisivamente pelo Tratado de Maastricht. Esse processo tem envolvido também uma expan-

LUÍS SILVA MORAIS

são dos nexos existentes entre as dimensões de *integração de mercado* e da *integração política*.[1]

O programa do mercado único consagrado no Acto Único Europeu marcou uma reorientação no sentido do *reconhecimento mútuo de regulamentações nacionais* a partir de *níveis mínimos de harmonização comunitária*, em detrimento das metodologias originárias de harmonização mais extensa dessas regulamentações. Desencadeou, assim, um processo de *competição entre regulações nacionais*,[2] mas de algum modo 'coordenado' a nível comunitário.

Essa *coordenação* abriu espaço para movimentos de regulação comunitários funcionalmente dirigidos a suportar processos de liberalização e abertura à concorrência de vários sectores económicos nos Estados-Membros [suportados, desde meados do década de oitenta, no regime previsto no artigo 106º do Tratado relativo ao Funcionamento da União Europeia (TFUE)].[3] Abriu também espaço para uma dimensão de *Europeização* de virtualmente toda a *regulação económica*, através de múltiplos processos de supervisão da regulação dos Estados-Membros com fronteiras mal definidas, levando a uma progressiva erosão das esferas de soberania residual dos Estados-Membros,[4] a qual *não foi, contudo, compensada por uma clara distribuição de competências* (verificando-se mesmo o risco de, em várias zonas de actividade económica carecendo de ordenação pública, se verificarem lacunas ou descontinuidades na regulação de actividades crescentemente

---

[1] Sobre esse processo, cfr., *inter alia*, DEIRDRE CURTIN, *European Legal Integration: Paradise Lost?*, in *European Integration and Law*, Antwerp, Intersentia, 2006, pp. 1 ss. C JOERGES, *The Law in the Process of Constitutionalizing Europe*, EUI Working Paper LAW, Nº 2002/4. R. DEHOUSSE, J. WEILER, *The Legal Dimension*, in W. WALLACE (Ed.), *The Dynamics of European Integration*, London, Pinter, 1990, pp. 242 ss. Na doutrina nacional, cfr., por todos, PAULO DE PITTA E CUNHA, *Direito Europeu – Instituições e Políticas da União*, Almedina, Coimbra, 2006; FAUSTO DE QUADROS, *Droit de l'Union Européenne*, Brussels, Bruylant, 2008.

[2] Sobre esta ideia de *competição entre regulações nacionais*, cfr. REICH, "Competition Between Legal Orders: A New Paradigm of EC Law?", in Common Market Law Review, 1992, pp. 861 ss.; GARETH DAVIES, *The Legal Framework of Regulatory Competition*, Free University of Amsterdam, Faculty of Law, May, 2006.

[3] Sobre esse processo assente no artigo 106º do TFUE cfr. o nosso *A Função Reguladora e as Estruturas de Regulação na União Europeia* in *A Europa e os desafios do Século XXI, Organizadores*, PAULO DE PITTA E CUNHA, LUIS SILVA MORAIS, cit., pp. 323 ss. Cfr. ainda sobre o mesmo processo JOSÉ LUIS BUENDIA SIERRA, *Article 86 – Exclusive Rights and Other Anti-Competitive State Measures*, in FAULL & NIKPAY (Editors), *The EC Law of Competition*, Oxford University Press, 2007, pp. 593 ss.

[4] Sobre essa ideia de erosão das esferas de soberania residual dos Estados-Membros, cfr. K. LENAERTS, "Constitutionalism and the Many Faces of Federalism", in American Journal of Comparative Law, 1990, pp. 205 ss. Cfr., ainda, KOEN LENAERTS, PIET VAN NUFFEL, *Constitutional Law of the European Union*, London, Sweet & Maxwell, 1999.

desenvolvidas numa escala e dimensão comunitárias, muitas vezes emergentes de cruzamentos menos bem definidos entre competências nacionais e competências da UE). Esse desequilíbrio jurídico, por seu turno, tem originado múltiplas disfunções políticas cuja influência na presente crise da UE não é despicienda. Entre as principais disfunções conta-se a de as principais decisões para a vida dos cidadãos – no plano económico e social – serem progressivamente adoptadas a nível Europeu, enquanto a discussão política, realmente mobilizadora desses cidadãos, continua centrada no plano nacional.

Não obstante o princípio da *competência de atribuição* consagrado em relação à UE na primeira parte do artigo 5º do Tratado da União Europeia (TUE), que é ainda uma emanação do *princípio geral da especialidade das organizações internacionais,*[5] as quais como sujeitos derivados de direito internacional obtêm as suas competências da própria vontade dos Estados-Membros participantes, o processo de expansão e europeização de competências no quadro global da UE tem-se mostrado contínuo (só muito limitadamente tendo sido contido pelo *princípio da subsidiariedade,* também consagrado no acima referido artigo 5º do TUE, apesar da importância formal atribuída a tal princípio por uma parte significativa da doutrina comunitária[6]).

Num tal processo, globalmente qualificado por JOSEPH WEILER como verdadeira *"transformação"* da integração europeia, avultou a introdução alargada dos *processos de votação por maioria qualificada* na arquitectura institucional e constitucional (*lato sensu*) da CE a partir do Acto Único e dos finais da década de oitenta.[7] Esses processos contribuíram decisivamente

---

[5] Essa emanação do *princípio geral da especialidade das organizações internacionais* apresenta, no entanto, contornos particulares no quadro da estrutura jurídica *sui generis* que representa a CE e, em termos globais, a UE. Sobre o princípio da *competência de atribuição* no plano comunitário, cfr., em geral, KOEN LENAERTS, PIET VAN NUFFEL, *Constitutional Law of the European Union,* cit., esp. pp. 87 ss..

[6] Sobre o princípio da *subsidiariedade,* cfr., por todos, a análise desenvolvida por FAUSTO DE QUADROS em *O Princípio da Subsidiariedade no Direito Comunitário Após o Tratado da União Europeia,* Almedina, Coimbra, 1995.

[7] Cfr., a este propósito, JOSEPH WEILER, *The Constitution of Europe,* Cambridge University Press, 1999, esp. pp. 97 ss. Do mesmo A. cfr., ainda, *Federalism and Constitutionalism: Europe's 'Sonderweg',* Jean Monnet Chair Working Papers, Nº 10/00. Ainda na mesma matéria e sobre a transformação jurídica qualitativa do processo de integração europcia, cfr CHRISTIAN JOERGES, *Democracy and European Integration: A Legacy of Tensions. A Re-Conceptualization and recent True Conflicts, in A Europa e os desafios do Século XXI,* Organizadores, PAULO DE PITTA E CUNHA, LUIS SILVA MORAIS, cit., pp. 111 ss.

LUÍS SILVA MORAIS

para afastar a anterior perspectiva dominante no sentido da observância de *regras de consenso* entre os Estados-Membros para a adopção de decisões e instrumentos normativos comunitários, influindo, assim, na acima referida *transformação qualitativa da integração europeia.*[8]

Um marco decisivo nesse processo de *expansão de competências comunitárias* – directa e indirecta, sob a forma de atribuição *ex novo* de determinadas competências ou sob a forma de interpretações progressivamente extensivas de competências genéricas atribuídas à UE – verifica-se com o *programa da união económica e monetária* (UEM) gizado pelo Tratado de Maastricht. Temos desde há muito sustentado que a estrutura em que assenta a UEM, conquanto corresponda ainda a uma construção jurídica híbrida, comporta já vários elementos federais. Essa estrutura, contudo, gerou um modelo historicamente *sui generis* de cumulação de uma *união monetária centralizada* com uma *união económica descentralizada*, gerando tensões e desequilíbrios muito complexos (que estiverem latentes até à crise económica internacional desencadeada a partir de 2007).[9]

Este fundamental alargamento da esfera de competências comunitárias, bem como a originalidade da construção jurídico-económica e institucional então desencadeada levou à emergência do que alguns sectores doutrinais qualificaram como *"crise existencial"* da UE, que desafia a sua *"legitimidade normativa e social"*.[10] Pela nossa parte, consideramos verificar--se desde essa transição no processo de integração gerada pelo Tratado de Maastricht uma *crise de crescimento da UE*, reflectida sobretudo, numa *crise de esgotamento da originária metodologia funcionalista dos 'pequenos passos'*, preconizada com inegável sucesso pelos fundadores da CEE.

Na realidade, *é o próprio sucesso do processo de integração comunitária que conduz a uma expansão das estruturas da UE para tradicionais domínios fundamentais da soberania dos Estados-Membros.* Essa expansão corresponde ainda a *uma mutação qualitativa de um processo dirigido funcionalmente à realização do*

---

[8] Sobre a importância da transição de uma regra de consenso para a adopção cada vez mais generalizada das regras de votação por maioria qualificada, cfr. SIMON HIX, *What's Wrong with the European Union & How to Fix It*, Polity Press, Cambridge, 2008, esp. pp 32 ss.

[9] A esse respeito cfr. o nosso *Portugal e os Défices Excessivos – O Pilar Económico da União Económica e Monetária Europeia e a Disciplina do Pacto de Estabilidade e de Crescimento*, in *Estudos Jurídicos e Económicos de Homenagem ao Prof. Doutor António de Sousa Franco*, Coimbra Editora, 2006, pp. 815 ss., esp. pp. 820 ss..

[10] Sobre essa visão, cfr., por todos, MIGUEL POIARES MADURO, *O Tratado de Nice e o Futuro da Europa*, (policopiado) Parecer solicitado à Faculdade de Direito da Universidade Nova de Lisboa pela Assembleia da República, Lisboa, 2001.

mercado interno – o qual permitiu determinados consensos institucionais e técnicos – *para um processo que, pressupondo importantes níveis de concretização desse mercado interno no último decénio do século XX, envolve diferentes opções de política económica e de regulação da economia que não se têm revelado consensuais entre os vários Estados-Membros e os seus principais agentes económicos e sociais*[11] (no quadro da *Europeização* de virtualmente toda a *regulação económica*, a que já aludimos).

Paralelamente, essas essenciais mutações qualitativas exigiriam uma **nova lógica normativa global para as estruturas da UE**, incluindo no plano institucional, a qual não foi criada desde o Tratado de Maastricht, tendo-se vivido sempre sob o signo de alguma provisoriedade nos Tratados de Amesterdão e de Nice, com cada um dos Tratados a pressupor revisões a curto prazo e vindo a desembocar no insucesso global do Tratado Constitucional (ultrapassado com o compromisso político ulterior que viabilizou a aprovação e entrada em vigor do Tratado de Lisboa). Este ciclo de sucessivas revisões dos Tratados fundadores da estrutura complexa da UE criada desde Maastricht traduziu também algum desequilíbrio entre, por um lado, crescentes afirmações formais da esfera de integração política – que tiveram o seu momento culminante no acima referido Tratado Constitucional – e, por outro lado, a **coerência da sua base jurídico-económica** (a partir das **dimensões da união monetária e da união económica, não articuladas entre si**).

Num contexto em que a erosão da soberania dos Estados pelas mutações qualitativas do processo de integração europeia tornam mais agudos os *conflitos ou tensões entre formas de legitimidade* – envolvendo, por um lado, os níveis de democraticidade da representação dos cidadãos europeus à escala comunitária e, por outro lado, os níveis adequados de representação dos Estados que cedem parcelas de soberania para uma estrutura com crescentes elementos federais – tais conflitos e as complexas questões político-institucionais e jurídicas inerentes aos mesmos não foram assumidos *'qua tale'* nem directamente abordados. Pelo contrário, evoluiu-se sob pressão circunstancial dos vários alargamentos da UE e dos problemas de eficácia de funcionamento institucional directamente associados a tais alargamentos (como terá sucedido, de forma paradigmática, com as

---

[11] Sobre essa fundamental *mutação* que põe em causa consensos relativos alcançados ou mantidos – mesmo que, por vezes, sob formas e em condições precárias, nas primeiras três décadas do processo de integração comunitária, cfr., por todos, SIMON HIX, *What's Wrong with the European Union & How to Fix It*, cit., esp. pp. 32 ss.

LUÍS SILVA MORAIS

alterações no processo decisório comunitário introduzidas no Tratado de Nice, sem que isso tenha sido compensado pelo compromisso que permitiu a aprovação do Tratado de Lisboa).

Numa fase em que a UE já não representa apenas um processo de concretização do mercado único, mas envolve opções **sobre modelos essenciais de regulação económica e de políticas económicas e sociais** e em que os Estados-Membros aceitaram crescentes formas de limitação de áreas essenciais da sua soberania não pode iludir-se mais um *problema essencial de **(i) identificação de algumas áreas de representação tendencialmente paritária dos Estados** – como aquelas que se encontram normalmente associadas a estruturas federais – *que possam ser combinadas, num processo decisório eficaz, com **(ii) níveis adequados de representação democrática das populações europeias e a consequente afirmação do princípio maioritário, reflectindo o peso demográfico dessas populações à escala europeia* (sem soçobrar num potencial impasse decisório).

Trata-se de assumir de forma criativa, através dos adequados mecanismos institucionais, a complexidade do actual momento evolutivo do processo de integração europeia e de assumir – nesse plano de criação de modelos normativos e institucionais originais – a progressiva **emergência num plano material de estruturas constitucionais complexas, a vários níveis,**[12] conquanto o nível comunitário não se encontre ainda suportado por uma *comunidade política consolidada* (que apresente, designadamente, verdadeiras afinidades com as *comunidades políticas nacionais* existentes ao nível da maior parte dos Estados-Membros).

A pretensão de introduzir neste contexto uma suposta *dimensão constitucional formal,*[13] através do Tratado Constitucional, sem resolver ou

---

[12] Para uma análise *ex professo* do desenvolvimento no quadro do processo de integração europeia de **estruturas constitucionais complexas** ("*multilevel constitutionalism*"), cfr., por todos, INGOLF PERNICE, "Multilevel Constitutionalism and the Treaty of Amsterdam: European Constitution Revisited?", in Common Market Law Review, 1999, pp. 703 ss.; J.H.WEILER, MARLENE WIND (Ed.), *European constitutionalim Beyond the State*, Cambridge, 2003.

[13] Sobre essa possível *dimensão constitucional formal* associada ao denominado Tratado Constitucional, cfr. J. KOKOTT, A. RUTH, "The European Convention and Its Draft Treaty Establishing a Constitution for Europe: Appropriate Answers to the Laeken Questions", in Common Market Law Review, 2003, pp. 1315 ss.; JACQUES ZILLER, *La Nouvelle Constitution Européenne*, La Découverte, Paris, 2003. MARKUS PUDER, "Constitutionalizing the European union – More Than a Sense of Direction from the convention on the Future of Europe", in Fordham international Law Journal, 2002/2003, pp. 1562 ss. Na doutrina nacional, cfr. PAULO DE PITTA E CUNHA, *A Constituição Europeia. Um olhar Crítico sobre o Projecto*, Almedina, Coimbra, 2004; ANA MARIA MARTINS, *Curso de Direito Constitucional da União Europeia*, Almedina, Coimbra, 2004, esp. pp. 142 ss..

sequer enfrentar verdadeiramente o problema primacial acima colocado e que convoca questões de conjugação ou interligação de *estruturas constitucionais complexas* – considerando aqui o plano da *constituição em sentido material* – acabou assim por redundar num impasse após os resultados dos referendos francês e holandês àquele Tratado.[14] Por seu turno, o compromisso ulterior no sentido da adopção do Tratado de Lisboa – recuperando uma parte do conteúdo normativo do Tratado Constitucional – representou uma oportunidade perdida para intervir em tempo sobre as áreas onde se verificavam desequilíbrios originários no processo de construção da UEM (encetado desde Maastricht). Apesar de alguns ajustamentos nas normas relativas ao funcionamento desta UEM, não se procurou verdadeiramente no quadro do Tratado de Lisboa uma correcção de fundo desses desequilíbrios profundos entre o pilar económico e o pilar monetário da UEM (reforçando os elementos institucionais de governo económico europeu e os mecanismos de solidariedade ou consistência interna da Zona Euro, que tirem todas as consequências das limitações que resultem para os Estados da perda de moeda nacional; mecanismos que podem eficazmente ser conjugados com instrumentos de direito europeu que limitem quaisquer formas de '*moral hazard*').

A grande questão que ora se coloca e que para os *Europeístas* – qualidade que, pessoalmente, nos permitimos invocar quando esta porventura se encontra menos 'na ordem do dia' – é a de saber se a UE pode em tempo recuperar as 'oportunidades perdidas' e adoptar, sob pressão extrema das circunstâncias, as reformas drásticas de funcionamento da UEM que se mostram necessárias, não já apenas para a manutenção da Zona Euro mas também para a própria construção do mercado interno; porventura, num

---

[14] Não temos aqui espaço para analisar especificamente as causas possíveis dos resultados dos referendos francês e holandês, embora admitamos, em geral, que, para além de razões de política interna respeitantes a esses Estados-Membros aspectos ligados a percepção difusa de aspectos de crise de representação nacional e de ausências de consenso sobre opções de regulação e de políticas económicas, na sequência da transição para uma nova fase de integração em que a realização do mercado interno – essencialmente alcançada – não represente já o móbil dominante no processo de integração europeia (no sentido que referimos *supra*). Para visões distintas sobre essas causas cfr., *inter alia*, VLAD CONSTANTINESCO, Intervenção na Conferência promovida pelo Instituto Europeu sobre o Tratado de Lisboa, em 17 de Abril de 2008, publicada na Revista de Estudos Europeus, Nº 4/2008 (no prelo); GÉRARD GRUNBERG, "Le Référendum Français de Ratification du Traité Constitutionnel Européen du 29 mai 2005", in French Politics Culture & Society, Vol. 23, Nº 3, Winter 2005, pp. 128 ss.; SIMON HIX, SIMON HIX, *What's Wrong with the European Union & How to Fix It*, cit..

LUÍS SILVA MORAIS

primeiro momento através de *uma leitura hermenêutica muito extensiva da inter-relação entre o EuroGrupo e o Banco Central Europeu, compreendendo também a interacção, sob forma criativa, com o novo mecanismo de assistência financeira* entretanto criado, com excessiva lentidão sob pressão dos factos, *e ainda sem revisão dos Tratados,* que não se compadece com a celeridade das medidas e dinâmicas a criar. Num segundo momento, porventura, com algumas alterações dos Tratados utilizando em toda a extensão possível as virtualidades dos mecanismos de revisão simplificada.

Espera-se claramente que a resposta a essa questão central – para a UE e para Portugal – seja positiva, pois o tempo útil para tal, na brusca aceleração histórica que hoje conhecemos, conta-se não em anos, mas em meses e, provavelmente, semanas.

Lisboa, 3 de Novembro de 2011

25 ANOS DE INTEGRAÇÃO EUROPEIA
– CONTRIBUTOS PARA O CASO DO ENSINO SUPERIOR

MANUEL CARMELO ROSA

1. A iniciativa do Instituto Europeu da Faculdade de Direito de Lisboa, de assinalar o vigésimo quinto aniversário da integração europeia de Portugal, que coincide com a própria fundação do Instituto e que se enquadra no âmbito do encerramento das comemorações do centenário da Universidade de Lisboa é do maior interesse e oportunidade, pela enorme e profunda importância de que esse facto histórico se revestiu para o nosso país, pelas alterações mais evidentes ou menos perceptíveis que provocou na nossa vida em praticamente todas as suas dimensões – política, social, económica, cultural, etc. – nuns casos com resultados muito positivos noutros com menor sucesso, mas em que, do meu ponto de vista (e julgo que da generalidade dos portugueses), o resultado global é francamente positivo.

Apesar da profunda crise económica, financeira e social que hoje se vive no espaço europeu (e no mundo em geral) e que com especial intensidade nos assola, perturbando e complicando a nossa vida e ensombrando o caminho futuro do país, suscitando mesmo dúvidas sobre a continuidade da União Europeia, pelo menos nos termos e na forma em que a construção europeia se vem delineando, julgo ser minoritária no nosso país a perspectiva de que a adesão europeia foi negativa. Os estudos e inquéritos mais recentes têm demonstrado isso mesmo no que respeita a uma apreciação global, embora possa haver (e há) naturais reservas quanto a algumas das políticas e das medidas adoptadas.

MANUEL CARMELO ROSA

Não se justificava, por isso, deixar em claro a efeméride dos 25 anos de integração europeia do nosso país, apesar da profunda crise e das grandes dificuldades que a União Europeia presentemente atravessa que explicam, mas não justificam, não se ter feito a comemoração especial que se impunha.

Sugere-se, por uma questão lógica de disciplina editorial, que se siga o modelo de resposta às questões que se elencam em anexo à carta convite e destas seleccionei duas, escolhidas pelo critério de sedução que também é sugerido e evitando tecer comentários sobre as restantes questões de forma a não ultrapassar excessivamente o limite de espaço concedido. Neste sentido, irei abordar com mais detalhe a questão da identidade europeia, mas vou-me especialmente concentrar num dos efeitos da adesão às Comunidades sobre a sociedade portuguesa de que tenho uma experiência mais profunda e que tive o ensejo de acompanhar de uma posição privilegiada.

2. A existência de uma identidade europeia e a forma como ela se traduz, no caso de existir, suscita um debate interessante e obriga a uma reflexão cuidadosa sobre a nossa existência individual e colectiva.

É bem verdade que muitos dos entusiastas da construção europeia têm proclamado a existência de uma identidade europeia supranacional, baseada em valores culturais que inspiram os povos europeus e que lhes conferem uma certa unidade e uma especificidade própria, face a outros povos de outras regiões do Mundo.

O Tratado de Lisboa introduziu no Preâmbulo e no Título I (Disposições Comuns) referências aos valores que reconhece como identitários da Europa. Faz referência a uma inspiração no património cultural, religioso e humanista da Europa, e reconhece que se pauta pelos valores universais que são os direitos invioláveis da pessoa humana, bem como a liberdade, a democracia, a igualdade e o Estado de Direito. No quadro dos valores, refere-se ainda ao respeito pelas minorias, pelo pluralismo, pela não discriminação, pela tolerância, pela justiça, pela solidariedade e pela igualdade entre homens e mulheres. Poderiam ainda referir-se outros elementos que o legislador entende também como configuradores da identidade europeia, mas não cabe aqui ser exaustivo.

Começam por se basear estas perspectivas valorativas no recurso às origens históricas da Europa (embora nelas não se esgotem), ao reconhecimento de que a civilização europeia assenta as suas bases nos textos fundamentais das antigas culturas gregas e romanas. Foi inspirada na cultura clássica greco-latina que a Europa se foi construindo e consolidando baseando-se, por um lado, no rasgo e originalidade da inteligência grega e, por outro, na extraordinária capacidade organizadora da civilização romana.

A Europa emergiu em algumas ocasiões do seu percurso histórico, refazendo o seu passado e glorificando-o através duma redescoberta e reabilitação das suas origens culturais clássicas gregas e romanas. Foi assim de forma muito marcada no período do Renascimento e voltou a acontecer recorrentemente, como no período do Romantismo, intercalado com períodos de negação desse passado.

Este processo cíclico de refazer e recuperar períodos marcantes do seu passado, de os negar e de os voltar a recuperar é para Eduardo Lourenço, um traço distintivo e identificador da cultura europeia.

No plano religioso, que não pode ser afastado da análise da identidade dos povos, há uma predominância da matriz cristã, embora a Europa tenha vivido profundas discussões, dissensões e reformas que dividiram os cristãos, sobretudo a partir da Revolução Luterana. E a Europa vive profundamente dividida desde o século XVI, do ponto de vista religioso, com aquilo a que se convencionou chamar a Reforma Protestante, entre uma Europa que permaneceu fiel a Roma e outra Europa que adoptou um tipo diferente de cristianismo afastado da obediência romana.

Em termos religiosos, a Europa é também influenciada pela religião judaica apesar de, historicamente, se ter constantemente verificado uma relação difícil com a comunidade judaica, a sua religião, as suas tradições e a sua cultura. De qualquer modo, George Steiner reconheceu que a Europa tem uma descendência dupla de Atenas e de Jerusalém e atribui-lhe, por isso, uma marca assinalável na origem e formação da cultura europeia.

A Europa tem também influências muçulmanas, aos mais diversos níveis culturais, apesar de se afirmar identitariamente desde a Idade Média contra a religião e influência política do mundo islâmico. Este aspecto do confronto é essencial no que respeita à consciência da identidade. A identidade é afirmada, de forma importante, pela diferença. A percepção do que somos e de quem somos é captada pelo confronto com o que não somos.

Toda esta matriz identitária da Europa que marca a sua especificidade é resultante de um percurso histórico de séculos de existência, mas hoje a Europa, influenciada pelos fortes fluxos migratórios oriundos das mais diversas partes do mundo respira uma profunda interculturalidade e a sua identidade, permanecendo marcada pelas suas referências históricas que a foram construindo e consolidando, tem agora novos factores que contribuem para configurar de modo diferente uma certa ideia de identidade europeia onde se acentua muito mais a diversidade cultural. É neste contexto que o Tratado refere o respeito pelas minorias, pelo pluralismo e pela não discriminação.

Aliás, a identidade não é algo de fixo e imutável, ela muda e transforma-se com maior ou menor rapidez por influências as mais diversas. A identidade é um processo em formação constante e que vai resultando da interacção de diversos factores durante períodos mais ou menos longos de tempo. Daqui resulta a invocação, por exemplo, de valores ambientais e de sustentabilidade ou mesmo de igualdade entre homens e mulheres que, como sabemos, não era valor reconhecido na Antiguidade Clássica, para já não falar de períodos mais próximos.

Mas, em síntese, há que considerar que, para além de valores universais que pautam a sua identidade, a Europa é um conjunto de nações europeias, cada uma com a sua identidade própria, fruto de maior ou menor diversidade, que se revê nos valores em que a Europa como um todo pela sua origem e pelo seu percurso histórico se reconhece e que são expressos nos termos supra referidos no Tratado de Lisboa.

De há 150 anos para cá a identidade colectiva básica da Europa situa-se à volta da Nação, que representa o mais alto nível da comunidade política, legal e cultural e corresponde a uma realidade forte e resistente que dificilmente desaparecerá com o processo de construção europeia, embora se vá transformando gradualmente com a transferência de poderes para entidades supranacionais. De qualquer modo, as diferentes realidades culturais e as diferentes línguas que as suportam subsistirão em torno de valores comuns e de uma história comum, que são património de toda a Europa.

A identidade europeia será assim representada pela diversidade das diferentes culturas das nações europeias que se revêem nos princípios e valores consagrados no Tratado Europeu, que reflectem as referências da sua formação e do seu desenvolvimento histórico.

3. É de notória evidência que a adesão europeia de Portugal teve sérios reflexos na sociedade portuguesa provocando, desde logo, uma sua muito maior abertura ao exterior com todas as consequências que daí resultam.

Gostaria, no entanto, de neste âmbito me centrar exclusivamente nas consequências que a integração europeia provocou no sistema e nas instituições de ensino superior, por ter tido o privilégio de acompanhar com bastante proximidade o lançamento dos principais programas europeus de ensino superior que curiosamente coincidiu com o momento da adesão de Portugal à Comunidade Europeia.

As Universidades portuguesas eram, no período pré-adesão, das instituições nacionais com maior nível de exposição ao exterior, como resultado de uma já acentuada tendência para que a formação do seu corpo docente fosse realizada em instituições estrangeiras através do benefício promovido por programas de bolsas de estudo concedidas sobretudo pelo Estado Português e pela Fundação Calouste Gulbenkian.

Estas formações no exterior alimentavam e reforçavam as ligações científicas internacionais das instituições universitárias portuguesas.

De qualquer modo, o nível de internacionalização que então se verificava e que assentava, quase exclusivamente, na actividade do seu corpo docente, em nada é comparável com o que se veio a passar depois.

As Universidades eram, praticamente desde as suas origens, um dos pilares institucionais do Estado prosseguindo objectivos científicos, literários, artísticos e políticos através das suas actividades formativas, de pesquisa científica e de prestação de serviços determinados, em larga escala, pelas necessidades, exigências e desenvolvimento do Estado, mas com este crescente fenómeno de internacionalização das instituições de ensino superior, a política do ensino superior está a mudar do Estado para outros locais, redes, regiões ou agências que actuam em contextos transfronteiriços.

O ensino superior está, por isso, a transformar-se, mais acentuadamente desde a última década, de uma entidade essencialmente nacional para um sistema multinacional de âmbito europeu. O Estado que definia a política do ensino superior e das suas instituições começa, praticamente, a surgir como executor de uma política definida e acordada a nível europeu, por vezes marcada por uma harmonização exagerada que condiciona, em excesso, a autonomia das instituições.

Estas pesadas transformações que se estão a verificar nos sistemas e nas instituições de ensino superior europeias, que naturalmente incluem o nosso sistema e as nossas instituições, são consequência directa do movimento de internacionalização lançado em 1987 com o Programa ERASMUS, que se iniciou com uma participação tímida das instituições

MANUEL CARMELO ROSA

e dos estudantes portugueses, mas que rapidamente alastrou e se consolidou na vida das nossas Universidades, modificando de forma assinalável a sua vida e o seu funcionamento.

Como já referi, pude seguir de perto o impacto que o Programa ERASMUS provocou no sistema de ensino superior português, como um dos dois representantes do nosso país no Comité Consultivo ERASMUS, entre o seu início em 1987 e até 1992. Este Comité, a funcionar junto da Comissão Europeia, acompanhava o desenvolvimento deste emblemático Programa europeu de mobilidade académica que teve um enorme sucesso, apesar das vicissitudes que rodearam a sua criação e o seu desenvolvimento.

O Programa ERASMUS foi o 2º Programa Comunitário na área da Educação e Formação (o 1º Programa a ser lançado, em 1986, foi o COMETT, destinado a promover a cooperação entre as universidades e as empresas) e tinha como principal objectivo promover a mobilidade de estudantes e dos docentes em menor escala, embora incluísse uma variedade de actividades que vão desde o desenvolvimento de currículos europeus, a cursos de Verão e a formação linguística. Foi ainda este programa que introduziu o *"European Credit Transfer System (ECTS)"* no sistema de ensino superior europeu.

Em 1987, quando o ERASMUS foi lançado a experiência e prática da mobilidade académica nos doze Estados Membros da então Comunidade Europeia eram muito diferenciadas.

Países como a França, a Alemanha, o Reino Unido, a Holanda e a Itália tinham já experiência de programas bilaterais de mobilidade académica que lhes facilitaram a participação no âmbito do ERASMUS. Pelo contrário, países como Portugal, a Espanha ou a Grécia tinham, nesse momento, menor nível de participação internacional das suas instituições de ensino superior e registaram, por isso, um fraco nível de resposta ao programa. A situação de Portugal foi especialmente difícil dado que, no primeiro ano lectivo de funcionamento do Programa (1987/88), ficámos bem abaixo da quota que a Comissão Europeia tinha estipulado para o nosso país.

Recordo que a nossa participação se cifrou em 0,77% do total, com apenas 25 estudantes portugueses a usufruírem de bolsa ERASMUS para passar um período de estudo numa Universidade estrangeira.

Apesar de nessa ocasião muitas das nossas Universidades terem no seu corpo docente professores com formação académica em Universidades estrangeiras, o nível de internacionalização das instituições era muito incipiente e praticamente não havia experiência alguma de mobilidade de estudantes. E sem mobilidade de estudantes a internacionalização é parcelar, redutora e não alcança o essencial da actividade das instituições.

O Programa ERASMUS ao promover de forma decisiva e imparável, a uma escala assinalável, a mobilidade estudantil, teve um papel essencial no rápido processo de internacionalização das instituições de ensino superior portuguesas, abrindo de forma decisiva o caminho à alteração do seu funcionamento. A mobilidade que o Programa promoveu nos dois sentidos (enviando e recebendo estudantes) provocou o início de mudanças profundas no sistema de ensino superior português que foram depois desenvolvidas e consolidadas com outros programas e outras actividades que deram origem, como se referiu, ao Processo de Bolonha que está em execução e que está a promover e consolidar importantes mudanças de paradigma nos sistemas de ensino superior europeus e nas suas instituições.

Convirá, no entanto, referir que o Programa ERASMUS, cujas consequências para a transformação do ensino superior na Europa e em especial em Portugal foram tão importantes, teve dificuldades para ser aprovado no quadro europeu, por questões de falta de adequado enquadramento jurídico.

O importante papel da educação e da cultura na construção europeia foi formalmente reconhecido no Conselho Europeu de Milão, realizado em 1985, que aprovou o relatório *Adonnino* sobre a "Europa dos Cidadãos".

Nesse ano, o Tratado Europeu apenas previa a intervenção comunitária ao nível educativo na área da educação profissional e vocacional (artº 128º). Deste modo, quando a Comissão apresentou ao Conselho, nesse mesmo ano, as propostas para adopção dos Programas COMETT e ERASMUS, o primeiro passou com algumas dificuldades, baseado apenas no referido artigo 128º do Tratado, e o segundo viu a sua proposta ser retirada das discussões no Conselho, para evitar a sua rejeição. Só 18 meses depois, após duras negociações e invocando o resultado do importante caso Gravier (1985), em que o Tribunal de Justiça das Comunidades Europeias considerou o ensino superior no âmbito do Tratado, foi fornecida a fundamentação jurídica para as actividades da Comissão nesta área e foi possível obter a aprovação do Programa ERASMUS.

No entanto e apesar de se ter mantida intacta a identidade da proposta inicial, não foi possível obter o financiamento desejado para, na sua primeira fase de execução, se alcançar a mobilidade de 10% dos estudantes.

MANUEL CARMELO ROSA

Em Portugal, como já referi, o Programa, na sua fase de lançamento ficou bem aquém, em termos quantitativos, dos objectivos desejados. Por esse motivo, no final dos 1º e 2º anos da sua execução, realizaram--se, em vários locais do país e procurando atingir todas as instituições de ensino superior, diversas sessões, muito participadas, destinadas a divulgar os objectivos e a importância do Programa e a esclarecer dúvidas sobre a forma de participação das instituições e dos estudantes.

Foi interessante verificar que a maior parte das áreas científicas e das instituições rapidamente se mobilizaram para participar no Programa, enquanto outras tiveram um arranque mais difícil.

As eventuais resistências verificadas nas áreas mais tradicionais, foram em parte ultrapassadas com a criação, a partir do 2º ano de execução do Programa, do denominado "Coimbra Group", através do qual a Universidade de Leiden agregou um vasto grupo de universidades mais antigas, incluindo Coimbra e concedendo o seu nome ao grupo (eventualmente, porque Portugal era, nessa ocasião, o país a quem a Comissão maior prioridade concedia no âmbito do Programa).

Deverá sublinhar-se o exemplar trabalho realizado pela equipa da Universidade de Coimbra neste Grupo que foi capaz de envolver todas as suas Faculdades em Programas Interuniversitários de Cooperação, mesmo daquelas em que a resistência ao ERASMUS era maior. Com este importante passo, todas as Faculdades dessas mesmas áreas científicas das restantes Universidades que se manifestavam mais renitentes em aceitar a mobilidade dos seus estudantes no Programa ERASMUS, passaram a aceitar também nele participar.

O Programa ERASMUS demonstrou cabalmente que a internacionalização dos sistemas de ensino superior e das suas instituições só se concretiza efectivamente com a mobilidade dos estudantes em paralelo com o reforço das relações externas dos seus docentes-investigadores. Por outro lado, foi ele que proporcionou condições para uma desejável cooperação interuniversitária alargada não apenas ao espaço europeu e, ao mesmo tempo para as consequências, positivas e negativas, do Processo de Bolonha.

A EUROPA, TERRITÓRIO E IDEIA: O CONTRIBUTO CRISTÃO
BREVE REFLEXÃO PARA O INSTITUTO EUROPEU
DA FACULDADE DE DIREITO DA UNIVERSIDADE DE LISBOA

D. MANUEL CLEMENTE

1. Europa

Partilho aqui, sem ponta de orgulho ou preconceito, breves considerações sobre o nosso continente: como território, alguma vez definido, e ideia, geralmente alimentada.

Faço-o respondendo a um honroso convite e também por convicção e urgência. Creio que realidades históricas, civilizacionais e culturais, como é indiscutivelmente a Europa, não podem ser menosprezadas nem ultrapassadas por mundializações apressadas e equívocas.

Bem pelo contrário, há-de vigorar aqui o imprescindível princípio da subsidiariedade, segundo o qual os níveis superiores da sociabilidade humana não devem apagar, antes potenciar, tudo o que os níveis intermédios podem e devem fazer por si mesmos. Entre cada um de nós e o mundo que decerto integramos, existe a nossa Europa e é como europeus que somos mundiais e solidários com os outros continentes. Fazer tábua rasa de realidades tão consistentes e arduamente adquiridas seria um empobrecimento irremediável da mesa comum que queremos partilhar com outros continentes e culturas.

Quando há uma década se levantou grande celeuma sobre o prólogo da possível "constituição" europeia, com as respectivas afirmações e lacunas, não se tratava de questão de pouca monta. Tal prólogo lembrava contri-

MANUEL CLEMENTE

buições inegáveis para a formação da Europa, enquanto ideia herdada e adquirida, mas esquecia – inexplicavelmente esquecia! – a contribuição específica do cristianismo. Lacunas destas ferem-nos a todos, porque ferem a verdade histórica pura e simples.

2. Território

Não foi difícil recordar o papel indesmentível do cristianismo na formação do nosso continente. Permito-me resumir: a) Quando dizemos "Europa" referimos agora o território que se estende do Atlântico aos Urais e do Mediterrâneo ao Mar do Norte. b) Este território não coincide com o mundo mediterrânico onde se espraiaram o Império Romano e a cultura clássica, greco-romana: esse mundo antigo tanto incluía a parte meridional do que é hoje a Europa, como o Próximo Oriente e o Norte de África. c) O continente europeu abarcou depois os territórios dos vários povos e reinos que se sucederam ao Império Romano do Ocidente, outros que permaneceram ligados ao Império Romano do Oriente e muitos que nunca tinham pertencido a Roma.

Foi uma realidade nova e especificamente "cristã". Entre o século V e o século X, paulatinamente, foram passando à religião de Cristo os povos mais diversos, desde os Francos aos Russos. Tal aconteceu por sucessivas campanhas missionárias, especialmente protagonizadas por monges itinerantes e depois fixados nesses territórios "convertidos".

Partiram de vários pólos, de que selecciono apenas os principais: pólo romano, sobretudo depois do papa Gregório Magno ter enviado os discípulos de S. Bento para Inglaterra, na viragem do século VI para o VII; pólo "céltico", dos monges que, na tradição de São Patrício, passaram da Irlanda à Escócia, a Gales e à Inglaterra, descendo ao continente desde o século VII; pólo bizantino, que, a partir de Constantinopla, se espraiou pelo mundo eslavo.

Foi pela soma destas iniciativas que, no século X, apareceu a Europa que nós reconhecemos. E não só geograficamente, pois já assinalava uma ideia comum evangelicamente inspirada, mais ou menos concretizada e eventualmente contraditada. Tratava-se da "Cristandade", ainda que plural e consentindo óbvias tensões internas; e não deixando, aliás, de veicular o que recebera do pensamento clássico, contando ainda com as contribuições de judeus e árabes, como agora as recebe de outras regiões e culturas, que de algum modo interpelam e alargam a matriz que tínhamos – e positivamente o fazem.

3. Ideia

O continente europeu é inegavelmente uma criação cristã, pouco a pouco conseguida na Alta Idade Média, do século V ao X. Não existira antes e só então se recortou no globo terrestre. Globo que aliás unificou, pela expansão europeia dos séculos XV e seguintes.

Mas era também uma geografia cultural.

Em 2003 o papa João Paulo II concluiu um importante texto, que condensava reflexões dum sínodo de bispos que reflectira precisamente sobre o nosso continente, do passado remoto ou recente para o futuro ainda mais exigente. O documento intitula-se *A Igreja na Europa* (*Ecclesia in Europa*), exortação apostólica pós-sinodal, de 28 de Junho de 2003.

Dela extraio o seguinte trecho: "De facto, o cristianismo deu forma à Europa, imprimindo-lhe alguns valores fundamentais. Mesmo a modernidade europeia, que deu ao mundo o ideal democrático e os direitos humanos, recebe os seus próprios valores da herança cristã. A Europa é qualificada, não tanto pelo espaço geográfico, como sobretudo por um conceito prevalentemente cultural e histórico, que caracteriza uma realidade nascida como continente em virtude também da força unificadora do cristianismo, que soube integrar entre si povos e culturas diversas e está intimamente ligado a toda a cultura europeia" (*Ecclesia in Europa*, nº 108).

Não se trata de vanglória, antes de simples constatação. O trecho não diz que tudo o que existe de cultural no continente é fruto directo do pensamento cristão. Diz apenas que a Europa, enquanto "conceito cultural", apareceu – também e não exclusivamente – pela força unificadora do cristianismo, que integrou diversos povos e culturas. Foi uma contribuição indesmentivelmente prestada.

Também não oferecia dúvida à generalidade dos autores da modernidade e da contemporaneidade europeia o contributo cristão para a democracia e os direitos humanos. Mais ou menos ortodoxos ou heterodoxos, teístas ou simplesmente deístas, concluíam geralmente assim, mesmo quando apontassem inconsequências teóricas e práticas aos hierarcas do passado ou da altura.

Podemos até dizer que não foi por acaso que os debates donde nasceram as grandes afirmações políticas e jurídicas da modernidade ocorreram em zonas tocadas pela tradição cristã. Ideias como a distinção entre Deus e o mundo, base primeira do pensamento científico, ou entre Deus e César, base propícia da actividade política como tal, têm no cristianismo uma inegável fonte. Inegável, mesmo quando foi dificilmente assumida por alguns crentes e hierarquias. Basicamente, foram e são debates entre "cristãos" de crença ou cultura.

O mesmo documento o explicita, mais à frente, com franqueza invulgar e agora prospectiva: "Para dar novo impulso à sua história, a Europa deve reconhecer e recuperar, com fidelidade criativa, aqueles valores fundamentais, adquiridos com o contributo determinante do cristianismo, que se podem compendiar na afirmação da dignidade transcendente da pessoa humana, do valor da razão, da liberdade, da democracia, do Estado de direito e da distinção entre política e religião" (*Ecclesia in Europa*, n° 109).

Não pareça demasiado o que pretende ser mera conclusão, facilmente referendada por muitíssimas alusões a personagens e obras, ortodoxa ou heterodoxamente "cristãs", ao longo da história europeia. Trata-se apenas de colaboração disponível para um continente viável, que genuinamente participe na comunidade mundial a promover.

4. Valores

Retomemos ainda aquela enumeração de "valores fundamentais" para que a Europa prossiga uma história maximamente sua, referidos por João Paulo II à contribuição cristã.

Era o primeiro a dignidade transcendente da pessoa humana e assim o sentiram os "europeus" de há dois milénios. O eco que lhes chegava das palavras e atitudes de Cristo deu a muitos um substancial reforço de dignidade essencial. Basta relermos actas e relatos de tantos "mártires" e a conclusão é essa. Porque se referiam a alguém que, injustamente morto às ordens de Pilatos, representante do Império, se mantivera firme e acabara por "permanecer" com os seus, é que tantos homens e mulheres resistiam também ao que consideravam excessos duma autoridade política que, aliás, respeitavam. A pouco e pouco, como semente num campo, tal convicção germinaria na morigeração e abolição da escravatura, na dignificação da mulher e, em geral, da vida humana.

Mas a Europa ganhou também com o exercício racional de teólogos e filósofos, imbuídos de cristianismo autêntico. Jesus de Nazaré fora essencialmente religioso, na ligação constante que mantinha com aquele a quem chamava "Pai". Mas olhava a natureza envolvente, verificava e exercitava o trabalho humano, discorria com total liberdade sobre os vários assuntos, não precipitava as conclusões que levava os outros a tirar. É de racionalidade que se trata, no exercício maiêutico que estimula nos outros, tanto ou mais pela interrogação que deixa do que pela afirmação que faz. E não foi por acaso que o renascimento dos saberes e da escola se dá na Idade Média europeia e cristã, também porque cristã.

Quem diz interrogação diz oportunidade para lhe responder, diz liberdade. Como aludimos acima à dignidade humana, continuemos agora com a liberdade. É certo que, até ao século XVIII, o sentimento e as políticas estiveram mais do lado da segurança geral do que da liberdade individual, justificando pela "legítima defesa" do todo a impossibilidade de escolha de alguns. Ainda assim, os primeiros liberais setecentistas não esqueciam o contributo evangélico para o serem, mesmo que criticassem demoras e contrafacções neste ponto, por parte de hierarcas que deveriam ser os primeiros a promovê-lo. Por outro lado, nem sempre os defensores da liberdade individual atendiam suficientemente à objectividade da verdade e à responsabilidade geral face a ela.

A democracia teve vários ensaios e um deles foi certamente o que se fez nas comunidades religiosas. Por mais que persistissem divisões antigas, entre nobres e plebeus, grandes e pequenos, a oratória cristã lembrava a igualdade de todos perante Deus, fundamento da aceitação fraterna de quem quer que fosse. Também por isso, os percursos eclesiásticos promoviam – e quase exclusivamente eles – ascensões inéditas entre a base e o topo. Simultaneamente, capítulos monásticos, conventuais e catedralícios requeriam presença e voz da generalidade os seus membros. [É quase emblemático que a nossa assembleia legislativa funcione num antigo mosteiro beneditino, como beneditino foi o presidente da nossa primeira assembleia liberal, em 1821...].

Do Estado de direito, submetido a preceitos prévios de humanidade que ele próprio serve e promove, também não é difícil constatar a origem cristã, e em boa parte. Não seria assim o império romano até ao século IV. Mas os reis bíblicos tinham sido ungidos para governarem um povo que não era deles, mas exclusivamente de Deus. E esta ideia nova germinou também na concepção "ministerial" do poder imperial ou régio, complementada depois pela doutrina do direito natural, tão versada por autores cristãos, do tomismo à modernidade.

Finalmente – e oportunamente – a distinção entre política e religião não encontrará sugestão mais viva do que o mandamento de Cristo, de "dar a César o que é de César e a Deus o que é de Deus", não como base de cidadanias separadas, mas como estímulo à participação política enquanto tal, sem aí resumir o espírito, que tem outra altura e garantia maior.

A compreensão da Europa como continente geográfico e cultural, assim formado na Alta Idade Média com o contributo determinante do monaquismo missionário, é muito devedora dos trabalhos de Christopher Dawson, especialmente *The making of Europe*, 1932 (trad. port. *A formação da Europa*, Praga, Livraria Cruz, 1956), ou das suas conferências na Universidade de Edimbugo em 1945-1949 (editadas em *La religion et la formation de la civilisation occidentale*, Paris, Payot, 1953). Um bom contributo, do ponto de vista de estudiosos do ocidente e do oriente europeus, pode encontrar-se em *Cristianismo e cultura na Europa. Memória, consciência, projecto*, Lisboa, Rei dos Livros, 1995. Eu próprio tive ocasião de apresentar o tema, designadamente em Cristianismo e Europa: uma relação essencial. *Estudos*, nova série 2 (Coimbra, 2004) 31-36; e Religião na Europa: uma fronteira aberta. In *Ideias de Europa: que fronteiras?* Coord. Maria Manuela Tavares Ribeiro, Coimbra, Quarteto Editora, 2004, p. 391-404.

Outubro de 2011

O FUTURO DA INTEGRAÇÃO EUROPEIA E A HARMONIZAÇÃO FISCAL NA EUROPA

MANUEL FERREIRA OLIVEIRA

Neste momento coloca-se uma dúvida essencial aos Europeus e à União Europeia (UE): são os pilares fundamentais da construção de União Económica e Monetária suficientemente sólidos para aguentar os tempos de mudança em que vivemos? Se a resposta for negativa, como parece ser o sentimento de muitos europeus, surge uma outra questão não menos importante: esses pilares equilibram-se com ajustamentos conjunturais consoante o obstáculo que se coloque à Europa, ou necessitamos de os reforçar para os tornar mais robustos?

Vivemos um período da história da Europa no qual as incertezas são muito elevadas, situação que provoca sentimentos mistos. Por um lado, o privilégio de termos pela frente um dos maiores desafios da Europa em tempo de paz; por outro, a angústia de podermos assistir ao falhanço de um projecto tão importante para a Europa e em que muitos líderes europeus empenharam tanto do seu esforço e talento. Poucas pessoas poderão, com convicção indestrutível, fazer previsões sobre o desfecho deste período económico, monetário e político conturbado.

Assim, mais do que nunca devem colocar-se em questão os princípios de integração europeia que os diferentes Estados-Membros decidiram construir até aqui.

Em nossa opinião, os pilares fundamentais da construção europeia não estão suficientemente sólidos. Tal insuficiência deve-se basicamente ao facto de a construção da UE não ter conseguido ir suficientemente longe em quatro matérias fundamentais: i) *integração política (modelo político)*; ii) *integração de políticas económicas/financeiras*; iii) *integração fiscal*; e iv) *integração da política externa*.

Devido às limitações de espaço e por opção, vamos centrar-nos na importância da integração da política fiscal para o processo de integração europeia e no potencial de aprofundamento de harmonização existente neste domínio.

A discussão deste tema é essencialmente política e de solução democrática. Mas a falta de vontade política e a introdução do princípio da subsidiariedade levou a um arrefecimento desta questão, quedando-se por uma harmonização fiscal mínima que garantisse o indispensável do processo de integração económica.

Actualmente, no quadro dos instrumentos nacionais de política económica (assegurar incentivos correctos para promover maior eficiência e competitividade na economia), orçamental (gestão do tesouro), e social (redistribuição de rendimentos), os impostos constituem um dos poucos meios de autonomia dos Estados-Membros na elaboração e execução das suas políticas. A nível nacional, a soberania fiscal é o principal veículo de financiamento para as políticas, bens e serviços públicos. Desta forma, não se estranha a falta de vontade política para aprofundar a harmonização fiscal a nível europeu.

A evolução da fiscalidade na UE deverá ser encarada sob duas perspectivas: a referente à fiscalidade directa, competência exclusiva dos Estados-Membros, no âmbito da qual, no essencial, se introduziram várias medidas para evitar a evasão fiscal e a dupla tributação; e a perspectiva da fiscalidade indirecta, tendo esta como objectivo garantir a livre circulação das mercadorias e dos serviços.

Verificou-se a tentativa de limitar a concorrência entre Estados-Membros através de disparidade de taxas e sistemas de tributação, razão pela qual se implementaram, entre outras, medidas para a livre circulação de capitais, plasmadas nas Directivas "Mães / Filhas", e medidas para assegurar a livre circulação de mercadorias e serviços, contempladas na Directiva do Imposto Sobre o Valor Acrescentado (IVA), que consagra taxas mínimas e taxas máximas de IVA.

Ao nível da Energia, a harmonização fiscal teve o seu maior aprofundamento com a Directiva 2003/96/CE do Conselho, de 27 de Outubro de

2003, que reestrutura o quadro comunitário de tributação dos produtos energéticos e da electricidade.

Com a adopção desta Directiva, determinaram-se os produtos sujeitos a imposto e as utilizações que os tornam sujeitos a tributação, procurando fixar-se as taxas mínimas que permitem reduzir as diferenças existentes ao nível da tributação do consumo destes produtos na UE.

Neste sentido, a Directiva 2003/96/CE veio exigir que os Estados-Membros fixem valores mínimos de tributação para a maioria dos produtos energéticos, incluindo electricidade, o gás natural e o carvão. Acima destas taxas mínimas, os Estados-Membros são livres de definir aquelas que considerem adequadas a nível nacional.

A sua actualização, que está em curso, vai no sentido de dar resposta às ambições da UE em termos de estratégia em matéria de energia e alterações climáticas, mas não de harmonização fiscal entre Estados. Ou seja, pretende corrigir-se distorções entre produtos no que respeita à tributação das emissões de CO2. Por exemplo, com os valores mínimos actuais, o carvão é o produto energético menos tributado, ao contrário do etanol que se atendermos ao conteúdo energético é o produto mais tributado (tem tributação por litro igual à gasolina, o produto energético mais tributado). Outro exemplo: desde 2010 o biodiesel tem a mesma tributação que o diesel mineral, uma vez que a redução de Imposto Sobre os Produtos Petrolíferos (ISP) foi eliminada a partir dessa altura. Por outro lado, existe actualmente uma grande heterogeneidade fiscal entre produtos energéticos, com conteúdos energéticos e impactos ambientais muito semelhantes, inclusive quando utilizados com a mesma finalidade. Por exemplo, até recentemente, o IVA no gás natural ou na electricidade tinha taxa reduzida quando o Gás de Petróleo Liquefeito (GPL) sempre "viveu" com taxa normal (máxima). Neste caso nem sequer se pode falar numa importância social diversa. São alguns destes aspectos que a nova directiva, em discussão, vem procurar corrigir. Apesar de esta actualização ir no sentido correcto, mantêm-se as principais distorções fiscais entre Estados.

De facto, a verdade é que as taxas reais de ISP e IVA actualmente em vigor diferem entre os diversos Estados-Membros pertencentes à Zona Euro, como se pode verificar nos gráficos abaixo, com países a manter as suas taxas de ISP sobre o gasóleo (Gráfico II) abaixo das taxas mínimas, devido à concessão de períodos transitórios previstos na Directiva, e outros com taxas bem acima das ali definidas.

GRÁFICO I
ISP sobre Gasolina 95 s/chumbo na Zona Euro, a Julho 2011

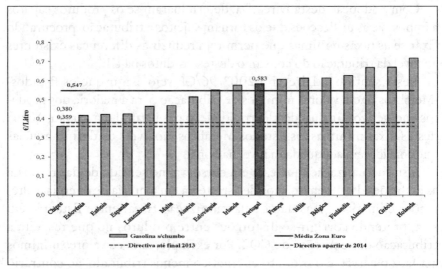

Fonte: European Comission, Excise Duty Tables Sep-2011, Taxation & Customs Union: http://ec.europa.eu/taxation_customs/tedb/taxDetails.html

GRÁFICO II
ISP sobre o Gasóleo na Zona Euro, a Julho 2011

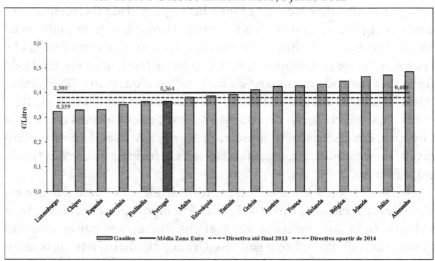

Fonte: European Comission, Excise Duty Tables Sep-2011, Taxation & Customs Union: http://ec.europa.eu/taxation_customs/tedb/taxDetails.html

GRÁFICO III
IVA (Taxa Standard) na Zona Euro, 2011

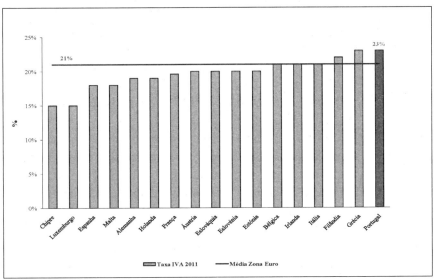

Fonte: European Comission, Excise Duty Tables Sep-2011, Taxation & Customs Union: http://ec.europa.eu/taxation_customs/tedb/taxDetails.html

A manutenção desta situação, nomeadamente no sector dos combustíveis, permite a concorrência fiscal entre Estados-Membros para o mesmo produto, e por essa via a ocorrência do fenómeno de *fuel tourism*.

Os efeitos nocivos das assimetrias fiscais no mercado europeu podem ser verificados em três áreas: na concorrência entre empresas e entre produtos, na economia nacional, e na vertente ambiental. Vejamos cada um deles.

Em primeiro lugar, ocorrem dificuldades de concorrência entre empresas dos Estados-Membros em dois elos da cadeia: nas empresas comercializadoras de combustíveis que vêem a procura deslocar-se para os países vizinhos e nas empresas de transportes internacionais de países com maior tributação, que vêem a sua competitividade diminuída.

Em segundo lugar, os efeitos nas economias nacionais ocorrem: na produção e comercialização de bens em geral cujos preços são influenciados pelos custos dos combustíveis; no aumento do desemprego e desertificação artificial de um dos lados da fronteira; na deslocação da procura com a consequente perda de receita fiscal que deixa de ser cobrado num dos Estados-Membros; e na retracção do consumo em geral que se verifica num dos lados da fronteira.

Finalmente, na vertente ambiental existe um acréscimo de emissões de CO_2 relacionadas com as distâncias adicionais que os veículos percorrem para obter um preço mais competitivo na fronteira de outro país.

Estas distorções fiscais no sector dos produtos energéticos são paradigmáticas e transversais aos diferentes tipos de tributação, permitindo-nos identificá-las como um forte obstáculo à consolidação da integração económica.

Concluímos, então, que o principal entrave à harmonização fiscal tem sido a soberania fiscal. Esta é uma fonte de financiamento de políticas públicas, o que justifica a diferente carga fiscal global de Estado para Estado, a existência de sistemas fiscais estruturalmente diferentes e a desigualdade na estrutura de gastos públicos.

A actual crise do Euro tem vindo a evidenciar que a constituição da União Económica e Monetária (um mercado único com uma moeda única e uma política monetária única), com a gestão da política monetária por parte do Banco Central Europeu e a adopção de Planos de Estabilidade e Crescimento num plano nacional, não tem sido suficiente para estabilizar a moeda, dotar a economia de recursos financeiros e, mais importante, tem sido, até agora, insuficiente para promover o crescimento na zona euro.

Neste momento, a estabilização do Euro só pode ser alcançada dando confiança aos mercados, assegurando-lhes que a zona euro é suficientemente competitiva enquanto mercado único, capaz de promover crescimento e a riqueza suficiente para assumir as responsabilidades, maiores ou menores, de cada Estado-Membro.

Neste sentido, parece ser cada vez mais evidente que o nível actual de integração económica é insuficiente.

A integração económica total pressupõe uma harmonização das políticas económicas. No entanto, porque o nível de crescimento económico é diferenciado entre regiões, exige-se que essa integração dote as instituições europeias de instrumentos que possibilitem a implementação de políticas de crescimento diferenciadas com vista à aproximação dos níveis de desenvolvimento económico e social.

A dificuldade parece residir no modo de financiamento de tais políticas de crescimento integradas e harmonizadas, mas passíveis de implementação diferenciada, sem uma colecta de impostos, também ela integrada e harmonizada. Aliás, a harmonização integral da fiscalidade é condição necessária de uma integração económica plena.

Desta forma, a harmonização da política fiscal resultará na constituição de uma *Fazenda Pública comum*, com as competências necessárias para cobrar impostos e emitir dívida.

Este é um caminho essencialmente político, pois implica abdicar das soberanias fiscais nacionais. Mais, implica a abdicação da soberania em matéria económica *tout court*. Mas, neste momento de incertezas e instabilidade económico-financeira na Zona Euro, a integração económica total deve ser discutida, validada e assumida plenamente como um desígnio colectivo dos cidadãos europeus.

Lisboa, 2011-10-26

QUASE 25 ANOS DE HARMONIZAÇÃO DA TRIBUTAÇÃO DO RENDIMENTO

MANUEL PIRES

1. Panorama da harmonização fiscal[1]
1.1. Em 23 de Julho de 1990 (Directiva 90/435/CEE, modificada em 2003 – Directiva 2003/123/CE, de 22 de Dezembro – e 2006 – Directiva 2006/98/CE, de 20 de Novembro), foi publicada uma directiva relativa às distribuições dos lucros

- obtidos por sociedades de um Estado-Membro e provenientes das suas afiliadas de outros Estados membros;
- efectuadas por sociedades de um Estado-Membro a sociedades de outros Estados membros de que aquelas sejam afiliadas;
- obtidos por estabelecimentos estáveis, situados num Estado-Membro, de sociedades de outros Estados-Membros e provenientes das suas afiliadas instaladas num Estado-Membro que não seja o Estado--Membro em que está situado o estabelecimento estável;
- efectuadas por sociedades dum Estado-Membro a estabelecimentos estáveis, situados noutro Estado-Membro, de sociedades do mesmo Estado-Membro de que aquelas sejam afiliadas» (artigo 4º nº 1).

---

[1] Harmonização fiscal positiva contraposta a negativa. Não é considerada a Directiva 77/799//CEE, hoje substituída pela Directiva 2011/16/CE do Conselho, de 15 de Fevereiro, sem relevância no contexto.

MANUEL PIRES

Para a definição de sociedade-mãe a percentagem mínima de participação no capital da afiliada é actualmente 10%, tendo partido de 25% e passado por 20% e 15%.

E qual o regime nos seus aspectos básicos, critério que aqui será sempre seguido? «1. Sempre que uma sociedade-mãe ou o seu estabelecimento estável, em virtude da associação com a sociedade sua afiliada, obtenha lucros distribuídos de outra forma que não seja por ocasião da liquidação desta última, o Estado da sociedade-mãe e o Estado do estabelecimento estável da sociedade-mãe:

– ou se abstém de tributar esses lucros,
– ou os tributa, autorizando a sociedade-mãe e o estabelecimento estável a deduzir do montante do imposto devido a fracção do imposto sobre as sociedades pago sobre tais lucros pela sociedade afiliada e por qualquer sociedade sub-afiliada, sob condição de cada sociedade e respectiva sociedade sub-afiliada satisfazerem em cada nível os requisitos previstos nos artigos 2º e 3º [para beneficiar do regime] até ao limite do montante do correspondente imposto devido» (artigo 4º nº 1).

Ainda «1. Os lucros distribuídos por uma sociedade afiliada à sua sociedade-mãe são isentos de retenção na fonte» (artigo 6º). Mais: «O Estado-Membro de que depende a sociedade-mãe não pode aplicar uma retenção na fonte sobre os lucros que esta sociedade recebe da sua afiliada» (artigo 7º).

Na versão original, o artigo 5º nº 4 – revogado pelo artigo 5º, alínea b) da Directiva 2003/123/CE do Conselho – estabelecia, a par de outras excepções: «4. Em derrogação do disposto no nº 1, a República Portuguesa pode cobrar uma retenção na fonte sobre os lucros distribuídos pelas suas sociedades afiliadas a sociedades-mães de outros Estados-membros até uma data que não poderá ser posterior ao fim do oitavo ano seguinte à data de entrada em aplicação da presente directiva. Sem prejuízo das disposições das convenções bilaterais existentes, celebradas entre Portugal e um Estado-Membro, a taxa dessa retenção não pode exceder 15% durante os cinco primeiros anos do período referido no parágrafo anterior e 10% durante os três últimos anos. Antes do fim do oitavo ano, o Conselho decidirá por unanimidade, sob proposta da Comissão, sobre a eventual prorrogação das disposições do presente número».

Conclusão: O poder de tributação não é reconhecido ao Estado da fonte, salvo em disposições transitórias. A exclusão é cada vez maior, dada a diminuição da exigência relativa à percentagem mínima de participação no capital da afiliada.

Nos considerandos pode ler-se: «Considerando que as disposições fiscais que regem actualmente as relações entre sociedades-mães e afiliadas de Estados-Membros diferentes variam sensivelmente de uns Estados-Membros para os outros e são, em geral, menos favoráveis que as aplicáveis às relações entre sociedades-mães e afiliadas de um mesmo Estado-Membro; que, por esse facto, a cooperação entre sociedades de Estados-Membros diferentes é penalizada em comparação com a cooperação entre sociedades de um mesmo Estado-Membro; que se torna necessário eliminar essa penalização através da instituição de um regime comum e facilitar assim os agrupamentos de sociedades à escala comunitária; (...) Considerando que, além disso, para garantir a neutralidade fiscal, se torna necessário isentar de retenção na fonte, excepto em alguns casos especiais, os lucros que uma sociedade afiliada distribui à sua sociedade-mãe; que, todavia, se impõe autorizar a República Federal da Alemanha e a República Helénica, devido à especificidade dos seus sistemas de imposto sobre as sociedades, e a República Portuguesa, por razões orçamentais, a continuar a cobrar temporariamente uma retenção na fonte» (sublinhado nosso).

1.2. Na directiva relativa a fusões, cisões e entradas de activos (Directiva 2009/133/CE, do Conselho de 19 de Outubro de 2009, com origem na Directiva 90/434/CEE do Conselho, de 23 de Julho, e modificada posteriormente pelas directivas 2006/19/CE e 2006/98/CE), directiva ditada pela preocupação da neutralidade, contempla-se, de entre outros, o caso de nos bens objecto da operação existir um estabelecimento estável da sociedade contribuidora situado num Estado-Membro diferente do da sociedade. Estabelece o artigo 10º da Directiva «1. Sempre que dos bens transferidos por ocasião de uma fusão, de uma cisão, de uma cisão parcial ou de uma entrada de activos faça parte um estabelecimento estável da sociedade contribuidora situado num Estado-Membro diverso do dessa sociedade, o Estado-Membro da sociedade contribuidora renuncia a qualquer direito de tributar esse estabelecimento estável.

....

O Estado-Membro em que se situa o estabelecimento estável e o Estado-Membro da sociedade beneficiária aplicam a essa entrada de activos as disposições da presente directiva, como se o Estado-Membro em que o estabelecimento estável está situado fosse o Estado-Membro da sociedade contribuidora.

O presente número é igualmente aplicável quando o estabelecimento estável se situar no Estado-Membro de que a sociedade beneficiária é residente. 2. Em derrogação do nº 1, sempre que o Estado-Membro da sociedade contribuidora aplique um regime de tributação dos lucros a nível mundial, esse Estado-Membro tem o direito de tributar quaisquer lucros ou mais-valias ligados ao estabelecimento estável resultantes de uma fusão, de uma cisão, de uma cisão parcial ou de uma entrada de activos, na condição de autorizar a dedução dos impostos que, na falta das disposições da presente directiva, teriam sido aplicados a esses lucros ou mais-valias no Estado-Membro em que se situa o referido estabelecimento estável, do mesmo modo e pelo mesmo montante que esse Estado teria aplicado se esse imposto tivesse sido realmente cobrado e pago».

Conclusão: ao Estado da situação do estabelecimento não é reconhecido poder de tributar.

1.3. Na Directiva 2003/48/CE, do Conselho, de 3 de Junho de 2003 (modificada pela Directiva 2004/66/CE, do Conselho, de 26 de Abril, pela Decisão 2004/587/CE do Conselho, de 19 de Julho, e pela Directiva 2006/98/CE do Conselho, de 20 de Novembro), regulando a tributação da poupança sob a forma de juros, estabelece-se no seu artigo 1º nº 1: «A presente directiva tem por objectivo final permitir que os rendimentos da poupança sob a forma de juros, pagos num Estado-Membro a beneficiários efectivos que sejam pessoas singulares com residência fiscal num outro Estado-Membro, sejam sujeitos a uma tributação efectiva em conformidade com a legislação deste último Estado-Membro».

O artigo 8º nº 1 estabelece deveres relativos a comunicação de informações por parte do agente pagador: «Sempre que o beneficiário efectivo dos juros seja residente num Estado-Membro distinto daquele em que se encontre estabelecido o agente pagador, o conteúdo mínimo das informações a comunicar pelo agente pagador à autoridade competente do seu Estado-Membro de estabelecimento é o seguinte: a) Identidade e residência do beneficiário efectivo, determinadas em conformidade com o artigo 3º [norma relativa à obtenção dos relativos elementos]; b) Nome ou deno-

QUASE 25 ANOS DE HARMONIZAÇÃO DA TRIBUTAÇÃO DO RENDIMENTO

minação e endereço do agente pagador; c) Número de conta do beneficiário efectivo ou, na sua falta, identificação do crédito gerador dos juros;
d) Informações relativas ao pagamento de juros, em conformidade com o
disposto no nº 2 [conteúdo mínimo de informações]».

Acrescenta-se no artigo 9º «1. A autoridade competente do Estado-Membro do agente pagador deve comunicar as informações referidas no artigo 8º
à autoridade competente do Estado-Membro de residência do beneficiário
efectivo. 2. A comunicação das informações deve fazer-se de forma automática pelo menos uma vez por ano, nos seis meses subsequentes ao termo do
exercício fiscal do Estado-Membro do agente pagador, em relação a todos
os pagamentos de juros efectuados durante esse ano. 3. As disposições da
Directiva 77/799/CEE [hoje Directiva 2011/16/CE do Conselho, de 15 de
Fevereiro] aplicam-se à troca de informações prevista na presente directiva,
salvo em caso de derrogação às mesmas prevista na presente directiva. Todavia, o artigo 8º [limites à troca de informações] da Directiva 77/799/CEE
não se aplica às informações a prestar no quadro do presente capítulo».

No entanto, o artigo 16º dispõe: «A presente directiva não impede os
Estados-Membros de aplicarem outras retenções na fonte para além da
referida no artigo 11º [aplicável pela Bélgica, que renunciou a partir de 1
de Janeiro de 1010, Luxemburgo e Áustria], em conformidade com as respectivas legislações nacionais ou convenções relativas à dupla tributação».

Conclusão: reconhece-se o poder de tributar também ao Estado da
fonte.

Pode ser lido nos considerandos: «(5) Na ausência de uma coordenação dos regimes nacionais relativos à fiscalidade dos rendimentos da
poupança sob a forma de juros, nomeadamente no que diz respeito ao
tratamento dos juros recebidos por não residentes, é actualmente possível e frequente que os residentes dos Estados-Membros escapem a qualquer forma de tributação no seu Estado-Membro de residência sobre os
juros recebidos num outro Estado-Membro (...). (8) A presente directiva
tem por objectivo final permitir que os rendimentos da poupança sob a
forma de juros pagos num Estado-Membro a beneficiários efectivos que
sejam pessoas singulares residentes noutro Estado-Membro, sejam sujeitos a uma tributação efectiva em conformidade com a legislação deste
último Estado-Membro (...). (10) Atendendo a que o objectivo da presente directiva não pode ser suficientemente realizado pelos Estados-
-Membros, devido à falta de coordenação dos regimes nacionais de tributação dos rendimentos da poupança, e pode, pois, ser melhor alcançado

MANUEL PIRES

ao nível comunitário, a Comunidade pode adoptar medidas em conformidade com o princípio da subsidiariedade consagrado no artigo 5º do Tratado. Em conformidade com o princípio da proporcionalidade consagrado no mesmo artigo, a presente directiva limita-se ao mínimo necessário para alcançar esses objectivos e não excede o necessário para esse efeito (...). (14) O objectivo final que consiste em permitir uma tributação efectiva dos juros no Estado-Membro de residência fiscal do beneficiário efectivo pode ser alcançado através da troca de informações entre Estados-Membros relativas a esses pagamentos de juros (...). (16) A troca automática de informações entre Estados-Membros relativas aos pagamentos de juros abrangidos pela presente directiva permite uma tributação efectiva desses juros no Estado-Membro de residência fiscal do beneficiário efectivo, nos termos da legislação nacional desse Estado. Consequentemente, é necessário estabelecer que os Estados-Membros que troquem informações em aplicação da presente directiva deixam de poder recorrer à possibilidade, prevista no artigo 8º da Directiva 77/799/CEE, de limitar a troca de informações (...). (23) A presente directiva não prejudica o direito de os Estados-Membros aplicarem outros tipos de imposto com retenção na fonte que não a referida na presente directiva sobre os juros gerados nos seus territórios».

A preocupação é, pois, a tributação na residência e, para o efeito, impõem-se obrigações ao Estado da fonte.

1.4. Ainda a Directiva nº 2003/49/CE do Conselho, de 3 de Junho, modificada pelas directivas 2004/66/CE do Conselho, de 26 de Abril, 2004/76/ /CE do Conselho, de 29 de Abril, e 2006/98/CE do Conselho, de 20 de Novembro, relativa ao regime fiscal comum dos pagamentos de juros e *royalties* efectuados entre sociedades associadas de Estados Membros diferentes, estabelece no seu artigo 1º nº 1: «Os pagamentos de juros ou *royalties* gerados num Estado-Membro estão isentos de todos os impostos incidentes sobre esses pagamentos no Estado em questão, quer mediante retenção na fonte quer mediante liquidação, desde que o beneficiário efectivo dos juros ou *royalties* seja uma sociedade de outro Estado-Membro ou um estabelecimento permanente[2] situado noutro Estado-Membro de uma sociedade de um Estado-Membro».

---

[2] Note-se a utilização deste termo na versão portuguesa – palavra derivada da designação inglesa "permanent establishment", diferente do adjectivo "estável" resultante dos vocábulos franceses "établissement stable" e acolhido na nossa legislação e tratados fiscais.

394

Conclusão: não se reconhece ao Estado da fonte poder de tributar.

Todavia: dispõe o artigo 6º sob epígrafe: «Regras transitórias para a República Checa, a Grécia, Espanha, a Letónia, a Lituânia, a Polónia, Portugal e a Eslováquia 1. A Grécia e Portugal estão autorizados a não aplicar o disposto no artigo 1º até à data de aplicação a que se referem os nºs 2 e 3 do artigo 17º da Directiva 2003/48/CE do Conselho, de 3 de Junho de 2003 [1 de Julho de 2005], relativa à tributação da poupança sob a forma de juros. Durante um período transitório de oito anos a contar da referida data, a taxa de imposto aplicável ao pagamento de juros e *royalties* a uma sociedade associada de outro Estado-Membro ou a um estabelecimento permanente situado noutro Estado-Membro de uma sociedade associada de um Estado-Membro, não pode ser superior a 10% durante os primeiros quatro anos e a 5% durante os últimos quatro anos (...) No entanto, as presentes regras transitórias vigoram sob reserva de se continuar a aplicar uma taxa de imposto mais baixa do que as referidas nos primeiro (...) parágrafos nos termos de acordos bilaterais celebrados entre (...) Portugal (...) e outros Estados-Membros. Até ao final de qualquer um dos períodos transitórios mencionados no presente número, o Conselho pode decidir por unanimidade, sob proposta da Comissão, da eventual prorrogação dos ditos períodos transitórios».

As razões invocadas para a tributação exclusiva da residência constam nomeadamente dos considerandos «(1) Num mercado único com as características de um mercado interno, as transacções entre sociedades de Estados-Membros diferentes não deveriam estar sujeitas a condições fiscais menos favoráveis que as condições que se aplicam às mesmas transacções quando efectuadas entre sociedades do mesmo Estado-Membro. (...) (3) É necessário assegurar que os pagamentos de juros e *royalties* sejam sujeitos a uma única tributação num Estado-Membro. (4) A abolição da tributação dos pagamentos de juros e *royalties* no Estado-Membro em que estes últimos são gerados, quer a cobrança se efectue mediante retenção na fonte ou mediante liquidação, constitui a forma mais adequada de eliminar as formalidades e os problemas acima referidos e de assegurar a igualdade de tratamento fiscal entre transacções nacionais e transacções transfronteiras. É em especial necessário abolir esses impostos no que se refere aos pagamentos efectuados entre sociedades associadas de Estados-Membros diferentes, bem como entre estabelecimentos permanentes dessas sociedades. (5) Este regime deve apenas aplicar-se ao eventual montante de juros ou *royalties* que teria sido acordado entre o pagador e o beneficiário efectivo na ausência de uma relação especial» e acrescenta-se «(7) <u>Por razões orçamentais,</u> a Grécia e <u>Portugal</u> deverão poder beneficiar de um período transitório a fim de permitir a estes Estados-Membros diminuírem gradualmente os impostos, cobrados mediante retenção na fonte ou mediante liquidação, sobre os pagamentos de juros e *royalties,* até estarem em condições de aplicar o disposto no artigo 1º» (o sublinhado é nosso).

1.5. Na opção entre a tributação na fonte ou na residência, escolheu-se a exclusividade desta, salvo no caso dos juros de poupança que, aliás, na proposta original não continha a excepção. Contudo nunca se fundamentou ou fundamentou devidamente a escolha feita. É particularmente elucidativo para esse efeito, o considerando (4) da directiva relativa aos juros e *royalties*: da neutralidade que, aliás, pode ser tanto no Estado da residência como no da fonte – acrescentamos nós – e da necessidade de tributação única conclui-se pela exclusividade da residência, proporcionando-se, assim – escreve-se –, a eliminação das «formalidades administrativas pesadas e problemas de liquidez para as sociedades envolvidas» (cfr. considerando 1).

E, apesar da aludida fraqueza de fundamentação, estabeleceu-se quer na directiva relativa às sociedades-mães e filhas quer na directiva referente aos juros e *royalties* que se autoriza «por razões orçamentais» a tributação na fonte, dentro de certos limites. Mas Portugal, antes do acordo a que se chegou, não tinha o poder de tributar? Se tinha – e efectivamente tinha – foi Portugal que, numa deliberação por unanimidade, renunciou ao seu poder dentro de certos limites, condicionadamente, sendo, pois, a concessão do nosso País.

Mas, além deste aspecto, a questão geral mantém-se. É aceitável a atribuição exclusiva do poder de tributar ao Estado da residência?

2. Residência vs. fonte
A tributação na residência tem a seu favor a satisfação do princípio CEN (*Capital Export Neutrality*), sendo os investimentos, tributados do mesmo modo, independentemente do lugar da sua realização (neutralidade), o que conduz à satisfação do princípio da igualdade, propiciando a afectação eficiente dos capitais.

Contudo, posto que possam ser invocados outros argumentos a seu favor, nem tudo é favorável à tributação da residência.

Assim, a igualdade de tratamento pressupõe igualdade ou identidade de situações. Por outro lado, aceita-se hoje a cedência do princípio face a interesses gerais mais poderosos. De qualquer modo, o argumento não conduziria *só* por si a uma tributação exclusiva, podendo admitir-se, na perspectiva do contribuinte, a tributação na fonte conjugada com o método do crédito integral.

Quanto à neutralidade, podem ser invocados como contra-argumentos e de entre outros, a não univocidade do conceito no sentido de tributação na residência, porque também pode ser direccionada para a tributação na fonte – *CIN (Capital Import Neutrality)*. Relativamente à afectação eficiente, não se vê como a tributação na fonte também não possa proporcionar a afectação apropriada dos capitais.

Relativamente à tributação na fonte, importa também não ser aceite na sua acepção extrema do afastamento da tributação na residência, de o estabelecimento estável ser considerado «subproduto do domicílio». Argumentos como a neutralidade no país da fonte para se concluir pela sua tributação exclusiva devem ser rejeitados como se fez para a tributação exclusiva no Estado da residência. A defesa das condições de competitividade, implicando com a neutralidade, tanto se coloca no Estado da residência como no Estado da fonte.

Já deve ser considerada e aceite a orientação a que se pode chamar reformista, em que se acolhe o estabelecimento estável como elemento de conexão, mas com conceito ampliado, taxas limite de tributação na fonte de nível apropriado sobre dividendos, juros e *royalties*, bem como o reconhecimento, no Estado da residência, dos benefícios fiscais estabelecidos no Estado da fonte. Argumentos poderiam ser invocados a favor dessa tributação – de entre eles, os que resultam das críticas à tributação exclusiva na residência –, julga-se, porém, que a solução para a determinação do lugar da tributação resultará de se atender à fundamentação da tributação que, qualquer que seja a orientação adoptada, conduz a que a tributação deva operar-se na residência e na fonte eliminando-se a dupla tributação através de métodos usuais.

No entanto, importa ainda recordar que a luta contra a evasão e o controlo necessário para o efeito são favorecidos, sem dúvida, pela tributação na fonte. Esta está em melhores condições para aplicar as leis em causa, atento o vínculo mais íntimo da matéria colectável com o Estado respectivo. Está-se face à pertença económica.

E a equidade é algo que não deve ser esquecido, visto a tributação na fonte ser a que mais apropriadamente corresponde aos países em vias de desenvolvimento no quadro de um direito internacional fiscal para o desenvolvimento (ingenuidade?). Daí a conclusão de a tributação dever ter lugar em ambos os Estados (residência e fonte) de modo a obviar o desequilíbrio que se geraria a favor da residência. Mais, no caso de se colocar a questão da percentagem favorável a cada um dos Estados, a balança deve pender a favor da fonte – o lugar onde os frutos de árvore transplantada surgem em virtude do ar e do terreno e não só: importa atender à preocupação já assinalada, que deve existir, de lutar contra a fuga do imposto e nesse domínio o Estado da fonte também está mais bem situado. Claramente, na perspectiva dos interesses estaduais, sempre presentes na arena internacional a tributação na residência é favorável aos Estados exportadores líquidos de capitais enquanto a tributação na fonte é favorável aos Estados importadores líquidos de capitais[3].

Face ao que se escreveu, que dizer da solução geral da UE?

3. A desigualdade de posições

O juízo negativo sobre a solução geral adoptada pela UE resulta da necessidade de se atender à desigualdade de posições entre países exportadores e importadores, líquidos de capitais. A lição da fábula já por nós invocada há algum tempo, da raposa e da cegonha[4] verifica-se. É certo poder invocar-se estar-se perante um movimento de integração, de uma sua fase elaborada. No entanto, não se vê que, face a desigualdade de situações, esta fase imponha desde logo e necessariamente a tributação apenas num Estado-Membro.

Seria ocioso, no presente contexto, debruçarmo-nos sobre o conceito de integração e as suas várias formas. Trata-se aqui da integração económica internacional em forma elaborada que implica uma crescente integração política, de que a supranacionalidade é uma manifestação.

Mercê da integração e para além de outros aspectos, a fluidez na circulação de bens e serviços e, num outro grau mais avançado, a livre circulação de outros factores de produção – trabalho, capital ... – são características. O aproveitamento de vantagens comparativas e a ampliação do mercado, implicando ganhos de escala, são objectivos considerados. No

---

[3] Para maiores desenvolvimentos cfr. Manuel Pires, da *Dupla Tributação Jurídica Internacional sobre o Rendimento*, Lisboa, s/d, pags. 260/293.

[4] *The wrong path for the European Union – or do the stork and the fox have the same possibilities? In* EC Tax Review, nº 2002-3, pgs. 160/161. Cfr. ainda There is no such thing as tax Coca Cola! E again: there is no such thing as tax Coca Cola! Na mesma Revista, respectivamente 2005-2, pg. 58 e 2005-3, pgs. 167 e 168.

QUASE 25 ANOS DE HARMONIZAÇÃO DA TRIBUTAÇÃO DO RENDIMENTO

entanto, o maior intercâmbio entre os Estados integrados intensifica a necessidade de uma maior e efectiva reciprocidade de facto, a par de uma mera reciprocidade jurídica, aquela implicando regras que considerem as diferenças relevantes de grau de desenvolvimento dos Estados em causa, porque, de outro modo, os mais desenvolvidos beneficiarão mais amplamente das vantagens da integração. E se é certo que formas de colaboração podem atenuar as desigualdades, também é seguro que os respectivos resultados não serão instantâneos e, no entretanto, os prejuízos para os menos desenvolvidos são óbvios. Isto é, as assimetrias são fonte de injustiça e as medidas transitórias que possam existir e mesmo com duração apropriada dão azo a surgir, para os que delas beneficiam, situações de concorrência desfavorável face ao regime geral. É certo que se pode entender que as desvantagens, em certos aspectos, podem ser compensadas pelas vantagens noutros, mas tal conduz-nos a uma zona de imprecisão em que é impossível ou difícil atingir conclusões precisas. Na escolha das soluções com visão global, deve atender-se à solidariedade e não a um sentimento egoísta dos Estados, não devendo os mais desenvolvidos procurar as soluções que lhes sejam mais favoráveis em detrimento dos menos desenvolvidos, normalmente os que dispõem de menor força negocial, prejudicando-se, pois, a prossecução do desenvolvimento sustentável global e não apenas de alguns. E, no caso de assim não se entender, importa concluir das dificuldades que se suscitam com a participação de Estados com diferentes níveis de desenvolvimento num processo de integração, pelo menos, do tipo em causa[5]. Daí que de todo o escrito se retire que a solução encontrada para a repartição do poder de tributar – exclusividade, como regra, da tributação na residência, embora temperada com direito transitório – não se afigura a mais aconselhável, tendo sido preferível a tributação disciplinada na fonte e na residência com carácter geral. É que «todas as cousas tē seu tēpo: ...» (Fernão de Oliveira).

---

[5] Como já escrevia Alberto Xavier há alguns anos e embora a realidade nalguns aspectos não seja a mesma, «os actuais esquemas de integração económica europeia, pensados e elaborados para economias equiparadas do ponto de vista da sua estrutura e do seu estádio de desenvolvimento ...». In *Portugal e a Integração Económica Europeia*, Coimbra: Almedina, 1970, pg 265.

25 ANOS DE ADESÃO:
SONHOS CONCRETIZADOS E A CONCRETIZAR

MANUEL PORTO

Passado um quarto de século de participação de Portugal na União Europeia (nas Comunidades Europeias), justifica-se uma reflexão geral sobre implicações verificadas em diferentes domínios, designadamente nos domínios político e económico; vendo em especial se se terão concretizado os sonhos que levaram à nossa adesão e o que podemos e devemos esperar dos anos que vão seguir-se.

Trata-se de reflexão em que importa ter presente o quadro em que nos movemos, para além da situação actual de crise, num mundo globalizado em que são da maior exigência os desafios de concorrência e afirmação a que importa dar resposta.

1. O pedido de adesão foi feito logo em 1977, quando, depois de uma ditadura de direita de várias décadas, não se estava ainda livre de cair numa ditadura de esquerda. Trata-se de situação de que nos teríamos libertado uns anos depois, com a queda dos regimes comunistas em toda a Europa. Mas é fácil imaginar as convulsões, os prejuízos e os sacrifícios que teríamos sofrido se a democracia não se tivesse consolidado logo nos anos 70.

O pedido de adesão e a entrada nas Comunidades, com a exigência de que os países membros sejam democracias políticas e com as oportunidades de crescimento que proporcionou, ajudaram a libertar-nos de tal risco.

MANUEL PORTO

2. No plano económico, os primeiros anos foram de enorme êxito, com o PIB a crescer em média 5, 6% ao ano entre 1986 e 1992, o investimento a crescer então na casa dos 10%, o investimento estrangeiro a duplicar nos três primeiros anos e a taxa de desemprego a manter-se relativamente baixa (em alguns anos a baixar).

Estamos agora infelizmente muito longe destes números. A par de outros factores, tendo partido de valores muito mais afastados, nos anos 90 tivemos de nos adaptar às exigências de convergência nominal estabelecidas pelo Tratado de Maastricht, para – em boa hora, continuamos a julgá-lo – estar no "pelotão da frente" dos países que puderam adoptar o euro. Mas os dados pioraram muito depois, na década passada, crescendo menos do que os demais países, tendo agora mesmo recessão. Passou por isso a haver agravamento na divergência dos PIBs *per capita*, com o desemprego a aumentar significativamente.

Não deixa contudo de ficar para a história a convergência real do PIB *per capita* português em relação ao PIB *per capita* da União na primeira fase de integração, de 55,1% em 1986 para 72,5% em 2002, ou seja, com uma aproximação de mais de 17 pontos percentuais; sendo para nós seguro que os piores resultados actuais não são consequência de estarmos na União, seriam piores, e com menos perspectivas em relação ao futuro, se estivéssemos fora.

a) Para o êxito referido foi dado um contributo importante pelos fundos estruturais a que, como membros da Comunidade Europeia, passámos a ter direito. Não sendo fácil distinguir o que foi consequência destes fundos, em relação ao que teria acontecido sem eles, estudos da própria Comissão apontam para que o crescimento *adicional* acumulado por eles proporcionado terá sido de 9,2% até 1999; tendo-se previsto que será ou seria de 8,9% até 2020.

b) Mas para este êxito da economia portuguesa, bem como para o progresso da sociedade portuguesa em geral, terá sido de importância ainda maior a exigência de abertura e competitividade a que passámos a ser obrigados no seio da União Europeia.

Desde o Estado Novo vivemos numa economia muito "protegida", fruto de uma ideologia de grande crença na intervenção pública, desmotivadora e limitadora da iniciativa privada. Assim aconteceu com um regime de direita, durante mais de quarenta anos, e com políticas de esquerda, a seguir ao 25 de Abril.

Só com a entrada nas Comunidades deixou de poder haver monopólios estaduais obsoletos, que no campo económico chegavam aos domínios da importação de bacalhau, açúcar e álcool, bem como a muitas outras formas de condicionamento e "protecção".

A exigência de se concorrer, em mercados abertos, obrigou-nos a afastar ideias feitas e intervenções que acabavam por impedir que os consumidores e os empresários, respectivamente, pudessem ter bens finais e bens intermediários a preços mais baixos e em muitos casos de melhor qualidade.

Curiosamente, apesar dos exemplos tão negativos de privilégios públicos, vindos do Estado Novo e acentuados com o 25 de Abril, trata-se de privilégios que continuam a verificar-se em alguns domínios (um exemplo marcante é o da televisão pública), com prejuízos enormes para a concorrência e para os contribuintes portugueses: sendo prejudicados não só os consumidores, também os contribuintes, onerados com a manutenção de empresas e serviços ineficientes, inevitavelmente com um sacrifício maior para os mais pobres, com uma tributação que não é realista pensar que possa deixar de ser regressiva.

E Portugal, tal como os outros países da União, tem exemplos excelentes mostrando o que pode ser conseguido com oportunidades ampliadas, com empresários dinâmicos a promover produções e oportunidades de emprego.

3. Importa recordar os êxitos conseguidos quando não pode deixar de se ter presente que uma razão de desencanto com a entrada nas Comunidades está na acentuação dos desequilíbrios "regionais", entre as regiões e agora também entre países, com alguns países, como é o caso do nosso, a perder posição, afastando-se da média da União.

Quando havia mais dificuldades físicas e de outras naturezas em deslocações no território europeu, tendo por isso maior relevo o transporte marítimo, compreende-se que o desenvolvimento de Portugal se verificasse em muito maior medida no litoral, e aqui principalmente junto aos portos mais importantes, levando à bipolarização no nosso continente. Em relação a Espanha relevou ainda a circunstância de antes da integração haver barreiras alfandegárias altas (a média nominal dos nossos impostos alfandegários sobre os produtos espanhóis era de 19% e a média dos seus impostos sobre os nossos produtos de 22%), a par de outros tipos de dificuldades, v.g,. com a concessão de licenças de impor-

MANUEL PORTO

tação. Assim se explica em grande medida que em 1985, no ano anterior à entrada de Portugal e da Espanha, viessem deste nosso único vizinho apenas 7% das nossas importações e fossem para lá apenas 3% das nossas exportações.

Agora, com melhores ligações rodoviárias e sem fronteiras entre os países da União (mesmo sem a necessidade de se parar, com a criação do "mercado único de 1993"), verifica-se o que seria de esperar: com o mercado espanhol a ser de longe o nosso principal mercado, indo para lá 25% das nossas exportações e vindo de lá 27% das nossas importações, e sendo o mercado português também de relevo assinalável para a economia do país vizinho.

É pois desanimador que esta aproximação (verificada também por exemplo nos fluxos de turismo), não se tenha reflectido num maior equilíbrio regional, com um desenvolvimento maior do interior, perto de Espanha, e com a atenuação da bipolarização portuguesa (resultante, é hoje mais claro do que nunca, da intervenção pública, numa lógica que caberá aos cientistas políticos analisar em todas as suas determinantes).

Olhando para ao dados das regiões (NUT`s 2), constata-se que quando em 1993 havia uma diferença de 38,2 pontos percentuais entre a região mais rica, a Região de Lisboa e Vale do Tejo (com 87,4% da média comunitária) e a região então mais pobre, a Região dos Açores (com 49,2% dessa média), já em 2004, decorrido um espaço de tempo tão curto, a diferença entre os dois extremos passou para 47% (tendo a Região Norte, agora a região mais pobre, 58,8% da média da União, e estando a Região de Lisboa e Vale do Tejo já bem acima, com 105,8%). E são também muito grandes as diferenças nos demais indicadores, por exemplo nos níveis de poder de compra.

Não podemos deixar de comparar a nossa situação com as situações dos países territorialmente equilibrados da União Europeia, com relevo especialmente para a Alemanha e a Holanda, com um equilíbrio que evita desequilíbrios maiores nas contas públicas e está em boa medida na base do seu êxito económico, com superaves avultados nas suas balanças comerciais de mercadorias (o superavit da Alemanha continua a estar algumas dezenas de milhares de milhões de dólares acima do superavit da China). Com um tecido urbano baseado em cidades de dimensão média, não têm as deseconomias externas dos grandes centros e têm um mercado muito melhor aproveitado.

O sonho de um maior equilíbrio deveria pois passar a ser um sonho nacional, com benefícios não só para as regiões mais pobres como também para as áreas mais ricas, evitando-se congestionamentos que, além de terem custos financeiros e económicos pesadíssimos (por exemplo nos transportes urbanos), prejudicam a qualidade de vida das suas populações, e alargando-se as oportunidades de mercado para as suas empresas.

Importa pois que, complementando os fundos da União, os recursos e as políticas nacionais comecem a contribuir para a promoção de um maior equilíbrio territorial, em lugar de continuarem a ser instrumentos de agravamento do centralismo.

4. No mundo globalizado, a que felizmente não podemos fugir, ser membro da União Europeia representa ainda participar, com um poder de intervenção que está muito acima do peso relativo da nossa população, no maior bloco económico do mundo. A União Europeia continua a ter o maior PIB, acima do PIB dos Estados Unidos, a ser em maior medida o mais importante bloco comercial do mundo, com a sua maior abertura, e a ser ainda de longe o primeiro destino de investimento directo estrangeiro (41,77% do total em 2006).

17 dos países membros têm por seu turno uma moeda única que é de longe a segunda moeda mais importante do mundo, com um valor elevado, muito superior ao do dólar, que não pode deixar de ser consequência da referida atracção de investimento estrangeiro e de uma balança comercial de mercadorias que se aproxima do equilibro, quando é muito grande o défice da balança dos EUA.

Fazendo parte da União Europeia, Portugal é pois parte influente numa entidade que não pode deixar de ter um papel de enorme relevo em negociações internacionais, por exemplo no quadro da OMC. Isoladamente, qual seria o nosso papel no meio de outros 152 países?

Por seu turno, fazendo parte da zona euro, Portugal tem (só assim...) relevo na política monetária internacional, com o Governador do Banco de Portugal a participar no Conselho de Administração do Banco Central Europeu, onde dispõe de voto não ponderado, a par dos Governadores dos Bancos Centrais dos países de maior dimensão na Eurolândia.

Nestes domínios e em todos os demais aumenta de um modo muito sensível a nossa capacidade de participação nos vários continentes (admitindo de qualquer modo que isoladamente houvesse alguma capacidade significativa), onde temos responsabilidades históricas e excelentes perspectivas de futuro, tal com está a acontecer por exemplo no Brasil, em

MANUEL PORTO

Angola e em Macau (como território de uma das grandes potências do século XXI).

Não fica ou quase não fica diminuída por isso a nossa capacidade de intervenção nacional, pelo contrário, é fortemente aumentada por sermos membro da União Europeia. Sentimo-lo nós próprios, em relação às oportunidades que se abrem no mundo académico. E sentem-no sem dúvida também, julgamos que em maior medida, os nossos empresários, membros de uma Europa que continuará a ser uma referência e um pólo de atracção no plano mundial.

5. Com realismo, num mundo em que Portugal isoladamente pouco significaria, o caminho a seguir não pode deixar de ser o caminho de sermos um participante activo nas instituições e nas estratégias da União Europeia.

Aqui, devemos saudar as perspectivas aberta pela Estratégia Europa 20/20, tendo como linhas orientadoras ter-se um crescimento "inteligente" (*smart*, baseado no conhecimento e na inovação), sustentável e inclusivo: não numa lógica defensiva, de "encerramento" de fronteiras, mas sim numa lógica de abertura em relação ao exterior, a par da continuação do reforço do mercado único europeu.

E é aqui, sem alternativa realista, que Portugal pode encontrar meios e incentivo para modernizar e tornar mais coesa a sua economia: numa Europa aberta ao mundo, num mundo globalizado em que ganham relevo crescente países a que Portugal está tão ligado, numa ligação que oferece as melhores perspectivas para o futuro.

Os sonhos não concretizados até agora, ao longo do primeiros 25 anos de integração, devem dar-nos indicações em relação às políticas a seguir, tirando ensinamentos dos erros cometidos: com os desafios tão difíceis do futuro a exigir que se tire o maior partido possível de todos os recursos de que se dispõe.

É este pois um sonho a concretizar, sonho para que, com realismo, só podemos contribuir com uma participação activa e influente no seio da União Europeia.

PORTUGAL NUMA EUROPA NÃO INTEGRADA

MANUELA ARCANJO

A análise das sucessivas etapas do processo de integração europeia, dos anos 50 ao final da década de 90, permite identificar importantes motivações políticas e, naturalmente, razões de ordem económica. A reunificação da Alemanha e o projecto, a prazo, de uma União que viesse a integrar os países da Europa central e de leste constituíram uma clara determinante política para a passagem à terceira fase da integração europeia, isto é, à união monetária.

Para todos os países participantes, a última fase da União Económica e Monetária (UEM) significava uma alteração do regime económico: a adopção de uma moeda única, a perda da política monetária e cambial para o Banco Central Europeu (BCE) e a condução de uma política orçamental que se pretendia orientada para a eliminação dos défices públicos. Assim, os países continuariam a lidar com os mesmos desequilíbrios internos e externos mas com menos instrumentos de política económica.

Os benefícios e custos de uma união monetária encontram-se amplamente discutidos na literatura especializada. Nos primeiros podem ser identificados, de forma sintética, os ganhos decorrentes da estabilidade de preços, da eliminação da incerteza sobre a taxa de câmbio e dos custos de transacção. Nos segundos identifica-se, fundamentalmente, a limitação da capacidade de intervenção macroeconómica em resposta a choques externos.

Ora, como o próprio Tratado da União Europeia (TUE) sublinhava, para se alcançar um crescimento económico sustentável e não inflacionista era requisito essencial a existência de uma política económica europeia baseada na estreita coordenação nas políticas económicas nacionais. Mas que o que significavam estas?

Com a definição e condução da política monetária pelo BCE visando – à semelhança do modelo antes prosseguido pelo banco central alemão – a estabilidade dos preços como objectivo prioritário, a cada Estado-membro restava a condução da política orçamental. Se, ainda nos termos do TUE, esta permanecia uma competência exclusiva dos Estados-membros, também se tornava evidente que poderia existir uma conflitualidade de objectivos entre o BCE e os governos com diferentes preferências relativas à inflação versus crescimento/desemprego, perante uma situação de choques negativos e assimétricos na procura.

A política orçamental conduzida pelos governos nacionais deveria seguir, em qualquer circunstância, um percurso de sustentabilidade, traduzido num controlo das contas públicas e, por conseguinte, num baixo endividamento. Tratava-se, assim, de uma competência exclusiva mas subordinada ao objectivo da estabilidade dos preços. Esta exigência de disciplina correspondia a uma contrapartida de condições mais favoráveis ao financiamento público e que poderia constituir um incentivo a políticas orçamentais expansionistas e pró-cíclicas de alguns países e, em consequência a um endividamento crescente. A fim de serem limitadas, à partida, eventuais situações de pressão sobre uma monetarização do défice e da dívida, foi estabelecida no TUE a interdição de financiamento directo aos Estados-membros. A delimitação do papel do BCE também se fundamentava em hipotéticos cenários, à época, de risco de incumprimento por parte de algum Estado-membro e no possível culminar numa crise financeira mais generalizada, devido aos riscos sistémicos.

Omitindo razões de ordem política, a análise custos-benefícios e, em especial, a perda de instrumentos da política monetária, permite explicar as opções tomadas na década de 90 pelo Reino Unido, Dinamarca e Suécia.

Em Portugal, a opção pela participação na união monetária foi, em parte, um corolário das etapas anteriores da integração europeia, por sua vez influenciadas pela necessidade de afirmação de um então jovem regime democrático. Porém, a dimensão económica foi também favorável à decisão, fundada nas vantagens da redução da taxa de juro e da estabilidade dos preços. Estudos realizados na década de 90 avaliaram o cenário

PORTUGAL NUMA EUROPA NÃO INTEGRADA

de não participação na zona euro, admitindo no entanto que seria sempre prosseguida uma política económica orientada para a disciplina orçamental e a estabilidade dos preços. Um aumento das taxas de juro superior ao da zona euro e a incerteza associada ao recurso – até então frequente – da desvalorização cambial poderiam ser encarados como efeitos negativos sobre o crescimento económico a prazo. A opção pela moeda única correspondia, para um pequeno país com uma economia frágil, a oportunidade de aproveitar os ganhos de uma Europa mais desenvolvida, com um nível de vida mais elevado e com maior bem-estar social.

A selecção, em 1998, dos países que viriam a integrar a zona euro demonstrou que a avaliação se baseou fortemente no rácio do défice público já que dois países (Bélgica e Itália) – excluindo desta análise a Grécia que viria a integrar a UEM numa segunda fase – apresentavam dívidas públicas superiores a 120% dos respectivos produtos. A interpretação foi, portanto, flexível: o critério considerava-se cumprido se observada uma tendência descendente, independentemente do valor alcançado. Com alguma ironia, poder-se-à afirmar que aquele "esforço" tinha sido demonstrado pela Bélgica e pela Itália que registavam, em 1994, rácios da dívida-produto correspondentes a 133.5% e 124.9%, respectivamente.

Adicionalmente, foi possível perceber que o Eurostat validava, num momento decisivo de selecção dos países, a realização de operações de natureza excepcional mas que permitissem, por via da receita ou da despesa, uma forte redução do défice público. Foi o caso da França que atingiu em 1997 um rácio do défice próximo dos 3% do PIB com base na integração nas contas públicas do fundo de pensões da France-Telecom.

Sobre os países seleccionados sabia-se que apresentavam diferenças significativas ao nível, nomeadamente, do mercado de trabalho, dos sistemas judiciais, do sistema fiscal e do perfil dominante das políticas orçamentais. Muitas delas, também se sabia, iriam permanecer e conduzir a tendências divergentes em termos do crescimento económico, ao contrário do objectivo inicial de convergência real das economias.

Os Estados-membros que adoptaram o euro teriam de continuar a respeitar os critérios de convergência (nominal) estabelecidos no Tratado de Maastricht e confirmados pelo Pacto de Estabilidade e Crescimento (PEC) que definia ainda os mecanismos de supervisão multilateral e a monitorização pela Comissão Europeia e pelo Conselho, prevendo mecanismos de alerta, avisos e sanções contra situações de violação em situa-

MANUELA ARCANJO

ção de défice excessivo – já que as situações de crescente endividamento nunca foram monitorizadas com rigor.

Os primeiros anos de aplicação do PEC demonstraram, é bom recordar, uma inversão da tendência de consolidação das finanças públicas. Com efeito, as primeiras situações de défice excessivo – logo, em violação do critério estabelecido – surgiram apenas dois anos após a adopção do euro, mesmo num quadro de conjuntura económica mais favorável, em Portugal e Itália mas também na França e na Alemanha.

Independentemente das razões determinantes (as políticas orçamentais expansionistas determinadas por eleições legislativas realizadas em diversos Estados-membros ou o amplo recurso à "contabilidade criativa" até 1997), aquela situação – repetida em anos posteriores por aqueles e outros países – deveria ter constituído, desde logo, um sinal de preocupação levando, em consequência, a uma séria reflexão quer sobre os seus factores explicativos, quer sobre a condução e coordenação da política económica na União Europeia.

O relaxamento da política orçamental que foi observado até à recessão económica de 2008 parece evidenciar a pouca eficácia preventiva dos procedimentos estabelecidos no PEC e, ainda, a desvalorização do alcance dos Programas de Estabilidade e Crescimento apresentados obrigatoriamente pelos países da zona euro. Desvalorização por parte destes mas também a fraca avaliação da sua efectiva solidez por parte da Comissão Europeia e do próprio Conselho.

No que respeita a Portugal, são identificáveis claros benefícios decorrentes do mercado único, da redução da taxa de juro e do prémio de risco e dos fundos estruturais. Porém, e à semelhança de outros Estados-membros, Portugal não quis ou não foi capaz de substituir um regime económico assente, principalmente, na política cambial e na monetarização dos défices orçamentais permanentes geradores de endividamento interno e externo.

A recessão económica de 2008 na zona euro atingiu de forma diferente os Estados-membros face, naturalmente, às assimetrias preexistentes e às fragilidades estruturais de alguns deles. Mas aquela só tornou evidente a fragilidade de um processo de reformas estruturais em todos os mercados que teria sido fulcral para o reforço da concorrência internacional e para um crescimento económico sustentável.

Portugal constitui, infelizmente, um exemplo das dificuldades de ajustamento num país mais frágil à partida e que tem adaptado a sua política orçamental em função da necessidade de manter o défice abaixo – mas próximo – do valor de referência. A situação de resgate financeiro, com a contrapartida de um duríssimo Memorando de Entendimento, não foi uma surpresa. A saída desta profunda crise, que se irá prolongar pelos próximos anos, depende das opções políticas internas que vierem a ser adoptadas, em especial no sentido da saída de um longo caminho de crescimento económico anémico, mas também da evolução do quadro europeu e do futuro do euro.

Os cenários mais pessimistas discutidos nos anos 90 tornaram-se uma realidade. Com três Estados-membros em situação de resgate, com a pressão já exercida sobre outros e os sucessivos adiamentos de uma solução de fundo, a saída da crise actual parece ter um caminho cada vez mais estreito.

A Europa que se pretendia progressivamente integrada mostra divergências profundas entre grupos de países, fundadas em factores económicos mas também históricos, políticos e culturais. Afinal, conseguimos uma frágil união monetária que esqueceu a dimensão economia e social e nunca alcançou uma união política mínima.

EUROPA, OPORTUNIDADES, RISCOS E RESPONSABILIDADE

MARIA CARRILHO

«L'Europe, une notion dépassée –
– ou une nécessité vitale pour le progrès du monde?
Faut-il rêver d'Europe?»
Lucien Febvre[*]

No período que atravessamos, creio que é útil e talvez encorajador revisitar a época que marca o início da formação da Europa comunitária e, a partir daí, reflectir sobre os objectivos, esperanças, dificuldades, insucessos e novas tentativas e avanços que têm caracterizado o «processo europeu».

No texto que segue[1] evidencia-se, nomeadamente: que os protagonistas centrais são ainda os que emergem dos destroços da Segunda Guerra Mundial; que a ideia de Europa tem sido objecto de controvérsia, discussão, suspeitas, projectos; que a Europa comunitária, no seu percurso para uma maior integração e afirmação, tem encontrado estímulos e condicionantes, umas vezes mais no plano económico, outras mais no da política exterior e da política de defesa – sendo este último o que iremos abordar com maior detalhe.

---

[*] Lucien Febvre interpelava os seus alunos com esta questão. Ver Lucien Febvre, *Annuaire du Collège de France*, 45ème année, Paris, 1946, pp. 151-2.
[1] O texto resume parte de um capítulo de um projecto de investigação sobre as relações União Europeia – Estados Unidos, dirigido pela autora e que conta com apoio da FLAD.

MARIA CARRILHO

Sublinhe-se que Portugal, ao ficar, até à transição para a democracia, de fora deste processo, de algum modo acabou mais por «aderir», por «entrar», num clube de oportunidades do que *associar-se* numa partilha de responsabilidades e, eventualmente, de riscos. Não é altura para referendos, mas quando foi caso disso, teria sido uma maneira clara de colocar os portugueses frente aos vários pontos de vista, às realidades, às opções e, também, às escolhas de cada um – ainda que, creio, o resultado teria sido favorável à Europa.

1. Necessidade e medo de Europa

Num cenário onde ainda eram evidentes as marcas da devastação e os traumas causados pelo grande conflito mundial, tornara-se clara a necessidade de estabelecer modalidades de cooperação e de constrangimento capazes de criar e garantir bases concretas de confiança mútua, para um futuro que excluísse a guerra.

Desde logo, havia que considerar a questão alemã. Como assegurar um enquadramento efectivo que impedisse, de facto, um futuro Reich? Os pontos de vista não eram coincidentes. Os franceses, que recolhiam apoio em Estados vizinhos, preferiam evitar a formação de um Estado alemão dotado de capacidade de ressurgimento industrial – donde o problema do controlo do Ruhr. Os ingleses tendiam a seguir os americanos que, embora preocupados com a mesma questão, preferiam que os europeus se responsabilizassem mais pela defesa da Europa – donde a importância do papel da Alemanha, ou melhor da inclusão da parte da Alemanha ocupada pelas forças ocidentais.

Quanto aos métodos a adoptar para conseguir, entre os diferentes países, a imbricação necessária não só para consolidar a paz na Europa mas também para promover a recuperação da sua economia, também se observavam diferentes orientações. Desde logo, existia o factor ideológico, quer à esquerda, quer à direita. Entre significativos sectores da esquerda, nomeadamente no campo comunista, a Europa unida era uma utopia pouco credível, pois passava por cima do internacionalismo de classe. À direita, os sentimentos nacionalistas não deixavam muito espaço às cedências de soberania decorrentes de um projecto comum.

Menos alinhadas por área política, voltaram a ressurgir ideias de Europa, designadamente de orientação federal, que já tinham feito caminho nos anos Vinte. Então, embora o objectivo de uma Europa forte e em paz, promovido pelo movimento pan-europeu, conseguisse reunir boa

EUROPA, OPORTUNIDADES, RISCOS E RESPONSABILIDADE

parte das várias elites mais cosmopolitas, o seu principal inspirador e líder, o conde Coudenhove-Kalergi, tinha noção não só dos perigos que se acumulavam sobre a Europa, mas também dos limites do próprio movimento, que não chegou a atingir adesão popular.

Na realidade, embora os projectos federais tivessem sobrevivido à Segunda Guerra Mundial e encontrassem notáveis defensores também na área da esquerda – bastará recordar Altiero Spinelli e o Manifesto de Ventottene – tinham dificuldade em traduzir-se em factos concretos. No entanto, em 1947, ano crucial para a história do pós-guerra, marcado pela independência da Índia e pela aceleração da decadência do império britânico, pelo enunciar da política de Truman de ajuda à Europa e consubstanciada no plano Marshall, criaram-se, entre os sectores federalistas, esperanças à volta do eixo Paris-Londres, ou seja, da aliança franco-britânica consignada em Dunquerque. Mas a Inglaterra preferia orientar-se no sentido de Washington e a França não conseguia ultrapassar o receio da Alemanha. Entretanto, ensaiavam-se, apesar de tudo, alguns passos que, se não chegavam longe, contribuíam para criar um clima e uma prática de confiança. Assim, no ano seguinte, os três países do Benelux juntaram-se à aliança , formando a chamada «Europa dos Cinco» e que adoptou a designação de União Ocidental, mais tarde reformulada como União da Europa Ocidental (UEO).

Jean Monnet, que desenvolvera relações de confiança em Washington, reforçara a ideia de que a Europa devia concertar-se na direcção de uma via federalista. Aliás, não será demais sublinhar as afinidades e simpatias mútuas, em termos de filosofia política, entre os federalistas europeus e americanos. Também convém não esquecer que esta via reúne uma considerável diversidade de aproximações. Assim, se é certo que, apesar das dificuldades, os movimentos europeus avançavam no fim dos Anos Quarenta, sobre bases predominantemente federalistas, refira-se que, se a União Europeia de Federalistas preconizava uma União Europeia como terceira força pacificadora entre os dois grandes blocos. Por seu lado o Movimento Federalista Europeu, em que se destacava Spinelli, privilegiava a construção de um poder supranacional, a definir numa constituição de tipo federal. Mas de qualquer modo, o federalismo americano, seja como objectivo próximo ou mais longínquo, era olhado como um modelo a seguir.

Vem a propósito mencionar que as resistências encontradas pelas propostas de cooperação e de unificação de projectos europeus radicam não

MARIA CARRILHO

só na própria ocorrência da Segunda Guerra, iniciada, afinal, pelo expansionismo de um dos Estados europeus, mas também no receio da repetição de alguns equívocos e ambiguidades do conceito de Europa entre as duas guerras.

Por vezes tende-se a esquecer o facto de que as ambições territoriais de Hitler no continente europeu causaram, em alguns círculos, a expectativa da criação de condições para uma Europa nova e reforçada no seu prestígio. Economistas alemães, quando a ocupação nazi atingia o seu auge na Europa, falavam de «Comunidade Económica Europeia» e o ministro alemão do Comércio declarava que o enaltecimento da Europa era um objectivo do programa de guerra. A propaganda nazi dirigida às «elites» dos países submetidos chegou a publicar uma revista de belo grafismo intitulada, em França, «Nation Europe». Esta foi uma das mais trágicas miragens em que caíram importantes sectores europeístas de direita. E o colaboracionismo, em parte, foi teorizado em termos «europeus», exprimindo-se mesmo em obras que alcançaram um certo relevo, com títulos sugestivos: «l'Europe aux Européens», «La Révolution Européenne», ou «l'Europe en Marche».

Compreende-se assim, que a questão do conceito de Europa tenha ocupado muitos, para além do campo da filosofia política. Sem nos aventurarmos por este terreno, evidencie-se que a Europa comunitária avança matricialmente ligada aos ideais humanistas europeus, de paz e de democracia, que implicam a prática da cooperação. Mas não será de estranhar que em finais dos Anos Quarenta, as propostas no sentido de uma Europa autónoma e unificada não tenham encontrado o sucesso esperado pelos seus promotores. E mesmo figuras como Churchill e De Gaulle, que se declaravam a favor de uma Europa unida, jogavam habilmente de forma a salvaguardar os interesses nacionais. Churchill, cujas divergências com os federalistas eram conhecidas, chegou a pronunciar-se em favor de uma estrutura geral que poderia chamar-se «Estados Unidos da Europa», considerando que, na prática, o primeiro passo seria a formação do Conselho da Europa. Contudo, embora sugerindo um apadrinhamento por parte dos Estados Unidos e da Grã Bretanha, esta ficaria de fora... Quanto a De Gaulle, continuava a preocupar-se com o ressurgir da Alemanha e queria assegurar a recuperação do papel da França no plano internacional, preconizando uma «Europa das pátrias».

É assim que alguns dos europeístas mais determinados, como Jean Monnet e Robert Schuman, vieram a empreender um caminho original e prudente, a partir de um núcleo central. Mesmo o conde Kalergi, regressado dos Estados Unidos, esclarecia que tinha terminado a época do paneuropeismo e empenhou-se na criação da União Parlamentar Europeia. E era também claro que o início do processo que iria levar a uma Europa comunitária seria, tanto, pela inspiração como pelos procedimentos, indissociável do diálogo e da cooperação com os Estados Unidos.

Entretanto, sob o impulso de vários países, com destaque para a França e Bélgica vem a ser criado o Conselho da Europa, em Maio de 1949. Tendo como propósito favorecer uma maior unidade entre os seus membros, com a finalidade de promover os ideais e princípios comuns, o Conselho da Europa, no entanto, deixava explicitamente de fora dos seus objectivos os assuntos relacionados com a defesa. ...

Defesa europeia: do insucesso ao recomeço.

Com o inicio da guerra fria, a questão da continuidade do empenhamento na defesa europeia tornara-se uma preocupação assumida pelas autoridades de Washington, sendo discutida e organizada a nível transatlântico. Ultrapassadas as divergências sobre a inclusão da Itália e da Alemanha, o Tratado do Atlântico Norte é assinado em Abril de 1949, sob o signo de um realismo que se acomodava até com a pertença do Portugal de Salazar, cujo regime, notoriamente não se enquadrava no previsto no artigo primeiro do Tratado.

Mas a questão da defesa inseria-se numa outra, mais vasta – a da unidade europeia, que provocava controvérsia entre os estrategos de Washington. Com efeito, enquanto a ideia recolhia simpatias num sector minoritário do Congresso, a administração americana, onde sobressaia o Secretario de Estado Dean Acheson, privilegiava o princípio da livre circulação de bens, no quadro do ideal do "One World". E é num clima de aceso debate sobre o futuro da Europa que surge o Plano Pleven[2], à volta do qual já se evidenciam as tensões e condicionantes que, afinal, irão acompanhar, ao longo de décadas e até hoje, a questão da defesa europeia. O texto, que toma acto da vitória na Coreia, menciona a «necessidade de defender a colectividade atlântica contra qualquer agressão» e propõe a criação de um exército europeu, integrado nas instituições políticas de uma Europa unida, portanto esquivando a criação de um exército alemão. A reacção norte-americana não se fez esperar e Dean Acheson enviou uma

---

[2] Declaração do primeiro-ministro francês, René Pleven, perante a Assemblée Nationale, em 24 de Outubro de 1950 e cuja acesa discussão irá durar 3 dias.

MARIA CARRILHO

ríspida mensagem a Robert Schuman, caso a França insistisse no Plano: «It is obvious that we will be obliged to reverse our entire policy toward the defense of Western Europe». Evidentemente, a França teve de aceitar um compromisso, sobre uma comunidade europeia de defesa, vindo ao encontro de algumas exigências americanas, designadamente quanto à Alemanha.

Entretanto, e numa altura em que não havia convergências sobre a questão europeia, Monnet e Schuman avançaram uma proposta aparentemente minimalista e que foi bem acolhida em Washington – a da formação de uma Comunidade Europeia do Carvão e do Aço (CECA) e que vem a ser instituída pelo tratado de 1951, assinado por seis Estados-membros. Estava, assim, estabelecida, entre a França e a Alemanha uma ligação inextricável, através do controlo comum dos recursos e das indústrias base para o armamento.

A evolução no sentido de um rápido avanço dos projectos europeístas parece assegurada de forma significativa, com a chegada de Konrad Adenauer ao poder. O chanceler declarava que a Alemanha estava pronta a integrar as forças armadas de uma federação europeia, sob comando europeu. A França poderia, finalmente, superar as suas desconfianças em relação à Alemanha, que ficaria estreitamente ligada às instituições comuns. Assim, em 1952, os seis Estados-membros da CECA assinaram o Tratado da Comunidade Europeia de Defesa (CED). Chegou a constituir-se uma assembleia *ad hoc* no seio da Assembleia Comum da CECA – «uma espécie de pré-constituinte europeia»[3]. E, em 1953, sob a presidência belga, Paul-Henri Spaak apresentou um projecto de tratado que estabelecia uma Comunidade Europeia – que deveria ser uma entidade única, e englobaria a CECA e a CED.

No entanto, perante escolhas vinculativas, principalmente as correntes de fundo nacionalista tornavam a exercer mais influência, sobretudo em França, onde o panorama político se tinha, entretanto, alterado. Mas também à esquerda cresciam inquietações patrióticas. Neste contexto, o percurso da CED, entre a aprovação dos governos e a ratificação pelos parlamentos, foi acidentado. Para além da incógnita que constituía o novo exército europeu e suas consequências a nível da organização militar em

---

[3] P. Brugmans (1970), *L'Idée européenne*, 1929-1970, p. 199. No seio do Movimento Europeu, e presidido por Spaak, foi constituído um Comité de Estudo sobre a Constituição Europeia, em contacto com intelectuais nos Estados Unidos.

cada país, alguns aspectos técnicos terão causado alguma perplexidade, designadamente os *combat teams* nacionais, propostos pelos americanos. E as crescentes dificuldades francesas na Indochina, que polarizavam as preocupações, relegavam para segundo plano as ambições europeias. Assim e apesar de os outros parlamentos já terem procedido à ratificado, a Assembleia Nacional francesa acaba por inviabilizar o projecto. Este facto causa enorme consternação entre os defensores de uma Europa unida, que o consideram uma ocasião histórica perdida.

Esta derrota, no entanto, não levou ao abandono de um ideal e de uma necessidade. A sequente controvérsia e reflexão sobre as razões explicativas para o facto acabaram por orientar os projectos europeus noutras direcções, como é sabido. De todo o processo, foram aproveitadas as ideias realizáveis e que reuniam consenso. O passo seguinte foi, na cimeira de 1955 em Messina, a aprovação, por parte dos membros da CECA, de uma união aduaneira, que lançou as bases para um mercado comum europeu. E, em 1957, com persistência e com os novos instrumentos que são os Tratados de Roma, a «construção» europeia retoma o seu lento e acidentado caminho.

É ESTA A EUROPA QUE QUEREMOS?

MARIA CELESTE CARDONA

Decorreram 25 anos após a integração de Portugal na Europa. No período que mediou entre 1986 e 2011 muitas coisas aconteceram, nomeadamente a criação da União Económica e Monetária e a introdução da moeda única de que Portugal faz parte.

É, pois, altura, de realizar um balanço da construção e do aprofundamento da União face às actuais incertezas, dificuldades e até agonias que nos assaltam face ao futuro que todos nós queremos construir mas sobre o qual todos nós também sentimos a maior angústia.

Desde logo quanto a um ponto capital em que deve assentar um processo mais intenso de integração europeia e que é, a meu ver, o da identidade dos diversos povos que a compõem.

A Europa é composta por mais de meio milhão de cidadãos que até aos finais da década de 50 do século passado passou por duas Grandes Guerras e sempre discutiu entre si, fronteiras, domínio e intervenção em países e regiões, tutelas políticas de maior poderio, construção e desconstrução de regiões e de países, imposição e subordinação a/e regras de mercado, designadamente no que tange à evolução muito gradual e controlada dos princípios de liberdade de pessoas, capitais e mercadorias.

É certo que o processo de aprofundamento da União passa, pelo menos em teoria, pela observação de regras de coesão social, de solidariedade e de igualdade entre os parceiros. Acrescentam-se, actualmente, regras de responsabilidade e de estabilidade.

MARIA CELESTE CARDONA

Mas, sabemos todos, que tais regras para serem observadas e vividas carecem de uma base de legitimação que se deve fundar no mínimo de identidade entre os povos.

Trata-se de saber se existe ou não um sentimento de partilha no sentido em que nos sentimos e/ou usufruímos de condições de pertença à cidadania europeia.

Para além dos benefícios que esta "partilha de identidade" proporciona, como por exemplo, a liberdade de circulação e de protecção comunitária, a mesma exige que também as dificuldades e os sacrifícios sejam sentidos, assumidos e partilhados uns relativamente aos outros.

Não é o que parece acontecer, pelo menos, na fase actual em que vivemos.

Na verdade, vive-se actualmente um paradoxo: Parece pretender-se caminhar para um modelo federal, mas ao mesmo tempo, tais propósitos e objectivos revelam ser o "sustentáculo" de modelos intergovernamentais, no sentido de um maior protagonismo aos países europeus mais ricos que pretendem "punir" os seus parceiros que, com economias mais frágeis e estruturas produtivas menos operacionais, precisam de ajuda à consolidação e ao crescimento.

Mas, a construção e o aprofundamento da União não pode ser olhado apenas face às circunstâncias do momento actual.

É neste sentido que interpreto o discurso do Estado da União proferido pelo Presidente da Comissão Europeia, em Estrasburgo, quando refere e propõe aos cidadãos europeus uma renovação europeia que possa concretizar na prática o que está inscrito na Declaração de Berlim, assinada pela Comissão, Parlamento e Conselho, por ocasião do 50º aniversário do Tratado de Roma.

Portugal mudou, cresceu, desenvolveu-se e foram criadas condições únicas para podermos aceder a um novo modelo de desenvolvimento e crescimento. Neste sentido operou-se em Portugal uma profunda renovação.

Se *in casu* soubemos aproveitar tais condições, é discussão que deixamos para outra oportunidade.

Claro que a criação da União Económica e Monetária foi um passo que considero ter sido necessária no processo de aprofundamento da União, sem naturalmente desconhecer as reservas que hoje são colocadas por alguns dos nossos melhores especialistas no sentido de que as regras de conversão adoptadas no que refere aos mecanismos de adopção do euro em Portugal não respeitaram e não acolheram os melhores princípios económicos e financeiros.

Conhecemos autores que entendem que o erro está na base, ou seja, que o "mal" decorre dos erros cometidos aquando da nossa adesão ao Euro.

Talvez assim seja. Em todo o caso, também parece ser entendimento maioritário, de que pior seria se, hoje, não estivéssemos integrados na zona euro. De tal modo assim é, que todos parecem defender a ideia de que se um dos países da zona incorrer em incumprimento, uma fatalidade e uma desgraça maior pode abater-se sobre todos os países da zona euro.

No momento em que estou a escrever, discute-se na Cimeira se deve ou não caminhar-se para um perdão de dívida à Grécia. Os efeitos decorrentes de uma decisão desta natureza são imprevisíveis, quer no que se refere à zona euro no seu conjunto quer no que se refere a alguns países que se encontram, como é o nosso caso, em processo de resgate.

A grande perplexidade é que este tipo de soluções parecem poder legitimar a concepção de que, do ponto de vista político, a zona Euro terminou.

É que outro dos "erros" atribuídos a este processo tem sido o de não ter sido criado, ao tempo, ou mais tarde, um modelo político para a zona económica e monetária. Talvez assim devesse ter sido!

Estas reflexões conduzem-nos de forma inevitável à discussão em torno da possibilidade de Portugal sair do Euro.

Conhecemos e respeitamos as opiniões sustentadas pelo Professor João Ferreira do Amaral no sentido de que deviam ser tomadas medidas graduais e controladas para a nossa saída da moeda única.

Seria a única maneira de aliar a consolidação orçamental ao crescimento, na medida em que só pela via do sistema cambial, através da desvalorização da nossa moeda, seria possível ter condições de vender mais barato e de limitar as importações, pela via do encarecimento das aquisições.

Talvez assim seja, mas deve recordar-se que já passamos por esta experiência. E o que é verdade é que apesar da consolidação das contas, a história não dá razão aos que defendem que esta continua a ser a melhor forma de criar condições ao crescimento sustentado.

Neste momento, o que parece estar em causa é renovação europeia, é a recriação de novos e diferentes modelos de aprofundamento da União.

Estes, os que existem mostram-se "moribundos" e em "estertor". Como referia Marcelo Rebelo de Sousa, a Cimeira de 26 de Outubro, só teve uma virtualidade: Permitir apenas que a Europa doente não "entrasse em coma".

Se o que está em discussão é a renovação europeia importa que não se cometam os mesmos erros do passado recente.

Recorde-se que no início – crise imobiliária e falência do Lenham Brothers – foram formuladas orientações no sentido de injectar fundos nas economias para, mais tarde, terem surgido recomendações e medidas tendentes ao reforço do controlo dos défices públicos dos países da zona euro. Num primeiro momento era necessário reforçar os recursos na economia e alargar os prazos de cumprimento de défices e num segundo momento era a antecipação do controlo dos défices e a recomendação de adopção de planos de austeridade.

O que nos parece que sempre esteve presente nesta contraditória política europeia foi, justamente, a inexistência de uma coordenação efectiva das ditas políticas.

A soberania dos Estados membros implicava, (se que é que já não se mostra "amputada") um processo moroso e complexo de acertar e de harmonizar a adopção conjunta do mesmo tipo se soluções.

Ninguém hoje tem dúvidas que o modelo institucional em vigor que faz depender a execução das medidas adoptadas de **todos** os Estados Membros, não vai poder continuar.

É necessário ou através do reforço do modelo federalista ou do modelo de coordenação reforçada, permitir que as decisões possam ser rapidamente postas em prática.

Como sustenta Durão Barroso, se a actual prioridade é ultrapassar o problema das dívidas soberanas, a construção da Europa não se pode ficar por aí.

Tal como o Presidente da Comissão Europeia, entendo que há um futuro para a Europa e um futuro para Portugal integrado na Europa.

A questão é saber, se o caminho é federal ou se o caminho é o do reforço da componente comunitária, mas pela via da definição de políticas e de criação das instituições que as devem servir e prosseguir.

Do que conheço, neste momento, não me parece que exista um rumo definido e uma orientação assumida.

Até porque ainda não se mostra totalmente esgotado, a meu ver, o método intergovernamental de tomada de decisões, na medida em que entendo que a afirmação, que partilho, de que é necessária uma abordagem comunitária para a construção europeia, não põe de parte definitivamente aquele método.

As recentes medidas adoptadas pelo Parlamento Europeu não me parecem ser de índole a resolver definitivamente as questões institucionais e de sistema.

Na verdade, a centralização da tomada de decisões a nível orçamental, nomeadamente através da criação de um Ministro das Finanças Europeu ou de um Governo Económico bem como a consagração de um sistema mais coordenado, a nível comunitário, de funcionamento das instituições financeiras, não resolve o problema fundamental da criação de entidades políticas que respondam pelos modelos e pelas medidas adoptadas.

Para além do governo económico, do semestre europeu, das regras sobre recapitalização da banca europeia, da maior flexibilização e até aumento significativo de recursos para o Fundo de Resgate mas, recorde-se apenas para "garantia" e não para financiamento, e da recente discussão em torno da introdução de novas regras no Tratado de Lisboa que continua em discussão, subsiste um ponto que não vi até ao momento ser analisado e que é, justamente, o da modificação estatutária do BCE.

O Senhor Presidente da República Portuguesa já se pronunciou sobre esta matéria no sentido de que aquela alteração era fundamental para poder ser ultrapassada a crise actual.

O euro é uma moeda forte que circula em países de economia forte e em países de economia frágil. Estes últimos têm uma moeda cujo valor não tem correspondência com o valor do que neles se produz. Nas suas trocas, nomeadamente com os países em que a economia e a moeda são correspondentes, o saldo entre as exportações e as importações é necessariamente desfavorável aos mais pobres. Sem o mecanismo de compensações enquadrável no conceito de coesão, naturalmente que as desigualdades e os desequilíbrios perduram e se acentuam.

Será que esta situação vai conduzir-nos à existência de uma mesma moeda (euro) mas com duas ou mais cotações em função dos países em que a mesma circula?

As teses que até há algum tempo atrás pareciam prevalecentes na União no sentido da adopção da regra da cooperação reforçada, parece ser legitimadora desta possibilidade.

Outra será a de dotar a UEM de capacidade de intervenção política, como aliás, se ouve de forma cada vez mais intensa. Ou seja, só é possível manter esta União Económica e Monetária se a mesma for dotada de

MARIA CELESTE CARDONA

instituições políticas dela representativa. O "erro" no nascimento deveria assim ser superado no processo de crescimento.

Por um destes dois caminhos, ou até de outro, dadas as peculiaridades da construção e do aprofundamento da União, é possível acreditarmos na sobrevivência do euro e na permanência de Portugal nesta zona.

O grave, muito grave mesmo é que não viessem a ser criadas condições para poder ser possível escolher o caminho!

A UNIÃO EUROPEIA 25 ANOS DEPOIS: *QUO VADIS*?

MARIA EDUARDA AZEVEDO

A presente iniciativa, a todos os títulos louvável, destina-se a assinalar os vinte cinco anos da integração de Portugal na Comunidade Europeia e, em paralelo, a fundação do Instituto Europeu da Faculdade de Direito, integrando-se também no âmbito das comemorações do centenário da Universidade Clássica de Lisboa.

Formada e professora na Faculdade de Direito de Lisboa, co-fundadora do Instituto Europeu da Faculdade de Direito, membro das duas Convenções Europeias que antecederam o Tratado de Lisboa em representação política da Assembleia da República e europeísta empenhada, considero um privilégio responder ao convite formulado, elaborando algumas reflexões pessoais sobre o *devir* da União num momento tão marcante e incerto em que urge trilhar caminhos ainda inexplorados.

A adesão de Portugal à Europa comunitária, em 1986, contribuiu decisivamente para a consolidação da jovem democracia portuguesa, abrindo janelas de oportunidade para um novo impulso de desenvolvimento do país e a sua afirmação crescente na cena internacional. Desde logo, a generalidade dos portugueses aderiu convictamente aos ideais europeus de criação de um amplo espaço de prosperidade económica baseado numa economia social de mercado e numa cidadania europeia, ancorado na preservação da paz e no fortalecimento da democracia no respeito dos direitos humanos.

Com um percurso europeu de um quarto de século, os portugueses, tal como os restantes europeus, estão confrontados com novas realidades e desafios sem precedentes, interrogando-se justamente para onde ruma o desígnio europeu.

Em boa verdade, hoje, o que seja a essência adquirida da construção europeia e, bem assim, a base dos fundamentos de consolidação da União não se antolha muito claro para as opiniões públicas nacionais, nem tão pouco para as lideranças políticas europeias. Tendo percorrido um longo e exigente caminho de sucesso, em termos de paz e prosperidade geral, o projecto europeu alcandorou-se a estabelecer uma União Económica e Monetária a partir de finais dos anos 90 e na passada década a adaptar o modelo decisório aos desafios do último alargamento

Todavia, desde logo a UEM não veio a incorporar todos os Estados-
-Membros por vontade própria e acabou mesmo por integrar os países da coesão, consubstanciando uma área monetária aquém das características típicas de uma zona monetária óptima. Então, num experimentalismo sem precedentes, a arquitectura da UEM não previu o efeito dos choques exógenos num mundo global, nem as suas repercussões ao nível dos países da coesão, cujos diferenciais de desenvolvimento económico-social e de competitividade só seriam porventura superáveis num horizonte de largo prazo.

Perante as tensões da globalização e as pressões da crise económica e financeira mundial, com particular acuidade para o endividamento soberano e a insuficiente capitalização da banca europeia, a União Europeia e o Euro estão numa nova e incontornável encruzilhada. Entretanto, no plano político, a resposta europeia tem oscilado entre dar protagonismo a soluções de carácter intergovernamental ou manter-se fiel aos princípios do método comunitário, ancorado na Comissão Europeia.

Neste contexto, não admira que os líderes e os povos europeus demonstrem não só apreensão, como também falta de clareza quanto ao rumo a prosseguir, emergindo crescentemente um cenário de deslize para um processo de "desconstrução europeia".

No entanto, uma breve análise histórica reclama que seja feita justiça à grande aventura europeia.

Os vários alargamentos, ao levarem as fronteiras da Comunidade Europeia cada vez mais longe, convocaram, além do aumento do número de Estados membros e da acentuação de uma diversidade e crescente heterogeneidade nos planos político e cultural, também uma nova dinâmica geográfica e de desenvolvimento na grande região que é o espaço europeu.

A UNIÃO EUROPEIA 25 ANOS DEPOIS: *QUO VADIS?*

De facto, dos seis Estados fundadores a Comunidade evoluiu para os quinze que substancialmente se identificavam como o lado ocidental da Europa, na época do antagonismo dos blocos e da "Guerra-Fria". Em seguida, a queda do Muro de Berlim e a dissolução da União Soviética vieram, por sua vez, tornar possível a adesão dos jovens regimes democráticos emergentes do Centro e Leste europeu, um movimento que configurou, afinal, o grande desígnio político da União no presente século.

Entretanto, tratou-se de alargamentos que a ambição por detrás do projecto europeu nunca deixou de se combinar com um incessante esforço de aprofundamento, tornando evidente a bondade do binómio alargamento-aprofundamento que, sob uma forma dilemática ou sincrética, tem marcado a trajectória original da construção europeia.

Hoje, porém, se de limites da Europa se quiser falar, então a questão há-de ser prefigurada sob um novo ângulo. Como nunca, está em causa a intensidade da integração que os Estados membros pretendem prosseguir. Em boa verdade, agora urge apurar até onde pode chegar a integração europeia, em termos de união económica e de união política.

É que, após a construção da UEM e de uma União alargada, torna-se pertinente reconhecer que, da mesma forma que não se sabe onde termina fisicamente o espaço de implantação da União Europeia, também se afigura imprecisa a definição do desiderato final do processo de integração.

No passado, os diferentes Tratados, circunscritos à construção de novos patamares da integração económica, limitaram-se a apontar de forma vaga a perspectiva futura de uma união europeia.

E se com o Tratado de Maastricht se determinou, finalmente, o estabelecimento da União, a criação concomitante da UEM deixou abertas as portas a um novo e mais ousado passo no sentido de concretizar a mensagem subliminarmente entrevista de uma integração política.

Certo é que, de seguida, os Tratados de Amesterdão e de Nice, enredados por uma agenda pré-anunciada, ditada pela pressão do alargamento aos países da Europa Central e Oriental, pouco mais fizeram do que dar uma imagem de uma União incapaz de construir entre os seus membros os consensos indispensáveis para realizar as reformas institucionais que urgia concretizar.

Foi assim que esses Tratados, produto de Conferências Intergovernamentais inconclusivas, que se sucederam a um ritmo "alucinante", tiveram um consequente carácter incompleto, adquirindo um inevitável cunho transitório.

429

MARIA EDUARDA AZEVEDO

Mas a sua negociação não deixou todavia de provocar entorses, ao introduzir a divisão entre países "grandes" e "pequenos", subvertendo assim princípios e valores fundamentais, como a igualdade e a solidariedade, que são o cimento da integração europeia.

O Tratado Constitucional, pelo seu lado, exibindo uma clara ambição de configurar a *magna carta* da União Europeia, visível na pretensão de se arvorar na Constituição para a Europa, e contendo elementos precursores da fórmula federal, trouxe para a ribalta a ideia de uma pretensão de integração política, agitando de novo o fantasma da federação.

Contudo, o fracasso do Tratado Constitucional europeu, por efeito do resultado negativo dos referendos realizados em França e na Holanda, além de destacar a relevância do papel dos eleitorados na afirmação das identidades nacionais, mostrou à saciedade a dificuldade de conduzir o processo à zona da "high politics".

De facto, após o Tratado de Nice desenhado para regular o funcionamento da União alargada, o que realmente se impunha era ter promovido uma revisão dos Tratados básicos e completar as bases económicas da integração, precisamente aquilo a que se evitara conferir uma chancela supranacional.

Seria um esforço de refundação que não devia deixar de assumir como vital a promoção de uma estratégia de uma aproximação cada vez mais estreita entre os Cidadãos e a Europa, de modo a enaltecer que a União Europeia é uma construção ímpar que repousa numa dupla legitimidade de Estados e de Povos.

Uma vez rejeitado, o Tratado Constitucional foi objecto de revisão, adquiriu a designação de Tratado Reformador e acabou por se tornar conhecido, em razão do local da sua assinatura, por Tratado de Lisboa.

No entanto, importa reconhecer, em abono da verdade, que a revisão de que o Tratado Reformador foi alvo pouco mais representou do que um exercício para expurgar o texto dos múltiplos elementos simbólicos em que se sustentava a futura arquitectura federal.

Por isso, ao fim de dois anos de "reflexão", não deixou de ser surpreendente que não haja surgido uma ideia nova, acabando o novo Tratado por corresponder, *grosso modo*, a um decalque do anterior, o Tratado Reformador que, por sua vez, tinha tido a matriz genética nos trabalhos da Convenção sobre o Futuro da Europa.

No presente, perante o risco de colapso da zona euro, há quem repute de salvífico o apelo crescente a um melhor nivelamento dos dois braços da UEM, reclamando pela criação de um Governo Económico Europeu.

430

Nessa esteira, ao glosar a vertente económica em termos supranacionais, com as inevitáveis implicações ao nível das finanças comunitárias, tanto no que toca à criação de um sistema de verdadeiros recursos próprios, como na óptica da concretização da harmonização da fiscalidade europeia, não se iludirá que a perspectiva económica está naturalmente imbricada na perspectiva política, visto os estádios mais evoluídos de integração económica suporem exigências acrescidas na linha de uma resposta federal num quadro de preservação da legitimidade democrática.

Neste capítulo, é bom atender a que o princípio democrático de "no taxation, without representation" será tarde ou cedo incontornável.

Assim, tudo leva a crer que, antes do que muitos anteviam, os próximos tempos irão pôr à prova a tese partilhada por aqueles para quem "A Europa será federal ou não será".

Lisboa, 5 de Outubro de 2011

HUMANIZAR A EUROPA

MARIA EDUARDA GONÇALVES

"There is something terribly wrong with a polity which acts vigorously to realize its economic ambitions, as it clearly should, but which, at the same time, conspicuously neglects its parallel ethical and legal obligations to ensure that those policies result in the fullest possible enjoyment of human rights" (Alston and Weiler, 1999, p. 16).

1. No artigo 2º do Tratado da União Europeia (TUE), consolidado pelo Tratado de Lisboa, pode ler-se que "A União funda-se nos *valores do respeito pela dignidade humana, da liberdade, da democracia, da igualdade, do Estado de direito e do respeito pelos direitos do Homem*, incluindo os direitos das pessoas pertencentes a minorias. Estes valores são comuns aos *Estados-Membros*, numa sociedade caracterizada pelo pluralismo, a não discriminação, a tolerância, a justiça, a solidariedade e a igualdade entre homens e mulheres." Facto assinalável, foi apenas com o Tratado de Lisboa (em vigor desde Dezembro de 2009) que a alusão ao termo *valores* foi introduzida, pela primeira vez de forma explícita, no tratado constitutivo da União Europeia (UE). Uma outra novidade de relevo residiu na atribuição à Carta dos Direitos Fundamentais, inicialmente adoptada em 2000, de *força jurídica equivalente à dos Tratados* (Artigo 6º, nº 1, do TUE). A adição do epíteto valores ao leque de princípios e direitos enunciados representa inegavelmente um reforço simbólico do progresso já alcançado nesta matéria desde o

MARIA EDUARDA GONÇALVES

Tratado de Roma, que estabelecera a Comunidade Económica Europeia (CEE) em 1957.

Como é sabido, os objectivos iniciais da CEE foram essencialmente económicos, isto é: estabelecer um mercado comum; aproximar progressivamente as políticas económicas dos Estados Membros; desenvolver políticas comuns nos domínios da agricultura, dos transportes e do comércio externo (cf. artigos 2º e 3º do Tratado de Roma). Nas primeiras décadas da integração europeia, a prioridade foi conferida à realização das liberdades básicas do mercado comum. Quer na acção legislativa, quer na jurisprudência do Tribunal de Justiça (TJ), as liberdades económicas ganharam precedência sobre os direitos da pessoa humana. A CEE não rejeitou os direitos do indivíduo e do cidadão como seu património valorativo geral, mas não recebeu quaisquer competências ou poderes específicos de acção ou de supervisão neste domínio, remetido desde o pós-II guerra mundial para o Conselho da Europa e a aplicação da Convenção Europeia de Salvaguarda das Liberdades e Direitos Fundamentais do Homem, de 1950. Mesmo quando o TJ principiou, tímida e lentamente, a valorar os direitos do homem a título de princípios gerais do direito europeu, entendeu-os como simples excepções às liberdades do mercado interno.[1]

Ao longo da última década, o TJ tem, porém, reorientado a sua jurisprudência no sentido do reconhecimento de que direitos como a dignidade humana ou a liberdade de associação e de manifestação podem justificar limitações ao exercício das liberdades económicas.[2] No entanto, casos houve também em que o TJ retrocedeu nesse caminho, apoiando-se numa interpretação formalista para recusar a harmonização por cima de garantias sociais dos trabalhadores de diferentes países membros.[3]

A Carta dos Direitos Fundamentais emerge, agora, como a corporização dos *valores fundamentais da UE*. Nesse sentido, poderá mesmo ser encarada como um passo determinante na construção de uma verdadeira

---

[1] S. Curzon, "Fundamental rights and the Internal Market. The state of affairs following Schmidberger & Omega", in Joël Rideau (dir.), *Les Droits Fondamentaux dans l'Union Européenne* (Bruylant, 2009), p. 122.

[2] Acórdão do Tribunal de Justiça de 12 de Junho de 2003 no processo C-112/00, Eugen Schmidberger, Internationale Transporte und Planzüge; Acórdão do Tribunal de Justiça (Primeira Secção) de 14 de Outubro de 2004 no processo C-36/02, *Omega Spielhallen- und Automatenaufstellungs-GmbH v Oberbürgermeisterin der Bundesstadt Bonn*.

[3] Acórdão do Tribunal de Justiça (Grande Secção) de 18 de Dezembro de 2007 no processo C-341/05, Laval un Partneri Ltd contra Svenska Byggnadsarbetareförbundet, Svenska Byggnadsarbetareförbundets avdelning 1, Byggettan, Svenska Elektrikerforbundet.

"identidade europeia". *"Esforço para converter os direitos humanos num factor determinante e não meramente limitativo de um sistema europeu centrado até então na defesa do mercado"*, exigindo que *"o legislador e o judiciário europeus passem a inclinar a balança entre políticas regulatórias e liberdades individuais em favor destas últimas"*; "oportunidade de *libertar o discurso sobre os direitos da mera lógica das instituições do mercado"*[4] – têm sido consideráveis as expectativas abertas pela Carta quanto a um recentramento da acção da UE nos direitos humanos fundamentais. Houve mesmo quem profetizasse que a Carta possa desencadear *"uma política de direitos humanos inclusiva, coerente, equilibrada e com visão de futuro"*.[5]

2. Mas até que ponto esta "humanização" do discurso legal na Europa se está convertendo numa *prática política* mais centrada nos interesses e valores da pessoa?

No momento actual, não deixa de causar perplexidade a desconsideração dos direitos humanos que acompanha o desenho das políticas financeiras e orçamentais da UE, elevadas a supremas prioridades na Europa. Justificadas pela situação de crise, estas políticas têm implicado a tomada pelos Estados-Membros de medidas restritivas de direitos consagrados pela Carta, desde logo nos planos do trabalho e das condições de emprego, e também da saúde, educação, etc., sem que isso pareça merecer atenção visível dos responsáveis políticos europeus. Acresce que algumas das linhas de reforma da União Económica e Monetária hoje na agenda apontam para perdas adicionais de autonomia das autoridades nacionais no que respeita à condução das suas políticas públicas, quer financeiras e orçamentais (de que é exemplo a proposta alemã de introdução de limites constitucionais ao défice e ao endividamento), quer económicas e sociais, não se vislumbrando a assumpção de responsabilidades correspondentes pelas instituições europeias. Será razoável inferir daí que a centralidade

---

[4] R. Bellamy, "The 'right to have rights'. Citizenship practice and the political constitution of the EU", in R. Bellamy, A. Warleigh (eds.), *Citizenship and Governance in the European Union* (Pinter/Continuum, 2000), p. 41 ss.; A. Von Bogdandy, "The European Union as a human rights organization? Human rights and the core of the European Union", *Common Market Law Review*, 37, 2000, p. 1321.

[5] Alston and J. Weiler, "An 'Ever Closer Union' in Need of a Human Rights Policy: The European Union and Human Rights", in P. Alston (Ed.), *The EU and Human Rights* (Oxford University Press, 1999), p. 8.

dos valores humanos no Tratado de Lisboa e na Carta dos Direitos Fundamentais promete mais do que é realmente susceptível de oferecer?

Não queremos acreditar que assim seja. A redação da Carta deixa, desde logo, pouca margem para dúvidas quanto à obrigação das instituições europeias e dos Estados-Membros de *respeitar os direitos, observar os princípios e promover a sua aplicação, de acordo com as suas competências* (cf. Artigo 51º, nº 1).

Contrapor-se-á que, diferentemente das liberdades e direitos civis e políticos, os direitos sociais e económicos são por definição programáticos, função das condições ou disponibilidades, inclusive financeiras, dos Estados e que em tempos de crise faltam simplesmente os meios de realização desses objectivos. Que aquela categorização é artificial e insatisfatória decorre, no entanto, não apenas do facto de a generalidade dos direitos fundamentais implicar obrigações positivas por parte do Estado, mas também de todos estes direitos partilharem o mesmo fundamento ético e dignidade. Um fortíssimo argumento em defesa da unicidade dos direitos civis e políticos e dos direitos sociais e económicos provém agora da própria Carta dos Direitos Fundamentais: ao classificar os direitos em seis categorias (dignidade, liberdades, igualdade, solidariedade, direitos dos cidadãos, justiça), incumbindo a UE e os Estados-Membros de promover a sua aplicação, a Carta estende a todos eles a obrigação dos poderes públicos de adoptar as medidas legislativas, administrativas, orçamentais e outras visando a sua materialização.

É certo que em períodos de crescimento e expansão económicos as circunstâncias serão mais favoráveis à realização daqueles direitos. A crise e os imperativos financeiros não legitimam, contudo, que se descurem os efeitos sobre os direitos. À luz da própria Carta[6], bem como das orientações da Agência dos Direitos Fundamentais da UE (instituída em 2007), os impactos das políticas e medidas de contenção e austeridade deveriam ser avaliados em moldes que permitissem ponderar as opções menos gravosas para os indivíduos e as famílias – o que parece estar longe de ser o caso ...

De todo o modo, o curso actual das coisas é indicativo de que não basta inscrever os direitos humanos numa declaração por mais força jurí-

---

[6] "Qualquer restrição ao exercício dos direitos e liberdades reconhecidos pela presente Carta deve ser prevista por lei e respeitar o conteúdo essencial desses direitos e liberdades. Na observância do princípio da proporcionalidade, essas restrições só podem ser introduzidas se forem necessárias e corresponderem efectivamente a objectivos de interesse geral reconhecidos pela União," (Artigo 52º, nº 1)

dica que lhe seja conferida. Os direitos só ganharão proeminência efectiva na UE quando forem prosseguidos de forma deliberada e pró-activa pelas instituições europeias. Tarda, cremos, uma verdadeira cultura dos direitos humanos apta a tomar de vez o lugar da lógica do mercado no processo decisional na UE.

EFEITOS DA ADESÃO DE PORTUGAL À UE NA EDUCAÇÃO: SAPATINHOS NOVOS MAS... TODOS AMARELOS

MARIA EMÍLIA BREDERODE SANTOS

Quando em 1997 – ao fim de 10 anos na RTP – regressei ao Ministério da Educação tive uma enorme dificuldade em reconhecer Ministério e escolas: a adesão à UE com os seus financiamentos e os seus projectos introduzira um dinamismo – mesmo uma agitação – como não se viam pelo menos desde o 25 de Abril de 74.

Afirmando *urbi et orbi* que a Educação era matéria reservada de cada Estado, a verdade é que a influência da CE sobre as escolas e sobre as orientações de política educativa se fez sentir intensa e crescentemente.

Primeiro foram os projectos que requeriam o envolvimento de escolas de, pelo menos, três países membros: e as escolas portuguesas corriam a abraçá-los, convidadas e arrastadas pelas de outros países. Eram projectos avulsos, mais ou menos pertinentes, mais ou menos adequados. Introduziram o dinamismo e a agitação já referidos mas também aprendizagens várias desde sobre a forma de pensar e apresentar projectos inclusive nos seus aspectos orçamentais às aprendizagens decorrentes do contacto com outros países e, naturalmente, do próprio tema, muitas vezes de natureza transversal. Tudo isto constituiu uma quase revolução na forma de escolas e professores se pensarem e se situarem relativamente ao Ministério e às suas funções.

MARIA EMÍLIA BREDERODE SANTOS

Passou-se depois para projectos mais integrados, mais de iniciativa própria, procurando-se um equilíbrio assente numa abertura às propostas das escolas e num enquadramento definido pelo Ministério. Evoluiu-se ainda para o que se chamou "processo aberto de cooperação" de que o Processo de Bolonha poderá ser o exemplo mais flagrante.

Do ponto de vista curricular, a CE começou por definir uma "base comum" de competências que todo o cidadão europeu deveria adquirir ou desenvolver numa perspectiva de Aprendizagem ao Longo da Vida. Mas, se essa aprendizagem era uma "base comum", lógico seria – e foi-o – passar a constituir uma orientação para os curricula da Educação Básica, desencadeando, assim, uma vaga de reformas e revisões curriculares em quase todos os países membros da UE – e certamente em Portugal. Já no Ensino Secundário, a preocupação com a formação vocacional e profissional dos jovens é desde há uma década uma das linhas dominantes – cá como lá...

Na Educação, a adesão à UE trouxe certamente modernidade, dinamismo e medidas progressistas. Mas estas surgiram subordinadas ao objectivo máximo de a Europa se tornar "a economia mais competitiva do mundo" e num contexto de extrema competitividade traduzida em metas quantificadas, por vezes até ao absurdo: porquê estimar em 85% a meta a atingir em 2020 para a conclusão do ensino secundário pelos jovens entre os 20 e os 24 anos? Por que não outra percentagem? Porquê reduzir o insucesso escolar em Língua Materna e Matemática para menos de 15%? E porquê nessas disciplinas e não noutras? etc., etc. Não existiu, ou pelo menos não se viu, trabalho de fundamentação, hipóteses alternativas, debate e participação nas decisões de fundo.

Por outro lado, segundo estes critérios e de acordo com estas metas, Portugal participou numa corrida sem fim e sem armas iguais: parecia um comboio a conseguir enormes progressos relativamente ao seu ponto de partida – como o demonstraram o "Estado da Educação" publicado pelo Conselho Nacional da Educação em 2010 ou o estudo "Education at a Glance" (Eurydice, 2011) – mas sem nunca conseguir atingir a velocidade média dos restantes comboios europeus.

A política educativa europeia, defendida também por outros organismos internacionais, como a OCDE, e inspirada na política educativa norte-americana desde Reagan e Bush pai e filho, é a que tem vindo a ser seguida em Portugal, pelo menos nos últimos anos. Caracteriza-se por uma crescente importância atribuída à educação, aumento exponencial da escolaridade em termos de anos e de horas, procura de adequação ao mercado de trabalho e às necessidades económicas, centralização nos resultados e sua standardização, centração na literacia e na numeracia como áreas curriculares prioritárias, importação de estratégias oriundas do mundo económico e empresarial e pela prestação de contas através de uma avaliação generalizada – de projectos, programas, escolas, professores... Os ocasionais desvios a esta política que quase diria "única" aparecem mais como caprichos individuais ou de grupos de interesses e não tanto como uma verdadeira política alternativa caracterizada, por exemplo, pela "personalização" em vez da "standardização", pela centração não na literacia e na numeracia mas em aprendizagens variadas e abrangentes, pelo encorajamento ao risco e à criatividade em vez do ensino para resultados pré-definidos... .

Vejo também assim a adesão do ponto de vista político e económico: tivemos 20 anos tranquilos e prósperos. Tranquilos, porque considerávamos inviáveis as tentações totalitárias no quadro de uma UE. Estávamos seguros da nossa democracia – como a nossa frágil 1ª República nunca o pôde estar – por muito que velhos e novos lobos e lobbies ameaçassem. Vivemos em desafogo económico, por vezes resvalando para os conhecidos excessos de consumismo que os novos dispositivos financeiros fomentaram. E o modelo social europeu permitia encarar o futuro sem angústias.

Mas tudo isto ocorria duma forma opaca, como que dentro dum pensamento único, duma linha desenhada por mãos invisíveis numa Bruxelas distante, burocrática e comandada mais por interesses financeiros do que pela participação dos seus cidadãos.

Assim, na Educação, reconhecendo o papel modernizador e por vezes progressista da UE, designadamente na promoção de uma Educação para Todos,"inteligente, sustentável e inclusiva", orientada por preocupações de equidade e justiça social, creio, contudo, que as mudanças desencadeadas recordaram por vezes a visita da "velha senhora" durrenmattiana, comprando tudo e todos a troco duns sapatos bons, novos, mas uniformemente amarelos, hélas!

PORTUGAL, A UNIÃO EUROPEIA E "UMA CERTA IDEIA DA EUROPA"

MARIA LUÍSA DUARTE

1. Em 1986, a adesão de Portugal às Comunidades Europeias foi acompanhada de uma enorme esperança, diria mesmo de uma generalizada convicção, sobre um novo ciclo de desenvolvimento económico e social que, em definitivo, amarraria o *devir* do País ao destino da Europa. Em 2011, decorridos vinte e cinco anos, levados do século XX para o século XXI, no lugar da esperança temos agora o desânimo, o medo sobre o que nos espera enquanto País. Não é possível ignorar a dúvida fundamental sobre se o passo que foi dado há um quarto de século, com a posterior entrada no euro, não terá comprometido o futuro de Portugal como entidade histórico-nacional de quase nove séculos. São muitas as variáveis a considerar na análise desta questão. Destacamos no nosso contributo a importância de saber qual a "ideia de Europa" que orienta – ou deveria orientar – Estados e povos europeus no desígnio comum de integração através da união europeia.

2. Na segunda metade do século XX, no epílogo de duas grandes guerras que marcaram a primeira metade, separadas por um período curto de relativa trégua, a criação das Comunidades Europeias ficou ligada a *"uma certa ideia da Europa"*, sinónimo, em primeiro lugar, de garantia de paz. Este objectivo primordial ecoa na declaração fundadora, anunciada por Robert Schuman em 9 de Maio de 1950:

MARIA LUÍSA DUARTE

"A contribuição que uma Europa organizada e viva pode dar à civilização é indispensável para a manutenção de relações pacíficas."

Uma Europa organizada de acordo com princípios inteiramente novos de congregação e de acomodação das vontades soberanas dos Estados que a compõem. O método comunitário dos pequenos passos, que começa pela integração dos mercados e acabará no cenário da integração política, claramente proposto na Declaração Schuman, constitui um outro vector fundamental do teorema explicativo da Europa do futuro[1]. Desde 1950 até aos nossos dias, qualquer tentativa de captar e definir o alcance da ideia de Europa não foge ao efeito magnético da discussão em torno da alternativa entre Federação e não-Federação. Se nos ativermos ao texto seminal da Declaração Schuman, impõe-se a conclusão sobre a inevitabilidade da federação como modelo derradeiro e de finalização político-funcional do processo de construção europeia:

> *"Esta proposta (...) e a instituição de uma nova Alta Autoridade cujas decisões vincularão a França, a Alemanha e os países aderentes, **realizará as primeiras bases concretas de uma federação europeia** indispensável à preservação da paz"* (ênfase acrescentada).

Ao longo dos anos, por mor de acontecimentos como a rejeição da Comunidade Europeia de Defesa, a posição intransigente do Presidente De Gaulle por uma Europa de Pátrias, a adesão do Reino Unido, a ideia da federação foi perdendo terreno para a ideia de uma terceira via, a meio caminho entre a federação e a organização internacional clássica. A Europa comunitária teria, assim, inventado o seu próprio roteiro para chegar à união política. *Uma certa ideia da Europa* segue, nesta versão da especificidade comunitária, um programa de assumida alternativa à federação.

Sem prejuízo da originalidade e proficiência do método comunitário de construção da união política entre os Estados europeus, parece-nos agora difícil, no plano do *devir* da Europa, negar à fórmula federal o papel que, desde o início, lhe está destinado[2]. Dúvidas legítimas, sublinhe-se,

---

[1] Cfr. Maria Luísa DUARTE, *União Europeia. Estática e dinâmica da ordem jurídica eurocomunitária*, Coimbra, Almedina, 2011, p. 90.

[2] Edgar MORIN, embora concedendo que a federação europeia ainda não incarna um desígnio comum, ressalta a existência de factores de gestação de um destino comum (v.g. as ameaças

permanecem no que respeita ao momento azado de instituir a federação europeia e, sobretudo, no que toca à forma do pacto federal e ao modo de manifestação da vontade pactícia por parte dos Estados e dos povos europeus.

Existem factores objectivos que podem acelerar o processo em curso de criação gradual da federação. No plano externo, a necessidade de dotar a União Europeia de uma voz própria e afinada que lhe garanta um lugar de autêntica relevância política na comunidade internacional, devidamente apoiada pelos meios de acção militar. No plano interno, a crise financeira de 2008 e, em particular, a degradação contínua das condições de funcionamento do euro tornaram patente a necessidade de proteger a moeda única através de medidas integradas de governo económico, suportadas por uma política orçamental de definição central. A questão que se coloca, então, é a de saber se a assinalada especificidade comunitária conseguirá, mais uma vez, fintar a federação. O protelamento da solução federal através do recurso aos mecanismos da decisão tipicamente intergovernamental – mais directorial do que nunca – será o cenário mais provável. Podemos, contudo, interrogarmo-nos se a aposta continuada no modelo comunitário, expressão última da originalidade sistémica da ideia de Europa, não estará, perante a escala dos problemas e a premência de uma resposta eficaz, a erodir a autoridade da Europa, a comprometer o seu desempenho no Mundo globalizado das oportunidades e riscos partilhados.

Na eventualidade de uma evolução estugada para o modelo federal, seria a economia, e não a política na sua acepção estrita, a fazer prevalecer *uma certa ideia federal da Europa*. O imperativo apelo da paz não foi suficientemente forte para engrenar a federação sob a forma de uma política comum de defesa e, menos ainda, de um exército europeu. Já o receio de viver com maior aperto económico, de vermos fugir para a Ásia ou para a América o sonho da prosperidade garantida provoca o verdadeiro rebate europeu. Diríamos, então: *é a economia, Europeus!*[3]

---

externas, a decadência, o extermínio, os totalitarismos) que constituirão o fermento de uma União meta-nacional de estrutura confederal ou mesmo federal. A formação da nação europeia confronta-se com a dificuldade de lhe faltar um passado comum. Seria inédito um sentimento de destino comum baseado unicamente na representação do futuro – in *Penser l'Europe*, Paris, Gallimard, 1987, p. 195 e segs.

[3] Adaptação livre da glosada frase de James Carville, na campanha eleitoral de Bill Clinton em 1992: "*É a economia, estúpido*".

MARIA LUÍSA DUARTE

Assumir o efeito catalisador da crise encerra, contudo, um elevado risco de desacerto. Vem sempre a propósito recordar o desabafo certeiro de Eça de Queirós que escreveu em 1888: *"A «crise» é a condição quase regular da Europa"*[4].

O modelo eurocomunitário de exercício conjunto da soberania conheceu, ao longo deste mais de meio século de aplicação prática, desafios vários de crises menores e de crises maiores. Sem querer antecipar o futuro, porque nos está vedada a presciência que se exige, pensamos, contudo, que a Europa, como o Príncipe de Salina a resistir no turbilhão dos acontecimentos[5], deveria entender o significado profundo das palavras de Tancredo Falconeri, sobrinho do Príncipe, que procura interpretar os sinais dos tempos: *"Se queremos que as coisas continuem como estão, as coisas vão ter de mudar"*.

3. A Europa está ligada a um Continente com fronteiras de traçado indeciso. Na verdade, muito mais do que o perfil geográfico de um Continente, a Europa é um conceito, é uma ideia. Esta ideia é variável no tempo e depende, fortemente, da perspectiva que cada autor imprime à sua construção sobre o destino da Europa[6].

Para George Steiner, «*a "ideia de Europa" está entretecida das doutrinas e da história da Cristandade ocidental*»[7]. Mesmo que na Europa, mais numas regiões do que noutras, as igrejas cristãs tenham perdido fiéis praticantes, os valores cristãos inspiram e orientam as mais variadas criações humanas no Velho Continente – da arquitectura à pintura, da música à literatura, sem esquecer o pensamento filosófico e político apresado pelas grandes e eternas questões do código humanista de raiz judaico-cristã[8].

---

[4] In *A Europa*, Publ. Dom Quixote, 1996, p. 23.

[5] Personagem central do livro *O Leopardo* da autoria de Giuseppe di Lampedusa, um enredo que aprofunda, com melancolia, os traços sombrios do destino europeu quando confrontado com o sobressalto provocado pela mudança e pela competição entre o antigo e o novo. Existe tradução portuguesa deste clássico da literatura europeia – v. Giuseppe Tomasi di LAMPEDUSA, *O Leopardo*, 1ª edição, Editorial Presença, 1995.

[6] A respeito das várias dimensões da narrativa sobre o(s) conceito(s) de Europa, aconselhamos a leitura da obra de Fernand BRAUDEL, *A Europa*, Lisboa, Terramar, 1996 (tradução da edição francesa de 1982).

[7] In *A Ideia de Europa*, Lisboa, Gradiva, 2006, p. 50.

[8] Sobre as razões que tornam indissociável a identidade cristã e as obras do espírito europeu, v. Josep RATZINGER, *Fede, veritá, tolleranza. Il cristianesimo e le religioni nel mondo*, Siena, Cantagalli, 2003.

Se a ideia de Europa baseada nos valores personalistas da doutrina cristã alimenta uma referência que une[9] [10], já no que respeita aos aspectos especificamente culturais, como a língua, as tradições, os sistemas jurídicos, a gastronomia, a nota dominante é a da espantosa diversidade. Como plurais e arreigadamente diferentes são as nações que formam o puzzle europeu.

A pluralidade de Estados e de nações representa, de resto, um traço de identidade europeia que não deve ser apagado, mas, ao longo da História, a heterogeneidade deu, frequentemente, lugar à rivalidade e ao ódio que fizeram deflagrar guerras sucessivas e intermináveis com a sua ominosa pegada de destruição de bens materiais, aniquilamento de vidas humanas e degradação, pela fome e miséria, dos que sobreviviam.

A diferença será, porventura, o elemento de maior identidade da cultura europeia, exemplar no seu desenvolvimento e poderosa na forma como se trasladou e influenciou outros espaços culturais com os quais os Europeus cruzaram, ao longo dos séculos, o seu destino. O verdadeiro génio da Europa será, citando de novo George STEINER, *"o da diversidade linguística, cultural e social, de um mosaico pródigo que muitas vezes percorre uma distância trivial, separado por vinte quilómetros, uma divisão entre mundos. Em contraste com a terrível monotonia que se estende do ocidente de Nova Jérsia às montanhas da Califórnia, em contraste com aquela avidez de uniformidade que é simultaneamente a força e o vácuo de grande parte da existência americana, o mapa estilhaçado, por vezes absurdamente divisor, do espírito europeu e sua herança, tem sido incansavelmente fértil"*[11].

A Europa vive – e sofre – com o seu paradoxo identitário. A força da sua riqueza cultural resulta de diferenças autênticas e cavadas que inibem –

---

[9] Neste sentido, v., entre nós, José Duarte NOGUEIRA, *Direito Europeu e identidade europeia. Passado e futuro*, Lisboa, Univ. Lusíada Editora, 2007, p. 48.

[10] Por se tratar de valores fundamentais comummente partilhados no espaço europeu, com projecção testada na evolução do modelo político e social na Europa, não nos parece que a sua relevância no futuro possa de algum modo depender de uma menção expressa no preâmbulo dos tratados institutivos da União Europeia, como se pretendeu fazer com a referência às origens cristãs da Europa no preâmbulo da chamada Constituição Europeia. A História – e as raízes cristãs da Europa são uma evidência histórica – não requer confirmação literal. Os valores (v.g. dignidade da pessoa humana, liberdade, igualdade) constituem filamentos perenes do código social cujo poder conformador da identidade europeia se impõe com a força das soluções que, não sendo absolutas, não têm alternativa no tempo histórico.

[11] In *A Ideia da Europa...*, cit., p. 49.

MARIA LUÍSA DUARTE

ou mesmo impedem – aquela aglutinação uniformizadora que é típica da união federal.

4. A actual crise financeira e económica que, há mais de um ano, tomou conta da agenda europeia, seria mais fácil de equacionar e debelar se a União Europeia se mantivesse fiel a *"uma certa ideia da Europa"*. Na sua origem, o processo de construção europeia foi, em particular, associado ao objectivo da garantia da paz. O desenvolvimento deste processo foi impulsionado, é certo, pelas benesses da prosperidade. O método da integração comunitária, alternativo ao modelo federal, respeitou a diversidade nacional e cultural do mosaico europeu. Em 2011, a União Europeia tornou-se refém de uma hesitação muito perigosa entre, por um lado, os supremos benefícios da paz e, por outro lado, a garantia de um certo nível de prosperidade económica. Em definitivo, o que tem faltado aos políticos europeus, tanto aos que dirigem os destinos dos Estados como aos que estão em Bruxelas, é a vontade e, porventura, a lucidez para explicar aos cidadãos o significado desta escolha fundamental. A obsessão em torno dos critérios performativos da economia desvirtua o projecto europeu, desde logo porque transfere para fora da Europa o verdadeiro poder de decisão sobre o futuro da União Europeia.

A especulação financeira, os chamados "mercados" controlam – em rigor, ocupam – o espaço de decisão política. Sobra economia e falta política, sinónimo de escolha em prol do bem público. Os responsáveis políticos europeus estão sob o efeito de uma espécie de feitiço lançado pelas empresas de notação financeira, o equivalente moderno do poder reconhecido aos oráculos na Grécia Antiga. Neste contexto tão adverso, será difícil manter viva "uma certa ideia da Europa" inspirada pelo imperativo da paz e do bem-estar dos povos europeus. Uma qualquer fórmula federal, que envolva a perda de soberania como imposição dos Estados mais ricos sobre os Estados endividados, é o caminho para o ressentimento nacional que passará a ditar a agenda interna e, em última análise, remeterá a unidade europeia para o terreno da utopia.

Resta a questão, por ora mera hipótese, mas que deve ser tomada a sério: se a União Europeia perder a batalha do euro ainda terá tempo e meios para afastar o regresso ao cenário de guerra no palco dos insuflados egoísmos nacionais?

Lisboa, 31 de Outubro de 2011

A EUROPA E A SUA IDENTIDADE

MÁRIO MATOS E LEMOS

Quando se fala de Europa, há um ponto em que todos são concordes: existe a palavra Europa. A dificuldade está em explicar o que é a Europa.

Europa é um nome geográfico que aparece pela primeira vez num hino a Apolo para designar a Grécia central. Todavia, a Europa que hoje conhecemos é, em primeiro lugar, o resultado da fragmentação do Império Romano, depois, consequência de outra fragmentação, a do Império de Carlos Magno: se sobrepusermos a um mapa da Europa actual um mapa do Império de Carlos Magno, no século IX, verificar-se-á que as suas fronteiras continentais coincidem, *grosso modo*, a oeste, com o califado de Córdova, que dominava quase toda a península, com excepção da pequena faixa de onde partiu a Reconquista, e a leste com uma linha que excluía eslavos, magiares e búlgaros.

Carlos Magno estruturou politicamente as tribos germânicas e todos os povos que constituíam o Império foram integrados nas instituições francas, tendo-lhes sido dados os primeiros elementos de uma organização política, religiosa e social. O Império desfez-se fisicamente, tornou-se uma ficção mas subsistiu a ideia. No século X reaparece mesmo o título de *Imperator Romanorum* (Imperador dos Romanos) para um soberano que domina a Alemanha, a Áustria, o Norte de Itália e a Borgonha.

Todas estas mutações políticas, e muitas outras – económicas, sociais, religiosas – que não cabe aqui referir, sucederam-se ao longo de séculos, sempre assentes numa base cultural comum: no século XII, nenhum estudante da Universidade de Paris estranhava ou se preocupava por ter como director o alemão Alberto Magno ou o italiano Tomás de Aquino, o que prova a existência de toda uma gama de ideias comuns, a existência de um fundo comum que permaneceu mesmo quando o processo de desenvolvimento cultural das diversas nações tomou rumos diversos.

Surgiu, com Otão I, o Sacro Império Romano-Germânico, que durou de 962 a 1806 e que só caiu esfacelado pelas garras das águias napoleónicas; os nacionalismos ressurgiram; a Itália unificou-se, politicamente falando, em 1861; a Alemanha, prévia instituição do Zollverein (1834), unificou-se (1871) mas sob a forma federal. Em França, sonhava-se com uma grande unidade europeia: Vítor Hugo, exilado, num discurso que proferiu em Antuérpia, a 1 de Agosto de 1852, afirmou: *Amigos, a perseguição e a dor é hoje; os Estados Unidos da Europa, os Povos-Irmãos, é amanhã*. O mesmo Vítor Hugo, que tão grande influência exerceu na sua época, escreveu, 15 anos mais tarde, num Guia de Paris publicado para a Exposição Universal de 1867: *No século XX haverá uma Nação extraordinária ... Será ilustre, rica, poderosa, pacífica, cordial para com o resto da humanidade [...] Chamar-se-á Europa e nos séculos seguintes, ainda mais transfigurada, Humanidade*.

As duas guerras mundiais, a violência da Primeira, a brutalidade da Segunda, abalariam profundamente estas convicções e poriam em causa o próprio conceito de civilização. A Alemanha saiu destroçada dessas guerras e como consequência da segunda acabaria dividida em dois grandes países: a República Federal da Alemanha (Alemanha Ocidental) e a República Democrática Alemã (a Alemanha Oriental) mas não perderia o fundo cultural comum, tão enraizado que menos de 20 anos depois da reunificação foi possível ver alguém nascido do lado de lá do Muro tomar em mãos o destino alemão e, com ele, influir decisivamente na Europa.

A fragmentação e a ruína da Europa constituíam perigosos factores de desequilíbrio político e às rivalidades nacionais havia que opor uma barreira, a primeira das quais foi, em 1948, a Organização Europeia de Cooperação Económica (OECE), constituída pelos seis países que formariam o Mercado Comum Europeu e pelos sete que em 1959 constituiriam a Associação Europeia de Comércio Livre (EFTA): Áustria, Dinamarca, Noruega, Suécia, Suíça, Suécia, Reino Unido e Portugal, a que se juntaram mais tarde a Islândia, a Irlanda, a Espanha e a Turquia.

Um francês, Jean Monet, vai ser o verdadeiro mentor da União Europeia, mais do que Adenauer, Schumann ou de Gasperi. É ele o criador da Comunidade Europeia do Carvão e do Aço, formada por França, Alemanha Ocidental, Itália e Benelux (Bélgica, Holanda e Luxemburgo) e é dele a ideia – em plena guerra da Coreia e face à ameaça do Leste – de constituir uma Comunidade Europeia de Defesa e Segurança, com um exército europeu integrado e sob comando único, e que deveria fazer parte da NATO.

Essa política de defesa comum implicaria, naturalmente, uma política externa comum e uma política económica comum, pelo menos no que ao sector da defesa se referisse mas que certamente forçaria ao alargamento a outros domínios. Em 1954, o Parlamento francês não aprovou essa ideia. No ano seguinte, os países que constituíam o Benelux avançaram com a proposta de criar uma simples comunidade económica europeia, que adoptaria o seu próprio Zollverein, o abatimento das alfândegas. Os Tratados de Roma, de 1957, criariam a Comunidade Europeia de Energia Atómica e a Comunidade Económica Europeia, antecessora da União Europeia, e entrariam em vigor no dia 1 de Janeiro de 1958.

Sobreponhamos, uma vez mais, o mapa do Império carolíngio ao da Comunidade Económica Europeia: falta a Áustria, que só entraria em 1995.

Que pretendo mostrar com este brevíssimo resumo de doze séculos de História europeia?

Simplesmente, que sem base cultural comum não é possível unificar seja o que for. Dai até chegar à conclusão de que os sucessivos alargamentos foram, pelo menos, precipitados, vai um pequeno passo. Vários dos actuais Estados da UE não têm qualquer ponto cultural comum com os seis estados iniciais e alguns, como a Grã-Bretanha, Portugal e a Espanha não foram actores constantes no palco europeu: a raiz cultural era outra.

Claro que foram positivos os efeitos da adesão dos vários países ao núcleo inicial o que não quer dizer que esses efeitos positivos fossem iguais para todos.

No caso concreto de Portugal é evidente que destruída a economia tal como estava montada (e não estou a fazer juízos de valor, se bem, se mal) era necessário encontrar novos modelos e novas fontes de financiamento. Após o 25 de Abril, por duas vezes Portugal necessitou de ajuda externa e a única saída possível para recorrentes situações económicas e financeiras difíceis era a adesão às Comunidades. Teoricamente, Portugal deixava de ser uma potência atlântica para se virar, ao arrepio da sua história, para a Europa.

O Dr. Mário Soares, e os que o acompanharam, compreenderam perfeitamente que Portugal necessitava de outros modelos económicos, sociais, jurídicos e políticos que cortassem com um passado a que ninguém queria voltar. Só com a adesão à Europa seria possível «mudar de vida». Simplesmente, não se mudam mentalidades por decreto e a vinda dos fundos estruturais foi encarada, por muitos portugueses, como uma nova chegada da carreira da Índia, a abarrotarem os navios com especiarias, ou do Brasil, com o ouro e os diamantes; e precisamente porque as mentalidades não se mudam com facilidade, os sucessivos governos portugueses foram tratando os fundos provenientes da adesão como os seus antecessores trataram os lucros da pimenta e do ouro: desperdiçando-os em grande parte.

Claro que a adesão de Portugal às Comunidades teve um efeito sobre a sociedade portuguesa no seu conjunto. Se positivo, ou não, só o futuro o demonstrará. Culturalmente, a sociedade portuguesa não estava preparada para tão rápidas mudanças. Quando Portugal aderiu e foi necessário escolher um Comissário aquilo de que mais se falou foi do vencimento desse comissário, salvo erro, onze mil contos. Tal quantia é que impressionava jornais e comentadores e não me lembro de ver alguém discutir a qualidade, para desempenhar o cargo, dos sucessivos nomes que foram sendo falados. Entretanto, novas ideias e nos tipos de comportamento foram chegando, alguns talvez tenham sido absorvidos e a actual crise poderá ter o efeito positivo de fazer perceber que o facilitismo só conduz ao desastre.

A grande preocupação está na Educação. Criaram-se várias gerações habituadas a terem direitos mas ignorantes dos seus deveres. Por outro lado, a má preparação científica da grande maioria, a par com a excepcional preparação de uma minoria, traduz uma realidade preocupante: o desaparecimento do aluno mediano. A sociedade está a formar-se, aparentemente, com uma base alargada de baixíssima qualidade e um pico de altíssimo valor. Se isso não vai, a curto ou médio prazo descaracterizá-la, só, mais uma vez, o futuro dirá.

A União Económica e Monetária (UEM), resultante do Tratado da União Europeia, assinado em Maastrich em Fevereiro de 1992 foi um passo lógico no processo de integração europeia e tinha como principais objectivos garantir a estabilidade dos preços, o crescimento económico e, consequentemente, o aumento do emprego. Podem, no entanto, pôr-se algumas dúvidas quanto a ter sido necessário nessa altura, ou melhor, podem pôr-se algumas dúvidas quanto a estarem consolidadas todas as estruturas europeias por forma a permitirem chegar-se a esse estádio. Regressa-se sempre ao mesmo ponto: havia identidade cultural?

A criação do Euro, resultante lógica de um pensamento que viu no desmantelamento alfandegário e na moeda única factores da unidade e de progresso, também enfermou da mesma falta de análise às condições culturais dos povos. Há agora quem diga que este ou aquele país não deveria ter entrado no Euro, que não estaria preparado para isso. Olha-se apenas a vertente económico-financeira, esquecendo as especificidades de cada país. O problema é que a mesa parecia farta, as vitualhas abundantes e as facilidades eternas. O mal, atrevo-me a dizer, foi que muitos dos construtores desta Europa em que vivemos só sabiam de Finanças e pouco ou nada de História. Se a Natureza, quando contrariada, volta a galope a ocupar o seu espaço, a História também regressa sempre a cobrar o seu tributo. O sonho transforma-se em pesadelo e o despertar é violento e doloroso.

Finalmente, se euro irá ou não sobreviver à crise actual é matéria para videntes esclarecerem. O que se pode, no entanto garantir, mesmo sem bola de cristal, é que Portugal não pode sair sozinho e não tem, agora, outra hipótese, que não seja permanecer no Euro, sob pena de conhecer uma crise que nem a mais imaginativa mente poderá conceber. Isto, porém, já se assemelha a futurologia, que me recuso praticar.

A EVOLUÇÃO DA PROTECÇÃO DOS DIREITOS FUNDAMENTAIS NA UNIÃO EUROPEIA: BREVE REFLEXÃO

MARTA CALDAS

Tradicionalmente a discussão sobre a *necessidade, profundidade* e *alcance* do projecto europeu centra-se nos seus efeitos económicos e políticos.

Em tempos em que as principais preocupações se focam em melhorar o funcionamento da Zona Euro e aumentar a confiança dos mercados, cria-se a oportunidade de reflectir sobre a evolução da protecção dos direitos fundamentais. De Roma, a Maastricht, a Amesterdão, a Nice, de volta a Roma, e chegados a Lisboa, longo é o caminho percorrido:

Como é sabido as origens dos tratados que estabeleceram as três Comunidades Económicas Europeias tinham objectivos imediatos de natureza económica, que visavam a criação de um mercado interno europeu. Verifica-se porém, que a concretização da União Económica e Monetária não obstou a uma evolução da problemática da protecção dos direitos fundamentais no âmbito do ordenamento comunitário.

Foi contudo a agenda económica e a natureza singular do processo de integração comunitária que fez com que os Tratados iniciais não estatuíssem qualquer preceito que impusesse a salvaguarda dos direitos fundamentais.

Afigura-se razoável inferir que os motivos que conduziram à completa ausência de disposições relativas à tutela dos direitos fundamentais nos tratados que criaram as Comunidades Económicas Europeias se repor-

MARTA CALDAS

tem à natureza maioritariamente económica de tais entidades e ao entendimento então dominante de que a aplicação das disposições de Direito
Comunitário não suscitariam problemas relativos à protecção dos direitos
fundamentais[1].

Numa **primeira fase** da evolução da protecção dos direitos fundamentais, o Tribunal de Justiça das Comunidades Europeias recusou aferir a
validade do Direito Comunitário pelos direitos fundamentais, com base
na ideia de que o Direito Comunitário prevalecia sobre o Direito Nacional; O que implicava a prevalência daquele sobre todas as normas constitucionais, mesmo as relativas aos direitos fundamentais. Experienciou-se
assim no inicio do projecto europeu a abnegação dos direitos fundamentais em nome do princípio do primado do Direito Comunitário.

Apelido esta primeira posição do Tribunal de Justiça das Comunidades
Europeias por abnegação[2] dos direitos fundamentais, porque se verifica o
sacrifício da tutela dos direitos fundamentais em prol dos princípios do
primado e do efeito directo.

Sem a preocupação de ser exaustiva, é sabido que o princípio do primado e do efeito directo do direito da União Europeia é fruto da jurisprudência do Tribunal de Justiça das Comunidades Europeias. Sucedeu que a
primeira preocupação do Tribunal de Justiça das Comunidades Europeias
foi a de consolidar a ordem jurídica criada pelos tratados estatutários das
Comunidades, e através da sua jurisprudência dimanaram os princípios
basilares do direito da União Europeia, designadamente o princípio do
primado e do efeito directo.

Poder-se-á no entanto afirmar que a consolidação do direito criado
pelos tratados estatutários das Comunidades Económicas Europeias
aconteceu à custa do princípio da protecção dos direitos fundamentais na
ordem jurídica comunitária.

---

[1] Com opinião contrária, Nuno Piçarra, que afirma tratar-se de uma omissão deliberada por
parte dos autores dos tratados. Consideraram estes, em 1957, que a protecção dos Direitos
Fundamentais tratar-se-ia de *incumbência das várias ordens nacionais*, «A Competência do Tribunal de Justiça das Comunidades Europeias para fiscalizar a compatibilidade do Direito Nacional com a Convenção Europeia dos Direitos do Homem – Um estudo de Direito Constitucional» in *AB VNO AD OMNES*, p. 1396.
[2] «Abnegação: abandono, desprezo ou isenção em proveito de uma causa ou ideia» in *Dicionário Universal de Língua Portuguesa*. Texto Editores, 2010. Com o devido respeito, preferimos este
termo ao de agnosticismo, utilizado por Maria Luísa Duarte, uma vez que este carrega uma
profunda carga religiosa, bem como traduz «a doutrina que declara o espírito incompetente
para conhecer o absoluto» in *Dicionário Universal de Língua Portuguesa*, Texto Editores, 2010.

A EVOLUÇÃO DA PROTECÇÃO DOS DIREITOS FUNDAMENTAIS NA UNIÃO EUROPEIA:

Se por um lado, se permitia que o particular, por força da supremacia do direito comunitário, pudesse invocar uma norma do Tratado da Comunidade Europeia, ou até um acto de direito comunitário derivado, contra um estado-membro[3], por outro lado, o Tribunal de Justiça das Comunidades Europeias elege «a natureza absoluta e incondicional do primado»[4] sobre qualquer «norma constitucional ou internacional garantidora de direitos fundamentais»[5].

No Acórdão *Stork*[6], o Tribunal de Justiça das Comunidades Europeias considerou que não lhe competia pronunciar-se sobre a inobservância de regras de Direito Constitucional interno[7].

A este acórdão seguiram-se outros acórdãos do Tribunal de Justiça das Comunidades Europeias que não reconheciam os direitos fundamentais consagrados em legislação interna, mesmo que de natureza constitucional, enquanto parâmetros de validade dos actos de direito comunitário.

A questão era que a especificidade das Comunidades Europeias e a consequente autonomia da ordem jurídica comunitária não se compadeciam com a subjugação desta às normas constitucionais nacionais, ainda que referentes a direitos fundamentais.

Todavia, o sacrifício da protecção dos direitos fundamentais em benefício do primado no ordenamento jurídico comunitário suscitou nos tribunais constitucionais, principalmente alemães e italianos, um sentimento de legitimidade para submeter os actos comunitários, (aplicáveis no território sob sua jurisdição), a um juízo de conformidade com as normas constitucionais que protegiam direitos fundamentais.

Contudo, na perspectiva dos tribunais constitucionais nacionais, a protecção dos direitos fundamentais imponha-se por força das suas tradi-

---

[3] Enuncio a título exemplificativo, o artigo 59º do Tratado das Comunidade Económicas Europeias assinado em Roma em 1957, relativo à liberdade de serviços: *No âmbito das disposições seguintes, as restrições à livre prestação de serviços na Comunidade serão progressivamente suprimidas, durante o período de transição, em relação aos nacionais dos Estados-membros estabelecidos num Estado da Comunidade que não seja o do destinatário da prestação.*
O Conselho, deliberando por maioria qualificada, sob proposta da Comissão, pode determinar que as disposições do presente capítulo são extensivas aos prestadores de serviços nacionais de um Estado terceiro e estabelecidos na Comunidade.
[4] Maria Luísa Duarte, *União Europeia e direitos fundamentais – no espaço da internormatividade*, p. 37.
[5] *Idem*, p. 37
[6] De 4 de Fevereiro de 1959 – Processo 1/58, Rec. 1959, p. 42 e seguintes.
[7] No caso concreto, a Lei Fundamental da República Federal da Alemanha.

MARTA CALDAS

ções, uma vez que a transferência de soberania para as Comunidades não podia configurar uma diminuição dos direitos dos particulares; e o perigo deste entendimento dos tribunais constitucionais conduzia a duas consequências, a primeira relativa à quebra de uniformidade na aplicação do Direito Comunitário e segunda referente à redução a uma natureza infraconstitucional do Direito Comunitário.

Para ultrapassar estas dificuldades evoca-se que as Comunidades Europeias são constituídas por estados que partilham determinados valores, de entre os quais se destaca o respeito pelos direitos fundamentais. E com base na ponderação de interesses, – especificidade da ordem jurídica, natureza absoluta do primado, tradições constitucionais dos estados-membros e protecção dos direitos dos particulares –, justifica-se uma flexibilização da posição do Tribunal de Justiça das Comunidades Europeias.

Passa-se, assim, a uma **segunda fase,** que se inicia com o Acórdão *Stauder*[8] e que se traduz na integração dos direitos fundamentais enquanto princípios gerais de Direito Comunitário. O Tribunal de Justiça das Comunidades Europeias integra os direitos fundamentais nos princípios gerais de Direito Comunitário, cujo respeito deve ser assegurado pelo próprio.

Mas é com o Acórdão *Internationale Handelsgesellschaft*[9] que o Tribunal de Justiça das Comunidades Europeias vai afirmar que «a salvaguarda dos Direitos Fundamentais, inspirando-se nas tradições comuns aos Estados-membros, deve ser assegurada no quadro, na estrutura e nos objectivos da Comunidade».

A particularidade desta jurisprudência está não só no facto de se deslocar a protecção dos direitos fundamentais para o nível do Direito Comunitário, mas também na concepção que lhe está subjacente de compatibilização entre os ordenamentos constitucionais nacionais e o ordenamento comunitário.

O Tribunal de Justiça das Comunidades Europeias no seu Acórdão *Nold II*[10], vai complementar o quadro de protecção dos direitos fundamentais com a tomada em consideração da Convenção Europeia dos Direitos

---

[8] Acórdão de 12 de Novembro de 1960 – Processo 26/69 Stauder, Rec. 1969, p. 419.
[9] Acórdão de 12 de Dezembro de 1970 – Processo 11/70 Internationale Handelsgesellschaft, Rec. 1970, p. 1125.
[10] Acórdão de 14 de Maio de 1974 – Processo 4/73 Nold II, Rec.1974, p. 491.

do Homem e dos demais instrumentos de direito internacional, designadamente o Pacto Internacional de Direitos Civis e Políticos.

A Convenção Europeia dos Direitos do Homem passa então a assumir um carácter vinculativo na medida em que «reveste um significado particular» entre os princípios gerais de direito, cujo respeito é assegurado na ordem jurídica comunitária.

A jurisprudência posterior, ao tomar a Convenção Europeia dos Direitos do Homem como parâmetro na protecção dos direitos fundamentais, leva o Tribunal de Justiça das Comunidades Europeias a afirmar «que não serão admitidas na Comunidade medidas incompatíveis com o respeito dos Direitos do Homem tal como reconhecidos e garantidos pela Convenção». É minha opinião que a exposição da Convenção Europeia dos Direitos do Homem no ordenamento comunitário se deve aos antecedentes comuns[11].

Ainda durante esta segunda fase, o Tribunal de Justiça das Comunidades Europeias cria a oportunidade para se considerar competente para apreciar a compatibilidade com a Convenção Europeia dos Direitos do Homem de quaisquer actos normativos dos estados-membros que apresentem um elemento de conexão com o Direito Comunitário[12].

No entanto, o Tribunal de Justiça das Comunidades Europeias vai retrair-se e considerar-se competente apenas para apreciar medidas estaduais de execução e aplicação de actos de Direito Comunitário derivado e as medidas nacionais adoptadas em derrogação da proibição de restringir as quatro liberdades fundamentais, excluindo as medidas nacionais que não se enquadrem no âmbito do Direito Comunitário[13].

Ou seja os direitos fundamentais acabam por assumir relevância no ordenamento comunitário, mas como parte integrante dos princípios gerais de direito, cujo respeito é assegurado pelos tribunais comunitários, em cooperação com os tribunais nacionais.

---

[11] As raízes históricas da Convenção Europeia dos Direitos do Homem e dos Tratados das Comunidades Económicas Europeias são as mesmas. No entanto, os textos pertencem a sectores de integração distintos.

[12] Acórdão de 25 de Outubro de 1975 – Processo 36/75 Rutili, Col. 1975, p. 415.

[13] Para maiores desenvolvimentos sobre esta inflexão jurisprudencial, v. Nuno Piçarra, «A Competência do Tribunal de Justiça das Comunidades Europeias para fiscalizar a compatibilidade do Direito Nacional com a Convenção Europeia dos Direitos do Homem – Um estudo de Direito Constitucional», in *AB VNO AD OMNES*, p. 1406 e seguintes.

MARTA CALDAS

Verifica-se que as disposições relativas a direitos fundamentais, vertidas em normas constitucionais, consolidadas por tradições constitucionais comuns, inscritas em convenções internacionais – em particular, a Convenção Europeia dos Direitos do Homem – foram recebidas e agregadas na ordem jurídica comunitária como princípios gerais de direito comunitário.

Cabe aqui uma palavra sobre a interpretação e aplicação de normas de direitos fundamentais, de fonte nacional e convencional, feita pelo Juiz Comunitário segundo as regras e os critérios próprios do Direito Comunitário[14], mas mesmo com esta «adequação» é possível afirmar que o Tribunal de Justiça das Comunidades Europeias assume o respeito dos direitos fundamentais no ordenamento comunitário.

Para assegurar a garantia dos direitos fundamentais no ordenamento comunitário o Tribunal de Justiça das Comunidades Europeias acaba por inspirar-se em três fontes:

A. *Nos princípios comunitários retirados do direito escrito* – a não discriminação, as liberdades instituídas pelos tratados, a promoção dos direitos sindicais básicos (artigo 137º nº 1), a igualdade de remuneração entre homens e mulheres (artigo 141º), a salvaguarda do segredo profissional (artigo 287º) a tutela dos regimes de propriedade instituídos nos estados-membros (artigo 295º) – todos os artigos citados são do Tratado da Comunidade Europeia;

B. *Nas tradições constitucionais comuns aos estados-membros* – o tribunal afirma que anulará ou declarará inválida qualquer disposição de direito derivado contrária aos direitos fundamentais, consagrados nas constituições dos estados-membros ou apenas numa delas;

C. *Nos instrumentos internacionais* relativos aos Direitos do Homem que os estados-membros subscreveram.

Ou seja, através da jurisprudência do Tribunal de Justiça das Comunidades Europeias de forma gradual e progressiva é consagrado o princípio da protecção dos direitos fundamentais, que transfere para o quadro comunitário os direitos, liberdades e garantias, bem como os direitos económicos, sociais e culturais[15].

---

[14] Duarte, Maria Luísa. *Op. cit.*, e cfr. Acórdão Nold II.
[15] Direitos estes que à partida se encontravam protegidos apenas ao nível do Direito interno ou no quadro do Direito Internacional Clássico, o que contribui para uma maior legitimação do Direito Comunitário.

Pretendo aqui realçar, ainda que muito sucintamente, que a par do calendário económico do processo de integração europeia se deram os primeiros passos para um (menos visível) processo de integração em matéria de direitos fundamentais, muito devido ao desenvolvimento da jurisprudência do Tribunal de Justiça das Comunidades Europeias.

Tal jurisprudência acaba por ser reduzida a escrito no texto dos tratados, primeiramente em 1992 com o artigo F do Tratado da União Europeia na redacção de Maastricht e seguidamente em 1997 e 2000 com o artigo 6º nº 1 e nº 2 do Tratado da União Europeia[16] na redacção de Amesterdão e Nice, respectivamente.

E é com a incorporação da jurisprudência do Tribunal de Justiça das Comunidades Europeias no texto do Tratado da União Europeia[17], artigo 6º nº 1 e nº 2, que marca a passagem à **terceira fase** na protecção dos direitos fundamentais no ordenamento jurídico da União.

O artigo 6º do Tratado da União Europeia (redacção Nice) reflecte no texto do Tratado a posição do Tribunal de Justiça das Comunidades Europeias no tocante ao respeito pelos direitos fundamentais no seio da União Europeia.

Ao acolher a posição do Tribunal de Justiça das Comunidades Europeias o artigo 6.º acaba por consagrar o princípio da democracia e da protecção dos direitos fundamentais[18]. Não nos podendo esquecer que este princípio determina que os estados-membros da União Europeia estruturem o seu poder político com base numa organização política democrática, sustentada na ideia de Estado de Direito, e no respeito dos direitos fundamentais.

O nº 1 do artigo 6º acaba, assim, por ter uma dupla função: em primeiro lugar, dá visibilidade ao princípio da democracia e da protecção dos direitos fundamentais e em segundo, constitui uma condição para que os estados possam aderir à União Europeia.

Relembro que segundo a norma do artigo 49º §1º do Tratado da União Europeia «Qualquer Estado europeu que respeite os princípios enuncia-

---

[16] O que a meu ver traduz uma aceitação por parte de todos os estados-membros, de que é dever da União Europeia, enquanto entidade distinta, respeitar e fazer respeitar os direitos fundamentais.

[17] Para efeitos da terceira fase da evolução da protecção dos direitos fundamentais no ordenamento da União Europeia levo apenas em consideração a redacção de Nice dos artigos dos Tratados.

[18] Fausto de Quadros in *Dicionário Jurídico da Administração Pública*, pp. 563 a 565.

dos no nº 1 do artigo 6º pode pedir para se tornar membro da União Europeia». Ou seja, duas condições são então necessárias para aderir à União Europeia: a condição geográfica e a de respeitar o princípio da democracia e da protecção dos direitos fundamentais, baseando o seu poder político na ideia de Estado de Direito[19].

Mas, para além de estabelecer um critério de adesão de novos estados, pode-se dizer que o artigo 6º nº 1 também estabelece um critério de unificação para os estados já membros da União Europeia. O não respeito por este princípio por parte dos estados-membros tornaria impossível garantir a unidade na aplicação de regras jurídicas e o adequado funcionamento da estrutura orgânica da União Europeia[20] [21].

O próprio nº 1, do artigo 6º, estatui que a «União assenta nos princípios da liberdade, da democracia, do respeito dos Direitos do Homem e pelas liberdades fundamentais, bem como do Estado de Direito, (...).»

Por aqui se antevê o peso que o artigo 6º tem, quer no ordenamento jurídico comunitário, quer nos ordenamentos jurídicos dos estados-membros. É minha opinião que o papel do artigo 6º do Tratado da União Europeia poder-se-á tornar ainda mais abrangente.

Defendo a ideia de que ao traduzir a evolução jurisprudencial, o artigo 6º constitui ele mesmo a terceira fase da evolução da protecção dos direitos fundamentais no âmbito da União Europeia porque no seu nº 1 consagra-se que a *«União assenta nos princípios da liberdade, da democracia, do respeito dos Direitos do Homem»*... sem mais.

Pelo que se pode dizer que se está perante um princípio de direito comunitário originário que obriga não só os estados como também a própria União Europeia.

Não existe neste número qualquer reserva ou adaptação do princípio da democracia e da protecção dos direitos fundamentais, ou até mesmo da ideia de Estado de Direito, ao Direito Comunitário. O que já não acontece no nº 2 onde se lê que a «União respeitará a ʹConvenção Europeia de Salvaguarda dos Direitos do Homem e das Liberdades Fundamentaisʹ», mas enquanto princípio geral de direito comunitário.

---

[19] Esta condição de adesão estava maioritariamente pensada para os estados europeus do Leste que viveram sob o domínio da ex-URSS.

[20] No mesmo sentido de Fausto de Quadros in *Dicionário Jurídico da Administração Pública*, p. 564.

[21] Como não poderia deixar de acontecer, o respeito pela democracia e protecção dos direitos fundamentais também se aplica aos órgãos da União.

A EVOLUÇÃO DA PROTECÇÃO DOS DIREITOS FUNDAMENTAIS NA UNIÃO EUROPEIA:

Penso que no nº 2 se atende à natureza, estrutura e objectivos da União e não existe um respeito sem adaptações[22] por parte dos órgãos da União à Convenção Europeia do Direitos do Homem[23]. Ao que parece existe uma vontade subjacente de não submeter o direito comunitário aos padrões de avaliação do Tribunal Europeu dos Direitos do Homem.

Penso, ainda, que com este nº 2 se acode à preservação do Direito Comunitário, uma vez que apenas os actos/omissões de direito derivado são objecto de fiscalização, pelo Tribunal de Justiça das Comunidades Europeias, mediante a sua especificidade.

Na minha opinião não é possível ir tão longe como Streinz[24] ao considerar que a competência do Tribunal de Justiça das Comunidades Europeias abrange também o comportamento dos estados membros por violação do artigo 6º nº 2 do Tratado da União Europeia. Não existirá uma atribuição de competência *à priori* ao Tribunal de Justiça das Comunidades Europeias para averiguar da validade dos actos dos estados-membros, conforme uma interpretação mais literal do artigo 46º nº 2 al. d) do Tratado da União Europeia[25].

É meu entender que se encontra subjacente à articulação das normas do artigo 6º nºs 1 e 2, artigo 7º e artigo 46º al. d), todos do Tratado da União da União Europeia e artigo 309º do Tratado das Comunidades Europeias[26], uma lógica de subsidiariedade.

Se nos basearmos na construção teórica de Frédèric Sudre[27] e fizermos uma interpretação «unionista» do artigo 6º é possível fundamentar uma competência genérica do Tribunal de Justiça das Comunidades Europeias

---

[22] Adaptações que podem ser através de princípios ou valores que integram o sistema da União.

[23] Numa interpretação integracionista, levar-se-á ainda em consideração da «*Carta Social Europeia, assinada em Turim, em 18 de Outubro de 1961, e na Carta Comunitária dos Direitos Sociais Fundamentais dos Trabalhadores, de 1989*», enunciadas no Preâmbulo do Tratado da União Europeia.

[24] Anotação 12 ao artigo 46º do Tratado da União Europeia, *Comentário aos Tratados*.

[25] Com opinião diversa, apontando também que se trata de uma interpretação restritiva do artigo 46º al.d) do Tratado da União Europeia, Fausto de Quadros in *Direito da União Europeia*, p. 169.

[26] Todos na redacção de Nice, como ressalvado na *n.r. 17.*

[27] AAVV (2000). *L'apport du droit international et européen à la protection communautaire des droits fondamentaux*, Colloque de Bordeaux – Droit International et Droit Communautaire, perspectives actuelles. Paris : Editions A. Pedone. p. 169; Rideau, Joël (Dir). *Le renforcement de la protection des droits de l'homme au sein de l'Union Européenne. De la Communauté de Droit à l'Union de Droit: continuités et avatars européens*, Paris, LGDJ, p. 207.

MARTA CALDAS

para velar pelo respeito dos direitos fundamentais na União Europeia, quer pelos seus órgãos, quer pelos estados-membros.

Assim, apesar do Tribunal de Justiça das Comunidades Europeias não ter competência para fiscalizar o comportamento dos estados-membros por violação directa da norma do artigo 6º nº 2, já a terá para o fazer por violação da norma do artigo 6º nº 1.

Como defende aquele autor, o nº 2 do artigo 6º concretiza o princípio da Democracia e protecção dos direitos fundamentais na União Europeia, ao remeter para a Convenção Europeia dos Direitos do Homem e tradições constitucionais comuns aos estados-membros.

Aplicando o princípio geral de Direito de quem pode o mais, pode o menos, se o Tribunal de Justiça das Comunidades Europeias tem competência sobre o nº 2 do artigo 6º do Tratado da União Europeia também a terá sobre o seu nº 1. Como vimos, o nº 2 do artigo 6º obedece a um critério de adequação material[28].

Os direitos fundamentais, tal como consagrados na Convenção Europeia dos Direitos do Homem e nas tradições constitucionais dos estados-membros, são respeitados na União Europeia, mas atendendo à sua natureza e objectivos, enquanto princípios gerais de direito comunitário.

Tomando de empréstimo a expressão de Maria Luísa Duarte, encerra o artigo 6º nº 2 do Tratado da União Europeia uma «recepção material»[29] da Convenção Europeia de Salvaguarda dos Direitos do Homem e das Liberdades Fundamentais[30]. Isto é: apenas o seu âmbito substantivo[31] é recebido pelo Direito Comunitário e agregado através dos princípios gerais do Direito Comunitário.

Como acima referimos, o artigo 6.º n.º 2 do Tratado da União Europeia obedece a uma lógica de adequação material ao Direito Comunitário,

---

[28] Já anteriormente utilizado pelo Tribunal de Justiça das Comunidades Europeias no Acórdão Nold II.

[29] Expressão utilizada por Maria Luísa Duarte em «O Direito da União Europeia e o Direito Europeu dos Direitos do Homem – Uma Defesa do `Triângulo Judicial Europeu'» *in Estudos em Homenagem ao Prof. Doutor Armando M. Marques Guedes*, p. 744.

[30] Em nossa opinião também da *Carta Social Europeia*, a *Carta Comunitária dos Direitos Sociais Fundamentais dos Trabalhadores* e de outros textos internacionais respeitantes aos direitos fundamentais que os estados-membros tenham subscrito.

[31] Por exemplo de direitos civis e culturais através da recepção material da Convenção Europeia dos Direitos do Homem e de direitos sociais e económicos através da recepção material da Carta Social Europeia.

pelo que, no que respeita ao seu âmbito processual e natureza intergovernamental[32], as mesmas não são recebidas pelo Direito Comunitário[33].

O âmbito material dos direitos fundamentais consagrados na Convenção Europeia dos Direitos do Homem/Carta Social Europeia enquanto princípios gerais de direito comunitário são aplicáveis uniformemente.

Na opinião de Maria Luísa Duarte, o artigo 6 nº 2 do Tratado da União Europeia acaba por ter uma dupla função[34]:

a) «Por um lado a União Europeia respeitará os Direitos Fundamentais no âmbito de um contexto mais vasto, o da Convenção[35];

b) Por outro, vai impregnar o Tratado da União Europeia dos valores e princípios que irão nortear a aplicação do Direito Comunitário, uma vez que a dos direitos reconhecidos na Convenção 'constituem um nível mínimo de protecção que, pela sua natureza irredutível e pela sua origem comum aos Estados signatários, constituem uma ordem pública europeia, uma super legalidade que se impõe às autoridades públicas e nacionais'.[36]».

Parece-me ser entendimento da autora que está em causa a Convenção Europeia dos Direitos do Homem, por ser o texto com maior visibilidade na letra do artigo 6º nº 2 do Tratado da União Europeia. No entanto não penso que a identificação expressa do texto da Convenção Europeia dos Direitos do Homem[37] prejudique o raciocínio de que ordenamento da União Europeia integra direitos fundamentais de carácter social e económico no seu âmbito de protecção.

---

[32] No sentido de os direitos civis e políticos da Convenção Europeia dos Direitos do Homem não serem recebidos enquanto normas de um texto intergovernamental passível de reservas, mas sim, enquanto princípios gerais de direito comunitário e deverem ser respeitados como tal.

[33] Como se constata, os princípios processuais e até as reservas efectuadas por cada estado--membro da União Europeia e também partes da Convenção Europeia dos Direitos do Homem/Carta Social Europeia não foram recebidas pelo Direito Comunitário.

[34] Sobre a questão ver Maria Luísa Duarte.

[35] Em nossa opinião, apenas um contexto geopolítico, conforme demonstraremos ao longo deste estudo.

[36] Duarte, Maria Luísa (1992), *A liberdade de circulação de pessoas e a ordem pública no Direito Comunitário*. Coimbra Editora.

[37] Como já se disse, penso que as menções expressas dos Tratados à Convenção Europeia dos Direitos do Homem se trata de uma questão de origens, de evidenciar a preocupação existente na década de 50 com a protecção dos direitos fundamentais civis e políticos.

MARTA CALDAS

A União Europeia não é um «produto» acabado. A sua natureza, objectivos e prioridades desenvolvem-se de forma gradual e progressiva e em 3 e 4 de Junho de 1999, no Conselho Europeu de Colónia, anunciou-se a convocação de uma nova conferência intergovernamental com vista a «estabelecer uma carta de direitos fundamentais a fim de sublinhar, de maneira visível para os cidadãos da União, a sua importância excepcional e o seu alcance».

Os termos da decisão sublinham de modo claro que se procurou, sobretudo, dar maior visibilidade e transparência ao sistema de protecção dos direitos fundamentais já existente na União Europeia, tornando mais explícitos os parâmetros em que até ao momento se tinham baseado a jurisprudência do Tribunal de Justiça das Comunidades Europeias.

Em 15 e 16 de Outubro de 1999, no Conselho Europeu de Tempere, aprovou-se a composição do órgão, posteriormente denominado «Convenção»[38], que elaborou o projecto de Carta.

Um ano depois, a 13 e 14 de Outubro de 2000, no Conselho Europeu de Biarritz, foi aprovado por unanimidade o texto da Carta dos Direitos Fundamentais da União Europeia. Esta foi então proclamada pelo Parlamento Europeu, o Conselho da União Europeia e a Comissão Europeia a 7 de Dezembro de 2000, no Conselho Europeu de Nice. Nesta ocasião foi-lhe, porém, «negada a inserção na lei fundamental da Comunidade e da União»[39].

No entanto, considero que a proclamação da Carta dos Direitos Fundamentais da União Europeia constitui em si mesma a **quarta fase** da evolução da protecção dos direitos fundamentais no âmbito da União Europeia.

---

[38] A composição da Convenção traduziu-se da seguinte forma: como membros de pleno direito, 15 representantes dos chefes de Estado e de Governo dos estados-membros, um representante do presidente da Comissão, 15 membros do Parlamento Europeu designados por este e 30 membros dos parlamentos nacionais (dois por cada estado-membro) por eles designados. Como observadores previu-se a participação de dois representantes do Tribunal de Justiça das Comunidades Europeias e dois do Conselho da Europa, um dos quais representava o Tribunal Europeu dos Direitos do Homem. Diversos organismos comunitários, nomeadamente o Comité Económico e Social e o Comité das Regiões, seriam convidados a pronunciar-se na fase de elaboração do documento. Salienta-se ainda a intervenção da sociedade civil através da internet.

[39] Rui Moura Ramos, *A Carta dos Direitos Fundamentais da União Europeia e a protecção dos Direitos Fundamentais* in Revista Brasileira de Direito Comparado, n.º 23 2.º semestre 2002, Publicação semestral do Instituto de Direito Comparado Luso-Brasileiro Rio de Janeiro 2003, pág. 41.

A EVOLUÇÃO DA PROTECÇÃO DOS DIREITOS FUNDAMENTAIS NA UNIÃO EUROPEIA:

Autonomizo a proclamação da Carta dos Direitos Fundamentais da União Europeia enquanto uma nova fase na protecção dos direitos fundamentais apoiando-me na linha de raciocínio do Advogado-Geral A. Tizzano no Processo C-173/99[40] que no considerando 28, afirma «que não se podem ignorar, num processo relativo à natureza e ao alcance de um direito fundamental, as declarações relevantes desta Carta»; (Continuando): «sobretudo, não se pode ignorar a sua manifesta vocação para, quando as suas disposições o autorizem, desempenhar o papel de parâmetro referência substancial para todos os actores – estados-membros, instituições, pessoas singulares e colectivas – da cena comunitária».

É certo que, conforme salienta o Advogado-Geral[41], à Carta não «foi reconhecido verdadeiro alcance normativo, ficando assim privada, do ponto de vista formal, de valor vinculativo autónomo», mas «a Carta poderia mesmo assim produzir, resta válido que nela se formulam enunciados que, em grande parte, reconhecem a existência de direitos já previstos noutras disposições»[42].

O facto de se estar perante uma «mera» proclamação da Carta e não na sua incorporação no texto dos Tratados não a impede de «inspirar, independentemente do seu valor jurídico, o quadro de valorações da jurisdição comunitária, e não venha a ter igualmente um efeito de irradiação sobre os demais mecanismos (nacionais e internacionais) de protecção dos direitos fundamentais»[43].

É com base neste efeito de irradiação que defendo que a Carta dos Direitos Fundamentais da União Europeia representa uma quarta fase na evolução da protecção dos direitos fundamentais, pois, apesar da sua não vinculatividade, a Carta dos Direitos Fundamentais da União Europeia obriga.

Assim sendo, perante esta manifestação da Carta enquanto *soft law*, há que tomar em consideração que a mesma não distingue direitos, liberdades e garantias de direitos económicos e sociais. Pelo que pela força do

---

[40] Conclusões do Advogado-Geral apresentadas a 8 de Fevereiro de 2001 no âmbito do Acórdão *The Queen c. Secretary of State for Trade and Industry, ex parte Broadcasting, Entertainment, Cinematographic and Theatre Union* (BECTU), Col. 2001-6 I-4881 a I- 4922.

41 No considerando 27 do referido Acórdão.

[42] Cfr. considerando 27 do Acórdão em questão.

[43] Ramos, Rui Moura (2003). A Carta dos Direitos Fundamentais da União Europeia e a protecção dos Direitos Fundamentais. In *Revista Brasileira de Direito Comparado*. Nº 23 2º semestre. Rio de Janeiro: Publicação semestral do Instituto de Direito Comparado Luso-Brasileiro, p. 80.

MARTA CALDAS

seu efeito de irradiação e pela sua obrigatoriedade, a Carta dos Direitos Fundamentais da União Europeia cumpre ainda uma terceira função: a de efectivar o princípio da indivisibilidade dos direitos fundamentais[44].

Em 2007 assina-se em Lisboa uma nova redacção do Tratado da União Europeia e com a sua entrada em vigor em 2009 passamos à quinta fase da evolução da protecção dos direitos fundamentais na União Europeia.

Artigo 6º (do Tratado da União Europeia na redacção de Lisboa):
1. «A União reconhece os direitos, as liberdades e os princípios enunciados na Carta dos Direitos Fundamentais da União Europeia, de 7 de Dezembro de 2000, com as adaptações que lhe foram introduzidas em 12 de Dezembro de 2007, em Estrasburgo, e que tem o mesmo valor jurídico que os Tratados.
(...).»

Com esta nova redacção, o Tratado da União Europeia procede à incorporação jurídica da Carta dos Direitos Fundamentais da União Europeia, que passa a ser fonte de Direito Comunitário Originário.

Ou seja, o nº 1 do Artigo 6º assinala a **quinta fase** da evolução da protecção dos direitos fundamentais no âmbito da União Europeia.

Ao contrário da Convenção Europeia dos Direitos do Homem, a Carta dos Direitos Fundamentais da União Europeia é incorporada[45] no ordenamento jurídico comunitário[46].

Os direitos consagrados na Carta passarão a ser parte integrante do próprio Direito Originário da União Europeia, com todas as suas consequências. Para além de adquirir força vinculativa, absorve as principais características: primado, aplicabilidade e efeito directo. Mais, sendo a Carta dos Direitos Fundamentais uma compilação de direitos já exis-

---

[44] Alguns autores defendem mesmo ser artificial a distinção entre direitos, liberdades e garantias de direitos sociais e económicos.

[45] Incorporar: juntar num só corpo, adquirir como parte integrante do próprio corpo in *Dicionário Universal de Língua Portuguesa – Revista Actualizada* Textos Editores 2010.

[46] Da leitura que faço do artigo 6º e estando subjacente na Carta dos Direitos Fundamentais da União Europeia o principio da indivisibilidade dos direitos fundamentais, penso poder afirmar-se que é visível uma incorporação de direitos civis, políticos, económicos, sociais, sem qualquer restrição ou adaptação no ordenamento comunitário. O efeito de irradiação e a função de efectividade da Carta dos Direitos Fundamentais da União Europeia enquanto *soft law*, adquire visibilidade e vinculatividade com a sua incorporação no direito da União Europeia originário.

tentes, a grande vantagem desta incorporação originada no nº 1 do novo artigo 6º é a de ficar abrangida pela jurisdição exclusiva do Tribunal de Justiça da União Europeia (artigo 344º do Tratado sobre o Funcionamento da União Europeia).

O Tribunal de Justiça da União Europeia passa a ter competência para interpretar e averiguar sobre qualquer violação da Carta, quer por parte dos estados-membros, quer por parte dos órgãos da União. Evidencia-se, assim, o respeito pelo princípio da tutela jurisdicional efectiva dos direitos fundamentais em sede de Direito da União Europeia.

Porquanto, *chegados a Lisboa* a discussão sobre a protecção dos direitos fundamentais na União Europeia ganha nova relevância: no estrito respeito pelo princípio da indivisibilidade dos direitos fundamentais, a Carta dos Direitos Fundamentais da União Europeia não acabará por traduzir um compromisso jurídico-político, (unânime saliente-se), dos Estados membros da União em promover e efectivar os direitos sociais? Atenda-se que as disposições gerais dos artigos 51º e seguintes da Carta aplicam-se indistintamente a todos os direitos, não se distinguindo entre direitos civis, políticos e sociais.

O que levanta uma outra questão, será que a sindicabilidade dos direitos, ou a sua falta, é suficiente para os *"desfundamentalizar"*?

Em jeito de conclusão deixo apenas a nota que na resposta a esta questão temos que levar em consideração que a protecção dos direitos fundamentais está fortemente correlacionada com a ideia de progresso económico[47]. Bastará uma análise mais economicista dos direitos fundamentais para se verificar que o "ciclo da pobreza"[48] acaba por ter um impacto directo nas perspectivas de desenvolvimento macroeconómico de um país.

Por ocasião da comemoração dos 25 anos da adesão de Portugal às Comunidades Económicas Europeias, agora, União Europeia, é chegado o tempo de reflectir sobre o ponto de que partimos, a onde chegámos e até onde queremos ir.

---

[47] O chamado desenvolvimento sustentável que tem por "finalidade melhorar de forma contínua a qualidade de vida e o bem-estar das gerações actuais e futuras, conjugando o desenvolvimento económico com a defesa do ambiente e a justiça social".

[48] Que se expressa na subnutrição e na doença, que por sua vez reduz o rendimento e a produtividade económica, que por seu turno conduz à redução do rendimento do agregado familiar que agrava a pobreza e a fome, visto que as pessoas não têm acesso a alimentação, cuidados de saúde e habitação adequados, nem investem na educação dos filhos ou na sua própria.

A DUPLA-FACE DA *IDENTIDADE ECONÓMICA EUROPEIA*: A IDENTIDADE DOS EUROPEUS É ECONÓMICA, MAS A UNIÃO É MONETÁRIA

MARTA REBELO

Introdução

A União Europeia está a perder a(s) sua(s) *identidade*(s), diluída na crise das dívidas soberanas. Após um momento de vigor em torno da existência e necessidade de uma identidade europeia, que oferecesse à União a legitimidade social imprescindível à sua consolidação e crescimento, fornecido pelo debate «constitucional» que terminou na assinatura do Tratado de Lisboa, eis que o início se torna precipício do fim. A unidade económica é colocada em causa – sendo até discutível que alguma vez tenha existido, se oferecermos à expressão «unidade» a significância de «convergência real» – e com ela arrasta qualquer outra discussão.

Se consideramos que os efeitos da adesão de Portugal às Comunidades foram positivos, que a União Económica e Monetária (doravante UEM) foi um passo lógico e necessário na integração europeia, mas não esta UEM, que deveria escrever-se com «e» minúsculo e «M» maiúsculo – respondendo assim à questão «A forma como a UEM foi concebida era adequada aos objectivos pretendidos?» –, e não sabemos se o euro sairá sobrevivente da crise actual, optámos pela analítica em redor da putativa existência de uma identidade europeia e na sua tradução.

Somos de opinião que a identidade europeia, tal como foi procurada no debate «constitucional» e enquanto fonte de legitimidade social da União Europeia (doravante UE) inexiste, senão na sua dimensão *económica*. Aliás, a questão da identidade económica na Europa coloca-se em duas perspectivas: a identitária de cidadania, que coloca os europeus sob a condição sobretudo de *agentes económicos*; e a identidade económica da própria Europa, da sua UEM, que é uma união monetária muito pouco económica – e que, mesmo assim, nem como área monetária óptima se configura. A esta dupla-face da questão da identidade económica europeia procuraremos dar breve resposta, indo de encontro ao generoso convite que nos foi dirigido.

1. Existirá uma identidade europeia? A identidade económica dos europeus

A procura por uma identidade europeia foi intensamente trilhada aquando do debate em torno da ideia de uma Constituição para a Europa, depois Tratado Constitucional e finalmente Tratado de Lisboa. Também nós nos juntámos às equipas de busca, procurando responder à questão da existência de um consenso social (*demos*) necessário ao aprofundamento político da integração europeia[1]. Concluímos hoje, à luz do fracasso redundante da *estratégia constitucional*, que a crise de legitimidade social e democrática da UE é hoje maior, e com ela se diluem as possibilidades de estímulo a uma identidade europeia que, então, inexiste – enquanto *sentimento comunitário, uma disposição cultural e moral partilhada, suficientes garantias de direitos iguais e a noção, ainda que minimamente concretizada, da responsabilidade de um por todos e todos por um*[2].

Mas permita-nos o leitor uma adenda às afirmações anteriores: aqueles défices de legitimidade vêem-se minguar mercê da própria crise financeira. E, se inexiste uma identidade europeia *tout court*, entendemos que ela existirá na sua dimensão económica. Repare-se que, com Eduardo Paz Ferreira, *na versão originária do Tratado, encontrávamos já uma verdadeira constituição económica resultante basicamente da enunciação de objectivos que ficou recordada e que corresponde a uma verdadeira opção por um modelo económico*, e que ficou mais clara com Maastricht, sendo esta Constituição Económica

---

[1] No nosso *Constituição e Legitimidade Social da União Europeia*, Almedina, 2005.

[2] Do Saudoso Francisco Lucas Pires, *Amsterdão: do mercado à sociedade europeia?*, Principia, 1998, pág. 8.

A DUPLA-FACE DA *IDENTIDADE ECONÓMICA EUROPEIA*

antecedente *a uma Constituição Política Europeia, o que representa um dado curioso porque, normalmente, a Constituição Económica depende da Constituição Política, na medida em que é esta que fornece os contornos daquela*[3]. Também a *cidadania económica* precedeu a *cidadania europeia plena*, tal como a identidade económica europeia se antecipou a uma identidade europeia inteira ou completa.

Senão atenda-se ao relevantíssimo destaque que, no âmbito das quatro liberdades económicas fundamentais, a liberdade de circulação de pessoas conhece – sem descurar a importância das demais liberdades para a ideia que defendemos. Antes de ser cidadão, o europeu foi agente económico. Foi detentor de direitos e expectativas relativamente a um mercado que funcionasse em tão livre concorrência quanto possível, integrado comercialmente. Foi agente e beneficiário da Política Agrícola Comum, onde a necessidade de integração monetária mais cedo revelou os seus verdadeiros contornos, e de um conjunto amplo de outras políticas comuns de denominador económico. Foi usufruidor dos Fundos Comunitários que, país a país, procuraram combater assimetrias e induzir a coesão e homogeneidade económica. Foi, depois, utilizador de uma *moeda comum* – pelo menos nos primeiros 12, agora 17, Estados-membros participantes na zona euro. Se existe um sentimento de pertença comunitário, esse sentimento é limitado a um *core* económico. O europeu sente-se agente económico no seio da UE e da sua UEM – sente-se *economicamente europeu* no âmbito da Europa integrada.

E sente-se *economicamente europeu* para o melhor e para o pior: se *a política segue na pegada da união monetária como se fora apenas a sombra que esta deixa atrás de si*[4], e a consciência da *europaneidade* começou por ser económica mas nunca chegou a ser suficientemente social e política para falarmos de uma identidade europeia. Hoje, quando o económico cede perante a crise, assim cede esse sentimento de pertença económica. De certo modo, os impasses na procura de soluções para esta crise desagregam essa identidade económica europeia. Independentemente da solução derradeira, com um euro supérstite revigorado ou com uma nova cisão na história europeia, o sentimento de pertença económica dilui-se quando a economia não reage aos esforços dos seus agentes, dirigentes e dirigidos.

---

[3] *Direito da Economia*, Lisboa, AAFDL, 2001, págs. 165 e 174.
[4] Francisco Lucas Pires, *ob. cit.*, pág. 13.

2. Existirá uma UEM? A identidade monetária da União

A existência de facto da UEM é inquestionável. Mas veja-se a definição que oferece de si própria: na vertente monetária passa pela existência de uma moeda única, de autoridade monetária única (o Banco Central Europeu, claro está) e de uma política monetária única – e incluí, na sua fase mais avançada, 17 Estados-membros; na vertente económica, inclusiva de todos os 27, passa pela coordenação de políticas económicas tendente a assegurar o crescimento económico sustentável a médio e longo prazo. A UEM é a mais plena tradutora da ideia de diferentes geometrias e velocidades no processo de integração europeia. Introduz um velocímetro distinto na adesão ao euro, e destrinça a sua componente integradora monetária daquela componente integradora económica.

O debate entre «monetaristas» e «economistas», que se revelou de forma nítida aquando da conclusão do «Segundo Plano Barre» e constituição do grupo de especialistas que elaborou o subsequente «Relatório Werner», no ano de 1970, marca a história da integração económica e monetária europeia. Se os «monetaristas», aderentes à ideia de que a integração monetária primeira conduziria à convergência económica real, pareciam vencer a contenda, hoje as deficiências postas a nu pela crise das dívidas soberanas colocou os «economistas» na situação de somatório de pontos. De facto, a convergência real prévia das economias parece, à luz do dia de hoje, fazer um enorme sentido como condição prévia à integração monetária. Sobretudo quando os critérios de convergência seleccionados para a entrada na zona euro foram de natureza nominal, e aqueles critérios orçamentais que o Pacto de Estabilidade e Crescimento reforçou, colocam a questão da desadequação de níveis semelhantes de défice e de dívida para países detentores de diferentes níveis de desenvolvimento económico.

À luz destas ideias, é natural concluir que a identidade da UEM é essencialmente monetária. Por ora, ao menos. Mas não imune a críticas – embora a autora admita que, à luz dos eventos, quase se torna mister censurar e à crítica se oferece uma facilidade que tempos de bonança dificultavam. Face à crise actual e algumas das soluções que se perfilam, a questão que nos parece pertinente – e essa pertinência acompanha-a já há bastante tempo – é a seguinte: diferentes velocidades reais são compatíveis com uma velocidade nominal única?

Os tempos e as doutrinas parecem responder que não. Veja-se que, ainda que assumindo que a UEM é *identitariamente* monetária, mesmo neste quadrante afasta-se da *perfeição* analisada pelos estudiosos. Atente-

A DUPLA-FACE DA *IDENTIDADE ECONÓMICA EUROPEIA*

mos sumariamente na teoria das áreas monetárias óptimas, concebida inicialmente por Mundell e posteriormente desenvolvida por autores como Fleming e Corden, entre outros. Os custos da UEM, se bem que a par de vantagens, são postos à transparência. O aspecto central deste corpo doutrinário consiste na afirmação, baseada na experiência, que grandes divergências de produtividade e do emprego necessitam de maior flexibilidade nos mercados de trabalho, caso se intente a criação de uma união monetária sem problemas de ajustamento. Sem tais critérios de flexibilidade satisfeitos nos vários Estados-membros, surgem problemas macroeconómicos no conjunto da UEM. Dito de outro modo, e na perspectiva do que seja uma área monetária óptima, a UEM dos 17 Estados-membros que integram a zona euro é demasiado heterogénea do ponto de vista económico, para que possa ser tida por uma zona monetária óptima.

Em qualquer dos casos, a dupla-face da *identidade económica europeia* carece de revisão, pois consideramos crucial a verificação de uma identidade europeia para o processo de integração, e decisiva a convergência económica real para a optimização da integração monetária: a identidade dos europeus é económica, mas a União é monetária – quando a identidade dos europeus devia ser tão-somente europeia, e a União Económica e Monetária.

PASSION AND REASON IN EUROPEAN INTEGRATION*

MIGUEL POIARES MADURO

Let me start by explaining the, perhaps mysterious, title of this lecture. The title is derived from a metaphor, inspired by Dante's Divine Comedy, that I use to explain what makes a successful democracy. At the start of the Divine Comedy Dante presents himself at an existential moment of his life, much as the European Union is itself today. He is then guided through the different levels of hell and purgatory until the doors of paradise by Virgil (the roman poet, representative of reason). But we are told that Virgil, being only endowed with reason, cannot enter into paradise. So, who welcomes Dante into paradise? Beatrice, the love of his life, which had died in her youth. In this metaphor, Dante offers us a lesson about life but that we can also use for democracies too: all successful democracies need the right mix of passion and reason.

By passion, in the context of a democratic political community, I understand the individual preferences that feed the political space supportive of democracy. By reason I refer to the rules and processes with govern, define and constrain the democratic process, so that its decisions take into account all costs and benefits.

* This is an edited transcript of a larger version of the lecture delivered at the GLOBAL JEAN MONNET/ECSA-WORLD CONFERENCE 2010 "The European Union after the Treaty of Lisbon", Brussels, 25-26 May 2010. This lecture was initially delivered as a *Forum Constitutionis Europae* Lecture at Humboldt University on 10 February of 2010. Previous versions were presented at several other institutions. The author is grateful for all comments received.

MIGUEL POIARES MADURO

I cannot get into the details of this relationship between passion and reason in democratic constitutionalism in general. For the purposes of this lecture I will limit myself to state that one of my assumptions is that one of the main functions of constitutionalism is that of installing reason into a democracy. I will briefly highlight some examples of how it does it.

As said, I conceive constitutionalism as an instrument of rationalization of democracy. In my view, it shapes democratic reason in at least three ways. First, constitutionalism defines the scope of democratic participation and, in reality, one of its original purposes was that of broadening inclusion in democracy. Constitutionalism determines whose (and what) costs and benefits should be taken into account in democratic decisions. In other words, constitutionalism determines who must have a voice and his or her interests taken into account in democratic deliberation. It defines the jurisdiction for measuring democracy. Second, constitutionalism requires democracy to balance the scope of participation with the intensity of impacts of democratic decisions. Democracy is not simply about counting heads. It is also necessary to take into account the differentiated impact that different decisions may have on different people. Constitutionalism requires balancing the scope of participation (the degree of inclusion) in democratic decisions with the intensity of participation and the differentiated costs and benefits imposed by different decisions on different groups and people. Thirdly, constitutionalism is also an instrument of rationalization of democracy in that it helps to create the conditions for a free, informed and intersubjective democratic discourse.

As stated before, this is not, however, a lecture about the general relationship between democracy and constitutionalism. My purpose today is to highlight how the project of European integration is, to a large extent, a project of further rationalization of national democracies and both the benefits and risks that entails.

European integration was shaped by the Second World War and the conscience, brought by the later, of the risks involved in excessive national political passions. Gradually, a project of interdependence would also become an instrument of mutual inclusion. Associated to this emerged a new form of discipline on the politics of the states. This concern with the rationalization of national politics is part of the genetic code of European integration and has been embodied in the systemic identity of the European Union and its legal order. EU law is an instrument of further constitutionalization of national democracies and changes their rationality. It is shaping national democratic reason.

Let me identify three ways in which EU law exercises this function of rationalizing national democracies and, in doing so, can be seen as improving national democracies.

First, EU law redefines the scope of participation in national democracies so as to correct outbounded democratic externalities. Let me explain what I mean by this concept. National democracies often – and increasingly so, I would argue – take decisions that impact on interests outside their borders. There is, in these cases, an asymmetry between the scope of participation in certain national democratic decisions and the communities of those are that are affected by those national democratic decisions. The European Union can be understood as creating a political link between the different national political communities whereby they mutually bound themselves to open their democracies to the affected interests of each other citizens. In other words, European constitutionalism promotes the inclusion in national democratic decisions of the interests of all European citizens. In so doing, it helps correcting outbounded democratic externalities.

In other words, EU law forces national political processes to internalize, in their decision-making, affected out of state interests. This requires more than equal treatment under the national law. It requires equal consideration of those interests by national political processes. There are many examples. I will limit myself to give you one of the most traditional of all: the case law of European Court of Justice on the free movement of goods regarding national product requirements. Rules such as the German beer purity law or the Italian vinegar or pasta requirements reflected national traditions on the production and consumption of those goods. In all these cases the Court of Justice rejected that such national traditions could justify restricting the sale of goods from other Member States produced according to different standards. Member states can no longer regulate by simply looking at their domestic traditions of production and consumption. They must take into account different traditions and forms of production because their national regulations are now impacting in a broader European market and affect a larger scope of interests that EU law deems worthy of representation.

In the previous example what EU law does is to expand the scope of the interests to be taken into account in national democracy. But EU law also redefines the scope of national democracy in a rather different way: by extending its reach and authority. In the first case, EU law expands the scope of representation in national democracy. In the second case, it expands the scope the application of national democracies. It does so to correct inbounded democratic externalities. The other side of the growing democratic asymmetry that I mentioned before: in this case, national democracies see their policy choices being put into question by transnational processes that they can't control.

The most obvious examples are those were EU law helps correcting collective action problems or cross-border externalities between the Member States, such as those increasingly involved in tackling many of the most pressing environmental, immigration, financial, fiscal and criminal problems. But it is broader than this. It also regards the emergent transnational forms of power that evade the control of national democracies but impact on their policy choices. In several instances, EU law can be seen as reinstating the authority of national democracies over those transnational forms of power. Consider, for example, the role played by financial agencies rating national debts or the market power of big multinational companies and the extent to which, in some instances, States may depend more on them than they do depend on some States. But the example I want to give is, again taken from a classic area of EU law, and linked to one of the most popular of human activities: football... It involves what may well be the most popularly known case ever to be litigated before the European Court of Justice – the Bosman case. As you may remember, this was a case where European Court of Justice stated, among other things, that the imposition of transfer fees in the case of football players that had ended their contract with another football team amounted to a violation of the free movement of workers. Those rules were rules of national football associations that implemented rules of UEFA and FIFA. What is interesting to note is that many lawyers, in different Member States, had argued that such rules were incompatible with their domestic rules on the right to work and the freedom of contract. Yet all challenges under national law were destined to fail. UEFA and FIFA consistently refuse to be submitted to any state jurisdiction arguing that the autonomy of their sports legal regime excludes their rules from control under state laws. Moreover, whenever confronted with such possibility by a state legal order, they often threat that state with exclusion from international competitions. This explains why national challenges to UEFA and FIFA rules are rarely, if ever, successful: no legislator or judge wants to be responsible for the exclusion of his or her country and clubs from international competitions.... In the Bosman case, even if UEFA and FIFA tried to claim before the European Court of Justice that this issue was outside the jurisdiction of the court, not only did they accepted that jurisdiction but complied with the outcome. The reason is simple: UEFA and FIFA could not threaten the EU with exclusion of all its States and clubs from international competitions... How would European competitions or even the world cup look like without Germany, England, France, Italy, Spain, Portugal, the Netherlands and so on. The balance of power between the transnational associations of football and public authority shifted once the issue was moved to the European Union from the national level. In this instance, such moved reinstated the sovereignty of the States (albeit collectively), instead of eroding it. EU law allows the values of our national legal orders to be reinstated into transnational processes of power. It re-empowers national democracies and therefore corrects what I defined as inbounded democratic externalities.

In the previous two examples EU law reshapes national democratic reason by correcting two different types of democratic asymmetries. In the first, national democracy is the creator of democratic externalities. In the second, it is the victim of such democratic externalities. There is a third dimension of EU law's role in shaping national democratic reason. EU law also operates, in many instances, as an instrument of self discipline that states can be said to have imposed upon themselves. In this case, EU law improves national democracies even from a purely domestic perspective. Since national constitutions are not always fully successful in their project of rationalization of national democracy, external rules and processes may be necessary as an additional layer of constitutionalisation for the internal benefit of national democratic processes. In the same way that we often need external commitments in order to effectively pursue our own preferences (such as enrolling in gym classes in order to guarantee that we actually go to the gym...) so do States. EU law helps correcting democratic malfunctions that cannot be corrected with purely domestic instruments.

A first example, regards instances of capture of national political processes by concentrated interests. There is a well known area of EU law that can be seen as challenging and controlling risks of capture of the political process by concentrated interests. I am thinking of the state aids regime.

MIGUEL POIARES MADURO

As it is well known, the Treaty prohibits state aids, subject to several possible of exceptions to be assessed and authorized by the Commission. Such prohibition is often justified by the aim of preventing distortions of competition in the internal market between undertakings established in different Member States. But, in reality, the prohibition of state aids does not prevent all such distortions of competition and arguably not even the most serious of such distortions. Sometimes, the prohibition of State aids can even operate so as to prevent a distortion of competition from being corrected. Consider the following example. State A imposes on all its companies a 20% tax, while state B imposes a 15% tax. This does not amount to a state aid, under EU rules, since it is not a benefit granted to an undertaking or a particular economic sector but a general tax measure. However, if state A offers to give a tax rebate of 5% to a certain category of undertakings that constitutes a state aid. That is so even if, de facto, such tax rebate would actually serve to equalize the tax burdens of that group of undertakings of state A with those of state B. What explains this? The prima facie explanation is that the fact that states have different taxation rates cannot be considered a distortion of competition since it is a simple consequence of the different exercises by states of the tax powers retained by them. Different general taxation regimes between states affect competition but are not considered a distortion of competition (at least for the legal purposes of the state aids regime). But the important question is why should we then consider that there is a distortion of competition when the exercise of a state's tax power takes the form of a selective tax measure that actually put its companies in equal conditions of competition with those of another state? Why can a state use its financial resources to support its companies through general measures but not through selective ones? Why can it give a competitive advantage to all its companies but not to only some of them? Why is selectivity a key element for determining the existence of a state aid? In other words, why should a State be able to provide lower taxes in general or use its money, in many different ways, to provide general competitive advantages to its companies (such as better infrastructures, a more qualified workforce etc.) but not be authorized to provide selective state aids? In fact, it is the idea that states can and do provide a variety of advantages to companies established in their territories that has led the US Supreme Court to traditionally authorize state aids under the so call market participant doctrine (which has recently, however, come under challenge). States interfere with market competition in a large variety of ways, many of which by using state resources. Why to prohibit some of them?

The reason, in my view, is to be found in the fact that selective measures correspond to instances where the political process is much more susceptible to capture by concentrated interests. When the benefit of the state intervention is highly concentrated on a company or group of companies and the costs are dispersed among the rest of the people, the later have little interest and knowledge of the measure and its costs while the former have a strong incentive to act so as to obtain the benefit. Instead, that is not the case with general taxation and other measures of a general type. In these instances, both the costs and benefits of the measures tend to be disseminated allowing a higher degree of trust in the political process capacity to balance all affected interests.

The control that EU law imposes on state aids can, therefore, be seen as an instrument of external discipline self-imposed by the states to thwart instances of likely malfunction in their political processes that cannot be domestically prevented. EU law on state aids is in fact aiding the states.

Another example of self-discipline, and one that has been the subject of increased attention in recent months, is linked to the constraints imposed by EU law on national budget deficits and public debt. I am not going to discuss in here if the system currently enshrined in the Treaties and the stability and growth pact is effective and how it could be improved. My purpose is simply to highlight how budget deficits and high levels of public debt can correspond to instances of democratic malfunction in national political processes justifying an EU role. Instances where the pressing needs of today's electoral cycles may lead the political process to take short-term decisions without fully considering future consequences. Notably, the control exercised by EU law on national public debt and budget deficits can be seen, among other things, as correcting a problem of intergenerational democracy. The freedom to do things that the current members of the political community acquire by incurring on large budget deficits may limit the democratic freedom of deliberation for future generations. I say may, because, in effect, budget deficits may also bring benefits for future generations depending on how productively the money is employed. The democratic problem remains however: one generation decides for another (particularly, because we cannot give for certain that the current members of a political community will decide based on the interests of the future members of that political community instead of their own immediate needs). This can be presented as a democratic malfunction, a democratic externality in generational terms. Also, in this case, EU law can be presented as an instrument of external constitutional control on national democratic processes.

EU law exercises many other such forms of external constitutional discipline and reform over national democratic processes. It questions, for example, what we could refer to as national legislative path-dependences. It is not uncommon for national legislation to remain in place, even when the original reasons justifying its adoption no longer apply, because it has created a community of vested interests and a set of social practices resistant to change. When EU law, either by virtue of legal challenges to those rules or by virtue of a shift in the level of decision-making, requires a renewed justification for those policies it often reawakes national democratic deliberation on those issues. It requires national political processes to rationalize again those policies and, in so doing, it frequently makes clear that they are, in fact, no longer worthy of support. It has even happen for certain national policies to have been challenged under EU law and uphold by the Court but still lead to policy changes. The simple fact that they were challenged and the debate that promoted at national level led to a renewed democratic deliberation.

To conclude from all said so far: EU law reinforces, but also reshapes, national democratic reason. Having, however, presented a rather positive perspective of the role of EU law and European integration on democracy, you might wonder what explains the traditional claims of democratic deficit and the crisis of European constitutionalism that many see reflected in the failure of the Constitutional Treaty. To a certain extent, European constitutionalism has become a victim of its own success. The extent to which this project of reason has granted political and legal authority in the European Union is such that it has increasingly limited the space for politics at national level without offering an appropriate alternative at European level. It is increasingly perceived, no longer as a form of constitutional discipline or reason on the politics of national passions but as a form of politics without passion. Or, in the view of others, as the instrument of a particular passion; a structurally ideologically biased project.

I want to be clear. The problem is politics and not what is more often discussed under the label of the traditional democratic deficit. Both the classical account of the European Union democratic deficit, which has focused, for example, on the lower role of the European Parliament and the non sufficiently majoritarian character of the European Union, and the usual democratic defense of the European Union, which has focused on the many democratic inputs from which the European Union benefits (from national governments, and their supervision by national parliaments, to the European Parliament; from increased majoritarian decision-making to the technical quality of the deliberative process or output legitimacy) miss the point. The problem is not so much the institutional mechanisms for democratic input coming from the State and EU levels. The problem resides in the way in which the European Union affects the political space without having yet managed to reconfigurate that political space either at the national or the European level. There is an asymmetry between the political impact of the Union and the nature of its politics.

This tension, which is often expressed as a tension with national democracy, has increased with enlargement in two rather different ways. First, new member states tend to be among those who are more resistant to European Union intrusion. This is perhaps a natural consequence of being recent democracies, perceiving the Union has restricting their newly conquered space for self governance and democratic deliberation. At the same time, for older member states, the enlargement has changed the balance of power in the internal market regime of competition among legal orders. It has led to increased claims of challenges to their social and economic models. This explains why the democratic deficit rhetoric, which existed for several years but was to a large extent restricted to an elite alternative to the elite that it claimed led the process of European integration, has finally spilled over to the public opinion and is expressed in clearer opposition to some EU policies. It has conquered the public opinion because it is capable of being represented to this public opinion in terms of possible policy outcomes with which they disagree or that they fear.

Perhaps it are these different fears that, more than anything else, explain the failed ratifications of the Constitutional Treaty. It is difficult, if not impossible, to identify exactly what led to the failure of the Constitutional Treaty. Was is at challenge to the idea of a formal constitution? To the content of that specific constitutional treaty? Or was it a challenge to the constitutional developments already undertaken by the Union? Likely, it was the consequence of a coincidence of opposing wills. But if

MIGUEL POIARES MADURO

many possible variables explain the current constitutional crisis the consequences of enlargement appear clear in this context. Enlargement interacts with this constitutional crisis by creating a paradox. Enlargement increases the polity asymmetry of the Union because it increases its economic, social and political diversity. This reduces the empirical conditions supporting the process of integration (notably in terms of cohesion and mutual-trust). But, at the same time, enlargement requires enhanced integration so that the Union can continue to be effective in a context of an expanded number of Member States. This feeds some of the constitutional challenges faced by the Union but also presents an opportunity to redefine the European project so as to meet those challenges. I will highlight four of those challenges.

The first challenge arises from the increased tension between, on the one side, the policy impact of the European Union and the expectations that it creates in its citizens and, on the other side, its existing policies and politics. There are two ways in which this manifests itself. The first one is that citizens have expectations with regard to the Union that the Union cannot, in light of its current competences and means of action, fulfill. If one looks at the Eurobarometer surveys we discover, perhaps surprisingly perhaps not, that among the preferential goals and policies indicated by citizens as those from which they expect more from the Union are matters such as economic growth, social solidarity, promotion of peace and democracy in the world and fighting crime and unemployment. All areas in which the European Union either has no competences or only limited instruments to intervene. It is this disparity between what the Union can do and what citizens expect that leads them to develop an almost schizophrenic perspective of the European Union that always reminds me of an anecdote told at the end of Woody Allen's movie Annie Hall. There is this couple that goes out for diner in New York and spends the entire meal complaining of how bad the food is. "It is terrible, the worst food we ever had." "Yes, it is uneatable but, more importantly, the portions are so small..." When I hear some people talking about the European Union I'm often reminded of this anecdote.

The second way in which we can see this tension between the existing policies and politics of the European Union and its policy impact and the expectations that it generates has to do with the fact that the European Union is perceived by citizens as shaping the economic and social model of Europe without the corresponding policy instruments or political debate. This is a consequence, for example, of the well known gap between negative integration (economic integration through national markets deregulation: elimination of national measures restrictive of free movement) and positive integration (economic integration through Community wide re-regulation: adoption of harmonized legislative measures by the EU political process). The limits imposed by European integration on the pursuit of traditional functions of governance at the national level are not compensated by the potential for EU intervention to perform those functions. The Union does not yet as capacity to perform those functions of governance but neither does it has the political discourse that could support the emergence of those functions. The consequence is that the process of European integration is seen not simply as challenging the capacity of States to perform those functions of governance but, more broadly, has challenging those functions of governance themselves. For some, the process of European integration challenges the conception of the welfare state that has been at the core of our national political communities. Others, notably Jurgen Habermas, perceive that challenge as resulting from broader global processes and, instead, conceive the European Union as an opportunity to respond to that challenge and protect the values of the welfare state required for the subsistence of political communities and civic solidarity. In this case what would be required is a promotion of a political discourse at the European Union on those issues and, furthermore, a broader discussion on the nature of the European Union social contract, clarifying the forms of civic solidarity on which the European polity ought to be based.

In order for the European Union to answer this first challenge it needs to redefine its policies and upgrade its politics. I have been arguing for some time now that this, less than institutional reform per se, should be the priority in the Union constitutional debates.

The second challenge comes from the increased majoritarian character of the European Union, both with regard to the expansion of majority voting and with regard to the expansion of proportional representation to the population. Using Hirschman categories of exit and voice, Joseph Weiler has famously described how States accepted the supremacy involved in the supranational character of EU law in exchange for a high degree of relative power in the decision making process. It was a system of allegiance based on voice. The increased majoritarian character of the Union decreases the relative voice of States (or, at least, some

MIGUEL POIARES MADURO

States). As Hirschman had noticed, albeit in a different context, when exit is no longer possible and voice is low what assures allegiance to a particular system is loyalty. This is the case with traditional national political communities where citizens feel bound even by decisions of the majority with which they don't agree. One of the first priorities of the current constitutional reform should therefore be that of establishing the conditions for political loyalty of the all European citizens towards the majoritarian decisions of the Union. This requires, first of all, a majoritarian system that is, at the same time, capable of guaranteeing the protection of minorities and, above all, the prevention of permanent and insulated minorities (*net loosers*). This requires mobility between majority and minorities (that those one day in the minority may be part of the majority in the other) and a deliberative system that tends to disseminate voting power and prevent the aggregation of individuals in rigid majorities or the creation pivotal players. This limits, at the same time, zero-sum decisions (since those which compose a majority know that they can, in the next deliberation, be part of the minority and have, therefore, an incentive to internalize some of the interests of the loosing minority).

Furthermore, political loyalty also requires instruments of civic solidarity, to be promoted by some forms of redistribution and clearer criteria of distributive justice (to be conceived on the basis European citizenship more than along national lines). This must be linked, in turn, to a reform of the Union own resources so as to link those resources to the wealth generated by the Union and no longer to State transfers to the Union. Again, I have been arguing for a long time that, more than institutional reform, this may be the most important discussion the Union needs to have. It does not necessarily needs to be linked to a larger budget but to a different way of funding it and making use of it. Therein, more than in the institutional reforms undertaken in the Constitutional and Lisbon Treaties, resides the real opportunity to improve the role and legitimacy of the Union in its relationship with its citizens.

The third challenge hast to do with what I call the tension between normative constitutionalism and political intergovernmentalism in the European Union. Law in the European Union is constitutional. It is now commonly accepted that the European Union has as its foundation a constitutional system of law. It is ruled by constitutional rules and principles. But politics remains intergovernmental. Policy decisions continue to be, in spite of the enhanced role of the European Parliament, a product of intergovernmental bargaining. More importantly, they continue to be often framed in intergovernmental terms. National governments aggregate the preferences of their citizens and EU policies strike a balance between those aggregated preferences. But EU rules are then applied as such to EU citizens. This is in tension with many aspects of constitutionalism. First of all, it interferes with the mechanisms for political accountability of both national governments and the European Union. National governments sometimes simply transfer unpopular decisions from the national to the European level as a way of transferring the political costs for those decisions.

More importantly, it raises deep questions as to the extent of constitutionalism in the European Union. When States negotiate national quotas for certain products, often trading the interests of some of their producers for the interests of others (as in any international negotiation), can the producers from a particular state claim that they are being discriminated against because they are less well treated than those in another Member State? We have several other examples of this tension outside national quotas regimes too. Think of the famous litigation by German importers on the banana CAP regime or a case, where I was Advocate General, involving subsidies for sugar production based on a notion of deficit production areas that had been negotiated in such a way as to, de facto, exclude Italian producers without a reasonable justification. In all these cases, EU institutions have claimed the necessity to concede a broad margin of appreciation to the EU legislator precisely because of the nature of its process of deliberation that often, as common in intergovernmental negotiations, involves trade-offs between States. In reality, we are asked to derogate from the true standards of constitutionalism in order to respect the intergovernmental nature of EU decision-making. Whether or not cases such as those I mention involve discrimination is a question that requires a broader answer on the character of European constitutionalism. The extent, for example, one ought to defer to a unanimous decision of the Member States in the Council balancing the different national interests but challenged by a particular individual depends on whether we conceive the legitimacy of the deliberative process in that case as ultimately intergovernmental (in which case it is for each State to balance the interests of all its nationals and a unanimous decision has a particularly legitimating force) or constitutional (in which case the direct political link between the Union and its citizens takes precedence over that of the State and what

MIGUEL POIARES MADURO

counts is how the decision impacts on European citizens independently of the agreement of their respective States even if the measure appropriately balances all national interests).

The adoption of constitutionalism as the form of power for the European Union would entail a clear preference for constitutionalism as the appropriate hermeneutic framework for addressing the legal and political conflicts of the Union. But this would require a profound change of the character of its policies. They might still be the product of intergovernmental decision-making but they would need to be framed in truly genuine general and abstract terms, taking the European citizen as their point of reference. They should not balance between national interests but between European citizens interests.

The fourth and concluding challenge that I want to address is that of the borders of the European Union. Enlargement is the best example of the philosophy of inclusion that defines, to a great extent, the process of European integration. But the paradox is that over-inclusion may also become a threat to the process of integration.

St. Tomas of Aquinas once said that if all are my friends then no one is my friend. Having friends entails differentiating. A successful political community is also found on preferring our own. It requires, on one hand, the internal identity that is linked to an epistemic community among the citizens. A political space, an Agora. But it also requires external identity: a certain degree of closure so as to guarantee the stability and differentiation of that epistemic community. Let me make something clear however. I do not think that differentiation and closure should be a function of either cultural or religious borders. But I do think that the Union needs to define what is the degree of closure necessary for the success of its project (or projects) of integration. It needs to determine the empirical bases necessary to support its different economic and political ambitions. This does not imply a preference for or against current candidates to accession. On the contrary, it requires that whatever choices need to be made must depart from such an analysis, be them on the accession candidate countries, the institutional and policy changes necessary to cope with accession or the different possible levels of integration.

The current challenges faced by the Union put it, as Dante, in an existential crisis. It has to either readjust its policies or the expectations it creates. It must depart by redefining its policies and politics so guarantee the conditions for proper political accountability at national and European level and create the conditions for substantive communication with its citizens. Such policies and politics must also be capable of promoting an epistemic community among European citizens. Only this will feed some passion into the reason of European integration.

Thank you very much.

25 ANOS DE INTEGRAÇÃO EUROPEIA
BREVES REFLEXÕES

NATÁLIA LEITE

Numa altura em que o projecto europeu está em risco, a iniciativa lançada pelo Senhor Professor Doutor Eduardo Paz Ferreira tem o mérito de, além de comemorar os 25 anos de adesão de Portugal às Comunidades Europeias, apresentar testemunhos de personalidades provenientes de diferentes áreas de actividade, partilhando assim a sua visão da União Europeia e de Portugal, os seus receios e esperanças sobre o futuro. O texto que se apresenta visa apenas partilhar algumas reflexões pessoais sobre um projecto de integração regional muito ambicioso.

Parece-me importante, numa altura em que surgem novamente um aumento dos egoísmos nacionais e dos ressentimentos, relembrar que o projecto de integração europeia nasce, depois de duas guerras mundiais sangrentas que deixaram a Europa em ruína, como a solução para manter a paz no continente europeu e garantir o crescimento económico sustentado e o bem-estar das populações[1]. Evitar novos conflitos entre Estados europeus

---

[1] Cfr. Declaração Schuman: «La paix mondiale ne saurait être sauvegardée sans des efforts créateurs à la mesure des dangers qui la menacent. La contribution qu'une Europe organisée et vivante peut apporter à la civilisation est indispensable au maintien des relations pacifiques.
En se faisant depuis plus de vingt ans le champion d'une Europe unie, la France a toujours eu pour objet essentiel de servir la paix. L'Europe n'a pas été faite, nous avons eu la guerre...

era e continua vital para a sobrevivência e posição da Europa no mundo. É, claro, que essa hipótese parece-nos muito remota atendendo ao facto de vivermos num mundo globalizado, interligado, e tendo em conta os laços que unem os cidadãos dos Estados membros, cuja mobilidade tem vindo a crescer, através de projectos de cooperação, intercâmbios, e também laços pessoais.

Um dos aspectos mais relevantes e significativos do projecto europeu é sem dúvida a construção do mercado único, e mais concretamente a livre circulação de pessoas. Quem nasceu no fim da década de 80 só conhece uma União Europeia sem fronteiras físicas, onde é possível estudar, trabalhar ou apenas viver noutro Estado membro, sem os formalismos de antigamente, beneficiando de um conjunto de direitos em todos os Estados membros. Quem ainda se lembra de ter pedido uma autorização de residência, necessária para estadias de mais de 3 meses?

Os pais fundadores, em especial Jean Monnet, sabiam perfeitamente que o processo de integração europeia iniciado com o Tratado CECA só seria viável e bem sucedido se pudesse contar com o apoio dos cidadãos europeus. Assim nasce a "política de informação"[2], que visa explicar às populações o funcionamento das instituições, os desafios da integração europeia e prepará-las para as opções políticas e económicas tomadas. Essa política apoiava-se, inicialmente, em larga medida nos meios universitários, através de programas de intercâmbio, de cooperação entre académicos e investigadores e de apoios financeiros a projectos de investigação e docência. Hoje, essa política abarca também projectos mais amplos, visando incentivar uma cidadania mais activa com programa específicos para os jovens, para o intervenientes no sector da cultura e dos *media*, sempre com o objectivo de desenvolver e promover uma cidadania europeia activa[3].

Esses programas contribuíram para a construção de uma identidade europeia? Permitiram, sem dúvida, a meu ver, aproximar os cidadãos do

Le rassemblement des nations européennes exige que l'opposition séculaire de la France et de l'Allemagne soit éliminée : l'action entreprise doit toucher au premier chef la France et l'Allemagne.»

[2] A primeira referência à política de informação da Alta Autoridade surge num relatório geral da Alta Autoridade de 13 de Abril de 1957. Cfr. LASTENOUSE, Jacqueline, "Les milieux universitaires: Des partenaires privilégiés de la politique d'information de la Commission Européenne», *in Estudos em Homenagem ao Professor Doutor Paulo de Pitta e Cunha*, Almedina, 2010, pp. 261 e seguintes.

[3] Programas "Juventude em Acção", "Cultura", "Cidadania", "Media", "Aprendizagem ao Longo da Vida".

projeto de integração europeia e construir uma cultura europeia com a troca de ideias, cooperação, intercâmbio e criação de redes. A mobilidade e o conjunto de direitos de que beneficiam os cidadãos europeus, aliados aos progressos tecnológicos destes últimos 25 anos e ao dinamismo das redes sociais, conduziram a uma maior interacção entre nacionais de diferentes Estados membros, contribuindo para a formação do "ser europeu", do "cidadão da UE". A partilha de valores e símbolos comuns, além de ser artificial, não era suficiente para construir a identidade europeia, que tem sempre de coexistir com a identidade nacional. Era necessário divulgar o processo de integração europeu, criar solidariedades de facto, projectos e redes de trabalho, de investigação, laços sólidos de cooperação e de interdependência mútua entre entidades ou pessoas de diferentes Estados membros. Só assim garantiremos o futuro da União Europeia, com "uma união cada vez mais estreita entre os povos da Europa"[4].

Hoje, com as graves dificuldades económicas e financeiras, que tanto penalizam a população e conduzem ao aumento do desemprego, e as respostas insuficientes e tardias do Conselho e da Comissão, os objectivos definidos na Estratégia de Lisboa, na revisão da Estratégia de Lisboa e mais recentemente na estratégia Europa 2020, de "crescimento sustentável, inteligente e inclusivo"[5] parecem cada vez mais longe de ser atingidos. As decisões dos governos, nomeadamente em Portugal, põem em risco a meu ver toda esta estratégia de crescimento, tão obcecados que estão pela redução do défice e o controlo das contas públicas. Compreende-se que essas são medidas necessárias e urgentes e que os comportamentos (endividamento, poupança reduzida...) têm de ser alterados. No entanto, a médio e longo prazo, continua de ser necessário fomentar o crescimento económico, criando mais e melhor emprego. Caso contrário, o retrocesso em termos sociais será muito pesado, podendo levar ao agravamento dos conflitos sociais.

No curto prazo, a única via para sobreviver à crise passa por criar soluções individuais, i.e. passa por procurar noutros Estados membros, e fora da UE, emprego e melhores condições de vida. Basicamente passa por uma maior mobilidade dos trabalhadores, que já existe mas irá aumentar nos próximos anos, e por uma maior aposta das empresas na internacionalização. Trata-se de aproveitar melhor os recursos do mercado único.

---

[4] Art. 1º do Tratado de Maastricht.
[5] Cfr. http://ec.europa.eu/europe2020/index_pt.htm .

Nessa perspectiva, os actuais programas comunitários de intercâmbio de estudantes, de investigação, de formação profissional são instrumentos fundamentais para optimizar as capacidades de quem opta por emigrar[6]. As regras actuais sobre reconhecimento de qualificações académicas[7] e o processo de Bolonha irão certamente facilitar a mobilidade dos cidadãos europeus. No entanto, ainda subsistem muitos obstáculos para quem decide emigrar, pois a elaboração e execução das políticas sociais continua a ser da competência dos Estados membros. Será necessário pensar o modelo social europeu, no sentido de uma melhor coordenação e definição dessa política social europeia.

O projecto de integração europeia já enfrentou diversas dificuldades ao longo dos seus mais de 50 anos e continuou a desenvolver-se. Vale a pena perder algum tempo e revisitar as declarações e as opiniões expressas pelos pais fundadores, pois permanecem muito actuais. Continuo a acreditar no sonho europeu e estou certa que esta crise é uma grande oportunidade para procedermos a algumas alterações na forma como as decisões são hoje tomadas a nível da UE – cada vez mais nas mãos dos governos – e restabelecer o papel central desempenhado pela Comissão Europeia no equilíbrio institucional. Considerando a quantidade de redes profissionais, associações europeias e outras formas de cooperação existentes na UE entre pessoas colectivas e singulares, verificamos que é cada vez mais intensa a troca entre nacionais de Estados membros e o quanto nos habituamos a viver no espaço sem fronteiras que é a UE. O papel activo dos cidadãos europeus será sem dúvida determinante para o sucesso ou fracasso do projecto europeu nos próximos anos.

31 de Outubro de 2011

---

[6] Para citar alguns: o programa de aprendizagem ao longo da vida – em particular, o programa Erasmus, intercâmbio de docentes e investigadores, o programa Jean Monnet para académicos e investigadores, o programa Erasmus training network que permite aos estudantes do ensino superior efectuar um estágio curricular ou extra-curricular numa empresa ou universidade de outro país participante no programa –; as "Parcerias do Conhecimento" entre instituições do ensino superior e o mundo empresarial, que visam modernizarem as instituições de ensino superior e construir o espaço europeu de ensino superior; os programas que visam a criação de um espaço europeu de justiça como o programa "Direitos fundamentais e cidadania", "Justiça Civil", "Justiça criminal", entre outros. Sem esquecer outros projectos e redes, com ou sem apoio da UE, que vão surgindo espontaneamente, fruto da cooperação e trocas de informação entre especialistas europeus e outros profissionais.

[7] Directiva 2005/36/CE do Parlamento europeu e do Conselho de 7 de Setembro de 2005 sobre o reconhecimento das qualificações profissionais.

PORTUGAL E A UNIÃO EUROPEIA 25 ANOS DEPOIS

NUNO AMADO

Duas décadas e meia volvidas sobre a adesão de Portugal à então Comunidade Económica Europeia, pode dizer-se, sem sombra de dúvida, que o país está claramente diferente, mais moderno, mais desenvolvido, mais integrado na economia europeia.

Ainda que a actual fase de crise tenha como consequência que a análise se centre muito na conjuntura e nos custos da crise, uma análise plena e profunda só pode concluir que os benefícios foram bastante significativos e claramente ultrapassam os custos, incluindo os custos de participação na União Económica e Monetária.

Acresce que os Portugueses se sentem verdadeiramente europeus, pelo que são também muito relevantes os méritos intangíveis da adesão à C.E., quer porque permitem reforçar o orgulho de pertença à região do Mundo que é a base do Humanismo e dos valores essenciais das democracias ocidentais, quer pelos sucessos alcançados em iniciativas como o programa Erasmus, quer pelas imensas oportunidades criadas pela livre circulação de capitais, de pessoas, de bens, e do factor trabalho.

Os benefícios da plena integração no Espaço Europeu
Quando Portugal aderiu à então CEE, hoje União Europeia, em 1986, era um país que acabava de concluir um programa de ajustamento negociado com o FMI (o segundo no período pós-25 de Abril). Começava então a corrigir alguns dos excessos revolucionários, com a modernização da eco-

nomia e do tecido produtivo. Mas as debilidades em infra-estruturas eram ainda bastante significativas, a todos os níveis (rodoviárias, telecomunicações, rede eléctrica, até mesmo a rede educativa, por exemplo).

A adesão à CEE permitiu aceder de imediato aos fundos estruturais, incluindo o Fundo de Coesão, e ampliou o ritmo de modernização do país. A rede rodoviária desenvolveu-se e facilitou o acesso a todo o país. Foi já na década de 1990 que foram concluídas as ligações de Lisboa ao Porto (em 1991) e ao Algarve (em 2002), facilitando o transporte de mercadorias e, por exemplo, permitindo o desenvolvimento do "pólo industrial" de Aveiro-Viseu.

Mas há benefícios indirectos. O maior crescimento económico, redução do desemprego e acréscimo do rendimento disponível das famílias permitiu uma mudança estrutural no comércio a retalho, com o desenvolvimento de grandes superfícies, que contribuíram para aumentar a eficiência do sector.

O sector financeiro também beneficiou, embora de forma mais perceptível a partir de 1990, quando se alterou o regime de política monetária, para o controlo indirecto do crédito. No entanto, a pertença a um espaço concorrencial, onde a liberalização económica começava a ganhar dimensão, deu um impulso adicional ao processo de privatização do sector bancário, que se iniciou precisamente com a venda da primeira tranche do Banco Totta & Açores, em 1989. Em 1985, tinha iniciado actividade o Banco Comercial Português, de capitais totalmente privados. Todo o sector bancário, com excepção do grupo Caixa Geral de Depósitos, foi privatizado.

O processo de ajustamento que o sector financeiro atravessou nestas duas décadas permitiu uma importante consolidação, com o surgimento de cinco grandes grupos bancários (quatro privados e um público, e que representam cerca de 80% dos activos do sistema), e cuja solidez não pode deixar de ser relevada, já que lhe permitiu atravessar sem muitos dos percalços verificados em outros sistemas bancários associados à crise económica e financeira de 2008-09 e, mais recentemente, à crise da dívida soberana. Esta nova fase da crise implicou mesmo que desde meados de 2010 o sector financeiro perdesse o acesso aos mercados financeiros internacionais.

A participação de Portugal na zona euro trouxe, neste aspecto, benefícios para o sector financeiro, mas também os trouxe pela segurança e credibilidade que a moeda única assegurou desde a sua criação, em 1999, na medida em que facilitou o acesso do sector financeiro aos mercados financeiros internacionais, através de linhas crédito mais alargadas, mas em especial pelos custos de financiamento mais baixos dos que seriam verificados caso Portugal mantivesse a sua independência na condução da política monetária.

Ainda que hoje se discuta o elevado endividamento da economia, não pode deixar de se referir o acesso mais facilitado ao crédito que tiveram as empresas, em especial as PME que constituem o grosso do nosso tecido produtivo, o que lhes permitiu também investir e reestruturar e melhorar a sua posição competitiva, e estar presentemente a beneficiar da recuperação da procura externa dirigida à economia portuguesa. Com efeito, desde 2010 que a procura externa tem sido o motor da economia.

Caso Portugal não participasse na UEM, durante o pico da crise financeira de 2008-09, o sistema financeiro nacional ter-se-ia provavelmente deparado com problemas de liquidez acrescidos, na medida em que não teria tido acesso às facilidades de financiamento propiciadas pelo Banco Central Europeu. A menor capacidade dos bancos nacionais em se financiar teria já resultado num corte agressivo do crédito, para ajustar a menor liquidez.

De igual modo, num cenário de não participação no euro, o ajustamento do desequilíbrio externo teria também ocorrido mais cedo e de forma abrupta, através de uma desvalorização cambial. Esse ajustamento seria doloroso, porque traria uma redução pronunciada, em termos reais, dos rendimentos, e os seus efeitos apenas aparentemente seriam benéficos para a economia. Por um lado, a desvalorização cambial substituiria a necessidade de as empresas reestruturarem de forma profunda e duradoura, com uma evolução na cadeia de valor, ao melhorar temporariamente a competitividade preço. Por outro lado, a reacção do banco central à desvalorização de uma subida da taxa de juro de referência, o que afectaria de forma adversa toda a economia, acentuando o cenário recessivo.

Estes factos explicam também porque faz todo o sentido assegurar que Portugal deve continuar a participar na UEM. A saída e subsequente desvalorização cambial resultaria numa perturbação profunda do sistema financeiro nacional, que perderia a capacidade de continuar a apoiar o tecido produtivo nacional. Poderia haver uma fuga de capitais e destruir a base de depósitos do sector bancário, a qual se tem mesmo ampliado neste primeiro semestre de apoio externo no âmbito do Programa de Assistência Económica e Financeira.

A redenominação de créditos traria, possivelmente, problemas adicionais, pois o seu contravalor na nova moeda nacional seria muito maior, reduzido a capacidade de cumprimento dos créditos pelas famílias, o que, a sua vez, afectaria o sistema financeiro.

Mas há um risco adicional e que se prende com a possibilidade de Portugal (ou outro país que pretendesse abandonar a moeda única) ter também que abandonar a União Europeia. De imediato, Portugal perderia o acesso privilegiado que tem ao seu principal mercado de exportação, através da imposição de tarifas às exportações nacionais (e que mais do que poderiam anular o efeito da desvalorização cambial). O tecido produtivo seria ainda mais afectado, dada a incapacidade, a curto prazo, de substituir os mercados europeus por novos mercados de exportação. O emprego seria também afectado, com repercussões adicionais sobre a actividade.

Este cenário adverso não é exclusivo a Portugal. A abertura da possibilidade de um país sair da UEM coloca, por sua vez, a possibilidade de fragmentação da zona euro, já que a actual incerteza e crise associada se estenderiam a outros países.

É por este motivo que o euro, enquanto projecto político de integração europeia, deve ser defendido com medidas estruturais, que assegurem a sustentabilidade da união monetária. Isso passa por um reforço da integração económica dos países participantes, com a criação de mecanismos de transferência de rendimentos de cariz federal, por exemplo, com a criação de um verdadeiro orçamento comunitário.

Os desafios da pertença ao Espaço Europeu

A participação do projecto de integração europeia, consubstanciado na União Europeia e na União Económica e Monetária, coloca permanentemente desafios, ao país, aos agentes económicos, aos cidadãos.

No curto prazo, esses desafios passam pela correcção do desequilíbrio orçamental, enquanto mecanismo de recuperação da confiança, quer junto dos investidores, mas especialmente junto dos parceiros europeus que nos auxiliam nesta fase mais complexa que o país atravessa.

A médio e longo prazo, passam pelo esforço contínuo de promoção da inovação e do reforço da competitividade, enquanto contributos para o posicionamento da União Europeia enquanto segundo maior espaço económico e principal espaço comercial do mundo.

Ou seja, enquanto empresas e enquanto cidadãos, teremos sempre de melhorar processos, encontrar formas mais eficientes de fazer, pois só desse modo se pode assegurar que as empresas – e o país – continuam competitivos e podem beneficiar do dinamismo do comércio mundial, o que, simultaneamente, assegura um crescimento sustentado dos níveis de riqueza produzidos. A prazo, reduz-se o desequilíbrio externo da economia, bem como o desemprego, o que, por sua vez, acresce ao potencial de crescimento da economia portuguesa.

Os desafios colocam-se também ao sector financeiro. Deve – como tem feito até aqui – gerir de forma eficiente a sua base de capital e as suas fontes de liquidez, para assegurar que pode continuar a financiar o sector produtivo e as empresas mais inovadoras. O Programa de Ajustamento Económico e Financeiro exige já regras de capital e financiamento acrescidas, a que se juntam as novas regras definidas na Cimeira do Euro de 26 de Outubro.

O cumprimento estrito das metas definidas, de forma gradual, permitirá ao sector desalavancar como necessário, mas nas áreas onde não afectará o potencial de crescimento no futuro próximo. Isso implica que serão os segmentos de particulares (em especial consumo, mas também hipotecas) e de entidades do sector público, aquelas onde o ajustamento será mais pronunciado. Dentro do segmento de empresas não financeiras, acredito que se irá manter o volume de crédito concedido aos sectores de bens transaccionáveis.

RESTAURAR O IDEAL EUROPEU

NUNO SAMPAYO RIBEIRO

"Realizar é Superar"
Nietzsche

1. A construção institucional ao serviço do Ideal Europeu, *rectius* projeto europeu vem sendo animada por um espírito europeu que se alicerça numa consciência comum, numa ampla comunhão de aspirações e propósitos entre os povos dos Estados-Membros, e ainda noutros alicerces. Nesta construção a União Económica e Monetária ('U.E.M.') foi um passo natural e lógico no sentido da desejável ampliação dos benefícios do Mercado Único e da afirmação do voluntarismo e perenidade do projeto europeu, incluindo na promoção da coesão económica, social e territorial e a solidariedade entre os Estados Membros – propósito, relembre-se, recentemente reafirmado no Tratado de Lisboa. Porém, os números mais recentes referentes ao "EU regional GDP per habitant", indiscutivelmente condensam a ideia de acordo com a qual o centro é mais centro e a periferia mais periferia. Assim, confirmando também que na criação da U.E.M. houve falta de largueza de vistas, em face dos objetivos pretendidos, em especial no apurar de um equilíbrio sustentável entre solidariedade e concorrência. Acresce que se tem persistido no erro de ignorar que a arquitetura da união monetária tornou mais importante a localização geográfica central para mercados e empresas competitivas, assim originando uma dinâmica económica desequilibrada em favor dos Estados de grande dimensão, com localização geográfica central, solidez orçamental e exportadores de capital e tecnologia, a qual se intensificou com o caso das dívidas soberanas.

2. Deve ainda ter-se presente que os notórios perigos que vêm colocando ameaças ao sistema financeiro internacional, desencadearam, um significativo reforço da intervenção e influência do Estado no funcionamento desse sistema, em particular no setor bancário. Esta intervenção vem sendo orientada pelos valores da segurança e da previsibilidade com o sentido de proteger a estabilidade dos mercados, impedir o efeito de contágio de crises e ainda outros objetivos. O que, em conjunto com outros fatores, implicará uma trajetória de secundarização da inovação financeira como fator de rentabilidade do setor bancário (como um todo), a médio e longo prazo. Tendencialmente, tal secundarização, em conjugação com a dinâmica económica a que fiz referência, favorece, a meu ver, uma dinâmica de canalização de poupança e de outras operações para os centros financeiros ligados a economias mais poderosas. O que inevitavelmente penaliza as economias periféricas e cria sobre as empresas (nelas localizadas) expostas a maior concorrência internacional uma intensa pressão de deslocalização em direção a esses centros financeiros internacionais. No intuito de aí serem obtidas vantagens competitivas através de um planeamento mais eficiente, incluindo fiscal, por exemplo na contratação de instrumentos financeiros para cobrir o risco com flutuações das taxas de juro de um empréstimo ou para fixar a taxa de câmbio de uma operação.

3. Neste contexto a capacidade dos Estados-Membros, ditos 'periféricos', de cumprirem de forma sustentável as obrigações inerentes ao Pacto de Estabilidade e Crescimento e de honrarem as dívidas soberanas, num clima de concórdia social, recomenda em absoluto a procura de um melhor compromisso com o objetivo da coesão económica e social, o que passa, necessariamente, por uma conciliação mais abrangente dos interesses dos Estados centrais, com alto nível de rendimento *per capita*, com os dos Estados-Membros com baixo nível de rendimento *per capita* e assimetrias regionais socialmente inaceitáveis.

4. A Cimeira do Euro de 27.10.2011 abriu, a meu ver, uma rota de resolução duradoura do problema existente, sobressaindo, ao lado de outros aspetos positivos, a articulação com o propósito de reforçar o pilar económico da U.E.M., a ser materializado a partir do *Euro Plus Pact,* no sentido de dinamizar a competitividade e assim alcançar uma maior convergência nas políticas de crescimento e emprego. É um passo positivo, mas que necessita absolutamente de ser implementado e reforçado por outros numa linha evolutiva centrada na inquestionável afirmação do euro como moeda alicerçada numa base económica harmoniosa, sem o que os mercados não darão descanso, nem a UE consolidará um papel-chave nas relações comerciais à escala global. No entanto, a concretização destes objetivos ficará comprometida se não houver um equilíbrio sustentável entre solidariedade e concorrência o que como já referi exige um efetivo reforço dos mecanismos anti-choques assimétricos, em particular da política regional. Será pois um caminho a ser percorrido por pequenos passos, contra grandes dificuldades, e que só uma ação esclarecida e norteada pelo Ideal Europeu, poderá, num ambiente mais desanuviado, viabilizar.

5. Certo é que a memória sobre a tolerância institucional ao desrespeito pela Alemanha e pela França das obrigações impostas pelo Pacto de Estabilidade e Crescimento, ligada ao muito tardio reconhecimento da real gravidade da atual situação do euro, projetam legitimas dúvidas sobre o primado do direito na vivência do novel regime denominado "governance structure of the euro zone" o que de par com outras razões a que por economia de exposição não me referirei, consente uma justificada desconfiança sobre o euro, bem como a difusão de um denso pessimismo sobre o seu futuro ou o da U.E. Não deve contudo esquecer-se que a situação atual libertou uma espontânea atenção das opiniões públicas em torno da importância da U.E., uma dinâmica de conjunto e proximidade do processo institucional de estar em relação na U.E., que são, a meu ver, fatores de bonança, seja porque entreabrem perspetivas animadoras para o futuro do euro e do processo europeu, seja porque estão já na origem de progressos importantes que muitos julgariam improváveis e que não terão ainda alcançado a devida atenção, como são os avanços ocorridos em 2010 nos domínios da integridade, estabilidade e transparência dos mercados financeiros ou na luta contra a evasão fiscal, o branqueamento de capitais e a corrupção. Penso que os fatores de bonança que referi perdurarão, em especial a dinâmica de conjunto e a proximidade do processo institucional de estar em relação, e que logo que ultrapassados os azedumes e ressentimentos que inevitavelmente a atual situação deixará, poderão facilitar uma mais rápida e efetiva ligação do processo europeu à vida das pessoas da qual há muito se distanciou e da qual depende para continuar a evoluir. Importa contudo acautelar que estes fatores de bonança não sejam desvirtuados por uma ação em prol de formas de integração que a realidade europeia não consente ou por uma ausência de efetiva entreajuda, o que a acontecer poderá ferir irremediavelmente o Ideal Europeu.

6. Porém, o modo como hoje as coisas vem acontecendo na União Europeia, em Portugal e noutros países, recomenda uma prática oposta à atualmente vigente em que as instituições estão excessivamente ligadas a uma lógica de se justificarem a si próprias em vez de ligadas ao dever de pugnar pela realidade que justificou a sua criação ou razão de existir. Esta lógica vem conduzindo a excessos que só a falta de integridade consente, e que culmina em posturas salomónicas ou em privilégios, incluindo remuneratórios – tantas vezes inenarráveis ignomínias éticas por comparação à situação de vida do cidadão comum –, que paulatinamente vem cavando um fosso entre instituições e sociedade e lançando os sistemas fiscais para níveis de pressão fiscal imprudentes, que penalizam o trabalho e desencorajam a exposição ao risco empresarial e à criação de emprego na U.E. Na vivência do dia-a-dia verifica-se que a liberdade individual de ser, propor e iniciar está crescentemente limitada por uma crescente homogeneização e reprimida por subtis formas, não sendo pois de estranhar que a estreiteza da diferença consentida se auto-revele, tantas vezes, num oco unanimismo em torno das questões europeias, em que a falta de participação e entusiasmo com o projeto europeu tem também que ver com a descaracterização da crítica ou propostas alternativas às dimanadas pela linha oficial da U.E., em euroceticismo, anti-europeísmo, *etc.*. Neste ambiente que nos sinaliza em simultâneo o grau de democracia nela vigente, não é de estranhar que a trajetória dos últimos anos, venha afirmando um inegável esmorecimento do Ideal Europeu ou avivando diferenças entre Estados Membros que relembram episódios superados como por exemplo os vetos opostos pela França à entrada do Reino Unido no Mercado Comum ou outros casos. Diferenças como é sabido originadas também por tensões identitárias, porventura insuperáveis, mas que têm o mérito de conferir ao Ideal Europeu renovada atualidade dada a sua comprovada vocação natural para as harmonizar.

7. No que à realidade nacional diz respeito, é sabido que Portugal iniciou há vários anos uma trajetória de divergência real em face da U.E., que é visível por exemplo num empobrecimento progressivo, num elevado nível de desemprego, nas taxas de natalidade das mais baixas da U.E., e num inaceitável aprofundamento das desigualdades sociais. Já tive ocasião de mencionar que a meu ver a U.E.M. nasceu desequilibrada, mas penso que é na falta de lideranças públicas e privadas nacionais, de par com a resistência da sociedade portuguesa às reformas, aos ajustamentos e às formas de organização exigidas pela era da economia global e do euro que reside a causa principal para explicar esta infeliz trajetória, que culminou no pedido de auxílio internacional efetuado por Portugal em 6.04.2011, e que exige nesta hora de todos nós determinada mobilização para a superar. Perante este muito exigente cenário, a U.E. e o euro, são a meu ver uma fonte de energia e de referência estável para mobilizar vontades, esforços e formar consensos duradouros e realistas em face dos desafios e exigências colocados à sociedade portuguesa, em especial o imperioso fortalecimento e competitividade internacional da estrutura produtiva nacional. Assim, como são um contraponto fulcral à ancestral relutância nacional à mudança ou ao nefasto predomínio nas estruturas dirigentes de nepotismo, de mentalidades arcaicas e fixistas e do abuso da solenidade. Através de uma U.E. revigorada no seu Ideal Europeu, Portugal poderá aspirar a benefícios na era da economia global e do euro que de outro modo não seriam equacionáveis. Sendo decisivo, insisto *ad nauseam,* que a evolução da U.E. vá ao encontro da necessidade de serem repensados e fortalecidos os mecanismos de amortecimento dos choques assimétricos. Sem o que será muito doloroso revigorar o aparelho produtivo nacional e a criação de riqueza a partir de posições geográficas periféricas ou ultraperiféricas, como é o caso de Portugal e das Regiões Autónomas dos Açores e da Madeira. Igualmente é decisivo reanimar o espírito reformista dos anos iniciais de adesão à então Comunidade Económica Europeia, que, como é sabido, mobilizou a sociedade, liberalizou a economia portuguesa, e desencadeou uma dinâmica de abertura e modernização que está na origem de um significativo alargamento de horizontes, expansão económica, e importante transformação cultural e social. O sistema fiscal é nisso um teste decisivo pois, como venho advogando há muitos anos, o sistema está ancorado a soluções da era do nacionalismo económico que penalizam fortemente a atração e fixação de comércio, investimento e investidores a partir de Portugal, e força os grupos económicos portugueses a criar plataformas de eficiência fiscal fora de Portugal no sentido de serem competitivos à escala internacional. Urgindo pois adequá-lo à era da economia global e do euro através de novas fórmulas de IRS e IRC em reconhecimento da verdade de facto de acordo com a qual a política fiscal é a única arma macroeconómica, decidida a nível nacional, com potência para criar oportunidades económicas a partir de Portugal.

8. Atualmente, vivemos tempos de transição no sentido em que se é verdade que já não estamos no ambiente de ontem, também é verdade que ainda não chegámos ao ambiente de amanhã. Certo para já é que o futuro imediato da U.E. ou o de Portugal, avizinham-se muito exigentes, mas serão mais calorosos se a silhueta da chama do Ideal Europeu estiver acesa e vibrante – o que requer um desapego e generosidade que por agora não se vislumbra como nota dominante nos valores da atual geração de dirigentes. Razões pelas quais deverá ser dada prioridade absoluta à restauração de um saudável e genuíno Ideal Europeu, sem o que dificilmente será possível formar os consensos indispensáveis à estabilidade duradoura do euro e elevar o projeto europeu acima do deve-haver dos egoísmos nacionais ou ambições pessoais. Igualmente deverá ser dada prioridade à afirmação de uma integridade social assente numa cultura europeia que promova a capacidade produtiva, o trabalho, e que recompense o empreendedorismo, a criatividade e o esforço. Um outro aspeto decisivo que deverá merecer atenção prioritária é o da afirmação de uma comunicação institucional transparente e esclarecedora (*v.g.* a expressão *Euro Pact Plus* é bonita, mas será esclarecedora?) e o primado do direito sobre a via designada como 'soft law'. Neste sentido a ideia de Nietzsche "realizar é superar" parece-me luminosa para nos guiar pelos perigos da vereda do presente, pois entreabre-nos uma salutar atitude em direção ao futuro. Na vivência desta filosofia de realização – superação é decisivo ter presente que a democracia é uma questão de valores de decisão tanto quanto é de processo de decisão, em especial no caso da União Europeia, em que a sua única arma é o direito que cria.[1] É pois sem hesitar que sublinho que é aqui que se justifica a força histórica dos povos da Europa: no

---

[1] Como refere Jean-Victor Louis "A expressão "Comunidade de direito" foi utilizada pelo Presidente Walter Wallstein para qualificar a Comunidade por referência à expressão Estado de Direito ("Rechtsstaat"). Com efeito, a Comunidade não só é uma criação do direito, visto que assenta em tratados internacionais, como nenhum detentor do poder público é tão tributário do direito no desempenho das suas funções quanto ela (...) Em resumo, não é um Estado, sendo a sua arma o direito que cria". Louis, Jean-Victor. A Ordem Jurídica Comunitária (Comissão Europeia, 1993, p. 53).

apego ético e moral à liberdade e à justiça exercida num processo de escolha informada e participada pelas diferenças numa coexistência digna e inclusiva – por imaterial e simples que possa parecer. E que foi, é e será esta a sede natural para consentir o *múnus* da União Europeia, em especial no apuramento do grau de integração que a realidade europeia consente, ou não. A este propósito, se é verdadeiro o brocado de acordo com o qual o 'passado presente, não conduz a futuro algum', já no aventurar do que a U.E. terá que vir a ser, não é menos verdadeiro que será, como sempre foi, a História a escolher e a qualificar o que perante si desfila, e não o contrário. Pelo que será da maior utilidade conhecê-la, até para não se repetirem "erros do passado" e assim se assegurar à U.E. um futuro próspero, harmonioso e em paz.

Texto escrito ao abrigo do Novo Acordo Ortográfico

UNIÃO MONETÁRIA: REFUNDAÇÃO OU SAÍDA

OCTÁVIO TEIXEIRA

A crise actual do euro e da União Europeia não é apenas uma consequência do desmoronamento financeiro mundial. Ela trás à luz do dia a falência do euro e os graves defeitos da construção europeia tal como tem vindo a ser imposta, à margem da vontade dos povos que a integram, da racionalidade económica e do progresso social.

1. A instituição da União Monetária foi um salto no escuro e uma irracionalidade económica. O que se pretendeu evidenciar e tornar "irreversível", com a criação da moeda única, foi a natureza para-federal da União, pois só a perspectiva de uma federação de Estados exige uma moeda única. Ignorando a realidade da existência no espaço europeu de economias substancialmente diferentes, com enormes disparidades ao nível dos estádios de desenvolvimento, dos stocks de capitais de investimento, dos índices de produtividade, das especializações produtivas, das taxas de emprego e de desemprego, das necessidades mais prementes. Visando impor a todas elas as mesmas taxas de câmbio e de juros, os mesmos saldos orçamentais, os mesmos objectivos e as mesmas prioridades.

Esse voluntarismo político, alheado das realidades económicas, sociais, culturais e políticas dos países e do sentimento dos povos, transformou-se numa permanente fuga para a frente, bem patente, nomeadamente, com os Tratados de Amesterdão, o fracassado Constitucional e o de Lisboa. Fuga acompanhada da crescente atitude anti-democrática de afastar os cidadãos das decisões, como a patenteada no conluio estabelecido para sonegar o Tratado de Lisboa a qualquer referendo (excepto na Irlanda, por imperativo constitucional).

Mas o voluntarismo político é incapaz de ultrapassar os dados e situações objectivas.

2. Os resultados registados na União, em particular na zona euro, após a moeda única (e ainda antes da crise actual) não deixam dúvidas sobre os seus efeitos negativos: forte baixa da taxa média de crescimento, elevadas taxas de desemprego, decréscimo acentuado e continuado dos níveis de protecção social, diminuição do nível de coesão das economias da União.

Efeitos que foram, e são, evidentes em Portugal. Como escreveu o próprio FMI, a propósito do pedido de resgate, *"os desequilíbrios económicos de Portugal têm aumentado consideravelmente desde a sua entrada na área euro. A queda significativa das taxas de juro associada à adopção do euro impulsionou os sectores não-transaccionáveis e causou uma significativa valorização real, criou grandes desequilíbrios orçamentais e externos e baixou poupança"*. Não é possível escamotear que a adopção do euro implicou uma persistente perda de competitividade da nossa economia e consequentemente um forte impacto negativo na evolução do PIB.

Tais efeitos eram previsíveis no momento da instituição da União Monetária com uma moeda única e um pacto compressor dito de estabilidade e crescimento. Por exemplo, Paul Samuelson chamou-lhe *"o Titanic da experimentação económica"* e advertiu: *"rezem para que, no novo século, os livros de história económica não relembrem a experiência do euro como um erro trágico"*. Erro trágico que é hoje visível.

A zona euro não é nem pode ser uma "zona monetária óptima" no sentido da teoria económica, porque, por exemplo, não existe uma perfeita mobilidade do trabalho, nem uma sincronização dos ciclos económicos dos países membros nem a convergência das estruturas económicas e sociais.

Por acréscimo, a existência de uma união monetária com uma moeda única nem sequer foi capaz de servir de escudo protector à especulação financeira sobre as dívidas soberanas.

A União Monetária falhou e transformou-se num instrumento de regressão económica e social, a zona euro transformou-se numa zona de desunião dos povos que reduz o poder de compra dos trabalhadores, restringe os seus direitos sociais, promove a intensificação do trabalho, degrada os serviços públicos e condena países à miséria.

A própria natureza desta integração europeia, em que a união monetária é elemento central, apresenta-se como um factor da crise que tem tido consequências pesadas na Europa, embora a intensidade e os efeitos concretos da crise não sejam os mesmos em todos os países.

3. Face às evidências acumuladas ao longo dos últimos onze anos, a União Monetária só pode sobreviver se for totalmente refundada.

O próprio ex-presidente do BCE afirmou há pouco tempo que a chamada crise das dívidas soberanas é uma crise sistémica. Isso significa que, se nada de substancial for alterado, tenderá provocar a implosão do euro e o regresso às soberanias monetárias nacionais, sem mais.

Essa refundação necessária implica inverter a deriva neoliberal da construção europeia cujo auge foi atingido com o Tratado de Lisboa. E pode assumir, pelo menos, uma de duas formas.

Uma será a da manutenção da zona euro actual e da moeda única. Mas com profundas alterações. Desde logo, a dos estatutos do BCE, impondo-lhe como orientação prioritária o crescimento económico e do emprego com uma inflação sustentável e tornando-o politicamente responsável perante o Conselho Europeu e, eventualmente, o Parlamento Europeu. Depois, admitindo a possibilidade de monetarizar a emissão de dívidas públicas no âmbito da Zona. E ainda a instituição de um orçamento europeu bastante maior de forma a poder corrigir as divergências estruturais e os choques conjunturais assimétricos que afectam os Estados membros, a liberdade para qualquer Estado compensar um choque conjuntural com um nível de défice público adequado e o controlo dos movimentos de capitais para países não membros da União.

A situação melhoraria substancialmente. Mas, do meu ponto de vista, isso não resolveria todos os problemas. Fundamentalmente devido à existência de fortes heterogeneidades económicas na zona, o que implica que as taxas de inflação e de juros adequadas sejam sensivelmente diferentes para cada país. Ora, no âmbito de uma moeda única, isso induz distorções que, porque insuportáveis a prazo, tenderiam a gerar novas crises do euro. E nova fuga para o federalismo não resolveria esse problema e criaria outros.

Outra solução, que me parece a melhor, é a da existência de uma zona euro constituída por círculos concêntricos, mais flexível que a actual para responder aos constrangimentos colocados aos países menos desenvolvidos e mais forte enquanto zona monetária. Para alguns países, a maioria, o euro tornar-se-ia uma moeda comum e de reserva em relação à qual as suas moedas nacionais seriam convertíveis na base de uma taxa fixa ajustável regularmente, a fim de permitir desvalorizações ou valorizações quando os países acumulem défices ou excedentes correntes estruturais. Só o euro seria convertível para moedas fora da zona euro, e no quadro de um controlo dos movimentos de capitais de curto prazo. E os países que constituem o bloco mais homogéneo poderiam conservar o euro como moeda única.

Teríamos um sistema monetário coordenado à escala do continente europeu mas suficientemente flexível para permitir aos países membros recuperarem o grau de soberania monetária necessário à concretização de políticas de pleno emprego, e uma zona de (maior) estabilidade monetária.

Mas parece evidente que esta refundação, esta ruptura com o Tratado de Lisboa e o euroliberalismo que ele consagra, não se apresenta politicamente viável face à cegueira irresponsável assumida pelos actuais chefes de Governo. Atente-se no que se tem passado a propósito da "nova governação económica". O que resulta de essencial é que a Alemanha e a França querem atribuir-se um poder acrescido dos mais poderosos, sem alterar as orientações cuja falência não pode ser escondida e impondo planos de austeridade draconianos aos cidadãos em vez de afrontarem os poderes dos mercados financeiros especuladores causadores da crise e de projectarem no futuro uma União de crescimento e de desenvolvimento.

Assim sendo, aos países mais afectados pela crise e estruturalmente mais atingidos pelos efeitos do euro, em particular Portugal, resta-lhes a saída do euro para preservar um futuro para os seus povos.

Sem dúvida que isso trará custos pesados. Mas a questão é a de saber se é preferível que esses custos sejam suportados via "desvalorizações internas"ou através da depreciação da moeda. Se devemos suportar uma recessão ao longo de muitos anos ou suportar os custos da saída do euro.

Parece-me que a melhor opção é a saída do euro. Desde logo, os efeitos negativos sobre os rendimentos dos trabalhadores e dos pensionistas decorrentes de uma desvalorização cambial estão já a ser sentidos, e vão continuar a sê-lo, através dos cortes nos salários e nas pensões, do encarecimento ou mesmo eliminação de serviços públicos essenciais e do aumento do desemprego. E permite a retoma a curto prazo de um processo de crescimento em vez de nos condenar a um longo período de depressão com nefastas consequências económicas, sociais e de instabilidade.

Naturalmente, esta solução não significa a saída da União Europeia, mas tão só da zona euro. Através de um processo negocial, nomeadamente para garantir um apoio adequado do BCE, devendo o novo escudo integrar o Mecanismo de Taxas de Câmbio numa banda larga e garantir o controlo da circulação de capitais de curto prazo.

Uma coisa me parece certa. Mantendo-se na zona euro actual, Portugal estará condenado ao definhamento e à pobreza.

AUSTERIDADE E MODELO SOCIAL EUROPEU EM PORTUGAL

OLÍVIO MOTA AMADOR

> *"... duvido que haja andorinhas este ano, a*
> *verba do hospital não dá para pássaros..."*
> António Lobo Antunes [1]

1. Portugal, após 25 anos de integração europeia, apresenta uma coesão social capaz de resistir a um período longo de austeridade?

A interrogação tem uma actualidade inquestionável e a resposta torna--se num desafio cientificamente aliciante que vai muito para além destas breves linhas.

2. Sem prejuízo dos progressos obtidos, a partir de finais da década de setenta, na construção do Estado de Bem Estar a coesão social apresenta em Portugal uma debilidade intrínseca motivada pela existência de carências significativas, sob a forma de pobreza e de desigualdade acentuada de rendimento[2].

---

[1] Vd., *Sôbolos Rios que Vão*, Lisboa, D. Quixote, 2010, pp. 199.

[2] Cf., MARIA JOÃO VALENTE ROSA, PAULO CHITAS, *Portugal: os Números*, Lisboa, Fundação Francisco Manuel dos Santos, pp. 26 e ss..

OLÍVIO MOTA AMADOR

De acordo com dados do EUROSTAT Portugal tem uma das piores taxas da União Europeia a nível de desigualdade de rendimentos, estando apenas à frente da Bulgária, da Roménia e da Letónia[3].

Diversos estudos apontam para o acentuar das desigualdades apesar da melhoria das condições de vida[4].

Para CARLOS FARINHA RODRIGUES se fosse definida uma linha de pobreza construída com base nos níveis de rendimento do conjunto da União Europeia, Portugal continuaria a ser um dos países com maior incidência da pobreza, com uma taxa de pobreza que rondaria os 42-43%. Assim, mais de 40% da população situar-se-ia abaixo de uma linha de pobreza europeia[5].

Perante este panorama podemos concluir que os efeitos da adesão europeia na coesão social de Portugal foram limitados.

Após 25 anos de integração europeia Portugal apresenta uma coesão social incipiente e susceptível de ser fortemente afectada devido às políticas de austeridade actualmente seguidas. Daí que alguns sectores da sociedade portuguesa tenham alertado para a necessidade de preservar a coesão social no actual momento da vida nacional[6].

3. Não se poderá ignorar, todavia, que também a União Europeia debate-se com significativos problemas de coesão social.

O EUROSTAT revela que ainda não é possível aferir o impacto da crise económica e das correspondentes políticas de austeridade na coesão social a nível europeu, mas o pessimismo é grande[7].

Efectivamente a União Europeia, em matéria de pobreza e de desigualdade de rendimentos, apresenta algumas debilidades. Dados do EUROS-

---

[3] Cf., Quadro 5.4: Income inequality in EU-27 countries (2008), in ANTHONY B. ATKINSON, ERIC MARLIER, *Income and Living Conditions in Europe*, Eurostat Statistical Books, 2010, Luxemburgo, pp. 111.

[4] A este propósito cf., ALFREDO BRUTO DA COSTA, ISABEL BAPTISTA, PEDRO PERISTA e PAULA CALIXTO *Um Olhar sobre a Pobreza. Vulnerabilidade e exclusão social no Portugal contemporâneo*, Lisboa, Gradiva, 2008.

[5] Cf., Comunicação no 2º painel: Exclusão e Pobreza, Segurança e Protecção Sociais in EDUARDO PAZ FERREIRA, JOÃO AMARAL TOMAZ, JOSÉ GOMES DOS SANTOS, NAZARÉ DA COSTA CABRAL (Org.), *Conferência Crise, Justiça Social e Finanças Públicas*, Coimbra, Almedina, 2010, pp. 132.

[6] A título de exemplo vd., "Manifesto Convergência nacional em torno do emprego e da coesão social" in Jornal *O Público*, 16 de Abril 2011, pp. 37; Vd., também MANUELA SILVA, *Cidadania Activa. Desenvolvimento Justo e Sustentável*, Comissão Nacional Justiça e Paz, Editora Cidade Nova, 2005, pp. 68.

[7] Cf., ANTHONY B. ATKINSON, ERIC MARLIER, *in ob. cit.*, pp. 129.

AUSTERIDADE E MODELO SOCIAL EUROPEU EM PORTUGAL

TAT mostram que 1 em cada 6 cidadãos europeus estão em risco de pobreza. Além disso, em três quartos dos Estados Membros a proporção de crianças em risco de pobreza é significativa, começando a existir um problema de pobreza infantil na Europa[8].

Não será de estranhar, neste contexto, que a dimensão social seja considerada o parente pobre da construção europeia. ANTONIO VITORINO observa que esta visão é injusta, mas reconhece que a dimensão social não é sentida como verdadeira prioridade da União Europeia existindo um desfasamento entre as prioridades que os cidadãos atribuem às politicas sociais e aquilo que são os instrumentos efectivos ao dispor da União Europeia nesses domínios[9]. Por exemplo, os sistemas de segurança social são da competência dos Estados Membros e a vigência da regra da unanimidade para os instrumentos comunitários nesta área tem impedido uma harmonização mínima dos regimes de segurança social.

Verifica-se, com efeito, que as preocupações dos cidadãos com o emprego, com a segurança social e com os cuidados de saúde constituem domínios onde a capacidade da União Europeia para agir é relativamente limitada.

Apesar de tudo, existe uma vasta legislação comunitária em matéria social que abrange as áreas da liberdade de circulação de trabalhadores, da promoção do emprego e formação profissional, através do Fundo Social Europeu, das condições de trabalho, da segurança e saúde dos trabalhadores, da igualdade de oportunidades, da não discriminação entre mulheres e homens, da tutela dos trabalhadores devido a vicissitudes da empresa, da representação colectiva dos interesses dos trabalhadores e do dialogo social europeu[10].

4. A salvaguarda da coesão social num contexto de austeridade suscita grandes preocupações.

O chamado modelo social europeu, que admite inúmeras especificidades nacionais, foi criado para assegurar a paz e a coesão social, tendo como aspectos fundamentais manter um sistema público de segurança

---

[8] Cf., ANTHONY B. ATKINSON, ERIC MARLIER, *in ob. cit.*, pp. 129.

[9] Cf., ANTONIO VITORINO, O Modelo Social Europeu e a Estratégia de Lisboa, in PAULO PITTA e CUNHA e LUÍS SILVA MORAIS (Org.) *A Europa e os Desafios do Século XXI. Conferência Internacional*, Coimbra, Almedina, pp. 89.

[10] Cf., MARIA DO ROSÁRIO PALMA RAMALHO, *Direito Social da União Europeia. Relatório*, Coimbra, Almedina, 2011, pp. 67 e ss. .

OLÍVIO MOTA AMADOR

social, superar as barreiras da riqueza no acesso à educação e à saúde, valorizar o emprego e a formação profissional, promover a igualdade e a não discriminação no trabalho[11].

A luta contra a pobreza e a redução das desigualdades são valores estruturantes do modelo social europeu.

O EUROSTAT demonstra que não existem Estados com baixa pobreza e grandes desigualdades, ou seja, a diminuição da pobreza passa pela redução da desigualdade[12]. O binómio diminuição da pobreza e diminuição da desigualdade andam a par.

O aumento da taxa de desemprego, a restrição nos apoios sociais, a diminuição do rendimento disponível, o agravamento de custos para o utente na saúde e na educação, constituem alguns dos efeitos económicos da austeridade que se projectam no plano da coesão social.

Cumpre sublinhar, todavia, que as consequências da austeridade são passíveis de afectar também os direitos económicos e sociais conduzindo à diminuição das condições efectivas para a concretização desses direitos[13].

Num contexto de austeridade, motivado por graves problemas de défice orçamental e de endividamento públicos, as pressões para restringir ou eliminar o modelo social europeu são enormes.

A austeridade é susceptível de servir como pretexto para substituir progressivamente o chamado modelo social europeu por um modelo de assistencialismo europeu, através nomeadamente da privatização gradual da segurança social, retirando mais prestações do sistema público e transferindo-as gradualmente para o sector privado[14].

Para muitos o enfraquecimento do modelo social europeu parece ser o futuro, sem dúvida um futuro-passado, assente no recuo histórico[15].

Perante situações de crise é vital que as políticas públicas actuem de forma eficaz nos domínios da desigualdade e da pobreza.

---

[11] Cf., FRANCISCO LUCAS PIRES, *Portugal e o Futuro da União Europeia. Sobre a Revisão dos Tratados em 1996*, Lisboa, Difusão Cultural, 1995, pp. 145.

[12] Cf., ANTHONY B. ATKINSON, ERIC MARLIER, *in ob. cit.*, pp. 129 .

[13] Cf., A. J. AVELÃS NUNES, *A Constituição Europeia. A Constitucionalização do Neoliberalismo*, Coimbra, Coimbra Editora, 2006, pp. 88.

[14] Cf., EDMUNDO MARTINHO, Entrevista ao Jornal *O Público*, 28 Agosto 2011, pp. 16.

[15] Cf., A. J. AVELÃS NUNES, in *ob. cit.*, pp. 88.

A protecção dos cidadãos mais carenciados não é uma questão de resolução puramente individual, mas diz respeito à sociedade no seu conjunto.

No momento presente existem muitas despesas que têm de ser eliminadas e apoios que necessitam de ser restringidos no seu âmbito e montante, mas os decisores políticos devem ter presente os limites fundados em imperativos éticos que não podem ser ultrapassados.

O Estado, como melhor intérprete do bem comum, tem o dever de assegurar uma vida decente e digna aos cidadãos que, por motivos vários, são abandonados pelo mercado.

A intervenção do Estado nestes domínios está assente em compromissos consolidados com os cidadãos geradores de expectativas fundadas que não podem ser rápida e unilateralmente rescindidos, sob pena de se verificarem graves problemas sociais e até políticos.

A este propósito e a terminar convêm reflectir sobre as palavras de TONY JUDT quando afirma *"As reformas sociais do pós-guerra na Europa foram instituídas em grande parte como uma barreira ao regresso do desespero e descontentamento de que se pensava terem nascido tais escolhas excessivas. A remoção parcial dessas reformas sociais, seja qual for a razão, não é isenta de risco. Como bem sabiam os grandes reformadores do século XIX, a Questão Social, se não for tratada, não desaparece. Vai antes à procura de respostas mais radicais."*[16].

Outubro 2011

---

[16] Cf., "O renascimento da questão social" in *O Século XX Esquecido. Lugares e Memórias*, Lisboa, Edições 70, 2010, pp. 435.

25 ANOS DEPOIS – *QUO VADIS?*

PAULA ROSADO PEREIRA

A identidade europeia – Uma miragem?
Podemos ir procurar as raízes da identidade europeia a um modelo de civilização fundado na herança cultural do mundo greco-romano, e de matriz judaico-cristã. Podemos igualmente apontar uma progressiva convergência civilizacional, uma partilha de valores culturais, filosóficos e estéticos sedimentada ao longo dos séculos.

Contudo, apesar de podermos trazer em nosso auxílio todas estas referências, é difícil traçar as linhas de uma identidade europeia num espaço geográfico tão alargado como é hoje a Europa dos 27. Cruzam-se nele múltiplas tradições e diferentes origens históricas.

Tal como não é fácil traçar, em termos absolutos, as fronteiras geográficas do continente europeu. A Europa estende-se entre o Mar Mediterrâneo, a sul, e o Oceano Atlântico e o Ártico, a ocidente e a norte. E a oriente? Aí a delimitação natural é menos óbvia. A "Europa do Atlântico aos Urais", como a delimitou De Gaulle? Estas interrogações cruzam-se com o debate acerca de futuros alargamentos da UE, designadamente à Turquia.

Perante estas incertezas, podemos talvez dizer que a identidade europeia que procuramos é uma criação do "pós-guerra", em grande medida uma reacção ao horror e à inutilidade de duas guerras que, embora mundiais, tiveram a sua origem e o seu epicentro na Europa.

A identidade europeia foi sendo construída, paralelamente à subsistência dos diversos interesses nacionais. Sob o impulso de um processo

523

de crescente integração económica e política (esta última mais tímida), foram-se reunindo ideais aglutinadores de liberdade, respeito pelos direitos humanos, tolerância religiosa e cívica, multiculturalismo, não discriminação, democracia, segurança e justiça.

Todavia, a relativa fragilidade da identidade europeia contribui para explicar – principalmente nos momentos de dificuldades económicas e financeiras – a prevalência do intergovernamentalismo sobre a supranacionalidade e o forte impacto dos interesses nacionais na condução dos destinos da UE.

Efeitos da adesão às Comunidades Europeias sobre a economia e a sociedade portuguesas

Quantas gerações se recordam ainda do repto dos GNR, lançado no começo da década de 80 – "Quero ver Portugal na CEE"?

A plena adesão de Portugal às Comunidades Europeias, em 1986, permitiu ao país aceder aos fundos estruturais comunitários e, impulsionado por estes, desencadear importantes investimentos na área das infra-estruturas. Registaram-se progressos especialmente notórios nos campos rodoviário, portuário, das telecomunicações e da energia, passando o país a dispor de infra-estruturas muito mais modernas.

As melhorias não se ficaram, todavia, pelas infra-estruturas. Verificou-se toda uma evolução económica e social. A economia portuguesa modernizou-se, abriu-se ao exterior, registando-se um crescimento do investimento realizado pelos empresários portugueses no estrangeiro. Teve lugar uma modernização da indústria, com crescimento da importância de sectores industriais de nível tecnológico mais elevado.

A nível social, cabe destacar uma melhoria do nível de vida, medido pelo rendimento "per capita", um alargamento da protecção social, bem como um significativo crescimento do nível de escolaridade da população portuguesa.

Contudo, as políticas seguidas no contexto da adesão de Portugal às Comunidades Europeias implicaram um aumento da despesa do Estado, designadamente ao nível das obras públicas, educação e saúde. Quanto à população, os hábitos de consumo desenvolvidos no panorama de uma sociedade mais moderna e aberta ao exterior são acompanhados por uma descida da taxa de poupança das famílias face ao rendimento disponível e por um aumento dos respectivos níveis de endividamento.

Em termos de estrutura produtiva e de criação de emprego, verificou-se um aumento do peso dos serviços, com uma perda relativa de importância dos sectores da indústria, agricultura e pescas. Consolida-se, assim, a dependência comercial do país face ao exterior, de resto facilitada pelo contexto de integração económica inerente às Comunidades Europeias. Por outro lado, o aumento registado na produtividade portuguesa revelou-se insuficiente para ultrapassar o desnível face à produtividade média europeia. E apesar dos esforços desenvolvidos a diversos níveis, registam-se sérias dificuldades na fixação de populações e investimentos no interior do país, com a respectiva concentração no litoral e, principalmente, nas áreas metropolitanas.

Em termos de balanço, podemos referir que a economia portuguesa evoluiu e se modernizou significativamente, sob o impulso da adesão às Comunidades Europeias, mas que, por outro lado, foi incapaz de superar algumas das suas fraquezas – cujo espectro se adensa num contexto de crise, como o actual.

A União Económica e Monetária – Sobre pés de barro?
A concretização da União Económica e Monetária (UEM) corresponde a um objectivo extremamente ambicioso da União Europeia (UE).

Apesar de implicar um elevado grau de convergência das economias dos Estados participantes e a sustentabilidade das finanças públicas, a UEM foi introduzida com uma notável rapidez – sobretudo se comparada com o ritmo de outras realidades europeias, por exemplo da harmonização fiscal. Com a preocupação de não perder a dinâmica de integração que se tinha criado, a passagem para a UEM terá sido, eventualmente, demasiado rápida.

Por outro lado, chega-se agora à conclusão – da forma mais dura – que os mecanismos de solidariedade financeira entre os Estados membros eram demasiado frágeis para os desafios impostos pela UEM.

Pode ainda apontar-se a existência, no campo da UEM, de uma contraposição de interesses entre os Estados com uma economia mais desenvolvida e competitiva e os restantes. Neste cenário, mercê da sua forte influência política e poder económico, tenderão a prevalecer os interesses desses Estados mais desenvolvidos. Assim, a condução das políticas monetárias e económicas tende a ser feita em termos que, embora propícios aos interesses dominantes, não são os mais adequados à posição de países com uma economia mais vulnerável ou menos competitiva, contribuindo para agravar a sua dependência económica e o seu endividamento.

A nível mais geral, refira-se o facto de a UE trilhar um caminho, por vezes sinuoso, entre supranacionalidade e cooperação intergovernamental.

Assiste-se, com demasiada frequência – sobretudo no contexto da crise das dívidas soberanas, que marca os tempos actuais – à tomada de decisões fulcrais para o destino da UE por um directório franco-germânico, relegando para segundo plano as instituições da UE nas quais tais decisões deveriam ser tomadas.

No sistema híbrido de governação da UE – assente num complexo equilíbrio de poderes entre Estados-membros, dada a continuidade de elementos intergovernamentais na governação europeia, e as instituições da UE, atenta a natureza supranacional desta – assiste-se, em tempos de crise, a uma prevalência da intergovernamentalidade, liderada por alguns Estados.

Tem sido, também, notória a falta de uma posição clara, forte e atempada da UE relativamente a uma série de aspectos decisivos, no contexto da crise que atravessamos. Sucedem-se as hesitações, os avanços e recuos, até que finalmente se alcança o acordo para a Europa dar mais um passo na dolorosa via de salvação do Euro e de apoio aos países em maiores dificuldades.

Se é verdade que, como costuma dizer-se, é nos tempos de crise que se revela a verdadeira natureza de cada um – porque não dizê-lo a propósito das organizações e das instituições? – a crise actual faz sobressair as debilidades da UE na tomada de decisões com a rapidez e o alcance que seriam necessários em tão difíceis circunstâncias.

Conseguirá o Euro sobreviver à crise actual?

Arriscamos a previsão de que o Euro conseguirá sobreviver à crise da dívida europeia. Com efeito, o fim da moeda europeia traria consequências extremamente graves para as economias de todos os países da Zona Euro. Assim, o temor dessas consequências – designadamente a perspectiva de severa desvalorização das respectivas economias, de perda de força económica e de prestígio a nível internacional – vai obrigando os Estados a sucessivos esforços no sentido de evitar a derrocada.

O caminho seguido na resposta à crise não tem sido linear. Pelo contrário, tem sido abundante em sobressaltos e hesitações, e tem posto em evidência as debilidades das instituições europeias no que toca à tomada célere das decisões que se impõem para a salvaguarda da Zona Euro. Quanto à solidariedade europeia, está a ser severamente posta à prova.

Resta a esperança de que as dificuldades enfrentadas permitam à Europa fortalecer-se, criando mecanismos de supervisão e de actuação capazes de prevenir novas crises – ou, pelo menos, capazes de intervir de forma decisiva numa fase mais precoce dos problemas.

Seria, pois, importante que a UE adequasse melhor a sua estrutura institucional às exigências de uma União Económica e Monetária, de modo a assegurar uma resposta mais célere e eficaz a eventuais futuros choques.

Os Estados, tendo já prescindido da sua política monetária e vendo fortemente limitada a sua liberdade em termos de política orçamental, poderão não ver com bons olhos ingerências adicionais da UE nas políticas nacionais. Contudo, embora exista sempre a tentação de se desejar o melhor de dois mundos, é utópico que os Estados pretendam beneficiar das vantagens de uma União Económica e Monetária sem sobressaltos e, simultaneamente, não estejam dispostos a dotar a UE de um orçamento mais forte, de recursos próprios mais significativos, e dos mecanismos de intervenção que lhe permitam prevenir e, quando necessário, fazer face a crises como a actual sem uma tão grande dependência dos consensos intergovernamentais de cada momento.

Haverá, pois, que fazer escolhas, que condicionarão o futuro da UE.

25 ANOS SOB INFLUÊNCIA DA REGULAÇÃO FINANCEIRA EUROPEIA

PAULO CÂMARA

1. Introdução

A adesão à Europa tem constituído um motor decisivo na evolução do direito do sistema financeiro nacional.

Foi sob a forte influência do Direito europeu que se estruturaram os mais relevantes marcos normativos do sector financeiro: designadamente, o Regime Geral das Instituições de Crédito e Sociedades Financeiras (1992), a Lei da Actividade Seguradora (1998) e o Código dos Valores Mobiliários (1999). Todos estes diplomas mereceram sucessivas actualizações, e a maioria destas foram determinadas pela necessidade de transpor Directivas europeias para o ordenamento jurídico interno. As modificações que sofreram, por seu turno, encontram-se de tal modo umbilicalmente filiados em temas europeus que se mostra tarefa árdua a de avaliar estes de modo autónomo ou distinto.

Neste contexto, o presente contributo dedica-se a uma análise – *brevitatis causa*, fragmentária – das principais tendências emergentes da matriz regulatória europeia projectada no sistema financeiro, e procurar apontar pistas para o seu desenvolvimento futuro.

PAULO CÂMARA

2. A primeira fase (1986-1998): desgovernamentalização e passaportes comunitários

Nos primeiros anos, o legado europeu teve como importante contributo a desgovernamentalização da supervisão financeira, e a sua afirmação como actividade administrativa independente, nomeadamente perante o poder político[1].

Esta orientação foi concretizada através da criação da Comissão do Mercado de Valores Mobiliários, em 1991, e com a reformulação dos poderes do Banco de Portugal e do Instituto de Seguros de Portugal, respectivamente nos diplomas – acima mencionados – de 1992 e 1998.

Merece ainda assinalar, como emblemático pilar normativo deste período, o importante Decreto-Lei nº 23/86, de 18 de Fevereiro, que regulou a constituição e condições de funcionamento de instituições de crédito com sede em Portugal, bem como a abertura e condições de funcionamento de filiais ou sucursais de instituições de crédito com sede no estrangeiro e que transpôs para a ordem interna a Directiva nº 77/780//CEE, de 12 de Dezembro. Este diploma operou a reversão do ciclo iniciado com a nacionalização da banca, ocorrida em 1975, ao permitir a constituição de bancos privados. Um importante complemento viria do DL nº 24/86, de 18 de Fevereiro, respectivo ao regime comunitário de autorização de instituições de crédito.

Pouco mais tarde, outro passo simbólico seria o estabelecimento de uma regra de liberdade administrativa nas emissões, através do Código do Mercado de Valores Mobiliários (1991).

Uma adicional feição relevante deste período seria a eficácia intra-comunitária da autorização de prestação de serviços financeiros com base numa autorização única e reconhecimento mútuo (na gíria designados "passaportes comunitários"). Tal foi consagrado pela primeira vez no âmbito dos serviços bancários desde 1986, como já indicado. Refira-se também, a propósito, a harmonização do regime de prestação de serviços de investimento, facultada pela Directiva dos Serviços de Investimento (Directiva nº 93/227/CEE, de 10 de Maio de 1993, transposta entre nós

---

[1] PAULO CÂMARA/GRETCHEN LOWERY, *The Internal Governance Structure of Financial Regulatory Authorities: Main Models and Current Trends,* em MARTA TAVARES DE ALMEIDA/LUZIUS MADER (ed.), *Quality of Legislation – Principles and Instruments. Proceedings of the Ninth Congress of the International Association of Legislation (IAL)*, Nomos Verlag, Baden Baden (2011), 148-183.

pelo DL nº 232/96, de 5 de Dezembro) e, no sector segurador, o Decreto-Lei nº 102/94, de 20 de Abril, que procedeu à transposição para o ordenamento jurídico português das directivas de terceira geração, relativas à criação do «mercado único» no sector segurador – a Directiva nº 92/49/ /CEE, de 18 de Junho, para os seguros «Não vida», e a Directiva nº 92/96/ /CEE, de 10 de Novembro, para o ramo «Vida».

3. A segunda fase (1998-2007): o progresso da harmonização
A década seguinte viria a conhecer um incremento significativo na harmonização europeia financeira.

Tal viria a merecer tradução sobretudo na harmonização mais intensa da prestação de serviços financeiros. Retêm-se, como principais, as áreas e os textos normativos adiante referidos: prestação de serviços financeiros à distância (Decreto-Lei nº 95/2006, de 29 de Maio, a transpor a Directiva nº 2002/65/CE, do Parlamento Europeu e do Conselho, de 23 de Setembro), serviços de intermediação financeira (Decreto-Lei nº 357-A/2007, de 31 de Outubro, que transpôs a Directiva 2004/39/ /CE, do Parlamento Europeu e do Conselho, de 21 de Abril, relativa aos mercados de instrumentos financeiros (DMIF)), serviços de pagamento (Decreto-Lei nº 317/2009, de 30 de Outubro, a transpor a Directiva nº 2007/64/CE, do Parlamento Europeu e do Conselho, de 13 de Novembro), crédito ao consumo (Decreto-Lei nº 133/2009, de 2 de Junho, que transpôs a Directiva nº 2008/48/CE, do Parlamento e do Conselho, de 23 de Abril, relativa a contratos de crédito aos consumidores), a actividade das instituições de moeda electrónica (DL n.º 201/2002, de 26 de Setembro, que transpôs a Directiva n.º 2000/28/CE, do Parlamento Europeu e do Conselho, de 18 de Setembro), os acordos de garantia financeira (Decreto-Lei nº 105/2004, de 8 de Maio, que transpôs a Directiva nº 2002/47/CE, do Parlamento Europeu e do Conselho, de 6 de Junho), o resseguro (Decreto-Lei nº 2/2009, de 5 de Janeiro, que transpôs a Directiva nº 2005/68/CE, do Parlamento Europeu e do Conselho, de 16 de Novembro de 2005) e a mediação de seguros (Decreto-Lei nº 144/2006, de 31 de Julho, que transpôs a Directiva nº 2002/92/CE, do Parlamento Europeu e do Conselho, de 9 de Dezembro).

No seu todo, com este acervo normativo, por influência do Direito europeu, passou a haver uma maior interferência no conteúdo dos contratos referentes à actividade financeira (nomeadamente deveres de infor-

PAULO CÂMARA

mação, deveres de adequação, deveres de lealdade na gestão de conflito de interesses e outros deveres fiduciários)[2].

Detecta-se ainda, neste período, uma maior exigência com a protecção dos investidores. Através do Decreto-Lei nº 222/99, de 22 de Junho, é transposta a Directiva nº 97/9/CE, do Parlamento Europeu e do Conselho, de 3 de Março, sobre o funcionamento do Sistema de Indemnização aos Investidores.

O sistema europeu começou a ser seriamente testado quanto à sua coerência. Ao lado do desconforto causado pela circunstância de os fundos de investimento harmonizados serem tratados fora da Directiva de Mercados e Investimentos Financeiros aliou-se, de modo mais geral, o sentimento de assimetria regulatória entre os produtos financeiros bancários, seguradores e mobiliários de retalho com características equivalentes[3].

4. A fase actual (2007-2013): o ciclo de resposta à crise financeira

Os últimos anos de experiência regulatória financeira foram concentrados em encontrar respostas legislativas para a crise financeira europeia e internacional – o que seguramente irá preencher a agenda dos próximos anos.

A um tempo, a própria arquitectura financeira europeia foi alterada, de modo a poder dar resposta com maior eficácia, e com inteira cobertura institucional, aos problemas regulatórios detectados. O sistema institucional deste modo estabelecido – designado Sistema Europeu de Supervisão Financeira (*European System of Financial Supervisors (ESFS)*) – assenta numa tripla fundação:

- De um lado, o sistema contempla, como novidade, um Conselho Europeu de Risco Sistémico (*European Systemic Risk Board*);
- No centro, estão as novas três autoridades europeias de regulação (colectivamente designadas European Supervisory Authorities). Na área mobiliária, opera a *European Securities and Markets Authority* (ESMA), a par da *European Banking Authority* (EBA), para a área bancária, e da *EIOPA*, para os seguros e fundos de pensões[4];

---

[2] STEFAN GRUDMANN/YESIM M. ATAMER, *Financial Services, Financial Crisis and General European Contract Law*, (2011) 5-18; PAULO CÂMARA (ed.), *Conflito de Interesses no Direito Societário e Financeiro: um Balanço a partir da Crise Financeira*, (2009).

[3] EUROPEAN COMMISSION, *Need for a Coherent Approach to Product Transparency and Distribution Requirements for "Substitute" Retail Investment Products? Call for Evidence*, (2007); PAULO CÂMARA, *Manual de Direito dos Valores Mobiliários*[2], (2011), 18-22.

[4] Regulamento (UE) no 1095/2010 do Parlamento Europeu e do Conselho, de 24 de Novembro de 2010, que cria a Autoridade Europeia dos Valores Mobiliários e dos Mercados (Euro-

– Por fim, são mantidas as autoridades nacionais de supervisão, interligadas num Sistema Europeu de Supervisores Financeiros (*European System of Financial Supervisors*).

Trata-se de um sistema institucional que assegura uma maior coordenação, cooperação e convergência entre as autoridades de supervisão de cada Estado-membro. Implica, em contraste, uma compressão, embora mínima, de poderes das autoridades de supervisão internas. De outro lado, existe agora a base institucional para nova vaga de harmonização europeia, nomeadamente em direcção à concretização do projecto de um *Rule-book* europeu comum.

O processo regulatório europeu revela também maior atenção a outros *standard-setters*, com primazia para o diálogo transatlântico: destaca-se o caso da área bancária, na qual foi confirmada a importância do Comité de Basileia, acompanhada do relevo actual do *Financial Stability Board*; na área mobiliária, o Dodd-Frank Act norte-americano (2010) suscitou a maior atenção. Tal é patente nos processos de revisão da Directiva de adequação de fundos próprios e da DMIF, ainda em curso.

A partir de 2011, a regulação bancária portuguesa passou a ser também determinada pelas obrigações decorrentes do Memorando de Entendimento celebrado entre Portugal, de um lado, e o BCE, o FMI e a Comissão Europeia, de outro lado. Daqui decorre um acervo exigente de medidas legislativas impostas pelo programa de assistência financeira, algumas das quais a serem adoptadas antes do calendário europeu comum – é o que ocorre, a título de ilustração, com a nova disciplina sobre prevenção e gestão de crises bancárias.

Em balanço final, entende-se que o progresso da harmonização europeia se apresenta como inevitável na área da regulação financeira. Esta trajectória tem implicações políticas, que gradualmente serão assimiladas. Atenta a sua posição no sistema financeiro europeu, Portugal tem a ganhar com esta evolução, que reduz os custos de transacção em mercados periféricos e, paralelamente, permite que o nosso país seja atractivo

---

pean Securities and Markets Authority – ESMA), Regulamento (UE) no 1093/2010 do Parlamento Europeu e do Conselho, de 24 de Novembro de 2010, que cria a Autoridade Bancária Europeia (European Banking Authority) e Regulamento (UE) no 1094/2010 do Parlamento Europeu e do Conselho, de 24 de Novembro de 2010, que cria a Autoridade Europeia dos Seguros e Pensões Complementares de Reforma (European Insurance and Occupational Pensions Authority).

PAULO CÂMARA

como porta de entrada para investidores lusófonos, provindos de mercados com afinidades objectivas em termos económico-culturais. O sistema financeiro nacional é substancialmente valorizado, em termos económicos, enquanto integrado em geografias mais amplas. Assim, por muito incerto que seja actualmente o futuro da Europa, o espaço para uma reflexão regulatória nacional é de tal modo exíguo que se torna difícil pensar no futuro da regulação financeira doméstica desligada do percurso próximo do Velho Continente.

Outubro de 2011

INTEGRAÇÃO OU DESINTEGRAÇÃO NA EUROPA? A PROPÓSITO DA CRISE DO EURO

PAULO DE PITTA E CUNHA

1. Tradicionalmente, as visões sobre a integração europeia assumiam a clássica oposição entre intergovernamentalistas e federalistas. Estando estas categorias ligadas à figura do Estado (Estados nações ou Estado federal), a breve trecho foram ultrapassadas por novas perspectivas, que procuram substituir as grandes visões por uma mais fiel descrição da realidade, como a da governação a múltiplos níveis.

A força das convicções dos federalistas europeus concentrou-se sobretudo em correntes que tiveram notoriedade no final dos anos 40 e na primeira metade dos 50, até sobrevir a queda da Comunidade Europeia de Defesa. Em anos subsequentes, esteve subjacente ao avanço da construção uma espécie de federalismo de sector (também qualificado como supranacionalismo); mas o fervor e a mística da Europa Federal tinham-se apagado.

O federalismo manifestou-se, a partir do Tratando de Maastricht, em realizações particulares (a união económica e monetária; a Constituição Europeia e, por forma consideravelmente atenuada, o "Ersatz" desta, o Tratado de Lisboa), que se mostraram desprovidas de força impulsora.

A moeda única, pela cedência por parte dos países da União de um atributo central de soberania, tinha, sem dúvida, virtualidades federais. Mas, mais de dez anos decorridos, continuam excluídos da zona euro dez

PAULO DE PITTA E CUNHA

países membros, além de que a zona vem atravessando, de há ano e meio a esta parte, uma crise que ameaça a sua subsistência, caso não se introduzam elementos de federalismo financeiro na construção.

2. Quando o euro foi constituído, já em certos sectores era sentida a necessidade de se darem novos passos em frente no processo de integração. Os promotores da união económica e monetária confiaram nos mecanismos contidos no Pacto de estabilidade para se assegurar a contenção, no plano dos Estados membros, do desequilíbrio das contas públicas, mas, em matéria de união económica, não foram mais longe do que isso. Os orçamentos nacionais permaneceram na esfera da governação nacional.

E mesmo o Pacto de estabilidade e crescimento veio a perder credibilidade, sobretudo a contar do momento em que dois dos maiores países – a Alemanha e a França – se eximiram ao processo sancionatório movido contra eles próprios. Ao concentrar toda a atenção na moeda única, ou seja, na integração monetária, os Estados descuraram por completo a via paralela da integração orçamental e fiscal – provavelmente por esta envolver substanciais perdas de soberania, que não estavam dispostos a aceitar. Tratava-se, na verdade, de avançar para soluções de federalismo fiscal e financeiro, que poderiam colocar a Europa no limiar da federação política.

Esta perspectiva constitui um anátema para o Reino Unido e, mesmo que se tradicionalmente bem acolhida pela Alemanha, não parece corresponder à sempre pouco clara visão francesa da integração.

Sucede, porém, que a estrutura inicialmente prevista para a união económica e monetária não evoluiu, não tendo sido dados passos para a acentuação da linha supranacional da vertente económica, e, para mais, verificando-se a já referida perda de eficácia do Pacto de estabilidade.

3. As instâncias europeias estão actualmente empenhadas em tal reforço. Neste ponto, cabe lembrar que se turvou a visão alemã da integração europeia, por forma a se lhe antepor crescentemente a afirmação de interesses nacionais, tal como reflectidos pelo eleitorado. A Alemanha não é já um Estado predisposto à integração política e à solidariedade intra-europeia sem restrições, como foi durante tantos anos no passado. E daí as suas hesitações e tergiversações a propósito de medidas para enfrentar a crise.

É agora, quando o problema grego atinge altíssima gravidade, que se equacionam medidas como a criação de "eurobonds", a introdução de regras constitucionais sobre o equilíbrio orçamental e a dívida externa, a supervisão supranacional dos orçamentos nacionais. E isto contra o pano de fundo actual do desinteresse, ou cepticismo, quanto à opção pela via de integração política, eventualmente marcada por um destino federal. Terão os Estados membros de escolher entre a desagregação e uma acumulação, por si mesma porventura hoje não desejada, de elementos supranacionais?

A verdade é que, se houve, no passado, fases em que as correntes favoráveis ao federalismo europeu gozaram de inegável voga, o avanço da integração da Europa é hoje visto com desconfiança, como se viu com clareza quando da rejeição por parte de dois países centrais – a França e a Holanda – da projectada Constituição europeia.

4. Como é sabido, a união monetária retira aos países que adoptaram o euro a possibilidade de utilização dos tradicionais instrumentos da política monetária e cambial nacional. Passando a deter uma moeda apoiada num leque de países envolvendo economias poderosas, os Estados-membros economicamente mais fracos experimentaram o conforto de se apoiarem naquela moeda – e convenceram-se prematuramente, de que, pelo milagre da união monetária, teriam deixado de existir problemas de desequilíbrio e endividamento em relação ao exterior.

Mas, tal endividamento choca-se, a partir de certo ponto, com a recusa dos credores em conceder empréstimos ao sector público ou ao sector privado dos países "esbanjadores", ou com a reacção dos mercados, exigindo juros crescentes, a breve trecho insuportáveis, e das agências de "rating", degradando a respectiva notação.

Foi assim que a crise das dívidas soberanas se desencadeou, visando inicialmente a Grécia, que foi objecto, em Maio de 2010, de um auxílio financeiro por parte da Comissão Europeia, do Fundo Monetário Internacional e do Banco Central Europeu, acompanhado de um programa visando a recuperação e estabilidade orçamental e compreendendo medidas dotadas de muito forte condicionalidade.

Entretanto, a situação grega veio a sofrer profundo agravamento, revelado na não consecução das metas acordadas para 2011, o que fez renascer dúvidas sobre o futuro do euro e da sua zona.

Já antes da acentuação da crise da Grécia os mercados haviam visado países como a Itália e a Espanha, dando a entender que a crise tende a alastrar, em lugar de se confinar a pequenas economias periféricas. O "efeito de contágio" de economias em situação mais crítica para as que estão na linha imediata do problema torna particularmente difícil uma previsão sobre a evolução da crise.

Até agora, as experiências de Portugal e da Irlanda que, tal como a Grécia, já recorreram ao auxílio financeiro do exterior, mas que estão a ter comportamento mais favorável nos respectivos processos de consolidação financeira, constituem porventura sinais de esperança em toda esta crise.

5. A defesa da zona euro passa pela acentuação dos controlos dos orçamentos nacionais e pelo reforço dos mecanismos de auxílio financeiro aos países em dívida. A este propósito, tem-se falado na necessidade de criação de um "governo económico europeu", realidade dotada de ingredientes supranacionais. Ora, se é certo que a internacionalização da integração política não deixa de ter traços federais, não se trata obviamente da instituição dos "Estados Unidos da Europa", como o propugnam os fervorosos adeptos do federalismo europeu puro e duro. As mudanças ora propostas situam-se muito aquém de um passo decisivo desse sentido.

A moeda comum, mesmo sob o impulso pragmático traduzido pela conhecida expressão "one market, one money", era, na realidade, em si mesma, um forte impulsor da solução federal. Nela coexistiam a perspectiva instrumental da integração dos mercados e, por forma menos confessada, a visão existencial da fusão de soberanias. Mas a realização da última não foi sequer prevista, em face da aparente suficiência da adopção do euro, e do Pacto de estabilidade que a acompanhou.

6. Cedo se afirmaram, a propósito da política monetária, as críticas em torno da característica "one size fits all", de que se revestia a política do Banco Central Europeu.

Apesar de tudo, a inadequação que aquela política revelava em relação a certas economias desajustadas do comportamento médio da zona euro não parece ter assumido particular gravidade. É que os mercados absorveram – prematuramente, como se viu – a ideia da uniformidade de condições das economias da zona euro, revelada na prática inexistência, durante anos, de um "spread" nas emissões da dívida pública dos países mais fracos em relação às da Alemanha.

A demarcação entre os Estados "gastadores" e o bloco dos países apegados ao rigor financeiro tornou-se manifesta com as dificuldades da Grécia, a contaminação afectando a Irlanda e Portugal. E a incredulidade dos mercados quanto à eficácia e à suficiência das medidas acordadas no seio da zona euro amplificou a crise, tendo-se suscitado dúvidas sobre a capacidade e a vontade dos Estados-membros de porem termo à crise e evitarem a desagregação da zona.

7. Não podemos deixar de recordar que, em escritos que datam de há mais de uma década, advertimos para as dificuldades que representaria a acessão do país à união monetária, nessa altura em fase preparatória, e para o desafio que tal acessão constituía, exigindo reformas estruturais orientadas para a produtividade e a competitividade.

E avisámos dos perigos que adviriam de o endividamento em relação ao exterior atingir um peso tal que chocasse com a barreira da recusa dos potenciais credores em concederem mais empréstimos.

Os problemas do défice em relação ao exterior não desapareceram magicamente pela circunstância de um país estar rodeado do conforto de partilhar uma moeda forte e internacionalmente prestigiada. Se as crises cambiais, como tais, deixariam de se fazer sentir, passariam a assumir significativa expressão os momentos críticos decorrentes de excessivo endividamento, ligados precisamente a perdas de competitividade.

8. Como o demonstra o facto de uma dezena de países da União Europeia ainda hoje se encontrar fora da zona euro, mantendo a moeda própria e as funções tradicionais da banca central, a moeda única não era indispensável para se fazer funcionar o mercado interno.

Vista agora a mais de dez anos de distância, e contando já com um ano e meio da crise das dívidas soberanas, afigura-se que a união monetária foi uma construção incompleta e possivelmente prematura – prematura porque quando se lançou não tinha sido atingido um grau aceitável de homogeneidade das economias participantes; incompleta porque o federalismo monetário não se fez acompanhar da dose mínima de regulação financeira supranacional.

9. É manifesta a relativa inutilidade do Tratado de Lisboa em face da actual crise. Não cabe aqui enunciar os seus vícios e as suas insuficiências. O Tratado constituiu uma tentativa de fazer ressuscitar o dispositivo institucional da Constituição europeia sem submissão a referendos nacionais, e com a eliminação dos símbolos que apelavam à visão de uma construção federal. Infelizmente, perdeu-se a oportunidade de se dar desenvolvimento à caracterização e funcionamento da união económica

PAULO DE PITTA E CUNHA

e monetária. E passou-se ao lado de uma afirmação clara de solidariedade intra-europeia

O desinteresse da opinião pública europeia em face do Tratado de Lisboa foi evidente. Mas também já a entrada em circulação do euro tinha sido acolhida, alguns anos depois de Maastricht, com benigna indiferença (para não falar de certas reacções favoráveis à moeda nacional, como se observou no caso da Alemanha).

10. A crise financeira de 2008, nascida nos Estados Unidos, e cuja marco introdutório terá sido a falência do Lehman Brothers, teve importantes reflexos na situação da Europa. Os países foram incitados, inclusivamente pelas instituições europeias, a seguir políticas expansionistas para sustentar o emprego e prevenir os riscos de recessão. E alguns deles, como foi o caso de Portugal, da Irlanda e da Grécia, acumularam dívidas em relação ao exterior, sobretudo nos anos recentes, que suscitaram interrogações sobre a respectiva solvência.

Assim se deu, desencadeada pela Grécia, a crise das dívidas soberanas – situação que não se antevira quando da concepção da união monetária.

A zona euro, composta por dezassete dos Estados membros da União Europeia, apresentava, e continua a apresentar grandes diferenças, havendo países com a marca de apreciável rigor financeiro e outros considerados esbanjadores. Esta clivagem não pode senão ser acentuada em presença da visível falta de controlos a nível central dos orçamentos nacionais.

11. O principal problema que se suscita em torno dos planos de austeridade é o de se "avistar a luz ao fundo do túnel". As medidas restritivas do consumo e do investimento, com especial incidência no sector público, são, elas mesmas, geradoras de uma conjuntura recessiva e dissuasoras da actividade económica. Por seu turno, a recessão, traduzindo-se numa quebra do ritmo da economia, implica redução de receitas públicas. Tornar-se-á, então, necessário um esforço suplementar de austeridade, e assim por diante. Ora, tem de sair-se de um círculo vicioso deste tipo. Mas, para tal, tornar-se-á indispensável recorrer de novo ao auxilio externo, só que desta vez centrando-se este em medidas de estímulo ao crescimento e às exportações.

O cumprimento rigoroso do plano de austeridade, que foi condição de outorga do auxílio externo inicial, permite colocar o país numa posição credível com vista a nova negociação, desta vez visando fundamentalmente o retorno do crescimento.

12. Tem-se verificado uma lenta evolução – lenta, pois os mercados e as agências de "rating" não esperam – no sentido da compreensão, por parte dos decisores políticos europeus, da necessidade de ultrapassar as intenções punitivas dos programas de austeridade, tendendo a assumir-se uma visão mais ampla e mais solidária, em que ao auxílio externo é conferida a específica função de apoiar o crescimento económico.

E quando se fala dos "decisores políticos europeus", logo se pensa na Alemanha que tem chamado a si, perante o relativo apagamento da França e da Comissão europeia, a abordagem dos problemas na zona euro .

Um dos pontos que criticámos em relação à Constituição europeia, e depois ao Tratado de Lisboa, foi a tendência para afirmação de um directório dos grandes países – Alemanha, França e Reino Unido.

Dado o alheamento britânico em relação à temática da moeda única, aquele directório tem-se resumido, na presente fase de crise, aos dois outros. Mas a relativa fraqueza da França, sublinhada pela dúvida que ameaça o seu "rating" de AAA, leva a que, na realidade, a chave das decisões resida na Alemanha. Ainda recentemente, "The Economist" caricaturava as figuras da Chanceler Merkel e do Presidente Sarkozy, aquela conduzindo uma poderosa motocicleta, o último acompanhando-a passivamente no "side car" ...

Ora, não é saudável, nem representa nada de bom para a afirmação das soberanias nacionais, que os destinos da União Europeia recaiam nas mãos de um único país.

13. Não está excluída a necessidade de revisão dos Tratados, designadamente no sentido de se consagrarem, em sede de união económica, ingredientes do que foi atrás referido como o "governo económico europeu".

Advirta-se, no entanto, que a revisão constitui um processo moroso e não isento de riscos. E sublinhe-se que o êxito desta progressão da integração depende da retomada de um espírito de solidariedade, o qual esteve bem vivo nos primórdios da construção europeia, mas que hoje, infelizmente, se encontra ofuscado pela reafirmação de egoísmos nacionais.

14. O que é particularmente inquietante é a circunstância de, contrariamente às experiências de países como a Espanha, a Irlanda e a própria Grécia, a economia portuguesa não ter crescido – nem sequer a 1% ao ano –, na década que se seguiu ao lançamento do euro. Note-se que esta quase estagnação abrange os próprios anos em que se processou o

PAULO DE PITTA E CUNHA

impulso da procura proporcionado pela adopção das taxas baixas dimanadas do Banco Central Europeu: como o mostra o persistente desequilíbrio da balança corrente, grande parte do aumento do consumo e de investimento ter-se-á filtrado para o exterior sob a forma de importações.

Uma coisa é certa. A política de austeridade não basta, embora seja um instrumento essencial para a recuperação do equilíbrio das contas públicas nacionais. A austeridade tem limites e provoca efeitos recessivos. É indispensável um programa suplementar visando impulsionar o crescimento, conter o desequilíbrio da balança de pagamentos e reduzir o desemprego – programa que deveria comportar significativa componente de auxílio externo, definido em termos não punitivos, e configurando-se, de algum modo, como uma compensação da perda do instrumento cambial por efeito da participação na união monetária. Sem este programa suplementar, o país que, por forma insustentável e prematura, se envolveu nas benesses de um modelo social avançado, corre o risco de resvalar para o subdesenvolvimento e para a baixa permanente dos níveis de vida.

15. Nas vésperas do Conselho Europeu de 26 de Outubro de 2011, a Europa encontrava-se numa encruzilhada altamente perigosa. Ou se tomavam as decisões necessárias para superar por forma credível a presente crise das dívidas soberanas, ou se evidenciaria uma incapacidade de obter as soluções convenientes, e estaria aberto porventura o caminho para a desintegração.

Neste segundo cenário, profundamente pessimista, poderia assistir-se ao estilhaçamento da zona euro, à convulsão do mercado interno e, porventura, à extinção da própria União Europeia, pelo menos na configuração de integração intensa que hoje possui.

16. Felizmente, o Conselho produziu decisões firmes, revelando pela primeira vez a intenção inequívoca de se superar a crise.

As medidas aprovadas envolvem a redução da dívida soberana da Grécia para nível considerado sustentável, a muito grande ampliação da capacidade do Fundo Europeu de Estabilização Financeira (visando-se aqui muito em especial prevenir o "efeito de contágio" a países grandes), e a recapitalização dos bancos atingidos pelas perdas sofridas com a reestruturação da dívida grega. Veremos se isto basta para acalmar os mercados de modo duradouro.

17. Ora, resolvidos, pelo menos por agora, os problemas mais instantes da estabilidade do euro e da dívida soberana da Grécia, as dificuldades não se dissiparam em relação a Portugal, sendo cedo para que se considere afastada a hipótese de um segundo pedido de auxílio, apoiado este na prévia demonstração da capacidade de se atingir a consolidação orçamental.

Embora o volume da sua divida soberana seja de grandeza comparável ao que resultará para a Grécia da sua reestruturação, o País passa, na verdade, a estar na primeira linha de exposição aos mercados.

18. O "Memorando de Entendimento", que está na base do auxílio externo a Portugal, enuncia medidas de politica económica e financeira que configuram basicamente um programa de austeridade, só por forma marginal contemplando o objectivo de crescimento. E, aqui, a proposta de "desvalorização fiscal", que era o "flagship" das providências visando a competitividade, acabou por ser posta de lado, por não se encontrarem contrapartidas adequadas do lado das receitas.

Ora, o volume do presente auxílio é muito provavelmente insuficiente, sendo os prazos definidos demasiado curtos. Portugal, que já foi contaminado, precisa de mais tempo e de mais apoio para regressar aos mercados e voltar a crescer.

19. Tudo isto se passa numa altura em que o mundo assiste ao crescimento, aparentemente imparável, da China, cuja economia, segundo análises recentes, poderá ultrapassar a dos Estados Unidos antes de 2020, e também de outros países emergentes de forte progressão demográfica, o que constitui um alerta para o reforço da união da Europa – união que, sendo, quanto a nós, altamente desejável que se ressalve a presença internacional dos Estados que a compõem, e não atingindo consequentemente o estádio de uma federação típica, deverá comportar acrescidos elementos de carácter supranacional, que assegurem o funcionamento eficaz da sua vertente económica. Tais elementos serão, assim, introduzidos por razões pragmáticas, e não propriamente para fazer renascer o velho "sonho europeu", associados como estão a um desesperado combate, no terreno, à crise das dívidas soberanas.

Lisboa, 27 de Outubro de 2011

PORTUGAL E 25 ANOS DE INTEGRAÇÃO EUROPEIA

PAULO PORTAS

O modelo actual de integração económica e política da União Europeia resulta da evolução ao longo de várias décadas de diferentes condicionantes históricas e políticas. Representa, neste momento como no passado, um equilíbrio entre, por um lado, a vontade dos Estados-membros continuarem a ter um papel central no processo decisório da União e, por outro, o aprofundamento do projecto de integração europeia, consubstanciado na "união cada vez mais estreita" a que se referem os Tratados.

Neste sentido, em cada momento, o modelo de integração europeia define o consenso político entre as duas forças contraditórias que, desde o início, formaram a Comunidade, primeiro, e a União, depois.

Até agora, cada nova crise no modelo económico ou político vigente traduziu-se em avanços no processo de integração. Por exemplo, os anos de estagnação com inflação do fim dos anos 70 e do início dos anos 80 deram origem ao projecto do mercado único, como forma de libertar potencial de crescimento. A dificuldade em garantir a sustentabilidade de um mercado único perante desvalorizações cambiais sucessivas de alguns países levou ao projecto da moeda única. A necessidade de que os cidadãos se reconheçam na construção europeia, que ela não fosse apenas uma matéria de interesse para empresas, levou a avanços da maior importância na área da cidadania, como a eleição parlamento Europeu por voto directo, o direito de eleger e ser eleito nas eleições municipais do Estado-membro de residência e de beneficiar de protecção diplomática de qualquer Estado-membro no território de países terceiros, a criação provedor europeu e, mais recentemente, a criação da iniciativa de cidadania europeia. O Acordo de Schengen veio permitir que os cidadãos circulassem livremente na Europa sem necessidade de serem controlados nas fronteiras internas dos Estados-membros. Mas com isso tornou-se necessário reforçar a cooperação policial e a criação de uma política comum de imigração e asilo.

Estes avanços na consagração de uma cidadania europeia põem a claro a identidade europeia, a qual, sendo diferente da identidade nacional, existe sempre como uma realidade em construção. Nos primeiros anos do projecto europeu, esta identidade centrava-se tanto na consciência comum dos sofrimentos da guerra, e da vontade de que ela não se repetisse, como na vontade de liberdade política, e económica, por contraposição ao totalitarismo imposto pela URSS no leste do continente.

Hoje, existem outras formas de identidade europeia. Por um lado, existe um entendimento em cada país europeu, mesmo nos mais fortes, que são pequenos neste mundo globalizado, no qual gigantes como a Índia ou a China retomam lugares que foram historicamente seus. Mas existe também uma outra identidade, embora ainda difusa. Que há um modelo económico e social europeu. Que, apesar de todas as dificuldades presentes, a Europa é um dos melhores sítios do mundo para se viver. Finalmente, existe ainda uma outra identidade em construção. Que passa por programas como o ERASMUS. No ano lectivo 2009/2010 mais de 200 mil jovens europeus participaram nestes programa, dos quais 5400 portugueses. Estes milhões de jovens vão entrando no mercado de trabalho e vão aproximar as nossas vidas como nunca no passado.

A adesão de Portugal à então Comunidade Económica Europeia constituiu o principal factor de desenvolvimento económico e social do país durante os últimos 25 anos, tendo contribuído decisivamente para a modernização, crescimento e estabilidade do país. A opção europeia foi no pós-25 de Abril objecto de um largo consenso no espectro político nacional. Permitiu, em boa medida, ajudar a consolidar definitivamente a democracia portuguesa e a promover a modernização social do país, num processo de convergência com a média europeia.

Portugal registou, desde então, uma melhoria significativa em indicadores de desenvolvimento humano (a taxa de mortalidade infantil passou de 15,8 0/00 em 1986 para 2,4 0/00 em 2010, a esperança média de vida à nascença passou de 73,4 anos em 1986 para 79,2 anos em 2009) na rede de infra-estruturas do país (com o resultado, por exemplo, da redução drástica da sinistralidade rodoviária), na qualificação dos recursos humanos e na taxa de escolarização dos cidadãos. Por outro lado, a participação na União Europeia – nomeadamente o acesso à liberdade de circulação, a participação em programas europeus de intercâmbio, o acesso a fundos estruturais – favoreceu a abertura e o progresso económico, cultural e social do país, transformando a sociedade portuguesa numa sociedade mais moderna, dinâmica e com uma mobilidade social nunca vista na história portuguesa.

Também a nível puramente económico, é inegável que a adesão de Portugal às Comunidades constituiu uma importante alavanca para o desenvolvimento do país, com um desempenho, nos primeiros anos de integração, muito positivo e em convergência real com a média do PIB per capita dos restantes Estados-membros. O PIB português cresceu, até 1999, sempre acima da média da UE (com excepção do ano de 1993). O PIB per capita a preços constantes praticamente duplicou desde a adesão até aos nossos dias (aumentou de 8.314€ em 1985 para 15.232€ em 2010). Em percentagem, o nosso país passou de 54,3% da média da União a 15 para 72,5% em 2010 (PPS). Este período foi marcado pela redução da taxa de inflação para mínimos históricos – no ano de 1986 situava-se nos 13,1% e em 2010 foi de 1,4% – pela diminuição das taxas de juro (sobretudo a partir de 1995) que se situavam em 1986 na ordem dos 15,8%, pela atracção de mais investimento estrangeiro e pelo aumento da produtividade do trabalho.

No momento actual que a Europa atravessa, marcado pela sua situação económica, importa, no entanto, focarmo-nos na União Económica e Monetária. A moeda única, tal como os demais avanços na integração acima referidos, assentou numa opção política, que a concebeu como um dos elementos fundamentais do processo de integração política.

Recorde-se que o projecto da União Económica e Monetária tem a sua origem no Tratado de Maastricht, assinado em 1992. Este Tratado definiu os critérios de convergência económica a que todos os Estados-membros estariam sujeitos para poderem adoptar a moeda única, tendo ainda sido criados mecanismos para coordenar a condução da política orçamental e a implementação de reformas estruturais, que permaneceram na esfera de competências nacional. A actual crise veio reforçar a ideia de que os mecanismos criados para forçar a coordenação mais estreita das políticas nacionais, como o Pacto de Estabilidade e Crescimento, não foram totalmente eficazes.

Assim, tendo em vista o reforço do projecto da moeda única, os Estados-membros da área do Euro têm vindo a desenvolver esforços para criar novos mecanismos e procedimentos que permitam melhor dar resposta aos desafios da partilha da mesma moeda num espaço económico e político diverso e, tanto quanto possível, minimizar o impacto de futuras crises.

Por isso, foi aberto o caminho para uma revisão limitada dos Tratados, que permita sintetizar as alterações institucionais entretanto realizadas, bem como introduzir novas mudanças na governação económica da área do Euro.

Neste capítulo, temos defendido o reforço da integração no pilar económico da União Económica e Monetária enquanto necessidade tornada evidente com a crise. Assim sendo, torna-se fundamental assegurar que o processo de revisão dos Tratados tenha um resultado equilibrado, que não consubstancie apenas o reforço da dimensão punitiva da govenação económica.

Na actual situação económica em que nos encontramos e num espírito de solidariedade e de responsabilidade pelos compromissos assumidos, temos o interesse e o dever de continuar a promover o aprofundamento da integração política na União Europeia e a garantir a participação activa nesse aprofundamento. Os custos políticos, económicos e sociais de um afastamento dos núcleos centrais da integração europeia seriam incomportáveis para a economia e para a sociedade portuguesa, designadamente, a nível do sector financeiro, da capacidade de cumprir os compromissos assumidos com os nossos credores, da sustentabilidade das finanças públicas, da capacidade exportadora do país, em suma, do bem-estar social de todo o país.

O FUTURO CONSTRUÍDO HOJE
UMA UNIÃO NECESSÁRIA

PAULO SANDE

25 anos podem ser tempo suficiente ou tempo nenhum. Mas o quarto de século de pertença de Portugal à União constitui em si mesmo, nas suas vicissitudes e nas transformações ocorridas, fundamento decisivo para uma forte certeza: a de que o futuro da Europa e dos seus povos está intrinsecamente ligado ao futuro da União Europeia (UE) e das suas políticas e que esse futuro assenta necessariamente num modelo de muito maior integração.

Em 1985, antes da adesão de Portugal e Espanha, as (então designadas) Comunidades Europeias eram constituídas por dez países, ocupando pouco mais de um terço do espaço geográfico europeu. Mais importante, as políticas comunitárias concentravam-se no espaço de livre circulação dos factores da economia, vulgo mercado comum, liberdade de circulação essa bastante limitada por inúmeros obstáculos de facto e diminuta em matéria de capitais e até de serviços. A política agrícola comum (PAC) consumia mais de 70% do orçamento da CE, orçamento esse sujeito anualmente a controvérsias devastadoras, com o recurso frequente ao regime de duodécimos provisórios ou à sua ameaça. Fora da economia de um mercado comum e das políticas conexas, como a agrícola, a regional e a social, as Comunidades Europeias pouco mais competências tinham. Os cidadãos europeus encontravam fronteiras em cada deslocação dentro do continente e nenhuns direitos lhes eram outorgados pelo facto de pertencerem a uma união de povos e estados. E o Parlamento Europeu (PE), apesar da eleição dos seus membros desde 1979, limitava-se a ser um co-decisor orçamental com limitações.

Vinte e cinco anos mais tarde, são 27 os membros da União, que ocupam de norte a sul, de este a oeste, mais de dois terços do território do continente. A UE tem hoje competências – próprias, partilhadas ou até complementares – em virtualmente todos os domínios de organização social, do ambiente ao desporto, da protecção dos consumidores à exploração espacial; a PAC representa cerca de 40% do orçamento (esperando-se que a próxima reforma, em discussão, a reduza para menos de 30%). O mercado é hoje interno e abrange de forma alargada todos os factores, com total abolição de fronteiras para os cidadãos, beneficiários de um estatuto próprio de cidadania europeia; os jovens têm acesso a programas de mobilidade como o Erasmus ou o Comenius; e o PE é um verdadeiro co-legislador juntamente com o Conselho de ministros.

Sim, a Europa e a União mudaram radicalmente nos últimos 25 anos, sempre no sentido de muito maior integração. As razões para esse aprofundamento nada têm a ver com o voluntarismo das elites ou a obsessão de líderes "iluminados": a razão é o fim do controlo pela Europa – e o Ocidente em geral – dos recursos finitos do planeta. Tudo começou com a "grande abertura", para usar a expressão de David Landes[1], que cita Francisco Lopes de Gomara: "A maior coisa desde a criação do mundo, excepto a encarnação e a morte d'Aquele que o criou, é a descoberta das Índias". Descoberta, achamento, abertura, pouco importa a terminologia; certo é o agente dessa descoberta ou achamento – o homem do ocidente europeu – ter adquirido a partir de então, e muito rapidamente, a supremacia sobre os povos do Mundo. Supremacia económica, militar, política, cultural até, lembrando a universalização dos valores, das referências ocidentais (na música, na arquitectura, na pintura) e até do seu modelo de organização política, o Estado-nação. E o Ocidente impôs-se à concorrência, usando por vezes a sua superioridade militar, e impôs os seus padrões de troca: o domínio da economia mundial e a exploração privilegiada dos recursos do planeta enriqueceram os povos da Europa e os seus descendentes no novo Mundo muito para além de qualquer proporção razoável.

---

[1] Em *A riqueza e a pobreza das nações*, versão portuguesa 2002, Gradiva, Lisboa.

O FUTURO CONSTRUÍDO HOJE – UMA UNIÃO NECESSÁRIA

Esse domínio terminou. E a adaptação, depois de 30 anos gloriosos[2] e da queda de um certo Muro, tem-se revelado complicada. Uma coisa parece certa e pode facilmente ser confirmada pela simples consulta de um mapa: o continente europeu, excluída a Rússia (que não é europeia nem asiática, mas simplesmente russa), é pequeno, tem poucos recursos, não tem muita gente. A escala dos Estados-nação da Europa, mesmo dos maiores, não pode comparar-se aos grandes países, logo, aos grandes mercados: a Rússia tem 17 milhões de km2, o Canadá quase dez, os EUA 9,6 milhões, a China nove milhões e meio, o Brasil menos um milhão, a Austrália 7,6 milhões. No sétimo lugar surge uma tal União Europeia... com menos de quatro milhões de km2! O maior país da UE é a França, em 45º lugar, com menos de 600 mil km2. Quanto à população, China e Índia têm ambas mais de um milhar de milhão de pessoas. A Alemanha é 16ª da lista, com 81 milhões. E se há recursos no continente europeu, com a excepção do petróleo do mar do Norte estão quase todos na Rússia. A Europa pesa pouco e arrisca-se à irrelevância.

A integração europeia fez-se por uma necessidade: impedir a continuação da "guerra civil" permanente no continente. Essa necessidade não surgiu apenas no rescaldo das duas guerras mundiais do século XX; muitas soluções foram propostas ao longo dos séculos, "uniões europeias" avant la lettre: recorde-se Vítor Hugo ou Saint-Simon, Lafayette, Benjamin Franklin, Pierre Dubois ou até, há quase seis séculos, o rei boémio Podebrod. A necessidade de fazer a paz e de estabelecer o equilíbrio do desenvolvimento levou por fim, em 1950, à declaração de uma "união cada vez mais estreita" entre os povos europeus.

Declarou-se – e fez-se. Mas não teria sido possível sem dois factores cruciais: uma comum identidade europeia, difusa mas certa, feita de um sentido de origem milenar, com raízes históricas, culturais, sociais, políticas; de casamentos e divórcios; de trocas comerciais e rotas comerciais, descobrimentos e achamentos, personagens célebres partilhadas, pestes, revoluções; de uma economia partilhada num espaço relativamente exíguo. O segundo aspecto decisivo foi uma convergência económica visível nos primeiros seis membros, mais difusa nos três seguintes – logo compensada pela criação do fundo de desenvolvimento regional, FEDER –, incerta e frágil após a adesão de Grécia, Portugal e Espanha (et pour cause!), apesar da criação de um novo recurso estrutural, o Fundo de Coesão, e

---

[2] "Les trente glorieuses années" do crescimento euro-ocidental entre 1950 e 1980.

desesperantemente divergente com o recente alargamento a 10 novos países do leste europeu. Sem uma identidade comum, que não exclusiva nem predominante, a integração europeia nunca teria sido possível, sem uma aproximação dos níveis de desenvolvimento torna-se perigosamente instável e precária.

Um país melhor
Importaria talvez avaliar correctamente o que para o nosso país representou a adesão, neste ano que assinala 25 anos de pertença ao projecto europeu. Sem dispor de um estudo aprofundado e relevante, é outrossim possível observar de modo empírico uma série de factos elucidativos:

Portugal é hoje, para melhor, um país diferente do que era em 1985; apesar da crise, o nosso produto per capita é superior, possuímos infraestruturas incomparavelmente mais desenvolvidas, bem como uma melhor oferta de serviços públicos e acesso a bens de consumo. O país modernizou-se, flexibilizou-se – também nos costumes, na mentalidade, na abertura aos novos paradigmas da comunicação, como a Internet e as redes sociais –, adaptou-se à realidade actual. Ao mesmo tempo, sem ter sido capaz de criar as defesas adequadas à tentação do consumo e do recurso fácil ao crédito em períodos de grande liquidez, Portugal e os portugueses endividaram-se como nunca antes tinham feito. A adesão à zona económica e monetária (UEM) e a partilha de uma moeda única com (actualmente) dezasseis países e economias quase todas mais desenvolvidas do que a nossa, fez parte desse percurso e foi sem dúvida uma razão para o crescimento excessivo da nossa dívida pública.

Esse erro estamos a pagá-lo e caro. Mas façamos um exercício de previsão retrospectiva, falível mas o único possível, para avaliar as razões de tal erro, um exercício a que poderíamos chamar de heurística da interpretação da adesão à moeda única. São inúmeros os documentos, pareceres e livros que demonstram que quase todos os especialistas, comunitaristas e economistas que se envolveram na discussão – alimentando, directa ou indirectamente, a escolha dos decisores políticos – estavam convictos da bondade da entrada de Portugal no euro. Repito: quase todos. Apenas a título de exemplo, eis o que escreveu Cavaco Silva em 1999: trata-se (o euro) de "um passo de gigante no aprofundamento da integração europeia (...), decisivo no reforço do papel da UE na cena internacional e da realização da união política (...) Helmut Kohl chegou a afirmar que a realização da união monetária europeia era uma questão de guerra e paz, o que

O FUTURO CONSTRUÍDO HOJE – UMA UNIÃO NECESSÁRIA

dá uma ideia da relevância política do projecto (...) todos estes benefícios da criação da união monetária são de carácter permanente e traduzem-se em aumento da eficiência económica, favorecem o comércio intracomunitário, incentivam o investimento e reforçam a competitividade europeia (...) os benefícios são de natureza microeconómica (...), os custos situam-se ao nível da gestão macroeconómica (...), resultam do facto de os Estados perderem a possibilidade de manobrar os instrumentos monetários ou a taxa de câmbio nominal para prosseguir objectivos próprios para estabilização da produção ou do emprego (...)". E reconhecendo os riscos de choques assimétricos, considerava que os seus efeitos seriam atenuados pela "(...) maior integração, profundidade e liquidez dos mercados financeiros europeus induzida pela moeda única (...)"[3]. Não espantam estas opiniões, pois nenhuma experiência histórica ou dados de natureza homóloga ou sequer parecida com a complexidade da construção europeia existiam que permitissem uma avaliação correcta e consequente dos efeitos potenciais da criação de uma união monetária daquela natureza.

Recorde-se que a teoria económica sobre zonas monetárias é recente: criou-a Robert Mundell nos anos 60 do século vinte. O conceito central é o da zona monetária óptima, aquela em que as regiões ou países envolvidos reagiriam de forma homogénea a quaisquer estímulos económicos externos, incluindo aos choques mais violentos. Mundell considerava aliás como ideal um sistema mundial de zonas monetárias (presumivelmente óptimas ou perto disso), cada uma dotada de moeda única e mobilidade interna dos factores, com as respectivas moedas interligadas por câmbios flexíveis. Infelizmente, nem na história se encontram, nem existem na generalidade dos países modernos, modelos ideais de zonas monetárias óptimas. Há quase sempre diferenças de desenvolvimento entre regiões ou partes da economia das diferentes entidades políticas – dos Estado-nação -; pense-se em Itália, na Alemanha (oeste/leste), em França, em Espanha, nos EUA, pense-se em quem quiser e abundam os exemplos. Qual é então a diferença entre esses países e essas economias e a UEM europeia? Tem dois nomes, interligados: união política e união de transferências.

[3] Cavaco Silva, Aníbal, *União Monetária Europeia – Funcionamento e Implicações*, Verbo, Lisboa/ /São Paulo, 1999, citações de págs. 13, 24 e 100.

PAULO SANDE

Nos anos 90, a criação do euro, suscitava interrogações mas parecia indispensável[4]. Era uma consequência política da construção europeia e dos acontecimentos da década de 80 (a queda do Muro, o fim do Mundo bipolar); uma necessidade económica ligada ao desenvolvimento do mercado interno (e recordo que há muito os europeus buscavam uma solução para as ineficiências da libertação da circulação dos factores no espaço interno[5]); e uma consequência inevitável da globalização. Na verdade, e em relação a estes três factores, nada mudou: o euro – em si mesmo uma extraodinária e bem sucedida moeda internacional – é um factor político crucial para a afirmação europeia no Mundo, decisivo para o bom funcionamento do mercado interno europeu (por sua vez, o coração e a alma da UE), é um eixo estruturante da resposta de três dezenas de pequenos países, ainda dotados de economias poderosas mas já não detentores da chave da economia global, ao desafio global de um Mundo cada vez mais rápido, dominado por escalas cada vez maiores (demográficas, territoriais, em recursos). Mais do que saber se a união monetária europeia se devia ter feito, a questão é saber com quem se devia ter feito.

A Grécia tinha condições para aderir? Se calhar não[6]. E Portugal? Infelizmente, trata-se mais uma vez de um exercício fútil (porque inútil). E sejamos francos: alguém acredita que Portugal, ainda que tivesse ficado fora do euro, deixaria de aproveitar o período de extraodinária liquidez do sistema financeiro internacional que durou entre finais do século e 2008, ano em que as bolhas do sistema rebentaram com fragor (nos EUA, convém lembrar), para se endividar "alegremente"? Não parece credível. E até prova em contrário, sem deixar de ser uma crise do euro, a crise europeia é sobretudo uma crise da dívida. Muitos economistas gostam de afirmar que Portugal (ou a Grécia), caso tivessem mantido os tradicionais instru-

[4] Convém lembrar que houve sempre quem considerasse a construção de uma zona monetária europeia um erro fatal: foi o caso, em Portugal, de João Ferreira do Amaral, um dos poucos que se manteve constante na sua opinião.

[5] A criação de mecanismos cambiais para melhorar o funcionamento dos mercados é aliás muito antiga: já na Grécia antiga, inúmeras cidades-estado clássicas tentaram estabelecer formas de regulação da flutuação do valor das respectivas moedas; o século XIX está cheio de experiências dessa natureza, como a união latina, a união nórdica, a zollverein; no séculos XX floresceram as "serpentes no túnel"; e a Europa tentou a UEM logo nos anos 70, contentou-se com um mecanismo de controlo cambial (o SME) que soçobrou nos anos 90, antes de iniciar a actual experiência de união monetária.

[6] São inúmeras as opiniões nesse sentido, até o Presidente francês o disse publicamente na última semana de Outubro de 2011.

554

O FUTURO CONSTRUÍDO HOJE – UMA UNIÃO NECESSÁRIA

mentos de política cambial – podendo desvalorizar ou aumentar o fluxo monetário –, estariam hoje em situação diferente: com maior competitividade diminuiria o défice externo, reduzindo-se o fosso para as restantes economias e, com isso, a dívida externa. É uma previsão impossível de demonstrar, mas parece óbvio que a dimensão actual das dívidas de muitos países soberanos desmente essa possibilidade. Países há que devem, só em dívida pública (a externa é outro problema, claro, que aumenta a preocupação), muito mais do que a riqueza total que produzem em cada ano, tornando impossível a sua redução com meras medidas de aumento da competitividade, até pelo infernal ciclo vicioso que se instala – dívida, perda de credibilidade, diminuição do crédito, mais serviço da dívida, mais dívida. Infelizmente, como ensinam todos os exemplos de falências soberanas, a única solução é empobrecer, mais ou menos violentamente. Mas esse não é assunto para este texto.

Em resumo, sim, a zona euro – ou melhor, a construção de uma união económica e monetária europeia – é a única via adequada às ambições dos homens e mulheres do Ocidente, em que se inclui toda a Europa. Pode falhar? Pode e essa hipótese nunca foi tão forte. Mas se falhar, a Europa, toda ela, os maiores e mais ricos países incluídos, iniciará uma doce (ou nem por isso) decadência, com os padrões de vida, o extraodinário sistema social, a ímpar dimensão cultural, niveladas por baixo, muito por baixo. Haverá guerra, como afirmaram tantos europeus nos últimos meses? Talvez seja um exagero, pode ser que sim, mas não é possibilidade que se deva excluir: o continente europeu não é propriamente pacífico ; e, neste caso, a previsão até possui abundantes "âncoras" fornecidas pela história mais ou menos recente.

Essa não será provavelmente a herança que a actual geração de europeus gostaria de deixar aos vindouros. E é por isso tão importante lutar e lutar com coragem, espírito de sacrifício e valor, por aquilo que a União Europeia, contra ventos e marés, foi já capaz de criar: um mercado, um espaço de liberdade, segurança e justiça, políticas comuns e uma visão de futuro.

O FUTURO DA POLÍTICA SOCIAL EUROPEIA: ENTRE EFICÁCIA E NORMATIVIDADE*

PEDRO ADÃO E SILVA

1. Como chegámos até aqui?

A expressão "modelo social europeu" é frequentemente mobilizada no debate público, ainda que com sentidos políticos diversos. Se por um lado há quem veja nela um elemento positivo e distintivo do espaço europeu por relação a outros espaços políticos e económicos, há, por outro, quem responsabilize este modelo pelas dificuldades de ajustamento das economias políticas europeias. Mas, para além da retórica política, há o conjunto das políticas sociais europeias, que compõem uma realidade bem mais complexa.

A diversidade é talvez a marca distintiva mais forte da política social dos Estados-membros. Se bem que haja princípios partilhados pelo conjunto dos países que integram a União (Hemerijck, 2002), estes manifestam-se de modo diverso, quer em termos institucionais, quer políticos. Esta diversidade tem levado vários autores a identificarem diferenças importantes nas economias políticas europeias, com consequências para o

---

* Este texto foi elaborado para o workshop, "Estratégia de Lisboa pós-2010", realizado em 26 de Junho de 2009. Agradeço a Carlos Zorrinho, bem como a Arminda Neves, o convite para animar uma das sessões do workshop e para preparar este texto. Devo à Patrícia Cadeiras, bem como aos participantes no workshop, um conjunto de comentários relevantes ao texto.

modo como é produzido o bem-estar. São estas diferenças que nos permitem identificar três modelos dominantes de Estado Providência na Europa – o social-democrata, o corporativo e o liberal (Esping-Andersen, 1990) –, que podem ser declinados em cinco, se considerarmos dois outros que correspondem mais a espaços geográficos do que a princípios políticos dominantes – o da Europa do Sul (Ferrera, 1996; Adão e Silva, 2002) e o dos países do alargamento a Leste (Guillén e Palier, 2004).

Esta diversidade na organização institucional e nos princípios políticos em que se encontram encastradas as políticas sociais domésticas, por si só, tem representado um grande obstáculo aos objectivos de harmonização e/ou convergência da política social ao nível europeu. Mais de cinquenta anos de integração, o essencial das áreas sociais continua a ser controlado pelos Estados-nação, em importante medida porque os processo de formação dos Estados e a consolidação das democracias se confundem com o desenvolvimento das políticas sociais (Flora, 1986; Baldwin, 1990).

Estes obstáculos de base nacional foram, contudo, acentuados pelas escolhas iniciais do processo de integração. No período de fundação da União, o objectivo era construir uma comunidade económica, temperada por alguma integração política, de forma a garantir a paz. Para além de algumas tentativas tímidas de responder a uma suposta ameaça de 'dumping social', as dimensões sociais presentes nos Tratados limitavam-se à remoção de obstáculos à criação do mercado único, pelo que, no essencial, respondiam a requisitos funcionais decorrentes da integração económica e da concretização das quatro liberdades (Geyer, 2000; Hantrais, 2000; Kleinman, 2002).

Esta secundarização da componente social no processo de integração, quando comparada com outras áreas, foi sendo, aliás, plasmada nos Tratados, levando a que seja possível falar de uma 'assimetria constitucional' entre, por exemplo, o tipo de maiorias necessárias à integração social, quando comparadas com aquelas em que foi assentando a integração económica.

Ainda que o essencial dos obstáculos iniciais se mantenha, impedindo que se fale de um 'modelo social europeu' partilhado e integrado (à imagem do que se passa com as políticas monetária (McNamara, 2005) ou agrícola (Rieger, 2005)), a política social europeia já não ocupa hoje o estatuto de 'Cinderela', onde boas intenções e grandes princípios conviviam com pouca acção.[1] Se bem que a política social continue, em aspectos essenciais, a ser competência soberana dos Estados-membros, esse vínculo doméstico coexiste, hoje, com um sistema Europeu complexo e a vários níveis que, progressivamente, transformou os Estados Providência de entidades soberanas em entidades semi-soberanas (Leibfried e Pierson, 2000). Um dos aspectos decisivos desta nova entidade composta pelo conjunto das políticas sociais europeias é que, contrariamente ao que era tradição nos Estados Providência europeus, o essencial das suas competências é de natureza reguladora e não redistributiva (Majone, 1996; Wincott, 2003), com a actuação centrada nas condições de trabalho, na igualdade de género e na segurança e higiene no trabalho, secundarizando, consequentemente, o que eram tradicionalmente os aspectos centrais das políticas sociais de base nacional (ex. as prestações substitutivas do rendimento e o emprego).

2. Onde nos encontramos?

2.1. A Estratégia de Lisboa e a europeização das políticas sociais domésticas

O conjunto destes obstáculos tem levado a que, ao longo dos tempos, tenham sido seguidos caminhos alternativos na integração das políticas sociais europeias. Estes caminhos assentaram numa opção política mais ou menos explícita para contornar os obstáculos em lugar de os enfrentar ou remover. Perante a natureza essencialmente intergovernamental do projecto de construção Europeia, a Comissão, com um impulso particularmente intenso durante o consulado de Jacques Delors (Ross, 1995), estabelecendo coligações de geometria variável com alguns Estados-membros, foi ao longo do tempo promotora de um conjunto de iniciativas que, ainda que com escasso carácter vinculativo, foi eficaz na disseminação de um legado cognitivo nas políticas sociais – designadamente através de diversos instrumentos de 'soft-law'.

A Estratégia de Lisboa, aprovada em 2000, pode ser adequadamente descrita como o exemplo mais ambicioso para ultrapassar alguns dos

---

[1] Naquilo que se tornou uma definição muito popularizada, Lange definiu a política social europeia como uma história de "good intentions, high principles and little action" (Lange, 1993).

principais bloqueios que tem enfrentado a integração das políticas sociais sem os enfrentar, optando por contorná-los. Após os anos de investimento na Europa Social, que se confundem com a Presidência de Jacques Delors, e numa altura em que o processo de Maastricht era a face mais visível da integração, a Estratégia de Lisboa funcionou como um contrapeso à integração económica e monetária. Não por acaso, Lisboa foi descrita como sendo o equivalente funcional para o Estado Providência de Maastricht para a política monetária e orçamental. Além do mais, e na sequência do que já havia acontecido um par de anos antes, com a introdução de um capítulo sobre emprego no Tratado de Amesterdão, a Estratégia de Lisboa é o resultado de uma constelação política no Conselho favorável ao aprofundamento da dimensão social europeia. Nesse sentido, Lisboa representa também a consolidação de um processo em que a dimensão social se desenvolveu evoluindo de mecanismos de 'spill-over' funcionais para 'spill-over' políticos (Van der Meer and Van Riel 2002).

A Estratégia de Lisboa, na sua formação inicial, combinava um objectivo político, uma ambição estratégica e um método comum de implementação das políticas.

Para além do objectivo político de reforçar de forma integrada a face social da Europa, a Estratégia de Lisboa tinha como ambição a modernização da economia europeia, alterando o seu padrão de especialização – através do investimento em I&D – e combinando esse objectivo como uma dupla sustentabilidade – social e ambiental. O método para alcançar estes objectivos assentava na consolidação de vários mecanismos conhecidos pela sua capacidade de disseminar a mudança cognitiva, designadamente através da troca de boas práticas, da definição de 'benchmarks' e da avaliação inter-pares. Ainda que com uma fraca componente vinculativa, o método aberto de coordenação (MAC) – que havia sido testado com a Estratégia Europeia para o Emprego – surgia como forma eficaz de concretizar a ambição estratégica de Lisboa.

Cinco anos passados do seu início, a revisão da Estratégia de Lisboa teve como marca distintiva uma redução do seu pendor social. Na sequência do relatório Kok, de 2004, assistiu-se a uma valorização da estratégia de crescimento e de criação de emprego, ao mesmo tempo que perdia importância relativa uma série de instrumentos marcadamente sociais. O argumento de que, após 2005, a Estratégia de Lisboa evoluiu de uma natureza social-democrata para uma neo-liberal assenta, essencialmente, no facto de ter havido uma fusão das directrizes macro-económicas com as do emprego, à qual correspondeu uma prevalência das primeiras (Zeitlin e Pochet, 2005).

Mas uma coisa é a natureza política da Estratégia de Lisboa, outra, bem diferente, é o tipo de efeitos que produziu nas políticas públicas domésticas. De modo a perspectivar o tipo de soluções virtuosas e eficazes que podem ser tomadas com o horizonte 2020, é necessário saber: a) Qual foi a capacidade da Estratégia de Lisboa para europeizar as políticas nacionais? b) Assistiu-se a um processo de convergência ou a incorporação nacional das pressões europeias foi assimétrica? c) Que tipo de efeitos é possível identificar?

Os defensores da coordenação suave, tal como plasmada no MAC e consolidada com a Estratégia de Lisboa como forma legítima e eficaz de 'governance', tendem a afirmar que, pese embora a sua natureza fracamente vinculativa, este método de Europeização das políticas domésticas é eficaz e produz de facto mudança. Essencialmente por se tratar de uma forma contextualizada de 'benchmarking' (Visser e Hemerijck, 2003), em que o desenvolvimento dos "planos nacionais de acção" é feito através de um método complexo de feedbacks permanentes durante o seu processo de elaboração e de implementação.

Este método, antes do mais, contrasta com o tradicional 'método comunitário', no qual as soluções eram vinculativas e uniformes, pouco sensíveis à diversidade nacional (reconhecidamente um dos obstáculos mais fortes à integração nas áreas sociais). Depois, facilita o desenvolvimento de políticas em áreas onde as competências europeias são escassas e/ou onde a regulação é pouco viável (isto porque a sua natureza é mais flexível do que os tradicionais "processos de co-decisão" ou as "negociações intergovernamentais" (Hemerijck, 2008)). Assim, o MAC teria como objectivo desenvolver um modelo social europeu, mas através de um conjunto de objectivos negociados, em lugar de serem impostos ou assentes nas declarações solenes, mas essencialmente vagas, que tradicionalmente resultam das Cimeiras europeias (Vandenbroucke, 2002).

De acordo com diversos autores, o potencial deste método passa pela sua capacidade de promover a 'aprendizagem social'. O MAC teria criado um consenso, cuja natureza era essencialmente cognitiva, entre os diversos Estados-membros em torno dos desafios comuns, objectivos e modos de os enfrentar. Através da avaliação inter-pares, dos "bench-marks" e da identificação de boas práticas, a coordenação suave tenderia a produzir mudança material, com impacto no *policy-making* doméstico (Jacobsson,

2004; López-Santana, 2006; Bruno et al, 2006; para uma revisão, veja-se Zeitlin, 2005).

No entanto, uma coisa é a leitura normativa, outra é o que de facto sabemos hoje sobre o modo como o MAC transformou as políticas sociais de base nacional. Isto é, que efeitos produziu de facto.

A evidência empírica desvaloriza o impacto directo dos mecanismos de aprendizagem social (veja-se o volume editado por Kvist e Saari, 2007). Para o caso português, por exemplo, defendo noutro sítio que a capacidade da Europeização suave reformatar o quadro cognitivo nacional, promovendo determinadas formas para implementar políticas sociais, depende da preexistência de um legado cognitivo Europeu prévio (Silva, 2009). Em áreas onde ao longo dos anos a Europa influenciou de facto as políticas sociais nacionais (nomeadamente por força da presença dos recursos financeiros associados ao Fundo Social Europeu, que tendem a materializar pressões, *a priori*, suaves), os mecanismos de 'soft-law' tenderam a contribuir para a transformação das políticas nacionais – por exemplo, conferindo legitimidade aos princípios "exportados" pela União Europeia.

Neste sentido, é possível defender, na esteira de diversos autores e com base em análises empíricas do que ocorreu em vários Estados-membros, que o impacto da Estratégia de Lisboa nas áreas sociais se centrou mais na melhoria das condições institucionais e políticas domésticas para reformar as políticas públicas – redistribuindo poder a favor dos actores nacionais com preferências políticas alinhadas com as prioridades europeias – do que em mecanismos de aprendizagem suave assentes na partilha de boas práticas entre pares.

Deste ponto de vista, podem distinguir-se dois conjuntos de mecanismos através dos quais a política social europeia de modo mais genérico e a componente social da Estratégia de Lisboa mais especificamente se revelaram particularmente eficazes na mudança das políticas domésticas.

Um primeiro tem a ver com o que pode ser definido como o papel "capacitador institucional" das políticas europeias. Este papel sente-se de modo particularmente intenso em países onde a Europa é valorizada positivamente, quer simbólica, quer politicamente (o que tende a acontecer nos casos em que adesão, consolidação democrática e melhoria das condições de vida se interligam (Royo e Manuel, 2003).

Esta capacitação institucional ocorre de dois modos:

Através de mecanismos de 'blame avoidance' – i.e. situações em que os Estados-membros invocam um compromisso ou uma imposição vinculativa para levarem a cabo reformas impopulares, responsabilizando a Europa por determinadas opções que, autonomamente, não são capazes de assumir (exemplos destes mecanismos ocorreram em particular no reforço da sustentabilidade dos sistemas de pensões (Ferrera e Gualmini, 2000) ou na reorganização e modernização dos serviços públicos de emprego de modo a cumprir as directrizes europeias (ex. Silva, 2009).

Através da "oferta" de um racional para as reformas nacionais. A existência de directrizes europeias, articuladas em torno de pilares e de prioridades, que por sua vez se traduziram em planos nacionais de acção, permitiu a muitos Estados-membros um exercício de planificação, em ciclos plurianuais, das suas políticas sociais domésticas, em áreas onde isso acontecia escassamente e/ou de modo pouco coerente.

Um segundo tipo de mecanismo de europeização das políticas sociais domésticas em face da 'soft-law' remete para lógicas de redistribuição de poder tipicamente associadas a pressões exógenas provenientes de entidades supra-nacionais (à imagem do que acontece com o FMI e a OCDE (Beyeler, 2004). Se é possível dizer que frequentemente, e muito por força da natureza essencialmente intergovernamental da integração, os consensos políticos europeus são resultado de constelações de preferências domésticas, logo há uma interacção positiva entre o que é a agenda europeia e o que são os objectivos políticos dos Governos nacionais, também há uma capacidade autónoma da política europeia em funcionar como 'agenda-setter', nomeadamente através de 'amplificadores selectivos'. A definição de prioridades ao nível europeu, pelo capital político e simbólico que lhe está associado, redistribui poder a favor de actores nacionais, designadamente aqueles que têm preferências alinhadas com as agendas europeias. Por sua vez, estes podem utilizar esse alinhamento para amplificar selectivamente as opções europeias, tornando-as centrais nas agendas domésticas (ao mesmo tempo que estes actores adquirem eles próprios uma nova centralidade, ao nível político ou da administração).

A descrição do tipo de mecanismos a operar em face das pressões suaves que caracterizam a componente social da Estratégia de Lisboa é importante na medida em que o reconhecimento do modo como a Estratégia de Lisboa contribuiu para a europeização das políticas nacionais é fundamental para a potenciação da eficácia do que possa ser adoptado com o horizonte 2020 como referência.

2.2. Os constrangimentos à integração social hoje

Mas uma coisa é sabermos quais foram os impactos e os mecanismos que se revelaram mais eficazes na promoção da mudança, outra, bem diferente, são os constrangimentos que persistem e que limitam objectivamente o aprofundamento da integração social.

No passado, como sustentei na primeira parte deste texto, a construção de um modelo social europeu, correspondente a uma transferência de responsabilidades e competências dos Estados-membros para a esfera europeia, esteve sempre inibida por força da 'assimetria constitucional' presente desde os momentos fundadores, da prioridade ao mercado único, da diversidade institucional e política e da ausência de consenso político. Se aquando da aprovação da Estratégia de Lisboa, e aliás ainda beneficiando do investimento político na Europa social que caracterizou o consulado Delors (Ross, 1995), aparentemente muitos dos constrangimentos do passado estavam a ser ultrapassados, ou pelo menos havia sido encontrada uma forma virtuosa para os contornar. Hoje, não só muitos deles parecem ter regressado, como estamos perante novos, cuja intensidade é, aliás, superior.

À cabeça, naturalmente, a actual crise económica e financeira. Para além de diminuir os recursos disponíveis necessários a uma estratégia comum ao nível social, tem sido reveladora da natureza intergovernamental da União Europeia e das dificuldades em consensualizar e fazer convergir respostas políticas. O denominado 'plano Barroso' é, desse ponto de vista, paradigma das dificuldades europeias.[2] Em primeiro lugar, por ficar bem aquém do que uma crise com esta profundidade e extensão requereria; depois, porque é mais um repositório de um conjunto de preferências nacionais, algumas delas de sentido contrário, do que uma resposta integrada. Aliás, isto leva a que todos os Estados-membros se revejam selectivamente no plano, recorrendo a ele para legitimar as suas opções domésticas, muitas delas prévias à aprovação do mesmo. Se este facto pode ser encarado como um constrangimento, revela também os caminhos possíveis para o processo de integração. Perante a incapacidade de encontrar respostas comuns, coerentes e tendencialmente convergentes, os Estados-membros procuram fazer reflectir as suas preferências nacionais na Europa para, posteriormente, com isso reforçarem a sua capacidade polí-

---

[2] Tal como a Cimeira do Emprego (Maio 2009), anunciada como grande evento pela Presidência Checa e que acabou por realizar-se apenas ao nível da Troika e sem medidas concretas.

tica e institucional na implementação dessas mesmas políticas, invocando o elemento legitimador europeu.

Um segundo constrangimento, que aliás se encontra interligado com o anterior, prende-se com a crescente fragmentação da paisagem política europeia. O processo de construção europeia, desde o início, mas de modo particularmente intenso no aprofundamento da sua componente social, assentou num amplo consenso entre as duas famílias políticas dominantes – democratas-cristãos e social-democratas. Ora esse consenso já não existe nos moldes do passado e tem sido manifestamente impossível reinventar uma constelação política favorável à construção de uma Europa social. Não por acaso, nos mecanismos onde é mais difícil progredir sem participação do Conselho, os progressos sociais têm sido quase inexistentes – como prova a paralisia na utilização do método comunitário, o que leva a que seja aliás difícil recordar qual foi a última directiva social a ser aprovada.

Um terceiro constrangimento remete para as sucessivas vagas de alargamento. Se os seis Estados fundadores pertenciam todos à mesma família de Estado Providência (corporativa), os sucessivos alargamentos têm incrementado a diversidade institucional nas questões sociais, inibindo a integração nestas áreas. De facto, parece haver um *trade-off* mais ou menos implícito entre alargamento e aprofundamento da integração para além do mercado único (ou pelo menos dos requisitos funcionais necessários ao funcionamento do mercado único). A opção por tornar a União um espaço político bem mais amplo – com todas as vantagens associadas – limita objectivamente a ambição de aprofundar a integração das políticas sociais. Além do mais, esta opção tem objectivamente potenciado coligações entre Estados-membros que, historicamente, têm resistido aos progressos na integração social (ex. Reino Unido), aqueles que por força da conjuntura política doméstica defendem a mesma posição (ex. Holanda e Dinamarca) e os que têm padrões sociais menos exigentes e vêem nisso uma vantagem competitiva (ex. os do alargamento a Leste), fazendo regressar a ameaça de *dumping* social (cuja concretização, no passado, nunca foi, de facto, comprovada (Guillén e Matsaganis, 2000)).

Este conjunto de constrangimentos tem tido vários efeitos. O primeiro dos quais é o reforço de alguns dos obstáculos tradicionais ao desenvolvimento de um política social comum. Depois, tem levado a uma degradação progressiva dos equilíbrios políticos nas áreas sociais. Não por acaso, nos últimos anos a União Europeia tem-se revelado incapaz de aprovar instrumentos de hard-law através do 'método comunitário' nas áreas sociais; aquilo que era o 'segundo pilar' da política social europeia (i.e. o diálogo social ao nível comunitário) também se encontra paralisado, sendo difícil encontrar uma directiva resultante da concertação ao nível europeu, após o final da década de noventa. Finalmente, no contexto do terceiro pilar (i.e. a europeização através da 'soft-law') temos assistido a uma crescente fragmentação de processos, à qual tem estado associada uma crescente invisibilidade nacional das estratégias europeias (ex. a marginalização no contexto dos serviços públicos de emprego das directrizes europeias, após uma fase inicial na qual eram eixos centrais para da sua acção).

3. Um caminho com futuro

Deve a dimensão destes constrangimentos ser considerada de tal ordem que nos leva a tomar como inviável que a União Europeia desempenhe qualquer tipo de papel de facto consequente nas políticas sociais dos Estados-membros?

Aos momentos de mudança política fundamental corresponde-ram sistematicamente janelas de oportunidade para alterar as políticas europeias. Como sugere Hemerijck (2008), isso acontece umas vezes no sentido de uma maior europeização das políticas nacionais, noutras iniciando processos de re-nacionalização. Estamos inequivocamente perante um desses momentos e o futuro encarregar-se-á de dizer em qual dos dois sentidos ocorrerão as mudanças. Se bem que a experiência dos últimos anos aponte no sentido da re-nacionalização, tal não implica que abdiquemos de contrariar a tendência recente. Contudo, a eficácia desse objectivo requer uma combinação adequada de realismo com reconheci-mento quer do que falhou, quer do que se revelou eficaz, nomeadamente desde 2000.

Há um conjunto de questões cuja resposta me parece relevante para que se combine realismo e eficácia na integração social, permitindo com isso antecipar quais os passos possíveis de serem dados com o horizonte 2020.

Será a mistura de 'hard law', 'diálogo social' e 'soft-law' associada ao MAC e que se consolidou nos últimos anos, passível de responder, de modo virtuoso, aos desafios sociais dos próximos tempos, ainda mais numa Europa alargada? Até onde é possível absorver a diversidade através da Agenda de Lisboa? São os processos de avaliação inter-pares e os ins-trumentos assentes em *benchmarking* exequíveis numa Europa a 27? Será o alargamento gerível sem colocar em causa os adquiridos sociais? Haverá capacidade financeira e administrativa para acompanhar o processo de alargamento sem o regresso do risco de 'dumping social'?

3.1. Lições dos últimos dez anos e o horizonte 2020

Em primeiro lugar, há um *trade-off* evidente entre, por um lado, grandes objectivos e ambições de carácter normativo e, por outro, capacidade de, de facto, europeizar as políticas domésticas. Isto é, há uma primeira opção que tem de ser tomada: perceber que os tempos não estão para grandes proclamações sobre a superioridade normativa de um hipotético modelo social europeu ou que apontem no sentido de harmonizar políticas sociais à imagem do que acontece noutras áreas de políticas.

Nesse sentido, o que se passou recentemente com o 'plano Barroso' para resposta à crise, sendo revelador das insuficiências e constrangimentos para a harmonização de respostas, deve ser encarado com realismo. A União Europeia continua a ter uma grande capacidade para formatar as agendas nacionais, pelo que os Estados-membros devem fazer o possível por reflectir as suas preferências domésticas no nível comunitário. Como no passado, isso servirá para capacitar institucionalmente os Estados--membros para levarem a cabo reformas que, sem o papel legitimador e de "recurso de poder" da Europa, dificilmente seriam capazes de implementar. O modo como os mecanismos suaves associados à Estratégia de Lisboa se revelaram mais eficazes na europeização das políticas – capacitação institucional e redistribuição de poder – deve levar a que se potencie essas dimensões, ainda que isso implique algum regresso ao intergovernamentalismo ou, pelo menos, a coligações de geometria variável entre Estados-membros e a Comissão.

No entanto, este reflexo da agenda nacional no nível europeu não deve implicar necessariamente que se abandone uma ambição comum, que vá para além da expressão dos diversos interesses nacionais.

Uma das debilidades que se tem intensificado prende-se com a perda de saliência política dos processos europeus ligados às políticas sociais. Muito provavelmente, a forma mais eficaz de criar *momentum* e trazer de novo as áreas sociais para o topo da agenda política europeia é encontrar um objectivo programático que, sendo mobilizador, permita conciliar perspectivas políticas eventualmente divergentes. Neste contexto, a etiqueta 'flexigurança', ao combinar institucionalização da negociação com um equilíbrio entre protecção social com adaptabilidade, é um recurso que não foi plenamente explorado e que continua a ser, nos tempos recentes, a experiência mais conseguida de integração nas áreas sociais.

Uma outra linha que também foi abandonada (aliás, há mais tempo), mas que poderia ser recuperada, é a que ficou conhecida como o segundo pilar da política social europeia. A ideia de diálogo social autónomo e bipartido, tal como promovido por Delors, permite, ao mesmo tempo, reintroduzir a negociação como estratégia eficaz para ultrapassar alguns dos bloqueios que as economias políticas europeias enfrentam, mas, também, fazê-lo de modo diferenciado. Uma possibilidade é a de se procurar um diálogo social ao nível intermédio, que esteja para além do de base nacional, mas que não implique uma concertação a 27. Aliás, esta seria uma forma de ultrapassar alguns dos bloqueios decorrentes da diversidade institucional. Uma possibilidade realista seria, por exemplo, acordos de geometria variável, que envolvessem apenas os países que partilham características institucionais comuns ou que têm preferências políticas do mesmo tipo. Esta progressão em *clusters*, se bem que possa ser vista como um passo para a fragmentação interna, é talvez a única forma exequível de contrariar uma tendência forte para a re-nacionalização das questões sociais, designadamente em áreas mais "duras" das políticas sociais, como seja a das pensões ou da regulação laboral.

Um outro eixo – que além do mais reflecte claramente as preferências políticas domésticas – passa por, mantendo a centralidade do tema emprego, complementá-lo com outras dimensões sociais.

A formação de activos continua a ser um eixo central quer para a competitividade das economias europeias, quer para a própria coesão social. Ainda que seja desejável que haja, a este nível, um reforço da coordenação suave, esta pode bem ser uma área onde seria possível avançar através da instituição de um direito a um mínimo comum, por exemplo, através da fixação de um número de horas por ano para formação dos activos. Contudo, em lugar desse mínimo assentar num instrumento vinculativo, que não apenas seria difícil de fazer aprovar, como enfrentaria problemas na implementação, poderia sim assentar em acordos entre parceiros sociais, ainda que diferenciados para conjuntos de países.

Os níveis de desigualdade continuam a ser uma das debilidades estruturais do espaço europeu. No entanto, estes coexistem com uma incapacidade da União para desenvolver respostas comuns ou, no mínimo, para concertar diagnósticos e boas soluções. A este propósito, temos hoje não apenas diversas abordagens e indicadores, como a sua recolha e publicitação tem uma periodicidade que é objectivamente distante do tempo das políticas públicas. Estes factos, por um lado, originam uma dispersão de diagnósticos que acaba por ser pouco mobilizadora, por outro, colocam entraves à formação de políticas eficazes na diminuição das desigualdades. Explorar-se a hipótese de criar uma linha de pobreza europeia, absoluta, operacionalizada em paridades de poder de compra (sensível às diversidades nacionais e regionais), poderia ser uma forma de mobilizar a sociedade para o combate à pobreza, ao mesmo tempo que aumentaria a saliência política do tema.

Referências

BEYELER, Michelle (2004), 'Introduction: a comparative study of the OECD and European states' in Armingeon, Klaus and Michelle Beyeler (eds), *The OECD and European Welfare States*. Cheltenham: Edward Elgar. Chapter 1. pp. 1-12.

BRUNO, Isabelle; Sophie JACQUOT and Lou MANDIN (2006), 'Europeanization through its instrumentation: benchmarking, mainstreaming and the open method of co-ordination ... toolbox or Pandora's box?' in *Journal of European Public Policy*. 13:4, June. 519-536.

ESPING-ANDERSEN, Gøsta (1990), *The Three Worlds of Welfare Capitalism*, Cambridge: Polity Press, 1996.

FERRERA, Maurizio (1996), 'The Southern model of welfare in social Europe', *Journal of European Social Policy*, vol. 6, nº 1, pp. 17-37.

FERRERA, Maurizio and Gualmini, Elisabetta (2000), 'Italy: rescue from without?' in Scharpf, Fritz W. and Schmidt, Vivien A. (eds.), *Welfare and Work in the Open Economy – diverse responses to common challenges*, vol. II, Oxford: Oxford University Press. Pp. 351-398.

Geyer, Robert R. (2000), *Exploring European Social Policy*. Cambridge: Polity Press.

GUILLÉN, A.M. and MATSAGANIS, M. (2000) "Testing the 'social dumping' hypothesis in Southern Europe: welfare policies in Greece and Spain during the last 20 years". *Journal of European Social Policy*, 10, 2, pp. 120-145.

GUILLÉN, Ana and Palier, Bruno (2004), "Does Europe matter? Accession to EU and Social policy developments in recent and new member states" in *Journal of European Social Policy*, 2004 14/3.

HANTRAIS, Linda (2000), *Social Policy in the European Union*. London: Macmillan Press.

HEMERIJCK, Anton (2002), 'The self-transformation of the European social model(s)' in Esping-Andersen, Gosta et al. (eds), *Why We Need a New Welfare State*. Oxford: OUP. Pp. 173-213.

HEMERIJCK, Anton (2008), *Deepening Social Europe through Legal Pluralism*. Unpublished paper.

JACOBSSON, Kerstin (2004), 'Soft regulation and the subtle transformation of states: teh case of EU employment policy' in *Journal of European Social Policy*. Vol. 14 (4). Pp. 355-370

KLEINMAN, Mark (2002), *A European Welfare State? – European Union Social Policy in Context*. Hampshire: Palgrave.

KVIST, Jon and Saari (2007), *The Europeanisation of Social Protection*. Bristol: Policy Press.

LEIBFRIED, Stephan e Paul Pierson (2000), 'Social Policy' in Wallace, Helen and William Wallace, *Policy-Making in the European Union*. Oxford: OUP. pp. 267-292.

LÓPEZ-SANTANA, M. (2006), "The domestic implications of European soft law: framing and transmitting change in employment policy', *Journal of European Public Policy*, Vol. 13, No. 4. pp. 481-499.

MAJONE, Giandomenico (1996), *Regulating Europe*. London: Routledge.

RHODES, Martin (2005), "Employment policy: between efficacy and experimentation", in Wallace, H. *et al.* (eds.), *Policy-making in the European Union*, Fifth Edition. Oxford: Oxford University Press. pp. 279-304.

ROSS, G. (1995), *Jacques Delors and European Integration*, Polity Press, Cambridge.

ROYO, Sebastián and Paul Christopher Manuel (2003), 'Some Lessons from the fifteenth anniversary of the accession of Portugal and Spain to the European Union' in Royo, Sebastián and Paul Christopher Manuel (eds), *Spain and Portugal in the European Union – the first fifteen years*. London: Frank Cass. Pp. 1-29.

SILVA, Pedro Adão e (2002), 'O modelo de welfare da Europa do Sul: reflexões sobre a utilidade do conceito' in *Sociologia – Problemas e Práticas*, nº 38. Oeiras: Celta Editora.

SILVA, Pedro Adão e (2009), *Waving the European Flag in a Southern European Welfare State: Factors behind domestic compliance with European social policy in Portugal*. Phd Dissertation presented at the EUI.

WINCOTT, Daniel (2003), 'The idea of the European social model: limits and paradoxes of Europeanization' in in Featherstone, Kevin e Claudio Radaelli (eds.), *The Politics of Europeanization*. Oxford: OUP. Chapter 12. Pp. 279-302.

ZEITLIN, Jonathan (2005), 'The open method of co-ordination in action: theoretical promise, empirical realities, reform strategies' in Zeitlin, Jonathan and Philippe Pochet (eds), *The Open Method of Coordination in Action – The European Employment and Social Inclusion Strategues*. Brussels: P.I.E. – Peter Lang.

BREVES REFLEXÕES SOBRE O ESTATUTO DA COMUNIDADE EUROPEIA COMO MEMBRO DA ORGANIZAÇÃO MUNDIAL DO COMÉRCIO

PEDRO INFANTE MOTA

"The realization that WTO law is omnipresent in the everyday activities of the Commission DGs, as well as the services of the Council and the European Parliament, clearly indicates that there is an emerging WTO culture, which started to dominate the law-making process within the Community"[1].

1. Introdução

Para além de assinalar o ano de adesão de Portugal às Comunidades Europeias, 1986 marca igualmente o início do Ciclo do Uruguai, o mais ambicioso ciclo de negociações comerciais multilaterais de sempre.

Previsto para durar quatro anos, o ciclo de negociações acabou por durar oito anos[2] e, por isso, o Ciclo do Uruguai só ficou formalmente concluído em 15 de Abril de 1994, com a aposição pelos ministros de 117 paí-

---

[1] Antonis ANTONIADIS, *The European Union and WTO law: a nexus of reactive, coactive, and proactive approaches*, in World Trade Review, 2007, pp. 78-79.

[2] O que levou, aliás, a que o Acordo Geral sobre Pautas Aduaneiras e Comércio passasse a ser alcunhado de *General Agreement on Talks and Talks*.

ses e os representantes da Comunidade Europeia da sua assinatura na Acta Final.

Com a sua entrada em funções no início de 1995, a Organização Mundial do Comércio (OMC) e os diversos acordos comerciais passaram a constituir o fundamento institucional e jurídico do sistema comercial multilateral, consagrando não só os princípios e regras que devem nortear a actividade dos governos nacionais em matéria de comércio internacional, mas também o quadro institucional ao abrigo do qual as relações comerciais entre os países evoluem através de um processo colectivo de debate, de negociação e de decisão[3].

Por comparação com o GATT de 1947[4], o qual não abarcava todos os sectores do comércio internacional nem todas as restrições passíveis de dificultar as trocas entre os países, o alcance material do sistema comercial multilateral passa a ser, com a entrada em funções da OMC, consideravelmente mais amplo, trazendo de volta ao sistema sectores antes "marginalizados" (a agricultura, os têxteis e o vestuário), incluindo regulamentações obrigatórias para todos os membros em domínios como os obstáculos técnicos ao comércio, as medidas antidumping, as subvenções e as medidas de compensação, as medidas de salvaguarda, as regras de origem, etc., e estendendo as regras e disciplinas do sistema comercial multilateral aos serviços e direitos de propriedade intelectual relacionados com o comércio, matérias nunca antes sujeitas às regras do GATT de 1947.

É sabido que a Comunidade Europeia teve um papel muito importante no processo negocial atinente ao Ciclo do Uruguai[5]. A própria criação da Organização Mundial do Comércio, que não estava prevista na declaração inicial de Punta del Este, e cuja proposta de criação, avançada pelo Canadá, obteve um grande apoio da Comunidade Europeia e a expe-

---

[3] Pedro Infante MOTA, *O Sistema GATT/OMC: Introdução Histórica e Princípios Fundamentais*, Almedina, Coimbra, 2005.

[4] GATT é a sigla inglesa para Acordo Geral sobre Pautas Aduaneiras e Comércio. É geralmente aceite que a data relevante para efeitos do art. 30.º da Convenção de Viena sobre o Direito dos Tratados, de 23 de Maio de 1969, é a data de conclusão de um tratado, independentemente do facto de o tratado poder ter sido ratificado, ou entrado em vigor, em momentos diversos. Assim sendo, no caso do Acordo OMC, a data relevante é o dia 15 de Abril de 1994 e não o dia 1 de Janeiro de 1995, data da sua entrada em vigor e daí falar-se em GATT de 1994 e não de 1995, valendo o mesmo raciocínio para o GATT de 1947, que, recorde-se, entrou em vigor no dia 1 de Janeiro de 1948.

[5] Hugo PAEMEN e Alexandra BENSCH, *Du GATT à l'OMC: La Communauté européenne dans l'Uruguay Round*, Leuven University Press, 1995.

riência desta a respeito da construção do mercado interno foi fundamental para a conclusão de alguns dos novos acordos saídos das negociações comerciais multilaterais (por exemplo, dos acordos relativos aos serviços, compras públicas e obstáculos técnicos ao comércio).

2. O acordo que cria a OMC

Não obstante PAUL DEMARET entender que o Acordo de Comércio Livre da América do Norte, mais conhecido pela sigla NAFTA, é provavelmente o acordo regional que respeita mais o texto do artigo XXIV do GATT[6] e de os Estados Unidos não reconhecerem a Comunidade Europeia como uma união aduaneira[7], a Comunidade Europeia é o único bloco económico regional membro da OMC[8]. A explicação pode ser encontrada principalmente nos seguintes factos: o NAFTA não se encontra dotado de personalidade jurídica e o respectivo acordo institutivo não prevê a criação de um mercado interno nem de uma política comercial comum.

Com a criação da Organização Mundial do Comércio, a Comunidade Europeia e os seus Estados-Membros são ambos referidos como membros originários da OMC (artigos IX, nº 1, e XI, nº 1, do Acordo que Cria

---

[6] PAUL DEMARET, The Reciprocal Influence of Multilateral and Regional Trade Rules: A Framework of Analysis, in *Regionalism and Multilateralism after the Uruguay Round. Convergence, Divergence and Interaction,* Paul Demaret, Jean-François Bellis e Gonzalo García Jiménez org., European Interuniversity Press, Bruxelas, 1997, p. 814.

[7] COMISSÃO EUROPEIA, *Report on United States Barriers to Trade and Investment,* Bruxelas, Dezembro de 2003, p. 6. Segundo o último relatório da Comissão Europeia sobre as barreiras encontradas nos Estados Unidos pelo comércio e investimento comunitário:

> "United States Customs does not recognise the European Union as a country of origin, nor does it accept European Union certificates of origin. In order to justify European Union country of origin status, European Union firms are required to furnish supplementary documentation and follow further procedures, which can be a source of additional costs" (cf. COMISSÃO EUROPEIA, *United States Barriers to Trade and Investment Report for 2008,* Bruxelas, Julho de 2009, p. 40).

Ao mesmo tempo, os Estados Unidos alegaram na OMC que a aplicação não uniforme da legislação aduaneira das Comunidades Europeias violava o disposto no nº 3, alínea *a),* do art. X do GATT de 1994. Cf. Relatório do Órgão de Recurso no caso *European Communities – Selected Customs Matters* (WT/DS315/AB/R), 13-11-2006, parágrafos 2-3.

[8] Apesar de o Acordo que Cria a OMC mencionar as Comunidades Europeias, apenas a Comunidade (Económica) Europeia era membro da OMC. Cf. Frank SCHORKOPF, Article XI WTO Agreement, in *WTO-Institutions and Dispute Settlement,* Rüdiger Wolfrum, Peter-Tobias Stoll e Karen Kaiser (eds), Max Planck Commentaries on World Trade Law, Max Planck Institute for Comparative Public Law and International Law, Martinus Nijhoff Publishers, Leiden/Boston, 2006, p. 140.

PEDRO INFANTE MOTA

a OMC)[9]. Mas, caso esteja em causa a adopção de uma decisão por votação, especifica-se numa nota de rodapé ao nº 1 do art. IX do Acordo que Cria a OMC que "o número de votos da Comunidade Europeia e dos seus Estados-Membros não ultrapassará, em caso algum, o número dos Estados-Membros da Comunidade Europeia". A Comunidade Europeia beneficia, assim, de um estatuto *sui generis* sempre que exerça o seu direito de voto e, como destaca SONIA ROLLAND, a circunstância de o número de votos da Comunidade Europeia ser equivalente ao número dos seus Estados-Membros:

> "multiplies the number of votes of an entity that, in terms of external trade, works as a single unit. Since the EC has one common external tariff, foreign trade is within the jurisdiction of the EC and members are therefore legally bound to speak with one voice, giving the EC twenty-seven votes seems logically inconsistent. This would be the functional equivalent to giving one vote per U.S. state"[10].

Na prática, a questão do número de votos não tem tido qualquer relevância. Isto porque, nos primeiros 16 anos de funcionamento da OMC, com excepção do caso da adesão do Equador (o primeiro país a aderir à OMC, depois da sua entrada em funções[11]), não ocorreu nenhuma votação. Mais, os membros da OMC não demonstraram vontade, até hoje, de decidir uma questão por votação quando não é possível chegar a uma deci-

---

[9] Na sequência da entrada em vigor do Tratado de Lisboa no dia 1 de Dezembro de 2009, a União Europeia sucedeu à Comunidade Europeia. Consequentemente, a União Europeia passou a exercer todos os direitos e a assumir todas as obrigações da Comunidade Europeia no âmbito da OMC. Em particular, a União Europeia sucedeu à Comunidade Europeia em todos os acordos concluídos e compromissos contraídos por esta com a OMC e em todos os acordos ou compromissos adoptados no seio da OMC vinculativos para a Comunidade Europeia. Finalmente, a delegação da Comissão Europeia acreditada perante a OMC passou a ser a "delegação da União Europeia". Cf. OMC, *Verbal Note from the Council of the European Union and the Commission of the European Communities* (WT/L/779), 30-11-2009.

[10] Sonia ROLLAND, *Developing Country Coalitions at the WTO: In Search of Legal Support*, in Harvard International Law Journal, 2007, p. 518.

[11] A adesão do Equador foi aprovada por uma maioria de 2/3. Cf. OMC, *Accession of Ecuador – Decision of 16 August 1995* (WT/ACC/ECU/5), 22-8-1995, p. 1. De acordo com LORAND BARTELS:

> "There was a postal ballot on the accession of Ecuador to the WTO, and this only took place because there were not enough Members present at the meeting to satisfy the rule, set out in Article XII:2 of the WTO Agreement, that decisions on accession be taken by two-thirds of the Members of the WTO". Cf. Lorand BARTELS, *The Separation of Powers in the WTO: How To Avoid Judicial Activism*, in International and Comparative Law Quarterly, 2004, pp. 864-865.

são por consenso[12]. Mesmo durante o conturbado processo de selecção do Director-Geral da OMC ocorrido em 1999, a reacção da maioria das delegações foi agitada e incluiu declarações do tipo "we don't vote here" quando os embaixadores de dois países asiáticos solicitaram uma votação[13]. Segundo um antiga directora do Secretariado do Órgão de Recurso, "the culture of the World Trade Organization forbids even thinking about voting"[14].

3. O sistema de resolução de litígios da OMC

A ausência de uma cláusula sobre a distribuição de competências pode ter como consequência que tanto a Comunidade Europeia como os seus Estados-Membros sejam responsáveis, do ponto de vista do Direito Internacional, pelo cumprimento de todas e de cada uma das disposições dos acordos da OMC[15]. No caso *Hermès*, por exemplo, o Advogado Geral Tesauro observa que:

---

[12] Claus-Dieter EHLERMANN e Lothar EHRING, *The Authoritative Interpretation Under Article IX:2 of the Agreement Establishing the World Trade Organization: Current Law, Practice and Possible Improvements*, in Journal of International Economic Law, 2005, p. 818.

[13] Manfred ELSIG, *Different facets of power in decision-making in the WTO*, National Centre of Competence in Research Trade Regulation – Swiss National Centre of Competence in Research, Working Paper No 2006/23, September 2006, p. 11.

[14] Debra STEGER, *The Culture of the WTO: Why It Needs to Change*, in Journal of International Economic Law, 2007, p. 488.

[15] Nem a Acta Final nem o Acordo OMC contêm qualquer cláusula sobre a distribuição de competências. A presença de cláusulas que definam os domínios de competência respectivos da Comunidade e dos Estados-Membros, na hipótese de participação conjunta num mesmo acordo, começa a ser cada vez mais frequente. Veja-se, por exemplo, a Convenção de Viena para a Protecção da Camada de Ozono, de 22 de Março de 1985, bem como a Terceira Convenção das Nações Unidas sobre o Direito do Mar, de 10 de Dezembro de 1982. Uma definição precisa e rigorosa do domínio das competências respectivas das Comunidades e dos seus Estados-Membros constitui, além disso, uma exigência a que as outras partes contratantes atribuem considerável importância, o que é comprovado, por exemplo, pelo estatuto da Organização das Nações Unidas para a Alimentação e Agricultura (FAO), tal como foi alterado para permitir a admissão da Comunidade, que se verificou em 26 de Novembro de 1991, como membro desta organização. Este estatuto exige, com efeito, uma declaração de competência onde se especificam as questões para as quais os Estados-Membros transferiram a competência para a Comunidade e sobre as quais, portanto, esta está habilitada a obrigar-se no plano internacional. Além disso, no plano interno, foi adoptado um entendimento "relativo à preparação das reuniões da FAO, às intervenções e aos votos", tendo por objectivo realizar a coordenação necessária entre a Comunidade e os Estados-Membros para efeitos do exercício das suas responsabilidades respectivas e/ou das intervenções sobre uma determinada questão. Este entendimento não se revelou, porém, capaz de eliminar qualquer oposição, como se verifica

PEDRO INFANTE MOTA

"(...) Não se pode (...) esquecer que a Comunidade e os Estados-Membros assinaram o conjunto dos acordos OMC e que, portanto, face aos Estados terceiros contratantes, são tanto uma como outros partes contratantes. Se é verdade, além disso, que a aprovação destes mesmos acordos em nome da Comunidade se limita 'às matérias da sua competência', é também verdade que nem a Acta Final nem o Acordo OMC contêm qualquer cláusula sobre a competência e que a Comunidade e os seus Estados-Membros são referidos como membros originários na mesma qualidade. Nestas condições, deveria admitir-se que os Estados-Membros e a Comunidade constituem, face aos países terceiros contratantes, uma única parte contratante ou, pelo menos, partes contratantes igualmente responsáveis relativamente a uma eventual não aplicação do acordo. A consequência manifesta é que, numa hipótese deste tipo, o alcance da repartição de competências é meramente interno (...)"[16].

O próprio Acordo OMC é um tratado que só pode ser aceite "as a whole"[17].

Porém, não obstante o Tribunal de Justiça das Comunidades Europeias ter declarado, no Parecer 1/94, que todos os acordos multilaterais sobre o comércio de mercadorias estavam compreendidos no âmbito da política comercial comum[18], alguns membros da OMC têm apresentado

pelo facto de o Tribunal de Justiça ter sido chamado a decidir de um litígio sobre a matéria (Acórdão de 19-3-1996, *Comissão/Conselho*, Processo C-25/94, Col. 1996, p. 1469).

[16] Conclusões do Advogado-Geral Tesauro apresentadas em 13 de Novembro de 1997, *Hermès International v. FHT Marketing Choice BV*, Processo C-53/96, parágrafo 14.

[17] Eva STEINBERGER, *The WTO Treaty as a Mixed Agreement: Problems with the EC's and the EC Member States' Membership of the WTO*, in European Journal of International Law, 2006, p. 856. O Acordo que Cria a Organização Mundial do Comércio tem 4 anexos: o Anexo 1, relativo aos acordos comerciais multilaterais e que abarca três anexos (o 1A referente às mercadorias; o 1B constituído pelo Acordo Geral sobre o Comércio de Serviços e o 1C referente ao Acordo sobre os Aspectos do Direito de Propriedade Intelectual relacionados com o comércio); o Anexo 2, relativo ao Memorando de Entendimento sobre as Regras e Processos que regem a Resolução de Litígios; o Anexo 3, respeitante ao Mecanismo de Exame das Políticas Comerciais e o Anexo 4, concernente aos Acordos Comerciais Plurilaterais (Acordo sobre o Comércio de Aeronaves Civis e Acordo sobre Contratos Públicos). Diferentemente dos acordos comerciais multilaterais, os acordos comerciais plurilaterais só criam direitos e obrigações para os membros da OMC que os tenham aceitado (art. II, nºs 2 e 3, do Acordo que Cria a OMC).

[18] Pese embora o estatuto de membro de pleno direito da Comunidade Europeia tenha sido reconhecido pelo Acordo que Cria a OMC, isso não significa que ela tenha passado a ter competência exclusiva em matéria de política comercial. O Parecer 1/94, emitido ao abrigo do

578

então artigo art. 228º, nº 6, do Tratado da Comunidade Europeia, apreciou a existência ou não de uma competência exclusiva da Comunidade para concluir os acordos multilaterais do Ciclo do Uruguai. Contrariando algumas expectativas, o Tribunal de Justiça das Comunidades Europeias produziu neste parecer uma jurisprudência que veio refrear certos ímpetos "comunitarizantes", limitando o âmbito da política comercial comunitária ao comércio de mercadorias e às prestações de serviços de carácter análogo aos fluxos de mercadorias. Carácter análogo esse que existiria apenas quando o serviço fosse prestado por um prestador estabelecido num país determinado a um beneficiário residente noutro país, isto é, sem que houvesse deslocação do prestador para o país do beneficiário (nem vice-versa), sem que houvesse deslocação de pessoas físicas nem presença comercial de uma das partes no território onde a outra se encontrava. Na medida em que essas deslocações ocorressem ou existisse a referida presença comercial, o Tribunal de Justiça considerou que nos encontraríamos em domínios que extravasavam do âmbito da política comercial comum, uma vez que o Tratado (então em vigor) continha disposições específicas regulando a livre circulação de pessoas e o direito de estabelecimento. O Tribunal de Justiça das Comunidades Europeias concluiu, por isso, que a competência para a celebração do Acordo Geral sobre o Comércio de Serviços (GATS) era partilhada pelos Estados-Membros e pela Comunidade. Já quanto aos acordos comerciais multilaterais sobre o comércio de mercadorias, o Tribunal de Justiça das Comunidades Europeias não teve dúvidas em considerar que todos eles estavam compreendidos no âmbito da política comercial comum, pertencendo por isso à Comunidade a competência exclusiva para a sua celebração. No Parecer 1/94, o Tribunal de Justiça concluiu, por último, que, apesar de haver uma relação com o comércio de mercadorias, a propriedade intelectual não era abrangida pela política comercial. Mais precisamente, o Tribunal de Justiça isolou, sobretudo, a hipótese das medidas destinadas a evitar a introdução na Comunidade de contrafacções, que seriam objecto de uma regulamentação comunitária baseada no então art. 113º do Tratado da Comunidade Europeia e, portanto, da competência externa exclusiva da Comunidade. Quanto ao resto, reconhecendo embora a relação com o comércio de mercadorias e os efeitos que tais trocas poderiam produzir, o Tribunal de Justiça não considerou que tal fosse suficiente para que os direitos de propriedade intelectual fossem abrangidos pelo âmbito de aplicação específico do art. 113º e, como tal, pela esfera da competência externa exclusiva da Comunidade Europeia. O Tribunal de Justiça também não reconheceu que tal competência pudesse fundar-se noutras bases jurídicas, tais como os antigos artigos 100º-A e/ou 225º do Tratado da Comunidade Europeia, ou no paralelismo entre competências internas e externas. A este respeito, o Tribunal de Justiça afirmou, por um lado, que os artigos não eram, em si, susceptíveis de criar uma competência comunitária exclusiva; por outro lado, recordou o princípio segundo o qual a competência externa exclusiva resultava apenas de competências internas efectivamente exercidas, para o conjunto do sector visado, e quando este paralelismo fosse necessário para que a competência interna fosse exercida utilmente. O Parecer 1/94 pode ser encontrado in Colectânea de Jurisprudência do Tribunal de Justiça das Comunidades Europeias, 1994, pp. 5267-5422.

Agora, nos termos do novo artigo 207º do Tratado sobre o Funcionamento da União Europeia (ex-artigo 133º do Tratado da Comunidade Europeia):

"1. A política comercial comum assenta em princípios uniformes, designadamente no que diz respeito às modificações pautais, à celebração de acordos pautais e comerciais sobre comércio de mercadorias e serviços, e aos aspectos comerciais da propriedade intelectual, ao investimento estrangeiro directo, à uniformização das medidas de liberalização, à política de expor-

PEDRO INFANTE MOTA

queixas junto do sistema de resolução de litígios da OMC contra um dos Estados-Membros da Comunidade Europeia por incumprimento das

tação, bem como às medidas de defesa comercial, tais como as medidas a tomar em caso de *dumping* e de subsídios. A política comercial comum é conduzida de acordo com os princípios e objectivos da acção externa da União.

2. O Parlamento Europeu e o Conselho, por meio de regulamentos adoptados de acordo com o processo legislativo ordinário, estabelecem as medidas que definem o quadro em que é executada a política comercial comum.

3. Quando devam ser negociados e celebrados acordos com um ou mais países terceiros ou organizações internacionais, é aplicável o artigo 218º, sob reserva das disposições específicas do presente artigo.

Para o efeito, a Comissão apresenta recomendações ao Conselho, que a autoriza a encetar as negociações necessárias. Cabe ao Conselho e à Comissão assegurar que os acordos negociados sejam compatíveis com as políticas e normas internas da União.

As negociações são conduzidas pela Comissão, em consulta com um comité especial designado pelo Conselho para a assistir nessas funções e no âmbito das directrizes que o Conselho lhe possa endereçar. A Comissão apresenta regularmente ao comité especial e ao Parlamento Europeu um relatório sobre a situação das negociações.

4. Relativamente à negociação e celebração dos acordos a que se refere o nº 3, o Conselho delibera por maioria qualificada.

Relativamente à negociação e celebração de acordos nos domínios do comércio de serviços e dos aspectos comerciais da propriedade intelectual, bem como do investimento directo estrangeiro, o Conselho delibera por unanimidade sempre que os referidos acordos incluam disposições em relação às quais seja exigida a unanimidade para a adopção de normas internas.

O Conselho delibera também por unanimidade relativamente à negociação e celebração de acordos:

a) No domínio do comércio de serviços culturais e audiovisuais, sempre que esses acordos sejam susceptíveis de prejudicar a diversidade cultural e linguística da União;

b) No domínio do comércio de serviços sociais, educativos e de saúde, sempre que esses acordos sejam susceptíveis de causar graves perturbações na organização desses serviços ao nível nacional e de prejudicar a responsabilidade dos Estados-Membros de prestarem esses serviços.

5. A negociação e celebração de acordos internacionais no domínio dos transportes estão sujeitas às disposições do Título VI da Parte III e do artigo 218º.

6. O exercício das competências atribuídas pelo presente artigo no domínio da política comercial comum não afecta a delimitação de competências entre a União e os Estados-Membros, nem conduz à harmonização das disposições legislativas ou regulamentares dos Estados-Membros, na medida em que os Tratados excluam essa harmonização".

Formalmente, a política comercial comum passa a estar integrada na acção externa da União Europeia, aumentam os poderes do Parlamento Europeu e o investimento estrangeiro directo é incluído no âmbito da política comercial comum (antes, estava coberto apenas indirectamente, por via do comércio de serviços).

obrigações resultantes dos acordos compreendidos no Anexo 1A, em vez de apresentá-las somente contra a Comunidade Europeia. No caso *European Communities – Customs Classification of Certain Computer Equipment*, por exemplo, os Estados Unidos apresentaram uma queixa contra o Reino Unido, a Irlanda e a Comunidade Europeia. O Painel absteve-se de declarar que poderia não proceder por causa da falta de competências externas dos dois países referidos. O Painel declarou, sim, que tinha sido a Comunidade Europeia a violar as disposições do GATT em causa[19]. O próprio nome do caso limita-se a mencionar a Comunidade Europeia e foi esta quem interpôs recurso do relatório do painel.

Na sua análise do caso, o Órgão de Recurso clarifica que:

"As Comunidades Europeias constituem uma união aduaneira e, como tal, uma vez importadas as mercadorias por qualquer Estado-Membro, elas circulam livremente dentro do território de toda a união aduaneira. Por conseguinte, o mercado de exportação é constituído pelas Comunidades Europeias e não por um Estado-Membro em particular"[20].

Ou seja, por causa da sua competência exclusiva para adoptar a Pauta Aduaneira Comum para a totalidade do território comunitário, o Órgão de Recurso parece defender que somente a Comunidade Europeia poderá ser responsabilizada no caso do GATT. E, de facto, o mais frequente é a queixa ser apresentada somente contra a Comunidade Europeia[21]. Mesmo quando a queixa é apresentada contra uma medida de um Estado-Membro (por exemplo, um decreto francês no caso *European Communities – Measures Affecting Asbestos and Asbestos Containing Products*), é a Comunidade Europeia quem participa no sistema de resolução de litígios da OMC[22]. Como bem observa PIET EECKHOUT, a Comunidade Europeia "is eager to take up

---

[19] Relatório do Painel no caso *European Communities – Customs Classification of Certain Computer Equipment* (WT/DS62/R, WT/DS67/R, WT/DS68/R), 5-2-1998, parágrafos 8.16 e 8.72.

[20] Relatório do Órgão de Recurso no caso *European Communities – Customs Classification of Certain Computer Equipment* (WT/DS62/AB/R, WT/DS67/AB/R, WT/DS68/AB/R), 5-6-1998, parágrafo 96.

[21] Alicia Cebada ROMERO, *La Organización Mundial del Comercio y la Unión Europea*, La Ley, Madrid, 2002, p. 175.

[22] Neste caso *Asbestos*, observa EECKHOUT, "it was difficult to see how the French conduct could in any way be attributed to the European Community, since France had adopted the relevant legislation for public-health reasons, and since there was no link whatsoever with European Community legislation". Cf. Piet EECKHOUT, The EU and its Member States in the WTO – Issues

PEDRO INFANTE MOTA

responsibility"[23] e os painéis da OMC e os próprios Estados-Membros da Comunidade Europeia têm aceite que seja esta a assumir a responsabilidade[24]. Claro está, tal aceitação pode criar alguns problemas importantes:

"by accepting responsibility for measures by its Member States, the European Community exposes itself to suspension of concessions pursuant to Article 22 Dispute Settlement Understanding extending to products originating from any Member States, and not just from the Member State whose legislation or action violates World Trade Organization law"[25].

Alguns Estados-Membros da União Europeia, por exemplo, têm proibido ou limitado o cultivo de organismos geneticamente modificados autorizados pela União Europeia[26]. Mas, de acordo com a opinião científica da própria Autoridade Europeia de Segurança Alimentar, as medidas nacionais em causa não assentariam em dados científicos novos ou suplementares obtidos após a concessão das autorizações, pelo que tais medidas não se justificam do ponto de vista jurídico[27].

---

of Responsibility, in *Regional Trade Agreements and the WTO Legal System*, Lorand Bartels e Federico Ortino ed., Oxford University Press, 2006, p. 461.

[23] *Idem*, p. 456. E, como nota este mesmo autor:

"this of course is counterintuitive. One would expect issues of responsibility to arise as a consequence of attempts to deny or evade such responsibility. Here the opposite appears to happen. The main reason for the EC's eagerness may well be the European Commission's quest for integration and for international confirmation and acceptance of the role of the EC as such". Cf. *Idem*.

[24] *Idem*, pp. 456 e 463.

[25] *Idem*, p. 463.

[26] Para tal, a República da Polónia faz mesmo referência a uma concepção cristã da vida que se opõe a que organismos vivos criados por Deus sejam manipulados e transformados em materiais objecto de direitos de propriedade industrial, a uma concepção cristã e humanista do progresso e do desenvolvimento que impõe o respeito pelo projecto da criação e da procura de uma harmonia entre o homem e a natureza e, por último, a princípios cristãos e humanistas relativos à ordem social, dado que a redução de organismos vivos à condição de produtos para puros fins comerciais é, nomeadamente, susceptível de destruir os fundamentos da sociedade. Cf. Acórdão do Tribunal de Justiça de 16 de Julho de 2009, *Comissão das Comunidades Europeias contra República da Polónia*, Processo C-165/08, parágrafo 31.

[27] COMISSÃO EUROPEIA, *Comunicação da Comissão ao Parlamento Europeu, ao Conselho, ao Comité Económico e Social Europeu e ao Comité das Regiões relativa à liberdade de os Estados-Membros decidirem sobre o cultivo de culturas geneticamente modificadas*, Bruxelas, 13-7-2010, COM(2010) 380 Final, p. 3. E, nos termos do nº 2 do art. 2º do Acordo da OMC relativo à Aplicação de Medidas Sanitárias e Fitossanitárias, "os Membros assegurarão que qualquer medida sanitária ou fitos-

No que diz respeito às matérias que não cabem nas competências exclusivas da Comunidade Europeia, a falta de clareza relativamente à demarcação de competências levou a que tivessem sido apresentadas queixas contra apenas alguns Estados-Membros da Comunidade (por exemplo *Denmark – Measures Affecting the Enforcement of Intellectual Property Rights* (WT/DS83/1) e *Belgium – Measures Affecting Commercial Telephone Directory Services* (WT/DS80/1)), queixas contra um Estado membro e contra a Comunidade Europeia, ainda que separadamente (por exemplo *Ireland – Measures Affecting the Grant of Copyright and Neighboring Rights* (WT/DS82/1) e *European Community – Measures Affecting the Grant of Copyright and Neighboring Rights* (WT/DS115/1))[28], ou, então, apresentada uma queixa apenas contra a Comunidade Europeia (por exemplo, *European Community – Trademarks and Geographical Indications* (WT/DS174)). A Comunidade Europeia tem tendido, apesar de tudo, a assumir a principal responsabilidade relativamente aos litígios da OMC, mas nunca deixando de consultar os Estados-Membros através dos canais disponíveis.

4. Conclusões

A actual União Europeia é o maior mercado do mundo, o maior exportador de bens industriais e de serviços, a maior fonte de investimentos e fornece actualmente cerca de 60% da ajuda pública mundial ao desenvolvimento[29].

A ausência de quaisquer outros meios de acção no plano internacional (um corpo diplomático e um exército próprios) induziram, igualmente, a Comunidade Europeia a "esculpir" zonas de influência política através do recurso intensivo a acordos comerciais discriminatórios[30]. Em resultado dos acordos preferenciais e do sistema de preferências generalizadas con-

---

sanitária só seja aplicada na medida necessária à protecção da saúde e da vida das pessoas e dos animais ou à protecção vegetal, seja baseada em princípios científicos e não seja mantida sem provas científicas suficientes ...". Logo, a situação acima descrita pode dar origem a uma queixa apresentada, por exemplo, pelos Estados Unidos junto do sistema de resolução de litígios da OMC.

[28] Rutsel MARTHA, *Capacity to sue and be sued under WTO law*, in World Trade Review, 2004, pp. 40-41.

[29] COMISSÃO EUROPEIA, *Relatório Geral sobre a Actividade da União Europeia – 2009*, Serviço de Publicações da União Europeia, Bruxelas, 2010, pp. 55 e 67.

[30] A política comercial comum é, seguramente, a política externa mais desenvolvida da União Europeia. Cf. Piet EECKHOUT, *External Relations of the European Union – Legal and Constitutional Foundations*, Oxford University Press, 2005, p. 347.

cluídos pela Comunidade Europeia, o direito aduaneiro nação mais favorecida é aplicado, presentemente, somente a alguns membros da Organização Mundial do Comércio (por exemplo, Austrália, Canadá, Japão, Nova Zelândia e Estados Unidos).

E, como assinala a Comissão Europeia num relatório recente:

"Até 2015, 90% do crescimento mundial será gerado fora da Europa, sendo que a China será responsável por um terço daquele crescimento. Por isso, nos anos vindouros, a União Europeia deverá usufruir da oportunidade facultada pelos níveis de crescimento mais elevados de países terceiros, sobretudo no Sul e Leste da Ásia"[31].

Mais, as economias mais abertas tendem a crescer mais rapidamente do que as economias fechadas. Ao fomentar a eficiência e a inovação, o comércio internacional acelera o crescimento da União Europeia, estimula a procura externa dos bens e serviços comunitários, permite que os consumidores comunitários tenham acesso a uma maior variedade de bens a preços mais reduzidos, permite às empresas europeias adquirir uma dimensão mundial e criar mais emprego tanto a nível interno como no estrangeiro.

Claro está, quanto maior for o valor da produção mundial a atravessar fronteiras nacionais, maior será o número de fricções e litígios comerciais[32]. Aliás, quanto mais o mundo se tornar economicamente interdependente, mais os cidadãos verão os seus postos de trabalho, os seus negócios e a sua qualidade de vida afectados, ou mesmo controlados, por acontecimentos externos. É, por isso, revelador que a "legalização" das relações comerciais internacionais esteja a implicar uma crescente "judicialização" da resolução de litígios no âmbito da OMC. Naturalmente, este fenómeno constitui um sinal particularmente positivo, desde logo por reflectir a vontade dos membros da OMC de reforçar o papel do direito nas relações entre Estados, de reduzir a margem de manobra para

---

[31] COMISSÃO EUROPEIA, *Comércio, crescimento e questões internacionais: a política comercial como um elemento central da estratégia da EU para 2020*, Bruxelas, 9-11-2010, COM(2010) 612 Final, p. 3. Prevê-se que, em 2030, os países em desenvolvimento e os países emergentes venham a ser responsáveis por quase 60% do PIB mundial; hoje em dia, representam menos de 50%. Cf. *Idem*.

[32] A parte do comércio internacional no PIB mundial passou de 7%, em 1950, para mais de 25%, em 2007, e prevê-se que a parte do comércio internacional no PIB mundial seja de 34% em 2030. Cf. BANCO MUNDIAL, *Global Economic Prospects 2007: Managing the Next Wave of Globalization*, ed. World Bank 2007.

o uso arbitrário do poder. Não é por acaso que o sistema de resolução de litígios da OMC é visto como a jóia da coroa do Ciclo do Uruguai. A participação no sistema de resolução de litígios é compulsória para todos os membros da OMC, no sentido de que nenhum membro pode impedir que uma queixa apresentada contra si por outro membro da OMC seja analisada, numa primeira instância, por um painel e, depois, pelo Órgão de Recurso, e, muito importante, está em causa o único sistema de resolução de litígios a nível internacional cuja jurisdição compulsória é aceite, sem reservas, pelos Estados Unidos da América[33].

Portanto, para além de identificar o bloco comercial regional mais importante da actualidade, o estatuto *sui generis* da Comunidade Europeia (actual União Europeia) junto da OMC reflecte não só a experiência junto do GATT de 1947, mas também, em certa medida, o seu poderio comercial e papel fundamental no modo como evolui o comércio internacional e a necessidade de garantir o máximo de coerência na condução das negociações comerciais, sejam elas bilaterais, plurilaterais ou multilaterais, e uma melhor defesa dos seus interesses, sejam eles políticos, sociais ou estritamente comerciais (a união faz a força).

---

[33] Ernst-Ulrich PETERSMANN, Multilevel Trade Governance in the WTO Requires Multilevel Constitutionalism, in *Constitutionalism, Multilevel Trade Governance and Social Regulation*, Christian Joerges e Ernst-Ulrich Petersmann ed., Hart Publishing, Oxford-Portland, 2006, p. 13. O excepcionalismo norte-americano no caso da Organização Mundial do Comércio assenta essencialmente em três explicações. Primeiro, um país só pode tornar-se membro da OMC se aceitar obrigatoriamente a jurisdição dos painéis e do Órgão de Recurso e, segundo estimativas recentes, os rendimentos dos Estados Unidos são 10% mais elevados do que se a economia norte-americana fosse auto-suficiente (cf. Robert Z. LAWRENCE, Trade Policy: The Exception to American Exceptionalism?, in *Power and Superpower: Global Leadership and Exceptionalism in the 21ˢᵗ Century*, Morton Halperin, Jeffrey Laurenti, Peter Rundlet e Spencer Boyer ed., Century Foundation Press, 2007, p. 262). Segundo, o comércio internacional constitui uma área mais técnica, menos politizada. Terceiro, o poderio dos Estados Unidos face a outros países ou blocos (China, Comunidade Europeia e Japão) não é tão evidente no caso do comércio internacional (cf. Sean MURPHY, *The United States and the International Court of Justice: Coping with Antinomies*, Legal Studies Research Paper No. 291, The George Washington University Law School, 2007, p. 55). De notar que o excepcionalismo norte-americano não é caso único. O governo chinês perseguiu o objectivo de aderir à OMC durante cerca de 15 anos (de 1986 até 2001), não se importou de assumir compromissos mais exigentes do que os assumidos pela generalidade dos membros da OMC e afastou-se de uma longa tradição de não se sujeitar à jurisdição de órgãos judiciais internacionais (cf. Cesare ROMANO, *The Shift from the Consensual to the Compulsory Paradigm in International Adjudication: Elements for a Theory of Consent*, in New York Journal of International Law and Politics, 2007, p. 858). A China nunca apareceu ante o Tribunal Internacional de Justiça num caso contencioso e a única relação que mantém com este tribunal prende-se com a presença de um juiz de nacionalidade chinesa entre os seus membros.

Bibliografia

Antoniadis, Antonis

— *The European Union and WTO law: a nexus of reactive, coactive, and proactive approaches*, in World Trade Review, 2007, pp. 45-87.

Banco Mundial

— *Global Economic Prospects 2007: Managing the Next Wave of Globalization*, ed. World Bank 2007.

Bartels, Lorand

— *The Separation of Powers in the WTO: How To Avoid Judicial Activism*, in International and Comparative Law Quarterly, 2004, pp. 861-895.

Broude, Tomer

— *The Rule(s) of Trade and the Rhetos of Development: Reflections on the Functional and Aspirational Legitimacy of the WTO*, in Columbia Journal of Transnational Law, 2006, pp. 221-261.

Comissão Europeia

— *Report on United States Barriers to Trade and Investment*, Bruxelas, Dezembro de 2003.

— *United States Barriers to Trade and Investment Report for 2008*, Bruxelas, Julho de 2009.

— *Relatório Geral sobre a Actividade da União Europeia – 2009*, Serviço de Publicações da União Europeia, Bruxelas, 2010.

— *Comunicação da Comissão ao Parlamento Europeu, ao Conselho, ao Comité Económico e Social Europeu e ao Comité das Regiões relativa à liberdade de os Estados-Membros decidirem sobre o cultivo de culturas geneticamente modificadas*, Bruxelas, 13-7-2010, COM(2010) 380 Final.

— *Comércio, crescimento e questões internacionais: a política comercial como um elemento central da estratégia da EU para 2020*, Bruxelas, 9-11-2010, COM(2010) 612 Final.

Demaret, Paul

— The Reciprocal Influence of Multilateral and Regional Trade Rules: A Framework of Analysis, in *Regionalism and Multilateralism after the Uruguay Round. Convergence, Divergence and Interaction*, Paul Demaret, Jean-François Bellis e Gonzalo García Jiménez org., European Interuniversity Press, Bruxelas, 1997, pp. 805-838.

Eeckhout, Piet

— *External Relations of the European Union – Legal and Constitutional Foundations*, Oxford University Press, 2005.

— The EU and its Member States in the WTO – Issues of Responsibility, in *Regional Trade Agreements and the WTO Legal System*, Lorand Bartels e Federico Ortino ed., Oxford University Press, 2006, pp. 449-464.

EHLERMANN, Claus-Dieter e EHRING, Lothar
— *The Authoritative Interpretation Under Article IX:2 of the Agreement Establishing the World Trade Organization: Current Law, Practice and Possible Improvements*, in Journal of International Economic Law, 2005, pp. 803-824.

ELSIG, Manfred
— *Different facets of power in decision-making in the WTO*, National Centre of Competence in Research Trade Regulation – Swiss National Centre of Competence in Research, Working Paper No 2006/23, September 2006.

LAWRENCE, Robert Z.
— Trade Policy: The Exception to American Exceptionalism?, in *Power and Superpower: Global Leadership and Exceptionalism in the 21st Century*, Morton Halperin, Jeffrey Laurenti, Peter Rundlet e Spencer Boyer ed., Century Foundation Press, 2007, pp. 259-275.

MARTHA, Rutsel
— *Capacity to sue and be sued under WTO law*, in World Trade Review, 2004, pp. 27-51.

MOTA, Pedro Infante
— *O Sistema GATT/OMC: Introdução Histórica e Princípios Fundamentais*, Almedina, Coimbra, 2005.
— O Processo de Tomada de Decisões na Organização Mundial do Comércio, in *Estudos Jurídicos e Económicos em Homenagem ao Prof. Doutor António de Sousa Franco*, Edição da Faculdade de Direito da Universidade de Lisboa, Coimbra Editora, 2006, pp. 691-733.

MURPHY, Sean
— *The United States and the International Court of Justice: Coping with Antinomies*, Legal Studies Research Paper No. 291, The George Washington University Law School, 2007.

ORGANIZAÇÃO MUNDIAL DO COMÉRCIO
— OMC, *Accession of Ecuador – Decision of 16 August 1995* (WT/ACC/ECU/5), 22-8-1995.

PAEMEN, Hugo e BENSCH, Alexandra
— *Du GATT à l'OMC: La Communauté européenne dans l'Uruguay Round*, Leuven University Press, 1995.

PETERSMANN, Ernst-Ulrich

— Multilevel Trade Governance in the WTO Requires Multilevel Constitutionalism, in *Constitutionalism, Multilevel Trade Governance and Social Regulation*, Christian Joerges e Ernst-Ulrich Petersmann ed., Hart Publishing, Oxford-Portland, 2006, pp. 5-57.

ROLLAND, Sonia

— *Developing Country Coalitions at the WTO: In Search of Legal Support*, in Harvard International Law Journal, 2007, pp. 483-551.

ROMANO, Cesare

— *The Shift from the Consensual to the Compulsory Paradigm in International Adjudication: Elements for a Theory of Consent*, in New York University Journal of International Law and Politics, 2007, pp. 791-872.

ROMERO, Alicia Cebada

— *La Organización Mundial del Comercio y la Unión Europea*, La Ley, Madrid, 2002.

SCHORKOPF, Frank

— Article XI WTO Agreement, in *WTO-Institutions and Dispute Settlement*, Rüdiger Wolfrum, Peter-Tobias Stoll e Karen Kaiser (eds), Max Planck Commentaries on World Trade Law, Max Planck Institute for Comparative Public Law and International Law, Martinus Nijhoff Publishers, Leiden/Boston, 2006, pp. 137-143.

STEGER, Debra

— *The Culture of the WTO: Why It Needs to Change*, in Journal of International Economic Law, 2007, pp. 483-495.

STEINBERGER, Eva

— *The WTO Treaty as a Mixed Agreement: Problems with the EC's and the EC Member States' Membership of the WTO*, in European Journal of International Law, 2006, pp. 837-862.

A EUROPA, O EURO E PORTUGAL:
DO GRADUALISMO À URGÊNCIA DA CRISE

PEDRO LOURTIE

Na declaração fundadora do projecto europeu, apresentada pelo então Ministro dos Negócios Estrangeiros de França, Robert Schuman, a 9 de Maio de 1950, lê-se que "a Europa não se fará de um golpe, nem numa construção de conjunto: far-se-á por meio de realizações concretas que criem em primeiro lugar uma solidariedade de facto". Era evidente para os pais da construção europeia que o fim dos conflitos seculares entre as nações da Europa só poderia ser atingido através da união do continente. Mas foi igualmente óbvio que o processo seria inevitavelmente gradual. O estabelecimento dos fundamentos de uma união cada vez mais estreita entre os povos europeus, a que se comprometeram os países signatários do Tratado de Roma, traduz a natureza da construção europeia: um objectivo inequívoco de união europeia deveria – e apenas poderia – ser prosseguido de forma progressiva.

No momento em que a União Europeia se encontra a atravessar a mais grave crise da sua história é útil recuar aos seus textos fundadores para recordar a sua natureza gradual e, também, pioneira. O projecto europeu tem avançado progressivamente, sem um modelo pré-definido, mas com um bem sucedido método comunitário, instrumento da integração gradualista que tem na Comissão Europeia o seu mecanismo de sustentação supranacional. Esta característica tem-se traduzido numa assinalável evolução do projecto, em que os últimos 25 anos, de mais rápida integração, representam o período de maior afirmação de uma Europa unida em termos económicos e políticos. O gradualismo da construção europeia permite a assimilação progressiva do interesse comum europeu, avançando a União à medida das vantagens e necessidades de uma actuação em conjunto dos seus Estados membros.

Mas a sua natureza gradual expõe também a fragilidade do projecto europeu. Ao não corporizar um modelo final de integração política e económica, a União Europeia encontra-se com frequência dividida entre a necessidade de avançar para corresponder às expectativas que, com maior ou menor realismo, nela são depositadas e a dificuldade política em o fazer. A capacidade da União Europeia em avançar e responder aos desafios estruturais do próprio processo de integração encontra-se dependente das vontades dos seus Estados membros, normalmente motivadas conjunturalmente, que se conjugam em equilíbrios político-económicos à medida que o equilíbrio presente é desafiado ou perturbado por factores internos ou externos à União. Ou, recorrendo às palavras de outro pai fundador da integração europeia, "as pessoas apenas aceitam a mudança quando encaram a necessidade, e apenas vêem a necessidade quando confrontados com a crise", escreveu Jean Monnet nas suas memórias.

Com efeito, a actual crise do euro veio expor a natureza gradual do processo de integração europeia. As origens desta crise não são especificamente europeias, encontrando-se ligadas à crise financeira global cujos efeitos se continuam a fazer sentir no mundo desenvolvido. Mas esta crise encontrou na zona euro o contexto político e institucional propício para a sua propagação, marcando linhas de ruptura que, não será exagerado dizer, colocam actualmente em risco o bem-estar económico e social na Europa e geram fortes tensões no próprio projecto europeu.

O projecto da moeda única europeia enquadra-se no gradualismo da construção europeia. O euro é concretizado, nos anos noventa, num contexto político e económico marcado pela reunificação alemã e pelas crises cambiais que afectaram a coesão da integração económica europeia desde os anos setenta até ao início dos anos noventa. É interessante verificar que esse gradualismo se encontra integralmente assumido no documento fundador da União Económica e Monetária, o Relatório Werner, de 1970, onde é referido que "a união (económica e monetária), tal como aqui descrita, representa o mínimo que deve ser feito e um estádio na evolução dinâmica que a pressão dos factos e a vontade política poderão modelar de forma diferente".

A actual crise veio evidenciar que a construção do euro – que, aliás, não seguiu todas as recomendações do relatório Werner, nem do Relatório Delors, de 1989 – está incompleta em termos políticos e institucionais. Alguns dos seus Estados membros não souberam adaptar as suas políticas económicas, nomeadamente orçamentais, ao novo regime monetário único. E a construção do euro evidenciou também falhas institucionais graves ao nível das suas regras e da sua governação, que se revelaram claramente insuficientes para compatibilizar as diferentes soberanias orçamentais e a soberania monetária partilhada, para precaver o acentuar de desequilíbrios macroeconómicos, com especial reflexo na competitividade externa e nas balanças de pagamentos individuais dos Estados membros, e para evitar, em caso de crise como a actual, o risco de contágio nos mercados financeiros.

É justo afirmar que tem sido na sequência de períodos de crise que o projecto europeu mais se tem desenvolvido e afirmado, precisamente porque tem representado a melhor resposta aos desafios colocados pelas dificuldades. Porém, esse não é um processo automático, mas dependente da capacidade e vontade políticas. É, assim, preocupante verificar o contexto em que se tem desenrolado a gestão política da crise da zona euro. A narrativa que divide os países entre pecadores e virtuosos é infrutuosa e não tem seguramente contribuído para uma resposta equilibrada à crise. Nem tão pouco essa descrição corresponde à realidade, que se apresenta bastante mais complexa, reflectindo as interdependências entre as economias da zona euro.

O desencadear da crise das dívidas soberanas na Grécia e, em particular, a assumida falta de fiabilidade dos dados estatísticos desse país, contribuiu decisivamente para a difícil gestão em conjunto da crise do euro. Mas a quebra de uma visão política de conjunto na Europa, indispensável ao desenvolvimento da integração europeia, não é de agora. O crescimento, em particular na última década, da lógica do justo retorno no relacionamento de certos Estados membros com a integração europeia, ao estilo thatcheriano, acentuou visões simplistas do projecto europeu, que se têm revelado campo fértil para a subida do populismo político, indiscutivelmente o maior inimigo do projecto de construção europeia.

Para isso contribuiu também a própria desvalorização da Europa na última década antes do eclodir da crise. Não foi preciso chegar à crise actual para que a Europa fosse frequentemente descrita como vivendo em crise permanente e enfraquecida perante o poder económico norte-americano e a emergência da China e da Índia. As comparações com os Estados Unidos em matéria económica eram sistematicamente pouco abonatórias. Mas revelavam-se também enviesadas. Com efeito, a economia da União Europeia cresceu ao nível da norte-americana nesse período quando comparada em termos *per capita*, sendo a diferença no crescimento económico justificada pelo maior crescimento populacional nos Estados Unidos. Mas este facto não impediu que a percepção generalizada fosse a de que a Europa falhava todos os seus objectivos económicos.

Para Portugal, após 25 anos de integração europeia, o momento é extremamente difícil. Mas o presente não pode ofuscar os claros benefícios económicos e sociais que Portugal soube retirar da adesão às Comunidades Europeias. A realidade é que o país de há 25 anos era economicamente pobre e socialmente atrasado, a ponto de ser difícil a comparação com os países da então chamada "Europa", que não nos incluía. Para o progresso verificado desde essa altura concorreram, sem dúvida, a abertura económica e a transferência de fundos decorrentes da integração europeia. Mas a evolução registada deve-se também à abertura da sociedade portuguesa, então marcadamente atrasada no contexto europeu, em resultado, designadamente, do enorme fosso em termos de educação e qualificações.

Devido ao atraso histórico do perfil da sociedade e da economia portuguesas, que tem vindo a ser recuperado, se bem que mais lentamente do que seria desejável, o impacto do euro seria necessariamente maior em Portugal do que nas economias europeias mais desenvolvidas. Tanto nos seus benefícios, desde logo sentidos com a estabilização do quadro macroeconómico e das condições de financiamento, como nas suas exigências. Contudo, nos primeiros anos do euro, Portugal não soube ajustar a sua política económica e orçamental ao novo quadro monetário, resultando em perda de competitividade externa provocada pela sobrevalorização interna da economia. A esta insuficiência adicionaram-se impactos negativos ao nível do investimento directo estrangeiro e do comércio derivados do alargamento da União a Leste, bem como na competitividade dos seus principais sectores exportadores por força da abertura do mercado global às grandes economias emergentes, no seguimento do acordo multi-fibras em 1995.

O desafio de Portugal passa, hoje, por um duro e inevitável ajustamento macroeconómico. Mas passa necessariamente também por prosseguir e acelerar a alteração do perfil produtivo da economia portuguesa, para o qual é indispensável a evolução dos níveis de educação, qualificações, inovação e investigação científica. O comportamento positivo das exportações portuguesas, que tem sido sustentado desde o início de 2010, é um sinal de que Portugal deverá ter condições para cumprir este objectivo. Mudar e elevar o perfil produtivo da economia portuguesa é verdadeiramente o grande desafio para Portugal. Ao longo da sua história moderna e contemporânea, o país sempre se situou no degrau mais baixo da hierarquia económica de entre os seus parceiros comerciais. Enquanto o contexto de concorrência comercial se limitava, na prática, aos países desenvolvidos da Europa e da América do Norte, foi possível desenvolver a sua base produtiva apoiada em baixos custos e desvalorizações cambiais. Essa é uma via que se esgotou nos anos noventa. E a principal razão não é, sequer, a pertença ao euro, mas antes a necessidade de adaptação a um mundo de concorrência globalizada.

No entanto, convém ter claro que o sucesso de Portugal, no momento actual, depende não apenas de si próprio, mas também do modo como a zona euro responde à actual crise. A moeda única europeia não se baseia num federalismo fiscal, nem provavelmente evoluirá, pelo menos a médio prazo, para um modelo semelhante, por exemplo, aos dos Estados Unidos da América. Mas a zona euro tem todas as condições para desenvolver os instrumentos que permitam não apenas tornar menos provável a ocorrência de crises semelhantes, mas também gerar a capacidade de usar o peso económico e financeiro da zona euro para estabilizar as condições de financiamento no espaço do euro. Várias alternativas têm sido avançadas, conjugando a recapitalização dos bancos europeus, o aumento da capacidade de intervenção do Fundo Europeu de Estabilização Financeira nos mercados de dívida e a criação de "obrigações seguras" que simultaneamente aumentem a liquidez do mercado europeu e promovam efectivamente a disciplina orçamental. São alternativas realistas, que poderão ser implementadas com a urgência que o momento requer, cientes de que o desmembramento do euro não é parte da solução. Seria apenas sinal de que não houvera vontade política para preservar o projecto europeu.

Lisboa, 29 de Outubro de 2011

A UNIÃO EUROPEIA
SUA ASCENSÃO OU DECLÍNIO?

RAUL MIGUEL ROSADO FERNANDES

Num momento de crise mundial, provocada pela *supèrbia* de que Dante no século XIII tanto fala, temos de nos concentrar na análise da actual União Europeia e lembrar os Homens que a ajudaram a construir. Era gente, que tinha passado pelos sofrimentos de duas guerras mundiais e que sentia, acabada a última, o perigo da guerra fria e da cortina de ferro que dividia a Europa, e portanto da União Soviética e da sua ambígua história de inimiga, aliada dos Nazis, e finalmente aliada até Ialta. Aí encontraram o motivo para a criação da inicial *Comunidade do Carvão e do Aço* (Bélgica, Luxemburgo e Holanda), para a alargarem em *Comunidades Europeias* e, por acção já de outros políticos que não passaram pelas mesmas provações, em *União Europeia*, constituída por países de costumes, história e línguas bem diferentes, a que se juntaram outros ainda bem mais diversos, depois da queda do muro de Berlim em 1989, e de mais de quarenta anos de domínio soviético.

Desapareceram esses homens do início e pouco a pouco foram eles substituídos por *eurocratas* tranquilos, rodeados pelo bem-estar que a Paz e, nalguns casos, o Saber proporcionam. Deixaram de se preocupar com o dia de amanhã, aplicados mentalmente e lentamente na tecnologia política e nos prazeres do mando, sem que, na sovietização das instituições europeias, que silenciosamente foi crescendo, tivessem de prestar contas fosse a quem fosse, seja aos povos seja aos parlamentos. A verdade é que a eleição é operação política pouco apreciada na União, sendo preferidas a nomeação, a escolha ou então possivelmente a tão portuguesa *"cunha"*.

A desresponsabilização, agora acentuada pelo Directório Germano--Gaulês, é o seu lema, apoiada na transumância de funcionários de serviço para serviço, do país membro, para Bruxelas, para o Luxemburgo ou para Estrasburgo, sem que se dê conta se há ou não incompatibilidades de funções e muito menos se há mérito que chegue. Uma coisa é certa: tudo se passa em três centros, o que não fica barato aos cofres comunitários. Um funcionário da União pode ser ministro de um país membro, um mau funcionário pode ir para o Banco Central, sem que a União Financeira faça o menor esforço de supervisão, no que respeita às regras de gestão financeira a que obriga, todas elas ética e tecnicamente cada vez mais severas. Só moralizado poderá este modelo ser adequado para a nossa governação comum e privada. Caso tal não aconteça, teremos de nos defrontar por agora e não se sabe até quando, com um lento declínio, como aconteceu com todos os esforços imperiais através dos séculos.

De resto todos nos lembramos dos tempos da EFTA, que foi mais liberal e acabou por ser honesta, dentro da liberdade cambial de que então se dispunha, por não ter tido a pretensão de agrilhoar os povos a um comportamento a que só com o tempo se habituariam. E porquê? Porque os modos de ser históricos dos povos se diferenciam, e não é possível acelerar o que leva largo tempo, mesmo no caso português, em que muitos cidadãos pensaram que, sem fazerem enorme esforço de comportamento, de conhecimento e ética, iam ficar financeiramente mais à vontade e outros, que é o caso de muitos, que se libertariam do regime leninista do gonçalvismo, que durou o suficiente para que os Portugueses soubessem como funcionava o totalitarismo, embora nos seus primórdios, ainda que as nacionalizações do 11 de Março façam ainda sentir os seus efeitos destruidores até aos dias de hoje.

Sonhava-se com a democracia, confundindo-a com liberdade e responsabilidade. Ora a prática democrática, quando só se limita à liberdade de voto, pode excluir a liberdade de expressão, a responsabilidade individual e permitir a criação de uma rede de interesses muito materiais, que invalidam a liberdade de que os cidadãos deviam, com a respectiva responsabilização, usufruir.

Nada disso contribuiu para que um Português respondesse "sou Europeu", quando lhe perguntam a nacionalidade, pois continuará a dizer-se

Português, originário, como é óbvio, da Europa. Por isso quando se falou durante anos da *construção europeia* e se disse a frase destituída de sentido, "mais Europa", como se esta fosse uma entidade metafísica, nunca se soube quantos andares se pretendia construir, nem de que Europa se falava, a menos que se lhe quisesse ligar parte da Ásia. Sonhava-se com os *Estados Unidos da Europa*, com o federalismo, esquecendo-se que a Federal URSS, com povos, costumes e línguas diferentes, se tem pouco a pouco abastardado, pois os países que agregaram pela violência se agridem violentamente entre si, voltando a um estado tribalismo que também nalgumas nações da União já se enxerga.

Ignorando o esforço que é necessário despender para aproveitar com sucesso os meios financeiros postos à sua disposição, Portugal, pequeno país já sem império colonial, que sempre administrou com triste mediocridade, penetrou no reino das megalomanias mendicantes, que, apesar do que são, sempre deixam vestígios apetecíveis e até úteis. A própria União se queixava dos excedentes agrícolas que produzia, devido à competência dos seus agricultores, esquecidos os burocratas, de que, quando dois biliões e trezentos milhões de seres, comessem na Índia e na China, mais 250 Gr. por dia, todas as montanhas de cereais e mares de leite, rapidamente desapareceriam. Bioetanol, para quê? Plástico biodegradável, com que finalidade? Agora vai faltar alimento ao mundo dentro de alguns anos, devido à curta visão dos tecnocratas ocidentais. Entretanto a chamada *PAC* tratou de forma igualitária países com abissais diferenças de riqueza, e com brutalidade o governo da *União* viu com maus olhos a zona económica exclusiva que beneficiava Portugal. Obras do Directório, ganância de interesses escondidos, não se sabe. Uma coisa é certa, o nosso país tem sido, por culpa dos seus dirigentes, sistematicamente prejudicado, sem falar dos prejuízos que a si próprio inflige pela ignorância de uns e pelo apetite de outros.

"Mais Europa" gritava-se, e ainda os países não se tinham habituado uns aos outros, eis que se avança para a *União Monetária*, que efectivamente facilitava as trocas comerciais em território europeu e podia fazer frente ao dólar, esquecidos, ou querendo esquecer alguns, de que as regras estabelecidas eram de tal modo rígidas e impiedosas, que poucos seriam os países que as conseguiriam aplicar para manter um *Euro* forte em economias e administrações públicas e sistemas de justiça e de ensino saudáveis. Não queremos repetir com Lady Macbeth, "What is done can not be undone", por sabermos que não se trata de morte, de final trágico.

Mas será que os autores e actores saberão, na economia da obra, encontrar uma solução aceitável que não leve à aristotélica catástrofe?

A união e o respeito político entre os povos da *União* têm de se renovar, porque pelo mundo fora perigos há que se podem agravar no espaço não europeu nem norte-americano. Só assim o *euro* poderá sobreviver à crise actual, que desbragadamente aceitou um capitalismo entregue totalmente à especulação de activos, de moedas, das chamadas *commodities*, não caminhando, por já não ser moda, para a reindustrialização, para o aumento da produção alimentar e dos produtos que tiverem mercado, para a ordem nos sistemas de Justiça, nos centros de ensino teórico, profissional e de investigação, na responsabilização dos poderosos e dos que vivem à mercê dos ditames do poder. O aumento do comércio internacional pode aproximar os povos, embora saibamos que também provoca não raras vezes guerras comerciais, mas sem ele, os povos definham, porque são explorados na sua solitária ignorância planetária.

Para que tudo isto aconteça e Portugal não caia no precipício em que o mergulharia a saída abrupta ou mesmo lenta do *euro*, é necessário que os tratados obedeçam à simplicidade do *Tratado de Roma* e não reflictam os *Egos* dos seus redactores demiúrgicos, mas pensem nas necessidades, caracteres, defeitos e qualidades, dos estados-nação que se querem juntar, sem serem escravizados por um Directório ou Poder Central, que nunca prestará contas das suas decisões, ou demagogicamente comprará as boas vontades dos cidadãos, prometendo-lhes utopias que nunca serão criadas pelo género humano.

Falar verdade será a única solução, que só dará resultado se a honestidade for respeitada e os golpes políticos forem evitados. Através dos séculos vimos o que aconteceu a tantos casos como o nosso. Se ao menos lêssemos o que se passou, talvez se evitasse o que é péssimo, porque todos temos uma ideia do Mal e do Bem e por vezes sabemos até evitar o pior, basta ter a capacidade e perspicácia, que se adquirem e desenvolvem com o estudo, com a experimentação e sobretudo com a observação do que à nossa volta se passa num mundo cada vez mais interligado.

COMO PODE A UE RECONHECER OS SEUS ERROS?

RICARDO CABRAL

1. Que modelo de integração económica e política consideraria adequado à UE?
Convém começar por realçar o enorme "feito" que o actual modelo de integração económica e política da União Europeia (UE) constitui. Dificilmente seria possível iniciar uma União com mais forte integração política e económica de nações e povos com culturas e línguas diferentes.

A minha abordagem ao tema parte de uma reflexão sobre os mais graves problemas e deficiências do actual modelo de integração económica, monetária e política da UE.

Afigura-se-me que a actual estrutura e processos de governação económica, financeira e monetária da UE são profundamente desajustados e não funcionais. Em parte essas deficiências resultam da necessidade de respeitar as nacionalidades e 23 línguas oficiais dos 27 países membros da União. Mas o modelo de integração levou, por um lado, à criação de órgãos de governo da zona euro e da UE com um número de decisores para além do que seria razoável ou funcional.[1] Por outro lado, resultou na criação de um novo poder executivo, pan-europeu, sujeito a um deficiente controlo democrático a que acresce a inexistência de suficientes "checks and balances". Em resultado, o modelo de integração da UE conduziu a

---

[1] Anne Sibert (2011) *"The damaged ECB legitimacy"*, VoxEU.org, 15 de Setembro.

uma deterioração dos processos de governação dos países membros, processos esses estabelecidos ao longo de muitos anos de história.

Os problemas na governação da zona euro e da UE tornaram-se mais evidentes no contexto da crise de dívida soberana. Primeiro, note-se que as principais instâncias de poder na zona euro (e na UE) sobre assuntos económicos, financeiros e monetários residem no Conselho Europeu e no Conselho do BCE, tendo o Conselho da UE, Parlamento Europeu, Comissão Europeia, administrações públicas nacionais e parlamentos nacionais papéis secundários.

Dado que se afigura impraticável coordenar as estratégias dos 17 países membros da zona euro (ou dos 27 da UE), na prática pequenos grupos de líderes políticos de países membros têm definido previamente as propostas de política económica e financeira que posteriormente apresentam aos seus pares. Tem sido assim no passado e, de um modo muito mais notório, na actual crise de dívida soberana da zona euro: no âmbito das reuniões do Conselho Europeu, a Chanceler Alemã Angela Merkel e o Presidente Francês Nicolas Sarkozi têm acordado as estratégias antes das cimeiras do Conselho Europeu. Menos conhecido é o facto de que, também, as decisões de política monetária do BCE são tomadas em molde similar, com a agravante de não serem conhecidos os decisores chave nesse processo.[2]

Não posso deixar de notar que essa forma de coordenação me parece uma maneira natural e pragmática de dar resposta ao impasse criado pela ingovernabilidade dos órgãos de governo da UE. Ao contrário do que por vezes se afirma, não me parece que seja uma tentativa de impor um directório dos países "grandes" da UE, mas tão somente o reconhecimento prático de que sem essa coordenação não seria possível tomar decisões em tempo útil.

De facto, constata-se que as propostas desses pequenos grupos de decisores políticos tendem a ser adoptadas pelos respectivos órgãos (Conselho Europeu, BCE). Em grande medida, isso ocorre porque os restantes membros desses orgãos dificilmente se conseguem coordenar, preparar e apresentar propostas alternativas, sobretudo no contexto de reuniões maratona, em que num curto espaço de tempo é necessário chegar a acordo.

Por outro lado, é ainda de salientar o papel desempenhado pela Comissão de Economia e Finanças da UE que, de acordo com o Artigo 134 do

[2] Ibid.

Tratado sobre o Funcionamento da UE, monitoriza a situação económica e financeira dos países membros e assessora os trabalhos do Conselho da UE (e do Conselho Europeu). Também de relevância é a intervenção da Direcção Geral ECFIN da Comissão Europeia, nomeadamente na preparação de recomendações de política económica, no acompanhamento do pacto de estabilidade e crescimento, do procedimento de défices excessivos e no desenho e acompanhamento dos programas de ajustamento à Letónia, Hungria, Roménia, Grécia, Irlanda e Portugal. Estes dois órgãos, pouco conhecidos da opinião pública e de reduzida dimensão, têm grande influência na definição da política económica da UE, devido ao papel que têm na determinação da agenda e opções do Conselho Europeu, do Ecofin e do Eurogrupo.

Acresce a independência conferida ao BCE e aos bancos centrais nacionais no exercício das funções conferidas no âmbito do Tratado.

O problema da estrutura de governo é que confere aos decisores chave do Conselho Europeu e do BCE, assim como às respectivas estruturas de apoio (as supracitadas e as nacionais), elevado poder executivo, sem que este seja sujeito a suficiente escrutínio nem aos necessários "checks and balances". Além disso, gera dinâmicas de informação assimétrica no âmbito das estruturas de governo da UE que se prestam ao que, em teoria de jogos, se apelida de comportamentos não-cooperativos ou oportunísticos.

De facto, note-se que existem elementos de soma nula na maior parte das decisões que são tomadas no seio dos órgãos de governo da UE: ou seja, essas decisões geralmente beneficiam grupos de cidadãos (ou países membros) em prejuízo de outros grupos de cidadãos (ou países membros), mesmo que no cômputo geral sejam benéficas para o conjunto da UE. Assim, a informação assimétrica que resulta de ter propostas de decisão trabalhadas e preparadas por subgrupos de decisores tenderá a ser prejudicial para os grupos de cidadãos cujos decisores não estão envolvidos nesse processo.

Posteriormente, os parlamentos nacionais dos países membros tendem a ratificar as decisões tomadas pelo Conselho Europeu. Isto porque não existem verdadeiras alternativas à ratificação das decisões tomadas pelo Conselho Europeu, como se viu, por exemplo, em relação às propostas da cimeira de 21 de Julho de 2011 relativas à alteração da Facilidade Europeia de Estabilização Financeira (FEEF) e ao segundo pacote de resgate à Grécia. A rejeição da proposta aprovada pelos órgãos de governo da UE por um dos parlamentos nacionais obrigaria ao reinício do processo negocial.

RICARDO CABRAL

Nova proposta teria de ser preparada e aprovada em sede de Conselho Europeu e novamente submetida aos parlamentos nacionais. Em resultado, os parlamentos nacionais dos países membros, onde existem maiorias alargadas que suportam o processo de construção da UE, tendem a deferir as decisões negociadas e acordadas pelos respectivos governos nacionais no âmbito das reuniões do Conselho Europeu.

Em suma, parece ser já consensual argumentar que presentemente os processos de governação da UE revelam graves falhas.

Em resultado dessa insatisfação geral com o processo de governação da zona euro e da UE tem sido aventada a hipótese de alterar as regras de voto. Passaria a ser apenas necessário a aprovação pela maioria dos parlamentos nacionais dos países membros para a ratificação das decisões do Conselho Europeu. Refere-se ainda a necessidade da criação de um governo ou de um ministro das finanças europeu capaz de, se necessário, impor sanções punitivas aos países incumpridores.[3]

Considero que essas seriam respostas profundamente erradas aos problemas de governação com que se depara a zona euro e a UE. Em vez de serem reconhecidas as falhas de governação e os erros cometidos no passado, pretende-se a atribuição de mais poderes, não legitimados democraticamente, às estruturas de governo da UE. Como se através de mais poder centralizado em Bruxelas, i.e., uma alteração na forma de implementar política económica, fosse possível corrigir erros de decisão, i.e., que requerem alterações na substância das decisões de política económica.

É opinião do autor que os desequilíbrios registados nos países periféricos se devem, em elevado grau, a falhas graves e elementares na definição dos instrumentos e da política económica, monetária e financeira da UE e da União Económica e Monetária. É ainda de salientar que a estratégia de resposta à crise de dívida soberana desenhada pela UE enferma igualmente de falhas elementares, porque se baseia no aprofundar dos mesmos instrumentos e da mesma estratégia. Estas políticas económicas, monetárias e financeiras, são, em elevado grau, da responsabilidade dos supracitados órgãos de governo da UE.

E, a questão que se coloca, é a de saber que processos de governação são necessários para que seja possível a essas instituições de governo da

---

[3] *"Tomorrow and the day after tomorrow: a vision for Europe"*, Discurso de Jean-Claude Trichet, Presidente do BCE, na Universidade Humboldt, Berlim, 24 de Outubro de 2011.

UE (Conselho Europeu, Conselho do BCE, DG-ECFIN, Comissão de Economia e Finanças) se aperceberem que cometeram erros.

Parafraseando John Kerry,[4] como é possível explicar aos cidadãos europeus que a Europa será menos próspera no futuro porque as instituições de governo da UE cometem erros elementares no processo de tomada de decisão, não sabem nem se apercebem que cometeram esse erros, não estão a par das consequências, nem sabem como corrigi-los.

Caberá aos especialistas e aos políticos encontrar as soluções adequadas. Não me abstenho todavia de considerar que no desenho e implementação de políticas económicas para a UE é necessário adoptar processos mais robustos, que poderiam incluir:

1. Diagnóstico do problema e suas causas
2. Identificação e caracterização de alternativas de política económica de forma transparente, incluindo a identificação dos autores das propostas
3. Quantificação da relevância económica dessas propostas
4. Consulta pública
5. A criação de um gabinete de inspecção-geral para assuntos monetários, económicos e financeiros, encarregado de monitorizar, avaliar a efectividade das políticas económicas e controlar os órgãos de governo da UE e respectivas estruturas de apoio.

---

[4] Na sua *intervenção a 22 de Abril de 1971* perante a Comissão de Relações Estrangeiras do Senado Americano, John Kerry perguntou "Como se pede a um homem que seja o último homem a morrer devido a um erro?"

UMA INTEGRAÇÃO EUROPEIA MAL SUCEDIDA

RICARDO PAES MAMEDE

Passados 25 anos da adesão do país à então CEE, Portugal encontra-se à beira de uma das mais graves crises económicas e sociais vividas em democracia. No debate público actual sobre os motivos desta crise domina a tese segundo a qual a adopção de políticas públicas e decisões privadas financeiramente insustentáveis, bem como a ausência de 'reformas estruturais', estariam na base da crescente relutância por parte dos investidores privados em adquirir títulos de dívida nacionais. O esgotamento das fontes externas de financiamento, num contexto de elevados níveis de endividamento dos agentes económicos domésticos, teria como consequência inevitável a necessidade de recorrer ao auxílio financeiro de instituições internacionais, acompanhado de um conjunto de condições de ajustamento com impactos negativos na actividade económica e no bem-estar social. Apesar dos custos de curto e médio prazo, a tese dominante sobre as origens da crise assume que o reequilíbrio dos balanços públicos e privados decorrentes do ajustamento, conjugado com as 'reformas estruturais' preconizadas, permitirão restabelecer a confiança na economia portuguesa, dando origem a um novo período de crescimento económico e bem-estar social.

Nesta leitura sobre as origens e as vias de saída da crise, o papel das regras e das instituições europeias não é, habitualmente, questionado. É um facto que a ambiguidade, a hesitação e a dificuldade em alcançar acordos entre os principais governos e instituições europeus desde 2008

RICARDO PAES MAMEDE

– contribuindo para aumentar a incerteza e, logo, para agravar a crise a nível internacional – tornaram consensual a ideia de que a UE se encontra mal preparada para lidar com situações de excepção como a actual. No entanto, tal análise crítica não deve ser confundida com a identificação das causas fundamentais da crise portuguesa. De acordo com a tese dominante sobre as suas origens, os agentes económicos nacionais – em particular, o Estado português – foram incapazes de tomar as decisões mais acertadas no quadro das regras e instituições europeias. Pressupõe-se, em suma, que com as mesmas regras e instituições o desfecho poderia ter sido substancialmente distinto.

No contexto deste debate, importa ter presente que o fraco desempenho da economia portuguesa não é um fenómeno recente. De facto, em termos agregados, o balanço global de 25 anos de integração económica na UE não é particularmente notável. Depois de um período inicial de rápida aproximação aos níveis de rendimento médio europeus, o processo de convergência real da economia portuguesa praticamente estagnou a partir de 1992 – prevendo-se que em 2012 o PIB *per capita* português (em paridades de poder de compra) face à média da UE15 seja idêntico ao daquele ano (cerca de 68% – ver gráfico abaixo). A análise do desempenho comparativo da economia portuguesa nos últimos 20 anos é desoladora: desde 1992, apenas por quatro vezes se registou uma aproximação anual à média da UE15 superior a um ponto percentual, sendo que três desses casos correspondem a anos de eleições legislativas (1999, 2005 e 2009) e o outro ao ano precedente à realização da Exposição Universal de Lisboa (Expo 98). Por outras palavras, nos poucos períodos em que se verificou uma convergência com os níveis de rendimento europeus, tal parece ter sido conseguido apenas à custa do estímulo pontual à procura interna por via da despesa pública.

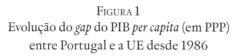

FIGURA 1
Evolução do *gap* do PIB *per capita* (em PPP)
entre Portugal e a UE desde 1986

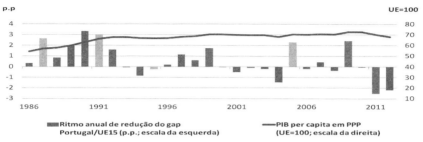

Fonte: AMECO

Em certa medida, os dados apresentados parecem sustentar a tese dominante sobre as origens da crise portuguesa: em particular, o gráfico acima sugere que considerações eleitoralistas (e outras, que não necessariamente o aumento do potencial competitivo da economia nacional) terão estado na base de práticas orçamentais que se revelaram insustentáveis, conduzindo à actual crise da dívida soberana. No entanto, o gráfico acima não revela apenas a tendência para os momentos de convergência coincidirem com anos de eleições[1]: denuncia também a quase ausência de convergência real da economia portuguesa com a média da UE, excluindo episódios esporádicos. Poderia ter sido diferente?

Apesar de todas as controvérsias, existe um largo consenso no que respeita à relevância de três domínios de fragilidade da economia portuguesa, os quais são indissociáveis do desempenho medíocre verificado. Tais fragilidades estruturais são: as baixas qualificações da população activa; o perfil de especialização da economia; e a posição periférica da economia portuguesa face aos principais mercados europeus.

Quando Portugal aderiu à CEE a proporção de adultos em idade activa que haviam concluído o ensino secundário era inferior a 20% (quando a média europeia era já próxima de 60%). O esforço realizado no país na qualificação de pessoas nas últimas décadas permitiu melhorar significativamente os valores de partida. No entanto, os factores que determinam os reduzidos níveis de investimento em qualificações raramente se inver-

---

[1] Não por coincidência, nos anos de eleições em que não houve convergência – 1995, 2002 e 2011 – verificou-se uma mudança de partido de governo.

tem em poucos anos. De forma geral, o aumento dos níveis de qualificações faz-se fundamentalmente por via da renovação geracional – sendo os impactos deste mecanismo de mudança retardados pela persistência de elevados níveis de abandono escolar precoce. Assim se explica que, apesar dos progressos, não tenha sido possível nos últimos 25 anos eliminar o atraso português ao nível das qualificações (até porque os níveis médios europeus continuaram a aumentar).

As consequências das baixas qualificações são várias, tanto ao nível da produtividade como do progresso social. Em particular, o atraso nas qualificações é simultaneamente causa e consequência do segundo domínio de fragilidades estruturais acima referido – o perfil de especialização da economia portuguesa. No momento da adesão à CEE, o tecido económico português caracterizava-se por um forte peso de actividades de baixo valor acrescentado e baixa intensidade tecnológica. O processo de industrialização do país havia sido impulsionado desde a década de 1960 por sucessivas vagas de investimento directo estrangeiro (IDE), o qual assentou em – e contribui para aprofundar – esse perfil de especialização. Num primeiro momento, a adesão à CEE e a perspectiva de criação de um mercado interno unificado tornaram a tradição industrial portuguesa (e os baixos salários associados) ainda mais atractivos para os investidores internacionais. Porém, o rápido avanço da globalização da produção – permitida pelos avanços nas tecnologias de informação e de transportes, bem como nos acordos internacionais de liberalização do comércio e do investimento a que a UE aderiu – foram tornando crescentemente difícil afirmar a competitividade da economia portuguesa com base em baixos custos da mão-de-obra.

Simultaneamente, a preparação da União Económica e Monetária iniciada nos finais da década de 1980 – assente na prioridade atribuída à estabilização cambial no seio da UE – favoreceu a valorização do escudo face às moedas dos principais parceiros comerciais[2], dificultando ainda mais a competitividade dos sectores tradicionais da indústria portuguesa.

As crescentes dificuldades em competir com base no preço poderiam ter funcionado como um incentivo à reorientação do perfil de especialização da economia portuguesa no sentido do reforço de sectores de

---

[2] Entre 1986 e 1999 o escudo valorizou mais de 35% face ao ECU, a unidade cambial de referência do Sistema Monetário Europeu.

maior valor acrescentado. No entanto, esta via de reestruturação deparou-se com dois tipos de obstáculos: por um lado, a indisponibilidade de recursos qualificados adequados a um rápido desenvolvimento de sectores mais avançados; por outro lado, os incentivos entretanto criados ao desenvolvimento de outro tipo de actividades económicas. De facto, a associação do escudo a uma moeda forte foi concomitante a dois outros desenvolvimentos relevantes: a privatização de grandes empresas estatais fortemente orientadas para o mercado interno; e a redução acentuada das taxas de juro reais a partir de meados da década de 1990. Estes três factores conjugados incentivaram a canalização de uma parcela crescente dos recursos produtivos para actividades essencialmente não transaccionáveis – serviços financeiros, transportes, energia, telecomunicações, construção, comércio e distribuição – em prejuízo do investimento em sectores produtores de bens transaccionáveis mais avançados.

Assim, a especialização da indústria portuguesa em sectores de baixo valor acrescentado e reduzida intensidade tecnológica manteve-se até à entrada em vigor do euro. Estes sectores viriam a confrontar-se com três choques significativos no período subsequente: a entrada da China na OMC, o alargamento da UE a Leste e a forte apreciação do euro face ao dólar entre 2001 e 2008. Os dois primeiros eventos vieram aumentar significativamente a exposição da indústria portuguesa à concorrência externa, enquanto a apreciação do euro face ao dólar deteriorou a competitividade-preço das exportações nacionais. Neste contexto, a posição periférica da economia portuguesa face aos principais mercados da UE tornou-se ainda mais marcante (reflectindo-se, nomeadamente, na crescente perda de atractividade de IDE face aos países do alargamento).

Tendo em conta as fragilidades estruturais e os desenvolvimentos internacionais mencionados, a tese de que a situação em que Portugal hoje se encontra decorre das más decisões tomadas internamente, no quadro das regras e instituições europeias vigentes, merece ponderação. Dificilmente se poderá defender que a economia portuguesa estava em condições de se ajustar sem grandes dificuldades – no quadro dos instrumentos de política económica disponíveis – ao processo de construção da moeda única (implicando um processo prolongado de apreciação cambial, associado à redução abrupta das taxas de câmbio reais no país), à gestão da política monetária no quadro do euro (que atribui prioridade absoluta ao controlo da inflação e descura a evolução cambial), aos acordos internacionais sobre comércio externo e ao alargamento da UE a Leste (cujos benefícios e custos estão assimetricamente distribuídos entre Estados-Membros).

Dado este quadro é legítimo questionar se a principal responsabilidade dos actores nacionais não terá sido a falta de ponderação na decisão de aderir às várias etapas do processo integração europeia nos termos em que esta teve lugar nos últimos 25 anos.

A IDEIA DE EUROPA:
REFLEXÕES SOBRE O PROCESSO DE INTEGRAÇÃO EUROPEIA

RITA CALÇADA PIRES

"– Não é Europeu, disse, abanando a cabeça.
– Não é Europeu? Como assim, senhor Fischer?
– Ele não percebe nada das grandes ideias humanistas."
Thomas Mann,
na redacção do obituário de Sammi Ficher, 1934

Continua o projecto europeu a ser uma boa ideia? Esta é a questão que perpassa a mente de todos aqueles que reflectem sobre a integração europeia, mais ainda num momento como o presente onde todas as fragilidades da construção se revelaram de uma forma intensa, presente e dificilmente passageira. A minha resposta, posso avançá-lo desde já, é de um firme e veemente SIM. Não tenho qualquer dúvida de que a integração europeia é um projecto único, irrepetível e profundamente necessário ao batimento saudável do coração do continente europeu. Aquilo que me preocupa, de modo demasiado premente, é que me parece que o processo de integração chegou a um impasse e as reflexões que na generalidade são reveladas estão demasiado desprendidas da real base e fundamentação do processo integracionista europeu.

RITA CALÇADA PIRES

Cresci e ganhei consciência enquanto habitante de uma Europa imersa no seu projecto de integração. Cresci a aprender a ser europeia e não apenas portuguesa. Cresci a identificar-me com os outros europeus. Cresci a sentir, no meu quotidiano, o valor da paz, o prazer da segurança, o desejo da liberdade e o respeito pelo outro. O meu universo assenta nesta Europa unida. Não me lembro bem de como era antes de ser pertencente a uma Comunidade Económica Europeia. Lembro-me antes de que é bom ser da União Europeia. Esta materialização de pertença é uma conquista. Todo o ser humano busca uma ligação a algo e/ou a alguém. E eu encontrei, enquanto cidadã, essa pertença, ao meu território natal, Portugal, mas não consigo dissociar a minha nacionalidade portuguesa da categoria mais vasta, mas igualmente intrínseca, de cidadania europeia. E a meu lado estão milhões de jovens adultos. E para além de nós, milhões de crianças que só conheceram a Comunidade Europeia e a União Europeia. Por isto mesmo, por saber existir esta ligação única e irrepetível, me parece que, em face dos problemas internos que a União Europeia atravessa, o momento de reflexão que se exige, implica uma contextualização adequada, uma contextualização intrínseca a uma avaliação da justificação do projecto europeu. E ao fundamentar-se a continuidade da Europa unida tem de se reavaliar a forma como esta responde aos seus desafios internos e como os resolve verdadeiramente.

Da sociedade europeia do tempo do visionário JEAN MONNET à sociedade contemporânea globalizada, interdependente e profundamente materialista e economizada passaram anos de profundo trabalho, mas também de profundas transformações económicas, sociais e políticas que provocaram clivagens entre linguagens diferentes e (des)equilíbrios de poderes distintos. A luta intensa pelo equilíbrio de poderes intensificou-se à medida que os alargamentos aconteceram e os blocos de aliados foram-se gerando, que as discrepâncias dos níveis de crescimento e desenvolvimento económico, financeiro e social continuaram a existir e a revelar-se, que a desfragmentação da unidade política, em face do crescente poder do Mercado, dificultou o alcance de um ritmo único e a construção de Europa a um único tempo. Qualquer solução depende da real avaliação das vontades e da percepção e assunção das diferenças existentes na sociedade contemporânea em face da sociedade onde o projecto nasceu. Tal implica um ajustamento às mudanças, flexibilizando, mas apostando no essencial do que define o projecto europeu. É isto que demonstrará a capacidade de sobrevivência da integração europeia. Para tal, como GEORGE STEINER defendeu: "*É vital que a Europa rea-firme certas convicções e audácias de alma.*"

A base da construção europeia não pode jamais ser olvidada. O ideal europeu de civilização é único. Assenta nas grandes ideias humanistas. É esta a base da cultura europeia e a raiz do processo de integração euro-peu. A ideia de Europa está aqui, no cerne da pessoa, do seu valor e da sua necessidade de segurança, liberdade e progresso. A identidade europeia é uma identidade cultural europeia[1], fundada na unidade da sua diversi-dade linguística, social e económica. Dessa heterogenia nasce a potencia-lidade e capacidade de adaptação e de inovação, construindo um caminho assente na multiplicidade e na essência de se conseguir ser num universo onde a diferença pode ser enriquecedora. Por isso a expressão francesa *lieu de la mémoire* é tão válida e plena para explicitar a base da construção europeia e tão ligada ao *lieu de l'avenir*, uma ligação que existe e se dirige à conquista do futuro europeu.[2]

Hoje, a cultura de massas alimenta, em parte, uma alienação da iden-tidade europeia. E essa alienação produz uma redução do espírito crí-tico construtivo, um adensar do afastamento do projecto de integração europeu. E esse é o erro maior que poderemos cometer e que, com toda a certeza, fará ruir o processo de integração. Não é apenas a luta entre o Mercado e o Poder Político espartilhado da Europa. É sobretudo a falta de proximidade dos cidadãos do processo de integração. É dar-se como adquiridas as liberdades e os direitos conquistados. É esquecer a subsi-diariedade. É não apostar no reacender e no desenvolvimento da cidada-nia europeia. E o curioso é que esta consciência existe no seio da União Europeia. Em 2006 afirmou-se que "*para que os cidadãos adiram e partici-pem plenamente no processo de integração europeia, é necessário que seja dada maior expressão aos valores e raízes culturais comuns, enquanto elementos essenciais da sua identidade e pertença a uma sociedade baseada na liberdade, equidade, democra-cia, respeito pela dignidade e integridade humanas, tolerância e solidariedade, com plena observância da Carta dos Direitos Fundamentais da União Europeia.*"[3] Con-

---

[1] Antoine Compagnon, *Cultura, a coroa da Europa*. In As novas Fronteiras da Europa. *O alarga-mento da União: Desafios e consequências.* Fundação Calouste Gulbenkian. Dom Quixote, 2005.

[2] Expressões utilizadas por George Steiner, *A Ideia de Europa*, Gradiva, 2005.

[3] Considerando 3 da Decisão nº 1855/2006/CE do Parlamento Europeu e do Conselho de 12 de Dezembro de 2006 que institui o Programa «Cultura» (2007-2013). Conferir também o pensamento denso e certeiro de Hans-George Gadamer, Herança e futuro da Europa, Edições 70, 1998.

RITA CALÇADA PIRES

tudo, estamos muito longe da concretização desta identidade de cidadania europeia realmente assimilada, de modo reconhecido e intrínseco à essência humana, pela maioria dos cidadãos europeus. É por isso fundamental aqui o papel do ensino na continuidade da construção do projecto europeu. A aposta no ensino, num ensino europeu e não um ensino americanizado, num ensino desprendido das estatísticas e antes ancorado na substância do saber efectivo e das capacidades adaptativas e reactivas à mudança. É deste tipo de ensino que surgirá a construção de um espírito crítico capaz de articular a descoberta do seu mais íntimo "eu" com a sua densificação no "nós" da comunidade em que se radica, compreendendo a essência do ser europeu e transpondo-a para o quotidiano da acção social, económica e política. Para continuar, o processo de integração necessita deste catalisador, como forma de gerir as expectativas criadas naqueles que habitam o espaço europeu. De pouco valerá a construção da governação económica, o equacionar futuros alargamentos, incluindo o da Turquia, o acentuar do espírito de cooperação com outros parceiros territoriais, se a revitalização da essência europeia não for resgatada, recordada e realmente assimilada. Como GAHDHI afirmou: "As grandes lutas passam-se dentro de nós."

E que papel para Portugal neste processo? Nas palavras de JORGE VASCONCELLOS E SÁ, "é que Portugal já experimentou tudo, tudo, excepto mudar de mentalidade."[4] A mentalidade foi, efectivamente, aquilo que não mudámos ao longo dos séculos e, para o que ora releva, nas décadas que constituíram o nascer e o pertencer ao projecto de integração europeu. Necessitamos ser mais exigentes. Necessitamos ter mais espírito crítico entrançado num conhecimento real e verdadeiro. Necessitamos ser produtivos e empreendedores. Necessitamos ser ambiciosos, mas ter ética nessa ambição. Necessitamos ser pró-activos e capazes de assumir riscos fundados e ancorados no trabalho e no brio desse trabalho, como forma de conseguir alcançar e conquistar as oportunidades e ultrapassar os desafios gigantescos que nos afrontam. Necessitamos combater o eterno complexo de inferioridade. Necessitamos conhecer os nossos direitos e os nossos deveres, responsabilizando-nos individualmente pela acção própria. Necessitamos aceitar a diversidade e não desejar impor a uniformidade. No caso portu-

---

[4] Jorge A. Vasconcellos e Sá, *Conclusão: a oportunidade perdida e as lições dos clássicos: Hérodoto, Tácito, Péricles, Sócrates, Aristóteles, Horácio, Juvenal, Epícteo, Políbio, Juliano, Salustro, Santo Agostinho e outros*, In Portugal Europeu? primeiro fui a Portugal, depois viajei para a Europa , Vida Económica, 2001.

guês, o contributo maior que pode ser oferecido ao projecto europeu é o de promover um crescimento transformacional, assente numa liderança transformacional[5], racionalizando e equilibrando expectativas. E capacitando o indivíduo de que a sua acção individual, quando integrada numa acção conjunta, marcada por uma mesma consciência de pertença e de finalidade, pode efectivamente constituir o motor para garantir a permanência de um projecto europeu de integração capaz de dar corpo à ideia de Europa.

Eu quero...

Lisboa, 30 de Outubro de 2011

"Não há nada como o sonho para criar o futuro.
Utopia hoje, carne e osso amanhã."
Victor Hugo

---

[5] Sobre o conceito e a teoria do crescimento transformacional, cfr. Edward J. Nell, *The general theory of transformational growth. Keynes after Sraffa*. Cambridge University Press, 1998. Sobre a liderança trasnformacional e o seu contexto relacional, e.g. Bernard M. Bass, *Transformational leadership: industrial, military, and educational impact*. Lawrence Erlbaum Associates, 1998.

REFUNDAR A EUROPA?

RUI LEÃO MARTINHO

No momento em que estas reflexões são escritas, paira a incerteza sobre a Europa. Não são mais batalhas ou guerras como no passado, mas são outras formas de luta no sentido de preservar a unidade da União Europeia e de prosseguir o caminho no sentido do aprofundamento da integração das políticas económicas.

Especula-se diariamente sobre futuros acontecimentos como a saída voluntária ou forçada de países da zona euro, até do seu desmembramento mas é bom lembrarmos o trajecto já percorrido, nomeadamente desde que Portugal apresentou o seu pedido de adesão, e verificarmos como várias dificuldades foram sendo superadas.

Efectivamente, Portugal formalmente apresentou o seu pedido de adesão às Comunidades Europeias em 1977. Na altura, gerou-se um grande consenso nacional e, passados nove anos sobre aquela data, o nosso País tornou-se membro das Comunidades Europeias. Mais tarde, a CEE transformou-se na União Eusopeia que foi evoluindo, recebendo novos países integrantes deste espaço e criando moeda própria, o euro, que passou a circular a partir de 1999.

No que respeita a Portugal, a chamada europeização é, sem dúvida, o processo mais marcante do último meio século. Trouxe transformações profundas à forma como se vivia em Portugal, abriu a economia para o mundo, introduziu melhorias significativas no domínio social, recolocou-nos na Europa sem deixar de nos dar a possibilidade de continuarmos

RUI LEÃO MARTINHO

a ter relações privilegiadas com o resto do mundo, nomeadamente com os países de língua e cultura portuguesas e com o continente americano, aproveitando de forma inteligente a nossa situação geo-estratégica.

Portugal de tal forma cumpriu os critérios de convergência impostos pelo tratado de Maastritch que integrou a zona euro desde a sua criação. Vivia-se, então, uma fase alta cíclica da economia europeia, estimulada pelas políticas de convergência propiciando uma fase óptima para o lançamento da moeda europeia. E como muitos economistas afirmaram ao longo dos anos (como foi o caso de Ricardo), uma moeda no mundo começa por valer, antes de mais, o que valer a respectiva economia. É que se as moedas internamente têm um valor que depende muito dos factores monetários, as moedas internacionalmente, a longo prazo, tendem a ser boas ou más se a economia é boa ou má. O euro, criado por uma União Europeia com credibilidade e sob a responsabilidade do Banco Central Europeu, independente e autónomo, veio a trilhar um caminho desde a sua criação de crescente valorização e reconhecimento.

Porém, a partir da crise económica e financeira de 2008, vieram a evidenciar-se algumas fragilidades na zona euro, nomeadamente as assimetrias. Países como Portugal sofrem pelo excessivo endividamento público e privado, com o consequente aumento das taxas de juro de mercado, pelo défice externo e pelo défice orçamental. Acresce uma restrição geral de crédito e uma recessão profunda que ainda mais dificultam a resolução dos problemas orçamentais. No entanto, debatermo-nos com estes problemas não significa que seja pelo abandono da moeda única europeia e da zona euro que se resolvam. Antes pelo contrário, Portugal deve tirar partido de pertencer ao chamado primeiro mundo, à União Europeia e à zona euro para, solidariamente com os restantes países integrantes, ultrapassar a situação e lançar as bases de um futuro ciclo económico de desenvolvimento económico e social e de crescimento económico.

Para além da união monetária, há que realizar a união económica, financeira e política. O directório europeu tem hoje consciência disso e decisões ultimamente conhecidas bem como pontos que estão já presentes na agenda da discussão europeia apontam que a esperança de resoluções que comecem a trilhar firmemente esse caminho não pode esmorecer. Idealmente, a Europa uniforme e solidária ainda pode ser possível. Todos os sacrifícios que ainda se tenham de fazer, todas as provações que ainda tenham de se passar poderão ser bem melhores do que o desfazer do ideal europeu, o desfazer da União Europeia ou a saída da zona euro.

Como medidas que, no momento, parecem mais urgentes podem citar-se a aceitação da centralização da gestão das políticas orçamentais dos vários estados membros da UEM, da harmonização fiscal sobre empresas e capitais, das normas e regras relativas à regulação salarial, aos sistemas de protecção social e reforma, ao lançamento de supervisão financeira a nível europeu, com regras para intervenção em situações de falência de instituições financeiras e a uma revisão das fontes de receita comunitária. Também, como muitos economistas já preconizam há algum tempo, será de discutir a pertinência ou não de transformar o Banco Central Europeu em prestamista de última instância no mercado da dívida pública como meio de ultrapassar as debilidades da zona euro. Sempre com a preocupação de acautelar o eventual risco moral destas transformações, há como vemos caminho para andar.

É por estas razões que é possível ter esperança, após vinte e cinco anos, numa Europa refundada, política, económica e financeiramente mais unida, possuidora de moeda própria e onde Portugal terá o seu lugar de direito lado a lado com os restantes países europeus que queiram e tenham condições de pertencer à União Europeia.

Outubro/2011

OS PORTUGUESES NO SEU LABIRINTO

RUI PERES JORGE
ELISABETE MIRANDA

Perante o desafio de reflectir sobre os aspectos centrais da integração dos últimos 25 anos, fomos procurar respostas nas respostas que os portugueses foram dando durante esse período a inquéritos regulares sobre construção europeia. Nessa tentativa de interpretação do "sentimento popular", houve duas tendências que nos prenderam o olhar.

Estamos entre os povos do euro que, quando confrontados com perguntas sobre as vantagens da integração europeia ou a necessidade de a Europa se estruturar em torno de uma moeda única, mais dificuldades evidenciam na tomada de posições claras – a opção "não sei/não respondo" é accionada mais vezes do que na média da zona euro, um resultado que não estará alheio à escassez e à superficialidade do debate político interno dos últimos 25 anos.

Em segundo lugar, é de realçar que a posição da "opinião pública" portuguesa começa a degradar-se com a introdução do euro, mais especificamente a partir da segunda metade da primeira década deste século. Este alastramento gradual do cepticismo acompanha a deterioração da actividade económica e do emprego, que se acentuou com a violenta crise financeira e económica que deflagrou em 2007/2008.

De tal modo que chegamos aos nossos dias a bater todos os recordes de insatisfação e descrença.

"Euro, tu és euro, e sobre ti edificaremos a Europa"

"Levando tudo em consideração, diria que Portugal beneficiou da participação na União Europeia"? Em Maio deste ano, o sentimento popular, que historicamente vinha comungando da posição favorável das elites nacionais em relação à Europa, estava praticamente partido ao meio. Apenas 51% dos inquiridos achava que "sim", que no deve e haver do balanço da integração o País ganhou mais do que o que perdeu. Trata-se da percentagem mais baixa em 20 anos, um período durante o qual as vantagens do projecto europeu chegaram a ser reconhecidas por quase oito em cada dez inquiridos[1].

Esta desilusão nacional com a União Europeia, que começou a manifestar-se a partir de 2000/2001, é acompanhada por um cepticismo crescente em relação à própria moeda única, apresentada como o veículo de excelência da integração europeia e como o instrumento que permitiria à união afirmar-se como um espaço económico autónomo e, em boa medida, protegida dos desequilíbrios de fora da União.

O mesmo eurobarómetro elaborado pela Comissão Europeia, publicado em Agosto deste ano e com trabalho de campo em Maio, o mês em que Portugal assinou a sua terceira intervenção financeira externa na história democrática, mostra que, entre os 17, é cá, a par com o Chipre, que se concentra a maior proporção de cidadãos contra uma "União Monetária e Europeia com uma moeda única, o euro"[2]. Em cada dez cidadãos, quatro estão contra o euro e apenas cinco respondem estar a favor.

O sentimento de crescente insatisfação com o euro supera mesmo o dos gregos e irlandeses, que connosco hoje partilham a condição de excomungados dos mercados financeiros, e ultrapassa igualmente os dos espanhóis e italianos, que arriscam a juntar-se ao mal afamado "Club Med alargado"[3].

---

[1] O reconhecimento foi especialmente vigoroso na viragem da década de 80 para a de 90, quando os fundos europeus jorravam generosamente na economia. Agosto de 2011 é também a primeira vez em que os portugueses se mostram menos reconhecidos do que a média dos seus parceiros europeus, que, também eles, têm os seus entusiasmos mais refreados nos últimos anos.

[2] Em 2001, primeiro ano em que esta pergunta foi feita, a proporção aproximou-se dos sete portugueses a favor para dois contra. E excluindo os países que aderiram ao euro nas últimas levas (Estónia, Eslováquia, Eslovénia, Chipre e Malta), Portugal é mesmo o país onde o apoio à UEM mais se degradou na década entretanto passou.

[3] "Club Med" é uma expressão que foi usada ao longo dos anos para agregar os países do Sul Europa, especificamente, Portugal, Espanha e Itália e, por vezes, a Grécia. Neste caso, junta-se a Irlanda.

OS PORTUGUESES NO SEU LABIRINTO

Chegados a este ponto, a construção europeia sob a égide uma moeda única afigura-se um projecto em risco de desmoronamento. Declarações como as de António Guterres, que em 1995, numa original adaptação bíblica chegou a profetizar que "euro, tu és euro, e sobre ti edificaremos a Europa"[4], parecem hoje em dia pouco mais que inspirados exercícios estilísticos.

De facto, o início da circulação física da moeda única, à qual "os portugueses estenderam uma passadeira vermelha"[5] coincidiu com o início de um agravamento contínuo e progressivo das condições económicas do país. A última década, lapidarmente dada como "perdida", foi marcada por uma estagnação do PIB em termos reais, e por um aumento alarmante da taxa de desemprego, de 4,1% em 2001 para mais de 12% este ano.

Os enebriantes "milhões de contos" de fundos estruturais que inundaram a economia a partir dos finais dos anos 1980, aliados à significativa descida das taxas de juro, que trouxeram consigo um sentimento generalizado de prosperidade e aumento de bem-estar, começaram a fenecer nos primeiros anos de euro. Uma concorrência mais feroz das economias do Leste europeu e da Ásia, conjugada com crescimentos do níveis de endividamento e salários pouco consentâneos com a evolução da produtividade e competitividade, e um choque financeiro brutal, sem precedentes desde pelo menos os anos 30, revelaram-se fatais para um "tacho de barro que se aliou a uma panela de ferro".

Se uma moeda forte, partilhada com a Alemanha, pode ter defendido Portugal do primeiro embate da crise financeira – ao contrário do que aconteceu, por exemplo a vários países do Leste europeu – o certo é que acabou por se revelar insuficiente para defender o País dos ataques dos mercados à dívida pública. Mais do que isso, é argumentável que as insuficiências da construção monetária são hoje uma das principais ameaças à União[6].

---

[4] "Euro, tu és euro, e sobre ti edificaremos a Europa", afirmou Guterres no seu primeiro conselho Europeu em Madrid, em Dezembro de 1995, no qual se confirmou então o lançamento da primeira fase da UEM em 1999.

[5] Parafraseando um dos slogans anti-europeistas do MRPP, durante as eleições presidenciais de 1994.

[6] Ver, por exemplo, De Grauwe, Paul (2011), "European summits in ivory towers", consultado no VoxEU.org, a 30 de Outubro 2011.

"Não sei/não respondo"

A posição dos portugueses em relação à Europa tem estado intimamente ligada às repercussões que as crises internas e externas têm nas suas vidas, mais do que assente em avaliações às cambiantes do projecto europeu.

Se este ano, pela primeira vez desde a adesão, há mais portugueses "insatisfeitos com a vida que levam" do que gente satisfeita com a sua vida[7], entre 1986 e 1992 o choque de adaptação à Europa foi glorioso. A entrada de fundos comunitários a grande ritmo, o início do processo de abertura e liberalização da economia do sistema financeiro, marcado por privatizações de monta e dinamismo bolsista, e uma modernização no plano tributário, com laivos de harmonização, marcam o início de um período de enamoramento nacional com a Europa.

O número de lusos a considerar que a União era benéfica para o país disparou nesses primeiros anos, superando os 80% em 1992, um máximo histórico. Os portugueses também nunca se sentiram tão bem com as suas vidas como nessa altura, em que juros e desemprego caíam de forma significativa, e a economia chegou a crescer 9%.

Contudo, esta euforia nacional não podia ser mais contrastante com o alheamento em relação ao projecto europeu propriamente dito, em boa medida alimentado pelos dois partidos do chamado "arco da governação", que em fases-chave do processo de integração convergem em discursos triunfalistas, e durante os momentos formais de eleição de representantes europeus sistematicamente se digladiam na praça pública sobre questões de política interna.

Em 1989, as primeiras eleições em que os deputados europeus foram sozinhos a votos (em 1987, as europeias realizaram-se no mesmo dia das legislativas que consagraram Cavaco Silva com a sua primeira maioria absoluta), "o partido abstencionista venceu, pela primeira vez umas eleições em Portugal"[8], um país onde o direito ao voto era ainda uma conquista recente.

Anos mais tarde, em 1994, as europeias vão resumir-se a um acalorado plebiscito ao primeiro-ministro. Nos comícios, o próprio António

---

[7] Segundo o Eurobarómetro, os inquiridos portugueses sempre estiveram menos satisfeitos que a média mas, neste momento, a par com os gregos, os cidadãos nacionais são os mais insatisfeitos de toda a união: em Junho deste ano mais de metade da população estava insatisfeita com a sua vida, contra uma média de apenas 20% na UEM.

[8] "O partido abstencionista vence, pela primeira vez, umas eleições em Portugal", escrevia o DN de 20 de Junho de 1989.

OS PORTUGUESES NO SEU LABIRINTO

Guterres não escondia ao que vinha, assumindo que, mais do que eleger deputados para o "longínquo" parlamento em Estrasburgo, "o que está em causa é abrir caminho para que daqui a um ano Portugal mude de Governo"[9].

E em 1999, Mário Soares, agora no papel de cabeça de lista ao Parlamento Europeu, perguntava desassombradamente se alguém se tinha esquecido das legislativas de Outubro próximo. É que "nos estados gerais dos partidos não há quem pense noutra coisa, acreditem em mim", afiançava.

Pelo meio, dois delicados momentos da integração europeia passaram quase acriticamente pela sociedade portuguesa. Em 1992, a 7 de Fevereiro é assinado o Tratado de Maastricht que, além do aprofundamento da união política através da transformação da CEE em UE, marca 1 de Janeiro de 1999 como o dia para entrada em vigor da moeda única europeia. Com a fixação da data surgem novas instituições e regras comunitárias para zelar pelas prioridades que então se estabeleceram e que, para alguns autores, contribuíram de forma decisiva para as dificuldades dos países menos desenvolvidos do euro[10].

No dia da assinatura do Tratado lê-se num artigo no jornal "Público" que, "ao contrário do que se passa noutros países da Comunidade, as decisões de Maastricht, ainda que "revolucionárias", não suscitaram qualquer polémica em Portugal, nem sequer grande debate público (...) Para a opinião pública, a Europa continua a significar fundamentalmente a chegada de milhões em catadupa e a medir-se em "vias rápidas" e em projectos que vão mudando progressivamente a face de cada região do país".

Dois meses depois, o País dava outro grande passo: a 6 de Abril aderiu oficialmente ao Sistema Monetário Europeu (SME), o qual estabelecia um câmbio quase fixo para as moedas integrantes. Portugal entrou com o

---

[9] Reportou o jornal Publico, na semana que antecedeu as eleições de 12 de Junho de 1994. Na edição de 10 de Junho, Vicente Jorge Silva, na altura director do Publico escrevia que "provavelmente nunca os argumentos políticos foram tão pobres, tão primários e tão deslocados daquilo que estava em jogo para o eleitorado: A Europa foi apenas um pretexto para apresentar um cartão amarelo a Cavaco. (...) A histeria é reveladora do desespero político que se criou à volta de umas eleições que, só por acidente, se chamam europeias".

[10] Paul de Grauwe fala em "numerologia arbitrária" para classificar os limites à divida e ao défice então estabelecidos; João Ferreira do Amaral tem afirmado que se tratou da cunhagem neoliberal do projecto europeu, que impede que economias que se defrontam com desequilíbrios externos, como a portuguesa, possam ajustar-se.

RUI PERES E ELISABETE MIRANDA

escudo mais valorizado do que pretendia, mas isso não suscitou demasiadas reservas ou atenção excessiva.

Aos críticos o Governo respondia por comunicado do Ministro das Finanças com a antecipação de uma provável "descida substancial" dos juros portugueses. Ainda nesse ano o SME ficaria moribundo, perdendo a batalha contra os mercados financeiros que desafiaram os câmbios fixos aplicados a economias com características e políticas tão diferentes. Vários países acabam por sair do mecanismo europeu de taxa de câmbio em 1993, a Europa lança-se numa recessão de grandes dimensões, e Portugal não escapou: passou de um crescimento de 7,9% em 1990 para -0,7% em 1993, com o desemprego a aumentar de 4,2% para 7,2%.

Nos quatro anos seguintes os líderes europeus apanharam os cacos da implosão do sistema monetário anterior, flexibilizaram o regime de taxas de câmbio e endureceram as regras, nomeadamente as orçamentais, de participação na moeda única a lançar em 1999. As economias europeia e portuguesa recuperam rapidamente, e a década entre 1992 e 2002 acabou por ser marcada por um crescimento médio nacional significativo, embora menor que entre 1986 e 1992, e por uma redução acentuada das taxas de juro (as de longo prazo caíram de 14% para 5%).

Mas a satisfação quase incondicional dos portugueses que marcou os primeiros anos da adesão não mais voltou. O entusiasmo começou a refrear-se lentamente: segundo o Eurobarómetro, na década terminada em 2002 o peso do número de portugueses que disse estar "satisfeito com a vida que leva" passou de 74% para 65%, e a proporção dos que afirmou que o País beneficiou do adesão à União caiu de 82% para a casa dos 70%.

Ao longo de praticamente todo o período em análise os portugueses destacam-se entre os povos que em média mais assinala a opção "não sei, não respondo" nas questões que lhes são colocadas sobre o projecto europeu. Hoje 12% "não sabe ou não responde" se a União é benéfica para o país, um valor que, entre os 17, é apenas superado por Itália e Malta. Os mesmos 12% relativos ao apoio à união monetária com moeda única são o valor mais elevado em toda a zona euro.

A proporção destas respostas tem diminuído com a crise iniciada em 2007, mas apenas para alimentar as respostas mais cépticas em relação ao projecto. É fácil imaginar que esta desilusão continue a alastrar à medida que os planos de ajustamento económico e financeiro em curso concretizarem as medidas resultantes do diagnóstico de necessidade de empobrecimento do país[11] e colocarem mais distante o desígnio inicial do projecto europeu, então desenhado por Mário Soares: "O de reduzirmos cada vez mais a distancia que ainda nos separa dos países desenvolvidos da Europa, criando para os portugueses padrões de vida e de bem-estar verdadeiramente europeus"[12].

O que pensarão os portugueses da UE e do euro no final desta década se lhes estiver guardada mais década perdida?

---

[11] "Não vale a pena fazer demagogia sobre isto, nós sabemos que só vamos sair desta situação empobrecendo – em termos relativos, em termos absolutos até, na medida em que o nosso Produto Interno Bruto (PIB) está a cair", afirmou a 26 de Outubro Pedro Passos Coelho.

[12] Discurso na assinatura do Tratado de Adesão de Portugal à CEE, em 1985.

O DIREITO EUROPEU
E O DIREITO PORTUGUÊS DO AMBIENTE: SINERGIAS

RUTE SARAIVA

O sector ambiental é possivelmente um dos melhores exemplos da evolução e contribuição do Direito europeu para o enriquecimento e florescimento do Direito nacional, num fenómeno de lógica centralizadora da subsidiariedade de cima para baixo. Por outras palavras, não só o Direito ambiental revela a capacidade inventiva, adaptativa e pró-activa da dinâmica comunitária, como o poder da sua influência no desenho e conteúdo dos enquadramentos jurídicos dos Estados-Membros, Portugal em particular. São pois estas as duas linhas mestras que se pretende aqui explorar, ainda que de forma sucinta, como contributo para a reflexão sobre a oportunidade da adesão lusa às Comunidades Europeias.

Num primeiro momento, convém recordar que as preocupações ambientais não se encontravam plasmadas nos tratados originais. Num cenário pós-guerra com custos elevados para a Europa e de algum melindre político, é natural que o enfoque fosse dado às questões económicas e a um crescimento duradouro, por um lado, e, por outro, à solidificação da paz. A progressiva integração económica dos mercados, em especial do carvão, do aço, da energia atómica e das mercadorias num primeiro momento, e a construção etápica de uma estrutura supranacional permitem a sustentada consolidação e afirmação económicas da Europa, num esforço que, em última análise, é eminentemente político. Ademais, os tratados originais, mesmo se inovadores para a época, são um produto do seu tempo: a fé num crescimento económico ilimitado como motor da paz e do desenvolvimento humano e dos Estados. Basta, para este efeito, lembrar o articulado referente à ONU. Longe está o questionamento do balanço da terra. Será preciso esperar pela década de 70, no rescaldo do desastre do petroleiro Torrey Canyon com a Declaração de Estocolmo, da desacreditação do legado de Bretton Woods e da desaceleração económica com a inconvertibilidade do dólar, os choques petrolíferos e a estagflação para se repescarem os ensinamentos de Malthus e Ricardo e, com o Clube de Roma, se questionarem os limites do crescimento. Afinal, é fisicamente impossível garantir um crescimento económico infinito num mundo de recursos finitos, pelo que o cenário de *business as usual* e a estrutura económico-social necessitam de ser repensados e redireccionados. A ponderação das externalidades ambientais decorrentes da actividade económica impõe-se, sobretudo numa Europa que se pretende distinguir e afirmar internacionalmente dos outros blocos económicos.

A ausência de regra específica para esta temática no âmbito do Direito original não constitui impedimento do desenvolvimento de uma política e ordenamento jurídico ambiental. Pelo contrário, serve de plataforma experimental do progresso das instituições e dos mecanismos europeus, com a expansão criativa do Tribunal de Justiça e da Comissão e o recurso aos antigos artigos 2º, 100º e sobretudo 235º TCEE.

Com efeito, pese embora as medidas e normas ambientais possam representar entraves ao objectivo máximo comunitário de liberdade de circulação das mercadorias, a Comissão, na sequência da Declaração de Estocolmo, apresenta em Junho de 1972, uma proposta de programa de acção ambiental. Esta constitui o ponto de viragem para a compreensão da necessidade e legitimação da política e Direito ambiental europeus que rapidamente florescem, abordando e alargando cada vez mais o leque de matérias, desde o ruído até às alterações climáticas, passando pela avaliação de impacto ambiental. A sua consolidação é conseguida não só pela via legislativa, em especial através de directivas que moldam os Direitos nacionais, mas também através da implementação de programas de acção e do recurso à via judicial para corrigir e punir o incumprimento das obrigações ambientais pelos Estados-Membros, em especial por via da violação do princípio do primado. Aliás, a uniformidade da aplicação do Direito europeu do ambiente interessa não só na perspectiva do tratamento de um problema sobretudo transnacional mas também de assegurar o bom funcionamento do mercado interno.

O DIREITO EUROPEU E O DIREITO PORTUGUÊS DO AMBIENTE: SINERGIAS

Veja-se, neste sentido, que o Direito ambiental europeu serve de viveiro a novos princípios jurídicos fundamentais para as ambições político-económicas da Europa. Além dos princípios da prevenção, nível de protecção mais elevado ou do desenvolvimento sustentado, entre outros, que potenciam a unidade e transversalidade do Direito europeu (chegando ao ponto, em certos casos, de se transformarem em princípios gerais da própria União), importa salientar a introdução dos princípios da subsidiariedade e da integração através do artigo 130º-R do TCEE com o Acto Único Europeu.

O primeiro é incontornável no debate e na construção de uma Europa mais integrada e no caminho do federalismo. Neste momento, face à sua neutralidade jurídica, permite apoiar soluções de federalização crescente com um reforço da integração vertical, se calhar razoáveis num contexto global de crise financeira (privada e pública) e ambiental (alterações climáticas), ou, como parece mais provável numa Europa alargada e desigual com afrontamentos proteccionistas e nacionalistas, de geometria variável e de descentralização com uma aposta na integração horizontal.

O princípio da integração, por sua vez, enquanto corolário do tão almejado desenvolvimento sustentado, vai permitir trazer para a esfera europeia o estratégico sector energético que os Estados-Membros resistem em abdicar enquanto reduto de soberania. A preocupação com as mediáticas alterações climáticas, já plasmada no Tratado de Lisboa num movimento de afirmação (oca) de pioneirismo jurídico-político, serve de pretexto para a invasão de um dos últimos baluartes do domínio reservado dos Estados, permitindo o avanço ousado de uma política comum da energia baseada na sustentabilidade, segurança e competitividade que até então evoluía timidamente com base nos antigos artigos 100º-A e 308º TCE. O último pacote legislativo energia-clima com os olhos postos no cenário Pós-Quioto representa um bom exemplo da via seguida, assim como o recente Título XXI do Tratado de Funcionamento da União Europeia que consagra o actual *statu quo*.

Acrescente-se ainda que Direito europeu do ambiente revoluciona, mesmo se de forma subtil, a administração através do reforço dos direitos procedimentais, particularmente o acesso à informação ao estabelecer e implementar, primeiro com a Directiva 90/313/CE e depois, com a ratificação da Convenção de Aarhus, com a Directiva 2003/4/CE, a transparência decisória que possibilita não só um maior escrutínio e legitimidade mas igualmente a tão necessária e aclamada aproximação entre os cidadãos e a Europa burocrática. Este reforço da cidadania é, aliás, alargado com a previsão, com a revisão de Lisboa, no seu artigo 11º, da susceptibilidade de uma iniciativa legislativa com base num direito de petição colectiva, cuja operacionalização rápida e eficiente interessa explorar e desenvolver e cujo alcance não se resume ao plano ambiental. O mesmo pode, por outro lado, dizer-se quanto à legitimidade alargada de recurso ao Provedor de Justiça Europeu, nos termos do artigo 228º TFUE, e ao Tribunal de Justiça com a revisão da redacção do artigo 263º nº 4 TFUE. Neste último caso, todavia, não se chega à consagração de um direito de acção popular com o alcance daquele previsto no artigo 52º nº 3 da Constituição lusitana, muito embora haja uma boa probabilidade de se progredir nesse sentido no aprofundamento da cidadania europeia, assistindo-se a uma influência inusual de baixo para cima nesta matéria.

A importância do acervo e da iniciativa comunitárias no âmbito ambiental são evidentes no caso português em que anteriormente à adesão não existiam nem política nem enquadramento jurídico de monta ou sistematizado mesmo se, de forma progressista, a Constituição prevê um direito funcional ao ambiente no seu artigo 66º. A Lei de Bases surge apenas em 1987, levando inicialmente muito tempo a ser regulamentada com a quase totalidade da concretização das suas disposições a vir da transposição de directivas, num fenómeno frequente de *copy paste* mesmo em matérias, como o ruído, em que a localização do fenómeno externalizador recomendaria um tratamento nacional. A péssima experiência dos primeiros esforços "inovadores" de transposição da Directiva 2003/87/CE relativa ao comércio de licenças de emissão de gases com efeito de estufa atesta bem a impreparação do legislador nacional e a sua necessidade de imitação não censurada. Por outras palavras, o Direito ambiental luso é maioritariamente Direito europeu, funcionando como um receptáculo acrítico. Estranha não deixa, no entanto, de ser a ausência de qualquer referência directa à fonte europeia nas bases nacionais sobretudo quando a questão ambiental é eminentemente transfronteiriça.

Em suma, o Direito europeu do ambiente constitui um inegável motor da construção e aprofundamento da lógica integracionista europeia e do quadro legislativo português que molda inelutavelmente, sendo desejável, neste caso, até por uma questão de maturidade e declaração políticas, o fortalecimento de um movimento de baixo para cima, isto é do estabelecimento de um diálogo, em vez de um monólogo, entre a União e Portugal.

MAIS 25 ANOS DE INTEGRAÇÃO EUROPEIA?

SÉRGIO GONÇALVES DO CABO

Uma reflexão em torno dos 25 anos da integração de Portugal nas Comunidades Europeias é um trabalho praticamente impossível se tivermos em perspectiva as múltiplas dimensões em que se transformou o projecto europeu neste período (não só no plano económico, mas também no plano jurídico, social, financeiro, político e mesmo civilizacional). Quem comparar o Tratado de Adesão celebrado entre Portugal e os restantes Estados-membros das Comunidades em 1985 com os Tratados de Adesão celebrados em 2003[1] ou em 2005[2] facilmente conclui que existem duas dinâmicas na integração europeia: (i) a dinâmica da integração dos Estados nas Comunidades/União Europeia e (ii) a dinâmica do processo de integração autonomamente considerado, enquanto processo de desenvolvimento, aprofundamento e alargamento das Comunidades/União Europeia.

Estas duas dinâmicas nem sempre se desenvolvem em paralelo ou sequer ao mesmo ritmo e a verdade é que Portugal aderiu às Comunidades Europeias num momento em que estas passavam por uma profunda transformação estrutural, de tal forma que menos de dois meses após a entrada em vigor do Tratado de Adesão foi assinado o Tratado do Acto Único Europeu (AUE) (17 e 28 de Fevereiro de 1986), que entrou em vigor

---

[1] Tratado relativo à adesão da República Checa, da Estónia, de Chipre, da Letónia, da Lituânia, da Hungria, de Malta, da Polónia, da Eslovénia e da Eslováquia, de 16 de Abril de 2003.

[2] Tratado relativo à adesão da República da Bulgária e da Roménia à União Europeia de 25 de Abril de 2005.

em 1 de Julho de 1987 (depois de um atribulado processo de ratificação) e constituiu a mais profunda reforma dos tratados até então realizada. As linhas de força do AUE passariam a marcar o ritmo do próprio processo de integração europeia que, um pouco contra as expectativas, Portugal conseguiu acompanhar de forma absolutamente impressionante[3]: reforma institucional, realização do mercado interno, aprofundamento da cooperação no domínio da política económica e monetária, reforma das políticas comuns e do seu financiamento e institucionalização da cooperação intergovernamental em matéria de política externa.

Recorde-se que em 1987 e depois de um período de crise nas finanças europeias[4] é aprovado o "Pacote Delors I" e, em 1993, é aprovado o "Pacote Delors II", que alteraram profundamente a política de coesão económica e social até então desenvolvida: antes do "Pacote Delors I" as despesas do orçamento comunitário no capítulo da *coesão económica e social* eram de cerca de 5 mil milhões de euros por ano, passaram para 14 mil milhões com o "Pacote Delors I" e para 26 mil milhões com o "Pacote Delors II", o que coincidiu com a criação de um novo recurso próprio baseado no PNB (Decisão do Conselho 88/376/CEE, Euratom, de 24 de Junho de 1988, relativa ao sistema de recursos próprios das Comunidades[5]) e permitiu a reforma dos fundos estruturais e um aumento das despesas no conjunto do orçamento comunitário na ordem dos 5,5% ao ano[6]. Como salienta JACQUES DELORS nas suas Memórias, «o esforço a favor dos países menos avançados – Grécia, Irlanda, Espanha e Portugal – representava em cada ano, entre 2% de 3,5% do respectivo PNB».[7]

Os primeiros anos da integração de Portugal nas Comunidades Europeias foram, pois, anos em que as duas dinâmicas correram em paralelo e, em Junho de 1988 (3 anos após a assinatura do tratado de adesão) o Conselho Europeu de Hanôver decide a criação do Comité para o Estudo da União Económica e Monetária presidido por Jacques Delors, cujo relatório[8] estaria na origem da mais profunda reforma dos tratados institutivos

---

[3] Basta pensar que entre 1986 e 1990 Portugal apresentou uma taxa de crescimento do PIB em termos reais de 6,1% (cf. European Commission, *Statistical Annex of European Economy*, Spring 2010, p. 198).

[4] Cf. European Commission, *European Union Public Finance*, 4th Ed., 2008, pp. 23-34.

[5] JO L 185, de 15.07.1988, p. 24.

[6] Cf. European Commission, *European Union Public Finance*, 4th Ed., 2008, pp. 45-47.

[7] Jacques Delors, *Mémoires*, Plon, 2004, p. 245.

[8] Committee for the Study of Economic and Monetary Union, *Report on Economic and Monetary Union in the European Community*, Luxembourg, 1989, publicado em língua portuguesa pela

MAIS 25 ANOS DE INTEGRAÇÃO EUROPEIA?

das Comunidades Europeias: o Tratado de Maastricht, de 7 de Fevereiro de 1992, que entraria em vigor em 1 de Novembro de 1993, depois de mais um processo atribulado de ratificação.[9]

Significa isto que os primeiros anos da adesão foram anos de uma profunda aceleração na história da integração europeia: a reunificação da Alemanha, a consolidação do mercado interno, a liberalização total dos movimentos de capitais e a realização da União Económica e Monetária.

Para Portugal, que não participava no Sistema Monetário Europeu (SME), beneficiava de derrogações em matéria de livre circulação de capitais até 31 de Dezembro de 1995 e que, entre 1986 e 1990 e entre 1991 e 1995, registou taxas médias de inflação de 12,6% e 7,5%, défices orçamentais de 5,5% e 6,3%, níveis de dívida pública de 55% e 81% e taxas de juro de longo prazo de 15,1% e 12%, respectivamente, a perspectiva de participação na UEM era remota.[10]

No entanto, a decisão de adesão ao SME em Abril de 1992 e o impacto do programa de ajustamento da economia portuguesa iniciado em 1990[11] tiveram, mais uma vez, resultados impressionantes: apesar da recessão que se começou a fazer sentir em 1991 e que culminaria com uma taxa de crescimento negativa do PIB em 1993 (-2%), em 1994 inicia-se um processo de recuperação económica e no final de 1995 a taxa de crescimento do PIB era de 4,3% contra 2,6% em média na União Europeia.

Por outro lado, a taxa de inflação começa a cair: de 7,3% em 1994, passa para 3,4% em 1995, 3,1% em 1996, 3,8% em 1997 e 1998 e 3,1% em 1999.[12] No período de 1996 a 2000, a taxa de inflação média situou-se nos 3,3% (em 2000 foi de 2,8%), o défice orçamental situou-se nos 3,4%, a dívida pública nos 50,5% e as taxas de juros de longo prazo baixaram para 6%.[13]

Surpreendentemente, Portugal reuniu as condições de *convergência nominal* que permitiam a sua participação na terceira fase da UEM[14]: a

---

Revista da Banca, nº 10 (Abril/Junho 1989), pp. 129-170.

[9] Cf. Maria Luísa Duarte, *União Europeia*, 2011, pp. 57-60.

[10] Cf. A. Cavaco Silva, *Autobiografia Política II*, 2004, p. 203.

[11] "Quantum – Quadro de Ajustamento Nacional para a Transição para a União Económica e Monetária".

[12] Cf. António Romão (Org.), *A Economia Portuguesa 20 anos após a adesão*, Almedina, 2006, pp. 53-132 (anexo estatístico).

[13] Cf. European Commission, *Statistical Annex of European Economy*, Spring 2010, p. 198.

[14] Cf. Recomendação do Conselho de 1 de Maio de 1998, nos termos do nº 2 do artigo 109º-J do Tratado, JO 139, de 11.5.1998, p. 21.

SÉRGIO GONÇALVES DO CABO

legislação nacional, incluindo os estatutos do Banco de Portugal, foi considerada compatível com o Tratado e com os estatutos do Sistema Europeu de Bancos Centrais (SEBC), a taxa média de inflação, entre Fevereiro de 1997 e Janeiro de 1998 (período de referência) situou-se em 1,8 %, ou seja, abaixo do valor de referência de 2.7%.[15] Em 1997 (ano de referência) o défice orçamental situou-se em 2.5% do PIB, ou seja, abaixo do valor de referência de 3%, e o rácio da dívida pública foi de 62%, ligeiramente acima do valor de referência de 60%, mas apresentava uma tendência de redução em comparação com o ano anterior, perspectivando-se para 1998 uma redução do défice orçamental para 2,2% do PIB e uma redução do rácio da dívida para 60%, o que correspondia ao valor de referência. Relativamente ao período de referência (Março de 1996 a Fevereiro de 1998), o escudo português participou no SME sendo transaccionado próximo das taxas centrais. No período de doze meses até Janeiro de 1998, as taxas de juro de longo prazo em Portugal foram, em média, de 6,2 %, nível inferior ao valor de referência de 7.8%. Tudo isto permitiu ao país fazer parte do grupo de países fundadores do euro.

No entanto, três factores alteraram de forma decisiva as duas dinâmicas que vimos referindo: (i) a agenda 2000 e o alargamento a leste, que implicou uma redução das transferências do orçamento comunitário para Portugal e uma diminuição de -0,7% do PIB em termos reais[16]; (ii) a redução das exportações e do PIB Potencial; (iii) o aumento da procura interna e do endividamento das empresas e das famílias, que não foi compensado por políticas orçamentais anti-cíclicas (redução da despesa pública e aumento de impostos).[17]

Estes três factores que, naturalmente, se desdobram por múltiplos subfactores e interagem com muitos outros elementos,[18] correspondem à abertura de um processo de *afastamento* nas duas dinâmicas antes assinaladas: a União Europeia prosseguiu a sua dinâmica de alargamento e aprofundamento e Portugal foi-se afastando progressivamente do pro-

---

[15] Em 1996, a inflação média foi de 2.9%.

[16] Cf. Ministério das Finanças, DGEP, *A Contribuição Financeira da União Europeia a Portugal*, Destaque de Janeiro 2006.

[17] Cf. Banco de Portugal, Departamento de Estudos Económicos, *A Economia Portuguesa no contexto da integração económica, financeira e monetária*, 2009, pp. xvii-xxxi, 90-150, 277-300 e 322-325.

[18] Cf. Banco de Portugal, *A Economia Portuguesa no contexto da integração económica, financeira e monetária*, cit., pp. 85-150.

MAIS 25 ANOS DE INTEGRAÇÃO EUROPEIA?

cesso de integração europeia, iniciando um período de *divergência real* em relação à média da UE, assinalado em diversos trabalhos realizados sobre a matéria.[19] Essa divergência culminou em Maio de 2011, com a celebração de um *acordo de assistência financeira internacional*, financiado por verbas da União Europeia (Mecanismo Europeu de Estabilidade Financeira), do Fundo Europeu de Estabilidade Financeira e do Fundo Monetário Internacional.

No entanto, esse acordo de assistência financeira internacional surge num contexto de crise do próprio processo de integração europeia, marcada pela incapacidade de cumprimento dos critérios de estabilidade fixados no Regulamento (CE) nº 1466/97 do Conselho de 7 de Julho de 1997, relativo ao reforço da supervisão das situações orçamentais e à supervisão e coordenação das políticas económicas,[20] e pela recente aprovação de um conjunto de instrumentos de *reforço da governação económica na UE e na área do euro*,[21] que visam lançar as bases de um verdadeiro Governo Económico Europeu, mas sem a existência de um orçamento federal. Trata-se de reforçar o modelo de coordenação das políticas económicas, limitando a discricionariedade dos governos e dos parlamentos nacionais.

Resta saber se um modelo de integração numa base associativa ou co-federal é sustentável nos próximos 25 anos e se a convergência das duas dinâmicas não resultará numa única de cariz federal. Os acontecimentos mais recentes mostram que, para não correr o risco de desagregação, a zona euro terá que avançar para instrumentos mais sofisticados de integração, os quais não podem deixar de passar pela revisão profunda do papel do orçamento comunitário e do seu modo de financiamento. Neste sentido, as propostas mais recentes da Comissão Europeia (perspectivas financeiras 2014-2020[22]) mantendo-se dentro do enquadramento vigente, ficam bastante aquém do necessário.

---

[19] Cf. European Commission, *The Portuguese Economy After the Boom*, European Economy, Occasional Papers nº 8, April 2004; Alan Ahearne e Jean Pisani-Ferry, *The Euro: Only for the Agile*, Bruegel Policy Brief, 2006/01 (Fev. 2006); Olivier Blanchard, *Adjustment with the Euro. The difficult case of Portugal*, MIT Department of Economics Working Paper 06-04; e Gabriel Fagan e Vítor Gaspar, *Adjusting to the Euro*, Banco de Portugal, Working Papers, 3, 2007.

[20] *JO L 209 de 02.08.1997*, pp.1-5, alterado pelo Regulamento (CE) nº 1055/2005 do Conselho, de 27 de Junho de 2005 (JO L 174 de 7.7.2005, pp. 1-4),

[21] Cf. Comunicado de Imprensa do Conselho ECOFIN de 8 de Novembro de 2011.

[22] COM(2011) 500 final, de 29.6.2011.

UMA EUROPA DE VALORES

MONS. VÍTOR FEYTOR PINTO

1. Falar da Europa é um dever de cidadania. Ninguém mais é apenas um cidadão no seu país. Romperam-se as fronteiras, abriram-se os caminhos, universalizaram-se as relações e ninguém fica fechado no seu povo, viaja, comunica, integra-se numa comunidade maior. Como diz alguém "Todos somos cidadãos do mundo". Quem vive na Europa tem o dever de conhecer os povos da Europa e descobrir a melhor forma de nela se integrar.

Se me perguntam que Europa quero, não tenho outra resposta senão esta: "Quero uma Europa de valores, onde seja possível acolher a riqueza de cada cultura e partilhar a mais-valia de cada povo.

Não sou um perito de assuntos europeus, não entendo muitas vezes as inúmeras correntes ideológicas que nela circulam, nem as opções políticas, os movimentos sociais e as utopias que se vão construindo. Sei que sou um cidadão europeu e, como tal, posso dizer que Europa gostaria de ver crescer, para bem de todos os seus habitantes, independentemente da origem, da língua, da cultura, ou do país a que pertencem. Desejava uma Europa de cidadãos, gente capaz de ser feliz e de fazer os outros felizes, envolvida no esforço colectivo de construir um futuro melhor. Mais do que criar uma união económica, é urgente fazer nascer uma Europa de valores, com referências universais, aceites por todos e que sejam a marca de um continente inteiro.

2. Na história da Europa, há quatro modelos de homem: o homem filosófico, da cultura grega, o homem religioso, nascido da matriz judaico-cristã, o homem científico inspirado no iluminismo e, agora, o homem que pode chamar-se de anárquico. Este quarto homem, nascido do Maio de 68, mantém um culto exagerado da liberdade que considera capacidade de tudo fazer, sem respeito pela vontade dos outros. Este modelo de homem sobrepõe-se a todos os outros e cria, na Europa, uma constante instabilidade. A liberdade individual e a decisão colectivista de alguns grupos faz surgir problemas que, tantas vezes "explodem" em pequenas revoluções que surpreendem e dificilmente se extinguem. Ainda há bem pouco tempo houve em Londres e noutras cidades do Reino Unido "explosões" de adolescentes que destruíam tudo. Também, na Europa, o movimento dos indignados é significativo, em termos de revelar o tal homem anárquico que, inesperadamente, se manifesta e desorganiza a sociedade. O cidadão europeu, com estas características, reclama uma organização diferente que o satisfaça nas suas normais exigências de bem-estar e de uma dignidade suficiente. Este desejo, porém, não se concretiza, sem um quadro de valores de referência, aceite por todos e que seja reconhecido como essencial para um futuro melhor.

3. A crise actual da Europa, não é então uma crise económica, mas uma crise de valores. Faltam os valores fundamentais que pautem as opções dos políticos. As soluções económicas vão surgir depois.

Quais os valores indispensáveis à organização da Europa? Citando João XXIII, há quatro pilares da paz. Sem eles, a paz social não é possível. Tais valores são a verdade como fundamento, a justiça como regra, a liberdade como dinâmica e o amor como clima normal de acção.

Infelizmente, na Europa e no mundo, a verdade foi substituída pela conveniência, a justiça cedeu à justificação dos próprios erros, a liberdade identifica-se muitas vezes com o capricho de grupos de pressão, e o amor consagra os egoísmos com a preferência pelos interesses de alguns. Com a perda destes valores, a sociedade agudiza os conflitos e considera que só pelo confronto é possível atingir os objectivos que se propõem.

Para contrariar a sistemática tentação do conflito, é urgente descobrir os valores sociais, indispensáveis à vida em sociedade. Esses valores sociais são a tolerância, a convivência, o diálogo e a solidariedade, com o objectivo de construir verdadeira cidadania por todos reclamada. Pela tolerância, aceita-se o diferente. Pela convivência, comunica-se com todos independentemente da raça, da língua ou da religião. Pelo diálogo compreende-se que os outros, muitas vezes, têm razão. E pela solidariedade descobre-se a importância do partilhar, do perder por causa do outro que é mais pobre e mais sofredor. Pela cidadania participativa, todos os europeus podem contribuir, com o seu esforço, para um mundo de relações em que todos dão e todos recebem. Infelizmente, muitos não se consideram capazes de contribuir para um melhor futuro para todos. Então, fazem uma leitura redutora da sua participação na vida da Europa. Estão nela para receber. Os outros países que dêem, os políticos de Bruxelas que organizem vantagens para todos, os deputados europeus que apresentem as reclamações necessárias. É o culto do passivismo que empobrece o viver comum.

4. Pode perguntar-se que modelo de Europa se deseja? Uns falam na concorrência livre, outros de mercado comum, a maioria reclama o confederalismo. É quase preciso um compêndio de política europeia para fazer a distinção de cada modelo.

Pode dizer-se porém que, ao falar de modelos, se está a pensar nas soluções económicas. Talvez fosse interessante falar de uma Europa Comunitária em que a relação de igualdade entre países e cidadãos fosse prioritária, perante o problema económico, cuja solução se procuraria depois. As várias etapas da história da Europa talvez apontem mesmo para esta Europa comunitária. Senão vejamos:

- No século V, S. Bento de Murcia com a sua regra de *"Ora et Labora"* deu aos europeus uma norma de conduta em que todos eram iguais perante Deus e todos podiam, pelo seu trabalho, cooperar para o bem comum.
- Pelo século XII, os Monges de Cister, com as suas abadias e os seus mosteiros, inspirados nos desafios de S. Bernardo de Claraval, fazem a experiência da vida comunitária, experiência depois projectada no viver comum dos cidadãos.
- No século XVIII, o iluminismo e o racionalismo centram a vida de todos nos interesses individuais e de grupos de onde resulta a perda do viver em comunidade. De muitas formas, os individualismos pessoais e de grupo, sacrificaram a convivência comunitária da Europa.
- Em pleno século XX, depois da 2ª Guerra Mundial, a humanidade sentiu ser seu dever consagrar, pela Carta Universal dos Direitos Humanos, as exigências indispensáveis a uma Europa Comunitária.

Na Carta das Nações consagra-se a Dignidade e Liberdade da Pessoa Humana. Nela se reclamam os direitos à vida, à verdade, à justiça, às liberdades fundamentais, ao trabalho e à participação. Se estes direitos fossem reconhecidos na prática, era indiscutível o surgir de uma Europa Comunitária, em que todos pudessem celebrar a sua igualdade como cidadãos da mesma Europa unificada.

5. Neste contexto compreende-se que a identidade da Europa devia assentar na sua história e nos valores que sempre reclamou. A origem da Europa está nos valores cristãos que a mesma Europa cultivou através dos séculos. É pena que a Constituição da Europa não refira a sua origem cristã. Uma Europa comunitária não pode prescindir dos valores de uma suficiente fraternidade em que todos os europeus se considerem verdadeiros companheiros de caminho, com o mesmo terreno a percorrer, mas com o mesmo destino de felicidade a conquistar. Só uma Europa de valores reconhece a igualdade e a fraternidade indispensáveis. A matriz judaico-cristã não contraria o progresso, o desenvolvimento científico, o avanço da tecnologia. O que põe é tudo isso ao serviço do homem e não ao serviço de outros interesses. Um dia, João Paulo II quis reflectir sobre a sociedade do início do terceiro milénio. Afirmou que tinha elementos positivos de extraordinário valor como a dignidade humana, as novas relações entre as pessoas, a busca da paz, o progresso científico e técnico e uma nova sensibilidade ética. Depois acrescentou haver cargas negativas que era urgente superar: o materialismo racionalista, o subjectivismo individualista, a permissividade hedonista, a visão redutora da sexualidade e o economicismo radical. Se não se contrariam estas cargas negativas, dificilmente se chega à Europa Comunitária, a Europa do futuro, de todos e para a felicidade de todos.

Quem percorre os caminhos da Europa, de Norte a Sul, do Oriente ao Ocidente, facilmente identifica a sua cultura, marcada pelos sinais e tradições de um cristianismo vivido. Basta ver os monumentos da Idade Média, o tempo das Catedrais, ou percorrer as cidades do renascimento, para rapidamente constatar que a Europa está assente numa tradição cristã de alto valor. Quer a Igreja Católica, quer as Igrejas Ortodoxas e Protestantes, todas se reclamam da pessoa de Cristo, como referência última para todos os caminhos já andados. A Europa a ser comunitária tem de ser eminentemente cristã.

UMA EUROPA DE VALORES

6. A adesão à Comunidade trouxe à economia inúmeras vantagens. Em 1986 foi firmado o acordo de adesão de Portugal à Comunidade Europeia. Foi um momento muito importante para o país, uma vez que passou a ser possível receber apoios económicos para grandes projectos, em diversas áreas. Não foi apenas o criar de uma rede rodoviária fundamental para a ligação à Europa. Foram apoios à educação, à saúde, à organização do trabalho e a tantos outros projectos. Pode perguntar-se se os fundos recebidos foram bem aplicados e em que medida se lhes deu projecção. Pode recordar-se o que fez a Alemanha, com o dinheiro do Plano de Marshal no após guerra, depois de 1945. Não reconstruiu casas, preferiu aplicar os apoios na reconstrução de fábricas, a estrutura produtiva da nação. Deu emprego a todos e, assim, os cidadãos puderam reconstruir as suas casas. Não foi assim em Portugal, com o dinheiro recebido da Comunidade Europeia. E muitos fundos se perderam em actividades não produtivas. Acabados os subsídios comunitários, Portugal continuou a endividar-se. É claro que, apesar disso, muito foi feito, mas ficou-se muito aquém de um plano integrado de construção económica sólida que aguentasse os acidentes de percurso.

O apoio da União Europeia à sociedade portuguesa é uma necessidade, para superar a crise que se vive em toda a Europa. Para lá da Troika, é tempo de estruturar a economia com o recurso aos apoios que possam receber-se, mas com a garantia de que aplicará todo o dinheiro recebido em fontes de produtividade. Gerar frutos, com o apoio da Europa, será garantia de futuro.

A adesão de Portugal à Comunidade Europeia, no seu conjunto, permitiu uma consciência maior dos problemas, uma capacidade suficiente para ultrapassá-los e uma visão integrada que situe Portugal entre os países que lutam pelos mesmos objectivos e com quem se esteja permanentemente relacionado.

7. Nesta integração de Portugal na Europa, era indispensável que ela aderisse também à União Económica e Monetária e isto porquê? Para a maior circulação das mercadorias no jogo da importação e da exportação, para a facilidade em avaliar rapidamente o sucesso de todos os negócios, para se estar integrado de pleno direito e em tudo na Comunidade Europeia. Se Portugal não aderisse à UEM, ficaria, "orgulhosamente só" o que seria altamente negativo para o presente e o futuro. Por isso, pode dizer-se que Portugal deve continuar na zona Euro. Sair traria consequências alta-

VÍTOR FEYTOR PINTO

mente negativas para a economia portuguesa, sobretudo a nível da importação e exportação e a nível de investimentos e depósitos, indispensáveis à economia das empresas e dos cidadãos. É claro que o Euro vai sobreviver à crise e que Portugal muito beneficiará com a moeda única em circulação em 17 países da Europa.

8. Não sendo um perito no estudo da Europa e muito menos *"expert"* em questões económicas, sou um cidadão vulgar que acompanha a vida da Europa e a normal relação de Portugal com ela. Sei que todas as crises passam, sei que são sempre fonte de crescimento. Sei ainda que são um desafio à criatividade. Assim sendo, não temo a crise que vivemos, aceito as dificuldades e tenho a certeza de que Portugal tem folgo para superar a crise e encontrar um sentido novo para a Pátria de sempre. A Europa não é a Alemanha que tem pouco mais de 200 anos, nem a Itália que tem apenas 150 anos. Portugal tem mais de 800 anos. Com a sua experiência e a sua história também pode ajudar a construir uma Europa mais forte, mais capaz de proporcionar a todos a felicidade desejada.

Lisboa, 2 de Novembro de 2011.

25 ANOS DE ADESÃO DE PORTUGAL À UE

VÍTOR MARTINS

A Europa foi durante muito tempo, para além de uma geografia, uma utopia. Para surpresa de muito cépticos a utopia materializou-se na integração europeia, desencadeada a meados do século passado e aprofundada, passo a passo, ao longo de mais de cinquenta anos.

Ora, o ruído da crise tem levado a minimizar ou mesmo ignorar duas realidades decisivas.

Em primeiro lugar, o extraordinário percurso da construção europeia, aqui e além pautado por crises, algumas de relevância bem crítica, é certo, mas traduzido em sucessos tangíveis e duradouros. Destaco a eliminação de fronteiras e a construção do mercado comum, a adopção da moeda única, o princípio da coesão económica e social, o alargamento. Todos esses marcos têm indiscutível alcance político e dimensão histórica. Garantiram paz e prosperidade em mais de cinco décadas como a História da Europa nunca conhecera antes. Recordá-lo é um imperativo que tem força pedagógica.

Em segundo lugar, a integração europeia é a mais importante "ferramenta" de que a Europa dispõe, não só para fazer face à crise actual, mas para enfrentar a globalização e o novo mundo multipolar que emerge. Fora da integração europeia restaria à Europa o penoso caminho de regresso ao nacionalismo e ao proteccionismo com o cortejo de consequências trágicas que a História ilustrou. Sublinhá-lo tem força de alerta.

Muito se tem discutido sobre a existência de uma verdadeira identidade europeia. A convicção de que não existe é, de resto, um dos argumentos de que se reclamam os eurocépticos. Coloco-me, todavia, ao lado dos que reconhecem que há valores comuns, laços civilizacionais e legados da História que tecem uma identidade europeia. Identidade que é plural e diversa, mas que faz convergir as nações da Europa num registo comum, expresso num activo partilhado. Paradoxalmente, a própria História de conflitualidades no seio do continente europeu, traz ao de cima essa identidade comum que atravessa os povos da Europa. Tal como a relação do velho continente com o mundo o exibe de forma expressiva. É, de resto, eloquente também a forma como o Mundo reconhece naturalmente esse cunho identitário que qualifica a Europa, ancorado em valores comuns de natureza política, cultural e social. Em cada cidadão europeu existe sempre, de forma mais ou menos clara, de forma mais ou menos difusa, uma noção de pertença à Europa e de partilha de laços e valores comuns.

A adesão de Portugal às Comunidades Europeias teve um impacto crucial na sociedade portuguesa. Como o saudoso Ernâni Lopes dizia "foi um marco para o duplo D: democracia e desenvolvimento". Logo o próprio pedido de adesão – iniciativa visionária que o Dr. Mário Soares protagonizou – teve uma importância decisiva para a consolidação da democracia no post 25 de Abril. Os nossos parceiros europeus compreenderam-no muito bem e rapidamente Portugal arrancava com as negociações que culminaram na adesão. Esse passo, dos mais relevantes da nossa História, matrizou o modelo democrático, económico e social que vingou na sequência do período revolucionário. A referência europeia foi predominante no desenho das instituições e na reforma das políticas públicas. Antes da adesão vivíamos o "condicionamento industrial", a discricionariedade administrativa, o proteccionismo burocrático, os monopólios cristalizados, herança da ditadura.

A adesão às Comunidades Europeias promoveu a auto-estima dos portugueses, alargou-lhe os horizontes da sua ambição e projectou a nossa relação com as áreas extra-europeias, como África e a América Latina.

No plano da economia proporcionou um crescimento económico, durante cerca de dez anos, a um ritmo quase impar, em particular, durante a governação do Prof. Cavaco Silva que fez da integração uma efectiva alavanca de desenvolvimento. Quando aderimos o PIB *per capita* representava pouco mais do que 50% da média europeia. Doze anos depois atingia quase 75% dessa média. As medíocres e precárias infraestruturas do País conheceram um desenvolvimento e uma modernização sem precedentes. O investimento directo estrangeiro, que subiu em espiral, trouxe tecnologia e mercados.

É claro que nem todos os sectores acompanharam esse progresso com o mesmo ritmo e intensidade. Ainda hoje é legítimo perguntar se tirámos o melhor partido da adesão nos sectores agrícola e das pescas.

Certo é que, fora da União Europeia, teria sido impossível o ciclo de desenvolvimento que conhecemos nos anos 80 e 90 do último século. A integração europeia foi um factor de aprofundamento da democracia e de alavancagem do desenvolvimento do nosso País.

A integração europeia realizou-se com o método comunitário, isto é, com uma entidade supranacional que é a Comissão Europeia, garante dos Tratados e do interesse comum e dotada de um direito exclusivo de iniciativa, e de um Conselho, participado pelos Estados que detêm o principal poder legislativo. O Parlamento Europeu foi ganhando peso na arquitectura institucional e é hoje, também, instância decisiva no modelo comunitário. Na integração europeia coexistem elementos comunitários, federais e intergovernamentais. Por exemplo, a política monetária tem um modelo federal. Já a concorrência, o comércio externo ou os transportes são políticas comuns. As relações externas ou a cultura têm na UE uma base eminentemente intergovernamental. Aquilo que faz sentido é que o aprofundamento da integração europeia avance de par com o reforço da matriz federal. Quando a integração enfrenta áreas que constituem o *core* tradicional das soberanias, como a moeda, a fiscalidade, a política externa, a defesa, só o federalismo pode criar um modelo integrador democrático, transparente e confiável. O debate actual sobre o euro tem trazido ao de cima esse desafio. O intergovernamentalismo não responde às exigências actuais e futuras da integração europeia.

A integração monetária foi o corolário lógico da criação do grande mercado comum europeu. Era – e é! – muito difícil conceber a sustentabilidade de um espaço sem fronteiras, com livre circulação de pessoas, mercadorias, serviços e capitais sem uma moeda única. O proteccionismo monetário, com as tensões permanentes vividas na Europa, nomeadamente no pós guerra, nunca asseguraria um grande mercado comum europeu a funcionar de forma estável e duradoura. A alternativa seria ficar por uma zona de comércio livre, à imagem da EFTA. De resto convém lembrar que a integração monetária esteve sempre na agenda europeia, desde os finais da década de 60 do século passado. Quando Maastricht a adoptou, em 7 de Fevereiro de 1992, o debate sobre o tema tinha mais de vinte anos e várias etapas tinham sido cumpridas, entre as quais a criação do sistema monetário europeu. É, todavia, pertinente a crítica dos que consideram que a União Monetária implementada debaixo de um padrão federal, mas sem ser acompanhada de uma União Económica com a mesma força, continha um risco genético que não devia ter sido subestimado. Muito se debateu o assunto na negociação do Tratado de Maastricht. Mas a Alemanha, sobretudo a Alemanha, não deu guarida a essa tese (que agora a Chanceler Merkel já parece defender). Assim, a União Económica e Monetária nasceu com uma moeda única e um apertado objectivo de estabilidade de preços, de par com uma mera coordenação e supervisão das políticas económicas dos Estados membros. Partilhou-se a soberania monetária. Manteve-se, no essencial, a soberania nacional nas políticas económicas e fiscais.

Ora, como a supervisão, que cabia à Comissão e ao Conselho, fracassou permitiu-se o desenvolvimento e a eclosão da crise das dívidas soberanas que agora desafia o próprio euro.

Para que o modelo da UEM, tal como foi desenhado em Maastricht, tivesse funcionado bem, teria sido necessário que os Estados membros tivessem conduzido com apurado sentido de rigor e responsabilidade as suas políticas macroeconómicas e orçamentais e que a Comissão e o Conselho tivessem exercido sem falhas a supervisão que o Tratado lhes cometeu. Hoje, é dramaticamente óbvio que nem os Estados (alguns) foram responsáveis e transparentes, nem as instituições europeias foram eficazes. Recorde-se (porque é importante!!) que a Alemanha e a França foram os primeiros Estados a violar os critérios de Maastricht e a pedir flexibilidade na sua aplicação, e até um alto responsável comunitário chegou a qualificar o Pacto de estabilidade e Crescimento de "estúpido".

Face à escala e gravidade da crise não é impertinente questionarmo-nos sobre a sobrevivência da moeda única europeia. Mas importa desde logo tentar perceber quem beneficiaria com o eventual colapso da zona euro. Ora, tirando os especuladores financeiros, é difícil identificar quem possa beneficiar com o fracasso do euro. Nenhum dos Estados membros poderia ganhar o que quer que fosse com esse fracasso, a começar pela Alemanha que foi, até agora, o País que mais vantagens colheu da integração monetária. Os grandes parceiros europeus, como os EUA, a Rússia, sofreriam um impacto imediato negativo com o desmantelamento do euro e, mesmo no plano geopolítico e a longo prazo, não é óbvio que o enfraquecimento da Europa lhes interesse quando um novo mundo multipolar emerge.

A Europa (e o Mundo!) têm boas razões para apostar na sobrevivência do euro e no aprofundamento da União Económica e Monetária.

Acresce que o fracasso do euro não estagnaria a construção europeia, fá-la-ia regredir muitos anos, pois poria em causa o funcionamento do mercado comum, recriaria o risco de proteccionismo monetário e alimentaria as tensões nacionais.

É preciso dizer-se que o euro foi um sucesso enquanto moeda que se afirmou no espaço europeu e enquanto moeda – referência internacional. O seu percurso de uma década excedeu as expectativas. O que falhou rotundamente foi a supervisão das economias do euro, o que permitiu gerar stocks da dívida pública insustentáveis em vários países, associados a deficits orçamentais excessivos e também insuportáveis. O que falhou foi o exercício competente e eficaz da supervisão por parte da Comissão e do Conselho, aliado à irresponsabilidade governativa de vários membros do euro.

É, todavia, óbvio que o euro não sobreviverá se a União Europeia se limitar a declarações políticas e a culpabilizar os Estados incumpridores. É preciso agir e agir depressa. No imediato travar a especulação sobre a dívida soberana, estabilizar a confiança dos mercados e garantir o ajustamento das finanças públicas dos Estados membros. Neste plano o centro de gravidade está nos governos dos Estados, no BCE e no Fundo Europeu de Estabilidade Financeira. Reforçar este fundo e flexibilizar a intervenção do BCE é absolutamente decisivo.

Depois é imperativo reconstruir a União Económica de modo a torna-la numa União efectiva, comprometida, responsável e solidária. A governança da zona euro tem de ser credível e reconhecidamente eficaz. O que os mercados têm estado a testar é a existência efectiva de uma verdadeira União Económica e Monetária. Ora, o que tem emergido aos olhos dos agentes económicos é um conjunto de países com uma moeda e uma política monetária única, mas sem agirem como uma União Económica.

Portugal é um dos Estados fundadores do euro e é um imperativo prioritário a sua pertença a essa zona. As dificuldades sérias que enfrentamos não seriam melhor respondidas se estivéssemos fora do euro. Recuperar o instrumento monetário para superar as nossas insuficiências competitivas representaria um retrocesso de décadas no nosso percurso de desenvolvimento. Seria reconhecer incapacidade estrutural permanente para fazer parte do núcleo mais desenvolvido da Europa.

Na agenda de Portugal não deve caber qualquer cenário de saída do euro ou mesmo de um euro com duas velocidades. A agenda do nosso País tem de concentrar-se na recuperação das finanças públicas e nas reformas para o reforço da competitividade e retoma do crescimento económico. Estando no euro podemos fazê-lo melhor e mais rápido. Fora do euro seria mais difícil e penoso.

15.11.11

II Parte
Respostas a Perguntas

AGOSTINHO PEREIRA DE MIRANDA

1. Que modelo de integração económica e política consideraria adequado à União Europeia

Em Dezembro de 1963, depois de assinar o Tratado franco-alemão dito "do Eliseu", o então presidente francês Charles de Gaulle afirmou: *"O sentimento de solidariedade europeu levará um ou dois séculos a estabelecer-se. É preciso fazê-lo progredir lentamente, respeitando as nações".*

A construção do projecto europeu foi, desde o início, marcada por um confronto ideológico que os vários alargamentos apenas agravaram: de um lado, a Comissão Europeia, composta por funcionários sem legitimidade democrática que defendem uma Europa assente no ultra-liberalismo de matriz anglo-saxónica; do outro, as instituições dos Estados-Membros democraticamente eleitas que procuram conservar uma parte do seu poder e que defendem formas mais ou menos matizadas de Keynesianismo.

O Tratado de Lisboa, ao tentar um compromisso entre o que era inconciliável, poderá ficar para a história como o documento que conduziu a Europa à paralisia. Voluntarismo e falta de legitimidade democrática são os pecados maiores de uma Europa cujos líderes avançaram tanto que os cidadãos os perderam de vista ...

Se, ante a grave crise que vivemos, a Comissão continuar a trilhar o mesmo caminho – está, por exemplo, a negociar a adesão da Sérvia e da Croácia, eventualmente a da Turquia – a Europa vai caminhar para o declínio e a implosão. Em face disto, que fazer?

A União Europeia precisa de uma profunda reforma das suas instituições, uma verdadeira refundação. Partindo do respeito pelas vontades dos Estados e da constatação da sua heterogeneidade em matéria social, política e económica, impõe-se discutir o conceito de uma Europa de geometria variável.

Os maiores avanços históricos fizeram-se sobre as piores crises. A crise actual pode ser o melhor terreno para os povos europeus compreenderem a necessidade do sentimento de solidariedade europeia. Mas é imperativo que as instituições reflictam a nossa diversidade e que as elites vanguardistas respeitem a vontade dos eleitores.

2. Existirá uma identidade europeia e em que se traduz?

É comum falar-se numa *identidade europeia* enquanto resultado da fusão de elementos históricos e culturais heterogéneos originados nos mundos greco-latino e celto-germânico. Existe um passado comum feito de guerras e violência, mas também de contributos essenciais para a história da Humanidade. A história das ideias e do progresso é, especialmente na Europa, muito mais longa e perdurável que a das batalhas e dos reis.

Alguns falam de um alegado desígnio histórico na busca da unificação europeia. Os Romanos, Carlos Magno, os Habsburgos, Napoleão, Hitler e até Staline tê-lo-ão tentado de forma mais ou menos sangrenta. Nascida do horror à guerra, a União Europeia visa, através do recurso à força motivadora das ideias e com base apenas no Direito, construir uma identidade colectiva que promova a riqueza comum e que evite que a Europa se torne irrelevante na cena internacional.

O conceito de *cidadania europeia*, presentemente consagrado nos Tratados através da atribuição de determinados direitos especiais aos cidadãos dos Estados-Membros, é uma tentativa de criar um sentimento de pertença, uma identidade europeia. No entanto, a ligação ao país de origem ainda é o sentimento claramente prevalecente. A consciência dos povos da Europa continua a organizar-se a partir das identidades nacionais.

Um dos pontos em que existe maior consenso entre os cidadãos europeus é o que se prende com a assunção dos valores da democracia representativa. A Europa é o berço da Democracia. E esta exerce-se presentemente ao nível das instituições estaduais. Por isso, a construção europeia não pode marginalizar os mecanismos de controlo democrático.

3. Como avalia os efeitos da adesão às Comunidades sobre a economia portuguesa?

É incontestável que os primeiros quinze anos que se seguiram à nossa adesão foram particularmente fecundos, tendo-se registado nesse período um aumento muito significativo do nosso rendimento *per capita e uma convergência real face à média europeia*. Para tal, contribuíram a modernização do quadro legal e administrativo e a realização de reformas estruturais que estimularam a iniciativa privada e a concorrência, como assim o aumento do investimento directo estrangeiro, mas sobretudo os fundos comunitários transferidos a fundo perdido para Portugal. Outro aspecto particularmente relevante foi o incremento das relações comerciais com Espanha e da concertação multisectorial a nível ibérico.

É certo que nos últimos 10 anos Portugal estagnou economicamente, tendo crescido menos de 3% em todo o decénio, o que é sensivelmente igual ao que os EUA cresceram durante a grande depressão (1929/1939) e menos de metade do que o Japão cresceu na chamada "década perdida" (1992/2002). Porém, é óbvio que a União Europeia não pode ser responsabilizada por tal facto, havendo antes que assumir os nossos erros políticos e de gestão, entre os quais assume particular relevo o modo insensato como as entidades públicas e particulares se endividaram durante mais de 10 anos, inebriadas com a descida drástica das taxas de juro.

A estagnação nacional fica também a dever-se aos atrasos e estrangulamentos na área da justiça, o excessivo desinvestimento na agricultura e nas pescas, a péssima aplicação de grande parte dos fundos estruturais desde 2000, bem como o aumento galopante do endividamento externo, que passou de 31,5% do PIB em 1999 para 108,3% em 2010.

Por último, importa referir a nossa baixa produtividade, que continua a ser um dos principais obstáculos ao progresso nacional. Tal não deixa de ser paradoxal quando sabemos que o Luxemburgo, o país estrangeiro com maior percentagem de portugueses na sua população activa (22%), tem uma produtividade que é cerca de 2,3 vezes superior à portuguesa, sendo aliás a mais alta de toda a União Europeia.

4. Que efeitos teve a adesão sobre a sociedade portuguesa, no seu conjunto?

Para além dos efeitos económicos acima referidos, é de realçar o forte estímulo psicológico resultante da adesão de Portugal à União Europeia, que nos veio devolver, em grande medida, a ambição, a esperança e a auto-estima que a longa ditadura e o fim do império nos haviam subtraído. A adesão também acelerou a evolução dos costumes e mentalidades, nomeadamente no combate às discriminações, sendo ainda de destacar o seu impacto modernizador nas áreas da saúde, educação e segurança social, bem como na construção de infra-estruturas.

Outra importante consequência positiva da nossa participação na União Europeia foi o reforço do papel de Portugal na cena internacional, que tem permitido potenciar a nossa capacidade de interagir com outros países e blocos regionais, de que os Países de Língua Oficial Portuguesa são o mais importante exemplo.

É certo que, em virtude da grave crise económica e financeira que se abateu sobre nós, o optimismo dos portugueses e o seu apoio quase unânime à integração europeia diminuíram. Ainda assim, é difícil assacar tais consequências negativas à adesão à UE, excepto, talvez, a de alguns de nós se terem convencido, errada e ingenuamente, de que já não precisaríamos de zelar pelo futuro porque os parceiros comunitários se encarregariam de corrigir os nossos erros e pagar as nossas dívidas.

5. A União Económica e Monetária foi um passo lógico ou necessário na integração europeia?

Jean-Pierre Chevènement relata no seu livro *La France est-elle finie?* (Paris, Fayard, 2011) que, em 1984, numa reunião do Partido Socialista Francês, Jacques Delors terá afirmado: *"Não querem construir a Europa política? Forçá-los-emos a isso, passando pela economia"*.

O Acto Único de Fevereiro de 1986 marca a grande viragem no sentido da liberalização e da desregulação a todo o vapor. E essa orientação vai, pouco a pouco, derivar para um economismo financeiro que tudo irá submergir.

O Tratado de Maastricht, aprovado em 1992, consagrou o objectivo da União Económica e Monetária ("UEM"), prevendo um processo em três fases que deveria conduzir, em 1999, à instituição da moeda única.

Pensou-se que, uma vez criado o euro, a união política se lhe seguiria quase automaticamente. Mas a realidade mostrou que não era assim tão fácil. O euro é o resultado da tenacidade francesa e da coragem política alemã, num contexto histórico marcado pela reunificação da Alemanha. Só a história dirá se a União Económica e Monetária foi um passo lógico ou necessário na integração Europeia.

6. A forma como a UEM foi concebida era adequada aos objectivos pretendidos?

Tendo em conta os avisos que ao tempo foram feitos por eminentes economistas, sobretudo norte-americanos, e considerando os acontecimentos dos últimos anos, parece poder concluir-se que a forma como a UEM foi concebida não era a mais adequada. A UEM assenta em modelos nacionais de crescimento económico muito distintos e fragmentados. Pelo menos no que respeita aos critérios de adesão, terá havido um excesso de voluntarismo (para não falar de "fuga para a frente") por parte dos Governos dos Estados-Membros.

Note-se, porém, que foram necessários mais de 150 anos para que os EUA se tornassem uma verdadeira união monetária. Ao longo desse período sucederam-se múltiplas crises bancárias, em parte resolvidas mercê da criação da Reserva Federal em 1873. Nem faltou uma secessão monetária temporária, a meio do século XIX, com a criação, na Califórnia, do *yellow back*, uma combinação subtil de referências ao *greenback* (o dólar) e ao ouro.

7. O euro irá sobreviver à crise actual?

No passado Verão a zona euro entrou numa fase crítica e perigosa. A presente crise da moeda única terá um custo elevadíssimo, tanto no plano económico como no social. Mas o euro vai provavelmente sobreviver, ainda que não necessariamente como hoje o conhecemos.

Os sacrifícios que alguns dos países terão de suportar no quadro dos planos de auxílio são, por ora, inimagináveis. Os esforços para salvar o euro não devem mascarar esta realidade sombria. Mas os avanços das últimas semanas contêm sinais de encorajamento. O eixo franco-alemão parece ter retomado a iniciativa histórica. E a Alemanha terá já aceite que a sobrevivência da UEM passa por reconhecer os seus desequilíbrios internos e a insuficiência do quadro institucional europeu.

Aceitará a França todas as consequências políticas da liderança económica da Alemanha? A grande questão pode repousar agora no resultado das eleições presidenciais francesas. É que o próximo passo – que levará anos a concretizar – pode muito bem ser o federalismo fiscal e financeiro. Este atenuaria as divergências entre os países e poderia criar uma nova legitimidade política. Sem federalismo não haverá nem consciência europeia nem controlo democrático.

8. Portugal deve permanecer na zona euro?

Que será *"sair do euro"*? A quem pertence o euro? Do ponto de vista estritamente jurídico, seria lícita uma decisão unilateral nesse sentido? A lógica que subjaz à discussão dessa putativa opção peca quase sempre por simplismo.

Sair do euro não é para Portugal uma alternativa que, no presente, mereça discussão. Seria um verdadeiro suicídio económico, financeiro e político.

NOS 25 ANOS DA ADESÃO DE PORTUGAL ÀS COMUNIDADES EUROPEIAS

AMÉRICO BRÁS CARLOS

Vive-se a maior crise do processo de integração europeia. Isso acrescenta mais valor à já importante iniciativa de lançamento da presente obra, com o debate e reflexão concomitantes. Como universitário e como cidadão, sou, por isso, muito grato ao Instituto Europeu e ao Instituto de Direito Económico, Financeiro e Fiscal, da Faculdade de Direito da Universidade de Lisboa.

Aditei, como permitido, um ponto prévio e uma nova pergunta ao questionário sugerido.

Ponto prévio: o irrealista "sol na eira e chuva no nabal..."
São frequentes as frases sonantes sobre a construção da União Europeia. Umas de cariz épico-voluntarista, outras cético-deprimidas, outras assim--assim. Recordo, aqui, ARISTIDES BRIAND, Ministro dos Negócios Estrangeiros de França, na Assembleia da Sociedade das Nações (SDN) em 5 de Setembro de 1929 (82 anos!) em defesa dos "Estados Unidos da Europa":

> *"Penso que entre os povos que se encontram geograficamente agrupados como os da Europa deve existir uma **espécie de laço federal** (...). A associação atuará, obviamente, sobretudo no domínio económico e esta é a questão mais premente. Tenho igualmente a certeza que, do ponto de vista político, do ponto de vista social, o **laço federal** pode beneficiar as nações susceptíveis de constituir uma tal associação, **sem afectar a soberania de qualquer uma delas**".*

A ideia dos "Estados Unidos da Europa" apresentada por Briand (pré-mio Nobel da Paz com o seu congénere alemão, Gustav Stresemann) foi rejeitada na SDN, mas é curioso verificar como a declaração encerrava uma contradição ainda hoje tão frequente: a criação de um laço federal entre Estados sem afectar a sua soberania. Não é raro encontrar quem exija mais federalismo (às vezes por detrás de expressões ambíguas como "mais Europa") mas se expresse contra a perda de soberania do Estado a que pertence. Qualquer que seja o tipo de "laço federal" escolhido, este não se construirá sem afectar a soberania dos respectivos Estados, ainda que se amenize a carga antipática da "perda" de soberania, substituindo-a pela expressão "partilha" de soberania.

Já a declaração de SCHUMAN (09.05.1950), colocando, realisticamente, a produção franco-alemã do carvão e do aço (matérias primas necessárias a uma guerra) sob o controlo de uma Alta Autoridade (tratado CECA) logrou, realmente, realizar *"...as **primeiras bases** concretas de uma federação europeia indispensável à preservação da paz".*

1. Que modelo de integração económica e política consideraria adequado à União Europeia?
Penso que, em matéria de integração europeia, já se atingiu o "ponto de não retorno", ou de retorno catastrófico se for o caso. Aqui chegados, a Europa deverá evoluir para um modelo de Estados progressivamente federados, em função dos assuntos. Ao invés, não vejo que estejam reunidas as condições para avançar já para um federalismo político completo, essencialmente pelo que decorre da resposta nº 2.

2. Existirá uma identidade europeia e em que se traduz?
Não, ainda não existe uma entidade europeia. Por exemplo, um português é ainda um estranho para quase todos os povos da UE e vice-versa. Será necessário, pelo menos, mais uma geração de livre circulação de pessoas e de sérios programas de intercâmbio, designadamente na área da educação, juventude, ciência e cultura, para que nos vejamos mutuamente como concidadãos iguais nas suas capacidades e com iguais direitos e deveres. **Nem fraudulentos preguiçosos, nem egoístas usurários.**

3. Como avalia os efeitos da adesão às Comunidades sobre a economia portuguesa?

Não é muito clara a avaliação dos efeitos económicos da adesão à CEE. Mesmo no que respeita à evolução do indicador PIB podem suscitar-se dúvidas. A seguir à adesão, o PIB teve entre 1986 e 1994 um crescimento muito próximo do verificado no ciclo anterior de 1976 a 1985[1]. Naquele período pós-adesão, a taxa média anual de crescimento do PIB foi de 2,9%[2], enquanto no período anterior a taxa média anual de crescimento fora de 3,2% apesar do choque petrolífero de 1979 e das políticas económicas que conduziram ao acordo de 1983 com o FMI. Mas também deve amenizar-se a valorização do bom desempenho da economia registado no período entre 1976 e 1980, recordando que este se inicia imediatamente após a brutal descida do PIB, de 4,3% em 1975, o que terá também tornado mais espetacular a boa evolução dos anos seguintes.

Apesar da semelhança na evolução da riqueza produzida entre os períodos anterior e posterior à adesão, SILVA LOPES[3] nota que o nível de vida pode melhorar mais depressa depois de 1986, essencialmente devido ao não aumento da população (que tinha crescido 1,1% entre 1975 e 1984) e à diminuição do preço do petróleo e desvalorização do dólar. Causas que, como se vê, não decorrem da adesão à CEE.

4. Que efeitos teve a adesão sobre a sociedade portuguesa, no seu conjunto?

A adesão à CEE assentou primeiramente numa razão política: a inserção, irreversível, num espaço político de matriz ocidental, capaz de impedir desvios antidemocráticos. A esta razão juntou-se a vontade de integrar uma economia desenvolvida, complementada com um sólido modelo de protecção social – o modelo social europeu.

Sem prejuízo das frequentes críticas à utilização dos fundos comunitários, é evidente que o país abriu horizontes e modernizou-se em termos de infra-estruturas e funcionamento das empresas e serviços públicos. Parte da população passou, também, a aceder a bens e serviços (alguns deles muito meritórios, como a educação e a saúde) antes inacessíveis, embora

---

[1] No mesmo sentido, José da Silva Lopes, *"A economia portuguesa desde 1960"*, Gradiva, 1996, pp. 34 e 47.

[2] E em mais nenhuma década posterior se verificaram idênticas médias de crescimento.

[3] ob. cit, p. 34.

se saiba que parte do acréscimo desse consumo não assentou numa maior riqueza ou produtividade, mas no endividamento externo.

Há, ainda, uma forte determinante da adesão cuja importância nem sempre foi valorizada. Após meio século de isolamento, a sociedade portuguesa desejava libertar-se do estigma de **"pária da Europa"**.

Finalmente, os factos demonstraram como seria, tarde ou cedo, improvável ficar fora da UE. Contem-se os Estados europeus que hoje não pertencem ou visam pertencer à União, desconte-se a Suiça e a Noruega, que divergem significativamente de Portugal, e veja-se quantos ficam de fora.

5. A União Económica e Monetária foi um passo lógico ou necessário na integração europeia?

Passo lógico, sim. Quando em 1999, cumprindo a 3ª e última fase da UEM, o euro foi criado, a fase da Comunidade Económica estava estabilizada e já havia uma experiência de 20 anos de funcionamento do "Sistema Monetário Europeu". Este, assente na moeda virtual de referência ECU e na obrigatoriedade de os Estados manterem as suas moedas dentro de uma margem de flutuação de 15% (2,5% numa primeira fase) tinha demonstrado debilidades[4] que se pensava resolver com a união monetária.

Quando o tratado da União Europeia consagrou o objectivo da UEM e a subsequente criação da moeda única, tal apareceu como um passo útil para a integração. Não se justificava, designadamente, que os operadores continuassem a suportar riscos cambiais e custos bancários resultantes de um sistema com mais de uma dezena de moedas nacionais.

6. A forma como a UEM foi concebida era adequada aos objectivos pretendidos?

É evidente que no início dos anos 90 do século XX, o eixo Paris-Bona, com Mitterrand e Kohl, coadjuvados pelo voluntarismo e prestígio de Jacques Delors à frente da Comissão, pressionaram a aceleração da integração europeia, tendo também em vista a adesão dos países provenientes do ex-bloco soviético e o próprio processo de reunificação alemã.

A criação da moeda única (e houve dúvidas sobre a verificação material dos requisitos de adesão ao euro por alguns Estados, mas venceu o laxismo) sem **uma "governação" financeira europeia** foi, porém, uma

---

[4] A lira italiana e a libra esterlina saíram do SME em 1992 na sequência de novas tensões monetárias na Europa.

evidente fragilidade, imputável em grande parte àqueles, ainda assim, ilustres estadistas.

7. O euro irá sobreviver à crise actual?

Enganam-se os que acreditam na solidariedade dos países ditos mais ricos para com os países mais pobres, como bengala que nos há-de guiar no caminho da salvação do euro. Neste momento, os povos da UE são, em grande parte, ainda estranhos. É mais seguro acreditar que **o cimento da construção europeia continue a ser o medo e os interesses coincidentes.**

É que o desaparecimento do euro criaria uma tão depressiva confusão nos mercados e economias mundiais que, no momento, ninguém o deseja. Duvido também que a Europa que restasse depois do fracasso do euro fosse, ao menos, a Europa que tínhamos antes dele. As feridas seriam tão graves, as recriminações tão pungentes, que, temo, ficaria irremediavelmente perdida, por muitos anos, qualquer ideia de integração europeia.

8. Portugal deve permanecer na zona euro?

Sim. A, por vezes, referida "saída ordenada" do euro, parece-me uma fantasia. **Não há maneira de impedir o pânico e a concomitante insanidade.** A perda de rendimento seria brutal – estima-se em cerca de 40% – a que acresceria o traumatismo dos sacrifícios debalde suportados e a degradação social resultante. Mas Portugal tem que cuidar do seu crescimento ou pelo menos evitar uma recessão tão forte e prolongada quanto a anunciada, para interromper o ciclo depressivo de incumprimento, expiação e empobrecimento. Os credores também sabem que os devedores pobres, cada vez mais pobres, dificilmente pagam as dívidas.

9. Ensinamentos da actual crise

Entre nós, a actual crise foi, apesar de tudo, anunciada com antecedência. A propósito do excessivo crescendo das transferências correntes, MEDINA CARREIRA[5] tinha razão quando em 2001 (há dez anos!) alertava: *"Em atenção aos compromissos na Zona Euro, era mais necessária a rápida redução do "déficit"; não aconteceu e a verdade é que a política orçamental – com graves sequelas na balança externa, na competitividade, na produtividade e na inflação – se encaminhou no sentido das facilidades. Vai começar-se em breve a sentir o peso das consequências. "*

---

[5] *"Portugal, a União Europeia e o Euro: Ensaio sobre a tributação e a despesa pública"*, Fisco, 2001.

O primeiro ensinamento a retirar para a construção da Europa é que é desastroso escamotear os problemas que a mesma coloca. Foi exemplo disto, a **criação do euro, sem os instrumentos de governação financeira** adequados ao seu funcionamento no contexto mundial e à preparação das posteriores fases de um governo financeiro e económico da UE.

Outro ensinamento, para os Estados e órgãos de supervisão e controlo, é que passou o tempo da "restrita legalidade formal" ou da "confiança entre cavalheiros". Nas finanças públicas, como no sector financeiro, pode, enfim, começar **o tempo da verdade material e das suas consequências.**

29.Outubro.2011

PORTUGAL E A EUROPA: PRESENTE E FUTURO

ANTÓNIO MARTINS

O presente texto teve, na sua génese, um honroso convite do Instituto Europeu da Faculdade de Direito de Lisboa, no âmbito de uma dupla comemoração: a do centenário da Faculdade e a dos 25 anos da adesão de Portugal à então Comunidade Económica Europeia.

Assim, neste contexto, a reflexão que se me apraz efetuar sobre a relação entre Portugal e a Europa será moldada pelos tópicos que se seguem.

1. Que modelo de integração económica e política consideraria adequado à União Europeia?

A evolução recente, tanto no plano político, como nas suas implicações económicas e financeiras, mostra que o atual modelo padece de graves limitações. Na verdade, dadas as regras de decisão em matérias cruciais relativas ao progresso económico e social da Europa, bem como em face da profunda reordenação do espaço geopolítico mundial, a Europa corre sérios riscos de representar um papel cada vez mais marginal e fragmentado.

Defendo, pois, que se caminhe para uma maior integração, com partilha efetiva de soberania, e que o fim último possa consistir no desenho de um governo europeu como interlocutor respeitado na arena internacional.

A situação atual da existência de uma moeda comum a 17 países – que, como se sabe, não inclui a totalidade os Estados Membros – a acrescer à indisfarçável predominância geral de interesses nacionais, coloca a Europa num permanente estado de indecisão e fragilidade perante o resto do mundo e cada vez mais incompreendida pelos seus cidadãos.

É certo que esta via de um governo europeu tem fortes escolhos. Povos existem cuja perda de soberania seria encarada com enorme resistência, ou até poderão optar pela saída da União. Todavia, a meu ver, mais valeria avançar com aqueles que – através de *referendum* – desejassem um aprofundamento do modelo europeu, e deixar de fazer de conta que estamos todos na mesma situação face ao projeto da União.

2. Existirá uma identidade europeia e em que se traduz?

Julgo que existe uma identidade europeia. Porém, a sua visibilidade e identificabilidade não são óbvias para a maioria dos cidadãos da União.

Tal identidade assenta não tanto em grandes e publicitáveis projetos unificadores, mas sim num conjunto de valores que milénios de história e, sobretudo, a história contemporânea, foram cerzindo no espaço geográfico europeu.

De facto, a velha máxima segundo a qual um finlandês pouco terá que ver com um grego ou um português, será verdadeira em certas perspetivas. Mas, a aceitação de valores humanos básicos – como a liberdade, a solidariedade para com mais necessitados, a democracia política, o direito a um julgamento segundo a lei – constituem uma espécie de ADN europeu que enforma uma identidade que serviu de exemplo emancipatório a muitos outros povos.

O caminho percorrido nas últimas décadas levou a um nível de bem--estar social elevado. Muitos outros povos olhavam tal modelo como fonte de inspiração. É no entanto visível que algumas ameaças pairam, com efeitos potenciais devastadores, sobre este modelo: a bomba relógio da demografia, a crescente desigualdade social, e a sensação de impunidade que parece reinar sobre agentes económicos cujas atividades não só não acrescentam bem-estar à sociedade como destroem os elos de coesão que ainda existem.

A Europa terá que saber dar resposta a estes problemas, sob pena de a sua identidade se diluir em nacionalismos e outros fenómenos que começam perigosamente a ganhar visibilidade.

Portugal não escapou a esta evolução. A sociedade portuguesa é hoje cada vez mais dual. E o Estado, elemento que, no passado, serviu de árbitro essencial nesta evolução, está hoje manietado por problemas financeiros que lhe tolherão decisões cruciais para alterar um modelo económico e social cujo nível de *fair play* é visto como reduzido.

O que espero é que a nossa geração não destrua a ideia de Europa, e que as gerações seguintes sejam capazes de a reforçar. A manutenção de algo que seja próprio de um espaço onde um conjunto de povos bem distintos sente todavia que vale a pena partilhar um projeto comum é algo a reafirmar e, sobretudo, praticar. Mas, sobre isto, já estive mais otimista.

3. Como avalia os efeitos da adesão às Comunidades sobre a economia portuguesa?
Tendo nascido em 1961, a minha geração foi, sem dúvida, das que mais beneficiou dos efeitos da adesão à Europa.

É claro que se poderia falar das infraestruturas, da progressiva concretização de projetos que nos tornaram uma sociedade mais moderna. Tudo isso é visível. O país mudou muito, e está hoje radicalmente diverso do que era antes da adesão. Em suma, os elementos tangíveis dessa adesão são naturalmente observáveis e contribuíram para um Portugal melhor.

Mesmo descontando todos os erros – hoje bem às claras – de que este processo de sobre investimento público em algumas áreas infraestruturais padeceu, o efeito benéfico que muitos desses investimentos produziram na mobilidade dos cidadãos, no acesso à saúde, ao ensino, ao lazer, é bem visível.

Foi, contudo, um processo que a partir de certo momento não teve uma gestão prudente, parecendo que a aposta no betão era meio certo e seguro de satisfazer clientelas e ganhar votos. Temos contas a dar, como sociedade, de uma tal evolução, com consequências muito funestas.

Porém, em meu entender, os efeitos mais duradouros da adesão verificaram-se relativamente à mudança que, no tocante a aspetos intangíveis, se operou entre nós.

A liberdade de circulação na Europa, a oportunidade que milhões de pessoas tiveram de conhecer outras realidades e de comparar experiências, o cruzamento de modos de vida e valores de diferentes países, tudo isso mudou a forma como a Europa se encara a si própria e, dentro de cada país, modificou mentalidades. O Portugal de hoje, dando-se disso maior ou menor conta, foi profundamente moldado por essa abertura mental.

Num outro plano, o do impacto sobre a estrutura produtiva, existem, como sempre acontece, ganhos e perdas. Perderam-se muitas unidades económicas da agricultura e da indústria em função da nossa adesão. Pro-

25 ANOS NA UNIÃO EUROPEIA

vavelmente seria uma questão de tempo. Mais tarde ou mais cedo teriam de se modernizar ou desaparecer.

Mas também existiram ganhos. Em muitos sectores verificou-se um efeito positivo da aplicação de fundos europeus que, conjugados com estratégias inteligentes e sérias de empresários portugueses, deram bons frutos. O vinho e o calçado são bons exemplos.

A abertura ao mundo torna as sociedades mais propensas à inovação. Isso aconteceu em vários domínios. Na investigação, nas ideias de negócio, nas estratégias empresariais, nos rumos da vida de cada um...

A reorientação do nosso comércio externo para mercados exigentes tem vindo a modificar a estrutura das nossas exportações. Os bens e serviços com maior conteúdo tecnológico e valor acrescentado têm ganho terreno. Uma boa parte disso deve – se à maior disciplina que a União nos impõe, enquanto mercado com elevados padrões de qualidade no consumo.

Dada a minha especialização profissional na área fiscal, não quero deixar de reconhecer o impacto profundo que, também aqui, a adesão à Europa nos trouxe. A onda reformista dos anos 80, com a introdução, entre outros tributos, do IVA, do IRS e do IRC, moldou a nossa fiscalidade por padrões mais modernos.

4. Que efeitos teve a adesão sobre a sociedade portuguesa, no seu conjunto?

Como já referi, há, a meu ver, um efeito globalmente positivo sobre a sociedade portuguesa. Ele deve ser creditado à solidariedade europeia para com uma jovem e frágil democracia, e também aos agentes económicos portugueses que dela souberam tirar partido de forma consistente, profissional e duradoura.

Porém, uma percentagem significativa de portugueses encarou a Europa como uma entidade de onde provinham fundos, como fonte inesgotável, e que não impunha restrições ao nosso desempenho económico e à organização social.

Essa – infelizmente larga – parcela adotou uma atitude de deslumbramento, de novo-riquismo, que a nossa estrutura económica e a nossa produtividade não consentiam nem consentem.

A fatura tardou em chegar. Quando chegou, foi pesada.

Explicar, hoje, a um jovem de 15 ou 20 anos, o que é e para que serve o projeto europeu é muito mais difícil do que em 1986.

5. A União Económica e Monetária foi um passo lógico ou necessário na integração europeia?

A partir do momento em que se criou o mecanismo do sistema monetário europeu, com reduzidas bandas de flutuação cambial, e que, com Maastricht, se adotaram princípios de cada vez maior integração, a moeda única faria, na minha opinião, sentido.

Muitos estudos então realizados mostravam a irracionalidade da existência de várias moedas num espaço economicamente cada vez mais integrado e onde a circulação do capital financeiro era livre.

O euro foi, então, encarado como mais um – decisivo – passo para uma futura união política. Mas já nessa altura se fizeram ouvir vozes de discordância, pois as regras definidas para a entrada no euro não foram cumpridas por alguns importantes países fundadores.

Essa "flexibilização" dos critérios, e o facto de grandes países terem violado as regras previamente definidas sem com isso sofrerem penalização, instilou a ideia de que as ditas regras não seriam absolutamente vigiadas. Esse pecado capital está agora a ser expiado, e são bem-vindas as tentativas de o corrigir. A não ser assim, o euro tenderá a desmoronar-se.

6. A forma como a UEM foi concebida era adequada aos objetivos pretendidos?

Já deixei antever que se na conceção técnica as regras pareciam fazer sentido – prudência orçamental e contenção inflacionista – a sua aplicação prática foi bastante diversa. Não existiu um órgão de vigilância efetiva, e a Comissão foi impotente perante o poder dos Estados prevaricadores.

Esta lição deverá servir, se o euro sobreviver, para acautelar melhor o futuro da moeda única. Os passos que se procuram agora dar no sentido de revisão dos tratados e a tentativa de caminhar para um federalismo económico vão, em meu entender, na boa direção.

Por mim, sustento que devemos ceder soberania, para uma efetiva integração num espaço supranacional. O apoio externo e a maior eficácia no cumprimento das metas que a integração na Europa e na moeda única nos impõem são contrapartidas que julgo razoáveis. Por nós, já o mostrámos, dificilmente as cumprimos de forma regular e transparente.

7. O euro irá sobreviver à crise atual?

O euro tem estado, em 2011, à beira de se desintegrar, tal como o conhecemos. As cimeiras de outubro, parecem ter, para já, acalmado esse receio.

Contudo, elas foram apenas passos necessários, mas ainda não suficientes, para ver o espetro da desintegração desaparecer.

Mais do que comunicados, é preciso executar e colocar no terreno as ambiciosas medidas aprovadas. Esse é o processo mais difícil. E, a juntar a isto, fica-se com ideia de que o *free riding* pode compensar. Este elemento de tensão não desapareceu. Prevejo que os próximos anos serão ainda de muita incerteza e tensão no seio do euro, mas faço votos para que o projeto não sucumba.

8. Portugal deve permanecer na zona euro?

Em minha opinião, deve. Os custos da saída são dificilmente calculáveis, mas certamente muito elevados. A manutenção no euro, além da disciplina na gestão pública que nos trará no futuro, mantém Portugal firmemente ancorado na Europa. Julgo ser esse o nosso espaço, onde temos papel de grande relevo na relação com África e Brasil.

Esta visão de pertença tolda-se, no entanto, quando se vê que a taxa de desemprego nos estratos jovens é assustadora. Que pessoas com 50 e mais anos têm de emigrar para ganhar o pão.

Isso não é culpa do euro, mas se, por mais anos, estas tendências negativas se acentuarem, haverá, inevitavelmente, convulsões sociais graves que poderão desencadear movimentos políticos imprevisíveis na Europa. Se no fim de todas estas décadas de afirmação de um projeto que passou de 6 a 27 Estados, a Europa voltar a ser uma Europa de nações, em permanente quezília, o euro de pouco terá valido a pena.

Portugal constituirá, pelas razões sabidas, um caso de estudo sobre as razões do sucesso ou do falhanço do euro.

DEPOIMENTO PARA LIVRO COMEMORATIVO DOS 25 ANOS DE ADESÃO DE PORTUGAL ÀS COMUNIDADES EUROPEIAS DO INSTITUTO EUROPEU DA FACULDADE DE DIREITO DE LISBOA

ANTÓNIO SARAIVA

1. Que modelo de integração económica e política consideraria adequado à União Europeia?

1. A integração económica e política da Europa tem sido um processo dinâmico, sob o impulso de múltiplos factores: a necessidade de responder a novos desafios colocados por um mundo em constante mudança; os sucessivos alargamentos, que determinaram alterações institucionais profundas e o surgimento de novas políticas, como a própria coesão económica e social.

A Europa transformou-se também sob o peso das suas próprias contradições, que tantas vezes a fizeram cair em situações de impasse. Transformou-se ainda pela força dos seus próprio sucessos em vários domínios, que lhe abriram novos horizontes e permitiram (ou criaram a necessidade de) novos avanços no processo de integração económica e política.

Este processo permanecerá dinâmico. Nunca estará terminado, porque terá de continuar a responder a desafios sempre novos. Será sempre um modelo em construção.

25 ANOS NA UNIÃO EUROPEIA

Neste momento, parece claro que terá de passar por avanços que permitam uma mais eficaz coordenação e vigilância das políticas económicas e orçamentais dos países da zona do euro, com o reforço dos poderes das instituições europeias. Esta evolução está já a dar os primeiros passos com a instituição do semestre europeu e a aprovação do chamado pacote legislativo para a governação económica. Deverá reforçar-se no futuro, garantindo mais coesão, mais confiança e uma maior disciplina das finanças públicas nacionais e possibilitando assim formas de financiamento comum das dívidas soberanas. Este modelo evitaria, no futuro, a repetição de crises como a que estamos presentemente a viver.

2. Existirá uma identidade europeia e em que se traduz?
2. Existe, de facto, uma identidade europeia, baseada num património histórico, cultural, religioso e humanista comum que forjou a partilha de determinados valores. Identidade baseada não só no passado, mas sobretudo numa ideia de futuro: no reconhecimento de que há interesses comuns a defender e um destino colectivo a construir por todos os europeus.

Se esta identidade não existisse, a União Europeia não seria concebível, tal como hoje a conhecemos.

Será uma identidade cheia de ambiguidades e contradições, ainda em construção, no respeito pela identidade de cada nação, tal como outrora as identidades nacionais foram construídas a partir das identidades locais e regionais, sem as destruírem.

Precisa de ser estimulada, persuasivamente, pelos líderes, pelas elites, tal como o foram no passado (por vezes para além da simples persuasão...) as identidades nacionais, sob a força de um desígnio colectivo.

Por isso mesmo a União Europeia é um projecto único e original, também ele cheio de incertezas, construído entre medos e ambições, conciliando, passo a passo, objectivos e interesses comuns e objectivos e interesses nacionais.

3. Como avalia os efeitos da adesão às Comunidades sobre a economia portuguesa?
3. A adesão às Comunidades Europeias lançou à economia portuguesa diversos desafios.

O primeiro desafio foi o da integração comercial. Em 1985, algumas vozes profetizavam a desgraça, a "invasão castelhana", a destruição do nosso tecido produtivo. Ao invés, as nossas empresas foram capazes de provar que era possível concorrer num ambiente mais aberto. Sofremos depois o impacto da globalização sob o enquadramento de uma política comercial comum que nem sempre acautelou condições equilibradas de concorrência.

Paralelamente ao desafio comercial, tivemos o desafio dos fundos comunitários. Aproveitámo-los para modernizar as nossas infra-estruturas, de que nos podemos hoje orgulhar. Falhamos no mais difícil, não os aproveitando devidamente para ultrapassar o nosso mais sério *handicap*: o da qualificação dos recursos humanos.

Foi nestas condições que Portugal conseguiu, durante largos anos, aproximar-se progressivamente dos padrões de desenvolvimento europeu. Fora do processo de integração europeu esta evolução seria impensável.

Veio depois o desafio da moeda única. A convergência nominal, que assustava tantos analistas, foi conseguida, com custos, é certo, mas com inegável sucesso. Falhamos depois no que parecia mais fácil, ao não fazer reverter os benefícios da abundância de capital a baixo custo em favor do investimento produtivo modernizador. Pelo contrário, permitiu-se que o consumo (público e privado) explodisse e que o investimento se dirigisse preferencialmente para sectores abrigados da concorrência internacional. Os resultados estão agora à vista.

4. Que efeitos teve a adesão sobre a sociedade portuguesa, no seu conjunto?
4. Depois de longos anos em que convivemos mal com a ideia de sermos – nunca deixámos de o ser – europeus, e depois de alguns anos de indecisão sobre qual a nossa posição no mundo, a adesão às Comunidades Europeias, há 25 anos, significou que assumimos colectivamente a nossa condição de europeus. As transformações da sociedade portuguesa nestes últimos 25 anos só podem ser compreendidas à luz desta opção colectiva.

5. A União Económica e Monetária foi um passo lógico ou necessário na integração europeia?
5. A União Económica e Monetária foi um passo lógico, na sequência da maior integração e consequente interdependência económica entre os diversos países. Foi pensada para eliminar os efeitos nocivos da instabilidade cambial, após sucessivas crises, e com vista ao reforço do papel da Europa no mundo. Infelizmente, o modelo que adoptou acabou por se mostrar inadequado.

6. A forma como a UEM foi concebida era adequada aos objectivos pretendidos?

6. Como contraponto económico a uma união monetária, pensou-se que bastaria criar um mecanismo que promovesse a disciplina orçamental dos Estados-membros, sob a ameaça de sanções pecuniárias (o Pacto de Estabilidade e Crescimento). Ao mesmo tempo, estabelecia-se no próprio tratado uma cláusula que excluía qualquer responsabilidade da União Europeia ou de qualquer Estado-membro relativamente a compromissos financeiros de outros Estados membros.

Na vertente monetária, foi atribuído ao Banco Central Europeu o objectivo "primordial" da manutenção da estabilidade dos preços. Na prática, objectivo único. Adicionalmente, o Banco Central Europeu e os bancos centrais nacionais aderentes ao euro ficaram proibidos de conceder crédito, sob qualquer forma, aos sectores públicos dos Estados-membros.

Em suma, a União Económica e Monetária foi concebida com base na total responsabilidade dos Estados (mas mal assegurada) e na ausência de solidariedade.

Não foi preciso esperar muito para se começar a constatar a fragilidade desta concepção: em 2002, um dia depois de a Alemanha ter admitido que poderia não cumprir o limite máximo de três por cento do Produto Interno Bruto, o então presidente da Comissão Europeia, Romano Prodi, admitia que o Pacto de Estabilidade e Crescimento continha um conjunto de "instrumentos estúpidos, como todas as decisões que são rígidas". Depois de três anos de polémica, o Pacto de Estabilidade e Crescimento foi flexibilizado, sob severas críticas do Banco Central Europeu, por recear uma quebra na disciplina orçamental dos Estados-Membros.

A crise económica e financeira mundial desencadeada em 2007 tornou mais visível a inadequação da forma como foi concebida a união monetária.

Cavaram-se na Europa desequilíbrios macroeconómicos insustentáveis e eclodiu a designada crise das dívidas soberanas. Ficaram expostas irresponsabilidades acumuladas durante muitos anos e a urgência de alguma solidariedade.

O modelo inicial foi abandonado, senão formalmente, pelo menos na prática.

De cimeira em cimeira vão sendo dadas respostas, sempre tardias, mais ou menos eficazes, mas ainda longe de conduzirem a um novo modelo para uma verdadeira união económica e monetária assente em base sólidas, capaz de assegurar estabilidade e crescimento às nossas economias.

7. O euro irá sobreviver à crise actual?
8. Portugal deve permanecer na zona euro?

7/8. Acredito que o euro sobreviverá e não concebo a saída de Portugal da zona do euro como solução para nenhum dos nossos problemas. Os efeitos de uma desagregação da zona do euro seriam suficientemente desastrosos, em todos e cada um dos Estados-membros, para que os responsáveis políticos não permitam a concretização de tal cenário.

ANTÓNIO VASCONCELOS TAVARES

1. Que modelo de integração europeia e política considera adequado à União Europeia?

Com a finalidade de promover um espaço de estabilidade política, económica e militar, o processo de integração económica na Europa dá os seus primeiros passos com a criação da Comunidade Económica do Carvão e do Aço (CECA) e, nos anos 50 do passado século, com a Comunidade Económica Europeia (CEE).

A Política Agrícola comum e a União Aduaneira, com o levantamento das barreiras à livre circulação de bens dentro da área integrada, foram os primeiros grandes avanços de relevo. Esta rápida concretização dos objectivos iniciais gerou forte optimismo, rumo a patamares de mais consolidada integração. Surge assim, pela primeira vez, em 1980, o plano para a obtenção de uma União Económica e Monetária.

O Mercado Único foi concluído em 1 de Janeiro de 1993 e o Euro foi assumido como moeda comum a 11 países, em 1 de Janeiro de 1999, após um longo percurso pleno dificuldades.

Apesar de tudo a adopção do Euro foi conseguida e marca o ponto culminante do processo de integração económica na União Europeia. A moeda europeia, sofre de alguma fragilidade por ser uma moeda sem uma entidade política única. A singularidade *di una moneta senza Stato*, como referia Padoa-Schioppa em 1999.

Distante da articulação entre um governo central e os diferentes governos nacionais e regionais, as decisões mais relevantes têm sido tomadas por acordos intergovernamentais num quadro em que o Conselho Europeu tem cada vez mais visibilidade e poder de decisão, em detrimento da Comissão Europeia. Esta é por muitos considerada como o verdadeiro governo europeu, mas que tem perdido visibilidade e relevância após a saída de Jacques Delors.

Pelos problemas já apontados e pela consequente demora na decisão sobre a ajuda a Países em dificuldade, preferimos face, aos princípios orientadores do Federalismo e o exemplo de sucesso nos países onde tem sido aplicado, sugerir a evolução progressiva para um modelo federal de organização política e económica na União Europeia.

2. Existirá uma identidade europeia e em que se traduz?

Escrevia o Dr. José Manuel Durão Barroso, Presidente da Comissão Europeia, em 2007, na introdução do livro de George Steiner **"A Ideia de Europa"**:

> *Pode a ideia de Europa sobreviver às atrocidades e ao barbarismo, em que o continente mergulhou na primeira metade do século XX? Talvez ainda seja cedo para o descobrir. Mas George Steiner pensa que pelo menos vale a pena tentar. Reabilitação, relançamento, reconstrução... O actual momento europeu, marcado pelo cepticismo e pela descrença, suscita ansiedade e reflexões quanto ao «projecto» ou à «grande ideia» que poderá orientar a desejada regeneração da Europa (...)*
> *E, contudo, é precisamente a cultura e a sua expressão em termos de unidade na diversidade que nos candidata à esperança do Futuro da Europa.*

É essa unidade cultural e a expressão da sua diversidade, de que o pluralismo linguístico constitui privilegiada expressão, que nos confere a identidade de que nos orgulhamos e nos candidata à esperança no futuro da Europa.

> Escreve George Steiner, no livro antes citado: «*o génio da Europa é aquilo que William Blake teria chamado "**a santidade do poder diminuto**".*
> *É o génio da diversidade linguística, cultural e social, de um mosaico pródigo que muitas vezes percorre uma distância trivial, separada de vinte quilómetros e é uma divisão entre mundos»*

A identidade europeia pode ser também encarada segundo uma óptica histórica. Há mais de 100 anos que a Europa se tem vindo a definir em várias dimensões, interna e externamente, ao nível dos Estados que a compõem e das organizações com que coopera.

Tirando partido dos ensinamentos do passado, o fim da II Guerra Mundial e a Declaração Schuman, a Europa rejeita uma herança totalitária e as rivalidades entre Estados Europeus. Constrói uma identidade comum, marcada pela diversidade, pluralidade e igualdade dos Estados, que garantem a unidade europeia.

O conceito de identidade europeia reforçou-se, nos últimos anos, com a criação de um sentimento de pertença. Hoje os cidadãos dos Estados-Membros sentem que a sua identidade também passa pela Europa.

A identidade europeia é hoje associada à cidadania e aos direitos auferidos por todos os cidadãos europeus.

3. Como avalia os efeitos da adesão às Comunidades sobre a economia portuguesa?

Nos últimos 30 anos, Portugal modificou-se profundamente. Após a revolução de 1974, o processo de descolonização, a negociação e entrada na União Europeia e, mais recentemente, a adesão ao euro, marcaram estas três décadas e alteraram a estrutura económica do país. O balanço é positivo. A economia portuguesa conheceu uma grande evolução e uma modernização acelerada. O nível de vida, avaliado pelo rendimento «per capita», aumentou 2 por cento ao ano e convergiu para a média comunitária.

A protecção social ampliou-se extraordinariamente, os indicadores sociais melhoraram e as taxas de escolarização demonstraram um aumento impressionante, colocando-nos ao nível europeu.

À medida que os anos foram passando a economia abriu-se mais ao exterior e os empresários portugueses começaram a investir no estrangeiro. A sociedade portuguesa aumentou o consumo adquirindo novos comportamentos típicos de países com um nível de vida mais elevado.

As grandes mudanças atingiram a estrutura produtiva. E, enquanto o peso dos serviços aumentava, os sectores da indústria, da agricultura e da pesca foram perdendo competitividade.

É importante salientar que o processo de redução da inflação, necessário para aderir à moeda única, atingiu os seus objectivos. Por seu lado, a adesão à CEE foi um sucesso e o país soube aproveitar, de um modo geral bem, os fundos comunitários, em particular no que respeita às infra-estruturas. Destaque para a construção de estradas e auto-estradas, o que permitiu uma redução significativa do tempo gasto nos transportes terrestres. Com as vantagens inerentes.

Estas grandes mudanças que atingiram a sociedade portuguesa trouxeram também desequilíbrios importantes e aprofundaram as diferenças entre as novas gerações, com melhor nível de escolaridade e com fácil acesso à informática e os mais idosos, com um fraco nível de instrução.

25 ANOS NA UNIÃO EUROPEIA

Continua a constatar-se um desnível entre a produtividade média portuguesa e a comunitária. O crescimento da produtividade em Portugal tem sido insuficiente.

Em relação aos serviços, o turismo, que corresponde a cerca de cinco por cento do PIB, continua a afirmar-se como uma actividade dinâmica de exportação.

A sociedade portuguesa regista também, à semelhança de outras da UE, um processo acelerado de envelhecimento com o peso da população com mais de 65 anos a duplicar nos últimos trinta anos.

Este é um facto que origina preocupação e uma significativa pressão sobre o sistema de segurança social.

4. Que efeitos teve a adesão sobre a sociedade portuguesa, no seu conjunto?

A plena adesão de Portugal à Comunidade Europeia despoletou um significativo processo de modernização de estruturas e comportamentos económicos, num quadro onde a intervenção pública passou a ser claramente polarizada pela promoção de importantes investimentos de natureza infra-estrutural, dinamizados pelo acesso aos fundos estruturais de origem comunitária.

Dada a vastidão dos efeitos sobre a sociedade portuguesa, no seu conjunto, vou dedicar-me aos que mais afectaram o ensino superior.

Podemos hoje orgulhar-nos de possuir, em Portugal, um ensino superior que, em algumas áreas, tem sido, por diversas vezes, referencial de qualidade de alguns países comunitários.

É neste contexto que se insere a realidade portuguesa, com a particularidade de ser uma sociedade que se encontra a recuperar de significativo atraso. O relatório da OCDE de 2000 sobre "A literacia na era da informação", considera que quase 80% dos portugueses têm sérias dificuldades na mera compreensão da informação elementar. A educação, obviamente, deve ser a prioridade absoluta de quem governa contrariando a lenta agonia a que as Universidades têm sido sujeitas.

Com a declaração de Bolonha, o comunicado de Berlim e a estratégia de Lisboa são conjugados estes argumentos, e definidos como objectivos: a competitividade na Europa, a melhoria qualitativa do ensino com a preocupação de fazer progredir os saberes através da investigação, o estabelecimento de condições para a formação contínua e a mobilidade de estudantes e diplomados.

680

Os Governos signatários traçaram importantes prioridades temporais em relação aos objectivos a atingir.

Deparam-se-nos desafios e oportunidades decorrentes da decisão política de avançar no estabelecimento de uma dimensão europeia do ensino superior e da investigação – com o que tudo isso implica de calibragem de requisitos e de padrões de qualidade, de legibilidade dos diplomas científicos e profissionais, de acertos na arquitectura de títulos e graus, de mobilidade, de acreditação de cursos e instituições, de definição e transferência de créditos, etc.

É impossível disseminar e enraizar uma "sociedade do conhecimento" sem um cultivo valorizado e sério dos saberes em ambiente de dinâmica vitalidade.

Referências Bibliográficas

AMARAL, João Ferreira do, (2008) Retrato de Portugal, texto adaptado do artigo "A Economia".

NEVES, Carlos Costa, (2006) União Europeia: da Comunidade Económica Europeia à Europa Política. Conferência quando Ministro da Agricultura e Pescas.

DRACHE, Daniel (1996), De Keynes ao K-Marl: Competitividade numa Era Colectiva, in DRACHE.

"EUROPE"/Documents n? 2015/16, 18 Dezembro 1996 (pacto de Estabilidade e Crescimento).

HÉRAUD, Guy (1995), Lefédéralisme, Presses dEurope, Nice.

KHOL, Helmut, cit. por TEMPLEMAN et a!. (1992), Germany takes charge, in Busuiness Week, 17 Fevereiro.

LOPES, Silva (1993), Monetary and exchange rate policies: benefits and costs of participation in European monetary integration, in LOPES, Silva (ed.), Portugal and EC membership evaluated, Pinter Publishers, Londres, pp. 91-107.

PADOA-SCHIOPPA, Tommaso (1999), Moneta, Commercio, Istituzioni: Esperienze e Prospettive della Construzione Europea, Trieste, 19 Novembro, www.ecb.int.

ALVES, Rui Henrique, (2000) Da Moeda Única à União Política, Faculdade de Economia do Porto.

STEINER, George (2007), A Ideia de Europa, Gradiva.

ARTUR SANTOS SILVA

1. Que modelo de integração económica e política consideraria adequado à União Europeia?

Uma resposta muito breve a uma pergunta como esta será sempre incompleta e superficial. Mas arrisco uma síntese: o modelo deveria respeitar, no essencial, os princípios da comunidade de iguais que tornaram possível o desenvolvimento do processo de integração europeia do pós-guerra. O alargamento a leste, que praticamente duplicou o número de estados-membros, e a União Económica e Monetária, impuseram e impõem seguramente ajustamentos nesse modelo, introduzindo-lhe componentes mais claramente *federalizantes* – prefiro chamar-lhes *supranacionais* – mas não impõem necessariamente uma federação e muito menos um modelo de federação à imagem e semelhança dos Estados Unidos da América, como muitas vezes se sugere. Mesmo que fosse desejável – e eu não penso que seja – esse modelo é hoje irrealizável, pela simples razão de que não seria aceite pelas populações. Insistir nesse caminho só pode levar, por isso, a uma crise maior e a um cada vez mais grave afastamento entre os europeus e a "Europa", como projecto político comum. Que fazer, então? Defender a originalidade do projecto europeu, como comunidade livremente constituída entre povos livres e iguais, proteger as instituições que permitem assegurar esse princípio, como o Parlamento Europeu e sobretudo a Comissão, tão subalternizada pelo Tratado de Lisboa, e criar as regras e instituições impostas pelo grande salto integrador que foi o Euro. O Euro implica, sem dúvida, mais partilha de soberania, maior supranacionalização da governação económica e financeira e por isso um grau mais elevado de integração política. Mas isso não é compatível com uma comunidade livre entre iguais, democraticamente sustentada, se assentar na crua lógica da intergovernamentalidade que, ironicamente, foi sendo criada à medida que se iam fazendo ouvir os grandes apelos à federação política. A combinação do Euro com a intergovernamentalidade conduz inevitavelmente, na melhor das hipóteses, a um Directório, tripartido, bipartido ou de comando único. Com a agravante, que se vai verificando, de poder ser um Directório de facto, que o Direito não legitima nem eficazmente impede. Porém, aí chegados, já não estaremos a falar de uma União Europeia livre e democrática.

2. Existirá uma identidade europeia e em que se traduz?
Poderíamos talvez discutir primeiro o que é a Europa como território, ou seja, definir-lhe, muito terra-a-terra, uma fronteira... Mas assumindo que há sobre isso um razoável entendimento de senso comum, penso que poderemos reconhecer sem dificuldade uma *"identidade civilizacional"* europeia, sustentada pela combinação de duas grandes matrizes, a herança greco-romana e o cristianismo, conjugadas com uma profunda *consaguinidade histórica* e um património cultural comum. Essa identidade traduz-se num acervo de princípios e valores, que numa visão ampla podemos associar ao humanismo, à liberdade individual, ao primado do direito e, mais recentemente, à democracia representativa, embora a nossa história comum esteja cheia de episódios, alguns bem próximos, em que esse património se desmente. Dito isto, parece-me claro que não existe uma identidade nacional europeia ou uma *"pátria europeia"*, para recorrer a uma expressão que frequentemente invocam alguns federalistas mais radicais.

3. Como avalia os efeitos da adesão às Comunidades sobre a economia portuguesa?
Faço um balanço claramente positivo, pelo menos indesmentível até à introdução do Euro. Registou-se uma notável elevação do nível médio de vida, modernizaram-se extensamente as infra-estruturas, mudou o padrão de especialização produtiva, com o declínio do têxtil e do calçado em favor do automóvel, dos serviços e, mais recentemente, de uma lenta afirmação de sectores com maior incorporação tecnológica.

Faltou, na frente interna, uma intervenção mais profunda e decidida na adaptação das instituições e políticas a uma economia totalmente aberta à livre circulação dos factores; faltou mais investimento estrangeiro, mais empreendedorismo; verificou-se – e acentuou-se nos últimos cinco anos

– uma excessiva concentração de investimentos e incentivos nas grandes obras públicas, nos sectores não transaccionáveis e no favorecimento de rendas de situação, em parte também como consequência de políticas dos fundos estruturais europeus, determinados por orientações demasiado globais e inflexíveis, concebidas com uma lógica de repartição burocrática e sem a preocupação de desenvolver e sustentar a competitividade económica e respeitar a especificidade de cada caso; faltou uma política especificamente orientada para o desenvolvimento dos recursos naturais, a agricultura, a floresta e o mar. E faltou também, na comunidade política e empresarial, entre os decisores e reguladores, a consciência do que exigia estar na União Monetária e partilhar, com a fronteira inteiramente aberta, uma moeda comum, réplica do antigo marco alemão; não percebemos devidamente o que isso implicava, no que respeita ao endividamento e ao cumprimento das regras essenciais da disciplina financeira.

Ouvem-se hoje, por outro lado, alguns suspiros e acusações genéricas sobre actividades produtivas entretanto condenadas e desaparecidas, como se não soubéssemos como eram, em grande parte, protegidas, como se o mundo exterior não tivesse entretanto mudado radicalmente e como se, em síntese, vivêssemos em promissora prosperidade. É certo que nunca poderemos dizer, com rigor, o que teria acontecido se não tivéssemos aderido às então Comunidades Europeias. Mas, apesar de todas as vicissitudes, com a mesma informação, manteria a posição francamente favorável que então manifestei.

4. Que efeitos teve a adesão sobre a sociedade portuguesa, no seu conjunto?

A sociedade é mais aberta e informada, com um nível de vida médio indiscutivelmente superior e, ao contrário do que muitas vezes se diz, mais criativa. Os resultados no âmbito da inovação, da produção científica e dos níveis superiores de educação confirmam este avanço, que algumas visões mais apressadas e superficiais pretendem desmentir, embora seja certo que estamos ainda longe do que deveríamos ser, no que respeita aos indicadores médios da formação e da produtividade. A sociedade tornou-se, por outro lado, mais consumista, mais desigual e menos coesa, cada vez mais urbana e cosmopolita, menos marcada pelos valores rurais e pelo isolamento cultural, mas nem tudo isso resulta apenas da adesão, como sabemos.

5. A União Económica e Monetária foi um passo lógico ou necessário na integração europeia?

A moeda é sempre uma criação política, porque faz parte da afirmação soberana, e o Euro não é excepção. Como todos testemunhámos e como podemos hoje confirmar pelos mais fidedignos relatos dos protagonistas da época, a União Económica e Monetária foi, em primeiro lugar, um projecto político, destinado a "ancorar" à Europa a Alemanha entretanto reunificada. Um ex-ministro dos negócios estrangeiros português, José Medeiros Ferreira, sintetizou muito bem o espírito do tempo, congratulando-se com o resultado final dessa negociação: "uma Alemanha reunificada, integrada na Nato e na União Europeia, sem arma atómica e sem moeda própria". Nesta perspectiva, a União Económica e Monetária foi portanto um passo lógico, porque correspondeu ao objectivo de uma das partes – a França e uma grande maioria de estados-membros, incluindo, subtilmente, o Reino Unido – consentido pela outra parte – a Alemanha. Poderia ser também, em abstracto, um passo lógico, como sequência de um aprofundamento natural, consequente, do processo de integração política e económica. É duvidoso, porém, que esse processo já tivesse então atingido a maturidade requerida e é também duvidoso que fosse realmente desejado como objectivo unânime, fora das circunstâncias excepcionais que o tornaram possível. Finalmente, para responder inteiramente à pergunta, é claro, a meu ver, que não era um passo absolutamente necessário, na fase de integração em que estávamos, a não ser pelas razões essencialmente políticas que invoquei. A separação da Alemanha ajudou a criar as Comunidades, a sua reunificação fechou esse primeiro ciclo e abriu outro, fundado na memória, na experiência e na esperança de que assim a História não se repetiria. No centro, a Alemanha – como sempre desde a Idade Moderna, mesmo antes de se unificar como Estado-Nação.

6. A forma como a UEM foi concebida era adequada aos objectivos pretendidos?

Em primeiro lugar, na perspectiva política, o mais importante era que existisse "uma" UEM com credibilidade e, nessa medida, o resultado adequou-se aos objectivos pretendidos. Noutra perspectiva, mais técnica, mais financeira e económica, a UEM a que se chegou foi suficiente para permitir a concordância da reticente Alemanha, através da celebração de um Pacto de Estabilidade, ao qual se acrescentou a palavra " Crescimento" para aplacar, formalmente, as críticas dos que receavam a reprodução pura e simples da ortodoxia anti-inflacionista do Bundesbank na defesa do valor do marco. O Pacto e as suas regras de alerta, prevenção e sanção, pareciam severos e suficientes, embora desde o início muitas e insuspeitas vozes tenham chamado a atenção para as incipientes condições de intervenção das instituições europeias e para as frágeis disposições de resposta a choques assimétricos violentos. Ainda recentemente tropecei numa opinião de Romano Prodi, então presidente da Comissão, dizendo, em 2001, que as regras do Euro eram insuficientes, mas que não haveria condições para as corrigir sem uma crise séria que a prazo lhe parecia inevitável... Acontece que, por ironia, o primeiro Estado a violar as regras do Pacto foi a Alemanha. E, logo a seguir, a França, antes de muitos outros. Foram accionados os mecanismos de correcção previstos, mas abriu-se uma brecha na aparente fortaleza inicial, mais tarde francamente rasgada, com consentimento geral, no auge da chamada "crise do *sub-prime*", em 2008. E, a partir daí, com a crise grega, ficou claro que o Pacto não chegava, que as regras europeias, contidas no Tratado e nos Estatutos do BCE, não estavam preparadas para uma turbulência desta dimensão e não permitiam à UEM a flexibilidade e a força da resposta dos Estados Unidos e do Reino Unido. Talvez ingenuamente, a Europa importou a crise anglo-americana dos activos tóxicos e transformou-a em coisa sua, dois anos depois, sob a forma de uma crise da dívida soberana. Ficou claro que a UEM não estava preparada para um choque desta dimensão, mas ficou também claro que a Alemanha não queria que estivesse, porque mantém a sua recusa original de um banco central como credor de último recurso, com um poder de intervenção ilimitado e verdadeiramente dissuasor.

7. O euro irá sobreviver à crise actual?

Desejo que sim e espero que sim. O fim do Euro, nas presentes condições, seria o fim da União Europeia, porque seria impossível fazê-lo sem suspender os Tratados, nomeadamente no que respeita às liberdades de circulação essenciais. Seria um erro enorme, por isso, e seria um desfecho irracional, porque teria custos elevadíssimos para todos, sem que nada de essencial o justificasse, a não ser algum obscuro e inconfessado objectivo político, em que não quero acreditar. Não se desfaz uma União Monetária como se desmonta um motor ou como uma simples inversão do caminho que se seguiu na sua construção. Não é um processo progressivo, planeado, é uma descontinuidade brutal, sobre a qual não temos experiência, a não ser em caso de guerra. Infelizmente, parece-me que começámos já a pisar terrenos perigosos e ambíguos, com as decisões da recente cimeira de Outubro, nomeadamente no que respeita ao chamado perdão voluntário da dívida grega e às inacreditáveis decisões sobre a recapitalização das instituições financeiras, baseadas na anulação do estatuto de activo sem risco atribuído à dívida pública de todos os estados membros, numa alteração retroactiva das regras estabelecidas, imposta como um *diktat*, à revelia dos princípios do direito e da decência, com regras laboriosamente construídas para proteger os balanços dos bancos da Alemanha, da França e do Reino Unido. Não tenho dúvidas de que estamos já a assistir a uma verdadeira refundação da União Monetária e das suas normas, que irá reflectir-se, mais tarde, nos tratados e no modelo de governação da própria União Europeia. Estes prolegómenos não auguram nada de bom.

8. Portugal deve permanecer na zona euro?

Portugal deve permanecer na zona euro, pelas razões apontadas na resposta anterior, agravadas pela nossa circunstância periférica e pelos duradouros efeitos que resultariam de uma confessa incapacidade de cumprir um compromisso público essencial. Aliás, em bom rigor, nenhum estado pode sair ou ser expulso do Euro. Esse é um princípio básico para haver uma União Monetária.

BELMIRO DE AZEVEDO

A razão da minha aceitação em participar neste projecto comemorativo tem a ver, entre várias, com duas circunstâncias essenciais – uma mais de natureza formal e histórica e outra de substância – que não posso nem quero ignorar.

A primeira circunstância é a do meu estatuto de antigo membro (o único proveniente de Portugal) do Conselho de Administração da AMUE – Association for the Monetary Union of Europe, facto esse que me imputa responsabilidades especiais no processo de preparação, génese e implementação da União Monetária. A AMUE nasceu em 1987 como um *think tank*, integrado por líderes empresariais europeus, cujo propósito último era o de contribuir decisivamente para o sucesso do mercado único através da concretização da moeda única e subsequente estabilidade monetária. Vale a pena celebrar, hoje, esse sucesso, apesar da crise que actualmente atravessamos.

Poucos acreditavam, na verdade, em 1992, aquando da assinatura do Tratado de Maastricht, que 11 Estados-Membros estivessem dispostos e preparados para integrar a União Monetária desde o seu início, em 1999, mas facto é que assim aconteceu e estou absolutamente convicto que o papel desempenhado pela AMUE foi crucial para esse desfecho, em especial pelo esforço que desenvolveu para sensibilizar os decisores políticos para a importância do mesmo.

A actividade da AMUE desenvolveu-se em três fases distintas. A primeira delas correspondeu ao período de estudo e preparação que precedeu a concretização legislativa do objectivo da União Monetária e que decorreu deste a constituição da AMUE, em 1987, até à assinatura do Tratado de Maastricht. A segunda fase decorreu até 1999, ano que marca o início da União Monetária, e a terceira terminou em 2002, ano em que a Associação se extinguiu em virtude da consecução plena dos objectivos que se havia proposto. Pudemos, nesse sentido, dizer: missão cumprida!

Foi durante esta última fase que trabalhámos em prol do atingimento de um grau óptimo de cooperação entre os 11 membros iniciais da União Monetária, procurando dinamizar o reforço do Pacto de Estabilidade em favor do desenvolvimento de boas políticas fiscais e da redução da carga fiscal sobre empresas e cidadãos. Foi também durante esta fase que procurámos apoiar os Estados *late runners* no seu esforço de adesão e que nos batemos por cumprir os propósitos do *AMUE 1998 Sustainability Report*: a implementação do *mix* de políticas certo para manter a inflação e as taxas de juro baixas, garantir o retorno do crescimento económico, assegurar a consolidação das finanças públicas, criar emprego, reduzir défices e dívidas e promover a competitividade e o crescimento no mercado único. Não deixa de ser curioso notar a actualidade que mantêm, ainda hoje, estes grandes objectivos.

Esta pequena resenha histórica serve para explicar as responsabilidades de que me sinto portador – e de que me orgulho – no que respeita à União Monetária. Mas há outra razão que me motiva a participar neste projecto que assinala os 25 anos da adesão e que tem a ver com a marca que, na minha opinião, é indelével no processo de integração europeia desde o seu início: a ambição.

Na realidade, foi enorme a ambição visionária de Schumann e Monnet, que perceberam que o início da caminhada da integração – concretizado com a criação da CECA – representava bem mais do que a simples gestão comum do carvão e do aço por motivos estritamente económicos ou financeiros. Tratava-se, antes de mais, de manter a paz de forma duradoura, através do controlo partilhado de duas matérias-primas essenciais, bem como de promover o bem-estar económico crescente no espaço europeu, ambos os desideratos, como é sabido, plenamente conseguidos.

A ambição que caracteriza o projecto europeu é algo com que me identifico e com que se identifica o Grupo Sonae e trata-se de uma marca que não esmoreceu e que se manteve durante a fase de concepção e implementação da União Monetária, sendo hoje, mais do que nunca, indispensável ao sucesso deste importante desígnio comum.

1. Que modelo de integração económica e política consideraria adequado à União Europeia?

A minha apreciação da evolução do processo de integração europeia é essencialmente positiva, mas não posso deixar de destacar um facto indesmentível: o reforço da governabilidade económica – sem entrar aqui em discussões sobre federalismos, integracionismos ou "soberanismos" – é uma condição *sine qua non* do sucesso do mercado único, para mais com um número tão alargado de membros como o actual.

Durante o tempo em que fiz parte da AMUE insisti sempre, por exemplo, no tópico da harmonização fiscal, que considero ainda crucial. Considero também de suma importância a existência de mecanismos centrais que permitam algum controlo dos Estados-Membros, designadamente ao nível orçamental, e acompanho a proposta do Senhor Trichet no sentido da criação de uma figura de características semelhantes às de um Ministro das Finanças Europeu, com competências no domínio da supervisão das políticas fiscais e de competitividade e de um sector financeiro progressivamente integrado.

2. Existirá uma identidade europeia e em que se traduz?

A identidade europeia – com o que isso leva de conceptualização mais ou menos etérea e dificilmente concretizável – é do meu ponto vista clara, se nos reportarmos a algo mais do que a mera partilha de circunstâncias históricas: refiro-me ao conjunto composto pelo *acquis* de liberdades que nos passam já por vezes despercebidas e que foram e são fundamentais para o desenho do estatuto da cidadania europeia e para o processo de construção comunitário.

3. Como avalia os efeitos da adesão às Comunidades sobre a economia portuguesa?

Avalio muito positivamente a nossa integração nas Comunidades. É preciso não esquecer o que isso significou, para Portugal e para os outros Estados, em termos de bem-estar cívico e económico com as liberdades de circulação (de pessoas, mercadorias e capitais) e de estabelecimento, hoje indiscutíveis, com as regras de concorrência comunitárias, com a diminuição drástica dos custos de contexto para o investimento, com a canalização de fundos estruturais, etc..

Não posso todavia escamotear os efeitos nocivos – esse é o reverso da medalha – que os responsáveis políticos provocaram sobre a nossa eco-

25 ANOS NA UNIÃO EUROPEIA

nomia em termos de médio e longo prazo, ao aceitarem, sob pressão de alguns parceiros comunitários, praticamente desmantelar o nosso sector primário, sendo hoje claro que é indispensável à nossa sobrevivência, ao nosso crescimento e ao nosso bem-estar colectivo a reabilitação e o desenvolvimento do sector da agricultura e pescas em Portugal.

4. Que efeitos teve a adesão sobre a sociedade portuguesa, no seu conjunto?

Penso ser hoje indiscutível que o desenvolvimento potenciado pela nossa adesão – salvaguardados os aspectos negativos a que brevemente aludi – se traduziu num importante passo civilizacional para Portugal, que passou definitivamente, a partir daí, a estar mais próximo do séc. XXI do que dos anos 70 em termos económicos, políticos, sociais e culturais. Pena é que isso tenha simultaneamente marcado o início de uma série de políticas e comportamentos – que decorreram essencialmente da percepção que se instalou, errada e artificial, de que éramos um país subitamente rico – que conduziram ao sobre-consumo não sustentado e ao sobre-endividamento das famílias, das empresas e do Estado, cuja factura estamos agora a pagar.

5. A União Económica e Monetária foi um passo lógico ou necessário na integração europeia?
6. A forma como a UEM foi concebida era adequada aos objectivos pretendidos?

Conforme expliquei, tive especiais responsabilidades no processo de criação do Euro e da União Monetária. Estou convencido de que foi uma evolução natural no âmbito de uma crescente – conquanto insuficiente – integração económica.

Pela primeira vez desde os anos 20, uma moeda veio constituir-se em alternativa válida ao dólar para os mercados financeiros globais e lembro que a "Eurolândia" era já responsável, em 1999, quando somada aos EUA, por 40% do PIB do planeta e por 44% do comércio mundial.

O papel do Banco Central Europeu tem de ser destacado. Esta instituição estava confrontada, em 1999, com o desafio de ganhar credibilidade e reputação num mercado polvilhado de sistemas bancários heterogéneos e em que pairava uma grande incerteza sobre como se iriam comportar as economias nacionais.

A política monetária depende em larga escala da comunicação e dos sinais que são enviados para os mercados e a verdade é que o Senhor Trichet teve mérito indiscutível na construção de um BCE credível e na consolidação de um ambiente macroeconómico mais estável e propício à estabilidade financeira e laboral.

A crise, claro está, veio mudar o jogo, mas, ainda assim, o papel do BCE tem sido decisivo e, através de cortes sucessivos nas taxas de juro e de injecções de liquidez tem conseguido evitar o colapso do sistema bancário europeu, conquanto não seja ainda possível medir em toda a sua extensão as repercussões da crise da dívida grega.

Em todo o caso, convém lembrar que foram claros os benefícios que advieram do Euro para sectores importantes para Portugal, como por ex. o turismo, com o aumento das viagens, a redução dos custos de operação, a promoção de investimento, a transparência de preços, a eliminação do risco de câmbio, etc. Também no domínio da educação, para recorrer a um exemplo completamente diferente, os progressos alcançados foram substanciais: basta pensar na multiplicação dos programas de intercâmbio de estudantes e professores entre os Estados-Membros.

A reflexão que hoje faço é esta: talvez a União Monetária devesse ter sido concebida e executada com mais tempo de maturação, uma vez que se processou de forma muito mais rápida do que as décadas durante as quais se vem concretizado e refinando a integração política e económica, que, como se sabe, estão ainda bem longe do seu zénite de perfeição.

7. O euro irá sobreviver à crise actual?

É fundamental melhorar a coordenação entre os Estados-Membros e perceber que centrar a solução do problema unicamente na preocupação em evitar o *moral hazard* pode ser efectivamente uma ameaça séria à sobrevivência do Euro.

Caberá também, em larga medida, ao Senhor Draghi contribuir para que a moeda única não só sobreviva mas se aperfeiçoe e fortaleça e para isso há algumas condições indispensáveis, como sejam, por ex., assistir-se a uma evolução positiva da economia global, haver uma adaptação das políticas fiscais e sociais à evolução demográfica, resolver a crise da dívida e pôr termo às políticas monetárias ad-hoc que vêm sendo seguidas pelo BCE, regressando o modelo da sua intervenção à normalidade.

Do meu ponto de vista, a UE deve conseguir efectivamente falar a uma só voz (coisa que nem sempre tem conseguido fazer) e deve procurar também "falar a uma só moeda" (o EURO) para que, dessa forma, ganhe massa crítica no mundo ¥€$.

8. Portugal deve permanecer na zona euro?
A saída de Portugal do Euro só interessa enquanto matéria de raciocínio académico. É absolutamente inconcebível, para mim, que a questão se coloque em termos reais, até porque, como parece ser consensual, os impactos económicos, políticos e sociais de uma tal decisão são hoje inquantificáveis.

CARLOS CÉSAR

1. Que modelo de integração económica e política consideraria adequado à União Europeia?

A experiência histórica e social, política e institucional de fundação e desenvolvimento da União Europeia, consolidada ao longo de mais de 50 anos, constitui um processo único e incomparável, em relação ao qual não há nem exemplos paralelos, nem soluções pré-testadas. Aos primeiros passos, inovadores e de vanguarda, propostos por Robert Schuman como resposta aos desafios pós-Segunda Guerra Mundial e a uma Europa ocidental e mundo divididos, seguiram-se outras etapas, por vezes não tão eficazes, e a procura de respostas políticas que nem sempre foram as mais adequadas.

A história da integração política e económica da União é, assim, o resultado dos diferentes períodos e dos diversos actores políticos que a construíram e a síntese das tensões entre federalistas e soberanistas, e entre as necessidades expressas pelos cidadãos europeus e a capacidade proponente e realizadora dos Estados e das instituições comunitárias.

É por isso que o modelo de integração económica e política da União Europeia, hoje materializado no Tratado de Lisboa, comporta, em si mesmo, diferentes ritmos e modalidades de integração – mais ou menos aprofundada – consoante a área e conforme a vontade expressa de cada Estado Membro para participar de forma mais empenhada ou global na construção deste projecto civilizacional único.

No entanto, apesar dos inúmeros avanços imprimidos no projecto de construção europeia e na adaptação do seu modelo político institucional, parece claro que o modelo e contexto actuais apelam, como temos assistido, a mais integração e uma maior solidariedade, enfim, à consagração de um verdadeiro modelo federal.

Acima de tudo, neste que é um dos mais críticos momentos do processo de construção europeia, é fundamental que os Estados e os seus líderes tenham a coragem de tomar decisões eficazes e ambiciosas, não apenas para afastar a tendência de recessão e o espectro da desintegração, mas para manter o ideal europeu. E isto não será possível sem um governo efectivo europeu, que concretize a solidariedade, a integração e a união dos povos: – Uma Europa Federal.

2. Existirá uma identidade europeia e em que se traduz?

Por vezes assistimos à análise dos valores, princípios e concretizações da identidade europeia através de perspectiva daquela que foi a construção das identidades nacionais e estatais na Europa. Não será certamente o caminho mais adequado, pois a construção europeia – ancorada precisamente nessa identidade civilizacional deste continente – como processo inovador e sem paralelo noutros espaços regionais, não pode ser reduzida a concepções pré-existentes.

Não será por acaso que o lema da União Europeia afirma a "unidade na diversidade", pois a construção progressiva da identidade europeia não pode implicar o apagamento da identidades nacionais e – que muitas vezes as antecedem – regionais, ancoradas nas mais variadas especificidades culturais, mas unidas por um denominar civilizacional comum, ancorada na dignidade e Direitos do Homem, no progresso e bem-estar social, na Paz e Democracia.

A identidade europeia não pode, assim, ser vista de uma perspectiva estática, mas como um processo evolutivo e dialéctico que serve de substrato ao projecto europeu, e que também é potenciada pelos avanços da integração, à medida que são aprofundados os direitos inerentes à cidadania da União Europeia. Neste aspecto, será de salientar também o papel do Conselho da Europa, na defesa e promoção de um património comum de Democracia e de defesa dos Direitos do Homem.

Mas este que é, também, um sentimento de comunhão e de pertença a uma entidade colectiva, deve ser potenciado pela protecção e vínculo jurídico que une a União Europeia a cada um dos seus cidadãos, não apenas no que diz respeito aos direitos civis e políticos de participação, mas à questão fundamental de se corresponder às legítimas expectativas dos cidadãos, em particular, na promoção do desenvolvimento económico e do bem-estar social.

Neste aspecto, uma Europa que não sabe ou consegue dar resposta aos desafios da actualidade – como infelizmente parece acontecer – apenas afasta os cidadãos e dificulta a aproximação dos povos dentro da unidade europeia. A identidade europeia não dispensa, em suma, o conhecimento dos direitos e a afectividade dos cidadãos em relação à União, sendo certo que, em relação à comunicação e à proximidade, temos um longo caminho ainda a percorrer.

3. Como avalia os efeitos da adesão às Comunidades sobre a economia portuguesa?

A assinatura, há 26 anos atrás, do Tratado de Adesão de Portugal às Comunidades Europeias, representou uma viragem fundamental no processo de inserção de Portugal na sociedade global e democrática, introduzindo factores de desenvolvimento económico e social que contribuíram para a modernização da economia e tecido empresarial português, bem como para a crescente qualificação da sua população.

Os Açores, progressivamente incluídos nessa nova dimensão política e económica, acompanharam o país num percurso de grande transformação. Ao longo deste último quarto de século, Portugal, e os Açores também, mudaram radicalmente, embora naturalmente com períodos alternados de maior ou menor prosperidade. Portos, aeroportos, escolas, ensino profissional e universitário, estradas, unidades de saúde e de assistência social, sistemas de transportes, mobilidade em geral, apoios e acompanhamento do investimento privado, meios excepcionais para a superação de catástrofes, entre muitos outros aspectos, ganharam uma expressão positiva que seria impossível sem a nossa integração no projecto europeu.

No caso específico dos Açores, não só a Região mudou extraordinariamente como, particularmente nos últimos dois períodos de programação financeira, ganhou sustentabilidade e convergiu com os mais importantes indicadores macro-económicos e sociais europeus. Sem o fluxo de fundos comunitários assentes numa lógica de solidariedade que está na base da Política de Coesão e sem o seu efeito modernizador tais alterações infra-estrturais e de crescimento económico teriam seguramente sido mais difíceis e demoradas, quer para o país como um todo, quer para a Região.

4. Que efeitos teve a adesão sobre a sociedade portuguesa, no seu conjunto?

A adesão de Portugal às comunidades trouxe também abertura, conhecimento e heterogeneidade a uma sociedade que, fruto do regime autoritário, foi mantida isolada e atrasada em relação à Europa e ao mundo.

Deste modo, a entrada de Portugal para o "Clube Europeu" em meados dos anos 80, possibilitada pela revolução de Abril, e a adopção da Constituição da República Portuguesa de 1976, representam os momentos mais importantes na História recente de Portugal, que levaram a uma alteração radical não apenas do Estado e seus princípios, mas também dos próprios desígnios nacionais, ancorados nos valores e direitos de participação da Democracia e, em particular no que diz respeito aos Açores, da Autonomia Política e Legislativa.

A Europa possibilitou, assim, o definitivo reencontro de Portugal com a sua matriz civilizacional, com a sua inserção geográfica e com os desafios da contemporaneidade, implicando uma mudança radical ao nível da sociedade, dos seus níveis de bem-estar e da sua perspectiva de participação política.

Todos os indicadores, de resto, demonstram um progresso significativo no acesso à educação – nos diversos níveis –, na participação das mulheres na economia do país, no desenvolvimento de Universidades, centros de investigação e incremento dos projectos de intercâmbio internacional nas várias áreas. Do mesmo modo, alargaram-se as políticas sociais que permitem hoje apoiar, da primeira infância à velhice, os cidadãos portugueses.

5. A União Económica e Monetária foi um passo lógico ou necessário na integração europeia?

A experiência, única, das últimas cinco décadas demonstra claramente que a integração económica (começando pela supressão dos obstáculos à livre circulação de mercadorias, de serviços, de capitais e de pessoas) tem constituído um motor e elemento fundamental do processo de integração e do projecto europeu.

A integração económica representa, assim, uma oportunidade para o crescimento económico, a criação de emprego e melhoria das condições sociais dos cidadãos europeus e tem seguido, ela própria, um processo evolutivo e ambicioso, pelo seu carácter inovador. Os vários passos já percorridos, da união aduaneira ao mercado único e à União Económica e Monetária, representam etapas de um processo contínuo, que foram impulsionadas e fruto de decisões políticas corajosas.

A União Económica e Monetária foi, assim, acima de tudo, um projecto político, representam uma visão da Europa que queremos construir, sendo certo que, carecendo de aprofundamento e aperfeiçoamentos, urge continuar a aprofundar.

A União Económica e Monetária constituiu, assim, um passo necessário a uma visão da Europa que compartilhamos, mas que, como é claramente patente no contexto actual, necessita de aperfeiçoamentos, de mais integração e de ser complementada com um efectivo governo económico europeu.

6. A forma como a UEM foi concebida era adequada aos objectivos pretendidos?

A União Económica e Monetária foi, essencialmente, um projecto político e representa uma visão de uma Europa que se projectava no futuro. As circunstâncias mudaram e são de todos conhecidas. A presente crise pôs a nu as fragilidades e insuficiências desta União, mas a resposta reside, ainda, na esfera política e na coragem necessária pelos líderes europeus de tomarem, em conjunto, as decisões e os passos necessários à sua ultrapassagem.

É fundamental uma Europa que resista à austeridade, para investir nas pessoas, que aprofunde a integração económica, as políticas fiscais e orçamentais, devendo perspectivar-se a União Económica e Monetária não como um fim em si mesma e muito menos dissociado o processo do seu aprofundamento do compromisso com a Democracia, a igualdade entre os Estados, a solidariedade e os valores da Europa social.

7. O euro irá sobreviver à crise actual?

O empenho político já demonstrado pelos Estados Membros da União ao longo das diversas fases que caracterizam esta crise económica e financeira internacional, que dura já desde 2008, são o melhor factor para avaliar a capacidade da moeda única para resistir e perdurar.

É verdade que a União, no conjunto dos seus Estados Membros e Instituições, padeceu e ainda sofre com hesitações, dúvidas e falta de coesão interna, resultado em grande parte da falta de uma estrutura de governação económica e financeira una e de interesses individualistas de alguns estados Membros. Contudo, a dimensão histórica incomparável do pro-

25 ANOS NA UNIÃO EUROPEIA

cesso de formação e constituição da União Económica e Monetária, que tem na moeda única o seu expoente máximo e mais real, representa um compromisso duradouro, assente na interdependência e na solidariedade entre os Estados que dela participam, que não será derrubado pela adversidade deste momento que a Europa vive.

8. Portugal deve permanecer na zona euro?
Portugal participa de pleno direito e por mérito próprio na União Económica e Monetária e assim continuará, com a necessária superação das difíceis condições orçamentais e económicas por que passa hoje o país.

Admitir qualquer cenário, que não esse, representaria a conformação com os efeitos de uma crise sem precedentes para o projecto de integração comunitário, que levaria seguramente à sua desagregação e à procura de caminhos alternativos por vários Estados, não apenas Portugal.

CARLOS MONJARDINO

1. Que modelo de integração económica e política consideraria adequado à União Europeia?
Creio que qualquer modelo de integração económica terá sempre que ter em conta as especificidades de cada país, nomeadamente no que diz respeito ao que tradicionalmente produz e ao seu *know-how*.

É importante que se respeitem e se apoiem os produtos produzidos em cada país, sobretudo ao nível da agricultura e da indústria, e se fomente o desenvolvimento e a transformação desses produtos, desde a matéria-prima até ao produto final, de modo a que o seu ciclo de produção fique completo. A exportação do produto completo, gerando valor acrescentado, fomentará a criação de emprego e permitirá o fortalecimento da economia local. Refiro, a título de exemplo, no sector agrícola, o caso da laranja e da castanha, produtos que exportamos bastante mas cuja economia local poderia sair bastante beneficiada se houvesse espírito empreendedor e se exportasse já o produto transformado.

Quanto à política, para a integração ser possível é necessário que se quebrem uma série de tabus. É muito importante que se superem e se aceitem as diferenças culturais existentes entre os diversos países da União Europeia e se tente contrariar a tentação dos países mais fortes de imporem o controlo político, como acontece hoje em dia, o que não pode ser uma solução para o futuro da UE. O figurino mais adequado seria a criação de uma Federação de Estados, com um governo único central e governos regionais. Só assim se poderá fazer face à imperiosa necessidade de agilização do processo político e consequentes decisões, rápidas e eficazes.

2. Existirá uma identidade europeia e em que se traduz?

Penso que existe certamente uma identidade europeia, fruto da história do continente. No entanto, essa identidade ainda está pouco assumida por alguns países do Leste da Europa, que viveram, durante décadas, na esfera da União Soviética. Estes países, embora mantendo ainda modos de vida distintos dos países ocidentais, estão a absorver muito rapidamente a cultura, no sentido lato, da Europa Ocidental.

Estou convencido que, estabilizada e ultrapassada a actual crise em que a Europa e a Zona Euro se encontra, haverá claramente uma tendência para se esbaterem essas diferenças culturais e creio que, dentro de dez anos, se poderá, de facto, falar de plena identidade europeia.

3. Como avalia os efeitos da adesão às Comunidades sobre a economia portuguesa?

Os efeitos da adesão na economia portuguesa foram benéficos, embora algumas medidas tomadas e os meios postos à disposição não tenham sido os melhores. Nalguns casos foram mesmo contra-natura, como o corte de vinha e de olival. Considero que houve alguma falta de adequação dos programas e de visão estratégica, não tendo havido a necessária protecção e salvaguarda de sectores importantes da nossa economia, como a agricultura e as pescas.

No entanto, considero que, globalmente, os efeitos na nossa economia foram bons embora o reverso da medalha tenha sido, aderindo ao Euro, a sujeição a regras que deixaram de ser nacionais para serem comunitárias.

4. Que efeitos teve a adesão sobre a sociedade portuguesa, no seu conjunto?

Os efeitos da adesão sobre a sociedade portuguesa foram, regra geral, muito positivos. Com o apoio da Comunidade Europeia o país teve outros meios para se desenvolver e, também, para se abrir ao exterior. Temos que reconhecer que houve um salto qualitativo muito apreciável na saúde, na educação, nas vias de comunicação, entre outros. A sociedade portuguesa acabou por beneficiar largamente da adesão, embora as então perspectivas animadoras de futuro nos tenham feito enveredar por um consumismo um pouco descontrolado.

5. A União Económica e Monetária foi um passo lógico ou necessário na integração europeia?

A União Económica e Monetária foi um passo lógico na integração europeia embora, mais uma vez, tenha sido ditada pelos interesses dos grandes países da Europa e teve pouco em conta a evolução dos países mais pequenos. Tenho dúvidas, por exemplo, que a paridade Escudo/Euro devesse ter sido aquela que foi adoptada.

6. O euro irá sobreviver à crise actual?

Eu julgo que o Euro sobreviverá à crise actual porque, dado que um grande número de países aderiu à moeda, as consequências de acabar com o Euro seriam desastrosas para qualquer país, grande ou pequeno.

7. Portugal deve permanecer na zona euro?

Julgo que Portugal não poderá sair da zona Euro porque, com o nível de endividamento do país – seja público ou privado –, não me parece possível voltar novamente ao Escudo e fazer face aos pagamentos que teremos que fazer na próxima dezena ou dezenas de anos.

28.10.2011

CARLOS RODRIGUES

1. Que modelo de integração económica e política consideraria adequado à União Europeia?

As grandes decisões europeias têm vindo a ser tomadas no quadro de acordos intergovernamentais e num modelo em que o Conselho que representa individualmente os Estados-membros adquire maior poder de decisão face à Comissão Europeia, a qual zela por interesses colectivos da União. Este processo de decisão mostra pouca flexibilidade e encontra-se distanciado dos cidadãos, tende a favorecer os países mais fortes e espelha um menor controlo democrático relativamente ao que seria possível numa estrutura descentralizada de decisão.

A necessidade de assegurar estabilidade à UEM e suprir as debilidades de uma entidade monetária única sem a respectiva contrapartida política única, sugere a necessidade da evolução do sistema político-institucional da UE no sentido de uma gradual integração política e fiscal – próxima de uma solução federal – baseado numa partilha de soberania entre a Europa e o Estado Nação. Neste modelo será indispensável a acção do Parlamento e de um Governo Europeu (legislativo e executivo) no seio da Federação em articulação com os poderes nacionais, promovendo uma eficiente coordenação com vista à obtenção de objectivos comuns na área não monetária e no redimensionamento do bloco Europeu no panorama global. A adopção de um ministério das Finanças Europeu e a criação de *eurobonds* afiguram-se medidas interessantes, ainda que careçam da revisão dos tratados Europeus e de ajustamentos a ser realizados na Governação Económica da UE.

2. Existirá uma identidade europeia e em que se traduz?

Os princípios de identidade Europeia foram sendo reforçados desde a criação da União Aduaneira até à vigente UEM, sendo que o conceito de cidadania Europeia foi introduzido no Tratado de Maastricht. Além da percepção de uma identidade Europeia em determinados símbolos – moeda, bandeira e hino – esta materializa-se num conjunto de direitos que nos são conferidos enquanto cidadãos de pleno direito dos respectivos Estados membros, ainda que não exista efectivamente uma nacionalidade Europeia – verificando-se uma primazia da nacionalidade dos países de origem e/ou nascença em detrimento da percepção de nacionalidade Europeia – trata-se de um processo moroso e requer maior integração efectiva.

Verifica-se um défice democrático ao nível das entidades Europeias, sendo que apenas o Parlamento é legitimado democraticamente. A generalidade dos Organismos Europeus (Parlamento, Comissão Europeia e Conselho) são tidos como entidades distantes e dominados por uma burocracia tecnocrática. A única forma de reforçar a identidade Europeia passa por esgotar esse défice democrático, sendo que a expectativa de um gradual reforço da União Política/fiscal no sentido de um bloco federal – com um maior número de instituições eleitas pelo povo e a criação de uma constituição Europeia – permitiria reforçar o sentimento de pertença à União. A introdução do Inglês como língua oficial Europeia (mantendo-se as restantes como línguas nacionais) poderia também favorecer a comunicação e a melhor integração dos países da União, em particular para as futuras gerações.

3. Como avalia os efeitos da adesão às Comunidades sobre a economia portuguesa?

A análise do impacto económico para Portugal em resultado da adesão à UE torna-se mais simples caso se concretize o estudo em 3 períodos distintos: 1) 1986/92 – fase de maior crescimento económico do país nos últimos 25/30 anos, verificando-se uma convergência real para a média das economias Europeias em resultado da acção combinada do enquadramento externo positivo, transferência de fundos comunitários e adopção de uma política orçamental expansionista; 2) 1993-98 – preparação para a adesão à UEM em que a economia nacional evidenciou um desempenho misto em função do esforço de convergência nominal desenvolvido; 3) 1999-2010 – adesão ao Euro ficou marcada por uma estagnação prolongada e afastamento do padrão de crescimento do produto da UE. Este menor desempenho da economia Portuguesa poderá atribuir-se a: i) aumento da concorrência internacional; ii) fragilidades estruturais ao nível do capital humano/rigidez no mercado de trabalho; iii) adopção de políticas económicas inadequadas ao novo regime da economia portuguesa – crescimento excessivo dos salários nos primeiros anos da UEM e de uma gestão inadequada da política orçamental.

No global, a economia Portuguesa não concretizou um conjunto de reformas estruturais relevantes, prosseguiu um conjunto de políticas estruturantes pouco adequadas, o que aliado à menor competitividade da economia motivou a acumulação de capital no sector dos bens e serviços não transaccionáveis – contribuindo para o agravamento dos denominados défices gémeos, sendo que o endividamento excessivo do sector público e do sector privado não financeiro determinou o fortíssimo agravamento do défice externo. Não obstante, o nível de riqueza gerado no País cresceu consideravelmente desde a adesão à UE, com o PIB per Capita em 2009 a atingir 76,4% da média Europeia (vs 54,3% em 1980), pelo que a experiência Portuguesa na UE mostra-se amplamente positiva, pese embora o decurso do actual período de ajustamento.

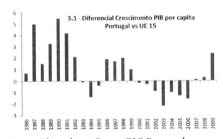
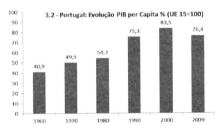

Fonte: Bloomberg, Banco BiG Research.

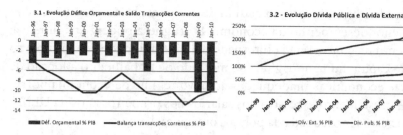

Fonte: Bloomberg, Banco BiG Research.

4. Que efeitos teve a adesão sobre a sociedade portuguesa, no seu conjunto?

A opção por proteger alguns sectores da entrada de novos operadores e de condicionar a aquisição e o controlo de empresas por capital estrangeiro traduziu-se na falta de concorrência e em baixos níveis de inovação, favorecendo a acumulação de capital no sector dos bens e serviços não transaccionáveis, protegendo as nossas empresas, menos competitivas no mercado externo, e permitindo o incremento do peso do Estado na economia. A adesão de Portugal à UE determinou uma substancial melhoria das condições de financiamento da economia, criando condições para um nível de endividamento excessivo e justificou a galopante evolução da dívida externa no período recente – alavancagem excessiva do sector público e privado – cujas necessidades de financiamento foram maioritariamente satisfeitas pelo sistema bancário Português, por via da emissão de dívida junto de não residentes.

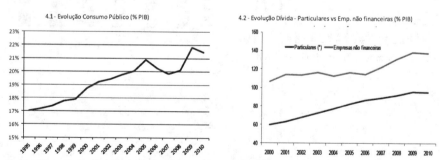

Fonte: Bloomberg, Relatório Portugal – Estratégia Orçamental 2011-15; Banco BiG Research

Refira-se que Portugal continua a exibir fracas condições de atracção do capital estrangeiro – rigidez do mercado de trabalho, deficiente sistema judicial, carga fiscal excessiva, etc – sendo que a adopção de políticas estruturantes pouco adequadas desde meados de 90 não permitiram potenciar as oportunidades que se ofereciam no âmbito do projecto do Euro.

5. A União Económica e Monetária foi um passo lógico ou necessário na integração europeia?

A criação da UEM representou um passo lógico e necessário no âmbito do reforço da integração Europeia que se havia iniciado nos anos 50. O Euro não representa somente uma moeda única, mas acarreta *per si* a coordenação de um conjunto de políticas, a integração cambial, a centralização das instituições, critérios de convergência e alterações no âmbito da política fiscal e monetária. Apesar da UEM ter implicado a perda dos instrumentos monetário e cambial, as vantagens da adopção do Euro são diversas – redução dos custos de transacção e eliminação da incerteza cambial intra-zona, melhorando as condições de eficiência micro e macroeconómicas e criando um clima mais favorável ao aumento do investimento e da competitividade europeia. Em simultâneo, promove-se a estabilidade do nível geral de preços, objectivo primordial da actuação do Banco Central Europeu, incitando à disciplina orçamental e ao saneamento das contas públicas.

6. A forma como a UEM foi concebida era adequada aos objectivos pretendidos?

A existência de uma entidade única monetária sem a contrapartida de uma entidade política única representa uma das principais críticas à forma como foi concebida a UEM, sendo que os requisitos para participar na União (estabilidade de preços e disciplina Orçamental) afectam de forma distinta os países integrantes, seja por razões de evolução do estágio económico ou por mera divergência histórica, cultural e/ou societária. As dificuldades seriam sentidas sobretudo em países com menores níveis de desenvolvimento económico, nos quais a perda da taxa de câmbio enquanto elemento de intervenção económica assume custos importantes, obrigando a um maior recurso de investimento público com o objectivo de convergência real.

Os mecanismos de controlo/supervisão associados à criação do Pacto de Estabilidade não foram eficazes no sentido de demover alguma indisciplina orçamental, salientando-se que o bloco de países Core que definiram as regras (Alemanha e França) não só se demitiram das suas responsabilidades de monitorar e exigir ajustamentos atempados, como, pior que isso, foram os primeiros a desrespeitar as regras impostas pela UEM. Noutro âmbito, a assunção de uma ortodoxia monetarista associada ao combate à inflação em detrimento de outros objectivos macroeconómicos torna explicito a ausência de medidas relevantes para mitigar aquele que é o maior problema real da União – o Desemprego.

7. O euro irá sobreviver à crise actual?

O decurso da actual crise de dívida torna evidente que a adopção da moeda única, enquanto maior símbolo de integração Europeia, exige uma maior partilha de soberania e a construção de um projecto coerente e sustentado de união. A estabilidade monetária decorrente da entrada do Euro e as vantagens que essa situação propiciou são evidentes quer para os países do bloco core (competitividade das exportações), quer para os da periferia (recebimento de fluxos massivos de capital por via da eliminação do risco cambial). O Euro deverá necessariamente sobreviver tendo em conta a sua importância histórica, política, cultural e económica, sendo que um eventual fim do Euro representaria um custo demasiado elevado para ser absorvido pelos países da União, ainda que seja evidente a ausência de instrumentos e até de solidariedade colectiva para o defender. A inexistência de uma entidade política única em contraponto à actuação do BCE realça a necessidade de avançar com um conjunto de medidas importantes no sentido da governação económica, política e fiscal da Europa. O *status quo* vigente representa o ponto intermédio entre dois cenários extremos: 1) desagregação parcial/total da Zona Euro; 2) reforço do Federalismo em torno da união política e Orçamental.

Pensamos que os líderes Europeus irão progressivamente desbravar caminho na direcção deste último cenário, ainda que esta opção seja conduzida a um ritmo necessariamente lento. A dinâmica da actual crise Europeia tornou evidente a necessidade de existência de um "Lender of last resort", associado à função de emissor de Moeda – se necessário alterando o mandato do BCE nesse sentido.

8. Portugal deve permanecer na zona euro?

Ainda que a adopção do Euro tenha implicado a perda de um conjunto de mecanismos de ajustamento estrutural (monetário e cambial), diminuindo a capacidade de resposta tradicional dos países da União para fazer face a determinados choques, os benefícios decorrentes da União monetária são óbvios, destacando-se a estabilidade monetária que "protegeu" Portugal em períodos de maior instabilidade, proporcionou a melhoria das condições de financiamento da economia Portuguesa que passou a beneficiar de taxas de juro reais mais baixas e da entrada massiva de capital estrangeiro por via da eliminação do risco cambial. Apesar dos instrumentos de política cambial e monetária poderem facilitar o actual processo de ajustamento económico, pensamos que as desvantagens de uma eventual saída de Portugal da Zona Euro excedem largamente os seus benefícios.

A saída do Euro teria um impacto devastador no país, conduzindo a uma desvalorização muito significativa da economia – em simultâneo com o incremento exponencial do nível de endividamento tendo em conta a denominação das dívidas actuais em Euros – gerando uma subida colossal das taxas de juro e da inflação.

A opção de Portugal se manter no Euro ao longo do período do ajustamento é claramente menos penalizante, sendo que a previsível desvalorização cambial no caso de saída do Euro implicaria também um efeito profundo na capacidade importadora do país, o que acarretaria custos gravíssimos atendendo a que Portugal apresenta um saldo da Balança Comercial cronicamente deficitário e evidencia uma forte dependência externa para assegurar a obtenção de um conjunto alargado de recursos.

FERNANDO MASCARENHAS

1. Que modelo de integração económica e política consideraria adequado à União Europeia?

Não tenho nenhum modelo na manga. Penso que a Europa deve ser construída com os cidadãos e não nas suas costas, como os políticos têm feito. Na história da humanidade não há paralelo para a criação de uma união como a União Europeia; não é, por consequente, nada surpreendente que fazê-lo seja difícil. O alargamento da União, embora necessário, foi feito à custa do seu aprofundamento. Na situação em que nos encontramos é imperativo, por um lado, tomar medidas urgentes e, por outro, pôr as várias elites a reflectir profundamente nas suas diferentes áreas de competência com vista a propor aos cidadãos os caminhos alternativos que for possível encontrar.

2. Existirá uma identidade europeia e em que se traduz?

Não tenho dúvida de que existe, não obstante as grandes diferenças que a Europa contém.

Língua
O Latim está na origem do Português, Espanhol, Catalão, Francês, Italiano e Romeno, entre outras, e está também muito presente no Inglês e Alemão. As línguas germânicas incluem o Inglês, Alemão, Neerlandês, Norueguês, Sueco, Dinamarquês, Islandês, etc. Tanto o Latim como as línguas germânicas derivam duma raiz comum, o Indoeuropeu.

Religião
As três religiões que se encontram na Europa são todas religiões do Livro: Judaica, Cristã, Islâmica.

Cultura

A Cultura Europeia assenta essencialmente na tradição Greco-Romana e Judaico-Cristã. Na base das nossas literaturas estão obras como a Ilíada e Odisseia (Homero), Oresteia e Prometeu (Ésquilo), Édipo Rei e Antígona (Sófocles), Troianas (Eurípides), Eneida (Virgílio), História da Guerra do Peloponeso (Tucídides), Vidas dos Césares (Plutarco) e, claro, O Antigo e Novo Testamentos.

Filosofia

Toda a Filosofia Europeia, pelo menos até finais do século XVIII, deriva de Platão e Aristóteles.

Direito

O Direito Romano e os Direitos consuetudinários dos Povos Germânicos.

3. Como avalia os efeitos da adesão às Comunidades sobre a economia portuguesa?

Mal aproveitados.

4. Que efeitos teve a adesão sobre a sociedade portuguesa, no seu conjunto?

Subida do custo de vida, designadamente depois da adesão ao Euro, é o único que descortino à vista desarmada. Outros efeitos haverá, mas não conheço os estudos que os identificam.

5. A União Económica e Monetária foi um passo lógico ou necessário na integração europeia?

Penso que sim.

6. A forma como a UEM foi concebida era adequada aos objectivos pretendidos?

Não tenho conhecimentos que me permitam responder.

7. O euro irá sobreviver à crise actual?

Penso que se não sobrevivesse a catástrofe seria devastadora e não apenas na Europa. Parece-me impossível que não sobreviva; os meios para garantir a sua saudável continuação terão que ser encontrados e o recentíssimo alargamento do Fundo de Estabilidade Financeira é um primeiro e importante passo. Dito isto, não entendo nada de economia; a ignorância permite-me o luxo de ser optimista.

8. Portugal deve permanecer na zona euro?
Sem dúvida. Tem de fazer tudo para isso.

FRANCISCO SEIXAS DA COSTA

1. Que modelo de integração económica e política consideraria adequado à União Europeia?

A resposta que hoje dou esta pergunta é, com toda a certeza, muito diferente da que teria dado há uns anos atrás. A aceleração das questões em torno do projeto europeu, em especial depois dos últimos alargamentos, da falência objetiva do tratado de Lisboa e da crise do euro obrigam a que qualquer observador sensato pare um pouco para pensar e, muito em particular, deva ser tentado, por um proverbial bom-senso, a assumir uma atitude "possibilista", para utilizar um termo da história politica que já poucos lembram mais muitos, mesmo sem o saberem, praticam.

Faço parte de uma geração que começou por usar a ideia da integração europeia como um desafio provocatório à nossa ditadura, que depois a olhou como um projeto ideológico de contornos algo duvidosos e que, posteriormente, a acabou por aceitar como o modelo mais óbvio para assentar o desenvolvimento e a estabilidade democrática do país. Mas, como muitos da minha geração, não cheguei à Europa por um sentimento europeísta. Aderi ao projeto por uma opção utilitária, com muito egoísmo soberanista à mistura, porque então me parecia o mais adequado formato, no mercado possível das opções estratégicas, para assegurar o que entendia ser o interesse português. Só depois de ter vivido por dentro o processo integrador, apenas após o ter interiorizado como parte do meu próprio destino, é que comecei a pensar a Europa a partir dela e das suas finalidades próprias. E, desde essa altura, passei a entender que na sua construção reside também aquilo que se pode definir como a essência do nosso interesse nacional.

Hoje, perante a realidade que vivemos, e na impossibilidade de se conseguir, em tempo útil e de forma adequada, uma consensualização "a 27" para uma alternativa ao Tratado de Lisboa, considero que deve caminhar-se, tão rapidamente quanto possível, para um modelo de "cooperação reforçada". Esse modelo deveria ser construído em torno da "eurozona", com a fixação de critérios fortes de monitorização das "performances" macro-económicas e de aproximação das políticas económicas, fiscais e sociais, em tudo isso assegurando sempre um papel central à Comissão Europeia. Essa "cooperação reforçada", que está prevista como possível nos tratados, conviveria com o aparelho tradicional da União e, em caso de um eventual sucesso na aplicação do seu modelo específico, poderia vir a ser o fermento político inspirados para uma futura reforma dos tratados. Esta dualidade permitiria estabilizar o modelo da União previsto nos tratados, sem os sujeitar às tensões induzidas pelos problemas específicos da zona euro. A presença da Comissão Europeia no seio da "cooperação reforçada" garantiria a coerência necessária entre os dois modelos. Atentas as questões especiais de cedência de soberania – em termos orçamentais e de políticas económica e fiscal – que a zona euro suscita, nada impediria que os respetivos países estudassem a criação de uma fórmula específica de associação dos respetivos parlamentos nacionais ao processo decisório (ou de consensualização de medidas) da "cooperação reforçada", sem prejuízo do pleno exercício das competências que, para toda a União, competem ao Parlamento Europeu. Essa associação dos parlamentos nacionais permitiria colmatar o "défice democrático" que a especificidade dos processos decisórios no seio da "cooperação reforçada" viesse a suscitar.

2. Existirá uma identidade europeia e em que se traduz?

Confesso que, depois do último alargamento – que continuo a pensar ter sido um passo indispensável para o equilíbrio estratégico do continente depois do fim da URSS –, passei a alimentar sérias dúvidas sobre a existência de um laço identitário, para além de algumas dimensões de cariz geopolítico, que ligue os cidadãos de todos os países do continente europeu. A "familiaridade" que parecia existir na Europa "a 15", que já tinha sido abalada pela crise com a Áustria em 2000, está hoje seriamente comprometida com práticas políticas de natureza autoritária e discriminatória que se espalham, perante uma complacência pública evidente, por muitos países da atual União Europeia. Aquilo que parecia ser uma espécie de "jurisprudência" em matéria de princípios, que dava à Europa uma autoridade para poder ser um "benchmark" perante países terceiros, com reflexos na credibilidade da sua política externa, tem-se vindo a diluir perante o escandaloso quase silêncio das instituições europeias, devendo à Comissão, neste domínio, serem assacadas as principais responsabilidades. Exclusões linguísticas, pressões sobre os *media*, discriminações sobre estrangeiros e cidadãos de diferentes etnias, ascensão ao poder nacional ou local de partidos xenófobos e racistas fazem parte de um dia-a-dia europeu que parece já não escandalizar ninguém.

Será que, afinal, uma identidade europeia tem necessariamente de conviver com a "federalização", pelo silêncio, daquele tipo de práticas? Ou será que o modelo induzido socialmente pela ominpresença da economia de mercado basta como "template" para nos identificar como europeus? Já soube a resposta, agora tenho muitas dúvidas.

3. Como avalia os efeitos da adesão às Comunidades sobre a economia portuguesa?

Constituiu sempre para mim um mistério a falta de uma avaliação concreta e rigorosa das opções feitas aquando da nossa adesão, no tocante aos respetivos efeitos sobre o tecido económico português. Enquanto, no plano industrial, as coisas me pareceram sempre mais ou menos transparentes, fico com a sensação de que algumas das decisões tomadas em matéria agrícola derivaram de um voluntarismo político que pôs de lado certas precauções para acelerar o final da negociação. Sempre me perguntei sobre se, nessa postura, não estava também uma leitura determinista de que não valeria a pena estar a lutar excessivamente por determinadas produções, porque elas estariam sempre condenadas perante o padrão predominante na política agrícola comunitária. Se olharmos para a deliberada aceleração do desmantelamento pautal que, a certa altura da nossa presença na então CEE, foi autonomamente determinada pelas autoridades portuguesas na área agrícola, com vista a baixar artificialmente baixar a inflação, encontro boas razões para acreditar que então se atuou pela mesma lógica.

Dito isto, e em termos globais, creio que é inegável que o impacto global da nossa integração no tecido comunitário acabou por ser muito positivo. Não que a cultura empresarial portuguesa tivesse mudado automaticamente por esse facto, no que toca à sua tibieza e até ao modo como se "refugiou" no mercado europeu, confortada por uma malha legislativa e por um ambiente de negócios que não exigiam muita imaginação e audácia. Com os anos, porém, a formação dos nossos empresários, e o seu assessoramento técnico, evoluiu bastante, como hoje se torna evidente em muitas áreas, da indústria aos serviços e em setores agrícolas de ponta.

Porém, e por décadas, é importante que se diga que, em importantes faixas do tecido industrial português, em especial na área têxtil, uma política de complacência, socialmente motivada, permitiu a sobrevivência no tempo de empresas condenadas tecnologicamente, não tendo havido coragem política, como aconteceu noutros países, para promover uma reconversão industrial que triasse com rigor as unidades produtivas a salvar, reforçando e capacitando as mais viáveis para arrostar com um mundo competitivo. A prova provada desse erro político surgiu quando, na abertura da Europa à globalização, muitas empresas nacionais foram apanhadas no início ou apenas a meio de um processo de reconversão e modernização tecnológica, não tendo conseguido resistir ao impacto da chegada de produtos de terceiros e mais competitivos fornecedores do mercado europeu.

Felizmente, algumas unidades ainda oriundas desse tecido tecnológico mais antigo conseguiram, entretanto, recuperar e colocar-se de forma competitiva no mercado internacional. Outras desapareceram, como alguns cemitérios industriais por aí nos testemunham. E, vale a pena dizer, foi em grande parte o investimento direto estrangeiro e, mais recentemente, um novo tecido de PME dirigido por outra cultura empresarial que conseguiram garantir aquilo que é hoje o essencial da nossa capacidade exportadora.

4. Que efeitos teve a adesão sobre a sociedade portuguesa, no seu conjunto?

É difícil sintetizar os efeitos, em termos de choque de modernidade, que a integração europeia teve para o nosso país. À vista dos portugueses, na paisagem e nos bolsos, quiçá de uma forma algo ilusória face à realidade profunda da nossa capacidade de produção de riqueza, embora com desequilíbrios e agravamento de algumas injustiças sociais, o país mudou e, por algumas décadas, hipotecou, de forma confiante, o seu futuro ao projeto europeu. Setores de uma classe média, que se tornou dominante no plano político e social, tiveram um banho de cosmopolitismo ou, pelo menos, daquilo que identificaram como tal. As "idas à Europa", os contactos técnicos e culturais com o estrangeiro, a participação da juventude num mundo sem fronteiras, tudo isso deu a Portugal uma animação que alterou o modo do país se olhar a si próprio, com a geração de confiança e a criação de uma mentalidade mais competitiva, embora fazendo desaparecer progressivamente o país mais solidário, no sentido paroquial, que era a nossa imagem de marca tradicional.

Numa avaliação mais fria, Portugal terá desperdiçado muitas das oportunidades que os seus primeiros tempos nas instituições comunitárias deram ao país. Mas, independentemente desses eventuais erros, o que o país ganhou neste seu novo processo europeu, mesmo num contexto de aproveitamento deficitário, foi suficientemente importante para justificar que possamos considerar a nossa adesão às instituições comunitárias como a mais relevante decisão política tomada por Portugal em todo o século passado.

5. A União Económica e Monetária foi um passo lógico ou necessário na integração europeia?

A UEM foi o corolário lógico do processo que levou à criação do "mercado único" e à evolução de todo o conjunto de políticas que lhe estão associadas. Não diria que, em si, a UEM fosse um passo indispensável, mas era, com toda a certeza a decorrência evolutiva natural de um processo de aprofundamento de uma "ever closer union", que alguns entendiam como devendo fixar um quadro irreversível que atenuasse as tensões historicamente endémicas da Europa e, simultaneamente, abrisse um futuro de progresso e desenvolvimento para todo o continente. Correndo o risco de chocar alguns, arriscaria dizer que a UEM era tão indispensável para o aprofundamento da dimensão económica da União como o alargamento o era para a sua dimensão política. Em ambos os casos, estava-se perante passos estratégicos de elevado risco, mas, igualmente, de medidas que a ambição então prevalecente recomendava que se tomassem, sob pena do projeto correr o risco de estiolar.

6. A forma como a UEM foi concebida era adequada aos objectivos pretendidos?

A UEM é um excelente projeto e, na sua essência, está tudo quanto a Europa comunitária parecia necessitar para progredir. A alguns, contudo, a simplicidade aparente do modelo suscitava algumas dúvidas, precisamente pela diversidade de situações, em especial em termos de competitividade das economias, de culturas fiscais e de gestão monetária, que a UEM parecia querer combinar, num ambicioso salto de cariz quase federalizante. Poucos falam, nos dias de hoje, numa expressão, à época muito referida, que sempre me pareceu muito importante mas muito pouco levada em conta: os efeitos assimétricos da introdução da moeda única. Confesso que sempre me surpreendeu o simplismo com que os economistas olhavam para a aplicação dos critérios da UEM. Mais tarde, também me espantou ver o modo linear como foi lido o "pacto de estabilidade e crescimento", com que os alemães nos deixaram "aderir ao marco", travestido sob o nome de euro. Hoje, a evolução das coisas parece provar que a "blindagem", quer do acesso à moeda única, quer do seu funcionamento, deveria ter sido muito mais rigorosa. Mas também revela que, pelo menos no primeiro caso, se assim tivesse acontecido talvez Portugal não fosse hoje membro do euro.

7. O euro irá sobreviver à crise actual?
Julgo que sim, porque se tornou tão central no processo de imbricação das economias europeias que a sua falência teria um efeito de recuo que dificilmente pouparia as próprias bases do "mercado interno". E essa seria uma tragédia para todos, em especial para as grandes economias europeias. Aliás, em termos financeiros, já se percebeu que a "salvação" do euro não é necessariamente uma medida cara, desde que os países que o adotaram consigam reunir as condições políticas nacionais necessárias à consensualização das reformas internas que – finalmente agora! – se consideram essenciais para a sua permanência no sistema. A grande questão está em saber se o calendário apertado em que se pretende conseguir corrigir os desequilíbrios macroeconómicos é compatível com a introdução temporalmente eficaz de medidas indutoras de crescimento, que permitam sustentar, precisamente, esse mesmo processo de redução da dívida.

8. Portugal deve permanecer na zona euro?
Claro que sim, por todas as razões – político-estratégicas e económicas. Todo o esforço que Portugal tiver de fazer para conseguir manter-se no euro será sempre inferior ao preço que teria de pagar pelo facto dele ser excluído ou decidir dele sair.

25 ANOS DA EUROPA

ILDA FIGUEIREDO

1. Que modelo de integração económica e política consideraria adequado à União Europeia?

Ao longo destes 25 anos, após a adesão do país à CEE em 1986, vivemos um enorme aprofundamento da integração europeia, para o que contribuíram as alterações sucessivas ao Tratado de Roma, com destaque para os chamados Tratado de Maastricht e Tratado de Lisboa, e a adesão de muitos novos países, sobretudo de leste. Com esses tratados, e as sucessivas politicas e práticas, foi aprofundado o modelo de integração capitalista, cada vez mais neoliberal, acompanhado da concentração e centralização dos poderes económico e político, desvalorizando a área social, sacrificando a democracia participativa, a soberania popular e o princípio de Estados soberanos e iguais em direitos. Não é essa a Europa que defendo. Mas só uma verdadeira ruptura permite criar as condições para uma mudança profunda nos mais diversos aspectos – objectivos políticos, processos institucionais, modo de funcionamento, políticas e participação popular – devendo obedecer aos seguintes princípios:

- Cooperação entre Estados soberanos e iguais em direitos, que apenas aceitam partilhar aspectos da sua soberania na base do princípio da unanimidade, ou seja, apenas em áreas onde haja consenso entre os Estados, com base em decisões democráticas dos diversos órgãos de soberania dos países membros, e com expressivo apoio popular;

- Aprofundamento da democracia participativa, com referendos democráticos sobre os Tratados nos Estados membros, audição prévia e partilha das decisões dos governos com os parlamentos nacionais;
- Coesão económica e social, através de políticas solidárias, visando o progresso social, a diminuição das desigualdades sociais, a eliminação das divergências no grau de desenvolvimento e a erradicação da pobreza;
- Controlo do poder económico por parte do poder político democrático, com aprofundamento de políticas públicas, de cooperação e de entre-ajuda, baseadas na solidariedade económica e social;
- Promoção da paz e cooperação com os povos de todo o mundo, visando a abolição de blocos político-militares;
- Promoção da diversidade cultural e de intercâmbios nas mais diversas áreas da ciência, da investigação e do desenvolvimento.

Em conclusão, estes são princípios essenciais para atingir os seguintes objectivos: uma Europa de cooperação, de progresso económico e social, de emprego com direitos, de condições de vida digna dos trabalhadores e dos povos, de igualdade de género, de promoção do ambiente, respeitadora da democracia, solidária e de paz, o que implica o controlo público dos sectores estratégicos da economia, o fim da sujeição dos Estados ao poder económico e financeiro e à autêntica ditadura dos mercados.

2. Existirá uma identidade europeia e em que se traduz?

Há o continente "Europa", onde o processo de integração envolve, actualmente, 27 Estados, com histórias, culturas e línguas muito diversas. Mas há, ainda, muitos outros países europeus que não participam neste processo, incluindo a Noruega, a Rússia ou a Suíça. Assim com precisão, só podemos falar de uma identidade europeia se quisermos referir a ideia de pertença ao continente europeu e não a de pertença à União Europeia, embora, com o chamado Tratado de Lisboa, que entrou em vigor a 1 de Janeiro de 2010, se tenha dado personalidade jurídica a esta nova entidade "União Europeia". No entanto, não só este processo é muito recente, como, mesmo aqui, coexistem graus de integração muito diferentes. Por exemplo, 17 Estados são membros da zona euro, sujeitos a regras próprias, com uma moeda única e perdas de soberania mais profundas. Mas os outros dez mantêm as suas moedas. Algo de semelhante acontece no plano militar, com Estados que são membros da NATO e outros que se mantêm de fora. O mesmo se passa relativamente ao acordo de Schengen e à liberdade de circulação de pessoas. Assim, não basta falar de cidadania europeia para se concluir que existe uma identidade europeia.

3. Como avalia os efeitos da adesão às Comunidades sobre a economia portuguesa?

A realidade actual demonstra bem a gravidade das consequências económicas da adesão de Portugal às Comunidades. Podemos dizer que estes 25 anos se caracterizaram por uma política de sucessivo aprofundamento da dependência do país ao estrangeiro nos diversos planos (económico, militar e político-institucional), com a aplicação de tratados, directivas, regulamentos e pactos aprovados, na generalidade dos casos, com o apoio entusiástico das três forças políticas (PS, PSD e CDS), estreitamente ligadas ao aprofundamento da integração de Portugal na União Europeia. Grande parte dos problemas que estamos a viver resultam da imposição e da aplicação de políticas comunitárias que não tiveram em conta as especificidades da economia portuguesa, com destaque para a PAC, a PCP, o PEC, a política comercial comunitária, as directivas sobre o mercado único, implicando as liberalizações de sectores fundamentais, como os sectores financeiro e energético, os transportes, as telecomunicações e os correios. A isto acrescem as directivas e orientações neoliberais inseridas na chamada Estratégia de Lisboa, com destaque para a directiva de serviços e a flexibilidade laboral, agora prosseguidas na "Estratégia Europa 2020". Com base nas políticas comuns nas áreas da agricultura e das pescas, foram atribuídos e usados apoios para deixar de produzir na agricultura, abater barcos de pesca, reduzir algumas actividades industriais, como na siderurgia ou na indústria naval. Depois, com a adesão ao euro, foi o impedimento da utilização de alguns instrumentos da nossa soberania monetária (como a política cambial e a taxa de juro), o que implicou que ficássemos sujeitos às políticas monetárias e aos critérios irracionais de convergência nominal do Pacto de Estabilidade e Crescimento (PEC), obrigando o país a convergir nominalmente, sem que houvesse qualquer preocupação com a economia real e o grau de desenvolvimento social. As consequências são visíveis no agravamento dos défices agro-alimentar e tecnológico, da balança comercial, da própria balança de pagamentos e, é evidente, da dívida privada e pública e da dívida externa, além da autêntica tragédia social que está em marcha, com o desemprego, a pobreza e o trabalho precário e mal pago, a regressão civilizacional nos direitos sociais e laborais, ao arrepio da Constituição da República Portuguesa. Para isso, também contribuíram as sucessivas posições de subserviência dos governos portugueses e das forças políticas apoiantes (PS, PSD e CDS) deste processo de destruição das conquistas da revolução de 25 de Abril de 1974, com as privatizações e a respectiva saída de dividendos para os grupos económicos e financeiros estrangeiros, que se apoderaram de partes significativas dos sectores básicos da nossa economia. Isto provocou o agravamento das divergências entre as economias a nível da União Europeia, com as mais fortes a imporem-se às mais frágeis, e a dificuldade de Portugal gerar receitas fiscais suficientes, seja pela diminuição da sua produção, seja pela saída de fundos para paraísos fiscais, sem o controlo e sem os impostos que deveriam ter sido aplicadas a todas estas transacções financeiras.

4. Que efeitos teve a adesão sobre a sociedade portuguesa, no seu conjunto?
Os efeitos da adesão sobre a sociedade portuguesa no seu conjunto são contraditórios. A maioria da população começou por acreditar que a adesão de Portugal significaria obter um nível de vida idêntico ao dos países mais desenvolvidos, para onde iam trabalhar os emigrantes portugueses. Depois, com a entrada de fundos comunitários, criou-se alguma euforia em muitos empresários, agricultores e pescadores. Mas cedo começou a surgir a desilusão, sobretudo nas PME, na agricultura, nas pescas e nos trabalhadores. A crescente subida da abstenção nas eleições para o Parlamento Europeu é um sintoma e uma consequência de um misto de alheamento e de frustração com as políticas comunitárias.

5. A União Económica e Monetária foi um passo lógico ou necessário na integração europeia?
A criação da União Económica e Monetária (UEM) foi um passo lógico no caminho que levou a integração capitalista da União Europeia, aliás, resultante directa do Tratado de Maastricht. Esta UEM tornou-se necessária para quem pretendia e pretende a concentração do poder económico, para aumentar a acumulação através da exploração dos países mais frágeis, dos trabalhadores e dos povos. Mas o caminho podia ter sido outro, incluindo nos mecanismos e nas políticas definidas. Desde logo, na estrutura, objectivos e modo de funcionamento do Banco Central Europeu

(BCE) e do PEC. Por exemplo, se os objectivos do BCE não fossem apenas manter a estabilidade dos preços, mas, também o crescimento económico e o progresso social, e se os seus estatutos permitissem o apoio directo aos Estados-Membros da zona euro, tudo poderia ter sido diferente. E se a isso adicionarmos uma alteração nos critérios do PEC, visando a convergência real das economias e não a mera convergência nominal, acompanhada de uma verdadeira regulação dos mercados financeiros, não estaríamos a viver a crise actual, pelo menos com a gravidade que se conhece, e que pode levar à própria destruição da zona euro tal como a conhecemos presentemente.

6. A forma como a UEM foi concebida era adequada aos objetivos pretendidos?
A forma como a UEM foi concebida correspondia aos objectivos centrais dos países mais poderosos e dos seus grupos económicos e financeiros, com destaque para a Alemanha, embora fosse sempre matizada com algumas expressões que procuravam atenuar os seus efeitos e escamotear os seus objectivos fundamentais. Foi assim que se inscreveu nos Tratados o princípio da coesão económica e social e se previu um conjunto de fundos estruturais. Mas nunca se tomaram as medidas adequadas para garantir um orçamento comunitário, com verbas suficientes para facilitar a coesão, nem tão pouco se admitiram as excepções necessárias na aplicação do PEC aos países de economias mais frágeis. Como é cada vez mais claro, é a Alemanha, acompanhada pela França, quem dita as regras. Mesmo agora, com o pacote dos seis diplomas legislativos sobre a chamada governação económica e a revisão do Tratado de Lisboa, o que pretendem é a imposição de sanções políticas ao Estados não cumpridores das orientações macro-económicas e dos respectivos indicadores, alargando a esta área as sanções previstas no artigo 7º do Tratado da União Europeia (TUE).

Mas pretendem ir cada vez mais longe, tentando terminar com o princípio da unanimidade, onde ainda persiste, e incluir a possibilidade de retirar o direito de voto no Conselho aos países que não cumprirem o PEC e o Pacto para o curo mais, o que transformaria os Estados-Membros periféricos em simples protectorados ou colónias. Na prática, pretendem transformar em definitivas as medidas provisórias de fiscalização, supervisão e ingerência que estão a praticar nos países alvo dos ditos "programas de assistência financeira" da União Europeia e do FMI.

Tudo isto terá consequências devastadoras, não só para os povos mais directamente visados, mas também para todos os povos da Europa, sobretudo se os trabalhadores e as forças progressistas da Europa não lhe puserem um travão claro e frontal.

7. O Euro irá sobreviver à crise atual?
O euro poderá sobreviver, mas apenas se isso interessar à Alemanha e aos mais poderosos grupos económicos e financeiros da União Europeia. No entanto, as contradições existem e tenderão a agravar-se com o aprofundamento da crise e o alastrar das tensões sociais. Estamos a viver numa autêntica panela de pressão, onde é difícil prever, com um certo grau de precisão, o que irá acontecer a curto ou médio prazo.

8. Portugal deve permanecer na zona euro?
Portugal não deveria ter entrado para a zona euro. O grau de desenvolvimento da economia portuguesa era muito diferente das economias dos países maiores e mais prósperos. A sujeição à mesma política monetária implicou uma elevada perda de competitividade. Mas agora o problema não se resolve com a mera saída do euro. Á ruptura e a mudança têm de ser muito mais profundas, para apostar no aumento da produção, no controlo público dos sectores estratégicos, na defesa e promoção dos serviços públicos, na criação de emprego estável, numa repartição e partilha justas dos rendimentos e no progresso social.

A UNIÃO EUROPEIA E PORTUGAL

JOÃO ABREU DE FARIA BILHIM

1. Que modelo de integração económica e política considera adequado à União Europeia?

O processo de integração europeia tem progredido numa certa ambiguidade conceptual que se reflete na ausência de uma escolha unívoca sobre qual o modelo político e económico a seguir.

Nos Tratados de Roma (1956) e, em particular, no Ato Único Europeu (1986), em torno da ideia de Mercado Comum – concebido como uma zona económica, dinâmica, integradora pela via das liberdades consagradas (i.e. liberdade de pessoas, bens, capitais e serviços) – reinventou-se a noção de fronteira estadual, sem paralelo noutra região do globo.

Com a queda do Muro de Berlim e a reunificação da Alemanha, a integração económica passou a ser dominada pela criação de uma União Económica e Monetária (UEM), vindo a desembocar numa zona de circulação de moeda única. No entanto, o facto de a realização da UEM não ter sido sustentada por um verdadeira governação económica comum criou múltiplas entropias que têm estado na base da atual crise de identidade do Euro e da zona Euro.

Atualmente, avultam as vozes que defendem que a revitalização do Euro passa pelo aprofundamento da integração política.

2. Existirá uma identidade europeia e em que se traduz?

Todos os itens que definem as identidades nacionais não se encontram presentes no que chamamos a identidade europeia, ou seja, a mesma língua ou a partilha de um conjunto de memórias históricas e de mitos reconhecidos, entre outros.

A questão cultural ou o "défice cultural"[1] constitui o desafio das últimas décadas. Importa prosseguir o desenvolvimento de uma consciência europeia que suporte o processo de integração e permita falar numa identidade coletiva, europeia, capaz de desafiar a hegemonia nacional.

A Europa padece de um "défice cultural" que dificulta a conceptualização inequívoca de uma identidade europeia. Faltam-lhe "os símbolos, a solidariedade e a devoção que fortaleceria a Europa como comunidade de valores e encorajaria as pessoas a pensarem em si mesmos como europeus"[2]. É ainda justo reafirmar que, culturalmente, a Europa é uma 'constelação imaginária'[3] da qual apenas as elites participam. Em função disto pode fazer mais sentido ir adotando a ideia, como já foi sugerido[4], de um 'desdobramento de lealdades'.

3. Como avalia os efeitos da adesão às Comunidades sobre a economia portuguesa?

Vale a pena relembrar que, no início dos anos 80, Portugal era bem diferente do que é hoje. Para além de um peso substancial do sector público na atividade produtiva e de uma indústria pouco competitiva que dependia de uma desvalorização deslizante para assegurar a competitividade, gerando consequentemente uma inflação muito elevada, as taxas de juro eram administrativas e as instituições financeiras eram ineficientes e des-

---

[1] Shore, Chris (2001) "Inventing homo europeus. The cultural politics of european integration", in NIEDERMÜLLER, P. e STOKLUND, B. *Europe. Cultural construction and reality*, Copenhagen, Museum Tusculanum Press, p. 53- 66.

[2] Liikanen, I. (2001) "Beyond mental borders: nationalism, integration and the boundaries of political communities" in BUCKEN-KNAPP, G. e SHACK, M. *Borders matter: transboundary regions in comtemporary Europe*, Aabenraa, Danish Institute for Border Regions Studies, p. 159-169.

[3] Liikanen, I. (2001) "Beyond mental borders: nationalism, integration and the boundaries of political communities" in BUCKEN-KNAPP, G. e SHACK, M. *Borders matter: transboundary regions in comtemporary Europe*, Aabenraa, Danish Institute for Border Regions Studies, p. 159-169.

[4] Smith, Anthony P. (1992) "National identity and the idea of European unity", *International Affairs*, 68, (I), 1992: 55-76.

capitalizadas, dado que estavam largamente ao serviço do financiamento do Estado[5].

A adesão à Comunidade Europeia demonstrou o empenho das autoridades portuguesas na alteração necessária de regime e proporcionou os incentivos adequados à sua concretização.

Num artigo a comemorar os 25 anos de integração europeia, o Presidente da República referiu recentemente os quatro elementos essenciais ao desempenho da nossa economia, um desempenho que excedeu largamente as melhores expectativas dos nossos parceiros europeus, a ponto de Jacques Delors nos ter considerado um dia um "bom aluno". Salienta-se que, em 1985, o PIB per capita encontrava-se em cerca de 50% da média comunitária, e em 1998 já se situava em 75%.

Os elementos que o atual Presidente da República[6] considerou fulcrais foram então: a modernização do quadro legal e administrativo; reformas estruturais; acesso aos fundos comunitários; a atração de investimento direto estrangeiro.

Na construção de um Mercado Único, para reduzir ainda mais os custos de transação e deste modo fomentar os fluxos de comércio entre países europeus, o passo lógico seguinte foi a criação em 1999 de uma moeda única, o Euro, para eliminar a incerteza cambial que existia até então[7].

Eliminado o risco cambial e cumpridos os chamados critérios de convergência nominal para poder entrar no Euro, baixaram as taxas de juro de longo prazo e alargaram-se em muito as possibilidades de financiamento da economia portuguesa. Na altura da adoção do euro, um estudo de Alfredo Pereira[8] sugeria que, só por adotar o euro, o PIB per capita português poderia aumentar mais 10%.

---

[5] Abreu, M., 2001, "Da adesão à Comunidade Europeia à participação na União Económica e Monetária: a experiência portuguesa de desinflação no período 1984-1998", Boletim Económico do Banco de Portugal, Dezembro

[6] Cavaco-Silva, A., 2010, "Portugal, 25 Anos de Integração Europeia", *Revista Europa Novas Fronteiras* nº 26/27, Centro de Informação Europeia Jacques Delors, Setembro.

[7] Gaspar, V. e Pereira, A., 1995, "The impact of financial integration and unilateral public transfers on investment and growth in EC capital-importing countries", *Journal of Development Economics*, 48(1), pp. 43-66.

[8] Pereira, A., 1999, "O impacto do euro no comportamento a longo prazo da economia portuguesa", *Boletim Económico do Banco de Portugal*, 5(2), pp. 43-52.

4. Que efeitos teve a adesão sobre a sociedade portuguesa, no seu conjunto?

Importa salientar a evolução de alguns indicadores sociais desde 1985 até 2009 por ser este o período com que temos dados que nos permitem abordar a questão com seriedade[9].

Antes de aderir à CEE, Portugal era um país pobre, periférico e politicamente instável. Em poucos anos seguiu-se a consolidação de um modelo económico-social compatível com as democracias ocidentais. Mas não só. Portugal reforçou a sua voz na cena internacional, como comprova a sua liderança nas iniciativas UE-Mercosul, UE-Índia e, mais recentemente, UE-África. As relações com a vizinha Espanha também melhoraram significativamente, sendo hoje vista como um parceiro estratégico do nosso desenvolvimento.

O espaço de que disponho é curto demais para uma análise aprofundada do impacto social da entrada de Portugal na CEE. Contudo, importa salientar alguns indicadores que mostram, embora de forma muito parcial, as transformações sociais que ocorreram:

- Portugal tornou-se **mais plural** – em 2009 os estrangeiros já representavam 4,3% de todos os residentes, em 1985 eram menos que 1%;
- Portugal tornou-se **mais saudável** – a taxa de mortalidade infantil caiu de 12 por mil em 1985 para 3,6 por mil em 2009, e os acidentes de trabalho mortais caíram para metade no mesmo período;
- Portugal tornou-se **mais consumista** – a taxa bruta das famílias também caiu para metade, de 20% em 1985 para 10,9% em 2009; e finalmente
- Portugal passou a valorizar mais a **ciência e o meio ambiente** – como comprova o aumento da despesa em I&D que aumentou de 0,4% do PIB em 1985 para 1,7% em 2009.

A decisão de integrar a União Europeia abriu Portugal ao exterior e acelerou várias tendências em curso, como a globalização. Forçado a atacar os vícios administrativos e do protecionismo, Portugal orientou-se mais para a eficiência e para a qualidade.

---

[9] Fundação Francisco Manuel dos Santos, 2011, *Retrato de Portugal – Indicadores 2009*, Pordata.

5. A União Económica e Monetária foi um passo lógico ou necessário na integração europeia?

A integração monetária aparece como consequência do processo de liberalização dos mercados, funcionando como forma natural de maximizar os ganhos do processo de integração económica.

No entanto, a análise de alguns indicadores revela, claramente, que, apesar de constituir um dos blocos mais prósperos a nível internacional, a UE apresenta uma paisagem caracterizada por elevadas disparidades no nível de vida e de desenvolvimento dos países e regiões que a compõem e que há uma acentuada heterogeneidade entre os países europeus.

A União Económica e Monetária (UEM) europeia foi construída com base num pressuposto fundamental e ilusório, o de que o simples cumprimento dos critérios seria suficiente para assegurar a denominada convergência real, a identidade de padrões de vida. Um conjunto significativo de pesquisas académicas mostra que, desde a introdução do euro em 1999, os países periféricos da UEM não só não conseguiram alcançar a convergência real com os países da união do núcleo, mas, pelo contrário, têm divergido mais. A zona euro não é uma zona monetária ótima.

Finalmente, há que reconhecer que o problema da UEM é também um problema político, de liderança institucional cujo principal dilema é saber como definir políticas comuns para realidades e necessidades tão diferentes, dada a heterogeneidade, em termos de desenvolvimento socioeconómico, que caracteriza os vários países e regiões que partilham da moeda única.

6. A forma como a UEM foi concebida era adequada aos objetivos pretendidos?

A UEM foi concebida com o objetivo de reforçar o mercado único interno e favorecer as transações dentro da União Europeia, criando assim um grande mercado visando: através da moeda única, eliminar todos os riscos derivados da incerteza cambial e favorecendo deste modo o comércio interno; através da ação de um novo banco central, o BCE, dar credibilidade à moeda única, permitindo assim reduzir as taxas de juro reais e favorecer o investimento, reforçando as condições de concorrência internacional. No plano político, a UEM deveria ser o motor de uma grande integração política da Europa.

Os critérios de convergência incidiam sobre: o controlo da inflação; a harmonização das taxas de juro; o controlo do défice público – menor ou igual a 3% do PIB; o controlo da dívida pública – menor ou igual a 60% do PIB.

Embora se tenha avançado no que respeita à união monetária, não se conseguiu avançar relativamente à união económica. Com os sucessivos alargamentos, o fosso entre economias centrais (Alemanha, França, Itália) e economias periféricas (PIGS mais os novos aderentes geograficamente vizinhos da Alemanha) foi-se alargando.

7. O Euro irá sobreviver à crise atual?

Historicamente, importa salientar que no passado outras tentativas parecidas, de paridade fixas, desapareceram. Por outro lado, a Zona Euro não pode ser apresentada como fim da história. O Euro é também projeto político, para além de monetário; é um facilitador das interações dentro da Europa e do turismo.

A sua sobrevivência parece depender da introdução de uma melhor gestão orçamental, incluindo metas de equilíbrio a médio prazo; recomenda que os incumpridores precisam de incentivos (cenoura) e não apenas e sobretudo de punições (cacete).

8. Portugal deve permanecer na zona euro?

Podem ser concebidos, pelo menos, três cenários:

1. Portugal sair voluntariamente do Euro, brevemente;
   - Possibilidade de desvalorização competitiva e aumento das exportações;
   - Mas necessidade de manter reservas altas (custoso, como no Leste Asiático, mas já as mantemos); dificulta turismo europeu e espanhol (mas parte dos turistas são ingleses);
   - Mas dívida mais cara; choque nos preços de bens alimentares importados; choque na classe média/alta já "europeia" (na produção e consumo)
   - Exemplo Argentina: grande recuperação; recuperação ligada a uma conjuntura favorável dos *primary commodities* (soja para a China, entre outras); tradição de exportar.

2. Sair forçadamente do Euro, mas com longo período de espera.
   - Vários economistas têm dado como inevitável a saída;
   - Se inevitável, quanto mais longa a espera, pior;
   - Sair para o quê?

3. Ficar no Euro e "cumprir" planos de austeridade.
- Taxas de juro altas sem crescimento económico levarão a incumprimento;
- Incumprimento inevitável se a Europa não mudar as regras de financiamento (empréstimos diretos aos Estados a taxas amigáveis); Controlos de mercado são pró-ciclo e agravam situação extrema;
- Em alternativa, compromisso de sustentabilidade (deixar de gastar sistematicamente mais do que o que se produz/tem);

Terceiro cenário parece o mais atrativo. A questão é saber se é possível, até porque não depende apenas da nossa decisão.

PORTUGAL: 25 ANOS DE INTEGRAÇÃO COMUNITÁRIA – QUESTÕES E DESAFIOS

JOÃO RICARDO CATARINO

Resposta às questões colocadas:
1. Que modelo de integração económica e política consideraria adequado à União Europeia?
Antevejo como melhor um modelo onde seja possível conciliar a forte matriz identitária dos povos europeus com uma estrutura supra nacional forte e verdadeiramente representativa dos seus valores e interesses comuns. A UE e seus órgãos nunca se libertou do estigma da palavra caber ainda aos Governos Europeus cujas agendas políticas não são nem nunca serão coincidentes e estão longe dos interesses dos povos.

Tal como se tem desenvolvido, o projecto europeu não instila a confiança necessária dos agentes económicos e dos povos para avançar. No plano político é notória a ausência de uma conjugação de interesses. O que costuma ser manifesto apenas no plano mais técnico da discussão de directivas onde cada delegação faz o possível para salvaguardar os interesses nacionais, tornou-se agora visível no plano político: cada Estado sobrepõe os seus interesses pessoais aos interesses do projecto europeu. O sentimento que perpassa é o de que falta uma liderança europeia forte, de um comprometimento político achegado com o projecto. E isso mina a confiança de uma forma duradoura.

2. Existirá uma identidade europeia e em que se traduz?

Há que fazer uma distinção entre identidade europeia enquanto processo inerente à própria Europa como espaço social, cultural e político e identidade europeia como realidade emergente do actual processo de integração europeia.

Quanto à primeira existe, a meu ver, um travejamento identitário básico, ancorado na partilha do espaço geográfico e em traços culturais e valorativos comuns relativos à valorização da pessoa humana, à liberdade, ao modelo político e à participação dos povos.

Existe, segundo creio, independentemente daquele processo, uma comunhão de valores culturais e sócio-políticos, um cadinho de ideais comuns a partir dos quais se pode falar nas bases de uma identidade europeia. A diversidade cultural, o elemento diferenciador dos povos europeus não inibe que exista, a nosso ver, uma comunhão de valores que se pode associar.

Não haverá uma identidade europeia como coisa resultante do processo de integração europeu como realidade acabada, adquirida, definitiva ou, até, sensivelmente aprofundada. Os esforços de aprofundar essa identificação cultural e ideal têm que ser sentidos na vida diária do cidadão comum sob pena de se reduzir à expressão seca das normas dos tratados e não pode ser desmentida no dia-a-dia da arena política como muitas vezes tem sucedido.

3. Como avalia os efeitos da adesão às Comunidades sobre a economia portuguesa?

No geral considero os efeitos da adesão sobre a economia portuguesa positivos para ambos lados. Do nosso ponto de vista, a alternativa de não integrar o processo europeu teria tido, a meu ver, um efeito de isolamento identitário que seria aprofundado com as adesões posteriores. Não me parece que a viragem acentuada de Portugal para o eixo atlântico resolveria esse problema, não apenas porque o sucesso disso dependeria da vontade de outros países, não garantida, como porque, de facto, ocupamos um espaço que geograficamente corresponde à velha Europa onde radicam as mais profundas raízes da nossa identidade.

A Europa, por seu lado, estaria geograficamente ainda mais concentrada no centro-leste europeu, com alguma perda de vocação atlântica que a adesão de Portugal veio reforçar.

4. Que efeitos teve a adesão sobre a sociedade portuguesa, no seu conjunto?

A adesão teve, num primeiro momento, um efeito psicológico positivo. Não ficámos de fora num processo onde o nosso modo de ver acharia isso um estigma, uma continuação do papel de "Estado menor" dentro do espaço europeu. Teria, pois, tido reflexos negativos importantes na nossa auto-estima nacional, que foram evitados. A Europa foi, de certo modo, a assunção do recentramento geopolítico do país e isso deu-nos um sentido próximo e imediato sobre o nosso lugar no mundo colectivamente importante.

Depois, o efeito esbateu-se não sem antes se criar a ilusão que perdurou durante vários anos, sobre níveis de bem-estar que, afinal, nunca existiram. As reformas internas de fundo na economia, no sistema e nas instituições políticas não se realizaram por falta de estratégia e de dificuldades próprias da agenda política. Faltou e continua a faltar uma estratégia nacional de longo prazo para o que virá depois da profunda crise financeira actual, as linhas chave de actuação visando a melhoria das condições de vida a partir de soluções vindas de dentro e não meros outputs de política económica comum.

O projecto europeu deve ser um complemento dessa estratégia nacional, não a sua realidade substituta. Se o continuar a ser, como me parece que tem sido, estaremos nesse projecto sem um verdadeiro sentido de futuro e, com isso, permanecerão as imensas dificuldades em retirar dele o que ele manifestamente tem de bom. Essa falta de um linha de rumo própria penaliza-nos e continuará a penalizar-nos fortemente.

5. A União Económica e Monetária foi um passo lógico ou necessário na integração europeia?

Considero a UEM um passo lógico e necessário. O que é discutível é se ela se deu no momento e nas condições certas e se os critérios de adesão foram adequadamente estabelecidos. A meu ver não. Será viável uma união económica e monetária sem uma união política? O que me parece é que sem um comprometimento forte de onde emerjam níveis de coesão, solidariedade e identidade comuns, torna-se impraticável fazer face aos desafios de um projecto desta dimensão.

O processo acusa um facilitismo imperdoável em matérias tão fundamentais para a vida dos povos. Pode também ter-se ficado a dever a excessos de voluntarismo, irresponsabilidade, falta de experiência política e de liderança europeia, ausência de uma ideia sobre como alcançar o objectivo, a uma forte dose de utopia ou, simplesmente, a todas elas. A UEM não foi nunca um projecto acabado e as lacunas de que padece não podem ser preenchidas com medidas *ad hoc*, necessárias a colmatar dificuldades de momento, de impedir a UEM e ou a moeda única de se esboroarem. Ela nunca poderia ter determinado o empobrecimento da União como tem vindo a suceder.

Falhou igualmente uma necessária e exigente verificação do cumprimento dos critérios de adesão à moeda única, conhecidas que eram as fragilidades (senão mesmo inverdades) das contas gregas e não só. Era também sabido que a adesão de Portugal à moeda única e alguns outros países mais periféricos iria alterar profundamente a possibilidade de utilizar algumas medidas de política económica para manter a competitividade e que ela teria que ser compensada com ganhos de produtividade. Saímos perdendo porque não fizemos correctamente o trabalho de casa.

6. A forma como a UEM foi concebida era adequada aos objectivos pretendidos?

A UEM não terá sido mal concebida nos traços largos de um plano teórico. É um projecto com menos riscos para os países ricos do que para os que lutavam, como nós, com debilidades estruturais. Os erros são de execução prática, de exigência e de estratégia caso algo corresse mal.

As instituições comunitárias não realizaram com severidade a avaliação do cumprimento dos requisitos de adesão. Depois, não avaliaram com rigor as contas nacionais de cada Estado aderente ao euro e, finalmente, não tinham uma estratégia de recurso nem planos contingenciais. A via escolhida para "ajudar" à entrada de vários Estados, entre os quais Portugal, foi a de não escrutinar devidamente as suas contas públicas e os défices nelas apresentados. Houve nisso uma clara conveniência do centro europeu (v. g. Alemanha e França) e das próprias instituições europeias, cujo controlo falhou. Pode dizer-se que a própria UEM tem sobrevivido com muitas dificuldades aos testes de stress a que tem sido sujeita.

7. O euro irá sobreviver à crise actual?

Parece-me que esta concepção de euro, tal como existe, não vai sobreviver. Terão que alterar-se profundamente as suas regras de funcionamento e das economias que o suportam. O modelo de moeda única era muito mais adequado aos países do centro europeu mas, por outro lado, era conhecido que estabeleceria um forte espartilho aos países da periferia do sul, estruturalmente mais débeis.

A solução não parece estar na mutualização da dívida europeia emitindo eurobonds. A alternativa também não parece ser entre o colapso total ou mitigado do euro nem um avanço rápido e profundo da integração económica e monetária rumo a um modelo federal cujos contornos estão por definir e de que ninguém parece querer ouvir falar. De um lado há custos enormes – financeiros, económicos e políticos que nenhum Estado parece querer assumir e, de outro, este não parece ser o momento de falar em união política.

Resta, segundo creio, um modelo intermédio onde os grandes continuarão a pontificar, sobretudo a Alemanha cuja reunificação trouxe à tona os problemas do passado (ou do presente) e alargou as hipóteses de ressurgir com o mesmo poder que já anteriormente manifestou. Amarrá--la à Europa parece ser uma hipótese de lhe adoçar os ímpetos. Seja como for, parece-me plausível defender que a criação do euro não veio domar o furor germânico mas, estranhamente ou talvez não, acentuar esta teimosa dinâmica de ressurgimento alemão e de germanização da Europa.

8. Portugal deve permanecer na zona euro?
Com tudo isto, não me parece que haja agora uma resposta fácil sobre a permanência de Portugal no Euro. A resposta deveria surgir só depois da avaliação dos custos e benefícios e da definição clara das linhas de rumo sobre o que Portugal pode ou tem capacidade para ser no futuro. E do interesse que o projecto europeu representa nesse projecto interno, nacional.

Ora, este trabalho está por fazer. Enquanto esta reflexão de fundo não for feita e não for realizado um debate alargado sobre o que somos e em que eixos devemos apostar visando o nosso desenvolvimento futuro e sustentado, estou em crer que ninguém poderá ajuizar validamente sobre isso.

25 ANOS DA EUROPA
RESPOSTA BREVÍSSIMA A QUESTIONÁRIO

JORGE MIRANDA

1. Que modelo de integração económica e política consideraria adequado à União Europeia?
Apesar de todas as deficiências e de todos os desvios verificados, continuo a considerar adequado, nas nuas linhas gerais, o compromisso constante do Tratado de Lisboa.

Numa perspectiva de médio prazo, seria de experimentar (tal como alguns Autores já têm preconizado) uma espécie de segunda Câmara do Parlamento Europeu (a Câmara dos Estados) com membros eleitos pelos Parlamentos Nacionais, dois por cada Estado. Seria elucidativo observar depois se tal encaminhava ou não a União Europeia para uma qualquer federação.

2. Existirá uma identidade europeia e em que se traduz?
Não existe. O que existe é, por um lado, uma identidade geográfica e, por outro lado, uma parcela de identidade do mundo ocidental.

3. Como avalia os efeitos da adesão às Comunidades sobre a economia portuguesa?
Na sua maior parte, os efeitos foram positivos. Mas houve efeitos negativos em certas áreas da economia, como a agricultura e as pescas, subsidiode-

pendências quanto aos fundos estruturais e, muitas vezes, menos correcto aproveitamento desses fundos.

4. Que efeitos teve a adesão sobre a sociedade portuguesa, no seu conjunto?
Nessa mesma linha, foram efeitos positivos, por ter levado a mais abertura e maior modernidade. Mas teve também efeitos negativos: o impulso para um super-individualismo e superconsumismo e a quebra do sentido do papel de Portugal e da língua portuguesa para além da Europa.

5. A União Económica e Monetária foi um passo lógico ou necessário na integração europeia?
Talvez tenha sido, mas Portugal não estava em condições de entrar no euro tal como o euro foi concebido na base do marco alemão. É o que vejo hoje reconhecerem cada vez mais os economistas.

6. A forma como a UEM foi concebida era adequada aos objectivos pretendidos?
Remeto para a resposta anterior.

7. O euro irá sobreviver à crise actual?
Sim, falta saber como, com que custos e com quantos países.

8. Portugal deve permanecer na zona euro?
Agora não pode sair. Daqui a algum tempo ver-se-á.

JORGE TORGAL

1. Que modelo de integração económica e política consideraria adequado à União Europeia?

A União Europeia poderá subsistir se conseguir construir uma estrutura federalista com uma base constitucional minimalista comum. Os Estados membros terão de aceitar uma estrutura democrática com capacidade electiva de um executivo federal e de uma politica única de negócios estrangeiros, defesa, monetária e fiscal.

2. Existirá uma identidade europeia e em que se traduz?

Historicamente, há uma conjunto de sociedades que, malgrado séculos de sucessivos conflitos construíram uma espaço europeu, assim percepcionado pela restante humanidade e, provavelmente, depreciada pelos próprios cidadãos do espaço europeu. Mas há uma identidade europeia, social e politica. Não ideológica nem religiosa.

Pragmaticamente, não podemos subestimar 25 anos de construção da UE com múltiplas práticas comuns, desde as *major*, como a livre circulação de pessoas e bens e a moeda, às incomensuráveis vantagens da concordância em imensos princípios regulamentares comuns, da energia aos medicamentos, dos recursos marinhos às telecomunicações, com indubitáveis benefícios para os cidadãos.

3. Como avalia os efeitos da adesão às Comunidades sobre a economia portuguesa?

Extraordinariamente positivo. Tendo sido difícil transpor a barreira do analfabetismo que a ditadura, para sua defesa , instituiu como anátema do regime, e que hoje ainda é evidente no menor grau de educação formal dos empresários portugueses em comparação com os dos outros países dos Estados membros da UE, sem a adesão não teríamos hoje a nossa, tão diminuta ainda, capacidade produtora e inovadora, nem a arena europeia, crucial para as nossas exportações. A adesão operou a abertura de um espaço de possibilidades, trouxe a lógica da competitividade e a exigência do valor acrescentado na qualidade e da inovação.

4. Que efeitos teve a adesão sobre a sociedade portuguesa, no seu conjunto?
Lamentavelmente os portugueses ainda não se libertaram de um injustificado sentimento de menoridade face aos seus co-cidadãos europeus. A impregnação dos valores democráticos, a circulação de pessoas, de práticas, de ideias, terão sido elementos da construção de um novo ideário nacional, quiçá confortado com uma segurança de irmão mais jovem numa família aparentemente consolidada. O que, se permitiu um crescimento mais rápido, facilitou seguramente um percurso menos responsável.

5. A União Económica e Monetária foi um passo lógico ou necessário na integração europeia?
Sendo em meu entender o passo lógico e necessário, apenas poderia ter sucesso se seguido dos passos da harmonização e do estabelecimento de princípios e regras semelhantes aos dos EUA e da sua Reserva federal. Se bem que sofrendo de enormes deficits orçamentais Estados federados americanos não sofreram por isso consequências nefastas como Estados europeus. O edifício da União Económica e Monetárias ter de ser concluído sob pena de ruir com pesadas vítimas sob os escombros.

6. A forma como a UEM foi concebida era adequada aos objectivos pretendidos?
Uma construção politica com muitos autores e actores, removendo lentamente os estorvos do imobilismos, do receio da mudança, dos nacionalismos, dos interesses políticos pessoais e politiqueiros, com tantos anos de percurso foi também modelando os seus objectivos e, face aos originais, terá sido uma construção política para alguns adequada, para outros, inconveniente. Para todos uma realidade que exige uma rigorosa e compreensiva avaliação, com uma consonância nos seus contornos e nos seus conteúdos, o que terá de ser elemento chave para que todos os responsáveis políticos e os cidadãos possam traçar linhas de futuro consistentes,

respeitadas pelo espaço mundial não europeu e coerentes com uma sociedade plural, solidária e respeitadora das condições definidas para uma Europa forte num mundo multipolar.

7. O euro irá sobreviver à crise actual?
Sim.

8. Portugal deve permanecer na zona euro?
Sim.

JOSÉ MANUEL MONTEIRO DA SILVA

1. Que modelo de integração económica e política consideraria adequado à União Europeia?
O esforço da construção económica e política da Europa é necessário e determinante para a sobrevivência da soberania das nações europeias. Não existem outras alternativas credíveis no quadro internacional. Mas é um processo de grande complexidade, cheio de obstáculos e dificuldades.

Perante a constituição de blocos regionais à escala global, como está a acontecer, a alternativa de Portugal ficar fora do contexto da União Europeia, eventualmente alicerçado numa ligação aos territórios da lusofonia – hipótese que episodicamente surge no debate político à escala nacional – não tem consistência, nem política, nem económica.

Como escreveu Eduardo Lourenço na revista Visão em 4 de Agosto de 2011, "...É vital que continuemos a acreditar que a nossa «salvação» continua a depender, ou a estar condicionada, por essa Europa para onde entrámos como se fôssemos para o céu..." e acrescenta "...Concretamente e, para já, o que nos está interdito, e seria o cúmulo da insensatez, é pensar que podemos voltar as costas a essa Europa que nos desilude ou nós desiludimos. Há mais de mil anos que «somos» Europa e não podemos ser outra coisa...".

Perante o valor tão relativo de Portugal no contexto geopolítico, resta-nos aproveitar, o melhor que for possível, a defesa dos nossos interesses culturais, sociais e económicos no quadro da União Europeia. A harmonização política e económica de nações com tantos séculos de história é uma tarefa difícil e não pode dar azo à perda dos valores civilizacionais que lhes são intrínsecos, uma vez que a diversidade cultural europeia é um fator de enriquecimento da sua realidade económica e do património comum.

2. Existirá uma identidade europeia e em que se traduz?

A Europa possui uma identidade que urge enriquecer e preservar, e que é resultado de uma longa história, que se manifesta numa diversidade cultural com raízes nas culturas árabe e judaico-cristã, bem incorporadas na consciência dos povos do Sul da Europa.

3. Como avalia os efeitos da adesão às Comunidades sobre economia portuguesa?

Bastante positivos. As relações económicas com a Europa são hoje determinantes. Os fundos estruturais, mas sobretudo a transposição das regras da União Europeia, têm tido um efeito substancial na melhoria do funcionamento da vida pública. Portugal, uma democracia com parcas tradições e experiência de convívio democrático, apresenta uma deficiente gestão dos recursos, um dos mais gravosos problemas do país.

As leis gerais do Estado, de que é exemplo a Constituição, conservam uma pesada carga ideológica. Os órgãos de soberania deveriam ser mais autónomos uns dos outros, de modo a permitir um funcionamento menos paralisante e mais eficiente da sociedade.

O peso do Estado no PIB português é bem o sinal de que têm de existir reformas para conseguir superar as enormes dificuldades que o país atravessa. Falta eficácia e eficiência na administração e aí a ligação à União Europeia e ao Euro continua a ser determinante.

É necessário combater esta dormência que impede o país de tomar decisões adequadas e que deixam, fruto da falta de qualidade e de eficiência das leis, os múltiplos decisores públicos sem capacidade de atuação nos processos de decisão.

4. Que efeitos teve a adesão sobre a sociedade portuguesa, no seu conjunto?

Os efeitos foram muito substanciais. As grandes alterações estruturais provocadas na sociedade portuguesa nos anos 80, sobretudo antes da adesão, foram reflexo da compatibilização das normas nacionais às normas europeias. Foi assim que caíram as nacionalizações e modelos próprios de um "capitalismo de estado" que impregnou o país nos finais dos anos setenta. Penso que essas alterações estruturais ao nível da conceção do Estado português foram até mais importantes de que os fundos estruturais e a baixa da inflação que a entrada na moeda única veio proporcionar.

5. A União Económica e Monetária foi um passo lógico ou necessário na integração europeia?

Foram ambos. Como já afirmei, o processo de integração europeia é um processo difícil, gradual e complexo e não haveria soluções possíveis muito diferenciadas das que acabaram por acontecer. Ao mesmo tempo, a ausência de uma liderança mais determinada no projeto europeu por parte das instituições ou de figuras determinantes da Europa, como aconteceu na segunda metade do século passado, tem dado origem à presença duma liderança indisfarçada do eixo franco-alemão e de uma subordinação dos órgãos comunitários legitimamente eleitos, o que tem revelado e institucionalizado fragilidades claras, ainda que temporárias, como se espera neste processo de construção.

6. A forma como a UEM foi concebida era adequada aos objetivos pretendidos?

À distância, é fácil tecer críticas ao processo de construção europeia, tal como este se desenvolveu até hoje. Mas o que importa é tentar aperfeiçoá-lo.

Não é relevante a escolha do modelo federal. É natural que se enverede por um modelo próprio, diferente, que reflita o peso e o legado histórico dos países que a estão a construir. Embora a estrutura do modelo se possa aproximar, quanto aos objetivos essenciais, ao federal, ele terá que manter elementos que são indissociáveis da soberania dos estados que estão na sua base, sob pena de o modelo vir a fracassar.

7. O Euro irá sobreviver à crise atual?

Estou convencido que sim. É natural que alguns países, sobretudo a Alemanha, coloquem reservas ao incumprimento dos compromissos assumidos por alguns Estados Membros. As regras têm que ser levadas a sério por todos, e ninguém está isento de incumprimentos. No entanto, é bom não esquecer que foram a França e a Alemanha dos primeiros a não cumprir as regras do pacto de estabilidade e a darem um mau exemplo à União.

Mas o que importa é criar condições objetivas para que essas situações não voltem a ocorrer. Daí que o reporte da situação financeira dos estados membros ao EUROSTAT e o rigor desses reportes seja indispensável. A disciplina e a sustentabilidade orçamental dos estados membros é o garante do sucesso da moeda única. As instituições comunitárias têm que criar mecanismos que privilegiem esse objetivo de rigor, mas ao mesmo tempo têm que promover ganhos de eficiência, bem como o crescimento económico dos países com dificuldades orçamentais.

As soluções propostas pela Troika não podem impedir o crescimento económico, nem podem agravar a má distribuição de rendimento que já se verifica em Portugal e que é das mais graves da União Europeia.

Como refere Robert B. Reich, no livro aftershock,"...a fração do rendimento nacional que coube ao 1% dos norte-americanos mais ricos atingiu o seu máximo tanto em 1928 como em 2007, ultrapassando os 23%." E acrescenta que "...entre estes dois picos existe um extenso e profundo vale. Depois de 1928, a parte do rendimento nacional que foi para o 1% superior decaiu uniformemente, de mais de 23% para 16-17 por cento nos anos 30, depois para 11-15% nos anos 40 e para 9-11% nos anos 50 e 60, acabando por alcançar os 8-9% do fundo do vale nos anos 70. Depois disto o quinhão destinado ao 1% dos mais ricos começou de novo a aumentar." E é nesta questão que Robert Reich considera que está o problema. A profunda desigualdade de rendimento manifestado quer nas vésperas da grande depressão de 1929 quer na de 2008, são, para o autor, o que está na origem destas crises.

8. Portugal deve permanecer na Zona Euro?
Claro que sim. São respeitáveis os argumentos conhecidos contra a presença de Portugal na moeda única, mas, uma vez integrados, sair agora traria graves consequências para o país, mesmo com um processo de saída negociado e ancorado pela EU.

A presença no Euro exige a Portugal um grau de rigor e de disciplina orçamental que, dada a tradição portuguesa de "brandos costumes", é um garante do aperfeiçoamento dos nossos níveis de eficiência. E só isso, já é muito bom para Portugal.

Ao mesmo tempo, a solidariedade europeia não pode ser uma palavra vã. Ela é um elemento intrínseco dessa construção. O apoio à Grécia, à Irlanda e a Portugal, para já não falar da Bélgica, da Itália e da Espanha, tem que ser demonstrado pelos outros membros da União, nomeadamente pela Alemanha, até pela solidariedade que inequivocamente lhe foi demonstrada pelas outras nações da Europa após as duas guerras.

Dada a interdependência económica e financeira existente na Europa, na zona euro e no mundo, temos de assumir uma postura solidária entre os estados membros. Os efeitos de uma eventual saída de um dos países da zona euro, seria desastroso e prenunciador da condenação deste projeto ao fracasso. A solução para esta crise, à escala da zona euro, embora com rostos bem personificados em alguns países, tem que ter uma resposta solidária de todos os seus membros.

Como está na moda referir, temos que ser mais empreendedores, inovadores, apostar nas exportações dos sectores transacionáveis, etc., mas o mais importante, e aí temos um enorme esforço pela frente, é a batalha de eficiência dos processos e dos métodos que estão na base das decisões das instituições nacionais.

Estou certo, até fruto da minha própria experiência profissional, que existem condições para aumentar consideravelmente os níveis de eficiência de todo o aparelho administrativo e empresarial do Estado e, com essa mudança, resolveríamos uma parte muito substantiva do nosso atraso económico e social e da consolidação das nossas contas públicas.

Anualmente, as necessidades de financiamento do país têm andado grosso modo no nível dos 10% do produto. É necessário que cada um no posto de trabalho, no seu universo pessoal, interiorize um aumento do esforço de eficiência, quer pela via do aumento da produção, da poupança, do combate ao desperdício, para que se consigam superar essas necessidades. Temos que ter a humildade de cortar com o costume bem português de imputar as nossas responsabilidades cívicas aos outros, a "eles", como é hábito dizer em Portugal, quando a mudança de atitude terá forçosamente de partir de cada um de nós, para que a situação possa ser aperfeiçoada e ultrapassada.

JOSÉ NARCISO CUNHA RODRIGUES

1. Que modelo de integração económica e política consideraria adequado à União Europeia?
O modelo de integração económica e política deveria assentar numa interacção simétrica e equilibrada entre as componentes política e económica e ter como pressuposto um concreto modelo social. Só deste modo, os dois elementos se articulariam e seriam postos ao serviço de um objectivo comum. No que especificamente respeita à política, os processos de decisão teriam de ser agilizados e simplificados para poderem responder à dinâmica e à aceleração da economia num mundo globalizado. Noutra perspectiva, a dimensão política deveria conduzir à estruturação de uma verdadeira comunidade de direito, privilegiar a existência de instituições justas (na acepção de Rawls), empenhar-se na realização dos direitos fundamentais e contribuir para a construção de uma identidade que permitisse dialogar e negociar com países e comunidades terceiros.

Ainda neste domínio, impor-se-ia um aprofundamento da democracia. É certo que, no que se refere à *rule of law* e aos direitos fundamentais, a Carta dos direitos fundamentais da União europeia representou uma etapa crucial, na medida em que compilou e actualizou direitos inseridos noutros instrumentos (particularmente na Carta Social europeia e na Convenção europeia dos direitos do homem) e obrigou as Instituições da União e os Estados membros, na aplicação do direito da União, a respeitarem standards que são a marca de água de uma sociedade democrática altamente desenvolvida. Pelos dinamismos que integra (interacção entre direitos cívicos, políticos, económicos, sociais e culturais e direitos de última geração – nomeadamente a protecção do ambiente), a Carta estabelece um pólo de integração que cria, por si mesmo, uma dialéctica entre as vertentes política e económica. A integração exigiria, em qualquer caso, um mais nítido e sólido recorte conferido às Instituições europeias no sentido de uma maior representatividade e de uma mais eficaz projecção nas relações externas.

Sobre a necessidade de que a integração tome como paradigma um concreto modelo social, vem a propósito evocar o chamado "modelo social europeu". A noção de "modelo social europeu" foi sendo construída à luz do movimento de integração ocorrido na Europa nas últimas décadas e foi precisada nas conclusões do Conselho europeu de Barcelona de 2002, em que emerge como um "equilíbrio entre a prosperidade económica e a justiça social". Não se trata de um modelo acabado mas exprime razoavelmente um programa de acção para a Europa. Vista a esta luz, a integração seria mais um instrumento que um resultado. Esta consideração não é de somenos, dados os preconceitos que ainda existem quando a tensões federalistas.

2. Existirá uma identidade europeia e em que se traduz?

Existe efectivamente uma identidade europeia. Para não falarmos do lastro histórico e civilizacional, em que a cultura judaico-cristã exerceu um papel preponderante, a Europa de hoje é um espaço e uma história com traços muito específicos. Se observarmos a União europeia como sujeito internacional, a identidade caracteriza-se, desde logo, pelo facto de constituir uma ordem jurídica própria, integrada, com autonomia, nas ordens jurídicas dos Estados membros. Dir-se-ia que esta super-estrutura é produto e não origem ou elemento fundador de uma qualquer identidade. Mas ambos os termos da análise são justificados. A actualidade agudizou estes traços identitários. Desde logo, a compreensão da solidariedade como factor social. Enquanto, por exemplo, nos Estados Unidos da América do Norte, a noção de solidariedade foi desenvolvida no seio da burguesia, na Europa as suas origens encontram-se mais no mundo operário. Por este motivo, o Estado social parece ter maior dificuldade em se implantar em sociedades, como a norte-americana, que cultivam uma ideia liberal do processo de desenvolvimento e de ascensão social: o Estado gerador de oportunidades de que todos podem beneficiar para subir na escala social. As questões relativas à saúde nos Estados Unidos e as resistências encontradas em amplos sectores da classe média atestam estas diferenças. Por seu lado, em sociedades em vias de desenvolvimento, a solidariedade é frequentemente não institucionalizada, assentando na família ou em grupos pouco organizados.

Em relações laborais típicas da sociedade norte-americana, o trabalho é geralmente analisado como um meio de subsistência, enquanto, na Europa, existe uma maior sensibilidade para as questões de emancipação e progresso social.

Estas diferenças definem as matrizes europeias mas obedecem a tendências. Se virmos a organização sindical na Europa, reparamos que, no Norte, se confere maior importância à negociação; no sul, presta-se tributo a clivagens ideológicas e, no Reino-Unido, sobressai a tradição corporativa, em que o Estado tem um peso diminuto e a negociação se faz ao nível da empresa.

A identidade europeia é uma síntese de todos estes factores mas valoriza, em todo o caso, a prevalência de um "modelo social". Esta imagem de marca vem das raízes. Poder-se-á, em resumo, dizer que a identidade europeia é, antes de mais, uma ideia sobre a Europa, como gostava de dizer De Gaulle e como profetizou Victor Hugo, em 1849: "Virá um dia em que todas as nações do continente, sem perderem a sua qualidade diferenciada e a sua gloriosa individualidade, se fundirão estreitamente numa unidade superior e constituirão a fraternidade europeia. Virá um dia em que não haverá outros campos de batalha que os mercados que se abrem às ideias. Virá um dia em que as balas e as bombas serão substituídas por votos".

3. Como avalia os efeitos da adesão às Comunidades sobre a economia portuguesa?

Os efeitos da adesão às Comunidades são múltiplos e seria redutor circunscrevê-los à economia. Dir-se-ia mesmo que, enquanto instrumento de crescimento do produto e de aumento da competitividade, a economia surge como um dos sectores que menos aproveitaram a adesão. O país sofreu, durante demasiado tempo, as consequências da transição democrática e teve dificuldade em definir um "modelo económico". Por outro lado, a relação entre política económica e política financeira oscilou e padeceu, por vezes, de uma grande obscuridade. É surpreendente que o discurso público tenha, durante tanto tempo, sido dominado pela bipolaridade: ou éramos os "bons alunos da Europa" ou tínhamos definitivamente falhado. A alternância entre a não regulação e a neo-regulação que caracterizou a vida económica, na generalidade dos países, produziu também os seus efeitos em Portugal. Não foi construído um modelo de desenvolvimento sustentável. Navegámos à vista da costa, em águas repletas de escolhos e, frequentemente, às escuras...

25 ANOS NA UNIÃO EUROPEIA

4. Que efeitos teve a adesão sobre a sociedade portuguesa, no seu conjunto?
Não são de desprezar os efeitos que decorreram de medidas estruturais adoptadas nomeadamente em resultado da aplicação de fundos comunitários. Foi manifesto o seu impacto em domínios tão variados como os das infra-estruturas, da saúde e da educação. A repercussão directa, indirecta ou potencial nos padrões de vida pode avaliar-se a partir de índices acessíveis. Basta lembrar a rede viária, o acesso à Universidade ou os cuidados de saúde (veja-se o caso paradigmático da mortalidade infantil). A integração produziu-se igualmente a nível cultural. Para este resultado, contribuíram factores diversos, em que avultam os reflexos de Abril, as novas tecnologias de informação, a universalização do ensino e a abertura de um número crescente de camadas sociais (em particular, os estudantes) à circulação intra-europeia. É certo que se perdeu homogeneidade e coesão social, se agravou o fosso entre o interior e o litoral e se desenvolveram sub-culturas e contra-culturas que reduzem a espessura identitária. Mas o país desenvolveu-se e a sociedade é outra...

5. A União Económica e Monetária foi um passo lógico ou necessário na integração europeia?
A União Económica e Monetária constituiu um passo lógico e necessário. Existia uma relação de inter-dependência entre os dois factores e o "acabamento" do mercado interno necessitava de um factor de dinamização. A moeda, como elemento tradicionalmente representativo da soberania, mostrava-se, mesmo no campo simbólico, como terreno privilegiado de integração. Ponto é saber se este "passo" não pretendeu compensar o défice que muitos já então apontavam ao processo de integração política ou, em termos mais gerais, ao défice democrático que o projecto europeu parecia evidenciar. É difícil acreditar que a criação da moeda única não tivesse alertado os decisores políticos para a tensão "federadora" que ela comportava.

6. A forma como a UEM foi concebida era adequada aos objectivos pretendidos?
Tratou-se, a meu ver, de um projecto inacabado. Porventura, o que faltou não foi o estudo e a previsão. Foi o consenso. Não aconteceu apenas neste domínio. A Europa tem evoluído, por vezes, com alguma descontinuidade, o que dá lugar a situações de carência e de excesso. Se recordarmos o que se verificou na esfera dos direitos fundamentais, verificaremos uma

evolução inspirada pela jurisprudência do Tribunal de Justiça e, pouco a pouco, codificada, até à Carta dos direitos fundamentais que, para muitos, representa o coroar de uma época de afirmação do "homem europeu" mas também uma fonte de novas dificuldades: dificuldades técnico-jurídicas, no que respeita ao contencioso de realização dos dircitos e dificuldades económicas, no que se refere ao "custo" dos direitos. Do mesmo modo, quanto à cidadania europeia. Os elementos dinâmicos introduzidos no conceito de "cidadania europeia" revelam um considerável potencial, mas o princípio da subsidiariedade obriga a um esforço permanente de harmonização entre os valores da cidadania e da nacionalidade. Pode sempre responder-se que são estes desafios que melhor definem a riqueza do projecto europeu.

7. O euro irá sobreviver à crise actual?

O Euro está a ser visto como ponto saliente da crise embora seja, em rigor, o elemento da evolução europeia que apresenta um saldo mais rápido e convincente. No domínio da integração, revelou uma operacionalidade inesperada no desmantelamento das resistências ao abandono das moedas nacionais como instrumentos de soberania. Transformou-se rapidamente numa moeda forte a nível global. Dinamizou o mercado interno, destruindo barreiras cambiais. Deu visibilidade à economia europeia quando se transformou em moeda de investimento e de reserva. Os problemas actuais resultam da desregulação ou de uma regulação menos atenta, da dívida soberana e privada e da rigidez das políticas orçamentais. Não do Euro. O que poderá dizer-se é que a União monetária ficou incompleta por não ter federalizado algumas matérias, nos domínios orçamental e fiscal. O Euro apelava a uma arquitectura que não ficou acabada. Mas o Euro terá que sobreviver à crise se a Europa quiser sobreviver à crise.

8. Portugal deve permanecer na zona euro?

Os tempos são de inclusão; não de exclusão. As hipotéticas vantagens da saída da Zona Euro (flexibilidade cambial, condução da política monetária ou maior interferência nas políticas salariais) far-nos-iam, em definitivo, descolar da Europa, sem que pudéssemos sequer reencontrar o tecido social e produtivo no estado em que o deixámos. Tratar-se-ia de uma anti-utopia, na medida em que se postula ao arrepio do progresso e mesmo do tempo histórico.

A permanência no Euro não corresponde a uma opção. Não existe alternativa. A saída do Euro corresponderia a multiplicar o endividamento e a ter de recriar outros factores de equilíbrio económico e financeiro. Não me parece minimamente viável, muito menos nas actuais condições de solvabilidade. A dificuldade em identificar um modelo de crescimento, o desemprego, o envelhecimento demográfico e as fragilidades que acometeram o Estado social, em especial no que toca à sustentabilidade do regime de pensões, impõem que não se largue mão daquilo que parece ser o único factor de referência e estabilidade: o Euro. Tanto mais que a globalização produziu aquilo que se poderia considerar uma mudança de contexto ou de paradigma. No que, em particular, se refere ao regime de pensões, a anomia económica e o envelhecimento demográfico tornaram caducos os modelos conhecidos baseados, conforme os casos, no princípio contributivo, no princípio da universalidade ou no principio da selectividade. Há que recorrer a todos estes modelos mas procurar outras inspirações.

RESPOSTAS DE

JOSÉ TRIBOLET

1. Que modelo de integração económica e política consideraria adequado à União Europeia?
Considero que a União Europeia deveria adoptar um modelo de Estado Federal, na sua generalidade com grandes semelhanças com o dos EUA, fundada no património comum de valores civilizacionais, mas com especificidades próprias decorrentes da diversidade da cultura e da história, das línguas dos seus povos e nações, especificidades essas que devem emergir de um processo democrático de reconhecimento e respeito pela riqueza e legitimidade de cada uma delas e do somatório destas "minorias" todas que constituem a realidade europeia.

2. Existirá uma identidade europeia e em que se traduz?
Sem dúvida que sim! A identidade europeia traduz-se no conjunto de valores humanísticos, culturais, societais e civilizacionais que são vividos e praticados pelos povos e nações europeias. E a especificidade dessa identidade/conjunto de valores e a sua defesa tem de ser traduzida e salvaguardada na Constituição da Federação.

É precisamente a identidade europeia e os desafios da sua preservação e do desenvolvimento do seu legado na Humanidade que constitui a justificação moral e ética para a emergência de um Estado Federal, neste mundo globalizado em que hoje vivemos e não, como pode parecer na espuma dos dias de hoje, o imediatismo da sobrevivência da sua economia e projecção do seu poder no mundo.

Obviamente que as coisas estão associadas, mas em termos de Princípios Fundacionais, é na identidade europeia e nos seus valores que reside a justificação para a constituição da Federação.

3. Como avalia os efeitos da adesão às Comunidades sobre a economia portuguesa?
Globalmente, de forma muitíssimo positiva, atento o ponto de partida da Nação/ Estado Português.

Em termos materiais, os investimentos infra-estruturais que foram feitos em Portugal transformaram, de facto, de forma irreversível, a plataforma de base existente até aí para a construção do nosso futuro colectivo.

Os diversos sistemas constitutivos da sociedade portuguesa sofreram grandes mudanças materiais, que dificilmente teriam ocorrido sem essa adesão. A base material, física, o "hardware" do País, melhorou muito.

Já quanto à base humana, individual e social, quanto ao "software" nacional, aí temos resultados mistos, com consequências também mistas em termos económicos.

Nada que espante porém. De facto, os objectivos e instrumentos de apoio a Portugal nestes anos de adesão europeia, só secundariamente se dirigiram à mudança de mentalidades, das pessoas e das nossas organizações, privilegiando antes a quantidade versus a qualidade, numa vertigem de execução financeira e no quadro de "medina árabe" que tem fundamento na nossa cultura.

Podia-se ter feito mais e melhor, se o País, no seu todo, tivesse uma Estratégia, Lideres à altura, e cidadãos que se transmutassem instantaneamente em agentes que privilegiam a construção do colectivo, que são disciplinados, honestos, cumpridores, enfim, que fossem muito diferentes do que cada um de nós e todos nós somos de facto. Mas esse milagre não aconteceu. É a vida!

A mudança de mentalidades só ocorre no contexto de grandes crises, que põem em causa a nossa própria existência individual e colectiva.

Ora até agora, a adesão à Europa encheu-nos de dinheiro que não ganhámos nem merecemos. Foi até agora uma festa, que finalmente acabou. Temos pela frente o desafio da realidade. Em primeiro lugar o da nossa realidade. E também a do clube europeu a que aderimos e

JOSÉ TRIBOLET

nos pagou as bebidas até agora. Vamos finalmente MUDAR. Veremos se para melhor.

4. Que efeitos teve a adesão sobre a sociedade portuguesa, no seu conjunto?

Em termos de sociedade no seu conjunto, há que separar os efeitos materiais (hardwarc) dos imateriais (software). Dos primeiros há que realçar o salto na acessibilidade por parte dos cidadãos a bens essenciais de todo o tipo – saúde, educação, habitação, transportes, salubridade, justiça, etc. – que atingem hoje valores quase universais. Dos segundos há que realçar negativamente o desvio de recursos financeiros para consumo de bens não essenciais e não criadores de riqueza e de futuro, e a não aposta no desenvolvimento dos valores, comportamentos e atitudes dos portugueses, consentâneos com as duras realidades do mundo em que vivemos.

Este facto permitiu "produzir" gerações de portugueses – novos e velhos – com condições materiais de vida de "quasi-europeu", com elevadas expectativas quanto à sua evolução futura, para melhor, entenda-se, com aumento das exigências de prestação de todo o tipo de serviços pelo Estado, sem quaisquer contrapartidas em termos das exigências sobre os comportamentos individuais, quer como profissionais e cidadãos, quer em grupo. Muitos direitos. Nenhuns deveres!

O nosso sistema educativo desenvolveu-se quantitativamente muito. Mas qualitativamente enfatizámos a importância dos chamados conteúdos educativos, dos processos pedagógicos, e aspectos de organização e gestão do sistema de ensino, procurando que os jovens "tocassem piano e falassem francês", descurando definitivamente a formação de cidadãos, a formação e a prática dos Valores, o desenvolvimento das capacidades individuais de excelência e liderança, rigor e solidariedade, justiça e disciplina, os atributos comportamentais que estruturam e desenvolvem a Sociedade e a Nação.

Concomitantemente e felizmente, a abertura da nossa economia ao Mundo, com o respaldo do apoio europeu, lançou novos "navegantes" que com as suas empresas e outras iniciativas institucionais, se confrontaram com as realidades da aldcia global e se transformaram e estão transformando o seu meio ambiente em Portugal. De facto, a mudança profunda da economia portuguesa está a acontecer mesmo, com muitos empresários e empresas a navegar no mar alto, e sem ser subsídio dependentes. O processo de mudança está em curso, emergindo indirectamente do processo europeu, muitas vezes atrasado e até contrariado pelos programas financiados pela UE.

Pessoalmente, estou optimista. Estou optimismo fundamenta-se no contacto continuado com os jovens estudantes de engenharia do IST, ao longo de mais de 40 anos de carreira. O "material de base" constituído pelos jovens de hoje é tão bom como antes, e muitos deles tomaram a construção do futuro nas suas mãos, e estão a fazer o Portugal de amanhã. No Mundo inteiro, como sempre aconteceu com os Portugueses.

5. A União Económica e Monetária foi um passo lógico ou necessário na integração europeia?
A execução de qualquer processo depende dos agentes que o realizam, num dado contexto social, temporal, económico e social. A UEM aconteceu em circunstâncias que dificilmente permitiriam a concretização de solução "idealmente" melhores. E temos de ter em consideração as restrições do espaço de soluções permitido pela realidade europeia, constituída por Estados soberanos, democráticos, com a enorme diversidade já cima referida e um passado histórico com requintes de conflitualidade.

Na minha humilde opinião de Professor Catedrático do IST, agregado em Teoria dos Sistemas, suspeito que por detrás dos lideres e dos políticos que conduziram estes processos, há "mãozinha de engenheiro"!

Clarificando: os objectivos, processos, e evoluções que estão na base do estado actual da UE têm-nos levado, de "estado" em "estado" à inevitabilidade de passarmos ao "estado seguinte", criando as condições fronteiras que levam ao alinhamento das vontades soberanas e democráticas em prescindir de atributos dos seus domínios de poder local, a favor da progressiva construção de níveis e instrumentos globais, com âmbitos de acção e poderes efectivos supranacionais.

O princípio da evolução sistémica por inevitabilidade, provavelmente antecipado e "engenheirado" por líderes europeus (conhecidos publicamente ou não!) tem funcionado mesmo. De forma progressiva, a transferência de segmentos de soberania tem vindo a acontecer.

E, quanto a mim, este processo de evolução sistémica por inevitabilidade, é preferível à guerra, que tem sido a forma tradicional de provocar grandes mudanças estruturais na sociedade.

6. A forma como a UEM foi concebida era adequada aos objectivos pretendidos?

À luz da minha resposta anterior, certamente que sim. Porque das duas uma: Ou os líderes que nos levaram à UEM são todos totalmente desprovidos intelectualmente, um verdadeiros imbecis, o que francamente não acredito. Não podem ser todos assim! Ou a criação da UEM aconteceu "by design" de alguns, que numa análise de alternativas, consideraram ser este o meio mais seguro de fazer emergir o modelo federal! Só não sabiam quando! O momento chegou, devido aos ventos da História.

7. O euro irá sobreviver à crise actual?

Sim! O Euro é o veículo para forçar a construção da federação europeia. Com muito sofrimento e perca de valor, sem dúvida. Mas sem guerra! E isso tem um valor infinito para os indivíduos e para a Sociedade, e que nós como Portugueses, valorizamos pouco ao nível do nosso consciente, porque de facto, aqui no "continente" não sabemos o que é a Guerra – com a destruição e morte dos nossos cidadãos, a destruição das nossas terras, cidades, vilas, e aldeias, dos nossos monumentos, do saque brutal das nossas riquezas – desde o Napoleão. As perturbações cívicas sofridas entretanto tiveram pequeno impacto e foram apagadas do "front-end" da nossa consciência individual.

A União Europeia é essencial para a Paz na Europa. Os Estados Unidos da Europa o próximo passo para a agregação e afirmação de valor dos Europeus no Mundo.

8. Portugal deve permanecer na zona euro?

Sem dúvida. A saída do Euro colocar-nos-ia imediatamente no 3º Mundo, cá muito baixo.

LUÍS ANTÓNIO NORONHA NASCIMENTO

Existirá uma identidade europeia e em que se traduzirá ela?
Esta é (penso) a primeira pergunta sobre a qual devemos reflectir porque será ela que nos abrirá a porta sobre o nosso futuro incerto.

Há quem pense que temos um limiar mínimo que nos permite definir a identidade europeia comum subjacente a uma Europa comum.

Já assim pensei, tentação tanto maior quanto mais se me entranhou a beleza dos escritos de Pelletier e Goblot na revista "La Pensée" nos anos 60 do século passado.

Hoje, as minhas reticências aumentaram; e penso que temos, não uma Europa, mas *três* Europas, reféns como continuamos da herança genética que Roma nos deixou e que continua subliminarmente a condicionar os marcadores do nosso ADN ancestral.

As três Europas correspondem, ainda hoje, aos três espaços político- -estratégicos que Roma nos legou: o do império do ocidente hegemoni- zado durante séculos pelo Papado que foi "substituindo" os imperadores romanos, falando e escrevendo em alfabeto latino, com uma dogmática religiosa católica, hierarquizada e imposta vinculativamente; o do impé- rio do oriente tornando-se helenístico, bizantino, religiosamente orto- doxo, ignorando Roma tanto como esta ignorava Bizâncio, escrevendo em alfabeto cirílico e aberto ao mundo e à cultura orientais; depois, um ter- ceiro espaço, o dos povos fora do império, dos povos do norte, que com o tempo se tornaram protestantes (escrevendo em alfabeto latino, o que os aproximou do ocidente europeu) que a ética calvinista marcou decisi- vamente tornando-os "kantianos" e pragmaticamente produtivos porque ser rico não era um pecado "neste vale de lágrimas".

Roma não criou estas três Europas de início.

25 ANOS NA UNIÃO EUROPEIA

Roma começou por ser uma potência da Europa do sul, transformou-se num império de todo o Mediterrâneo e no séc. IV dividiu-se entre as suas partes ocidental e oriental.

Por essa ocasião, a riqueza mediterrânica deslocava-se para oriente e a cisão entre cristãos romanos e ortodoxos era já política a tal ponto que a divisão de Roma em dois impérios correspondia a dois espaços geo-estratégicos e políticos diferentes com a hegemonia e a riqueza de Bizâncio a formar-se definitivamente.

Por isso, Roma caiu (com os Papas a substituírem por séculos os Césares) e Bizâncio sobreviveu mais mil anos porque era muito mais rica e, por isso, muito mais poderosa.

Este foi, grosso modo, o mapa-mundi que recebemos com algumas excepções como é óbvio; a principal das quais a Polónia localizada a oriente, fora das fronteiras de Roma e, mau grado isso, católica, latina e tendo em João Sobieski uma das suas máximas expressões identitárias.

***

A linha divisória das duas Romas (a ocidental e a de Bizâncio) passou pelos Balcãs; daí que, a nosso ver, o problema dos Balcãs seja ilegível sem se levar em conta tal facto.

A entrada em cena dos eslavos (que se vão sedentarizar no leste da Europa) vai fazer diferenciar povos iguais mas que se distanciam culturalmente porque vão ocupar espaços geográficos diferentes situados em zonas (ocidental ou oriental) geo-estratégicas diferenciadas.

O caso mais flagrante será talvez o dos servo-croatas.

Com uma língua comum aparentada, as suas aculturações seguem trajectos diferentes que os vão distanciar: os croatas ficam no espaço do antigo império do ocidente, tornando-se austro-hungaros católicos e latinos; os sérvios ocupam o lado oriental sofrendo a atracção ortodoxa bizantina e escrevendo em cirílico.

Assim, povos iguais acabam por se distanciar através de aculturações distantes; ademais a permanência de Bizâncio por mais mil anos sedimentou e formatou um espaço territorial com valores aproximados sob a égide de uma cabeça política incontestável que não existia a ocidente.

A chegada dos Otomanos, poderosos e invencíveis por dois/três séculos, trouxe elementos novos de perturbação; mas com o seu lento recuo

768

a partir do séc. XVIII renasceram na Europa oriental os marcadores de identificação que, antes, e durante tanto tempo, se tinham gerado.

Curioso é que o símbolo mítico de Roma tenha permanecido na memória europeia mais diversa e nos países menos afins: a águia imperial que renasce como símbolo de Bizâncio, da Rússia, da França napoleónica, da Alemanha, da Polónia.

Não porque haja semelhança identitária entre eles, mas porque se mantém a memória de um grande espaço imperial que todos querem vestir.

***

A União Europeia é o produto final da aproximação secular dos povos e dos países que ficavam a norte e a ocidente, ou seja, que ficavam fora do oriente geo-estratégico bizantino.

É certo que a razão próxima da União prende-se com as devastações da Europa provocadas por duas Grandes Guerras e com a necessidade de aproximar povos vizinhos que foram o "terror" dos dois últimos séculos – a França napoleónica novecentista e a Alemanha do século passado – associada ao facto de, entretanto, ter surgido outro elemento de pânico constante: a pressão dos países comunistas do leste europeu.

Mas a União é mais do que isso: é o produto da aproximação que se inicia no séc. XVI entre os protestantes do norte e os católicos do ocidente latino e que recobra um "élan" decisivo no séc. XVII com o Tratado de Vestefália.

Vestefália é o início da Europa moderna: consagra a igualdade dos estados no direito internacional (sejam grandes ou pequenos), a liberdade dos mares, comércio e navegação, e a liberdade religiosa reconhecida a cada homem e a cada comunidade como consequência da separação entre fé e ciência.

Com Vestefália não mais haverá a noite de S. Bartolomeu; com Vestefália soçobra o poder da Espanha e Suécia, tornam-se potências de primeiro plano a França, Áustria, e Inglaterra e prepara-se a ascensão da Prússia e Rússia.

O que daqui resulta é que não temos ainda uma identidade europeia porque a União proveio de países oriundos de espaços político-culturais diferentes e meio século não dá para os homogeneizar.

Mais: ao contrário de todo o oriente europeu encimado por uma capital que o controlava (Bizâncio primeiro, Istambul depois) os protestan-

25 ANOS NA UNIÃO EUROPEIA

tes e os católicos do norte e ocidente não tinham nada disso: formavam uma miríade de estados com poder aproximado, em concorrência constante entre si pela hegemonia que se pretendia adquirir pela inovação tecnológica, e que levou essa Europa (na tese recorrente que encontramos na historiografia americana – v.g. Paul Kennedy[10]) ao domínio, a prazo, do mundo.

A queda do muro de Berlim (que marcou verdadeiramente o fim do séc. XX) transmitiu ao Ocidente, a ideia de que, tendo ganho a 3ª Guerra Mundial, iria ser o dono do mundo.

O rápido alargamento da União a Leste foi a expressão disso mesmo, pretendendo-se absorver depressa países que, durante séculos a fio, integraram a terceira Europa.

Se a formatação inicial da União com os povos do norte e ocidente fora lenta, cuidadosa, negociada e diplomática, o alargamento rápido aos povos da terceira Europa baralhou as pedras do xadrez.

Se, antes, era difícil definir a identidade europeia, mais difícil se tornou depois; e tal dificuldade redesenhou-se em alto-relevo com o surgimento da crise económica.

Há pouco tempo, "O Jornal do Fundão" relembrava uma frase premonitória de Eduardo Lourenço aquando da queda do muro de Berlim: dizia ele que, em regra, um muro, quando cai, cai para os dois lados.

***

Paul Kennedy, numa das suas obras emblemáticas ("Ascensão e Queda das Grandes Potencias" suponho), defende que a construção da Europa é a repetição da Questão Alemã do séc. XIX, ou seja, da unificação dos povos alemães com os mesmos problemas que eles tiveram quanto à forma de estado, de governo, de descentralização, de espaço comum, de moeda, de regime fiscal (quem não recorda a experiência "pré-histórica" do Zollverein?).

Paul Kennedy labora num equívoco, penso eu.

A União é hoje o produto alargado de povos com religiões, línguas e aculturação diferentes enquanto a Alemanha era composta pelo *mesmo*

---

[10] Na verdade, encontramos na historiografia americana a noção de *concorrência* entre estados europeus dos secs XVII a XIX como uma alavanca decisiva para a hegemonia mundial da Europa.

povo-nação, de "raça" e "língua" *comuns* para usar a definição de Fichte na sua célebre carta aos povos alemães no momento em que a Prússia esteve prestes a ser liquidada por Napoleão e este praticou a humilhação suprema de passar em triunfo sob as Portas de Brandeburgo.

Que significado terá, 130 anos depois, a entrada de Hitler em Paris sob o Arco do Triunfo?

Daí que seja impossível comparar situações incomparáveis.

***

A crise actual não será o nosso fim de festa?

O Ocidente não tem matérias-primas relevantes; elas estão basicamente na África, Cáucaso e Rússia asiática.

E este começa por ser um dos dois nossos grandes problemas; o outro tem que ver com a brutal queda demográfica quando as grandes concentrações humanas estão na Ásia e quando não recordamos que a reconquista medieval da Península Ibérica se fez porque os cristãos se reproduziam incomparavelmente mais que os árabes, donos de uma civilização então muito superior.

A Europa expandiu-se, desde o séc. XV, a partir de dois pressupostos que nos trouxeram a hegemonia: crescimento demográfico que levou à emigração de europeus a todas as partes do mundo porque a Europa não tinha lugar para todos; separação da fé e da ciência que levou ao nosso desenvolvimento tecnológico e, simbolicamente, à condenação de Galileu por crime (à época, muito grave nos países católicos) sancionado com uma pena denominada entre nós por "cantar a palinódia" que não era senão a auto-destruição da personalidade moral.

Com isto, a Europa quebrou a hegemonia dos três impérios islâmicos do centro (Otomano, Sefévida e Mogol) e iniciou o seu ciclo colonial: primeiro na Ásia, depois na América, a seguir na África. Apenas a Inglaterra conseguiu manter simultaneamente estes três ciclos nos sécs. XIX-XX o que lhe deu a supremacia vitoriana entre os europeus.

Para ter uma pequena imagem desse passado, Paul Kennedy[11] informa que, cntre 1850-1930, emigraram cinquenta milhões de europeus, muitos de cultura acima da média.

[11] "Desafios para o séc. XXI" I, pág. 56.

25 ANOS NA UNIÃO EUROPEIA

Hoje, isso acabou: o Ocidente não se reproduz, não tem matérias-primas e os ciclos coloniais findaram.

A tragédia dos emigrantes africanos de Lampedusa com a passividade dos navios da Nato (denunciada pela revista "Além-Mar" dos missionários católicos combonianos), a espera da Turquia há mais de vinte anos por bloqueio da Europa do norte porque ela seria a porta de entrada de gente de um novo mundo que ocupava o vazio que *nós* não ocupamos, o crime de há três meses cometido na Noruega contra o multiculturalismo, o novo "Muro" construído no sul dos E.U.A. para impedir a entrada dos latino-americanos e as leis de alguns estados americanos a recusar ensino, saúde e segurança social aos emigrantes ilegais (e que Samuel Huntington denunciou), são alguns dos muitos sinais que não queremos ler porque talvez aquilo que tivemos começa lentamente a esboroar-se.

***

Mas os povos europeus têm ainda outra diferença estruturante que leva a perguntar se a União resistirá a tanta diversidade.

Desde a antiguidade, os mediterrânicos (fenícios, romanos, árabes, italianos) sempre foram intermediários comerciais; com as navegações modernas, os ibéricos (mediterrânicos por natureza, atlânticos por posição, na frase célebre de um geógrafo) continuaram a sê-lo quanto aos produtos asiáticos e americanos que, reenviados para os países do norte, permitiram a estes o investimento que conduziu à manufactura e, depois, à industrialização, ou seja, à sua própria riqueza.

Lisboa sempre foi um porto de intermediação para o norte, para a Flandres ou do ouro brasileiro para Inglaterra; Mafra é o ex-líbris da obra sumptuária não reprodutiva.

Pode a União subsistir com povos assim diferentes ou – adaptando a linguagem de Braudel no "Mediterrâneo" – com os mediterrânicos não investindo e os alpinos e nórdicos investindo?

Não se replique com a produtividade da Itália do norte: esta herdou e manteve a tradição organizativa germânica do Império Habsburgo; o sul italiano herdou a tradição "desorganizativa" espanhola do reino das Duas Sicílias.

Daí que, no séc. XVII, o centro do poder europeu passe do Mediterrâneo para o norte; daí que Pedro, o Grande, da Rússia quando abre à força o caminho para o mar, opte pelo Báltico à custa da Suécia e não pelo Mediterrâneo à custa dos otomanos.

***

Sempre pensei que o modelo político ideal da União (seguindo, aliás, uma imensidade de opiniões) era o do estado federal encimando estados federados.

Mas será isso possível com a crise económica actual pondo em carne viva as diferenças ancestrais referidas?

Os Estados-Unidos são um estado porque tiveram a guerra da Secessão; antes eram uma mera União.

A Guerra da Secessão subalternizou os "unionistas" de Richmond que não queriam um estado e queriam um sistema reprodutivo assente num modelo económico do passado; a guerra criou a América.

Estarão as três Europas dispostas a pagar o mesmo preço ou disporão de tempo suficiente para o conseguir pacificamente?

Eis a minha dúvida, ademais quando a Europa conta com três línguas entre as sete mais faladas do mundo (inglês, espanhol, português), uma sem expressão mas com pretensões (o francês) e outra com expressão mas sem pretensões (o eslovaco, língua de referencia eslava).

Penso que se a crise não for debelada e se se agudizar, o eixo Paris-Berlim dará lugar ao eixo Berlim-Moscovo com a Rússia a ter o papel de charneira na Eurásia e a reentrar nos Balcãs pela mão da Sérvia que a Europa tão mal tratou; se assim for, Portugal tornar-se-á periférico (até porque o Atlântico deixou de ser a auto-estrada do mundo) e Berlim procurará a leste as matérias-primas que não tem em casa e de que a Gazprom será um primeiro exemplo.

***

A adesão de Portugal à União foi um efeito lógico do 25 de Abril e com ela a sociedade portuguesa – com altos e baixos – aproximou-se sociologicamente dos países europeus muito por força dos fundos comunitários.

O país enriqueceu, urbanizou-se, as profissões liberais empresariaram-se, a mobilidade social aumentou conjuntamente com a mobilidade intergeracional; mas, de outra parte, o país desindustrializou-se, o mar não foi aproveitado, o turismo foi uma opção insuficiente, parte do ensino foi

25 ANOS NA UNIÃO EUROPEIA

canibalizado por privados e, tal como noutros países, o imobiliário foi o motor distorcido de um desenvolvimento que entrou em "panne" porque o endividamento tem limites quando o consumo é travado por uma compressão salarial contínua.

Daqui resultou que os nossos partidos políticos (como expressão tendencial das classes sociais) se tenham aproximado ideologicamente dos dos restantes países da União porque o espectro sociológico das nossas classes também se aproximou do espectro europeu.

No cômputo global, o balanço foi positivo; hoje, teremos a crise como eles, mas talvez com maior virulência.

O euro terá que sobreviver não só porque sem ele a União perderá um instrumento de intervenção internacional como também porque à China e à Rússia não interessa o seu desaparecimento; ademais o lento ataque ao sistema monetário saído de Bretton Woods já começou e a invasão do Iraque foi, entre o mais, uma medida preventiva americana para o limitar como o Nobel da Literatura, Harold Pinter, o sugeriu no seu discurso de aceitação do prémio.

Se o euro não sobreviver, isso significará que as forças centrífugas das três Europas (que a crise actual hiperbolizou) se impuseram e sem ele a União provavelmente não sobreviverá, com o risco de qualquer dia – num quadro de mosaicos nacionais – estarmos a rediscutir a fronteira Oder-Neisse e, a seguir, muitos outros demónios do passado.

E se o euro sobreviver e Portugal ficar de fora da sua zona?

Por si isso não é uma catástrofe; mas com os EUA virados para poente recriando a rota do galeão de Manila e a Alemanha virada para leste para que o eixo Berlim-Moscovo fique centrado na Eurásia, Portugal corre o risco de ser, na União, uma jangada de pedra.

LUÍS DA COSTA CORREIA

Uma reflexão sobre o modelo de integração económica e política mais adequado para a União Europeia faz curiosamente regressar o meu pensamento a fins da década de 50, enquanto jovem cadete em viagem de curso numa fragata da Marinha de Guerra, acabada de acostar em Ostende.

Vindo de um país onde havia a opressão obsidiante de um regime autoritário, o contacto com a juventude belga e de outras nações europeias fez-me sentir o que era viver num país livre, membro da recém-criada Comunidade Económica Europeia (CEE) – então também conhecida como "Mercado Comum", e contribuir para o amadurecimento de opções pela democracia e pelo desenvolvimento de um espírito europeu que despontava já nos Encontros Internacionais de Genebra e que anos mais tarde ajudei a que fosse adoptado em Portugal.

Porém, não foi por acaso que também mencionei a expressão "Mercado Comum", pois demonstra bem que o conceito que esteve na base da construção das Comunidades Europeias assentou essencialmente no princípio do fomento das trocas comerciais de bens e serviços que – esperariam os seus fundadores – permitiria uma melhor e mais rápida integração política.

Contudo, e como a evolução comunitária o tem vindo a demonstrar, o método de associação económica e política assente principalmente em tais parâmetros não viria a resultar – tanto quanto seria desejável – num modelo sólido de integração.

E porquê? Tivesse sido mais privilegiado o apoio à livre circulação de pessoas, nomeadamente as mais jovens, assim seriam mais rapidamente obtidas condições e bases para um maior aprofundamento de processos de integração política – aliás indissociáveis dos que respeitam à melhoria da participação na vida política.

25 ANOS NA UNIÃO EUROPEIA

Nunca é tarde, todavia, para se darem os desejáveis passos em tal sentido, sem o que uma verdadeira e desejável união de Estados com políticas essenciais comuns nunca terá consistência.

E uma identidade europeia: será que existe?

Pelo que acabo de referir, difícil será considerarmos que possa haver neste momento uma"identidade europeia", ideia que já chegou a estar – se bem que timidamente – presente no ideário colectivo em especial aquando da concretização de processos de adesão.

Temos vindo, é certo, a caminhar lentamente em tal direcção, mas só dentro de algumas gerações é que tal poderá ser sentido, porém tanto mais tarde quanto mais tempo levar a ocorrer a melhoria da circulação dos cidadãos, e consequente instalação ocupacional em outro Estado-Membro.

E uma identidade europeia só virá a verdadeiramente existir quando os seus modelos de sistema político assentarem em práticas comuns de participação intensa dos cidadãos na vida das comunidades locais, e que permitam que delas sejam eleitos seus representantes em colégios eleitorais que possam colaborar na escolha dos que vierem a ser mandatados para o exercício de funções legislativas a nível nacional e europeu.

Claro que a adesão de Portugal teve efeitos sobre a sua economia, pois o inevitável fim do império colonial, fruto por um lado dos grandes conflitos que foram uma constante na Europa ao longo de alguns séculos e que levaram ao enfraquecimento do poder geopolítico da generalidade das nações, e por outro da gradual tomada de consciência de que todos os povos têm o direito de não serem oprimidos, não deixou de obter o reconhecimento da comunidade internacional, e em particular de muitas nações europeias e americanas, dos sacrifícios e perturbações por que Portugal passava num período de adaptação à sua nova postura de inserção europeia, reconhecimento que se traduziu primeiro pelos apoios do FMI e depois pela ajuda proporcionada pela adesão.

Contudo, a falta de perspectiva que esteve associada à elaboração dos modelos de quadros comunitários de apoio, intimamente ligada aos conceitos que enformavam as políticas das comunidades europeias aquando da segunda metade da década de 80, levou a que grande parte do sector primário tivesse sido objecto de grandes reduções, e que a fraca qualidade dos mecanismos de controlo estabelecidos tivessem levado a sensíveis desperdícios na área da formação, e a uma talvez excessiva aposta na construção de infra-estruturas.

Não se deve deixar porém de referir que a adesão possibilitou uma significativa entrada de capitais estrangeiros que ajudou a desenvolver a economia portuguesa e a assim fomentar as exportações, abrindo espaço para profundas reestruturações no nosso país, que infelizmente não foram plenamente concretizadas – com os resultados que neste momento sentimos.

Certo é que para a maioria dos portugueses a adesão foi acompanhada por um entusiasmo inicial que contudo criou a ilusão de que os problemas do desenvolvimento seriam resolvidos por obra e magia dos fundos europeus, criando-se assim situações de dependência empresarial e das famílias que, associadas à melhoria das condições de crédito e ao abaixamento das taxas de juro, muito contribuíram para a redução da criatividade e espírito de inovação e iniciativa que deveriam ser os principais factores do desenvolvimento.

E apesar das boas intenções do "Acto Único" quanto à livre circulação de bens, capitais e serviços no mercado interno, e dos efeitos da concorrência entre empresas, terá faltado a criação de disposições que incentivassem fortemente a mobilidade dos cidadãos e não se limitassem apenas à sua permissão ou à adopção de tímidos programas de intercâmbio universitário, assim continuando Portugal a ser uma ilha, ou mais precisamente uma distante península numa união europeia.

Inebriados por um desenvolvimento inesperado das suas condições de vida, os portugueses esqueceram – tal como outros, aliás – o que poderia ser o seu papel numa Europa para cujo desenvolvimento contribuiu decisivamente há alguns séculos, e que noutras perspectivas poderia ser retomado.

---

25 ANOS NA UNIÃO EUROPEIA

Porém, para Portugal e para outros Estados-Membros a posterior criação da União Económica e Monetária (UEM), passo lógico no caminho para uma integração europeia, terá sido em certa medida algo extemporânea.

Isto, porque a criação da União Económica e Monetária, se bem que inserida numa metodologia que assentava na crença de que uma união financeira devia ser consentânea com a prioridade às relações comerciais, terá ocorrido antes do tempo em que seria desejável, ou seja no momento em que houvesse um maior equilíbrio entre os Estados-membros no que respeita ao desenvolvimento económico.

E os critérios adoptados pelo Tratado de Maastricht quanto aos limites dos "deficits" orçamentais e de dívida pública terão sido insuficientes para assegurar que o desenvolvimento económico seria harmonioso, estando os resultados à vista com a séria crise financeira que se abateu sobre a zona Euro, e por arrastamento sobre a própria União Europeia, sem que as novas disposições do "Tratado de Lisboa' contivessem métodos para a respectiva superação.

Assim, a forma como a UEM foi concebida não foi adequada aos objectivos pretendidos, pois após o êxito, se bem que algo mitigado, do Mercado Comum e parecendo que a concepção da União Económica e Monetária seria agregadora da coesão interna, muitos Estados-Membros não estavam em condições de a ela aderirem.

Ficaram assim a existir mais duas "Uniões Europeias" – a do Euro, e a dos restantes países – que se juntaram a outras "Uniões" inconsistentes provocadas por desejos de se avançar apressadamente para uma integração ainda não madura: as de uma diplomacia comum, de um espaço de circulação sem fronteiras, e de uma política de defesa – atributos essenciais em matéria de soberania.

Entretanto parece provável que o Euro ultrapasse a crise de que enforma, mas com custos terrivelmente superiores aos que teriam ocorrido se as decisões que se impunham e impõem quanto à saúde da zona Euro tivessem sido tomadas em tempo, nomeada e imediatamente na sequência do descalabro financeiro de 2007/2008 nos EUA – que, aliás, competentes economistas previam que viesse a suceder.

E terá assim sido perdida a oportunidade para se conduzir e orientar o necessário processo de transformação mundial de uma indústria financeira incapaz de dominar a entropia criada pela enorme aceleração do ritmo de transacções financeiras que o desenvolvimento das comunicações electrónicas permitiu desde o final do século passado.

Creio no entanto que o embora enfraquecido Euro sobreviverá, porque uma vez criado será difícil voltar-se para trás – mesmo nos Estados-Membros que aparentemente não têm problemas de natureza financeira.

E Portugal: permanecer na zona Euro, ou sair?

Sendo o Euro um elemento essencial de aglutinação da União Europeia – se bem que como se mencionou tenha sido algo extemporânea a sua criação, e depois mal acompanhada a respectiva execução – e tendo o nosso País optado, no termo do período colonial, por uma adesão aos conceitos determinantes de uma integração europeia, não há outro caminho que não seja o de não só pertencermos à zona Euro como também procurarmos contribuir para o aumento da sua solidez e da coesão de uma União Europeia capaz de voltar a afirmar-se no Mundo.

Ao fazê-lo, Portugal deve fazer sentir aos seus pares a sua vocação, histórica e geográfica, de natureza euro-atlântica e euro-asiática.

Ao fazê-lo, e para o fazer, deve continuar a corrigir os erros que provocaram desequilíbrios orçamentais e estruturais, esperando assim que a União e a zona Euro correspondam assegurando os apropriados e indispensáveis empréstimos complementares visando a retoma do crescimento da economia de modo sustentado.

Portugal poderá então ficar "orgulhosamente acompanhado".

MIGUEL GORJÃO-HENRIQUES

1. Que modelo de integração económica e política consideraria adequado à União Europeia?

Inerentes a qualquer análise do tipo aqui pedido são os riscos do *subjectivismo*, do *whishful thinking* institucional ou do *ideologismo*. Para uns a Europa excedeu o seu modelo-tipo, para outros ainda não o cumpriu. A verdade é que a evolução dos tratados aponta num sentido que não é, provavelmente, o sentido original ou originário, conquanto a própria declaração *Schuman*, documento a reler e de permanente actualidade, também nada dissesse de definitivo quanto ao fim último da integração europeia, sobre o qual se têm escrito tantas linhas.

O modelo original foi profundamente alterado com a evolução dos tratados, apesar de os próprios modelos originais, designadamente no confronto entre os tratados de Paris, Roma e, porque não dizê-lo, Maastricht, revelarem profundas diferenças. No entanto, é um facto que o modelo assente nas propostas de Popper e na declaração de Schuman, baseado num único pilar estadual mas acompanhado pela transferência e exercício de poderes efectivos por dois órgãos fundamentais de índole trans- ou supranacional foi profundamente revolucionado, pela essência gradualista e pragmática da integração europeia, que impede um qualquer *finalismo ontológico* no sentido da integração final.

É um facto que, a partir dos anos 70, com a eleição directa do Parlamento Europeu e a alteração do modelo de legitimidade da construção europeia, que passou a ser dupla (Estados e cidadãos), e dos anos 90, com o avanço para a união política assente na cidadania e na moeda única e, mais tarde, também no espaço de liberdade, segurança e justiça, se entrou numa vertigem de integração que sofre de um défice de integração cul-

25 ANOS NA UNIÃO EUROPEIA

tural, um défice que, para alguns, será um verdadeiro défice democrático, mas que por outro acomoda os crescentes apelos à globalização política (Bento XVI) e a uma pretensa irracionalidade puramente estatal da concepção das soberanias, num mundo em que a informação circula de Timor a Lisboa sem diferença sensível face à própria transmissão de informação dentro de um mesmo edifício...

Dito isto, direi que o modelo adequado é ou deverá ser o modelo que responda aos valores e princípios subjacentes à construção europeia, que respeite integralmente os dois pilares da sua legitimidade e que permita a melhor realização dos objectivos que tiveram na origem da integração europeia: a manutenção da paz, *a outrance*, e o progresso económico comum num quadro dos valores da civilização europeia.

2. Existirá uma identidade europeia e em que se traduz?
Na minha opinião, a identidade europeia traduz-se na comunhão dos valores que, em grande medida, são os valores em que assenta a União Europeia, tal como expressos no Tratado da União Europeia: Estado de Direito, democracia representativa, liberdade política e económica, incluindo a economia de mercado aberto e livre concorrência, respeito pelos direitos fundamentais, no pressuposto de uma sociedade justa subordinada aos valores e princípios estruturantes da chamada civilização europeia, que todos os Estados membros da actual União Europeia partilham. Os valores não podem excluir nem postergar a axiologia cristã de todas as sociedades dos Estados membros, apesar de, nesses limites, que são os da dignidade da pessoa humana e do respeito pelos seus mais elementares direitos, deverem respeitar os princípios do secularismo e laicismo que com a mesma se conformem.

3. Como avalia os efeitos da adesão às Comunidades sobre a economia portuguesa?
Outros dirão certamente muito melhor que eu, que tinha 17 anos à data da adesão às Comunidades Europeias. Embora Portugal tenha progressivamente abdicado de um conjunto importante de mecanismos de política económica, monetária, etc., começando na participação no sistema de recursos próprios, com a abdicação de receitas aduaneiras e fiscais, mas também beneficiando de importantíssimas ajudas à reestruturação e desenvolvimento económico, julgo indiscutível que a participação

nas Comunidades e, depois, também na União Europeia, foi um caso de grande sucesso.

4. Que efeitos teve a adesão sobre a sociedade portuguesa, no seu conjunto?

Julgo que teve um efeito extremamente positivo, designadamente no veicular de uma pertença a um espaço mais global, na superação da perda do Império, na afirmação da própria cultura portuguesa num contexto cultural multiforme e concorrencial (inclusivamente, de concorrência entre culturas) e na afirmação de Portugal e dos portugueses no caminho de uma modernidade em muitos e muitos aspectos positiva. Portugal já era uma sociedade aberta e pluralista, e a adesão às Comunidades acentuou esse aspecto, e implicou a modernização da economia e de toda a sociedade.

5. A União Económica e Monetária foi um passo lógico ou necessário na integração europeia?

É preciso notar que a UEM não era, na prática, um objectivo, antes da queda do Muro de Berlim. Aliás, é elucidativa desta conclusão a consulta de várias obras sobre o ponto anteriores a este importante momento. Um exemplo que costumo dar é o de uma obra que, sob a chancela da Comissão Europeia, analisava em 1980 os 30 anos da integração europeia, e a forma como na mesma se tratava a questão da UEM. No entanto, é preciso também ver que, por um lado, os modelos de integração económica que se dizem seguidos na integração europeia, postulavam há muito, desde os anos 50 do século passado, a UEM como o passo lógico e final da integração económica regional; e, por outro lado, que a queda do Muro de Berlim levou a um insuspeitado voluntarismo político que culminou na quase imediata convocação das duas CIG que estiveram na origem do Tratado da UE, dito de Maastricht. É por isso verdade que, para os líderes políticos da UE, à época, era não só um passo lógico como, na verdade, também um passo necessário, uma vez terminada a "divisão artificial da Europa".

6. A forma como a UEM foi concebida era adequada aos objectivos pretendidos?

Avaliações póstumas são sempre fáceis. Para mais, como é sabido, além de nem todos os Estados membros terem sido transparentes e verdadeiros no cumprimento dos critérios de convergência previstos no Tratado e nos critérios definidos no chamado pacto de estabilidade e crescimento, também é certo que a UEM retirou aos Estados um conjunto importante e decisivo de políticas, sem que tenha sido transferidos para ou delegados na Comunidade (hoje, UE) as competências e meios necessários para dar cumprimento e assegurar a realização dos objectivos. Também a forma como o SEBC e o BCE foram geridos suscita algumas reservas, designadamente quanto à obsessão pela estabilidade dos preços – conhecida que era a posição alemã sobre o tema, aliás também por razões históricas – e quanto à política da moeda forte, insusceptível de permitir, a médio e longo prazo, assegurar o crescimento das exportações a partir da zona euro, confrontada com as políticas monetárias dos EUA e a abertura ao comércio mundial, exemplarmente expresso nos BRICs, sem que a UE tivesse salvaguardado verdadeiras condições de igualdade material (em muitos domínios, excepto porventura no agrícola). Finalmente, parece-me inequívoca que, apesar das denúncias que do modelo capitalista foram feitas pelo Santo Padre João Paulo II, sempre ele, não houve qualquer preocupação, por parte de todos nós e dos responsáveis, muito em particular, em aperceber-se verdadeiramente da vertigem económica e financeira do nosso modelo económico, num modelo quase de economia piramidal, por analogia com as "vendas em pirâmide", e a consciência ou a vontade em impedir que a livre contratação e a autonomia dos mecanismos criados pelos mercados financeiros conduzisse aos resultados hoje vistos. As políticas de universalização financeira transclassista, inauguradas por Clinton – digamos assim – e desprovidas de qualquer fundamento na economia real e na ausência de mecanismos de controlo regulatório minimamente capazes, deu o toque final do modelo e explica a origem da crise.

7. O euro irá sobreviver à crise actual?

Espero que sim. Mas é preciso agora muita disciplina e uma inflexão rigorosa de algumas políticas. A recuperação económica da Europa implica que, do centro, sejam iniciadas outras políticas para além do resgate económico-financeiro de urgência em curso. É necessário que se torne a economia europeia mais competitiva, porventura também com desvalorização da sua moeda, e se deixe o duplo standard que leva a que as empresas saiam do espaço europeu, com uma normação castradora do investimento e altamente exigente do ponto de vista regulamentar, para irem produzir, dar emprego e financiar países terceiros que não cumprem todas ou algumas das regras e exigências que impomos internamente.

8. Portugal deve permanecer na zona euro?

Julgo que sim. Em todo o caso, só poderemos sair se quisermos e não por qualquer imposição externa, que seria contrária aos tratados e dramática. A saída do euro deveria ser acompanhada de normas de excepção que permitissem compensar os seus efeitos, nomeadamente através de regimes mais favoráveis face a uma aplicação cega das normas do mercado interno, única forma de permitir a recuperação económica. Na verdade, sem medidas de compensação, a saída do euro seria, a curto e médio prazo, dramática, e, em qualquer caso, não se poderia considerar que a situação de um Estado membro que sai do euro é semelhante à situação de um Estado membro que nunca esteve no euro.

MIGUEL SOUSA TAVARES

1. Que modelo de integração económica e política consideraria adequado à União Europeia?
A composição da Comissão deveria ser revista, reflectindo minimamente o peso específico de cada país: não faz sentido que malta tenha um comissário e a Alemanha também. Deveria haver mais decisões por maioria qualificada de dois terços) e menos por unanimidade, sob pena de paralisar o funcionamento da União.

2. Existirá uma identidade europeia e em que se traduz?
Já existiu, hoje tenho dúvidas. No passado (até à União a 12, pelo menos), a identidade europeia reflectia um conjunto de valores, de princípios e de objectivos que representavam uma espécie de menor dominador comum do melhor projecto politico democrático. Esses princípios dos "founding fathers" da União foram hoje absolutamente esquecidos e espezinhados pelos egoísmos nacionais despoletados pela crise das dívidas soberanas e do euro. 50 anos de esforços e avanços na unidade e na construção de um projecto comum europeu (o mais revolucionário projecto politico desde a Grécia de Atenas) sucumbiram em apenas um ano – ironicamente, devido à crise grega e à incapacidade dos actuais dirigentes europeus de a atalharem desde o início.

3. Como avalia os efeitos da adesão às Comunidades sobre a economia portuguesa?
Foram imensos e, em muitos aspectos, mas não todos, também uma imensa oportunidade desperdiçada por Portugal. Não percebemos que os

fundos europeus e os vários QCA eram uma alavanca para o desenvolvimento e não uma oportunidade para gastar dinheiro em obra inútil.

4. Que efeitos teve a adesão sobre a sociedade portuguesa, no seu conjunto?

Foram maus, paradoxalmente maus. Desde há séculos que Portugal se habituou a viver de expedientes extraordinários e salvíficos, que sempre evitaram a ruína do país à 25ª hora: as especiarias da Índia, o ouro do Brasil, as riquezas e a escravatura de África, a protecção da Inglaterra, as reservas de ouro e a poupança do Estado Novo. Os dinheiros europeus permitiram continuar a imaginar que um país pobre pode virar rico por obra e graça do acaso.

5. A União Económica e Monetária foi um passo lógico ou necessário na integração europeia?

Não muito lógico e, se calhar, não necessário. A ideia faria sentido se todas as economias entrassem em pé de igualdade, o que não foi o caso. Foi um bom passo para os consumidores, um mau passo para as economias mais débeis, como a portuguesa.

6. A forma como a UEM foi concebida era adequada aos objectivos pretendidos?

Já respondi acima.

7. O euro irá sobreviver à crise actual?

Essa é a pergunta que vale um milhão de euros. Ninguém sabe a resposta e, na altura em que respondo (véspera da cimeira decisiva de 26.10.11), não há ninguém que consiga antecipar com segurança uma resposta a essa pergunta. Se nada de radicalmente diferente sair desta cimeira e adiante, creio que o mais provável é o euro implodir – e, com ele, a própria UE.

8. Portugal deve permanecer na zona euro?

Não tem alternativa. Se tivermos de morrer, morreremos com o euro.

NUNO CUNHA RODRIGUES

1. Existirá uma identidade europeia?...Em que se traduz?...
A resposta obriga a definir, previamente, o conceito de *identidade*.

Pode questionar-se se a referência a uma *identidade* europeia significa a procura de traços culturais e civilizacionais comuns de uma história idêntica ou a existência, aqui e além, de pontos de contacto entre povos diferentes.

Anteciparemos o nosso juízo.

Qualquer que seja a conclusão a que se chegue, parece apodíctico que foi a partir do reconhecimento de uma identidade que se construiu – e constrói – o conceito de cidadania europeia presente nos Tratados.

O conceito de cidadania europeia transporta a evidência de uma identidade, desde logo quando veio temperar e humanizar a concepção, para alguns tecnocrática, de uma Europa assente numa União Económica e Monetária em frágil e periclitante condição.

Em termos históricos, remontam ao Império Romano os alicerces de uma identidade europeia, depois consolidada com a difusão do cristianismo.

Esta realidade enforma a cultura europeia e, por tal forma, que as tentativas de desenhar espaços comunitários se repetiram particularmente no século XX.

Podemos, porém, reflectir sobre o conteúdo dessa identidade europeia.

Recentemente tive ocasião de visitar os Estados Unidos da América integrado num grupo composto por pessoas originárias de dezoito países europeus.

25 ANOS NA UNIÃO EUROPEIA

Vê-se ai que existe uma identidade americana traduzida numa certa vivência social, cultural e até profissional.

Mas foi exactamente naquele País que não pude deixar de me sentir europeu o que, estou certo, foi partilhado por aqueles que viajavam comigo. Mais do que cidadãos nacionais, sentíamo-nos europeus nos Estados Unidos da América.

Se pensarmos que os EUA têm pouco mais de duzentos anos, não podemos deixar de reconhecer que, no caso da Europa, existem traços históricos e civilizacionais transversais a Estados que constituem a União Europeia – e mesmo a muitos que ainda não a integram – que nos permitem concluir pela existência de uma identidade europeia.

Aspectos como os dos modelos constitucionais, da perspectiva histórica, do modelo social, da recusa da pena de morte ou mesmo da resistência à banalização da licença de porte de arma, atestam algumas das diferenças entre os Estados Unidos da América e na Europa.

Na Europa existem elementos aglutinadores comuns que convergem para a emergência de uma identidade. Estes princípios e valores foram, aliás, reconhecidos no Tratado sobre o Funcionamento da União Europeia.

É a partir desses valores, estruturados segundo uma concepção fundada nos direitos do homem que se está a reforçar uma identidade europeia materializada na construção de um conceito de cidadania.

O conceito de identidade europeia não é, então, apenas histórico e estático.

É, sobretudo, um conceito evolutivo e dinâmico que necessita da intervenção de decisores políticos e de actores sociais para que possa ser mais facilmente percepcionado pelos cidadãos e posto em marcha.

Esta constitui, aliás, a pedra de toque do conceito de identidade europeia: uma ideia de uma partilha comum, por todos os cidadãos da Europa, de *princípios* e *valores* legitimados democraticamente.

Daí a relevância que a consolidação do conceito de cidadania europeia, afirmado no plano formal, tem para o reforço da identidade europeia que, inegavelmente, existe.

2. Como avalia os efeitos da adesão às Comunidades sobre a economia portuguesa?

A adesão às Comunidades e os benefícios resultantes da integração num mercado único (mais tarde, mercado interno) produziram, naturalmente, efeitos muito positivos sobre a economia portuguesa.

A simples consulta de indicadores económicos permite compreender que, sem a adesão, Portugal teria permanecido como uma economia fechada, atrasada e anémica.

Questão diversa será a de saber se Portugal, inserido nas Comunidades, devia ter integrado a zona Euro.

É fácil, no contexto actual, postular-se que a adesão terá sido nefasta.

Há, no entanto, que recordar que a adesão ao Euro ocorreu num momento peculiar, em que se assinalava o cumprimento dos critérios de convergência e uma economia em razoável crescimento razão pela qual a adesão de Portugal ao Euro dificilmente se teria verificado fora daquele período temporal.

3. A União Económica e Monetária foi um passo lógico ou necessário na integração europeia?

A União Económica e Monetária não representou, necessariamente, um passo lógico no processo de integração europeia.

Como é conhecido e amplamente estudado, existe um paradoxo latente no processo de construção da União Económica e Monetária. Classicamente, as uniões entre Estados começam por ser políticas e, apenas a termo, económicas e monetárias.

A União Económica e Monetária significou uma etapa, porventura prematura – atentas as assimetrias existentes entre as realidades políticas, sociais e económicas – num processo de integração política em impasse.

Actualmente a União vive ainda aquele paradoxo.

O aprofundamento das dimensões económicas e monetárias não teve, nem tem, por suporte uma estrutura sólida de decisão política e orçamental tendo-se mostrado vã a esperança de que uma suposta irreversibilidade da União Económica e Monetária mobilizasse e fizesse avançar a federalização política da União Europeia.

4. A forma como a UEM foi concebida era adequada aos objectivos pretendidos?

A UEM foi criada numa época de crescimento económico e assentava num certo optimismo histórico.

A UEM não resistiu, porém, aos primeiros sinais de crise numa Europa que, por factores vários, não representava uma zona monetária de eleição e em que a utilização do federalismo fiscal não era viável, logo pela inexistência de competências de decisão.

Significativamente, era a primeira união monetária em que a política monetária passava para o âmbito nível supra-estadual e a política fiscal permanecia a nível nacional.

A construção da UEM apresentava-se, assim, como uma solução de compromisso que procurava ao encontro de um projecto pós-guerra.

Cedo se perceberia – desde logo pelo número de Estados que integraram o Euro – que se tratava, em definitivo, de uma obra inacabada e imperfeita. Desde logo pela ausência de um verdadeiro federalismo fiscal e pela ausência de coordenação nas políticas fiscais nacionais.

Mas, mais grave, revela-se ainda a circunstância de a União económica e Monetária ter sido concretizada sem a participação dos cidadãos nacionais que, no final, acabam por ser arredados das grandes decisões europeias.

5. O euro irá sobreviver à crise actual?

O Euro irá sobreviver, por tudo o que representa: uma unidade monetária sólida e estável, um projecto de vida e um elemento agregador, carregado de simbolismo, pois traduz, no limite, o exemplo mais acessível de uma soberania partilhada.

O fim do Euro significaria o retrocesso a vários níveis e o risco de desabamento de um projecto de paz e de progresso de uma Europa destruída pela guerra.

Não quer isto dizer que o Euro e, sobretudo, as políticas económicas e orçamentais europeias, não precisam de ser repensadas.

O projecto europeu, do ponto de vista político e económico, navega à vista, sem que se vislumbre qualquer rasgo equivalente ao que marcou a acção dos pais fundadores.

É certo que as crises também representam oportunidades.

Oportunidades para corrigir trajectórias, iniciar reformas e assumir o que, muitas vezes, é disfarçado.

É no contexto da actual crise que a Europa deve revisitar o papel pioneiro que historicamente exerceu. Para isso, é necessário ultrapassar egoísmos nacionais, relançar projectos e programas e envolver, efectivamente, todos os povos europeus.

Algumas sugestões passariam pelo reforço do papel do Banco Central Europeu no financiamento dos Estados membros, na criação de títulos de dívida pública europeia; na definição de um orçamento federal e na criação de regras orçamentais comuns.

No plano da adesão cidadã, impor-se-ia uma maior democratização e participação que permitissem afastar a ideia de uma União Europeia tecnocrática e distante do quotidiano dos europeus.

6. Portugal deve permanecer na zona euro?

A saída do Euro teria um efeito pernicioso na dívida pública, uma vez que, com a desvalorização da moeda nacional face ao Euro, ocorreria um brutal aumento da dívida, tornando insuportável o seu pagamento.

É certo que há economias mais fortes e outras igualmente débeis que não integram a zona euro.

Seria, por isto, aceitável a saída de Portugal da zona euro?

Entendo que não.

Apesar de certas vantagens que a saída representaria para a economia nacional – pelos ganhos de competitividade e pelo domínio das operações cambiais– a verdade é que esta saída seria extremamente penalizante, pelo aumento da dívida, pela subida das taxas de juro e pela inflação associada.

Acresce que a saída do Euro não resolveria o problema económico estrutural: a necessidade de obtenção de ganhos de competitividade.

Parece ser este o único caminho a seguir para a saída da crise.

Outros, como a saída do Euro, poderiam parecer atractivos no que respeita a uma flexibilização económica a curto prazo mas seriam desastrosos a médio e longo prazo.

Em todo o caso, a permanência no Euro não depende apenas de nós.

Depende da vontade de todos os Estados na (re)afirmação do projecto europeu e do envolvimento democrático de todos.

25 ANOS DE INTEGRAÇÃO EUROPEIA DE PORTUGAL
25 ANOS DE INSTITUTO EUROPEU

NUNO DE OLIVEIRA GARCIA

Que modelo de integração económica e política consideraria adequado à União Europeia? Existirá uma identidade europeia e em que se traduz?

No âmbito dos modelos, as últimas duas décadas e meia têm revelado que mais do que um modelo teórico específico, tem faltado coerência entre o grau de aprofundamento da integração económica e da integração política. Nos últimos vinte e cinco anos os maiores progressos situaram-se no plano na integração económica, apesar, naturalmente, de alguns avanços relevantes no sentido da união política. Este «dualidade de estrutura» é ainda mais marcada quando comparamos o elemento supranacional da união monetária com o elemento intergovernamental dos restantes pilares.

Quanto a uma identidade europeia, esta é complexa em forma de mosaico de Estados-nações e pouco se reflecte na UEM. A nosso ver, um ideal federalista será sempre uma utopia tecnocrata. Já no século dezanove as palavras de Saint-Simon tinham uma ressonância tecnocrata, advogando-se que o governo das nações devia ser substituído por técnicos. Hoje, encontramos na UEM laivos de um positivismo semelhante, um autêntico corpo burocrático elitista. O actual estado de coisas, em que os responsáveis máximos alemães e franceses se reúnem (por vezes semanalmente) para discutir o presente da Europa (desde o início da crise que o que parece interessar é presente e não o futuro, esquecendo que o futuro será em breve presente), revela que não existe mais apenas um «núcleo duro» (a antiga Benelux é hoje uma sombra do que foi), mas uma mera negociação entre dois Estados-membros.

Como avalia os efeitos da adesão às Comunidades sobre a economia portuguesa? Que efeitos teve a adesão sobre a sociedade portuguesa, no seu conjunto?

A adesão às Comunidades não teve o mesmo reflexo sobre a economia portuguesa e a sociedade em geral.

No plano da economia nacional, os efeitos foram, essencialmente, de substituição do tecido produtivo mediante a redução progressiva de actividades com menor valor acrescentado e a modernização de práticas laborais. Estes efeitos, positivos no seu conjunto, trouxeram, todavia, consigo alguns custos sociais como seja o aparecimento de um conjunto de trabalhadores que estão hoje profundamente desactualizados com o actual mercado de trabalho e que se situam, portanto, à margem da actividade económica. Por outro lado, o facto de alguns fundos estruturais não terem sido aplicados em investimentos direccionados para o aumento de capacidade produtiva conduziu a que parte dos efeitos positivos desses fundos não tenham tido a duração desejável.

Já os efeitos da adesão às Comunidades no conjunto da sociedade portuguesa foram largamente positivos. Nos últimos vinte e cinco anos tivemos um eficaz combate à pobreza em Portugal (apesar de nem sempre pensado do ponto de vista da sustentabilidade), políticas de educação de largo espectro, um significativo ajustamento na diminuição de desigualdades entre cidadãos (que poderia ter sido potenciado com reformas fiscais que ficaram por fazer), e uma forte e visível modernização de bens e serviços públicos. À luz dos satélites da *google earth*, e à luz também de alguns aspectos estatísticos (nomeadamente ao nível do consumo e conforto), Portugal pouco se afasta da Europa. Muito resta, todavia, por fazer. Compreender a realidade em que vivemos leva a que os desafios futuros passem por um Portugal mais rico (não mais consumista ou com maior conforto), mas, ao mesmo tempo também, um Portugal que preserve os referidos positivos efeitos da adesão, ou seja, que não descure dos mais pobres, que continue a garantir uma educação de qualidade generalizada, que promova cada vez mais a igualdade e conserve os bens e serviços públicos nos quais tanto já investiu. Não será, certamente, tarefa fácil.

A União Económica Monetária foi um passo lógico ou necessário na integração europeia? A forma como a UEM foi concebida era adequada aos objectivos pretendidos?

É hoje claro que podendo ter constituído um passo lógico, o caminho para a UEM foi, em larga medida, uma medida pré-datada e, nessa medida, artificial face à realidade em volta. A um tempo, foi uma UEM que integrou países não totalmente preparados para essa realidade, economias que deveriam ter mantido por mais tempo políticas orçamentais flexíveis (veja-se o caso de Portugal, que, ademais, vinha seguindo a linha do «Escudo forte», mas veja-se também o caso da Itália na primeira metade da década de noventa) e beneficiado de uma mais significativa convergência real. A outro tempo, foi uma UEM fundada na diferenciação com o «opting out» inaugural do Reino Unido e da Dinamarca. A marcação de um calendário precipitadamente fixo para a UEM, e o cumprimento de meros critérios de convergência nominal (sem grande controlo, diga-se), conduziram a uma união monetária impreparada no geral, que albergou países que dificilmente poderiam cumprir com os limites orçamentais impostos, criando uma (na altura menos visível) divisão entre aqueles Estamos-membros que tinham por principal objectivo o cumprimento da redução de défices e os demais. Nas vésperas da introdução do euro, em 1997 e 1998, os rígidos critérios exigidos pela Alemanha foram (em parte e com recurso a alguma criatividade orçamental) cumpridos pelos países que formariam a UEM, mas por escassas vezes voltariam a ser cumpridos seriamente por esses mesmos países. Poucos foram, aliás, os Estados-membros que mantiveram o esforço de estabilização que os tinha conduzido à moeda única.

O euro irá sobreviver à crise actual? Portugal deve permanecer na zona euro?

O euro irá sobreviver pois o regresso às moedas europeias antigas traria custos insuportáveis. Pela mesma razão, Portugal permanecerá na zona euro. Note-se, aliás, que esta crise não seria totalmente evitável se ainda tivéssemos o Escudo, apesar de se reconhecer que disporíamos de instrumentos económicos e cambiais para a superar mais rapidamente. Depois de um inegável sucesso inicial, o euro sucumbiu ao primeiro sério ataque especulativo de que foi vítima. O euro foi *traído* pelo seu sucesso perante o dólar americano, e pela atracção crescente que despoletava relativamente à liquidez de países como a China e Rússia. A existência de algumas economias impreparadas, e excessivamente dependentes do mercado externo, no seio da UEM foi o combustível da crise.

A par de reformas destinadas ao reforço da moeda (e muito desse reforço passa pela credibilização de algumas economias juntos dos *mercados*), o futuro do euro terá que passar pela compreensão de que a mola da unificação monetária terá de ser política, no verdadeiro sentido de política monetária, e não simplesmente económica como que centrada ainda no mercado único e interno. De resto, são muitos os desafios que pela frente: a necessidade de superar a distinção entre Europa *ocidental* e Europa *oriental* (que remonta aos iluministas franceses do século dezassete, mais tarde recuperada durante quatro décadas de *guerra fria* – a «cortina de ferro»), as novas línguas oficiais que colocarão um gigantesco desafio operacional no que respeita ao *acquis communautaire*, a coabitação com territórios no espaço europeu que continuam fazer da sua não adesão uma mais-valia, a integração de massas populacionais muito significativas, e o difícil equilíbrio entre o rigor orçamental a nível comunitário e a necessidade de investimentos nos novos países comunitário.

NUNO JÚDICE

1. Que modelo de integração económica e política consideraria adequado à União Europeia?
A actual situação de crise pode levar-nos a reflectir sobre a Europa que queremos, e sobre a Europa que podemos ter. No início do projecto, seria uma Europa em que não houvesse desigualdades nem modelos sociais diferentes. Essa Europa não implicaria uma perda de cada uma das identidades dos seus países, mas aproveitá-las-ia para propor uma forma de convivência e de coexistência de culturas diversas – em particular as do Norte protestante e as do Sul católico e mediterrânico. Fenómenos diversos, como a imigração crescente de povos de origens africana, árabe, turca, chinesa, etc., vieram complicar o tecido social dessa Europa, a que se acrescentou o fenómeno do terrorismo que impôs uma atitude defensiva em relação a alguma dessas novas populações, fazendo renascer a direita e a xenofobia e ressuscitar o fecho de fronteiras.

Não é portanto óbvio que a Europa de hoje seja a mesma em que foi concebida a União Europeia, que tinha no comunismo, ainda existente à altura, um contraponto excelente para sublinhar que não havia alternativa ao que se propunha. Não havendo alternativa, a não ser o regresso a situações extremas que ressuscitariam os espectros dos extremismos ideológicos do século XX com as consequências conhecidas, só o federalismo pode resolver as divergências nacionais do ponto de vista de gestão económica que levaram à situação actual, uniformizando a partir de um controle do governo federal a gestão em cada país, mas estimulando as afirmações culturais próprias de cada nação.

2. Existirá uma identidade europeia e em que se traduz?

A Europa tem uma identidade que vem das suas origens grega e latina, e sobretudo do Império romano que lhe forneceu um mapa territorial e uma unidade que depois se fragmentou, mas onde se conservou um mínimo de aspectos comuns, desde o Direito às línguas e à cultura, que cimentam os povos que constituem o seu núcleo. Poderá dizer-se que a identidade vem do desejo de recuperar essa unidade primitiva, e que teve continuadores, de Carlos Magno a Carlos V, de Napoleão às trágicas situações que levaram à 2ª Guerra Mundial. A União Europeia é uma nova tentativa de resposta que parecia bem encaminhada até ao descalabro recente que surgiu por falta de visão, de estratégia e de orientação dos seus dirigentes. Um dos contributos foi a falta de empenhamento na aproximação cultural. Se queremos ver a identidade europeia teremos de ir ao Prado, ao Louvre, ao British Museum, de ler Proust, Thomas Mann, Pessoa ou Cervantes, e aí por diante, coisa que pouco interessa a quem orienta a política da União, e que os alguns governos nacionais têm vindo a abandonar com reformas catastróficas do ensino.

3. Como avalia os efeitos da adesão às Comunidades sobre a economia portuguesa?

É impossível não reconhecer que esses efeitos foram positivos no que respeita ao desenvolvimento do país, ao crescimento e à modernização das cidades, a um aumento do bem-estar das populações. Que isso se deu em paralelo com opções económicas erradas e com a falta de preparação de quadros capazes de gerirem formas modernas de produção, da agricultura à indústria e às pescas, é também um facto, mas não deve fazer ignorar que há uma nova geração que, no caso (improvável) de lhe serem dadas condições, será capaz de responder ao que de mau lhes está a ser deixado.

4. Que efeitos teve a adesão sobre a sociedade portuguesa, no seu conjunto?

Há uma mudança de mentalidade, o país tornou-se mais culto e mais cosmopolita, e a educação surge hoje como uma necessidade que obriga a fazer dela o ponto de partida para o trabalho, o que não sucedia no passado. Hoje, o trabalho barato e indiferenciado tem de ser substituído por uma preocupação de afirmar qualidade e diferença em tudo. Julgo que a competição e a concorrência com outros países começam a impor esta visão, e a obrigar a uma melhoria sem a qual ficaremos à margem de tudo.

5. A União Económica e Monetária foi um passo lógico ou necessário na integração europeia?

Lógico não terá sido dado que foi dado sem a precaução de evitar situações como a actual, decorrente também de um alargamento demasiado optimista da União.

6. A forma como a UEM foi concebida era adequada aos objectivos pretendidos?

A concepção terá sido, a realização não creio que fosse a mais adequada. Houve estruturas que nunca ganharam o respeito, nem sequer o reconhecimento, dos povos da União, como foi o caso do parlamento Europeu que muitas vezes não passa de uma singularidade onde se metem personagens indesejáveis na política do país, e que para ali são mandados como um depósito, ou outros para quem esse envio é um prémio de reforma. Haverá gente competente, sem dúvida, mas casos como esses desprestigiam a sua imagem. Não se compreende os gastos com a tradução nem com a milionária circulação do Parlamento entre Bruxelas e Estrasburgo; como também o sistema ambulante do Governo europeu é uma excentricidade totalmente dispensável. Seria melhor que os dirigentes europeus se preocupassem em pensar e em dirigir a Europa e não no anedótico de gastos e cerimoniais de uma corte medieval, em que o rei também se passeava de uma cidade para outra levando atrás dele a corte e os servos.

7. O euro irá sobreviver à crise actual?

Se não sobreviver, a Europa acaba.

8. Portugal deve permanecer na zona euro?

Não há alternativa. Se sair, o melhor será refazer o projecto do tempo de D. João VI de um império do Brasil, do Algarve e de Portugal – só que a capital, desta vez, terá de ficar em Brasília.

25 ANOS DE ADESÃO À COMUNIDADE EUROPEIA: *SITTING ON THE FENCE*

NUNO RUIZ

Antes de responder ao questionário, e depois de já ter respondido, assola-me um combativo desencanto que Marguerite Yourcenar tão bem sintetizou em L'Oeuvre au Noir: "L'homme est une entreprise qui a contre elle le temps, la nécéssité, la fortune, et l'imbécile et toujours croissante primauté du nombre [...]. Les hommes tueront l'homme".

Que a Europa dê paz aos homens de boa vontade.

1. Que modelo de integração económica e política consideraria adequado à União Europeia?
Julgo que a União Europeia terá, mais cedo ou mais tarde, que encontrar e afinar um modelo original e próprio de integração económica e política.

Na realidade é isso que a União Europeia tem vindo a fazer. Primeiro como zona de comércio livre, depois como espaço de livre circulação de pessoas e de capitais, em seguida como mercado interno sujeito a regras de funcionamento progressivamente harmonizadas, presentemente, como união económica e monetária.

Os centros de poder e de decisão nacionais, a nível económico e político, permanecem agarrados aos seus egoísmos, às suas clientelas e às suas prerrogativas. Os cidadãos tardam em tomar consciência de que a União

Europeia tem de ser, antes de mais, um espaço de independência, de liberdade, de justiça, de solidariedade e de responsabilidade.

A integração económica não se fará pois sem a integração cultural e política e não podemos importar modelos de outros países e organizações.

É certo que somos todos europeus, maioritariamente cristãos, com boas e más provas dadas em séculos de contacto e intercâmbio de culturas. Porém, não falamos a mesma língua, não partilhamos os mesmos gostos, não respeitamos os mesmos valores e, sobretudo, não valorizamos as nossas diferenças.

O modelo de integração será ditado pelos novos desafios, como a globalização, não pelos desafios do passado. Um dia será intuído por todos como algo óbvio e inevitável. Até lá a melhor forma de apressar as coisas é circular. A União carece de mobilidade e sem esta nunca nos conheceremos o suficiente para concordarmos no essencial e para sermos testemunhas e defensores dos demais europeus e de nós próprios.

O caminho não é isento de dificuldades, demorará tempo – seguramente muitas gerações – e terá retrocessos. Não vejo porque razão não possa vir a ser bem sucedido. Se não for ... que importará na altura?

2. Existirá uma identidade europeia e em que se traduz?

Existe obviamente uma identidade europeia. Existe também uma identidade mediterrânica. Estou eu mais próximo de um magrebino do que de um brasileiro ou de um norte-americano? À primeira vista não. Mas por vezes acho que sim. E por vezes mesmo julgo que me une a um brasileiro algo incomparavelmente mais forte: a língua e a goiabada com queijo flamengo.

A identidade europeia tem isso de complexo. É de algum modo humanista e universal. Podemos associá-la à tradição cristã, mas seria redutor fazê-lo e esquecer que essa tradição é ela própria o que os europeus dela fizeram.

Preferia simplesmente dizer que é na própria Europa que reside a identidade europeia.

Vemo-nos como europeus e os outros vêem-nos como europeus mesmo que não tenhamos nada a ver uns com os outros. O que assemelha um grego a um sueco? Nada, excepto porventura a curiosidade recíproca. A Europa, no fundo, é a nossa identidade.

E é bom que assim seja porquanto, nascida da segunda guerra e consolidada na guerra fria, a Europa que conheço tem pela frente novos e maiores desafios que renovam e tornam imprescindível o interesse no aprofundamento da sua identidade.

3. Como avalia os efeitos da adesão às Comunidades sobre a economia portuguesa?

A adesão às Comunidades foi acompanhada do acesso a recursos financeiros que contribuíram para desenvolver o país sob múltiplos aspectos. Isso é visível.

O problema reside porventura na sustentabilidade desse desenvolvimento. O país é pobre em recursos naturais e a agricultura pouco mais foi, sempre, que uma agricultura de subsistência.

Tudo indica que se abandonaram prematuramente *clusters* que poderiam ter sido reconvertidos e que se perderam oportunidades irrepetíveis de incentivar o desenvolvimento dos escassos recursos naturais de que dispomos. O mar foi um deles.

Hoje, como há 25 anos atrás, recordo o comentário de um italiano da Comissão Europeia: "Nunca vi trabalhar tanto como em Portugal e com tão pouco resultado". Se isso ao menos tivesse mudado.

4. Que efeitos teve a adesão sobre a sociedade portuguesa, no seu conjunto?

A adesão teve efeitos positivos e negativos na sociedade portuguesa.

De positivo tem de ser salientado sobretudo a melhoria generalizada do nível de vida e o fim do isolamento cultural. Uma vez mais, noto, a adesão trouxe mobilidade e pertença a uma entidade de outra dimensão.

A juventude foi e será sempre a grande beneficiária da abertura de novas oportunidades e de novas perspectivas de valorização.

A adesão teve também efeitos negativos. Talvez o principal tenha sido o convencimento errado de que éramos os responsáveis e os motores do desenvolvimento económico que experimentámos.

Em resultado, temos pela frente nos dias de hoje um dos maiores desafios da nossa história qual seja o de recuperarmos alguma autonomia política e económica sem perda dramática do nível de vida e de bem-estar dos portugueses.

5. A União Económica e Monetária foi um passo lógico ou necessário na integração europeia?

A União Económica e Monetária é naturalmente um passo lógico e necessário na integração europeia.

Acredito que não é efetivamente possível realizar duradouramente o mercado interno sem a comunitarização das políticas económicas e monetárias, sem disciplina orçamental comum e, no limite, sem uma união política, seja qual for o modelo que a viabilize.

É indispensável estarmos conscientes do que está em causa e estarmos preparados para as consequências.

6. A forma como a UEM foi concebida era adequada aos objectivos pretendidos?

A união económica e monetária nunca terá sido concebida de forma a atingir convenientemente os objectivos pretendidos. Por duas razões simples: em primeiro lugar, porque os objectivos nunca foram desassombradamente estabelecidos, em segundo lugar porque a própria união económica e monetária foi o produto dos compromisso possíveis.

O resultado está à vista. Tudo indica que, face a um conjunto de adversidades, em parte previsíveis e em parte inesperadas, a união económica e monetária, tal como foi desenhada, tem dificuldade em manter a indispensável solidariedade e coesão, comprometendo assim, não apenas a sua sobrevivência mas também a da União Europeia e do Mercado Comum.

7. O euro irá sobreviver à crise actual?

A União Europeia depende da sobrevivência do euro. Se a moeda única sobreviverá, ou não, é difícil de prever. As circunstâncias do seu desaparecimento podem reunir-se subitamente de forma avassaladora e inelutável.

Acredito que a União Europeia não se fará sem moeda única e tudo o que isso implica. Há os que temem a perda de independência, os que esperam preservá-la à custa dos demais e os que alimentam sonhos hegemónicos para consumo interno ou externo. Enquanto esta atitude se mantiver vamos por mau caminho. Vamos à força.

O ataque ao euro é, porém, o ataque à União Europeia. Aos responsáveis políticos pede-se que reconheçam rapidamente que o problema não está circunscrito ao vizinho. Porque não está.

8. Portugal deve permanecer na zona euro?

O Reino Unido optou por ficar fora. *Sitting on the fence* é uma atitude que, vinda das ilhas britânicas, não nos surpreende.

É uma opção que temos de respeitar no pressuposto de que é lucidamente do interesse dos súbditos de sua majestade e que traduz um justificado cepticismo face às vantagens da moeda única. Aparentemente, os restantes parceiros da União não cessam de lhes lembrar as consequências, nota que os britânicos retribuem sempre que podem. Nós não podemos.

Assim, nas presentes condições, abandonar a zona euro parece ser uma triste e indesejável opção por duas ordens de razões.

Antes demais porque é meio caminho andado para desistirmos do propósito e da oportunidade de levar por diante os ajustamentos que são indispensáveis à correção do deficit, ao desenvolvimento da economia portuguesa e à sustentabilidade do modelo social que pretendemos.

Em segundo lugar, porque, se ninguém sabe efetivamente quais as consequências de permanecer na zona euro, quais os desafios que enfrentará e que respostas lhes dará, menos se sabe ainda da hipótese de regressarmos tranquilamente ao escudo para viver à custa de desvalorizações competitivas.

ORLANDO CALIÇO

1. Que modelo de integração económica e política consideraria adequado à União Europeia?

O modelo de integração económica para os países da área do euro já é bastante forte: liberdade de movimento de pessoas, mercadorias, serviços e capitais (mercado único); políticas comuns (ex:agricultura e pescas); políticas estruturais apoiadas por fundos estruturais; política monetária única; políticas económicas coordenadas; princípio da coesão económica e social.

Contudo, a crise atual demonstrou a necessidade de reforçar a componente do "Governo Económico" da União face à componente monetária, centralizada no Banco Central Europeu, que desempenhou bem as atribuições que lhe cabem.

Este reforço na área do "Governo Económico" onde os domínios das políticas orçamentais e fiscais se destacam, exige cuidados muito particulares por estarem em causa questões de soberania.

Face ao reconhecido défice democrático das instituições europeias – a maioria dos cidadãos europeus não se reconhece na sua intervenção – e um grande número de Estados-membros, ou são estados nacionais relativamente recentes, ou têm uma independência também recente, não parece que estejam reunidas condições para "estratégias de apressado federalismo", suscetíveis de, em situações de crise, agravarem os nacionalismos, já hoje renascentes.

Antes, estará em causa a criação de efetivas condições para uma coordenação e supervisão "musculadas" das políticas económicas nacionais, passando a União a dispor de meios para impor de forma automática, ou quase automática, a correção de políticas macroeconómicas irresponsáveis. Deliberações caso a caso são sempre de muito difícil aplicação, se os incumpridores forem os grandes Estados-membros. E não se aplicando a estes, também não se aplica aos outros, com os resultados conhecidos, por exemplo, na aplicação dos procedimentos por Défices Excessivos.

Uma das componentes da crise atual " a estabilidade do sistema financeiro" mostrou a exigência de um salto qualitativo significativo, com a assunção de responsabilidades no domínio da regulação e supervisão, por parte do BCE, das instituições financeiras sistemicamente relevantes a nível da União, evitando-se que a ligação entre uma instituição demasiado grande para poder falir e o Estado-membro onde se situa possa arrastar para níveis perigosos a situação financeira desse Estado.

Mas se a crise evidenciou a necessidade de uma União mais reforçada e não de Estados nacionais a atuar de forma individual, também demonstrou a imperiosa necessidade de uma democracia de valores e de comportamentos num quadro de elevados padrões éticos que, em muitas situações, se verificou não terem atingido sequer os mínimos. A reação a esta falta de padrões éticos conduz sempre à exigência de maior regulação e regulamentação, o que, frequentemente, se traduz em prejuízos para a sociedade, dadas as perdas de eficiência que lhe estão associadas.

Por fim, convém salientar que, hoje, a necessidade de integração europeia não é menor do que a que existia no pós-guerra. Sem integração europeia qualquer Estado hoje membro da União, mesmo os chamados grandes, são quase irrelevantes na cena internacional e sê-lo-ão ainda mais com o previsível crescimento dos países emergentes, particularmente da China, da Índia, do Brasil e da Rússia.

2. Existirá uma identidade europeia e em que se traduz?

Pode dizer-se que existe uma identidade europeia decorrente de movimentos sociais, culturais e políticos comuns aos diferentes povos europeus.

Desde logo a matriz fundadora: o cristianismo recuperando a cultura greco-romana e que serviu de fundamento ao início dos Estados-nacionais na Baixa Idade Média; o Renascimento, a Reforma e a Contra Reforma; o Iluminismo; a Revolução Industrial e a Questão Social.

Mas neste quadro matricial comum a identidade europeia vivifica numa grande diversidade histórica, cultural e linguística com valores comuns de humanismo e democracia, sintetizados nos princípios: Estado de direito; democracia política; economia de mercado, como se refere na declaração sobre a identidade europeia de Dezembro de 1973.

A identidade é, fundamentalmente, cultural. Em termos culturais, os cidadãos de qualquer Estado-membro a viver noutro Estado-membro, sentem-se "em casa". Neste particular a União é "uma casa comum".

3. Como avalia os efeitos da adesão às Comunidades sobre a economia portuguesa?

De forma muito positiva. Em meados da década de oitenta, a economia portuguesa comparativamente com a economia europeia apresentava sinais de grande atraso: por um lado, os sectores agrícola e das pescas com um enorme excesso de mão-de-obra para o valor produzido; uma indústria exportadora assente em produtos de baixo nível de qualidade e em salários muito baixos; o comércio onde prevalecia um sector de retalho também muito pouco qualificado; uma balança de pagamentos ainda muito dependente das remessas de emigrantes, na decorrência da emigração maciça das décadas de 60 e 70; por outro, um sector bancário, da indústria pesada e dos transportes a viver ainda os traumas das nacionalizações ocorridas 10 anos antes.

A adesão obrigou a uma opção decidida pela economia de mercado, privilegiando o papel regulador do Estado na economia e o início de um decidido processo de privatizações que permitiu a modernização de vários sectores (ex: bancário, energia, cimentos, celulose, telecomunicações, transportes rodoviários).

Em muitos sectores da atividade económica o país dispõe hoje de unidades claramente de vanguarda, infelizmente em número muito reduzido, o mesmo acontecendo no domínio do ensino universitário e da Investigação. No sector da Saúde o progresso foi notável e compara bem com outros estados da UE.

Uma área onde se esperaria que as coisas corressem bem melhor – a política macroeconómica – uma vez que o país partilhava com Estados-membros com tradição de políticas de estabilidade e iria beneficiar dessa experiência, foi onde se verificaram os maiores fracassos. Com a entrada no euro o país foi incapaz de definir uma política de estabilização, perdeu competitividade, entrou numa espiral de endividamento externo até ao limiar da bancarrota.

4. Que efeitos teve a adesão sobre a sociedade portuguesa, no seu conjunto?

Um efeito global de modernização em todos os sectores e uma abertura extraordinária, particularmente das novas gerações, traduzida numa vigorosa capacidade de investigação e inovação e numa participação cultural e científica em iniciativas de ponta a nível mundial.

É verdade que a crise económica atual forçou muitos jovens portugueses altamente qualificados a procurarem empregos noutros países, mas não é menos verdade que a capacidade e a disponibilidade mental para a saída é, em grande parte, fruto da modernização da sociedade portuguesa operada com a integração europeia.

5. A União Económica e Monetária foi um passo lógico ou necessário na integração europeia?

Foi um passo lógico e necessário. A experiência mostrou que a existência de moedas diferentes nos principais países da União conduzia a frequentes necessidades de ajustamentos cambiais, era uma permanente fonte de conflitos para países com políticas macroeconómicas não coordenadas, prejudicava as relações económicas e financeiras e impedia a concretização do mercado único.

6. A forma como a UEM foi concebida era adequada aos objectivos pretendidos?

No essencial sim. A execução não o foi. No Tratado de Maastricht especifica-se que " os Estados-membros consideram as suas políticas económicas uma questão de interesse comum e coordená-las-ão no Conselho ...". A crise atual evidenciou, de forma muito clara, que tal não aconteceu. Um exemplo recente: para fazer face à crise, em Novembro de 2008, foi acordado a nível da União o *"European Economic Recovery Plan"* onde se recomendava que os Estados-membros que dispusessem de "margem de manobra orçamental" deveriam promover políticas orçamentais expansionistas, dentro de determinados limites e desde que as medidas fossem *"timely, targetted and temporary"*. Em Portugal, onde era evidente a não existência de qualquer "margem de manobra" lançaram-se programas de despesa totalmente descabidos, com consequências dramáticas sobre o já elevado nível de endividamento. Claramente uma falha na execução e não de conceção da componente Económica da UEM!

Pelo contrário, na vertente monetária, os objetivos do Tratado foram alcançados, já que no Capítulo sobre a política monetária se estabelece que *"o objetivo primordial do Sistema Europeu de Bancos Centrais é a manutenção da estabilidade dos preços"* o que foi plenamente conseguido, tendo-se o euro afirmado como uma das importantes moedas a nível internacional.

7. O euro irá sobreviver à crise actual?

Seguramente.

Esta crise mostrou que a fraqueza está do lado dos Governos e da definição e execução de políticas macroeconómicas erradas e, no fundamental, não do euro e da política monetária que lhe esteve associada. Aliás foi de algum modo o sucesso do euro e da União Monetária que, para os países com políticas mais irresponsáveis, contribuiu para a presente situação. A rápida redução do diferencial de taxas de juro entre países onde, tradicionalmente, se seguiam políticas de estabilidade monetária e aqueles sem essa tradição, sem o indispensável ajustamento dos mercados, à medida que estes mostravam não virem a poder corresponder ao quadro normativo do Tratado *(no bail-out)*, levou a um endividamento generalizado dos agentes económicos destas economias e, particularmente dos Estados, e a uma perda de competitividade externa. Processo que, como geralmente acontece, acaba num reconhecimento tardio por parte dos mercados e a uma reação excessiva de ajustamento nas taxas de juro do mercado.

Obviamente que a situação efetiva das finanças públicas de alguns Estados-membros, entre os quais Portugal, tornou evidente que as instituições europeias também não fizeram o acompanhamento a que estavam obrigados, pelo que, agora, após o ajustamento, haverá que necessariamente corrigir esta falha.

8. Portugal deve permanecer na zona euro?

A resposta é um claro sim. Portugal poderia não ter entrado na zona euro, mas depois de ser membro não pode deixar de o ser. As consequências da saída seriam absolutamente dramáticas.

25 ANOS DE INTEGRAÇÃO DE PORTUGAL NA UNIÃO EUROPEIA

PAULA VAZ FREIRE

1. Que modelo de integração económica e política consideraria adequado à União Europeia?
A União Europeia é uma realização ímpar e notável. Construída a partir do desígnio de criação de um mercado comum, superou essa dimensão estritamente económica para se constituir como uma comunidade política, social e cultural *sui generis*.

O percurso de integração através de uma lógica de "pequenos passos", a relativa homogeneidade económico-social dos Estados-Membros e o seu reduzido número, bem como, o ambiente de crescimento económico, asseguraram a coerência do projecto europeu, até aos anos oitenta do século passado. Desde aí a Europa tem-se confrontado com enormes desafios e dificuldades aos quais procurou responder através do aprofundamento da integração, ou seja, através de passos cada vez mais ambiciosos no sentido de criar formas de plena união económica e política. Em face de um contexto interno marcado pelo alargamento, por debilidades económicas estruturais e conjunturais incapazes de impulsionar o crescimento, o emprego e o bem-estar social, e por um contexto externo de crescente mundialização, a Europa avançou: aprofundou o mercado interno, criou uma união monetária, instituiu a cidadania da União, consagrou direitos sociais e reformou as suas instituições, fazendo vincar os traços federalizantes da construção europeia.

Na actualidade, muitos são aqueles que interpretam os avanços da integração como passos em direcção ao abismo, advogando a inevitável implosão da União. Não partilhando esta perspectiva catastrofista, sempre se dirá que pode ser questionável a oportunidade de algumas das realizações da União, sem cuidar de sedimentar estádios de integração anteriores. No entanto, o actual modelo de integração económica e política da União Europeia afigura-se adequado: há "apenas" que o fazer cumprir.

Os contextos de crise convocam à reflexão e à mudança, mas são também um cenário propício a uma retórica fácil. Muitas das vozes que até há pouco se insurgiam contra o federalismo da Europa e a consequente perda de soberania nacional, afirmam agora que a integração económica não subsistirá sem um "governo europeu", sem "um novo modelo". Quando, no passado, se discutia a criação de um imposto europeu para reforço do orçamento da União a reacção hostil não se fez esperar; defende-se agora a existência de um orçamento "federal" ignorando, com ligeireza, as dificuldades inerentes à implementação de um instrumento desse tipo.

Os princípios de coordenação das políticas macroeconómicas dos Estados-Membros e de disciplina das finanças públicas encontram-se consagrados nos Tratados, tendo sido desenhados como condição essencial ao bom funcionamento da União Económica e Monetária. Falta torná-los verdadeiramente efectivos exigindo-se, para tanto, uma maior coordenação política e um aperfeiçoamento dos mecanismos jurídico-institucionais de fiscalização e de cumprimento.

O modelo de integração da União desenvolve-se com base em princípios de organização económica, social e política que reflectem o acervo de valores civilizacionais dos povos da Europa. Neste sentido, o actual modelo de integração da União Europeia é o adequado. Os instrumentos e os mecanismos institucionais que suportam este modelo podem e devem ser aperfeiçoados? Sem dúvida que sim!

2. Existirá uma identidade europeia e em que se traduz?

A identidade dos povos tem de ser perspectivada de forma dinâmica; deve ser aferida de acordo com uma dimensão temporal que contemple o passado e o presente mas, sobretudo, o futuro. Responder à questão da existência de uma identidade europeia significa perceber se os povos que integram a União Europeia antevêm um futuro comum. Uma identidade colectiva constrói-se com base na partilha de valores, de normas de conduta e de símbolos em torno dos quais se afirma a coesão interna de um grupo social e se consolida a ideia de "nós" comum nas relações com terceiros.

Os nacionais dos Estados-Membros, bem como os residentes, gozam de um amplo conjunto de direitos económicos, sociais, civis e políticos consagrados por via normativa e consolidados por via jurisprudencial. A integração conferiu aos europeus um elevado nível de mobilidade, através da liberdade de circulação, de residência e de estabelecimento, tutelou aspectos relativos à protecção social, e atribuiu aos nacionais a cidadania da União. Independentemente da consciência sobre a origem desses direitos, os povos da Europa vivenciam-nos no seu quotidiano, num espaço que lhes garante paz, justiça e estabilidade. A identidade europeia resulta da identificação dos seus membros com os valores da liberdade, da democracia, do respeito pelos direitos humanos, da igualdade e da solidariedade, mas resulta também do facto de estes valores se concretizarem em moldes específicos e diferenciadores relativamente a outras comunidades. Saberemos se existe uma identidade europeia quando nos perguntarmos se, no futuro, queremos continuar a pertencer a esta comunidade.

3. Como avalia os efeitos da adesão às Comunidades sobre a economia portuguesa?
4. Que efeitos teve a adesão sobre a sociedade portuguesa, no seu conjunto?
A abertura da economia portuguesa associada à adesão de Portugal à Comunidade Europeia, em 1986, favoreceu um aumento sem precedentes do bem-estar da população portuguesa. Registou-se um significativo incremento do consumo, do investimento directo estrangeiro, das transferências de tecnologia, da produtividade industrial. Intensificou-se a interdependência e a concorrência e com elas uma realocação mais eficiente de factores produtivos. O mercado único e as transferências comunitárias geraram um profundo impacto positivo sobre o PIB e sobre o emprego em Portugal.

Não se ignoram as dificuldades que também foram desencadeadas por estas profundas alterações da estrutura produtiva nacional, no entanto, as análises económicas neste domínio são unânimes em salientar o saldo globalmente positivo para a economia nacional.

A sociedade portuguesa alterou-se profundamente: terciarizou-se, aumentou os níveis de rendimento e de consumo, beneficiou, directamente ou por via da externalização de efeitos positivos, de infra-estru-

25 ANOS NA UNIÃO EUROPEIA

turas de transportes e de comunicações, aumentou os seus níveis de educação e qualificação, o nível de protecção social e de cuidados de saúde.

No entanto, o nosso país não foi capaz de maximizar os benefícios decorrentes da integração europeia. A convergência real com a média comunitária interrompeu-se no final da década de 90 e, até à data, passada mais de uma década, esta tendência ainda não foi invertida.

5. A União Económica e Monetária foi um passo lógico ou necessário na integração europeia?

6. A forma como a UEM foi concebida era adequada aos objectivos pretendidos?

As reflexões desenvolvidas pelas teorias da integração fundamentam e demonstram as amplas vantagens associadas ao aprofundamento da integração económica, através de estádios sucessivos, conduzentes a uma união monetária. As mesmas concepções evidenciam o facto de o sucesso cabal desta fase de integração depender da existência de determinadas condições económicas, como pano de fundo para uma "zona monetária óptima". As imperfeições da realidade nunca se compadecem com tais condições ideais o que não significa que não deva existir um esforço no sentido de uma maior aproximação possível a esse quadro ideal.

A criação do mercado único data de 1993 o que coincide com o desígnio de criação da União Económica e Monetária (UEM), consagrado pelo Tratado de Maastricht.

O mercado interno está ainda hoje longe de ser uma realização plenamente concretizada, o que levou a Comissão a propor, recentemente, um novo impulso de aperfeiçoamento através do Acto para o Mercado Único. Ora, se por um lado a União Europeia entendeu que muitas das vantagens da integração do mercado só podiam ser alcançadas minimizando custos através de uma moeda comum, por outro as imperfeições das condições de mercado comprometeram o percurso tranquilo e bem sucedido desejado para a união monetária. Neste sentido, pode argumentar-se que a Europa avançou para a UEM sem cuidar de minimizar os desequilíbrios endógenos associados às assimetrias de funcionamento dos mercados que integram o (ainda não) mercado único, à viscosidade da mobilidade de factores e às imperfeições dos mercados dos serviços. Por outro lado, e como os últimos tempos o demonstram, também não previu mecanismos céleres e eficazes de resposta a choques exógenos, vendo-se forçada pelas

818

circunstâncias a criar instrumentos de protecção e de correcção, como o Mecanismo Europeu de Estabilidade.

7. O euro irá sobreviver à crise actual?
8. Portugal deve permanecer na zona euro?

A intensificação da mundialização da economia ao longo das duas últimas décadas conduziu à erosão do modelo de desenvolvimento das "economias ocidentais" alicerçado numa crença optimista de crescimento indefinido, baseado na especialização em produtos de elevado valor acrescentado e em serviços. Os bens de elevado valor são maioritariamente produzidos nessas economias e consumidos por elas uma vez que tal pressupõe elevados níveis de rendimento; os serviços, por seu turno, não se "exportam" como atestam as dificuldades sentidas na União em criar um verdadeiro mercado interno de prestação de serviços. A globalização e a liberalização do comércio internacional permitiram às economias especializadas na produção de bens transaccionáveis de baixo valor maximizar os seus ganhos, ao mesmo tempo que tornou as "economias ocidentais" dependentes de fluxos de abastecimento daqueles produtos. Aos profundos e estruturais desequilíbrios comerciais – e ao consequente aumento dos níveis de endividamento – vieram juntar-se os "desvarios" dos mercados financeiros que, como é sabido, funcionam a uma escala global.

A actual crise veio pôr em evidência aquelas debilidades estruturais agudizadas, nalguns Estados da zona euro, por políticas de excessivo endividamento público.

Independentemente da necessidade de a zona euro estar dotada de um mecanismo de resposta rápida e eficiente face a "ataques" especulativos no contexto monetário internacional, os Estados que a compõem devem assegurar patamares mínimos de estabilidade económica e financeira, por forma a que por responsabilidade de "alguns" não se faça perigar a sustentabilidade do "todo". Os princípios orientadores dessa estabilidade foram desde logo definidos aquando da criação da UEM e merecem consagração formal nos Tratados. As regras do jogo foram traçadas e aqueles que integraram a união monetária comprometeram-se a cumpri-las. Apesar disso a vida da UEM foi sendo marcada por incumprimentos sistemáticos do Pacto de Estabilidade e Crescimento (PEC) e por acesas controvérsias sobre a necessidade e adequação daquele mecanismo de controlo. A actual situação veio, justamente, demonstrar que a preservação da zona euro passa por reforçar os instrumentos de controlo da estabilidade económica e financeira. Será demais pedir que os Estados integrados uma zona monetária cumpram regras elementares de boa gestão financeira e de estabilização macro-económica?

As propostas com vista à criação de uma nova governação económica da União Europeia vão neste sentido. Para além da já mencionada criação do Mecanismo Europeu de Estabilidade e da reforma do sector financeiro, pretende efectivar-se a implementação do Programa Económico Comum e o reforço dos mecanismos de supervisão da União. Para a concretização desta última vertente encontra-se em discussão um pacote de seis propostas legislativas através das quais se procura reformar o PEC e criar um mecanismo de supervisão macroeconómica. A referida reforma do PEC passa pela introdução do princípio da prudência na política orçamental, pela maior relevância do critério da dívida pública, pela harmonização das normas e critérios orçamentais e financeiros, bem como por uma maior expressão e automatismo das sanções (regra da "maioria inversa"). No que respeita à supervisão macroeconómica propõe-se a instituição de um mecanismo com vertente preventiva e correctiva, no âmbito do qual se prevê a criação de um procedimento por desequilíbrio excessivo.

Espera-se que a União aprove este pacote legislativo até ao final de 2011; seria desejável que já o tivesse feito o que teria denotado uma capacidade de reacção da Europa perante as dificuldades com que se tem vindo a confrontar. A expressão de um inequívoco compromisso político em torno do empenho na preservação e no reforço da zona euro, são fundamentais para gerar expectativas positivas e credibilizar o euro junto dos agentes económicos internacionais.

As lições da História permitem concluir que nenhuma organização é perene, no entanto, neste momento, a UEM parece ser uma realização irreversível cujo abandono importaria custos gigantescos. O desaparecimento da união monetária faria ruir mais de cinco décadas de integração e a ideia de Europa que se encontra na sua base.

VASCO VALDEZ

1. Que modelo de integração económica e política consideraria adequado à União Europeia?

Em primeiro lugar, começarei por dizer que o actual modelo consagrado pelos Tratados é inquestionavelmente insatisfatório, como a experiência recente tem demonstrado à saciedade. De facto, é hoje patente que o modelo de uma moeda única sem integração cabal das políticas económicas é meio caminho andado para o desastre ao nível da União Europeia, pelo menos, ao nível do euro. Por isso, ou os Estados se decidem por enveredar por um aprofundamento das relações económicas e também políticas, porventura caminhando no sentido de um modelo federal, ou então é melhor pensar em desmembrar a moeda única e voltar-se às fórmulas de simples união aduaneira existentes no passado.

2. Existirá uma identidade europeia e em que se traduz?

Nunca como hoje, em virtude do estado de desagregação em que se encontram as instituições europeias, em que a Comissão é um mero "verbo de encher", o parlamento europeu uma "jarra decorativa" sem qualquer poder efectivo palpável e em que o todo o poder efectivo se concentra nas mãos da Alemanha e, em particular, da sua Chanceler que até no Banco Central Europeu quer mandar, é evidente que não pode haver uma identidade europeia em que a generalidade dos povos europeus se revejam, salvo melhor opinião. Por outro lado, o renascimento dos diferentes nacionalismos e egoísmos que campeiam por entre diversos Estados – embora se deva dizer que em parte justificados pelo mau comportamento dos chamados PIGS- não auguram nada de bom quanto à existência efectiva de um espírito europeu em que se revejam as maiorias dos povos que compõem a Europa.

3. Como avalia os efeitos da adesão às Comunidades sobre a economia portuguesa?

Os efeitos da adesão de Portugal às Comunidades teve, a meu ver, um efeito altamente positivo porque permitiu modernizar o País, em particular no domínio das infra-estruturas que não possuía e que dificilmente conseguiria vir a ter sem o auxílio dos fundos comunitários. Por outro lado, há que realçar que a inserção num espaço económico alargado permitiu desenvolver e modernizar algum tecido produtivo e um alargamento do espaço de circulação de trabalhadores no contexto da União. Agora, há que reconhecer, que teve um lado mau que foi o do desmembramento do nosso sector primário – em particular no sector das pescas e da agricultura – que não soube aproveitar os fundos comunitários para se desenvolver e conduziu ao seu quase desparecimento, com consequências muito negativas de que hoje claramente nos apercebemos. A então CEE pagou-nos para deixarmos de produzir e os portugueses foram no engodo.

4. Que efeitos teve a adesão sobre a sociedade portuguesa, no seu conjunto?

Creio que é pacífico poder dizer-se que a sociedade portuguesa melhorou muito comparativamente face ao quadro que tinhamos antes de 1986, seja em termos de qualificação, seja em termos de maior abertura de espírito. Por outro lado, importa realçar que as condições de vida de que dispomos hoje em dia, mau grado as adversidades que enfrentamos, são incomparavelmente superiores àquelas que a generalidade dos portugueses detinham aquando da entrada na então CEE. Por outro lado, como se disse, houve uma maior integração da população no espaço europeu, mormente dos jovens através de programas universitários como o ERASMUS, que acabam por propiciar novas perspectivas de análise dos problemas e, sobretudo, de procura de oportunidades de emprego qualificado no seio da UE.

5. A União Económica e Monetária foi um passo lógico ou necessário na integração europeia?

Admito que, depois de alargamentos sucessivos a países de Leste, tenha havido a tentação de criar os Estados Unidos da Europa e, consequentemente, a UEM tenha sido um passo lógico nessa caminhada. Só que a solução encontrada, como antes se mencionou, ficou a meio caminho daquilo que deveria ter sido e, com isso, provavelmente poderá comprometer-se todo o processo de construção europeia.

6. A forma como a UEM foi concebida era adequada aos objectivos pretendidos?

A UEM deveria, conforme disse atrás, ter sido um primeiro passo para uma maior integração política e económica. Todavia, as hesitações ao nível dos Estados membros quanto ao caminho a seguir, de par com o ressurgimento dos nacionalismos, a falta manifesta de solidariedade europeia e de verdadeira integração económica e de luta contra as desigualdades no seio dos Estados membros, conduziram a Europa ao estado lastimável em que se encontra hoje.

7. O euro irá sobreviver à crise actual?

Tenho sinceras dúvidas, embora esteja francamente preocupado com as consequências que daí poderão advir para a Europa e até para o Mundo, pelas interligações profundas que se fazem sentir hoje em dia. Creio que há sérios riscos de que possa ocorrer uma de duas situações: ou o euro fica sendo a moeda dos países ditos desenvolvidos, como os países do centro e norte da Europa ou, em alternativa, um desses países sai unilateralmente (v.g. Alemanha) e a moeda desintegra-se. Seja como for, com a falta de liderança europeia, ou melhor dito, com a desastrosa liderança da Alemanha "assessorada" por uma França em busca do prestígio e da grandeza do passado definitivamente perdidos, temo bem que já seja tarde para salvar o euro. As hesitações, a estreiteza de vistas dos referidos líderes, a arrogância demonstrada e a insensibilidade mesmo perante os sinais de alarme que vêm dos EUA ou da China não pressagiam nada de bom na resolução da crise do euro. Com isto é a própria moeda única que se torna um fardo para os seus utilizadores e o descrédito da Europa como um todo acentua-se, vendo-se que é um "monstro" que, em vez de contribuir para a resolução dos seus problemas, acaba por ir deixando que os mesmos se agravem. Ora, nos dias que correm, com a interligação das economias mundiais, a verdade é que a incapacidade de a Europa enfrentar e resolver os problemas acaba por contaminar o mundo inteiro. Por outro lado, o escasso envolvimento das instituições comunitárias, bem como dos restantes países da UE ou da zona euro, que acabam por ir atrás de quem efectivamente manda, inquestionavelmente fragilizam uma resposta adequada à crise, que resulte de um consenso entre nós quanto à solução encontrada para lidar com a grave crise que a todos nos envolve.

8. Portugal deve permanecer na zona euro?

Penso, sinceramente, que hoje poderá dizer-se que terá sido um erro que Portugal haja aderido ao euro. Retirou-nos instrumentos de política económica e, além disso, criou-nos sensação de enriquecimento por virtude da diminuição abrupta das taxas de juro, que, no nosso caso, eram completamente infundadas e vieram a revelar-se altamente nefastas, quer potenciando consumos das famílias, como das empresas e do Estado, sem qualquer aderência à realidade produtiva do país. Além de que o próprio sistema bancário "embandeirou em arco", convicto de que os financiamentos eram inesgotáveis e que o país nunca iria à bancarrota. É o que se viu e o que estamos a pagar com "língua de palmo", passe a expressão. Por outro lado, é inquestionável que a nossa economia não tem massa crítica suficiente para rivalizar com as dos restantes países do euro e que a adopção desta moeda contribuiu para o enriquecimento dos países mais ricos e para o empobrecimento dos mais pobres, aumentando as assimetrias dentro da União Europeia. Em suma, não foi a única causa para a situação crítica em que nos encontramos. A principal razão, estou disso fortemente convencido, foi a corrupção ao nível do aparelho de Estado, potenciadora de adjudicações e gastos públicos a esmo, sem outro critério e juízo de oportunidade na avaliação de investimentos que não o do favorecimento dos amigos ou o da obtenção de comissões, isto de par com uma inoperância gritante do sistema judiciário no seu conjunto. Dito isto, acho que é duvidoso que Portugal venha a permanecer na zona euro pelas razões apontadas no número anterior, ou seja, é sobretudo duvidoso que o euro subsista enquanto moeda ao nível da generalidade dos países europeus. Espero, contudo, que estas minhas "profecias" não venham a concretizar-se e que os resultados da cimeira de 27.10.2011 possa marcar um novo posicionamento no âmbito da zona euro. Todavia, só o futuro permitirá ajuizar cabalmente se assim será, como é óbvio.

BIOGRAFIAS

Adriano Moreira
Professor Emérito da Universidade Técnica de Lisboa. Doutor pelo ISCSP e Doutor em Direito pela Universidade Complutense. Deputado e Vice-Presidente da Assembleia da República (1979-1995). Professor do Instituto Superior Naval de Guerra (até à sua extinção). Professor da Universidade Católica Portuguesa. Presidente Honorário da Sociedade de Geografia de Lisboa e da Academia Internacional da Cultura Portuguesa. Presidente da Academia das Ciências de Lisboa (2008-2010). Actual Presidente do Conselho Geral da Universidade Técnica de Lisboa, e Professor do Instituto de Estudos Superiores Militares. É Doutor *Honoris Causa* por várias universidades nacionais e estrangeiras, com vasta bibliografia nas áreas das relações internacionais, ciência política, e estratégia.

Afonso Scarpa
Afonso Castelo dos Reis Lopez Scarpa nasceu em Lisboa a 5 de Setembro de 1990. Desde 2008 que frequenta a Faculdade de Direito da Universidade de Lisboa e cedo se dedicou ao associativismo estudantil, pelo que foi vogal do departamento de Política Educativa da Associação Académica da Faculdade de Direito no 1º ano e membro do Conselho Académico e da Assembleia de Faculdade nos anos seguintes.

Agostinho Pereira de Miranda
Licenciado pela Faculdade de Direito da Universidade de Coimbra (1974). Inscrito na Ordem dos Advogados desde 1978. Consultor do WorldBank, do USAID, da OPIC e de outras organizações internacionais. É membro da "*American Bar Association*" (ABA), da "*Association of International Petroleum Negotiators*" (AIPN) e da "*International Bar Association*" (IBA). Membro do "*Honorary Advisory Council*" da Câmara de Comércio de Angola – Estados Unidos e da Comissão Executiva da

25 ANOS NA UNIÃO EUROPEIA

Câmara de Comércio e Indústria Portugal – Angola. É o único membro português da "*International Academy of Trial Lawyers*" (IATL) e da "*American Board of Trial Advocates*" (ABOTA). Sócio fundador e membro da Direcção da Associação Portuguesa de Arbitragem.

Alberto Regueira

Alberto Regueira é licenciado em Economia pelo ISCEF (agora ISEG). Director do Gabinete de Planeamento da Secretaria de Estado do Comércio (1970-74), Director-Geral do Comércio Externo (1974-77), Secretário de Estado do Turismo (1980) e Secretário de Estado do Planeamento (1981-83). Presidiu ao Conselho de Administração da COSEC – Companhia de Seguro de Créditos (1979; 1983-93) e ao Conselho de Administração da FINANGESTE (1993-2009). Foi co-fundador e Presidente do Conselho Coordenador da SEDES (Novembro 1974 – Maio 1977) e co-fundador da DECO, de que é actualmente Vice-Presidente da Direcção.

Américo Brás Carlos

Licenciado pela Faculdade de Direito da Universidade de Lisboa e Doutorando em Gestão no ISCTE. Inspector-Geral dos Serviços de Justiça; Consultor do "Fiscal Affaires Department" e do "Legal Department", do Fundo Monetário Internacional; Consultor do *Tax Program-MCC* do Governo dos Estados Unidos da América; Professor Auxiliar do ISCTE. Director do Mestrado em *Gestão Fiscal* e da pós-graduação em *Fiscalidade*, do INDEG/ISCTE; Director do mestrado em Direito Fiscal da Universidade Politécnica de Moçambique; Vogal do Conselho Directivo da Administração Geral Tributária. Jurista e formador da DGCI.

António Brigas Afonso

Integrou as comissões que elaboraram os projectos de codificação dos impostos especiais de consumo e do imposto sobre veículos. Durante as duas últimas Presidências Portuguesas da UE, presidiu, em Bruxelas, ao Grupo do Conselho de Questões Fiscais. Exerce as funções de director-geral das Alfândegas e dos Impostos Especiais sobre o Consumo.

António Carlos dos Santos

Licenciado (FDUC), mestre (UCP) e doutor em Direito (UC Lovaina a Nova) e licenciado em Ciências Políticas e Sociais (ISCSP). Professor da UAL, director do Centro Ratio Legis e membro do IDEFF. Foi Coordenador do Núcleo Economia e Finanças da REPER, Secretário de Estado dos Assuntos Fiscais, Director do Gabinete de Apoio Jurídico-Económico do IVA, Professor do ISEG, jurista assessor principal da DGCI, Chefe de Gabinete do Secretário de Estado do Orçamento e do Ministro de Trabalho e Magistrado do Ministério Público.

BIOGRAFIAS

Tem vários livros e artigos publicados, em especial sobre matérias fiscais e jus-económicas. Participou em múltiplas conferências em Portugal e no estrangeiro e em diversas acções de cooperação.

António Cluny
Procurador-Geral Adjunto no Tribunal de Contas.

António Goucha Soares
António Goucha Soares (Lisboa, 1962), Licenciado pela Faculdade de Direito de Lisboa (1985), Doutorado pelo Instituto Universitário Europeu de Florença (1996), Agregado pela Universidade Técnica de Lisboa (2001). Professor Jean Monnet de Direito Comunitário no ISEG – Instituto Superior de Economia e Gestão, Universidade Técnica de Lisboa. Foi *Visiting Professor* na Brown University.

António Henriques Gaspar
Foi Delegado do Procurador da República e Juiz de Direito. Procurador da República no Círculo Judicial de Coimbra e no Tribunal da Relação de Coimbra. Foi Procurador-Geral Adjunto no Conselho Consultivo da Procuradoria-Geral da República (1987-2003). Também foi Agente de Portugal no Tribunal Europeu dos Direitos do Homem (1992/2003), membro do Comité Director dos Direitos do Homem (1994/2003) e membro do Comité Contra a Tortura das Nações Unidas, eleito pela Assembleia-Geral (1998/2001). É Juiz-Conselheiro do Supremo Tribunal de Justiça, tendo sido eleito Vice-Presidente do Tribunal em Março de 2006 e reeleito em 2009.

António Martins
Doutor em Gestão de Empresas. Professor da Faculdade de Economia da Universidade de Coimbra. Membro do painel de peritos fiscais externos do FMI. Consultor de empresas. Membro de vários grupos de trabalho sobre temas fiscais no âmbito do Ministério das Finanças.

António Romão
Professor Catedrático aposentado do ISEG/UTL. Titular da Cátedra Jean Monnet da Comissão Europeia. Desempenhou, entre outras, as seguintes funções: Vice-Reitor da UTL de 1999 a 2007; Presidente do Conselho Directivo do ISEG em 1985/86, 1989/90 e 1995/99; Coordenador da Secção de Economia Internacional e do Mestrado em Economia Internacional e Estudos Europeus do ISEG. Consultor do PNUD (ONU).

25 ANOS NA UNIÃO EUROPEIA

António Saraiva
Director da Metalúrgica Luso-Italiana desde 1989 e Administrador a partir de 1992, adquiriu a empresa ao Grupo Mello em 1996, sendo actualmente Presidente do Conselho de Administração. Membro da Direcção da Associação dos Industriais Metalúrgicos, Metalomecânicos de Afins de Portugal (AIMMAP), de 2001 a 2003, Vice-Presidente de 2004 a 2006 e Presidente de 2007 a 2009. Membro da Direcção da CIP – Confederação da Indústria Portuguesa de 2004 a 2006 e Vice-Presidente de 2007 a 2009. Presidente da CIP – Confederação da Indústria Portuguesa de Janeiro de 2010 a Janeiro de 2011, altura em que foi eleito Presidente do Conselho Geral e da Direcção da CIP – Confederação Empresarial de Portugal, organização associativa empresarial de cúpula que resulta da integração das componentes institucionais da AEP e da AIP e das Câmaras de Comércio e Indústria na CIP.

António Vasconcelos Tavares
Licenciado em Medicina pela Faculdade de Medicina da Universidade de Lisboa (FMUL), em 1968. Membro da Ordem dos Médicos (OM). Especialização em Estomatologia, em 1973; Doutorado pela FMUL, em 1994. Professor Catedrático da Faculdade de Medicina Dentária da Universidade de Lisboa (FMUL). Vice-Reitor da Universidade de Lisboa (UL); Presidente eleito do quadro de directores do *Institute of Biomedical and Technologycal Research*; Presidente da Sociedade Portuguesa de Estomatologia e Medicina Dentária (SPEMD), entre 1997 e 2001; Presidente da *Association Stomatologique Internationale*, entre 1994 e 2004; Regente, em Portugal, do *International College of Dentists*; Sócio fundador da Associação Portuguesa de Implantologia Oral e Biomateriais e Presidente eleito entre 1989 e 1998; Vice-Presidente, em Portugal, da *European Union of Clinicians in Implant Dentistry*, entre 1990 e 1993; Presidente da secção europeia do *International College of Dentists*.

Artur Santos Silva
Artur Santos Silva licenciou-se em Direito na Universidade de Coimbra, em 1963, e concluiu o *Stanford Executive Program* na Stanford University, em 1985. Foi Assistente da Faculdade de Direito da Universidade de Coimbra, em Finanças Públicas e Economia Política (1963/67), Docente Convidado da Universidade Católica Portuguesa (1979/85), bem como da Faculdade de Direito da Universidade de Coimbra (1980/82). Exerceu funções de Director no Banco Português do Atlântico (1968/75), Secretário de Estado do Tesouro do VI Governo Provisório (1975/76) e Vice-Governador do Banco de Portugal (1977/78). Fundador e Presidente do Conselho de Administração do Grupo BPI desde 1981, é, ainda, membro

828

BIOGRAFIAS

dos Conselhos de Administração da Fundação Calouste Gulbenkian desde 2002, da Jerónimo Martins desde 2004 e da Partex Oil & Gaz desde 2008. É Presidente do Conselho Geral da Universidade de Coimbra desde 2009.

Artur Teodoro de Matos

Professor Catedrático na Faculdade de Ciências Humanas da Universidade Católica Portuguesa e vogal da direcção do Centro de Estudos dos Povos e Culturas de Expressão Portuguesa (CEPCEP) da mesma Universidade. Foi Professor Catedrático na Universidade Nova de Lisboa (Faculdade de Ciências Sociais e Humanas). Fora anteriormente Vice-Reitor da Universidade dos Açores. Fez uma comissão de serviço na Universidade de Macau. É especialista em História dos Descobrimentos e da Expansão Portuguesa, sendo autor de diversos livros e artigos, tendo também proferido vários cursos e conferências em diversas partes do mundo.

Belmiro de Azevedo

Natural de Marco de Canaveses. Professor Assistente na Faculdade de Engenharia do Porto entre 1965 e 1968. Presidente do Conselho de Administração e Presidente da Comissão Executiva da Sonae, SGPS, S.A. Foi, entre outros cargos, Presidente da APGEI – Associação Portuguesa de Gestão e Engenharia Industrial; membro do Conselho Consultivo da Faculdade de Economia da Universidade Nova de Lisboa (Escola de Negócios); membro Fundador do Instituto Superior de Estudos Empresariais (ISEE), actual EGP-UPBS (*University of Porto Business School*). Membro do Conselho Consultivo do IPATIMUP – Instituto de Patologia e Imunologia Molecular da Universidade do Porto; do WBCSD – *Order of Outstanding Contributors to Sustainable Development*; do *European Union Hong--Kong Business Cooperation Committee*; do INSEAD *Portuguese Council*; do *International Advisory Board da Allianz AG*; do *Regional Advisory Board* da London Business School; da Direcção da COTEC Portugal; da *European Round Table of Industrialists*; do *Forum Manufuture Portugal*; do *European Advisory Board* da Harvard Business School. É Presidente do Conselho Geral da EGP-UPBS. "Doutoramento *Honoris Causa*" outorgado pela Faculdade de Engenharia da Universidade do Porto e "Doutoramento *Honoris Causa*" pelo Departamento de Economia e Gestão da Universidade dos Açores.

Camané

Fadista. Camané actuou em diversas casas de fado, além de fazer parte do elenco de diversas produções dirigidas por Filipe La Féria como a "Grande Noite", "Maldita Cocaína" e "Cabaret", onde adquiriu assinalável evidência. A edição de "Uma Noite de Fados", elogiada pela crítica especializada, elegeu Camané como a voz mais representativa da nova geração do fado, possibilitando o reconhecimento

829

25 ANOS NA UNIÃO EUROPEIA

da qualidade do seu trabalho pelo grande público. Realizou desde essa altura inúmeras apresentações em Portugal e no estrangeiro, actuando em França, Holanda, Itália e Espanha.

Carlos Amaral Dias

Licenciado pela Universidade de Coimbra, com especialização em Psiquiatria, obteve o grau de doutor. É Director do Instituto Superior Miguel Torga e Professor Catedrático na Faculdade de Psicologia e de Ciências da Educação da Universidade de Coimbra e no Instituto Superior de Psicologia Aplicada, em Lisboa.

Carlos César

Foi adjunto do Secretário de Estado da Administração Pública do II Governo Constitucional. Ingressou, como Deputado, na Assembleia Regional em Janeiro de 1981. De 1983 a 1985 foi líder do PS nos Açores. Entre Dezembro de 1988 e Dezembro de 1989 foi Deputado na Assembleia da República. Presidente do Governo Regional dos Açores desde 1996. Membro do Bureau Político da Assembleia das Regiões da Europa, organismo ao qual preside, desde 2007, ao Programa Eurodisseia, bem como, desde 2010, ao Observatório da Mobilidade Profissional, e é membro titular permanente do Comité das Regiões da União Europeia e do Congresso dos Poderes Regionais e Locais do Conselho da Europa. Em Maio de 2010 foi eleito, por unanimidade, Presidente da Comissão das Ilhas da Conferência das Regiões Periféricas Marítimas da União Europeia, cargo para que foi reeleito, também por unanimidade, em Maio de 2011 e que exerceu até Setembro do mesmo ano.

Carlos Gaspar

Investigador do Instituto Português de Relações Internacionais da Universidade Nova de Lisboa. Mestre em Ciências Politicas e Relações Internacionais, Institut d'Etudes Politiques de Paris. Antigo Conselheiro do Presidente Ramalho Eanes (1977-1986), do Presidente Mário Soares (1986-1996) e do Presidente Jorge Sampaio (1996-2006). Director do Instituto Português de Relações Internacionais da Universidade Nova de Lisboa (2006-2011). Assessor do Conselho de Administração da Fundação Oriente. Assessor do Instituto de Defesa Nacional. Docente Convidado da Faculdade de Ciências Sociais e Humanas da Universidade Nova de Lisboa. Conferencista do Instituto de Estudos Superiores Militares e da Universidade Católica Portuguesa. Membro do *European Council on Foreign Relations*. Membro do *European China Research and Academic Network*. Membro do LSE *Ideas Africa International Affairs Program*.

Carlos Loureiro

Carlos Loureiro é sócio responsável pela Divisão de Consultoria Fiscal da Deloitte em Portugal. Licenciado em Gestão de Empresas pela Universidade Católica Portuguesa. Em 1987, qualificou-se como Revisor Oficial de Contas, sendo sócio fundador da Deloitte & Associados, SROC S.A.. Integrou os quadros profissionais da Andersen em 1981, tendo sido promovido a Partner em 1991. Exerce actividades docentes, a nível de Mestrado e de Pós-Graduação, na área da fiscalidade, nomeadamente na Universidade Católica Portuguesa e na Universidade Nova de Lisboa. É membro do Conselho Estratégico da Formação de Executivos da Universidade Católica.

Carlos Melo Marinho

Juiz desde meados da década de 80. Dedica-se ao estudo do Direito Europeu e, nos últimos dez anos, à análise das matérias compreendidas no domínio da cooperação judiciária europeia e internacional. Exerceu as funções de Ponto de Contacto de Portugal da Rede Judiciária Europeia em Matéria Civil e Comercial e da Rede Ibero-Americana de Cooperação Judiciária desde a criação destas estruturas – contribuindo para a definição dos respectivos mecanismos e modos de actuação – bem como as de Ponto de Contacto Nacional da Rede de Cooperação Jurídica e Judiciária Internacional dos Países de Língua Portuguesa. É autor de trabalhos publicados em diversos países, tendo apresentado dissertações sobre a referida temática, não apenas em Estados europeus, mas também fora da Europa, sendo o criador da primeira página oficial de Internet sobre a cooperação judiciária europeia em matéria civil e comercial.

Carlos Monjardino

Carlos Monjardino tem uma longa carreira no sector bancário, em Portugal e no estrangeiro. Na política, foi Secretário-Adjunto para a Economia, Finanças e Turismo, e Governador Substituto do Governo de Macau (1986-87) e Presidente da Assembleia Municipal de Cascais (1994-97). Entre outras actividades, foi também Presidente da TVI – Televisão Independente (1996-97) e Administrador da Petrogal (1995-98). Presidente do Conselho de Administração da Fundação Oriente desde 1988, é fundador e membro do conselho de administração de várias fundações nacionais e internacionais, assim como fundador e ex-Presidente do Centro Português de Fundações e do Centro Europeu de Fundações, Bélgica. É ainda Presidente do Conselho de Administração do Banco Português de Gestão e da Generg, SGPS, SA – empresa de energias renováveis.

Carlos Pinto de Abreu

Advogado desde 1992, licenciou-se em Direito em Lisboa na Universidade Católica Portuguesa (1990) e aí frequentou a parte escolar do Mestrado e concluiu a Pós-Graduação (1992) em Estudos Europeus. Foi docente universitário, membro do Júri de Acesso a auditores de justiça ao Centro de Estudos Judiciários, do Grupo de Trabalho para a Revisão do Sistema de Execução de Penas, da Comissão de Acompanhamento do Sistema de Vigilância Electrónica e da Unidade de Missão para a Reforma Penal, sempre designado pela Ordem dos Advogados, e membro da primeira Comissão de Fiscalização dos Centros Educativos, designado pelo Ministério da Justiça. Na Ordem dos Advogados foi Delegado aos três últimos Congressos (1995, 2000 e 2005), membro e presidente de Júris de Agregação, coordenador da área de Prática Processual Penal no Centro de Estágio do Conselho Distrital de Lisboa, membro da Comissão de Legislação (1999-2001), membro e presidente da Comissão dos Direitos Humanos (2002-2007), vogal do Conselho Geral (2005-2007), Presidente do Conselho Distrital de Lisboa da Ordem dos Advogados (2008-2010) e, actualmente, é Vice-Presidente do Conselho Superior da Ordem dos Advogados (2011-2013).

Carlos Rodrigues

Chairman & CEO e Accionista Fundador do Banco de Investimento Global, SA (Banco BIG). Entre 1987 e 1998 foi Presidente do Conselho de Administração do Banco Chemical, SA. Entre 1996 e 1998, foi membro do Conselho Superior do Grupo Champalimaud e Vice Presidente dos Bancos Pinto & Sotto Mayor, Banco Totta e Açores e Crédito Predial Português. Iniciou carreira bancária em Nova Iorque no *Management Training Program* do *Manufacturers Hanover Trust Company*. Promovido a Vice-Presidente em 1983 e Representante em Lisboa no mesmo ano; em 1984, nomeado Administrador Delegado da sucursal do Banco quando este se tornou o primeiro banco privado a abrir em Portugal após a liberalização do sector bancário. Licenciado em Finanças no ISCEF.

Clotilde Celorico Palma

Doutorada em Ciências Jurídico Económicas, especialidade em Direito Fiscal, pela Faculdade de Direito da Universidade de Lisboa. Advogada especialista em Direito Fiscal. Docente do Instituto Europeu e do IDEFF da FDL. Professora Coordenadora do ISCAL. Ex-Chefe do Gabinete do Secretário de Estado dos Assuntos Fiscais do XVII Governo Constitucional e ex Adjunta dos Secretários de Estado dos Assuntos Fiscais dos XII e XIV Governos Constitucionais.

BIOGRAFIAS

Constatino Sakellarides
Licenciado em Medicina, pela Faculdade de Medicina de Lisboa, Mestre em Epidemiologia e Doutorado em Saúde Pública pela Escola de Saúde Pública da Universidade do Texas. Foi médico rural e delegado de saúde em Moçambique, director do Centro de Saúde Sofia Abecassis em Lisboa, presidente do CA da Administração Regional de Saúde de Lisboa e Vale do Tejo e Director-Geral de Saúde. Foi também Professor Catedrático de Políticas e Administração de Saúde, presidente do Conselho Científico, e director da Escola nacional de Saúde Pública, da Universidade Nova de Lisboa. Exerceu as funções de director para as "políticas e serviços de saúde" da Organização Mundial de Saúde/Europa e de director académico da Escola Andaluza de Saúde Publica em Espanha. Foi presidente da Associação Europeia de Saúde Pública. É actualmente coordenador científico do Observatório Português dos Sistemas de Saúde e director da revista "Saúde e Sociedade".

Cristina Branco
Fadista. O fado atravessou a vida de Cristina Branco por um acaso feliz. Conhecia alguns fados de ouvido, trauteados pelo avô materno, letras e acordes que repetia de improviso sem ter consciência de como estes se entranhavam, como lhe decidiam o destino. Estava por essa altura mais próxima de Billy Holliday e Ella Fitzgerald, de Janis Joplin e Joni Mitchell do que de Amália Rodrigues. Pouco antes de pisar um palco a primeira vez, em Amesterdão (1996, Zaal100), Cristina nunca se imaginara sequer uma intérprete amadora ou cantadeira de horas vagas como é próprio de muitos fadistas. O Jornalismo era "a arte" que procurava. Talvez por isso, hoje e sempre, as palavras rejam todos os seus discos. Cantora de poetas (Camões, Pessoa, David Mourão Ferreira, José Afonso, Paul Éluard, Léo Ferré, Alfonsina Storni ou Slauherhoff), Cristina Branco fez do seu modo de entender o fado uma espécie de porta-voz da Poesia e da Literatura. Ao arrepio dos cânones mais ensimesmados do Fado dito tradicional, o caminho de Cristina Branco tem sido outro: autónomo, singular e muitas vezes ébrio de alegria. Sem procurar uma ruptura ingénua com a tradição, antes procurando o que nela há de melhor, Cristina Branco reanima a tradição com a sua originalidade. Se nada na vida de Cristina indicava que o seu destino seria o fado, temos hoje de admitir que Cristina Branco está a criar um estilo senão "raro", certamente "inédito".

Daniel Oliveira
Licenciado em Ciência Política pelo Instituto Superior de Ciências Sociais e Políticas da Universidade Técnica de Lisboa, com especialização em Sociologia dos Movimentos de Opinião. Funcionário da Amnistia Internacional Portugal desde

25 ANOS NA UNIÃO EUROPEIA

Fevereiro de 2006, assumiu as funções de Coordenador de Activismo e Formação desde Junho de 2009. Para além destas, tem tido também como área preferencial da sua actuação a Educação para os Direitos Humanos.

Eduardo Lopes Rodrigues

Professor Convidado, com agregação da Universidade Católica Portuguesa, da UTL/ISCSP e da Faculdade de Direito da Universidade de Coimbra. Doutorado em Ciências Sociais pela Universidade Técnica de Lisboa – Instituto Superior de Ciências Sociais e Políticas em 2008. Mestre em Estudos Europeus em 2000 pela Universidade Católica Portuguesa – Instituto de Estudos Europeus e Licenciado em Engenharia Química-Industrial (Universidade do Porto e Instituto e Instituto Superior Técnico). Em Agosto de 2011, foi nomeado assessor do Ministro da Economia, no Ministério de Economia e Emprego. Anteriormente exerceu funções como Administrador da Universidade Técnica de Lisboa, Vogal do Conselho de Autoridade de Concorrência, Administrador do FINIBANCO SA e Director Geral da Indústria.

Eduardo Paz Ferreira

Licenciado em Direito pela Faculdade de Direito da Universidade de Lisboa, Mestre e Doutorado pela mesma Faculdade, Eduardo Paz Ferreira, decano do Grupo de Ciências Jurídico-Económicas e Professor Catedrático da Faculdade de Direito da Universidade de Lisboa, é Presidente do Instituto Europeu da Faculdade de Direito da Universidade de Lisboa e do Instituto de Direito Económico, Financeiro e Fiscal da mesma Faculdade. Catedrático Jean Monnet (Comissão Europeia) em Economia Comunitária, Eduardo Paz Ferreira é proeminente especialista em finanças públicas, direito fiscal, direito económico, direito comunitário e direito regional, organizando e participando em diversas conferências e colóquios em Portugal e no estrangeiro.

Eduardo Vera-Cruz Pinto

Professor Catedrático da FDL. Director da FDL. Eleito, na Faculdade de Direito, para membro dos Conselhos Pedagógico, Directivo e Científico; para a Assembleia Estatutária; e para Director. Participa como associado em quatro Institutos da FDL; co-fundou dois participando na sua Direcção. Integra o Senado da Universidade de Lisboa; o Conselho de Coordenação da Área Estratégica Ciências Jurídicas e económicas da UL; e a Comissão Universitária do Centenário da Universidade de Lisboa. É Vice-Presidente da Comissão de Redacção da Revista da FDL, membro das Comissões de Redacção e Editorial da Revista *Ius Commune*, do Instituto de Cooperação da FDL, e da *Jus Scriptum*, do Núcleo de Estudantes Luso-Brasileiros da FDL. Participa nas actividades executivas e exerce funções

BIOGRAFIAS

científicas na experiência pioneira dos doutoramentos conjuntos no âmbito da Universidade de Lisboa. Membro da European Association for Educational Law and Policy (Antuérpia), desde 1995 e da Direcção da Associação Portuguesa de Política e Direito Educativo, desde a sua fundação em 1998. Membro da *DEAN Network*, membro associado da *EU MODERN – European Platform Higher Education Modernisation*. Presidente do Conselho Superior-Científico do FACID – Fórum Angolano para o Conhecimento Competitivo, Inovação & Desenvolvimento. Membro conferencista da Société Fernand De Visscher pour L'Histoire des Droits de L'Antiquité, com sede em Bruxelas – Bélgica, desde 2005. Membro do *International Directory of Mediavalists* da Brepols Publishers. Membro da Academia Internacional de Direito Linguístico, com sede em Montreal Canadá, desde Abril de 2007. Fundador do Centro de Estudos Cabo-verdianos em Portugal, Presidente do seu Conselho Geral e Coordenador da área científica das ciências sociais, de Março 2005 a Março de 2009. Coordenador Científico da área de ciências histórico-jurídica no Instituto de Ciências Jurídicas e Sociais, em Cabo Verde, a partir do ano lectivo 2005/2006. Membro associado da Associação Ibero- -Americana de Direito Romano, com sede em Madrid, desde Janeiro de 2008.

Elisabete Miranda

Redactora principal do Negócios, onde chegou em 2006. Iniciou a carreira de jornalismo há onze anos, no Diário Económico, tendo antes trabalho como economista. Actualmente, escreve regularmente sobre as áreas de fiscalidade, segurança social e financiamento autárquico. É licenciada em economia pelo Instituto Superior de Economia e Gestão/Universidade Técnica de Lisboa e pós graduada em "Gestão Fiscal das Organizações" pelo IDEFE/ISEG/UTL.

Elizabeth Accioly

Elizabeth Accioly Rodrigues da Costa é Doutora em Direito Internacional pela Universidade de São Paulo-USP (Brasil) e Diplomada em Estudos Europeus pelo Instituto Europeu da Faculdade de Direito de Lisboa. É Professora de Direito Internacional Público, Direito Internacional Económico, Direito da União Europeia e Direito das Organizações Internacionais na Universidade Lusíada de Lisboa. Professora de Integração Latino-Americana no Instituto Europeu da Faculdade de Direito de Lisboa e no Centro de Excelência *Jean Monnet* da mesma Universidade. Professora visitante do Curso de Mestrado em Direito da Faculdade de Direito de Curitiba (Unicuritiba). É membro da Academia Paranaense de Letras Jurídicas, do Instituto dos Advogados do Paraná e da Academia de Cultura de Curitiba. Advogada e consultora jurídica internacional, inscrita na Ordem dos Advogados do Brasil e de Portugal. Autora de várias obras, entre elas "Sistema de Solução de Controvérsias em blocos económicos", publicada pela Editora Almedina, e "Mercosul e União Europeia – estrutura jurídico-institucional", 4ª edição, pela Editora Juruá (Brasil).

Emílio Rui Vilar
Presidente da Fundação Calouste Gulbenkian desde 1996, exerce, também desde esse ano, o cargo de presidente do Conselho de Auditoria do Banco de Portugal. Licenciado em Direito pela Universidade de Coimbra em 1961. Ocupou diversos cargos governativos, como o de Secretário de Estado do Comércio Externo e Turismo do I Governo Provisório e o de Ministro da Economia dos II e III Governos Provisórios e o de Ministro dos Transportes e Comunicações do I Governo Constitucional (1976-1978). Em 1976 foi eleito Deputado à Assembleia da República. Doutor *Honoris Causa* pela Universidade de Lisboa

Fernando Mascarenhas
Licenciado em Filosofia pela Faculdade de Letras da U. L. Entre 1979 e 1988 foi Assistente do Departamento de História e Línguas da Universidade de Évora. Instituiu a Fundação das Casas de Fronteira e Alorna em Junho de 1989, que mereceu o estatuto de "utilidade pública" em Fevereiro de 1991. Preside à mesma desde a criação da sua Comissão Instaladora (1987), sendo também o responsável pela respectiva programação cultural, no âmbito da qual organizou numerosas actividades, com particular incidência no âmbito da História da Arte, da História e Literatura, bem como sobre temas ligados à Filosofia e ao Restauro. Em 1994 foi condecorado com a Comenda da Ordem da Liberdade. Autor de várias conferências e comunicações no âmbito da História, História da Arte e Património. Autor de *Sermão ao Meu Sucessor*, Edições Dom Quixote, 2004. Anfitrião do Programa "Travessa do cotovelo" da RTP2 nos meses de Março, Abril e Maio de 2000.

Fernão de C. Fernandes Thomaz
Advogado. Ex-assistente da Faculdade de Direito de Lisboa. Professor Universitário. Antigo Deputado à Assembleia da República. Membro do Instituto Europeu.

Francisco Botelho Nunes
Nascido em S. Miguel – Açores, em 1951, é doutorado em Economia e Professor da Universidade dos Açores. Licenciado pelo ISEG e pelo Departamento de Economia da Univerrsidade dos Açores. Frequentou a Faculdade de Direito de Lisboa. Tem consagrado uma parte significativa da sua actividade às questões de segurança social.

BIOGRAFIAS

Francisco Seixas da Costa
Diplomata. Licenciado em Ciências Políticas e Sociais, pelo Instituto Superior de Ciências Sociais e Políticas. Desempenhou funções nas Embaixadas de Portugal em Oslo (1979-1982), Luanda (1982-1986) e Londres (1990-1994). Secretário de Estado dos Assuntos Europeus, integrando os XIII e XIV Governos Constitucionais, entre 1995 e 2001. Foi o principal negociador português do Tratado de Amesterdão (1995-1997) e do Tratado de Nice (2000), presidiu ao Comité de Ministros do Acordo de Schengen (1997) e ao Conselho de Ministros do Mercado Interno da União Europeia (2000). Posteriormente, foi Representante Permanente de Portugal nas Nações Unidas (2001-2002), desempenhando os cargos de vice-presidente do Conselho Económico e Social (ECOSOC), presidente da Comissão de Economia e Finanças da 56ª Assembleia Geral, de vice-presidente da 57ª Assembleia Geral e membro do *Board* do *United Nations Fund for International Partnerships*. Foi Representante Permanente de Portugal na Organização para a Segurança e Cooperação na Europa (2002-2004), tendo presidido ao respectivo Conselho Permanente (2002). Em 2005 foi nomeado Embaixador de Portugal em Brasília e, em 2009, Embaixador em Paris. É presidente do Conselho Geral da Universidade de Trás-os-Montes e Alto Douro, desde 2009, e do Conselho Consultivo da Faculdade de Economia da Universidade de Coimbra, desde 2010.

Gonçalo Carrilho
Gonçalo Carrilho (n. 1989), licenciado em Direito, integrou o Conselho de Garantia da Qualidade da Universidade de Lisboa (2010/2011) e éPresidente da Associação Académica da Faculdade de Direito de Lisboa – AAFDL (2010/2012).

Guilherme d'Oliveira Martins
Guilherme d'Oliveira Martins (Lisboa, 1952). Licenciado e Mestre em Direito. Professor Universitário Convidado. É Presidente do Tribunal de Contas e Presidente do Centro Nacional de Cultura. Foi Secretário de Estado da Administração Educativa, Ministro da Educação, Ministro da Presidência e Ministro das Finanças. Foi Presidente da SEDES. Autor de: *Oliveira Martins, Uma Biografia*; *Ministério das Finanças, Subsídios para a sua História no Bicentenário da Secretaria de Estado dos Negócios da Fazenda*; *Escola de Cidadãos*; *O Enigma Europeu*; *Educação ou Barbárie?*; *O Novo Tratado Constitucional Europeu*; *Europa, Portugal e a Constituição Europeia* (coord.); *Portugal, Identidade e Diferença – Aventuras da Memória*; *O Novo Tratado Reformador Europeu. Tratado de Lisboa – o Essencial*; *Património, Herança e Memória – A Cultura como Criação*; *Os Grandes Mestres da Estratégia. Estudos sobre o poder, a guerra e a paz*, (em colab.).

Guilherme Waldemar d'Oliveira Martins

Licenciado em Direito pela Universidade Católica e Mestre em Ciências Jurídico-Económicas pela Faculdade de Direito de Lisboa. É Assistente na menção de Jurídico-Económicas da Faculdade de Direito da Universidade de Lisboa, onde se encontra a finalizar o doutoramento. Exerceu funções de assessor dos Secretários de Estado dos Assuntos Fiscais no XVII e do XVIII Governos Constitucionais, tendo feito parte da Comissão de Reavaliação dos Benefícios Fiscais criada em 2005. É Presidente do Conselho Interministerial para a Coordenação dos Incentivos Fiscais ao Investimento.

Ilda Figueiredo

Economista. Mestre em Planificação e Administração da Educação. Membro do Comité Central do PCP. Foi deputada à Assembleia da República entre 1979 e 1991. Foi vereadora na Câmara Municipal do Porto entre 1994 e 1999, membro da Assembleia da Área Metropolitana do Porto e vereadora na Câmara Municipal de Gaia entre 1983 e 1991 e entre 2005 e 2009.Tem diversos livros publicados e colaboração regular na comunicação social. Deputada ao Parlamento Europeu.

Isabel Marques da Silva

Isabel Marques da Silva (n. 30-07-1970), Juíza Conselheira da Secção de Contencioso Tributário do Supremo Tribunal Administrativo (desde 25 de Fevereiro de 2009), tendo sido até essa data assistente da Faculdade de Direito da Universidade Católica Portuguesa, assumindo as regências das disciplinas de Direito Fiscal, Finanças Públicas, Processo Tributário e Infracções Fiscais na Licenciatura, Mestrados e Pós-Graduações. Licenciada em Direito (1993) e Mestre em Ciências Jurídico – Económicas (1998) pela Faculdade de Direito da Universidade Católica Portuguesa. Membro da Direcção da Associação Fiscal Portuguesa (AFP) e associada do Instituto de Direito Económico, Financeiro e Fiscal (IDEFF) e do Instituto Europeu da Faculdade de Direito da Universidade de Lisboa. Membro da comissão de redacção da Revista de Finanças Públicas e Direito Fiscal. Autora de vários trabalhos publicados na área do Direito Fiscal, com particular incidência nos temas das infracções tributárias e do processo tributário.

João Bilhim

Licenciado em Filosofia e em Teologia, pela Universidade Católica Portuguesa. Em 1977 concluiu a Licenciatura em Ciências Antropológicas e Etnológicas pelo ISCSP, Universidade Técnica de Lisboa. No ano de 1988 terminou o Mestrado em Ciências Antropológicas pelo ISCSP. Em 1993, doutorou-se em Ciências Sociais, na especialidade de Sociologia, pelo ISCSP, UTL. Em 2002, Agregação em Antropologia e Sociologia pela Universidade Técnica de Lisboa. Disciplina Sociologia das Organizações. É actualmente Presidente do ISCSP/UTL.

João Bosco Mota Amaral

Licenciado e mestre pela Faculdade de Direito da Universidade Clássica de Lisboa. Doutor *Honoris Causa* em Ciências Económicas pela Universidade dos Açores. Integrou a Ala Liberal, liderada por Francisco Sá Carneiro, sendo eleito Deputado em 1969. Fundador do Partido Social Democrata nos Açores, foi Deputado à Assembleia Constituinte e, posteriormente, reeleito Deputado à Assembleia da República em todas as legislaturas. Entre 1976 e 1995 foi Presidente do Governo da Região Autónoma dos Açores. Foi Vice-Presidente da Assembleia da República na VII e VIII Legislaturas. Foi Conselheiro de Estado de 1982 a 1995 e de 2001 a 2005. Foi Presidente do Conselho de Administração do Instituto Francisco Sá Carneiro, desde Julho de 2000 até Abril de 2008. Foi eleito Presidente da Assembleia da República em Abril de 2002, no início da IX Legislatura, cessando funções a 16 de Março de 2005. Foi nomeado, pelo Presidente da República, Chanceler das Ordens Nacionais, em Abril de 2006 até Junho de 2011. Actualmente é Deputado à Assembleia da República pelo círculo eleitoral dos Açores e é Presidente da Delegação da Assembleia da República à Assembleia Parlamentar do Conselho da Europa.

João Ferreira do Amaral

Professor Catedrático aposentado do ISEG/UTL, Presidente da Direcção da Associação para a Competitividade da Indústria da Fileira Florestal e membro do Conselho Económico e Social. É licenciado, doutorado e agregado em Economia pelo ISEG/UTL. Foi Director-Geral do Departamento Central de Planeamento, membro do Comité de Política Económica da então CEE e assessor da casa civil do Presidente da República.

João Miguel Ascenso

Licenciado em Direito pela Faculdade de Direito da Universidade de Lisboa (2010) é agora mestrando na mesma Faculdade, na especialidade de Direito Comercial. Frequentou o curso de Pós-Graduação "O Direito Europeu em Acção – a Jurisprudência do TJUE" do IDEFF e do Instituto Europeu (2011). Foi Presidente da Direcção e da Assembleia Geral da Associação Académica da Faculdade de Direito de Lisboa. Presidiu à Assembleia Magna da Associação Académica da Universidade de Lisboa e foi membro da Assembleia Estatutária da Faculdade de Direito da Universidade de Lisboa. Em 2010, foi Bolseiro do IX Programa de Jovens Líderes Ibero-Americanos da Fundación Carolina. É Conselheiro Geral da Universidade de Lisboa, membro da Comissão de Redacção da Revista de Finanças

Públicas e Direito Fiscal e Advogado-Estagiário da Sociedade de Advogados Paz Ferreira e Associados.

João Pateira Ferreira
Assistente da Faculdade de Direito da Universidade de Lisboa e jurista na Autoridade da Concorrência, tendo igualmente exercido advocacia. Mestre em Direito pela Faculdade de Direito da Universidade de Lisboa, e pós-graduado em estudos jurídicos e económicos europeus pela Universidade de Paris I (Panthéon-Sorbonne), é membro do conselho de redacção da revista "Concorrência e Regulação" e colaborador regular da "Revista de Finanças Públicas e Direito Fiscal".

João Ricardo Catarino
João Ricardo Catarino é licenciado em Direito pela Faculdade de Direito da Universidade de Lisboa, pós-graduado em Estudos Europeus, Mestre em Ciência Política e Doutorado e Agregado em finanças públicas pela Universidade Técnica de Lisboa – ISCSP, onde lecciona *Finanças Públicas, Fiscalidade, Políticas Financeiras e Gestão Orçamental*. Foi representante do Ministro das Finanças no Grupo de Alto Nível sobre a evolução Fiscalidade Interna no âmbito da União Europeia, membro da delegação portuguesa e representante de Portugal no Comité de Assuntos Fiscais da OCDE. Foi membro das Comissões de Reforma da tributação do consumo e do património. Trabalhou activamente na reforma do imposto sobre o rendimento. Assessor, Adjunto e Chefe de Gabinete do Secretário de Estado dos Assuntos Fiscais. Fiscalista. Membro do Colégio de especialidade da OTOC.

João Rodrigues
João Rodrigues. Economista e Investigador no Centro de Estudos Sociais da Universidade de Coimbra, onde integra o Núcleo de Estudos sobre Ciência, Economia e Sociedade (NECES). Doutorado pela Universidade de Manchester com uma tese intitulada *Are Markets Everywhere? Ludwig von Mises, Friedrich Hayek and Karl Polanyi*. O seu trabalho de investigação incide na análise das relações entre as instituições económicas, o comportamento humano e a moralidade e no escrutínio da economia política europeia. Tem artigos publicados nestas áreas em capítulos de livros e em revistas científicas como a *Revista Crítica de Ciências Sociais*, o *Cambridge Journal of Economics* ou a *New Political Economy*.

Joaquim Bastos e Silva
Engenheiro Civil pelo Instituto Superior Técnico; Membro da Ordem dos Engenheiros desde 1980. Desenvolve actividade como Empresário, Engenheiro Civil e Consultor nos Açores. Administrador do Grupo Bensaude, integrando diversos Conselhos de Administração (1995-2005). Secretário Regional das Finanças,

Planeamento e Administração Pública (1993-1995). Presidente do Conselho de Administração da Empresa de Electricidade dos Açores (1990-1993). Director do Departamento de Matemática da Universidade dos Açores (1989-1990). Docente de Matemática na Universidade dos Açores (1980-1990).

Joaquim Freitas da Rocha
Doutor em Direito pela Faculdade de Direito da Universidade de Coimbra; Professor Auxiliar na Escola de Direito da Universidade do Minho; Director do Departamento de Ciências Jurídicas Públicas; Director do Mestrado em Direito Tributário e Fiscal; Investigador; Autor de várias monografias e vários artigos científicos nas áreas de Direito Constitucional, Direito Tributário, Direito da União Europeia e Direito Financeiro (Finanças públicas).

Jorge Miranda
Doutor em Direito (Ciências Jurídico-Políticas) pela Universidade de Lisboa (1979) e Professor Catedrático desta Faculdade e da Universidade Católica Portuguesa (desde 1985). Doutor *Honoris Causa* pelas Universidades de Pau, Vale do Rio dos Sinos (Brasil) e Lovaina. Foi Deputado à Assembleia Constituinte portuguesa (1975-1976), Deputado à Assembleia da República (1976 e 1980-1982) e membro da Comissão Constitucional – antecessora do Tribunal Constitucional (1976-1980). Autor dos anteprojectos de Constituição de São Tomé e Príncipe e de Timor-Leste. Foi presidente do Conselho Científico (1988-1990) e presidente do Conselho Directivo (1991-2001) da sua Faculdade. É membro de numerosas associações científicas. Na sua bibliografia avulta o *Manual de Direito Constitucional* em 6 volumes, com sucessivas edições.

Jorge Torgal
Professor Catedrático de Saúde Pública da Faculdade de Ciências Médicas (FCM) da Universidade Nova de Lisboa (UNL) desde 2006, onde é Director do Departamento Universitário de Saúde Pública desde 1998. Licenciou-se em Medicina na Faculdade de Medicina da Universidade de Lisboa (1974) e obteve os títulos de especialista em Dermatologia (1984) e em Saúde Pública (1991). Doutorou-se em Medicina/Saúde Pública/Bacteriologia (FCM, UNL, 1990) e fez a agregação em Saúde Pública (UNL, 1997).

José Albino da Silva Peneda
Licenciado em Economia pela Universidade do Porto. Diplomado em Administração do Desenvolvimento pelo Institute of Social Studies, em Haia, na Holanda. Desde 2009 é Presidente do Conselho Económico e Social Português. Foi Deputado ao Parlamento Europeu (2004–2009); Membro da Comissão do Emprego

25 ANOS NA UNIÃO EUROPEIA

e dos Assuntos Sociais; Membro da Comissão dos Orçamentos; Membro da Comissão temporária sobre os desafios políticos e os recursos orçamentais da União alargada (2007-2013). Em 2005, foi Chefe da Missão, nomeado pela União Europeia para a observação das Eleições Legislativas na Venezuela. Desde 2005 é Membro do Conselho Consultivo da Faculdade de Economia da Universidade do Porto. Foi Representante pessoal do Primeiro-Ministro no grupo de Representantes pessoais dos Chefes de Estado e Primeiros-Ministros da União Europeia no dossier das Redes de Transporte Transeuropeias (1994–1995). Foi Ministro do Emprego e da Segurança Social no XII Governo Constitucional (1991–1993). Foi Ministro do Emprego e da Segurança Social no XI Governo Constitucional (1987--1991). Foi Secretário de Estado do Planeamento e Desenvolvimento Regional no X Governo Constitucional (1985-1987). É Presidente da Fundação Rei Afonso Henriques desde 2009. Possui a Grã-Cruz da Ordem do Infante D. Henrique (2010).

José Castel-Branco
Administrador das Estradas de Portugal. Antigo Director-Geral do Tesouro, antigo Chefe de Gabinete do Ministro das Finanças. Desenvolveu uma longa carreira na Direcção-Geral do Tesouro.

José Castro Caldas
José Castro Caldas é Investigador do Centro de Estudos Sociais da Universidade de Coimbra e actualmente seu Director Coordenador. Anteriormente foi Professor Auxiliar do Departamento de Economia do ISCTE e Investigador do DINÂMIA, de que foi Vice-Presidente e membro da Direcção em diversos mandatos. É licenciado em Economia pelo ISEG, Mestre em Matemática Aplicada à Economia e à Gestão e Doutorado em Economia pelo ISCTE. Os seus principais interesses de investigação actuais incluem a deliberação individual e colectiva, a economia institucionalista e a história da economia.

Cardeal D. José da Cruz Policarpo
Licenciado em Teologia Dogmática, em 1968, pela Pontifícia Universidade Gregoriana de Roma. Docente da Faculdade de Teologia da Universidade Católica Portuguesa desde 1970, na categoria de Professor Auxiliar (1971), de Professor Extraordinário (1977) e de Professor Ordinário (1986). Reitor da Universidade Católica Portuguesa para o quadriénio de 1988/1992, por Decreto da Santa Sé, tendo sido reconduzido nessa função por um segundo quadriénio (1992/1996).

José Eduardo Franco
Presidente da Direcção do Instituto Europeu de Ciências da Cultura P. Manuel Antunes e Director-Adjunto do Centro de Literaturas e Culturas Lusófonas

BIOGRAFIAS

e Europeias da Faculdade de Letras da Universidade de Lisboa. Formou-se em Filosofia, Teologia, História e Ciências da Educação na Universidade de Lisboa, na EHESS de Paris, na Universidade Católica Portuguesa e na Universidade de Aveiro. Tem desenvolvido vários projectos de investigação nos domínios da História da Cultura, da História das Ideias, da Mitocrítica e das grandes polémicas históricas que marcaram a vida cultural, política e religiosa do nosso país. Entre as suas obras publicadas destaca-se *O Mito de Portugal*, Prefácio Francisco Contente Domingues, Lisboa, FMMVAD/Roma Editora, 2000, e *O Mito dos Jesuítas em Portugal e no Brasil, Séculos XVI-XX*, 2 Vols., Prefácios de Bernard Vincent, Luís Filipe Barreto e Eduardo Lourenço, Lisboa, Gradiva, 2006-2007.

José Francisco Verdelho

Licenciou-se em Direito pela Faculdade de Direito de Lisboa em 1989, na qual foi, ainda como estudante, Monitor de Direitos Reais. No ano seguinte obteve o Diploma de *Avanced European Studies* no Collège d'Europe em Bruges e regressou à Faculdade de Direito de Lisboa onde desenvolveu actividade académica até 1995. Foi Assistente de Direito da Economia II e Economia Política na licenciatura em Direito. Foi também Assistente na Universidade Internacional. Foi Consultor da Ernst & Young em Lisboa entre 1990 e 1992, no departamento de International Tax, e Adjunto do Secretário de Estado do Turismo nos anos de 1992 e 1993; Administrador das sociedades Lusitana de Investimentos SGPS, MSF SGPS e TottaFinance – Serviços Financeiros até 1995; Administrador da SDZ – Sociedade de Desenvolvimento do Zambeze e foi fundador e é Administrador da sociedade financeira de direito angolano Títulos Atlântico – Sociedade Financeira de Investimento.

José Luís da Cruz Vilaça

Doutor em Economia Internacional (Universidade de Paris I) e Mestre em Direito (Universidade de Coimbra). Professor Auxiliar Convidado das Faculdades de Direito das Universidades Nova e Católica de Lisboa. Advogado e jurisconsulto; Sócio de PLMJ – A. M. Pereira & Associados, onde lidera o Departamento de Direito da Concorrência e Direito da UE. Foi Advogado-Geral no Tribunal de Justiça, Presidente do Tribunal de Primeira Instância das Comunidades Europeias (1986-1995), Secretário de Estado da Administração Interna e da Presidência do Conselho e da Integração Europeia (1980-1982), tendo, nesta qualidade, sido responsável pelas negociações de adesão às Comunidades Europeias. Foi Presidente do Conselho de Disciplina da Comissão Europeia e Consultor do BEI. Tem numerosos trabalhos publicados nas áreas da sua especialidade. Foi agraciado pelos Chefes de Estado de Portugal, França, Itália e Luxemburgo.

José M. Amado da Silva

Licenciado em Engenharia Químico-Industrial pelo IST e Doutorado em Economia pela Universidade Católica Portuguesa. Foi docente em várias instituições de ensino superior e universitário. Presidente do Conselho de Administração do ICP-ANACOM.

José Manuel Monteiro da Silva

Juiz Conselheiro do Tribunal de Contas. Licenciado em economia pela UTL. Mestre e Doutor pela University of Pennsylvania (EUA). Professor da Universidade dos Açores e da Universidade do Algarve, nas áreas de economia regional, investigação operacional e economia portuguesa. Além de funções académicas, foi consultor e gestor de empresas. Presidente da Câmara do Comércio e Indústria dos Açores. Membro do Conselho Regional de Concertação Social da R.A. dos Açores e do Conselho Económico e Social de Portugal. Presidente da União Económica das Regiões Ultraperiféricas da Europa Comunitária. Presidente da Electricidade dos Açores e da Agência para a Promoção do Investimento dos Açores. Membro dos órgãos sociais do Banco Comercial dos Açores, Companhia de Seguros Açoriana, Açorpensões e de instituições como o Inova, Elecpor e Eurelectric. Recebeu o prémio, na R.A. dos Açores, de gestor do ano de 2004.

José Medeiros Ferreira

É Professor Catedrático Convidado e Director do Curso de Estudos Europeus e Relações Internacionais na Universidade Lusófona; Presidente do Conselho Geral da Universidade Aberta; Professor Universitário aposentado da Faculdade de Ciências Sociais e Humanas da Universidade Nova de Lisboa; Foi Deputado constituinte, Deputado à Assembleia da República, ao Parlamento Europeu e à Assembleia Parlamentar do Conselho da Europa; Ministro dos Negócios Estrangeiros do I Governo Constitucional, responsável pelo pedido de adesão de Portugal à CEE (Março de 1977); É autor de várias obras de História de Portugal, História das Relações Internacionais e de Estratégia.

José Miguel Júdice

Advogado, Árbitro Internacional e Professor Universitário. Sócio Fundador de PLMJ, Sociedade de Advogados, antigo Bastonário da Ordem dos Advogados (2002-5), Presidente da Comissão dos Direitos Humanos da Ordem dos Advogados (2003-2004). Membro do Conselho Superior da Magistratura (1997-2001). Antigo Professor das Faculdades de Direito da Universidade de Coimbra (1972--78) e Lisboa (1978-81). Professor Associado Convidado da Faculdade de Economia da Universidade Nova, Professor Convidado da Faculdade de Direito da Universidade Nova, do Instituto Universitário de Lisboa ISCTE e do MBA conjunto da Universidade Católica e Universidade Nova. Membro do Conselho Geral da Fundação Cultural da Universidade de Coimbra. Membro da Corte Internacional de Arbitragem da CCI (Paris), da lista de árbitros do ICSID (Banco Mundial, Washington) e de centros institucionais de arbitragem em S. Paulo, Madrid, Seoul, Lisboa e Porto. Vice-Presidente da Associação Comercial de Lisboa e do seu Centro de Arbitragem. Membro da Direcção da Associação Portuguesa de Arbitragem. Ordem do Infante D. Henrique (Portugal) e Légion d'Honneur (França).

José Narciso Cunha Rodrigues
Licenciado em direito, em 1963, pela Faculdade de Direito da Universidade de Coimbra. Ingressou na magistratura em 1964, tendo exercido os cargos de Delegado do Procurador da República e de Juiz de Direito e, em comissão de serviço, os de Adjunto do Procurador da República, de Ajudante do Procurador-Geral da República e do Procurador-Geral Adjunto no Conselho Consultivo da Procuradoria-Geral da República. Encarregado pelo governo, em 1977, 1978 e 1982, de realizar e coordenar estudos no âmbito das reformas do sistema judiciário. De 1980 a 1984, exerceu funções de agente do governo junto da Comissão Europeia dos Direitos do Homem e do Tribunal Europeu dos Direitos do Homem. Perito, entre 1980 e 1984, no Comité Director para os Direitos do Homem do Conselho da Europa. Membro da Comissão Revisora do Código de Processo Penal e da Comissão Revisora do Código Penal. Membro do Comité de Fiscalização do OLAF. Procurador-Geral da República entre 1984 e 2000. Juiz do Tribunal de Justiça das Comunidades Europeias desde 6 de Outubro de 2000. Presidente da 2a secção do Tribunal de Justiça. Autor de estudos, livros, artigos e conferências sobre temas jurídicos e sociais. Na área do direito comunitário, tem escrito e intervindo nomeadamente sobre *contencioso comunitário, direitos fundamentais, contratos públicos, justiça, segurança e livre circulação de pessoas* e *cidadania europeia*.

José Reis
José Reis é Professor Catedrático da Faculdade de Economia da Universidade de Coimbra, de que é Director desde 2009, e Investigador do Centro de Estudos Sociais. É doutorado em Economia pela Universidade de Coimbra, onde também prestou provas de agregação na mesma área. Foi Secretário de Estado do Ensino Superior (1999-2001), Presidente da Comissão de Coordenação da Região Centro (1996-1999), Presidente do Conselho Científico da FEUC (1992-1994 e 2002-2004). É membro do Conselho Nacional do Ambiente e do Desenvolvimento Sustentável. Publicou *Ensaios de Economia Impura* (Coimbra, Almedina, 2007 e 2009) onde desenvolveu o seu programa de investigação de raiz institucionalista.

25 ANOS NA UNIÃO EUROPEIA

A economia portuguesa e a economia e as políticas do território são outros domínios em que tem investigado e publicado.

José Renato Gonçalves
José Renato Gonçalves é Professor da Faculdade de Direito da Universidade de Lisboa, onde concluiu a Licenciatura, o Mestrado e o Doutoramento em Direito (Ciências Jurídico-Económicas). Membro do Conselho Académico da Faculdade de Direito, da Direcção do Instituto Europeu e do Conselho Redactorial da *Revista de Concorrência e Regulação / Competition and Regulation Review – C & R*. Colabora com o Instituto de Direito Económico, Financeiro e Fiscal e com o Instituto de Cooperação Jurídica da Faculdade de Direito em cursos de pós-graduação leccionados em associação com universidades de países de língua portuguesa nos domínios da integração e da regulação económica. Estudos recentes sobre integração europeia: "E depois do resgate (da Grécia, da Irlanda e de Portugal)? Outro resgate?" (2011); *O Euro e o Futuro de Portugal e da União Europeia* (Coimbra Ed., 2010); "A sustentabilidade da zona euro e a regulação do sistema financeiro" (2010); "*The principle of transparency and the European identity*" (2009); "A crise financeira de 2007- -2009 e as suas diversas implicações globais – A propósito da reunião do G-20 de 2 de Abril de 2009" (2009).

José Tribolet
José Manuel Tribolet é Professor Catedrático de Sistemas de Informação no Departamento de Engenharia Informática (DEI) e em *Joint Appointment*, no Departamento de Engenharia e Gestão (DEG) do IST/UTL. É Licenciado em Engenharia Electrotécnica (1970) pelo IST/UTL, *Master of Science in "Electrical Engineering"* (1974) e Ph.D. *in "Electrical Engineering and Computer Science"* (1977) pelo M.I.T, Cambridge, Massachusetts, EUA. É Agregado (1979) em Engenharia Electrotécnica – Teoria dos Sistemas pelo IST/UTL. É Membro do Conselho Geral da UTL desde Janeiro 2009 e responsável pelo POSI – Pós-Graduação em Sistemas de Informação (DFA – 3º Ciclo Bolonha) do DEI/IST. É Presidente do INESC – Instituto de Sistemas e Computadores, Lisboa, Portugal. É Administrador não executivo do Taguspark, SA e Administrador executivo da Aitec-Oeriras. Exerce em profissão liberal assessoria a Executivos nos domínios da Engenharia, Arquitectura e Governação e Transformação Empresariais.

Lauro António
Licenciado em História, foi membro do Cine-clube Universitário de Lisboa e, mais tarde, director do ABC Cine-Clube. Crítico de cinema. Lauro António tem prosseguido a sua actividade como ensaísta e documentarista. Manhã Submersa estreada no Festival de Cannes de 1980 permanece como a obra maior do rea-

846

lizador. Entre outros filmes realizou José Viana, *50 anos de carreira* (1998), *Conto de Natal* – telefilme (1988), *O Vestido Cor de Fogo* (1986), *A Bela e a Rosa* – telefilme (1983), *Casino Oceano* – telefilme (1983), *Mãe Genovena* – telefilme (1983), *Paisagem Sem Barcos* – telefilme (1983), *Manhã Submersa* (1980), *O Zé-Povinho na Revolução* – curta-metragem (1978), *Bonecos de Estremoz* – curta-metragem (1978), *Vamos ao Nimas* – curta-metragem (1975), *Prefácio a Vergílio Ferreira* – curta-metragem (1975).

Luciano Pinto Ravara

Ingressou na Faculdade de Medicina da Universidade de Lisboa em 1956, licenciando-se e defendendo tese em 1963. Doutorou-se em Medicina, em 1975, e agregou-se em 1977. Foi Director do Serviço de Medicina I do HSM de Outubro, de 1995 a Junho de 2009, e Professor Catedrático na Faculdade de Medicina da Universidade de Lisboa. Luciano Ravara, onde se jubilou em 2009. Foi, também, um dos fundadores da SEDES (Associação para o Desenvolvimento Económico e Social) e da Pragma, bem como, Secretário-Geral do Movimento Europeu Português, entre 1988 e 1998.

Luís António Noronha Nascimento

Juiz Conselheiro, Presidente do Supremo Tribunal de Justiça. Foi Delegado do Procurador da República nas Comarcas de Paredes, Pombal e Santo Tirso. Foi Juiz de Direito em Trancoso, Marco de Canavezes, Vila Nova de Famalicão, Vila Nova de Gaia e Porto. Foi Juiz Desembargador no Tribunal da Relação de Lisboa. Foi Vogal do Conselho Superior da Magistratura (1989/1990) e seu Vice-Presidente (2001/2004).

Luís da Costa Correia

Admitido na Escola Naval, seguiu o curso de Marinha (1957/60), sendo Guarda--Marinha em 1960 e promovido a Primeiro-Tenente em 1964, a Capitão-Tenente em 1972, a Capitão-de-Fragata em 1980, e a Capitão-de-Mar-e-Guerra em 1986, tendo passado à Reserva, a seu pedido, em 1988, e posteriormente à Reforma, em 1990. Frequentou os cursos Geral Naval de Guerra (1972/73) e de Estado-Maior Inter-Forças (1973), e especializou-se em Armas Submarinas, Educação Física e Fuzileiro Especial. Participou no movimento que levou à realização do golpe de Estado em 1974, bem como na ocupação da DGS (ex-Pide) entre Abril e Junho de 1974. Nomeado Director-Geral do STAPE (1975/77), foi responsável pela organização das eleições legislativas, presidenciais, autárquicas e regionais ocorridas em 1976. De 1977 a 1980 foi o representante da Marinha no Ministério dos Negócios Estrangeiros, para assuntos de cooperação militar com os países africanos de língua oficial portuguesa. Não tendo sido nomeado para a frequência do Curso Superior Naval de Guerra, por razões aparente e invocadamente (pela Marinha)

25 ANOS NA UNIÃO EUROPEIA

políticas, solicitou em 1988 a passagem à Reserva, após o que ingressou, na sequência de concurso público, na Comissão Europeia, onde foi responsável pelo Serviço de Transportes (Bruxelas, 1989/93) e pelas Redes de Informação Europeia em Portugal (Lisboa, 1994/2004). Foi membro da Comissão de Redacção dos Anais do Clube Militar Naval (1966/85) e é sócio do Clube Militar Naval, da Sociedade de Geografia de Lisboa e da Sedes.

Luís Magalhães
Managing Partner da Deloitte em Portugal. Licenciou-se em Economia pela Université Libre de Bruxelles em 1980. Tem cerca de 21 anos de experiência na prestação de serviços de auditoria e consultoria (avaliações, organização, produtividade, planeamento estratégico, etc.) a entidades do sistema financeiro Português: banca comercial e de investimento, seguros, gestão de activos, fundos de investimento mobiliário e imobiliário, leasing e outras entidades financeiras.

Luís Máximo dos Santos
Mestre em Direito, menção de Ciências Jurídico-Económicas, pela Faculdade de Direito da Universidade de Lisboa (FDUL). Jurista no Banco de Portugal, em cujos quadros ingressou em 1992, encontrando-se actualmente a exercer as funções de Presidente da Comissão Liquidatária do Banco Privado Português. Docente do Instituto Europeu e do Instituto de Direito Económico, Financeiro e Fiscal, ambos da FDUL. Docente da FDUL entre 1985-1999, tendo regido diversas disciplinas da área jurídico-económica. Regente de Economia Internacional na Faculdade de Direito da Universidade do Porto, ao abrigo de Protocolo com a FDUL (1997-1999). Presidente do Grupo de Trabalho para a Reavaliação dos Benefícios Fiscais (2005). Membro do Grupo de Trabalho para a Revisão da Lei das Finanças Locais (2005-2006), da Estrutura de Coordenação da Reforma Fiscal (ECORFI) (2000-2001) e da Comissão de Estudo da Tributação das Instituições e Produtos Financeiros (1997-1998). Vogal do Conselho Superior da Magistratura, eleito pela Assembleia da República (1999-2009) e do Conselho Superior dos Tribunais Administrativos e Fiscais, eleito pela Assembleia da República (1997-1999). Publicou várias dezenas de trabalhos nas áreas da sua especialidade.

Luís Silva Morais
Doutor em Direito pela Faculdade de Direito da Universidade de Lisboa (FDL) (2005); Professor Associado da FDL; Vice-Presidente do Instituto da Cooperação da FDL; Vice-Presidente do Instituto de Direito Económico Financeiro e Fiscal da FDL (IDEFF); Vice-Presidente do Instituto Europeu da FDL (IE); CÁTEDRA JEAN MONNET (Julho de 2009) atribuída pela Comissão Europeia referente a projecto de investigação e ensino no domínio da Regulação Económica; Advo-

848

gado (inscrito desde 1990) – Sócio da Paz Ferreira & Associados (Sociedade de Advogados com escritórios em Lisboa e Ponta Delgada); Co-Director da Revista de Concorrência e Regulação fundada em 2010 com base num projecto de Cooperação Científica entre o IDEFF e a Autoridade da Concorrência. Entre outras funções e actividades exerceu as de Vogal (executivo) do Conselho Directivo do Instituto de Seguros de Portugal (Entidade supervisora dos seguros e fundos de pensões) (mandato 1998-2001). Membro do Conselho Económico e Financeiro do Ministério das Finanças desde 2001 (como Vice-Presidente da Secção Especializada de Apoio para as Reprivatizações); Chefe do Gabinete do Secretário de Estado do Tesouro e das Finanças (XIII Governo Constitucional – 1996-1998); Participação em vários Tribunais Arbitrais; NGA – *Non Governmental Advisor* na ICN (*International Competition Network*); Membro de várias Comissões Ministeriais que prepararam Anteprojectos de Legislação na área económica e financeira. Autor de numerosas obras e artigos científicos nos domínios do direito da UE, *maxime* direito da concorrência, e também nos domínios do direito económico e financeiro em geral.

Manuel Carmelo Rosa

Director do Serviço de Educação e Bolsas da Fundação Calouste Gulbenkian desde 1999, tendo anteriormente sido Director do Serviço de Cooperação para o Desenvolvimento. É Licenciado em Direito, pela Faculdade de Direito da Universidade de Lisboa. Assegurou a docência de sessões de seminário do curso de mestrado em Relações Interculturais da Universidade Aberta, sob o tema "Educação e Desenvolvimento", entre 1996 e 2004. Tem ainda participado na preparação e execução de diversos Programas e Projectos no domínio educativo e de formação e publicou, em co-autoria, dois livros sobre ensino superior. Tem realizado conferências sobre educação e formação em reuniões e seminários nacionais e internacionais e sido docente de acções de formação no país e no estrangeiro. Foi Subdirector Geral do Ensino Superior (1986-1990); Presidente de uma Comissão negociadora Sindical para o Ensino Superior (1995-1997); Membro efectivo do Comité Consultivo do Programa ERASMUS e consultor da Comissão Europeia para o Programa ALFA; Coordenador Geral dos Projectos de Cooperação com o BIRD; Chefe de Gabinete do Secretário de Estado do Ensino Superior do V Governo Constitucional; Membro do Conselho Nacional de Educação (1997--2002) e da sua Comissão Coordenadora; Membro da Comissão de Reconhecimento de Graus Académicos Estrangeiros (Doutoramentos).

D. Manuel Clemente

Bispo do Porto. Licenciado em História, ingressou no Seminário Maior dos Olivais em 1973. Em 1979 licenciou-se em Teologia pela Universidade Católica

Portuguesa, doutorando-se em Teologia Histórica em 1992. Desde 1975, lecciona História da Igreja na Universidade Católica Portuguesa. Prémio Pessoa 2011.

Manuel Ferreira de Oliveira
Licenciou-se em Engenharia na Universidade do Porto (1971), possui o grau de *Master of Science* (MSc) em Energia pela Universidade de Manchester (1974), é Doutorado (PhD) também na área de Energia pela mesma Universidade (1976) e, em 1978, obteve o grau de Professor Agregado pela Universidade do Porto, sendo nomeado Professor Catedrático pela mesma Universidade. É Doutor *Honoris Causa* Pela Universidade Técnica de Lisboa. É, desde 2006, Presidente Executivo (CEO) da Galp Energia, SGPS , S.A. e Presidente do Conselho de Administração das suas principais filiais operacionais. Anteriormente desempenhou funções de Presidente do Conselho de Administração e CEO da Unicer- Bebidas de Portugal, SGPS, S.A. e Presidente do Conselho de Administração e CEO de Petróleos de Portugal-Petrogal,S.A. e ainda funções de Direcção e Administração em várias empresas internacionais, nomeadamente Lagoven, Bitor Energy, Nynas Petroleum, Ruhr Oil e PDV Services.

Manuel Pires
Doutor em Ciências Jurídico-Económicas, pela Faculdade de Direito de Universidade de Lisboa. Professor na Universidade Lusíada – Lisboa. Jurisconsulto. Ex-Investigador do Centro de Estudos Fiscais da DGCI. Foi membro de Comissões da Reforma Fiscal e da Comissão de Revisão do Código do IRS. Ex-coordenador da delegação portuguesa a negociações fiscais internacionais (convenções bilaterais, projecto de convenção multilateral no âmbito da AECL, adesão de Portugal à CEE e Convenção Multilateral no quadro do Conselho da Europa). Ex-representante de Portugal no Comité dos Assuntos Fiscais da OCDE. Autor de numerosos trabalhos publicados.

Manuel Porto
Licenciado e doutorado pela Faculdade de Direito da Universidade de Coimbra (FDUC) e M.Phil em Economia pela Universidade de Oxford. Foi Presidente da Comissão de Coordenação da Região Centro, Presidente do Conselho Nacional do Plano, Deputado ao Parlamento Europeu, Presidente do Conselho Nacional de Educação, Presidente Mundial da European Community Studies Association (ECSA), Consultor do Banco Mundial, Professor Catedrático da FDUC, actualmente da Universidade Lusíada (onde é Director do Centro de Estudos Jurídicos, Económicos e Ambientais, CEJEA, da Revista Jurídica e da Faculdade de Direito do Porto), Director da Associação de Estudos Europeus da FDUC e da respectiva revista. É ainda membro do Conselho Universitário da Acção Jean Monnet,

BIOGRAFIAS

Director da Associação de Estudos Europeus da FDUC e da respectiva revista, Vice-Presidente da AREP (Associação Interuniversitária de Estudos Europeus, ou ECSA nacional), Vice-Secretário Geral da Academia das Ciências de Lisboa, Presidente da Assembleia Geral da Caixa Geral dos Depósitos e Presidente da Assembleia Municipal de Coimbra e Consultor de SRS. É autor de uma vasta bibliografia, designadamente de várias edições de lições de *Economia* e de *Teoria da Integração e Políticas Comunitárias.*

Manuela Arcanjo
Doutora em Economia (1992), pelo Instituto Superior de Economia e Gestão da Universidade Técnica de Lisboa. Licenciatura em Economia (1978), pelo Instituto Superior de Ciências do Trabalho e da Empresa. Ministra da Saúde no XIV Governo Constitucional, 1999/2001. Secretária de Estado do Orçamento no XIII Governo Constitucional, 1995/1998. Membro do Conselho Cientifico do Projecto *Budget Watch*, parceria ISEG/Deloitte (2009/-). Professora Auxiliar do ISEG.

Maria Carrilho
Licenciada em Sociologia (1974); Doutoramento em Sociologia Política (1984) e agregação em Sociologia Política (1991). Professora Catedrática. Antiga Deputada ao Parlamento Europeu.

Maria Celeste Cardona
Maria Celeste Cardona, Licenciada, Mestre em Direito e Doutoranda pela Faculdade de Direito da Universidade Clássica de Lisboa. Foi Assistente universitária e Deputada ao Parlamento Europeu entre 1997 e 1999, Deputada à Assembleia da República na XIV, XV Legislatura e Ministra da Justiça do XV Governo Constitucional. Foi ainda vogal do Conselho de Administração da CGD no mandato de 2004 a 2008. É actualmente Administradora não executiva do BCI com sede em Maputo.

Maria Eduarda Azevedo
Maria Eduarda de Almeida Azevedo é Doutorada em Direito, ramo de Ciências Jurídico-Económicas, pela Universidade Clássica de Lisboa, exercendo funções de Professora na Faculdade de Direito da Universidade de Lisboa; foi co-fundadora do Instituto Europeu da Faculdade de Direito de Lisboa. Presentemente, é Investigadora Jurista do Centro de Estudos Fiscais do Ministério das Finanças. Foi Secretária de Estado da Justiça do XII Governo Constitucional (1991-1995) e Deputada à Assembleia da República pelo Partido Social-Democrata (1995--2005). Anteriormente, foi também Directora-Geral dos Assuntos Europeus do Ministério da Agricultura; Vogal da Comissão das Privatizações e da Comissão da Reforma Fiscal de 1988-1989.

Maria Eduarda Gonçalves

Licenciada em Direito pela Universidade de Lisboa, LL.M pela Harvard Law School, *Doctorat d'État en Droit* pela Universidade de Nice. Professora Catedrática do ISCTE – Instituto Universitário de Lisboa e Professora Catedrática convidada da Faculdade de Direito da Universidade Nova de Lisboa. Membro do Centro de Estudos sobre a mudança socioeconómica – DINAMIA, ISCTE – IUL, tem coordenado e participado em diversos projectos de investigação apoiados pela Fundação para a Ciência e Tecnologia e pela Comissão Europeia e publicado extensamente em Portugal e internacionalmente, em especial, nos domínios do direito europeu, económico, da informação, bem como da regulação do risco e das relações entre ciência, política e direito, privilegiando perspectivas transdisciplinares sobre o direito. Tem participado em diversos conselhos científicos e grupos de trabalho nos planos europeu e internacional.

Maria Emília Brederode Santos

Actualmente é Membro do Conselho Nacional de Educação. Coordenou o Grupo de Trabalho responsável pela Proposta Curricular de Educação para a Cidadania (2009-11). Presidente do Instituto de Inovação Educacional do Ministério da Educação de 1997 a 2002. Membro da Comissão Nacional para a Educação em matéria de Direitos Humanos de 1998 a 2004.

Maria Luísa Duarte

Doutora e Agregada em Direito. Professora da Faculdade de Direito da Universidade de Lisboa e do Instituto de Estudos Superiores Militares. Regente das disciplinas de Direito da União Europeia, Contencioso da União Europeia, Direito Administrativo Europeu, Direitos Fundamentais, Direito Internacional Público. Jurisconsulta e agente da República Portuguesa em numerosos processos junto do Tribunal de Justiça da União Europeia. Autora de vasta obra, sob a forma de artigos, monografias e manuais.

Mário Matos e Lemos

Mário Matos e Lemos é licenciado em História pela Faculdade de Letras de Lisboa. Foi jornalista e trabalhou em vários meios de comunicação social de Lisboa e do Porto, sendo depois contratado pelo Ministério dos Negócios Estrangeiros como Conselheiro de Imprensa, funções que desempenhou sucessivamente em Roma, Moscovo e Madrid. Entre 1985 e 1998 foi Director do Centro Cultural Português de Bissau. Para além de conferências e numerosos artigos em jornais e revistas, publicou ultimamente *Jornais Diários Portugueses do Século XX – Um Dicionário* (Coimbra, Ariadne, 2006); *José de Mello, o Primeiro Fotógrafo de Guerra Português*, com Alexandre

BIOGRAFIAS

Ramires (Coimbra, Imprensa da Universidade de Coimbra, 2009), *Candidatos da Oposição à Assembleia Nacional do Estado Novo (1945-1973) – Um Dicionário*, Coordenação e Prefácio de Luís Reis Torgal, Lisboa, Assembleia da República, 2009.

Marta Caldas

Marta Caldas, nasceu em Lisboa, em 1980. É licenciada pela Faculdade de Direito da Universidade Lisboa (2003) onde também obteve o grau de Mestre em Ciências Jurídico-Comunitárias (2010) e encontra-se inscrita no curso de Doutoramento em Ciência Política da Universidade de Lisboa. É Assessora da Direcção do Instituto de Direito Económico Financeiro e Fiscal.

Marta Rebelo

Assistente da Faculdade de Direito de Lisboa. Mestre em Ciências Jurídico-Económicas. Foi Deputada à Assembleia da República, na X Legislatura. Foi Assessora do Ministro da Administração Interna (2008), Chefe de Gabinete do Subsecretário de Estado da Administração Interna (2007) e Adjunta do Secretário de Estado Adjunto e da Administração Local (2005-2007). Membro do Grupo de Trabalho para a revisão da Lei das Finanças Locais (2006). Autora de vários estudos e artigos científicos nas áreas das Finanças Públicas e Direito Financeiro, Direito Fiscal, Direito Económico e Direito Europeu.

Miguel Gorjão-Henriques

Licenciado em Direito (1992) e Mestre em Direito (Integração Europeia) (1997) pela Faculdade de Direito da Universidade de Coimbra, onde é Assistente (desde 1991/1992). Advogado Especialista em Direito Europeu e da Concorrência (2006), é sócio fundador da Sérvulo & Associados – Sociedade de Advogados, RL (2008-). Entre outras funções, foi Consultor jurídico para os assuntos comunitários do INFARMED (2000-2006) e, mais tarde, Director Executivo da Apifarma (2007). Membro da comissão de revisão da legislação de concorrência (2002) e do grupo de trabalho que acompanha a actual revisão da lei da concorrência (2011). Autor de cerca de 40 publicações jurídicas nas áreas do direito da União Europeia (incluindo *Constituição Europeia, Tratado de Lisboa* e o manual *Direito da União*, 6ª edição, 2010, Almedina, Coimbra), do direito da Concorrência (desde *Da Restrição da Concorrência na Comunidade Europeia: a franquia de distribuição*, Almedina, Coimbra, 1998) e de direito farmacêutico (incluindo *Direito do Medicamento*, Coimbra Editora, 2009, em co-autoria). Actualmente, é membro dos órgãos sociais de diversas associações jurídicas, incluindo a direcção da Associação Portuguesa de Direito Europeu (APDE), o conselho consultivo do Círculo dos Advogados Portugueses de Direito da Concorrência (CAPDC) e a comissão de concorrência da ICC – Portugal (a que preside).

Miguel Poiares Maduro
Doutor em Direito em 1996 pela European University Institute (Florença). Licenciado em Direito pela Faculdade de Direito da Universidade de Lisboa (1990). Desde 2009 é Professor, Director do Programa de *Global Governance*, na European University Institute. Foi Advogado-Geral no Tribunal de Justiça das Comunidades Europeias (2003-2009). É Professor da Faculdade de Direito da Universidade Nova de Lisboa desde 1999. Foi Professor e Director do Centro de Estudos Europeus e do Mestrado em Direito Europeu, na Universidade Autónoma de Lisboa (1997-99). Foi *Visiting Professor* em diversas universidades (Yale Law School – 2010; desde 2008, College of Europe (Bruges); desde 2000, Co-Director, Academy of International Trade Law; desde 1999, *Guest Professor*, Instituto de Estudos Europeus da Universidade Católica Portuguesa). Em 2010, foi-lhe concedido o Prémio Gulbenkian de Ciência. Possui a Comenda da Ordem de Santiago da Espada (2006). Obteve em 1998 o Prémio *Obiettivo Europa For the Best PhD Thesis at the European University Institute* e, em 1997, o *Row and Maw Prize*.

Miguel Sousa Tavares
Jornalista e escritor português. Licenciou-se em Direito na Universidade de Lisboa, e foi na capital que passou a infância e a juventude. Durante mais de uma década foi advogado em Lisboa. Estreou-se no jornalismo em 1978, ano em que iniciou a sua colaboração na Radiotelevisão Portuguesa. Das suas incursões literárias resultaram compilações de crónicas, vários romances, livros de contos e uma história infantil. Equador, de 2004, foi um best-seller, estando traduzido em mais de uma dezena de línguas estrangeiras. Rio das Flores, em 2007, teve uma primeira tiragem de 100 mil exemplares. Recebeu o Prémio de Jornalismo e Comunicação Victor Cunha Rego, em 2007. Da sua actividade cívica, integrou a Direcção do Movimento Portugal Único, em 1998, defensor do «não» num referendo sobre a regionalização administrativa. Em 2009 contestou publicamente o prolongamento do terminal de Alcântara, numa concessão polémica à construtora Mota Engil. Actualmente é colunista semanal do jornal Expresso e conduz entrevistas em Sinais de Fogo, na SIC. Mantém ainda a crónica n' A Bola, onde se evidencia como adepto do Futebol Clube do Porto.

Natália Leite
Licenciada em Direito privado, secção Direito Internacional e Europeu pela Universidade de Paris X – Nanterre (1996) e Mestre em Direito (Ciências Jurídico--Comunitárias) pela Faculdade de Direito da Universidade de Lisboa (2002). Colaboradora do Instituto Europeu da Faculdade de Direito de Lisboa desde 2001. Secretária da Revista *Concorrência & Regulação*. Tradutora.

BIOGRAFIAS

Nuno Amado
Nuno Amado é Presidente Executivo do Banco Santander Totta e Director Geral do Banco Santander desde 2006. Licenciado em Organização e Gestão das Empresas no Instituto Superior de Ciências do Trabalho e da Empresa (ISCTE), e com o *Advanced Management Course* do Insead, é casado e tem duas filhas. Em 1980 inicia actividade na Peat Marwick/KPMG em Madrid, como Auditor e, mais tarde, no Departamento de Consultoria. Em 1995 entra no Citibank Portugal onde desempenha durante cinco anos as funções de *Financial Controller* e de responsável de Recursos Humanos, passando depois a Tesoureiro e a responsável de Mercados Financeiros. No final de 1990, aceita o convite para ser Secretário-Geral do Banco Fonsecas & Burnay (BFB), onde vem a ser assessor do Conselho de Administração do BFB e Administrador Delegado da BFB Leasing. Depois de uma passagem pelo Deutsche Bank de Investimentos, enquanto vogal da Direcção, Nuno Amado entra no Grupo Santander em 1997, como membro da Comissão Executiva do Banco Santander de Negócios e do Banco Comércio e Indústria/Banco Santander Portugal. A partir de 2001 é Vice-Presidente da Comissão Executiva dos Bancos Totta & Açores, Crédito Predial Português e Banco Santander.

Nuno Cunha Rodrigues
Licenciado e Mestre em Direito pela Faculdade de Direito da Universidade de Lisboa, Nuno Cunha Rodrigues encontra-se a preparar o doutoramento em ciências jurídico-económicas pela mesma Faculdade. Assistente da Faculdade de Direito da Universidade de Lisboa, exerceu, entre outras funções, a de Adjunto para a área económico-financeira do Gabinete do Ministro da República para a Região Autónoma da Madeira e Adjunto principal do Gabinete do Representante da República para a Madeira. Foi Chefe de Gabinete do Ministro da República para a Madeira. Vogal da Direcção do Instituto Europeu da Faculdade de Direito de Lisboa. Membro da Comissão de redacção da Revista de Finanças Públicas e Direito Fiscal.

Nuno de Oliveira Garcia
Licenciou-se em Direito pela Faculdade de Direito de Lisboa (2001), concluiu estudos de pós-graduação (2003) e mestrado científico em Ciências Jurídico-Económicas (2010), na especialidade de Direito Fiscal e pela mesma casa, onde exerce funções como Assistente Convidado. Colabora, desde 2006, com a Faculdade de Direito da Universidade do Porto na qualidade de docente convidado em cursos de pós-graduação. Advogado. Integra a lista de árbitros tributários do Centro de Arbitragem Administrativa (CAAD), é membro convidado do Instituto de Direito Económico, Financeiro e Fiscal da Faculdade de Direito da Universidade de Lisboa

(IDEFF), e associado da Associação Fiscal Portuguesa (AFP) e da Associação Portuguesa dos Consultores Fiscais (APCF). Integra, ainda, a Comissão de Redacção da Revista de Finanças Públicas e de Direito Fiscal (IDEFF), e é autor de diversos artigos, tanto em revistas nacionais – Ciência e Técnica Fiscal (DGCI), Fiscalidade (ISG) Revista da Faculdade de Direito da Universidade do Porto (FDUP) – como internacionais – *Tax Notes International* (EUA) e Fórum de Direito Tributário (Brasil).

Nuno Júdice

Formou-se em Filologia Românica pela Universidade Clássica de Lisboa. É Professor Associado da Universidade Nova de Lisboa, onde se doutorou em 1989 com uma tese sobre Literatura Medieval. Entre 1997 e 2004 desempenhou as funções de Conselheiro Cultural e Director do Instituto Camões em Paris. Tem publicado estudos sobre teoria da literatura e literatura portuguesa. Publica desde 1972 livros de poesia, ficção e teatro, traduzidos em várias línguas, destacando-se Espanha, onde tem uma antologia na colecção «Visor» de poesia, e França, onde está publicado na colecção Poésie/Gallimard. Dirigiu até 1999 a revista *Tabacaria* da Casa Fernando Pessoa. Em 2009 assumiu a direcção da revista «Colóquio-Letras» da Fundação Calouste Gulbenkian.

Nuno Ruiz

Licenciado em Direito (1973/1978). Pós-graduado em Altos Estudos Europeus/ /Vertente Jurídica pelo College of Europe, Bruges (1979). Mestre em Ciências Jurídico-Económicas pela Faculdade de Direito da Universidade de Lisboa (1986). Docente na Faculdade de Direito da Universidade de Lisboa (1982-1997). Docente da Universidade Católica Portuguesa (1983-2005). Vogal do Conselho da Concorrência (1984-1998). Consultor da Comissão das Comunidades Europeias (1998-2001). Advogado (desde 1980) e Sócio da Vieira de Almeida & Associados, Sociedade de Advogados, desde 2002.

Nuno Sampayo Ribeiro

Advogado, Especialista em Direito Fiscal (O.A.). Dedica-se às áreas do investimento internacional, da integração económica internacional, incluindo europeia e da política fiscal. A sua experiência profissional inclui: Consultor Técnico da UTAO (Comissão de Orçamento e Finanças, Assembleia da República), IBFD *Research Associate, Americas Department*; Delegado Nacional, OECD *Forum on Harmful Tax Competition*; Membro da Comissão de Estudo da Tributação das Instituições e Produtos Financeiros. Lecciona na Católica Lisbon Scholl of Business & Economics (Formação de Executivos) e igualmente leccionou no Instituto Europeu da FDUL e noutras entidades. É licenciado pela Faculdade de Direito da UCP e

BIOGRAFIAS

foi-lhe outorgada a *Fellowship in International Taxation* pelo IBFD – International Tax Academy.

Octávio Teixeira

Octávio Augusto Teixeira, nascido em 1944, economista, tendo concluído o Curso Superior de Finanças no ISCEF em 1968. No âmbito profissional foi técnico da Lisnave e do Banco de Fomento Nacional, antes de integrar os quadros do Banco de Portugal, onde desempenhou funções de Delegado junto das Instituições de Crédito, na Comissão Administrativa do Banco Borges & Irmão, de responsável pelo Serviço de Coordenação da Actividade Bancária, adjunto do Director da Inspecção de Crédito e Técnico consultor. No âmbito político, foi membro da Comissão Política do PCP e Deputado entre 1980 e 2001 (integrando a Comissão de Economia e Finanças), dez anos dos quais como Presidente do Grupo Parlamentar do PCP.

Olívio Mota Amador

Licenciado e Mestre em Direito (Ciências Jurídico-Económicas), pela Faculdade de Direito, da Universidade de Lisboa. Pós-Graduado em Estudos Europeus (Vertente económica) no Instituto Europeu da Faculdade de Direito da Universidade de Lisboa. Doutorando pela Faculdade de Direito da Universidade de Lisboa. Docente no Instituto Europeu e no Instituto de Direito Económico, Financeiro e Fiscal (IDEFF) da Faculdade de Direito da Universidade de Lisboa. Presidente do Conselho Fiscal da RTP (Rádio e Televisão de Portugal S.A.). Membro do Conselho de Prevenção da Corrupção. Advogado. Secretário-Geral e membro do Conselho Directivo da Associação Fiscal Portuguesa (AFP). Membro do Conselho Consultivo da Revista de Finanças Públicas e Direito Fiscal. Vogal do Conselho Fiscal do Instituto de Direito Económico, Financeiro e Fiscal (IDEFF). Vogal do Conselho Fiscal da Fundação Pro Dignitate. Tem publicado diversos livros e artigos no domínio do direito financeiro, finanças públicas e direito fiscal.

Orlando Caliço

Licenciado em Finanças, em 1970, pelo ISCEF da Universidade Técnica de Lisboa. Pós-graduação em economia europeia pela Universidade Católica. Cargos exercidos entre 1992 e 2004: Director do Departamento do Sistema de Pagamentos do Banco de Portugal; Secretário de Estado dos Assuntos Fiscais; Presidente do Instituto de Gestão do Crédito Público; Director do Departamento de Estatística do Banco de Portugal; Director Adjunto do Departamento de Estatística e Estudos Económicos do Banco de Portugal; Director-Geral da Contabilidade Pública; Director do Gabinete de Estudos Económicos do Ministério das Finanças.

Paula Rosado Pereira

Doutora em Direito pela Faculdade de Direito da Universidade de Lisboa, na especialidade de Direito Fiscal. Professora da mesma Faculdade, onde lecciona diversas disciplinas de Fiscalidade nos cursos de licenciatura e de mestrado. Professora do IDEFF. Advogada especialista em Direito Fiscal, responsável pelo Departamento Fiscal da SRS Advogados. Autora de várias publicações fiscais.

Paula Vaz Freire

Doutora em Direito pela Faculdade de Direito da Universidade de Lisboa; Professora Auxiliar da Faculdade de Direito da Universidade de Lisboa (Ciências Jurídico-Económicas); Autora de livros e artigos nas áreas do Direito da Concorrência, Direito Económico da União Europeia e Economia Política.

Paulo Câmara

Professor Convidado nos Cursos de Mestrado na Faculdade de Direito da Universidade Católica Portuguesa. Docente em cursos de pós-graduação ministrados pela Faculdade de Direito de Lisboa, pelo Instituto dos Valores Mobiliários e pelo Instituto de Direito Económico, Financeiro e Fiscal. Membro do grupo de investigação Governance Lab. Vice-Presidente do Public Company Practice and Regulation Subcommittee da International Bar Association. Sócio principal da Sérvulo & Associados – Sociedade de Advogados, RL, e co-coordenador do Departamento de Direito Financeiro, Mercado de Capitais e *Corporate Governance*. No passado desempenhou funções como: Director da Comissão do Mercado de Valores Mobiliários (1996-2006). Membro da Comissão de Revisão do Código do Mercado de Valores Mobiliários (1997-1999). Membro do Comité de Coordenação do Conselho Nacional de Supervisores Financeiros (2006-2008). Membro do European Securities Committee (2006-2008). Membro do Steering Group on Corporate Governance da OCDE (1999-2008).

Paulo de Pitta e Cunha

Doutor em Direito (Ciências Jurídico-Económicas) pela Faculdade de Direito da Universidade de Lisboa, em 1972. É Professor Catedrático Jubilado da Faculdade de Direito da Universidade de Lisboa – onde, até à sua jubilação, em Fevereiro de 2007, foi Decano do Grupo de Ciências Jurídico-Económicas. Professor Catedrático da Faculdade de Direito da Universidade Católica Portuguesa. Em ambas as Faculdades ocupou-se primordialmente de matérias de Direito Comunitário, Integração Económica e Relações Económicas Internacionais, e da regência de seminários dos cursos de Mestrado e de Pós-Graduação. Titular da Cátedra Europeia de Direito Comunitário da Faculdade de Direito da Universidade de Lisboa

BIOGRAFIAS

e coordenador do Pólo Europeu (Centro de Excelência) da mesma Universidade, instituídos no âmbito do programa Jean Monnet. Foi presidente do Conselho Científico da Faculdade de Direito da Universidade de Lisboa entre 1981 e 1983 e entre 1996 e 1998. Presidiu à Comissão de Reforma Fiscal (1984-88), incumbida da introdução do imposto único sobre o rendimento, e à Comissão de Estudo da Tributação das Instituições e Produtos Financeiros (1996-99). Foi fundador, em 1978, da Inteuropa – Associação Portuguesa para o Estudo da Integração Europeia, e, em 1980, do Conselho Português do Movimento Europeu. É presidente do Conselho Directivo da Associação Interuniversitária para o Estudo da Integração Europeia – AREP (Ecsa-Portugal), e representa esta associação junto da ECSA-European Community Studies Association, associação internacional com sede em Bruxelas. É sócio efectivo da Academia das Ciências de Lisboa (classe de Letras, secção de Economia), onde tem apresentado comunicações sobre temas de integração, política económica e fiscalidade. Organizou diversas conferências internacionais na área da integração europeia, criando um importante movimento de opinião nesta matéria. Fundou e foi Presidente da Direcção do Instituto Europeu da Faculdade de Direito de Lisboa até 2009. P presidente do Conselho Científico da Associação Fiscal Portuguesa. Membro do Conselho Científico de "The European Union Review", do Conselho de Redacção da "Revista da Ordem dos Advogados" e do Conselho Consultivo da revista "Temas de Integração". Membro do Institut International de Finances Publiques, da International Fiscal Association e do Instituto Eurolatinoamericano de Estudos para a Integração. Tem exercido, em Lisboa, actividade de jurisconsulto e advogado (inscrito na Ordem dos Advogados desde 1962), tendo sido consultor em Portugal de várias empresas internacionais.

Paulo Portas
Ministro dos Negócios Estrangeiros. Licenciado em Direito pela Universidade Católica Portuguesa. Ministro de Estado, da Defesa Nacional e dos Assuntos do Mar, em 2004. Ministro de Estado e da Defesa Nacional, em 2002. Presidente do CDS/PP. Foi fundador do semanário Independente onde teve uma relevante actividade jornalística.

Paulo Sande
Director do Gabinete do Parlamento Europeu (PE) em Portugal desde 2004, regente de Construção Europeia de Ciência Política da Universidade Católica Portuguesa, desde 2002. Licenciado em Direito (1981-Fac. Direito Universidade Lisboa), pós-graduado em Direito Comunitário (1985-Instituto Estudos Europeus, UCP), Mestre em Ciência e Teoria Política (2000-Instituto Estudos Políticos, UCP), com menção honrosa por tese premiada. Membro do Conselho Coordena-

dor da SEDES desde 2006. Colaborador regular da TVI24, Economica TV, RTP Informação. Autor, *vg. Dicionário de Termos Europeus e Novo Dicionário...* (2006--2011/Alethêia, várias entradas), *A UE revisitada*, editor e autor (2003/Editora ICS), *Euratório, crónicas* (2000/PE), *O Sistema Político da UE* (2000/Principia – Prémio Delors 2000), *Como Viver com o Euro* (1998/Principia), *Fundamentos da UE* (1994/ /Cosmos). Anteriormente, Administrador da empresa Cidot Comunicação e Imagem (2001-04), Porta-voz da UE na Expo-98, Administrador do Gabinete do PE em Portugal (1988-2000), Responsável pelo Sector Português da Informação do PE no Luxemburgo (1986-88), Presidente da Câmara de Comércio Portugal--Moçambique (1984-86), Director de Comunicação da Direcção no Estrangeiro da Quimigal (1984-86), Director das Relações Jurídicas Internacionais da DE, Quimigal (1983-86), Advogado (1982-86), Consultor da AIP (1984-85), Responsável Planeamento de Produção, Schering Corp. (1979-83).

Pedro Adão e Silva
Professor Auxiliar convidado no ISCTE-IUL, onde lecciona desde 2007. É licenciado em Sociologia (ISCTE-IUL, 1997) e doutorou-se em Ciências Sociais e Políticas pelo Instituto Universitário Europeu, em Florença, em 2009, com uma tese sobre a europeização das políticas sociais. Deu aulas no ISEG e, no segundo semestre de 2010/2011, foi Professor Visitante no Departamento de Ciência Política da Universidade de Georgetown (Washington D.C.). É colunista do *Expresso* e comentador político na TSF e na SIC-N.

Pedro Infante Mota
Professor Auxiliar da Faculdade de Direito da Universidade de Lisboa e autor do livro "O Sistema GATT/OMC: Introdução Histórica e Princípios Fundamentais, Almedina, Coimbra, 2005".

Pedro Lourtie
Licenciado em Economia pelo ISEG-UTL. Mestrado em Estudos Europeus pelo Colégio da Europa, onde foi Assistente de Investigação. Na Carreira Diplomática desde 1995. Na Direcção de Serviços das Organizações Políticas Multilaterais do MNE (1995). Assessor do Secretário de Estado dos Assuntos Europeus (1995--1999). Na Representação Permanente de Portugal junto da União Europeia em Bruxelas (1999-2004). Conselheiro Político na Delegação da Comissão Europeia em Washington DC (2004-2005). Adjunto Diplomático do Primeiro-ministro (2005-2006). Chefe de Gabinete do Primeiro-Ministro (2006-2009). Secretário de Estado dos Assuntos Europeus (2009-2011).

BIOGRAFIAS

Raul Miguel Rosado Fernandes
Professor Catedrático Jubilado do Departamento de Filologia Clássica da Faculdade de Letras da Universidade de Lisboa, Universidade de que foi Reitor entre 1979 e 1982, bem como Investigador do Centro de Estudos Clássicos daquela Faculdade, na área das Fontes Clássicas da Cultura Portuguesa, Conselheiro da Ordem do Infante D. Henrique, Académico Correspondente da Academia das Ciências de Lisboa desde 1997, antigo Deputado à Assembleia da República Portuguesa pelo CDS-PP e, entre 1995 e 1999, Deputado pelo CDS-PP ao Parlamento Europeu. Presidente da CAP.

Ricardo Cabral
Professor na Universidade da Madeira, no Departamento de Gestão e Economia. Doutorado em Economia pela Universidade da Carolina do Sul. Foi Professor visitante em diversas universidades, nomeadamente de Berlim e do Minho. É autor de diversos artigos e livros, nomeadamente sobre concorrência, regulação económica e finanças públicas.

Ricardo Paes Mamede
Doutorado em Economia pela Universidade Luigi Bocconi (Itália), Mestre em Economia e Gestão de Ciência e Tecnologia pelo Instituto Superior de Economia e Gestão da Universidade Técnica de Lisboa, e Licenciado em Economia pela mesma instituição. É Professor Auxiliar do Departamento de Economia Política do ISCTE – Instituto Universitário de Lisboa, onde lecciona desde 1999 nas áreas da Economia e Integração Europeia, da Economia Sectorial e da Inovação, e das Políticas Económicas. É autor de vários artigos publicados em revistas científicas e livros nacionais e internacionais.

Rita Calçada Pires
Professora Universitária, Investigadora e Jurista. Membro do Conselho Científico da Associação Fiscal Portuguesa (AFP) Membro da International Fiscal Association (IFA) Membro da *Doctoral Candidate in Tax Law Network*, criada em 2004, em nome da European Association of Tax Law Professors (EATLP).

Rui Leão Martinho
Licenciado em Finanças (ISEG – 1973), com vários cursos de pós-graduação e formação na área de gestão, management e estratégia empresarial. Presidente do Conselho de Administração das Companhias de Seguros BES Vida e Tranquilidade; Vice-Presidente da PARTRAN – SGPS, S.A. Bastonário da Ordem dos Economistas.

861

Rui Peres Jorge

Jornalista no Jornal de Negócios desde 2006. Licenciado em Economia, pós-graduado em Finanças Públicas e Gestão Orçamental e mestre em Economia Monetária e Financeira pelo ISEG/UTL. Lecciona a cadeira de Jornalismo Económico no curso de Comunicação Social e Cultural da Faculdade de Ciências Humanas da Universidade Católica.

Rute Saraiva

Professora Auxiliar na Faculdade de Direito da Universidade de Lisboa, onde lecciona desde 1998, especialista em matéria ambiental e de energias renováveis, com mais de uma vintena de artigos publicados em revistas nacionais e estrangeiras e participação em várias conferências. É membro da Assembleia de Faculdade, do Conselho Permanente do Conselho Científico da FDUL e do Instituto Europeu e coordena o Gabinete de Solidariedade Social da FDL e a implementação do programa de clínicas legais.

Sérgio Gonçalves do Cabo

Advogado. Mestre em Direito. Doutorando na Faculdade de Direito da Universidade de Lisboa (FDL).

Vasco Valdez

Licenciado e mestre em Direito pela Faculdade de Direito de Lisboa, laborando uma tese subordinada ao tema "A Autonomia Tributária dos Municípios numa Perspectiva Comparada". Foi Subsecretário de Estado com a responsabilidade dos Assuntos Fiscais entre 1991 e 1993 e posteriormente Secretário de Estado dos Assuntos Fiscais entre 1993 e 1995 e entre 2002 e 2004. Foi Inspector de Finanças Coordenador do quadro da Inspecção-Geral de Finanças entre 1981 e 2002. É Professor Coordenador do Instituto Superior de Contabilidade e Administração de Lisboa, regente de diversas disciplinas da licenciatura e do mestrado. Tem leccionado em diversas pós-graduações e mestrados, designadamente na Faculdade de Direito de Lisboa e no Instituto Superior de Economia e Gestão. É autor de um número significativo de publicações, em particular no domínio da fiscalidade e das finanças públicas, com especial incidência no que concerne às finanças municipais e aos impostos sobre o património, em Portugal e também no Brasil. Tem participado em inúmeras conferências sobre estas problemáticas enquanto orador, quer em Portugal, quer no estrangeiro. É advogado e membro do Conselho Superior dos Tribunais Administrativos e Fiscais.

BIOGRAFIAS

Mons. Vítor Feytor Pinto
É licenciado em Teologia Sistemática, tem o Mestrado em Bioética e várias pós graduações entre as quais uma formação específica em Pastoral Social. De 1966 a 1970 integrou a equipa internacional do Movimento por um Mundo Melhor, organização que se dedicou à preparação e divulgação das teses do Concílio Vaticano II e que envolveu todas as estruturas da Igreja Católica em Portugal, na actualização conciliar. De 1971 a 1981, foi assistente nacional da Junta Central da Acção Católica, assistente nacional da JEC e coordenador nacional do SNECJ, secretariado da Pastoral Juvenil. De 1982 até agora é coordenador da Comissão Nacional da Pastoral da Saúde, organismo da Igreja Católica para a promoção da saúde e na resposta aos problemas que se colocam à população na área da saúde. Responsável Nacional pela Pastoral da Saúde, na Conferência Episcopal e na relação permanente com o Ministério da Saúde. Consultor do Conselho Pontifício para a Pastoral da Saúde, em Roma. Assistente Eclesiástico das Associações de Médicos e Enfermeiros Católicos. Tendo sido Assistente da FIAMC (Federação Internacional da Associações de Médicos Católicos, entre 1994 e 2006. Membro do Conselho Nacional para a Promoção do Voluntariado e Presidente da Comissão Nacional para o Voluntariado em Saúde. Presidente e membro de várias Comissões de Ética em Saúde em diversos hospitais. Professor de Ética e Deontologia Profissional na Escola Superior de Enfermagem da UCP. Professor de Bioética em vários mestrados, na UCP, no ISPA e noutros institutos superiores. Membro da CEIC – Comissão de Ética para a Investigação Clínica de 2002 a 2006. Alto Comissário do Projecto Vida – Toxicodependência (Conselho de Ministros) 1992-1998. Presidente do Observatório Europeu de Drogas e Toxicodependência. 1994-1997 (Agência da UE). Membro do CNECV – Conselho Nacional de Ética para as Ciências da Vida. 1991-2003. Presidente do Secretariado Entreculturas no Ministério da Educação. É membro do Conselho das Ordens Honoríficas – Ordem de Mérito desde 2005. Foi agraciado com o título de Monsenhor pelo Papa Bento XVI. Foi-lhe concedida a Grã Cruz da Ordem de Mérito, bem como a medalha de Ouro de serviços distintos do Ministério da Saúde.

Vítor Martins
Consultor para os Assuntos Europeus da Casa Civil. Foi Secretário de Estado para os Assuntos Europeus, entre 1985 e 1995, nos X, XI e XII Governos de Portugal. Nessa qualidade foi responsável pela coordenação e negociação de múltiplos dossiers comunitários e, particularmente, pela presidência portuguesa do Conselho de Ministros da União Europeia em 1992. De 1979 até 1985, foi Director do Gabinete de Integração Europeia do Ministério da Indústria e, de 1982 a 1985, foi também Director do Gabinete de Estudos e Planeamento do mesmo Ministério.

Foi Presidente da Caixa Geral de Depósitos. Integrou o Conselho de Orientação Estratégica da Associação "Notre Europe" de Jacques Delors. É membro do Conselho Geral do Instituto de Estudos Estratégicos Internacionais (IEEI), do Conselho Geral do Fórum de Administradores de Empresas e do Conselho de Disciplina Profissional da Ordem dos Economistas. É também Presidente da Assembleia Municipal do Fundão.

ÍNDICE

Apresentação   5

I PARTE
Textos Sobre Integração Europeia

A Europa e o Ocidente: Na Hora dos Escombros
ADRIANO MOREIRA   11

Dores e Mal-Estares
AFONSO SCARPA   19

O Que os Últimos Vinte e Cinco Anos Fizeram à Minha Ideia de Europa
ALBERTO REGUEIRA   23

Que Futuro para a União Europeia?
ANTÓNIO BRIGAS AFONSO   29

A União Europeia e a União Económica e Monetária: Fragmentos
ANTÓNIO CARLOS DOS SANTOS   35

Revisitar Hoje o Caminho Longo para a Europa
ANTÓNIO CLUNY   45

O Que Nasce Torto – Breve Reflexão Sobre a UEM
ANTÓNIO GOUCHA SOARES   51

25 ANOS NA UNIÃO EUROPEIA

União Europeia nos 25 Anos da Adesão de Portugal
(Uma Construção pelo Direito)
ANTÓNIO HENRIQUES GASPAR — 57

A União Europeia e Portugal – Algumas Reflexões
ANTÓNIO ROMÃO — 65

Uma *União* Inacabada
ARTUR TEODORO DE MATOS — 73

O Sentimento de um Europeu
CAMANÉ — 77

25 Anos de Europa (Antes ... e Depois?)
CARLOS AMARAL DIAS — 79

O Fim da Europa
CARLOS GASPAR — 85

25 Anos de União Europeia – Não se Pode Viver com Ela, nem sem Ela!
CARLOS LOUREIRO — 93

O Espaço Europeu de Justiça Comum
CARLOS MANUEL GONÇALVES DE MELO MARINHO — 99

A Adesão da Turquia
CARLOS PINTO DE ABREU E JOSÉ VERDELHO — 105

O Conceito de Cidadania Europeia e a Crise da Identidade Europeia
CLOTILDE CELORICO PALMA — 121

Breve Reflexão Sobre os Desafios Europeus da Actualidade
– A Saúde como Domínio Paradigmático
CONSTANTINO SAKELLARIDES — 133

A Minha Europa
CRISTINA BRANCO — 147

A Europa Sonhada e a Europa Vivida – Onde Será que Falhámos?
DANIEL OLIVEIRA — 151

ÍNDICE

Que Modelo de Integração Económica e Política Consideraria
Adequado à União Europeia?
EDUARDO LOPES RODRIGUES   157

A Europa: *Acta est Fabula*
EDUARDO VERA-CRUZ PINTO   171

Lições da União Europeia para o Mercosul
ELIZABETH ACCIOLY   175

25 Anos de Adesão: História de Sucesso ou Oportunidade Perdida?
EMÍLIO RUI VILAR   179

Claros Escuros da Integração de Portugal na Actual Europa
(Breves Apontamentos)
FERNÃO FERNANDES THOMAZ   187

Os 25 Anos da Nossa Adesão à Comunidade Europeia
FRANCISCO BOTELHO NUNES   191

(EURO)P@
GONÇALO CARRILHO   199

Europa é Mais Necessária...
GUILHERME D'OLIVEIRA MARTINS   205

A Europa Não é a Sociedade Perfeita...
GUILHERME WALDEMAR D'OLIVEIRA MARTINS   211

Somos Europeus
ISABEL MARQUES DA SILVA   217

O Novo Velho Continente
JOÃO ASCENSO   221

Coragem e Prudência para Superar a Crise da UE
JOÃO BOSCO MOTA AMARAL   227

Confederação, não Federação
JOÃO FERREIRA DO AMARAL   233

25 ANOS NA UNIÃO EUROPEIA

Oh what a tangled web we weave..."
Algumas Reflexões Sobre a Integração Monetária Europeia
e o Futuro da União
JOÃO PATEIRA FERREIRA — 239

Moralismo, Moralidade e Europeização da Economia Política
JOÃO RODRIGUES — 249

Portugal, a Crise do Euro e o Projecto Europeu
JOAQUIM BASTOS E SILVA — 255

A Evolução do Ordenamento Europeu (Breves Reflexões)
JOAQUIM FREITAS DA ROCHA — 261

Depoimento Sobre Vinte Cinco Anos de Integração Europeia
JOSÉ ALBINO DA SILVA PENEDA — 267

Fundamentos e Vontade Europeia
JOSÉ CASTEL-BRANCO — 273

A Estratégia de Lisboa: Quadratura do Círculo pelo Proteccionismo
Cognitivo
JOSÉ CASTRO CALDAS — 279

União Europeia: Da Utopia à Realidade
CARDEAL D. JOSÉ DA CRUZ POLICARPO — 285

A Percepção da Europa e a Consciência de Crise:
para Refazer a Utopia à Maneia de Penélope
JOSÉ EDUARDO FRANCO — 291

25 Anos de Integração na Europa: Que Juízo e que Futuro?
JOSÉ LUÍS DA CRUZ VILAÇA — 299

Queremos Mesmo a Europa?
JOSÉ M. AMADO DA SILVA — 307

Eh Lá Fora!
JOSÉ MEDEIROS FERREIRA — 313

ÍNDICE

Europa: Império, Anarquia ou Paz Perpétua?
JOSÉ MIGUEL JÚDICE
319

Foi Bonita A Festa ou Adeus Tristeza?
JOSÉ REIS
327

Elogio da Construção Europeia
(no Momento Mais Crítico do Processo de Integração)
JOSÉ RENATO GONÇALVES
333

Partindo do Cinema Europeu, que Esperar do Futuro da UE?
LAURO ANTÓNIO
339

Breve Sinopse Europeia
LUCIANO PINTO RAVARA
345

Dívidas, crescimento e Modelo Económico – Portugal e a Adesão
à União Europeia – 25 Anos
LUÍS MAGALHÃES
347

A União Europeia Perdida no Seu Labirinto
LUÍS MÁXIMO DOS SANTOS
351

Portugal e a Evolução do Modelo de Integração da UE
LUÍS SILVA MORAIS
359

25 Anos de Integração Europeia – Contributos para o Caso
do Ensino Superior
MANUEL CARMELO ROSA
367

A Europa, Território e Ideia: O Contributo Cristão
MANUEL CLEMENTE
375

O Futuro da Integração Europeia e a Harmonização Fiscal na Europa
MANUEL FERREIRA DE OLIVEIRA
381

Quase 25 anos de Harmonização da Tributação do Rendimento
MANUEL PIRES
389

25 ANOS NA UNIÃO EUROPEIA

25 Anos de Adesão: Sonhos Concretizados e a Concretizar
MANUEL PORTO
401

Portugal numa Europa não Integrada
MANUELA ARCANJO
407

Europa, Oportunidades, Riscos e Responsabilidade
MARIA CARRILHO
413

É Esta a Europa que Queremos?
MARIA CELESTE CARDONA
421

A União Europeia 25 Anos Depois: *Quo Vadis?*
MARIA EDUARDA AZEVEDO
427

Humanizar a Europa
MARIA EDUARDA GONÇALVES
433

Efeitos da Adesão de Portugal à UE na Educação: Sapatinhos Novos Mas... Todos Amarelos
MARIA EMÍLIA BREDERODE SANTOS
439

Portugal, a União Europeia e "Uma Certa Ideia da Europa"
MARIA LUÍSA DUARTE
443

A Europa e a Sua Identidade
MÁRIO MATOS E LEMOS
449

A Evolução da Protecção dos Direitos Fundamentais na União Europeia: Breve Reflexão
MARTA CALDAS
455

A Dupla-Face da *Identidade Económica Europeia*: A Identidade dos Europeus é Económica, mas a União é Monetária
MARTA REBELO
471

Passion and Reason in European Integration
MIGUEL POIARES MADURO
477

870

ÍNDICE

25 Anos de Integração Europeia – Breves Reflexões
NATÁLIA LEITE   493

Portugal e a União Europeia 25 Anos Depois
NUNO AMADO   497

Restaurar o Ideal Europeu
NUNO SAMPAYO RIBEIRO   503

União Monetária: Refundação ou Saída
OCTÁVIO TEIXEIRA   511

Austeridade e Modelo Social Europeu em Portugal
OLÍVIO MOTA AMADOR   517

25 Anos Depois – *Quo vadis?*
PAULA ROSADO PEREIRA   523

25 Anos Sob Influência da Regulação Financeira Europeia
PAULO CÂMARA   529

Integração Europeia ou Desintegração na Europa?
A Propósito da Crise do Euro
PAULO DE PITTA E CUNHA   535

Portugal e 25 Anos de Integração Europeia
PAULO PORTAS   545

O Futuro Construído Hoje – Uma União Necessária
PAULO SANDE   549

O Futuro da Política Social Europeia: Entre Eficácia e Normatividade
PEDRO ADÃO E SILVA   557

Breves Reflexões Sobre o Estatuto da Comunidade Europeia
como Membro da OMC
PEDRO INFANTE MOTA   573

A Europa, o Euro e Portugal: Do Gradualismo à Urgência da Crise
PEDRO LOURTIE   589

871

25 ANOS NA UNIÃO EUROPEIA

A União Europeia – Sua Ascensão ou Declínio?
RAUL MIGUEL ROSADO FERNANDES
595

Como Pode a UE Reconhecer os Seus Erros?
RICARDO CABRAL
599

Uma Integração Europeia Mal Sucedida
RICARDO PAES MAMEDE
605

A Ideia de Europa: Reflexões Sobre O Processo de Integração Europeia
RITA CALÇADA PIRES
611

Refundar a Europa
RUI LEÃO MARTINHO
617

Os Portugueses no Seu Labirinto
RUI PERES JORGE e ELISABETE MIRANDA
621

O Direito Europeu e o Direito Português do Ambiente: Sinergias
RUTE SARAIVA
629

Mais 25 Anos de Integração Europeia?
SÉRGIO GONÇALVES DO CABO
633

Uma Europa de Valores
MONS. VÍTOR FEYTOR PINTO
639

25 Anos de Adesão de Portugal à UE
VÍTOR MARTINS
645

II PARTE
Respostas a Perguntas

AGOSTINHO PEREIRA DE MIRANDA
653

AMÉRICO BRÁS CARLOS
659

ANTÓNIO MARTINS
665

ÍNDICE

ANTÓNIO SARAIVA 671

ANTÓNIO VASCONCELOS TAVARES 677

ARTUR SANTOS SILVA 683

BELMIRO DE AZEVEDO 689

CARLOS CÉSAR 695

CARLOS MONJARDINO 701

CARLOS RODRIGUES 705

FERNANDO MASCARENHAS 713

FRANCISCO SEIXAS DA COSTA 717

ILDA FIGUEIREDO 723

JOÃO ABREU DE FARIA BILHIM 729

JOÃO RICARDO CATARINO 737

JORGE MIRANDA 743

JORGE TORGAL 745

JOSÉ MANUEL MONTEIRO DA SILVA 749

JOSÉ NARCISO CUNHA RODRIGUES 755

JOSÉ TRIBOLET 761

LUÍS ANTÓNIO NORONHA DO NASCIMENTO 767

LUÍS DA COSTA CORREIA 775

MIGUEL GORJÃO-HENRIQUES 781

25 ANOS NA UNIÃO EUROPEIA

MIGUEL SOUSA TAVARES — 787

NUNO CUNHA RODRIGUES — 789

NUNO DE OLIVEIRA GARCIA — 795

NUNO JÚDICE — 799

NUNO RUIZ — 803

ORLANDO CALIÇO — 809

PAULA VAZ FREIRE — 815

VASCO VALDEZ — 821

Biografias — 825